Le Routard

Afrique du Sud
Swaziland et Lesotho

Cofondateurs : Philippe GLOAGUEN et Michel DUVAL

Directeur de collection et auteur
Philippe GLOAGUEN

Rédacteurs en chef adjoints
Amanda KERAVEL
et Benoît LUCCHINI

Directrice de la coordination
Florence CHARMETANT

Directrice administrative
Bénédicte GLOAGUEN

Directeur du développement
Gavin's CLEMENTE-RUIZ

Conseiller à la rédaction
Pierre JOSSE

Responsable voyages
Carole BORDES

Direction éditoriale
Élise ERNEST

Rédaction
Isabelle AL SUBAIHI
Emmanuelle BAUQUIS
Mathilde de BOISGROLLIER
Thierry BROUARD
Marie BURIN des ROZIERS
Diane CAPRON
Véronique de CHARDON
Laura CHARLIER
Fiona DEBRABANDER
Anne-Caroline DUMAS
Éléonore FRIESS
Géraldine LEMAUF-BEAUVOIS
Olivier PAGE
Alain PALLIER
Anne POINSOT
André PONCELET

2020

hachette

TABLE DES MATIÈRES

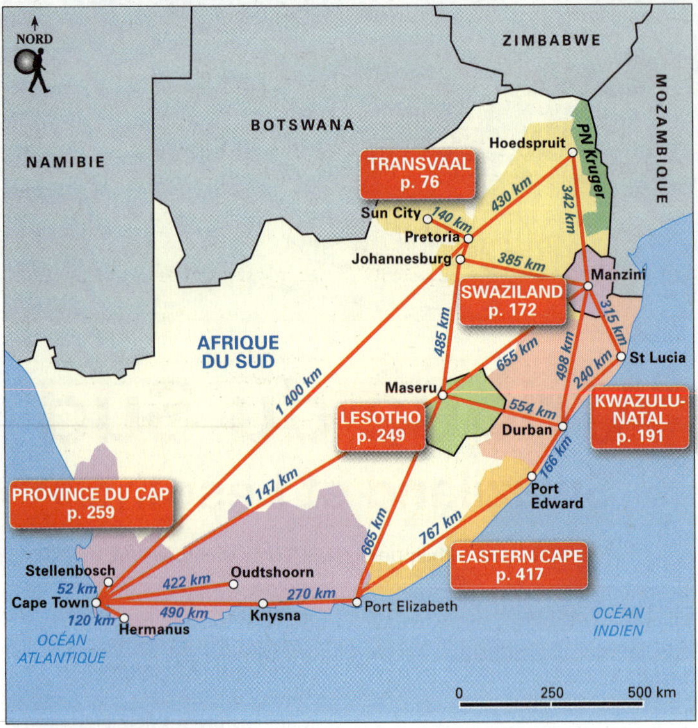

PRÉAMBULE

COMMENT Y ALLER ?

AFRIQUE DU SUD UTILE

CAHIER VIE SAUVAGE 445

HOMMES, CULTURE, ENVIRONNEMENT 475

Nelson Mandela

LA RÉDACTION DU ROUTARD

(sans oublier nos 50 enquêteurs, aussi sur le terrain)

Jean-Sébastien, Olivier, Mathilde, Alain, Gavin's, Éléonore, Anne-Caroline, André, Laura, Florence, Véronique, Isabelle, Géraldine, Fiona, Amanda, Benoît, Emmanuelle, Bénédicte, Philippe, Carole, Diane, Anne, Marie.

La saga du *Routard* : en 1971, 2 étudiants, Philippe et Michel, avaient une furieuse envie de découvrir le monde. De retour du Népal germe l'idée d'un guide différent qui regrouperait tuyaux malins et itinéraires sympas, destiné aux jeunes fauchés en quête de liberté. 1973. Après 19 refus d'éditeurs et la faillite de leur première maison d'édition, l'aventure commence vraiment avec Hachette. Aujourd'hui, le *Routard*, c'est plus d'une cinquantaine d'enquêteurs impliqués et sincères. Ils parcourent le monde toute l'année dans l'anonymat et s'acharnent à restituer leurs coups de cœur avec passion.

Merci à tous les routards qui partagent nos convictions : liberté et indépendance d'esprit ; découverte et partage ; sincérité, tolérance et respect des autres.

NOS SPÉCIALISTES AFRIQUE DU SUD

Alain Pallier : il a longtemps été lecteur du *Routard,* qui l'accompagnait toujours pendant ses vacances d'enseignant. Après un premier contact, à la suite d'un courrier de lecteur, la direction l'a sollicité pour quitter le chemin de l'enseignement. Il a alors trouvé son bonheur sur les routes buissonnières en devenant rédacteur, responsable de titres. Avec, comme terres de prédilection, le pourtour méditerranéen et l'Afrique.

Marie Burin des Roziers : un aveu : le voyage est presque une boulimie. Aux quatre coins de la France ou dans des contrées lointaines, c'est en allant voir comment vivent les voisins ou les copains qu'elle se sent vivante. Avec, au fond des tripes, l'envie de bouger et de dégoter les meilleurs coins pour les faire partager.

Fabrice de Lestang : il s'est longtemps levé bien tard puis a subitement réalisé, à 22 ans, que la vie c'est le mouvement. Régisseur sur les plateaux de tournage 7 jours sur 7, il est passé avec bonheur des décors de studio aux paysages réels. Au Routard depuis plus de 20 ans, il se lève désormais très tôt et affiche plus de 100 voyages au compteur.

UN GRAND MERCI À NOS AMI(E)S SUR PLACE ET EN FRANCE

Pour cette nouvelle édition, nous remercions particulièrement, pour leurs précieuses infos, leurs conseils et leur disponibilité :

- **Patrick,** à Knysna ;
- **Jo Sinfield,** à Franschhoek ;
- **Brigitte Van Schoote** pour ses précieux conseils, à Stellenbosch ;
- **Virginie Rey,** grâce à qui il est impossible de perdre le nord.

Pictogrammes du Routard

Établissements

- Hôtel, auberge, chambre d'hôtes
- Camping
- Restaurant
- Terrasse
- Pizzeria
- Boulangerie, sandwicherie
- Pâtisserie
- Glacier
- Café, salon de thé
- Café, bar
- Bar musical
- Club, boîte de nuit
- Salle de spectacle
- Boutique, magasin, marché

Infos pratiques

- Office de tourisme
- Poste
- Accès Internet
- Hôpital, urgences
- Adapté aux personnes handicapées

Sites

- Présente un intérêt touristique
- Point de vue
- Plage
- Spot de surf
- Site de plongée
- Recommandé pour les enfants
- Inscrit au Patrimoine mondial de l'Unesco

Transports

- Aéroport
- Gare ferroviaire
- Gare routière, arrêt de bus
- Station de métro
- Station de tramway
- Parking
- Taxi
- Taxi collectif
- Bateau
- Bateau fluvial
- Piste cyclable, parcours à vélo

Important : dernière minute

Sauf rares exceptions, le *Routard* bénéficie d'une parution annuelle à date fixe. Entre 2 dates, des événements fortuits (formalités, taux de change, catastrophes naturelles, conditions d'accès aux sites, fermetures inopinées, etc.) peuvent modifier vos projets de voyage. Pour éviter les déconvenues, nous vous recommandons de consulter la rubrique « Guide » par pays de notre site • *routard.com* • et plus particulièrement les dernières ***Actus voyageurs.***

I.S.B.N. 978-2-01-706819-8

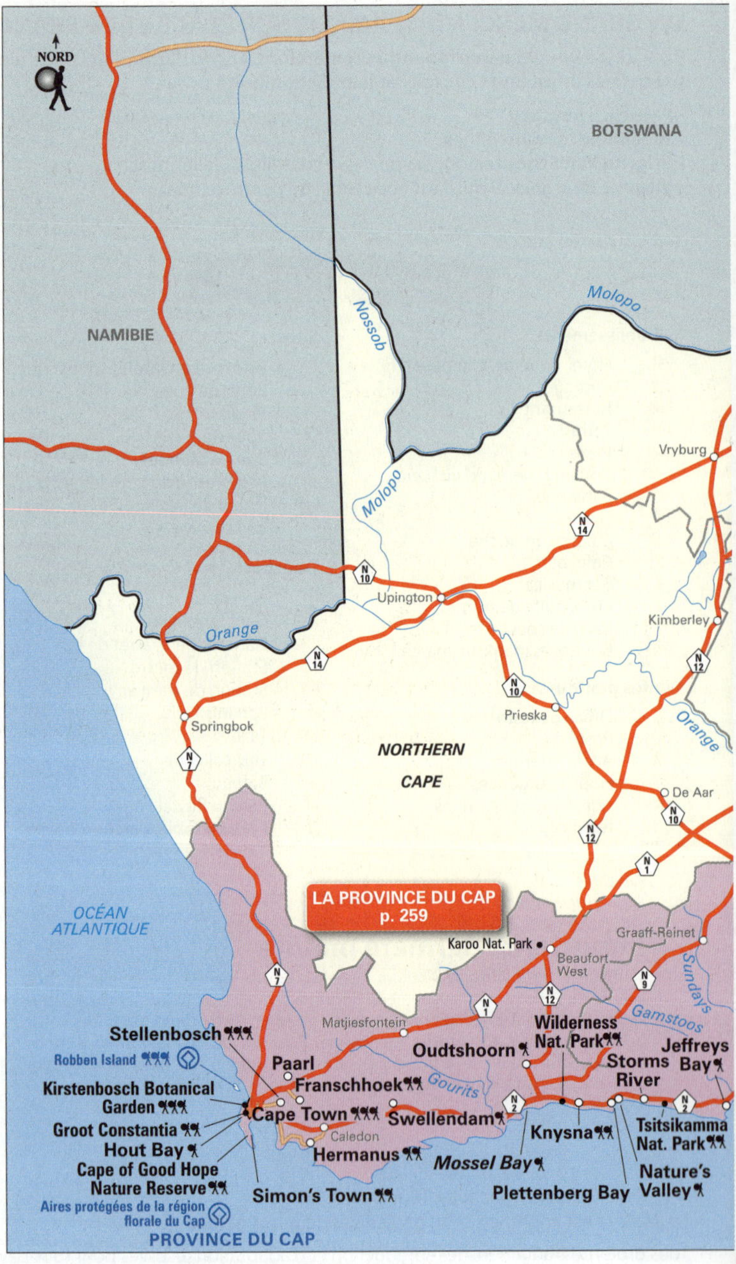

NORD
BOTSWANA
NAMIBIE
Molopo
Nossob
Molopo
Vryburg
N 14
N 10
Upington
Orange
Kimberley
N 14
N 12
N 10
Springbok
Prieska
Orange
N 7
NORTHERN
CAPE
De Aar
N 10
N 12
N 1
LA PROVINCE DU CAP
p. 259
OCÉAN
ATLANTIQUE
Karoo Nat. Park
Graaff-Reinet
Beaufort West
N 7
N 12
N 9
Sundays
N 1
Gamstoos
Matjiesfontein
Wilderness Nat. Park
Stellenbosch
Robben Island
Oudtshoorn
Jeffreys Bay
Paarl
Storms River
Kirstenbosch Botanical Garden
Franschhoek
Gourits
Cape Town
Swellendam
N 2
N 2
Groot Constantia
Caledon
Knysna
Tsitsikamma Nat. Park
Hout Bay
Hermanus
Mossel Bay
Cape of Good Hope Nature Reserve
Nature's Valley
Simon's Town
Plettenberg Bay
Aires protégées de la région florale du Cap
PROVINCE DU CAP

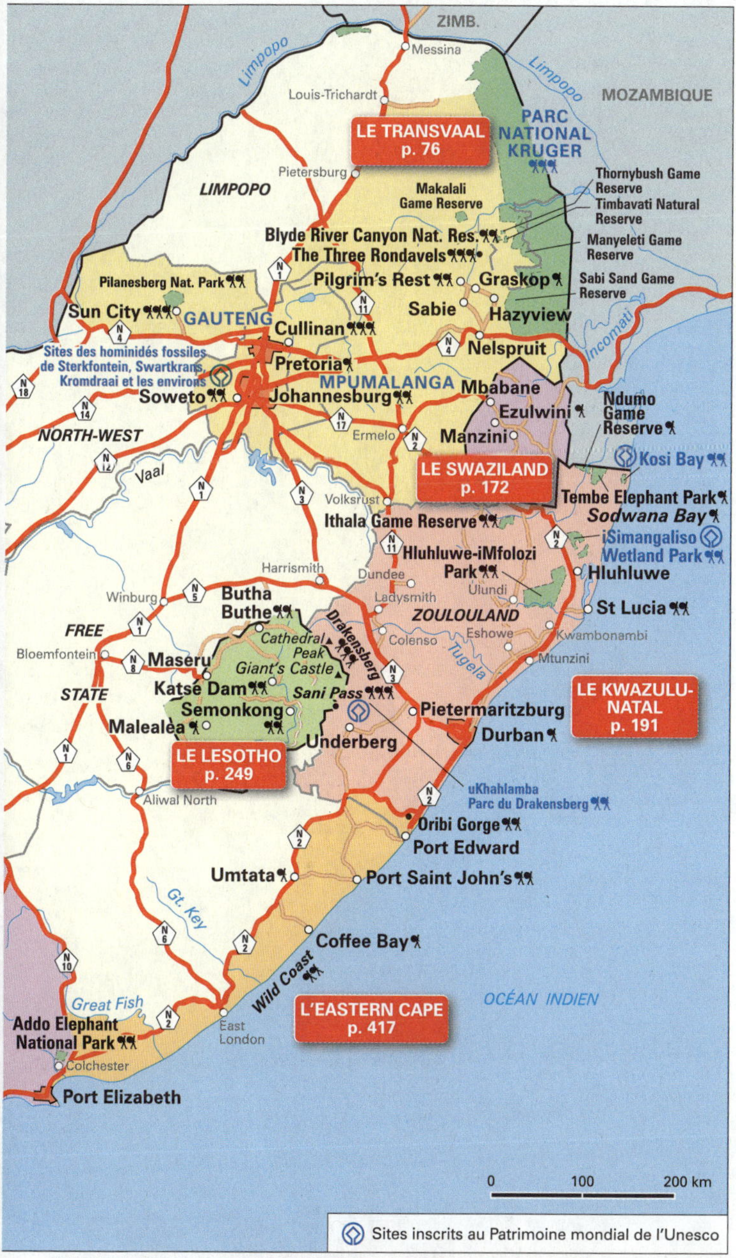

L'AFRIQUE DU SUD

Jeune caracal, Addo Elephant National Park

« Je ne perds jamais. Soit je gagne, soit j'apprends. »
Nelson Mandela

Voilà un pays vaste (plus de 2 fois la France), qui revient de loin.
Qui aurait pensé que ce pays, longtemps mis à l'index des nations dites « civilisées », parviendrait à chasser ses vieux démons et retrouverait la voie de la paix civile et de la respectabilité ? L'**apartheid,** en vigueur à partir de 1948, **a été aboli en 1991.** En 1994, les Sud-Africains participèrent aux 1res élections démocratiques jamais organisées dans leur pays. Après 27 années de détention, le prisonnier politique le plus célèbre du monde, **Nelson Mandela,** devenait le **chef d'État le plus admiré de la planète.** La « nation Arc-en-Ciel » connaissait alors un véritable état de grâce. Le pays opta, malgré une réelle violence, pour la réconciliation. La philosophie profondément humaniste de quelques hommes, doublée d'un grand pragmatisme, parvint à mettre sur pied, dans la paix, un des plus spectaculaires retournements politiques que l'histoire ait connus. L'Afrique du Sud est ainsi devenue une **nation démocratique et multiraciale.**
Mais la réconciliation n'est pas simple : il reste beaucoup à faire et il faudra beaucoup de temps et d'énergie pour abolir une autre terrible ségrégation – sociale et économique – et redistribuer les cartes de manière un peu plus équitable.
À 11h de vol de Paris, mais avec seulement **1h de décalage horaire** (et encore, seulement l'hiver), ce voyage est un périple hors du commun. Le pays, baigné par 2 océans (Atlantique et Indien), possède un relief d'une infinie variété et des **paysages d'une remarquable beauté.** C'est une **mosaïque** de steppes sans fin, de savanes, de montagnes, de zones désertiques, de plages aux eaux turquoise, de grandes villes à l'américaine, de petits villages zoulous hors du temps.
On passe presque sans transition des quartiers branchés de Cape Town aux plus misérables des townships, de la sauvage **Garden Route** à la **furie urbaine** du Gauteng ; sans oublier les **riches parcs animaliers :** le Kruger n'est pas le seul digne d'intérêt.
Les plus curieux passeront par le Swaziland et le Lesotho, 2 petits royaumes aux paysages époustouflants. Enfin, ne pas oublier les excellents vins…

Cérémonie traditionnelle au Swaziland

NOS COUPS DE CŒUR

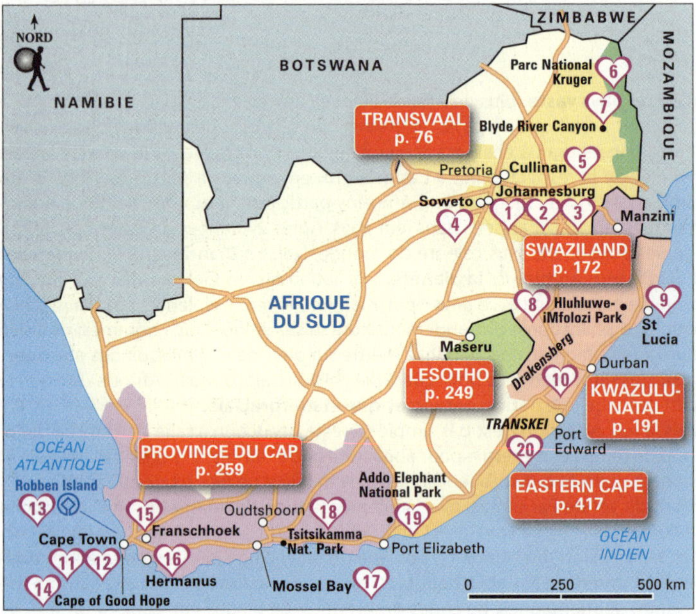

(1) **À Johannesburg, découvrir le quartier branché de Maboneng Precinct.** Naguère paupérisée, abandonnée, dégradée, cette enclave du centre-ville revit aujourd'hui et est devenue le quartier où il faut aller. Entrepôts et immeubles réhabilités, décoration confiée à de talentueux designers, commerces renaissants, fresques et peintures murales… Aller d'abord à *Arts on Main,* un grand bâtiment abritant un marché, des éventaires de nourriture, des restaurants, des magasins de mode, des galeries d'art « chic et choc ». *p. 96*

© Jeff Greenberg/Alamy/Hemis

© Rieger Bertrand/hemis.fr

2 **À Johannesburg, dormir à la Satyagraha House, la maison de Gandhi, dans le quartier résidentiel d'Orchards.**

Gandhi y a vécu entre 1908 et 1909 en compagnie de son « frère d'âme » Hermann Kallenbach, qui en avait dessiné les plans pour lui. Grâce à un beau travail de rénovation, Satyagraha House a été sauvée de l'oubli et classée, grâce à l'agence de voyages française *Voyageurs du Monde*. C'est aujourd'hui un musée et une belle maison d'hôtes. Tout a été reconstitué avec le plus grand soin : le salon, le bureau, la chambre de Gandhi. Une bonne occasion de découvrir la doctrine de Gandhi, la *Satyagraha* (littéralement « Étreinte de vérité »), soit la non-violence par la désobéissance civile. *p. 99*

© Blaine Harrington III/Alamy/Hemis

3 **Se rendre à Gold Reef City, toute proche de Johannesburg, pour visiter le musée de l'Apartheid et l'ancienne mine d'or.**

Une plongée émouvante dans l'histoire sociale et économique du pays. Au musée, le visiteur comprend les ressorts de l'apartheid appliqué de 1948 à 1991. Il ravagea la nation ! Séparation systématique des populations, destruction des quartiers multiethniques, expulsion des gens de couleur rassemblés dans des townships… Quant à l'ancienne mine d'or, elle a été à l'origine de la richesse et de l'expansion de Johannesburg, mais ce fut aussi un lieu de souffrance pour les mineurs. *p. 101*

4 Visiter Soweto, au sud-ouest de Johannesburg, témoin de l'absurdité et de la cruauté de l'apartheid.

C'est une ville, à sa manière, composée de nombreux townships, formant un immense labyrinthe de plus d'1 million d'habitants. On y visite la maison de Mandela, proche de celle de Monseigneur Desmond Tutu, tous les 2 Prix Nobel ! Le musée-mémorial Hector-Pieterson rend hommage aux victimes du massacre de 1976 quand la police sud-africaine tira sur les manifestants, dont beaucoup étaient des collégiens. *p. 102*

***Bon à savoir :** réserver auprès d'une agence et prévoir une journée. On y circule en voiture ou en minibus sous la conduite d'un guide local originaire de Soweto.*

5 À proximité de Pretoria, explorer la mine de diamants de Cullinan, toujours en activité, la seule de ce type qui se visite en Afrique du Sud.

En 1905, on y découvrit le célèbre *Cullinan Diamond,* le plus gros diamant du monde, de 3 106 carats. Par petits groupes, on chemine dans des galeries souterraines à 500 m de profondeur. Aujourd'hui, c'est le 3e site d'exploitation du pays qui produit des diamants pour l'industrie plus que pour la joaillerie. *p. 137*

***Bon à savoir :** sur résa, visites guidées par des professionnels. Le tour souterrain* (Underground Tour) *dure 4-5h mais il y a aussi un tour en surface d'environ 1h30.*

6 **Séjourner dans le parc Kruger, l'un des parcs animaliers les plus grands d'Afrique (la moitié des Pays-Bas).**

On y trouve 150 espèces de mammifères dont les fameux *Big Five* : lion, éléphant, buffle, léopard et rhinocéros. À la différence des parcs de Tanzanie, le Kruger peut se visiter au volant d'une voiture privée. Parc très bien organisé, signalétique parfaite, pistes excellentes, et nombreuses possibilités d'hébergement pour tous les budgets. *p. 138*

***Bon à savoir :** la meilleure période est la saison sèche d'avril à septembre. Prévoir un répulsif antimoustiques et un traitement antipaludéen.*

7 **Dans le Mpumalanga, au cœur du Blyde River Canyon, se poser sur un rocher, face à l'immensité grandiose pour admirer les Three Rondavels.**

Ces merveilles de la nature sont de gigantesques pitons rocheux qui surgissent d'une montagne impressionnante, en surplomb d'une gorge encaissée. Le canyon est profond de 600 à 800 m. Leur silhouette originale évoque la forme arrondie des huttes traditionnelles *(rondavels)* du pays, coiffées d'un toit conique. *p. 153, 154*

***Bon à savoir :** le belvédère se trouve à 55 km au nord de la petite ville de Graskop, à l'ouest du parc Kruger. On y accède en voiture, puis 3 mn de marche jusqu'au bord de la falaise.*

8 **Observer les rhinocéros blancs et noirs dans le parc national de Hluhluwe-iMfolozi, au cœur du Zoulouland.**

Les rhinocéros sont une des grandes richesses de l'Afrique du Sud : à lui seul, le pays rassemble près de 20 000 individus, soit près de 80 % de la population mondiale de ces mammifères herbivores. La population est menacée par le braconnage intensif, mais plutôt moins dans ce parc que dans le parc Kruger. *p. 220*

Bon à savoir : *avec un peu de chance, on pourra voir à l'occasion de son passage dans ce parc quelques spécimens des* Big Five *(lion, éléphant, buffle, léopard, rhinocéros).*

© imageBroker/hemis.fr

9 **Flâner en bateau sur l'estuaire de St Lucia, pour regarder barboter hippopotames et crocodiles.**

Les excursions proposées, en bateau à fond plat, permettent de passer tout près de troupeaux de dizaines d'hippopotames : et si l'on choisit de faire sa croisière en fin de soirée, c'est tout simplement magique. Les amateurs de *bird watching* seront ravis. Plus largement, l'immense zone humide au nord de St Lucia, connue sous le nom d'*iSimangaliso Wetland Park,* est l'occasion de faire de magnifiques balades. *p. 217*

Bon à savoir : *si vous dormez à St Lucia, la nuit, faites attention en rentrant du resto : il arrive de croiser des hippopotames qui ne sont pas forcément de bonne humeur !*

© Arterra Picture Library/Alamy/Hemis

(10) **Randonner sur les sentiers du Drakensberg, au pied du Lesotho.** Superbes paysages de piémont et de montagnes, climat rafraîchissant et nature revigorante. Les plus audacieux partiront, depuis Underberg, à l'assaut du Sani Pass (2 874 m d'altitude), par lequel on arrive au Lesotho en tutoyant les nuages. Du sommet, la vue est époustouflante et récompense de l'effort demandé… à votre véhicule ! L'auberge de jeunesse-lodge qui s'y trouve, située côté Lesotho (le *Sani Top Chalet*) donne l'occasion de dormir tout là-haut. *p. 237*
Bon à savoir : *4x4 requis pour monter tout là-haut mais l'auberge de jeunesse propose les transferts.*

11 À Cape Town, prendre de la hauteur et monter au sommet de Table Mountain, officiellement classée parmi les 7 Merveilles de la nature.

Il s'agit d'un massif culminant à 1 086 m, coiffé d'un sommet tout plat, d'où la vue embrasse la totalité de Cape Town, un magnifique panorama à 360° absolument unique. *p. 306*

***Bon à savoir :** il n'est pas nécessaire de s'épuiser sur les flancs de la montagne (l'ascension est réservée aux bons marcheurs : 5h30 l'A/R), un funiculaire qui tourne sur lui-même pendant le trajet (!) vous y emmène en quelques minutes seulement. Prévoir des vêtements chauds, le vent là-haut souffle parfois très fort.*

© Paolo Giocoso/Sime/Photononstop

12 Flâner dans le quartier de Bo-Kaap, au pied de Signal Hill, si différent du reste de Cape Town.

Le quartier est principalement habité par une population appelée Cape Malay, fruit des métissages qui se sont produits au cours des 4 derniers siècles. Profitez de votre visite pour prendre des photos parmi les plus colorées de votre voyage. *p. 302*

Bon à savoir : *on y va d'abord pour se mettre des couleurs plein les yeux, mais la visite du petit musée local ou le passage au restaurant* Biesmiellah *permettent de s'imprégner encore mieux de l'atmosphère du quartier.*

13 Découvrir la prison de Robben Island où Nelson Mandela fut enfermé pendant 18 ans, de 1964 à 1982.

Les détenus politiques et les leaders de l'ANC y vécurent dans des conditions épouvantables. La visite est assurée par d'anciens prisonniers devenus guides et permet de voir, entre autres, la minuscule cellule qu'occupa Mandela. Une belle leçon d'humanisme dans un lieu inhumain ! *p. 309*

Bon à savoir : *on y accède en bateau au départ du port de Cape Town. Durée de la traversée : 1h. Réserver son billet à l'avance, surtout pendant l'été austral (décembre-mars). Sur l'île, le parcours débute par un circuit en bus qui dure plus de 2h, puis on visite la prison pendant 1h.*

© Franck Guiziou/hemis.fr

© Jon Arnold Images/hemis.fr

14 **Direction la pointe de la péninsule du Cap pour les falaises du Cape of Good Hope (cap de Bonne-Espérance).**

Ce n'est pas à strictement parler la pointe sud de l'Afrique où se rencontrent l'Atlantique et l'océan Indien, mais on est là face à l'immensité de l'océan qui donna tant de frayeurs (et d'espoirs) à de grands navigateurs du passé. Pour un frisson de bout du monde après avoir salué les manchots du Cap à Simon's Town. *p. 331*

Bon à savoir : le Cape of Good Hope fait partie d'un parc national (entrée payante). Prévoir d'y passer au moins une ½ journée (possibilité de randonner et de se restaurer sur place).

15 Explorer la région des vins, au cœur du triangle formé par les petites villes de Stellenbosch, Paarl et Franschhoek.

Ces breuvages gorgés de soleil ont souvent des racines françaises, remontant aux huguenots qui ont importé leur savoir-faire. Les nombreux domaines viticoles sont opulents. Les dégustations (à tarifs très raisonnables) donnent l'opportunité de goûter des vins d'une grande diversité et de découvrir le *pinotage*, un cépage endémique. Parmi les grands domaines, ceux de Babylonstoren et de Boschendal sont saisissants de beauté. *p. 332*

Bon à savoir : *comme dans la plupart des domaines de la région, on peut manger sur place.*

16 **Hermanus est la ville idéale pour pratiquer le *whale watching* (l'observation des baleines).**

Des bateaux d'excursion permettent de s'en approcher un peu (ils doivent néanmoins rester à 300 m de distance), mais suivre à pied le magnifique chemin qui longe la côte sur près de 5 km, en haut de belles falaises, donne l'occasion de les observer en train de faire leur grand numéro – et c'est gratuit ! *p. 365*

Bon à savoir : *en principe, la saison des baleines s'étend de juillet à début décembre (c'est l'hiver en Afrique du Sud) le long de la côte sud entre Cape Town et la Garden Route, ensuite elles quittent le secteur pour rejoindre l'Antarctique.*

© Robert Harding/Alamy/Hemis

17 **Dans le Bartolemeu Dias Museum de Mossel Bay, petite ville au début de la Garden Route, monter dans la réplique du navire de l'explorateur portugais.**

On peut alors s'imaginer partir à l'assaut de l'océan dans cette petite coquille de noix (pardon : dans cette caravelle !) qui semble aujourd'hui bien fragile et bien peu armée pour un tel voyage. Le navigateur portugais, qui débarqua ici en 1488, se contenta de faire édifier une chapelle à côté de la source indispensable aux marins pour se ravitailler en eau. *p. 386*

Bon à savoir : *Mossel Bay dispose d'une belle plage où, pour une fois, il est facile de se baigner.*

© Werner Dieterich/ImageBroker/Agefotostock.com

18 Explorer les forêts épaisses du Tsitsikamma National Park et des environs de Nature's Valley, qui font partie du Garden Route National Park.

C'est le rendez-vous des sportifs ou des amoureux de la nature : de nombreuses activités y sont possibles, de la randonnée sur ses sentiers bien balisés tout près de l'océan, dans un cadre somptueux, aux sorties en kayak en passant, pour nos lecteurs les plus audacieux, par le saut à l'élastique ! *p. 408, 409*

Bon à savoir : *pour toutes les activités, et même pour ne faire que randonner, il faut payer un droit d'entrée qui permet de savourer la nature en toute sécurité.*

19 **Quelque 600 éléphants sont la principale attraction du parc national d'Addo, à 70 km au nord-est de Port Elizabeth.**

Le parc permet également de voir de nombreux autres animaux, mais il faudra être plutôt chanceux pour ne serait-ce qu'entrapercevoir les *Big Five*. À taille « humaine », il se visite aisément en une journée. p. 425

Bon à savoir : si vous ne visitez que le sud du pays, c'est le seul véritable parc animalier qu'il vous sera possible de visiter. Comme la plupart des parcs nationaux en Afrique du Sud, les conditions de visite sont excellentes. On peut y dormir pour profiter des belles heures de fin de journée.

20 Découvrir les paysages de la Côte sauvage de l'ancien Transkei, encore préservée avec ses villages xhosas authentiques.

Vertes collines, falaises et cascades tombant dans l'océan, huttes aux toits de chaume : c'est l'Afrique, loin des grandes villes américanisées ou européanisées du reste du pays, une Afrique dépaysante, attachante, qui vous permet d'aller au-devant de sa population et de découvrir la vie traditionnelle des ethnies qui peuplent cette région. *p. 435*

Bon à savoir : *le tourisme n'y est pas aussi développé que dans d'autres régions davantage visitées ; s'attendre à des conditions plus rustiques, notamment pour l'hébergement.*

Long Street dans City Bowl, Le Cap

ITINÉRAIRES CONSEILLÉS

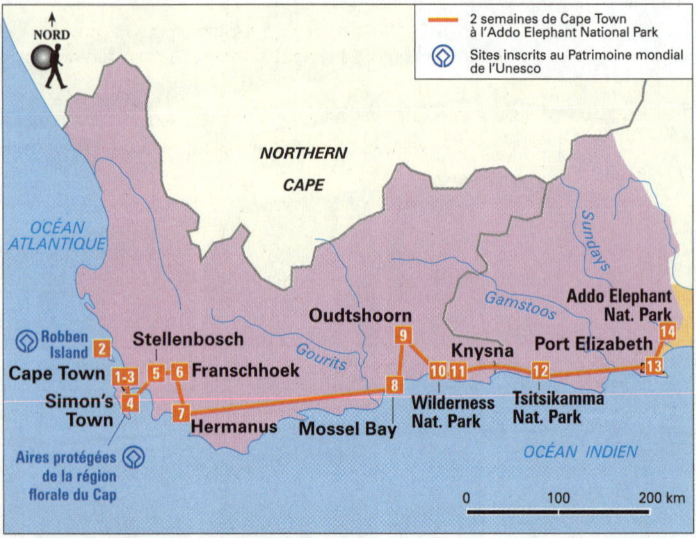

2 semaines de Cape Town à l'Addo Elephant Park

- **Jours 1-2 : Cape Town (1).** Imprégnez-vous de l'énergie de cette ville avec, au choix, la visite des principaux musées, de **l'île-prison de Robben Island (2)** ou une montée à **Mountain Table (3)** pour une vue unique sur la ville.
- **Jour 3 :** le **cap de Bonne-Espérance,** via **Simon's Town (4)** et sa colonie de manchots. Nuit à Simon's Town.
- **Jour 4 :** cap sur la région des vignobles, toute proche. **Stellenbosch (5)** présente un centre-ville préservé. C'est aussi l'occasion de découvrir, dans les environs de riches domaines viticoles.
- **Jour 5 : Franschhoek (6),** tout petit village, haut lieu de la gastronomie sud-africaine. Une fois visité le musée des Huguenots, vous voilà reparti pour une petite session de *wine tasting*.
- **Jour 6 : Hermanus (7).** Si vous êtes en période de *whale watching* (juillet-début décembre), l'activité de votre journée est toute trouvée. Sinon, allez saluer la colonie de manchots à Betty's Bay, à une cinquantaine de km à l'ouest.
- **Jour 7 : Mossel Bay (8),** pour son musée consacré à Bartolomeu Dias, le navigateur portugais qui a découvert le site en 1488.
- **Jour 8 : Oudtshoorn (9).** La petite ville, capitale du Petit Karoo, est le royaume de l'autruche.
- **Jour 9 : Wilderness (10).** Ce village s'étale le long d'une plage sauvage, face à l'océan et ses vagues déferlantes.

• Jour 10 : Knysna (11). Au centre de la Garden Route, Knysna est une petite ville moderne baignée par une lagune ouverte sur l'océan.

• Jour 11 : Tsitsikamma National Park (12). Ce parc bordé par l'océan offre la possibilité de magnifiques randonnées.

• Jour 12 : Port Elizabeth (13). Cette grande ville n'est pas un joyau de la côte mais c'est une ville typique d'un mode de développement urbain à la sud-africaine.

• Jour 13 : Addo Elephant National Park (14), le 3e plus grand parc du pays, qui offre l'opportunité, avec de la chance, de voir les célèbres *Big Five*.

• Jour 14 : retour à Cape Town en avion depuis Port Elizabeth. Ou par la route (750 km pour Cape Town).

Port Elizabeth

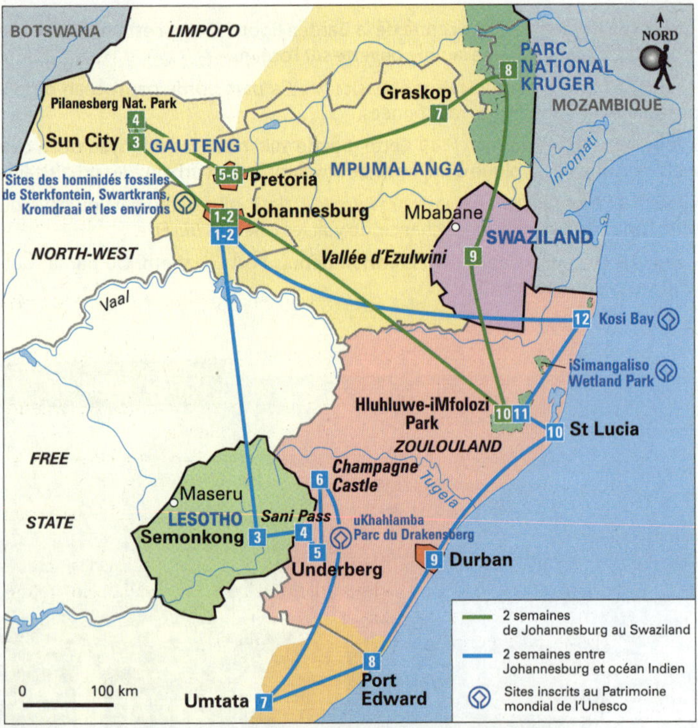

2 semaines de Johannesburg au Swaziland

- **Jours 1-2 : Johannesburg (1).** Parmi les nombreux quartiers, Maboneng Precinct, le nouveau secteur branché, Braamfontein *(Origins Centre)*, ou encore Orchards (musée Gandhi, *Satyagraha House*). Le lendemain, avec une agence locale, visite de **Soweto (2),** cet ensemble de townships qui appartient déjà à l'Histoire.
- **Jour 3 : Sun City (3).** L'antithèse de Soweto, avec ses parcs d'attractions, à voir pour son kitschissime palais de Lost City.
- **Jour 4 : Pilanesberg Park (4).** Ce parc ne rivalise pas avec le Kruger mais c'est une bonne introduction en vue de ce dernier.
- **Jours 5-6 : Pretoria (5).** Comme Johannesburg, la ville est une addition de quartiers : visiter *Melrose House* ou le *Voortrekker Museum* en apprend long sur les Boers et leur histoire. Excursion à **Cullinan (6)** pour sa mine de diamants.
- **Jour 7 :** dans le Mpumalanga, étape dans la bourgade de **Graskop (7),** après avoir visité l'ancien village de mineurs de Pilgrim's Rest.
- **Jours 8-9-10 :** visite de l'immense **parc Kruger (8),** à la recherche des *Big Five*. 3 journées permettent d'en explorer tous les recoins, enfin presque.
- **Jours 11-12 :** le **Swaziland (9).** Ce petit pays enclavé offre des paysages somptueux. De nombreux parcs et réserves naturelles à voir en établissant son camp de base dans la vallée d'Ezulwini.
- **Jour 13 : Hluhluwe-iMfolozi Park (10).** Le grand parc du KwaZulu-Natal, où le rhinocéros est roi.
- **Jour 14 :** retour sur Johannesburg.

2 semaines entre Johannesburg et océan Indien

Cet itinéraire nécessite un 4x4 et l'envie de sortir des sentiers battus.

- **Jours 1-2 : Johannesburg (1)** et **Soweto (2).**
- **Jours 3-4 :** le **Lesotho (3).** Pays enclavé, montagneux, qu'on traverse pour rejoindre le **Sani Pass (4)** puis l'Afrique du Sud. Nuits à Semonkong et au Sani Mountain Lodge.
- **Jours 5-6 :** la région du **Drakensberg.** On dirait les Alpes en Afrique. Étapes à **Underberg (5)** dans le Sud et dans la **vallée de Champagne Castle (6)** pour de belles randos.
- **Jour 7 : Umtata (Mtatha ; 7).** On n'y vient guère que pour le Neslon Mandela Museum, mais ce n'est déjà pas si mal !
- **Jour 8 : Wild Coast.** Les paysages préservés du littoral méritent bien leur nom et invitent à leur découverte. Nuit à **Port Edward (8).**
- **Jour 9 : Durban (9).** Ce grand port, avec son importante communauté indienne, est une métropole industrielle mais aussi une station balnéaire.
- **Jour 10 : St Lucia (10),** paisible petite ville au bord de l'estuaire, pour aller à la découverte de colonie d'hippopotames.
- **Jour 11 : Hluhluwe-iMfolozi Park (11).** Le grand parc du KwaZulu-Natal, où le rhinocéros est roi.
- **Jours 12-13 : Kosi Bay (12).** À la frontière avec le Mozambique, un sanctuaire naturel inviolé (c'est une partie du vaste ensemble qu'est l'iSimangaliso Wetland Park), entre mangrove et forêt tropicale.
- **Jour 14 :** retour sur Johannesburg.

SI VOUS ÊTES...

En famille : le parc Kruger, les parcs nationaux et les réserves privées en général pour découvrir la faune africaine, la péninsule du Cap pour ses colonies d'otaries et de manchots mais aussi pour ses plages familiales. À Franschhoek, la clinquante collection de voitures du *Motors Museum*. Hermanus et la côte à l'est du Cap pour observer les baleines en saison (de juillet à début décembre), Oudtshoorn et ses fermes d'autruches.

Plutôt nature : entre les sites de la région du Cap, les nombreux parcs nationaux et le littoral parsemé de petites réserves naturelles ou de plages sauvages à perte de vue, ici, on fait le plein de nature ! Sans oublier le Drakensberg, le Mpumalanga, le Lesotho ou le Swaziland, et leurs superbes sites naturels.

Plutôt culture : Johannesburg permet d'aborder l'histoire du pays, tout comme Robben Island, un des sites majeurs de Cape Town où fut emprisonné Nelson Mandela. La visite d'un township est aussi instructive sur la société sud-africaine. Sinon, la région des vignobles évoque l'histoire des huguenots. Et un peu partout des musées aux thématiques très variées.

Plutôt plages : le littoral sud-africain est réputé pour ses belles plages de sable blanc mais aussi pour ses vagues, qui attirent les surfeurs expérimentés. On trouve des criques abritées avec des eaux plus calmes cependant, mais, globalement, la baignade est plutôt sportive et la température de l'eau très fraîche ! Gare aux requins, qui abondent parfois non loin des côtes…

Jeune fille portant des bijoux traditionnels

Interview #experienceroutard

Par la rédaction du Routard

Qu'est-ce qui rend ce pays si unique ?

Sa composition tout d'abord : la métaphore de la nation arc-en-ciel, si souvent utilisée, est bien pratique, il faut le reconnaître, pour représenter cet assemblage, toujours fragile et à la limite de la rupture, de populations aussi diverses. Des descendants de protestants néerlandais ou français, de colons britanniques, des peuples africains – les plus nombreux bien sûr – des Indiens et tout le métissage qu'on est en droit d'attendre. Et dire que ce pays longtemps mis au ban des nations est devenu en peu de temps un exemple pour le monde entier. Pourvu que ça dure...

Un meilleur souvenir ?

Une viróo improvisée au cap Agulhas : c'est là – et pas au cap de Bonne-Espérance – qu'est la véritable pointe sud du continent noir, matérialisée par une borne. On vient s'y faire prendre en photo, avec l'océan Atlantique d'un côté de la borne et l'océan Indien de l'autre ! Il n'y a rien d'autre de particulier à voir, pas de manchots, pas de site historique, à part un phare qui se devait bien d'être là pour éclairer ce bout du monde. Dommage, on ne voit pas l'Antarctique, mais on le devine, quelque part au loin, à plus de... 3 000 km quand même.

Une expérience à partager ?

La visite d'un township, qui vous en apprend plus sur le pays que tout autre chose. Ils sont nombreux. Si vous passez du côté de Johannesburg, celui de Soweto s'impose, bien sûr, mais les townships des environs de Cape Town, plus récents, sont tout autant significatifs et émouvants. Aller à celui de Knysna, si l'on passe sur la Garden Route. Dans tous les cas, la visite – forcément guidée – permet de rencontrer des êtres que la vie n'a pas gâtés mais qui luttent avec dignité et vous inspirent.

Une chanson ?

Pata Pata de Miriam Makeba. Ça ne vous dit rien comme ça ? Si pourtant, vous connaissez, c'est sûr, et impossible de ne pas l'avoir entendu, ce hit de la fin des années 1960. Quand on l'a eu entre les oreilles, on ne l'oublie pas. Et grâce à elle vous saurez quelques mots de xhosa...

Un livre ?

Au plus noir de la nuit, d'André Brink. L'histoire d'un Noir, acteur de théâtre, qui, pour avoir aimé une Blanche, a connu la prison, d'où il raconte son histoire. Accusé d'avoir tué celle qu'il aimait, condamné à mort, il retrace un destin tragique emblématique des années sombres de l'apartheid.

LES QUESTIONS QU'ON SE POSE AVANT LE DÉPART

➢ Quels sont les documents nécessaires ?

Pas besoin de visa. Un passeport valable minimum 30 jours après le retour suffit, et un visa de tourisme de 3 mois est délivré gratuitement à la douane dès l'arrivée.
Attention, depuis 2015, l'Afrique du Sud est très stricte en ce qui concerne les enfants mineurs, puisque, à l'entrée sur le territoire sud-africain, les parents doivent présenter un document attestant du lien de filiation avec leur(s) enfant(s) (voir « Afrique du Sud utile. Avant le départ. Formalités »).

➢ Quelle est la meilleure saison pour y aller ?

Dans l'hémisphère sud, les saisons sont inversées. Éviter si possible la très haute saison, du 15 décembre au 15 janvier, qui correspond à l'été austral, donc aux vacances d'été des Sud-Africains. Les mois les plus agréables sont mai-juin (automne), et octobre-novembre (printemps).

➢ Quel budget prévoir ?

La vie est globalement moins chère qu'en Europe. Mais une chambre double dans un *B & B* correct ou un hôtel coûte souvent entre 1 000 et 1 500 R (env 67-100 €) la nuit, et même souvent davantage dans les endroits très touristiques comme Cape Town. Heureusement il y a presque partout des hébergements pour *backpackers* (les routards, quoi !), avec dortoirs ou chambres modestes pour 3 fois moins cher. Un repas au restaurant coûte en moyenne 180-200 R (env 12-13,50 €), un peu plus dans les grandes villes comme Cape Town ou Johannesburg.

➢ Comment se déplacer ?

Plusieurs compagnies de bus traversent le pays sur des axes touristiques bien tracés. Mais la voiture de location est bien plus pratique, à condition de ne pas être rebuté par la conduite à gauche. Le réseau routier est moderne et en bon état. L'avion est, bien sûr, un moyen rapide pour aller de Johannesburg au Cap, à Durban ou vers le parc Kruger.

➢ Côté santé, quelles précautions ?

Aucun vaccin n'est exigé pour entrer en Afrique du Sud. Mais il est recommandé de prendre un traitement antipaludéen si vous séjournez dans les parcs et réserves animalières au nord-est du pays (parc Kruger, Hluhluwe-iMfolozi, St Lucia).

➢ Y a-t-il des problèmes de sécurité ?

Il y en a, même si, dans l'ensemble, le pays est relativement sûr, mais il faut vraiment faire très attention dans les grandes villes et leurs *townships* (Cape Town, Durban et Johannesburg), éviter certains quartiers à certaines heures et suivre les règles élémentaires de sécurité.

➢ Quel est le décalage horaire ?

En hiver, quand il est 10h à Paris, il est 11h en Afrique du Sud. L'Afrique du Sud a seulement 1h d'avance sur l'heure d'hiver européenne, et on est à la même heure en été. Évidemment, cela tant que l'Union européenne ne revient pas sur l'heure d'été et l'heure d'hiver...

➢ Quel est le temps de vol ?

Autour de 10-11h depuis l'Europe.

➢ Peut-on y aller avec des enfants ?

Oui bien sûr. Les parcs animaliers, en particulier, sont l'occasion de découvertes inoubliables. Repérez nos meilleurs sites grâce au symbole 🚸.

➢ Comment payer sur place ?

L'usage des cartes de paiement est assez largement répandu et les distributeurs automatiques de billets (ATM) ne manquent pas.

➢ Quelle(s) langue(s) parle-t-on ?

L'anglais est la principale langue de communication. Mais en terme de nombre de locuteurs, c'est le zoulou, le xhosa et l'afrikaans qui sont les langues les plus parlées.

➢ Peut-on se baigner facilement ?

Oui, si l'on choisit les bonnes plages, mais il faut respecter les consignes et interdictions (courants dangereux par endroits ou présence de requins). La température de l'eau est souvent bien fraîche sur le littoral du Cap. L'océan Indien se prête surtout au surf et à la plongée sous-marine.

COMMENT Y ALLER ?

LES COMPAGNIES AÉRIENNES

▲ AIR FRANCE

Rens et résas au ☎ 36-54 (service 0,35 €/mn + prix appel ; tlj 6h30-22h), sur • airfrance.fr •, dans les agences Air France et dans ttes les agences de voyages. Fermées dim.

➢ Au départ de Paris-Roissy-CDG, Air France propose 1 vol direct/j. pour Johannesburg et jusqu'à 4 vols directs/sem vers Cape Town. Grâce aux accords passés avec la compagnie kulula.com, des correspondances sont possibles vers Durban, East London, George, Lanseria et Cape Town (via Johannesburg).

Air France propose à tous des tarifs attractifs toute l'année. Pour consulter les meilleures offres du moment, allez directement sur la page « Nos meilleurs tarifs » sur *• airfrance.fr • Flying Blue,* le programme de fidélité gratuit d'Air France, permet de gagner des *miles* en voyageant sur les vols Air France, KLM, et les compagnies membres de *Skyteam,* mais aussi auprès des nombreux partenaires non aériens *Flying Blue...* Les *miles* peuvent ensuite être échangés contre des billets d'avion ou des services (surclassement, bagage supplémentaire, accès salon...) ainsi qu'auprès des partenaires. Pour en savoir plus, rendez-vous sur *• flying blue.com •*

▲ KLM

Infos et résas : ☎ 09-69-36-86-05 (service 0,35 €/mn + prix appel) • klm.fr • Résas par tél, Internet, dans les agences Air France.

➢ Au départ de Paris-Roissy-CDG, KLM dessert Johannesburg et Cape Town à raison de 1 vol/j. sur chaque destination. Il existe également de nombreux départs possibles de province ou de Paris vers Amsterdam pour rejoindre ensuite l'Afrique du Sud.

▲ BRITISH AIRWAYS

Rens et résas : ☎ 0825-825-400 (0,18 €/mn + prix appel). Lun-sam 9h-18h (14h sam). Ou auprès de votre agence de voyages. Résas également sur • britishairways.com •

➢ Au départ de Paris et de plusieurs villes françaises, British Airways propose en moyenne 2 vols/j. via Londres Heathrow pour Johannesburg et 1 vol direct/j. également via Londres Heathrow pour Cape Town.

British Airways (en partenariat avec Comair) assure 3-4 vols/j. entre Cape Town et Durban, 6-7 vols/j. entre Johannesburg et Durban, et une douzaine de vols/j. entre Cape Town et Johannesburg. La compagnie propose aussi 4-5 vols/j. entre Port Elizabeth et Johannesburg et 1 vol/j. entre Port Elizabeth et Cape Town.

LES ORGANISMES DE VOYAGES

En France

▲ AFRIQUE DU SUD SUR MESURE

• afriquedusud-surmesure.com •

Contactez Afrique du Sud sur Mesure, une agence locale de confiance, pour organiser votre voyage sur mesure en Afrique du Sud. Ses conseillers, fins connaisseurs du terrain et de la réalité du pays, vous accompagnent dans la préparation de votre voyage, en couple, en famille ou en groupe d'amis. Vous avez ainsi accès à un service personnalisé en bénéficiant d'un prix accessible. Membre de la communauté *Bynativ,* Afrique du Sud sur Mesure vous propose un maximum de garanties et de services : règlement en ligne sécurisé, possibilité de souscrire à une assurance de voyage et de bénéficier de garanties solides en cas d'imprévu. De quoi voyager de façon authentique et en toute tranquillité !

▲ ALLIBERT TREKKING

– Paris : 37, bd Beaumarchais, 75003. ☎ 01-44-59-35-35. • allibert-trekking.com • Ⓜ Chemin-Vert ou Bastille. Lun-ven 9h-19h, sam 10h-18h. Agences également à Chamonix, Chapareillan, Lyon, Nice et Toulouse.

Né en 1975 d'une passion commune entre 3 guides de montagne, Allibert propose aujourd'hui des voyages aux 4 coins du monde. Découvrir de nouveaux itinéraires en respectant la nature et les cultures des régions traversées reste leur priorité. Pour chaque pays, différents niveaux de difficulté. Allibert est le premier tour-opérateur certifié Tourisme responsable.

▲ CERCLE DES VACANCES

– Paris : 31, av. de l'Opéra, 75001. ☎ 01-40-15-15-15. • cercledesvacances.com • Ⓜ Pyramides ou Opéra. Lun-ven 9h-20h, sam 10h-18h30.

Le vrai voyage sur mesure, à destination du continent africain dont l'Afrique du Sud, le Kenya et la Tanzanie. Cercle des Vacances propose un large choix de voyages adaptés à chaque client : safaris, voyages au volant de votre voiture de location, trekking et ascensions, circuits en petits groupes, combinés safari et plage, voyages de noces... Les experts Cercle des Vacances partagent leurs conseils et leurs petits secrets pour faire de chaque voyage une expérience inoubliable. Cercle des Vacances offre également un service liste de mariage gratuit. Les petits plus qui font la différence : un survol en montgolfière au lever du soleil, un dîner romantique au milieu du bush, ou encore un feu de camp au cœur de la savane.

▲ CLUB FAUNE VOYAGES

– 14 rue de Siam, 75116. ☎ 01-42-88-31-32 • club-faune.com • Lun-ven de 9h-19h.

Club Faune Voyages, spécialiste du voyage sur-mesure depuis 1985, vous invite à découvrir l'Afrique du Sud. Accompagnés et conseillés par un de ses experts passionnés, vous construirez ensemble le « voyage de vos envies » et découvrirez les adresses les plus secrètes au cours d'itinéraires à la carte : Escapade dans la région du Cap à la découverte des vignobles Huguenots, observation des baleines au cœur de la « Walker Bay », échappées sauvages dans les plus belles réserves africaines, rencontre avec les Big V et contemplation de la brousse au cours d'un voyage inédit en mongolfière... Votre conseiller vous recevra dans « l'Espace Voyage » de l'agence : salon cosy avec projection sur grand écran des sites incontournables et d'une sélection d'hôtels et lodges de prestige, le tout pour satisfaire vos attentes et créer un voyage sur-mesure authentique !

▲ COMPTOIR DES VOYAGES

• comptoir.fr •

– Paris : 2-18, rue Saint-Victor, 75005. ☎ 01-53-10-30-15. Ⓜ Maubert-Mutualité. Lun-sam 9h30 (10h sam)-18h30.

– Bordeaux : 26, cours du Chapeau-Rouge, 33800. ☎ 05-35-54-31-40. Lun-sam 9h30-18h30.

– Lille : 76, rue Nationale, 59160. ☎ 03-28-04-68-20. Ⓜ Rihour. Lun-sam 9h30-18h30.

– Lyon : 10, quai Tilsitt, 69002. ☎ 04-72-44-13-40. Ⓜ Bellecour. Lun-sam 9h30-18h30.

– Marseille : 12, rue Breteuil, 13001. ☎ 04-84-25-21-80. Ⓜ Estrangin. Lun-sam 9h30-18h30.

– Toulouse : 43, rue Peyrolières, 31000. ☎ 05-62-30-15-00. Ⓜ Esquirol. Lun-sam 9h30-18h30.

Comptoir des Voyages s'impose comme une référence incontournable dans le voyage sur mesure, avec 80 destinations couvrant les 5 continents. Ses voyages s'adressent à tous ceux qui souhaitent vivre un pays de façon simple en s'y sentant accueilli. Les conseillers privilégient des hébergements typiques, des moyens de transport locaux et des expériences authentiques pour favoriser l'immersion dans la vie locale. Comptoir vous offre aussi la possibilité de rencontrer des francophones habitant dans le monde entier, des *greeters*, qui vous donneront, le temps d'un café, les clés de leur ville ou de leur pays. Comptoir des Voyages propose aussi une large gamme de services : échanges par visioconférence, devis web et carnet

de voyage personnalisés, assistance téléphonique 24h/24 et tous les jours pendant votre voyage...

▲ ÉQUINOXIALES

• equinoxiales.fr • ☎ 01-77-48-81-00.

Véritable voyagiste spécialiste du « sur mesure » depuis plus de 30 ans. Leur équipe de conseillers commence par vous écouter et sont là pour vous accompagner et concrétiser vos envies en voyage, adaptées à votre personnalité et vos passions. Les destinations fortes d'Équinoxiales : toutes les Amériques (Canada, États-Unis, Mexique, Amérique centrale, Amérique du Sud), l'Australie et la Nouvelle-Zélande, l'Afrique australe. Mais aussi les Caraïbes grâce à leur partenariat avec *Sandals,* collection d'hôtels – *resorts* de luxe *all inclusive.* Du circuit accompagné au séjour à la carte, tous les types de voyages sont proposés sur chaque destination. Petit plus : la garantie assistance April offerte à tous les voyageurs.

▲ MONDE AUTHENTIQUE

– Paris : 5, rue Thorel, 75002. ☎ 01-53-34-92-71. • monde-authentique.com • Ⓜ Bonne-Nouvelle. Lun-ven 9h30-19h, sam sur rdv – ou à domicile sur Paris – ou en région parisienne (moyennant participation).

Envie de sortir des sentiers battus, de découvrir ce qu'un pays peut proposer de meilleur ? Depuis 2003, Monde Authentique propose des itinéraires individuels à l'écart des sentiers battus sur des destinations originales. En parfaits artisans et connaisseurs du monde, les 14 créateurs de voyages maîtrisent à la perfection les destinations sur lesquelles ils travaillent. Monde Authentique s'adresse à des clients exigeants désireux de faire de beaux voyages.

▲ NOMADE AVENTURE

☎ 0825-701-702 (0,15 €/mn + prix appel). • nomade-aventure.com •

– Paris : 40, rue de la Montagne-Sainte-Geneviève, 75005. ☎ 01-46-33-71-71. Ⓜ Maubert-Mutualité. Lun-sam 9h30-18h30.

– Lyon : 10, quai Tilsitt, 69002. ☎ 04-72-44-13-50. Lun-sam 9h30-18h30.

– Marseille : 12, rue Breteuil, 13001. ☎ 04-84-25-21-86. Lun-sam 9h30-18h30.

– Toulouse : 43, rue Peyrolières, 31000. ☎ 05-62-30-10-77. Lun-sam 9h30-18h30.

Nomade Aventure propose des circuits inédits partout dans le monde, à réaliser en famille, entre amis, avec ou sans guide. Également la possibilité d'organiser, hors de groupes constitués, un séjour libre en toute autonomie et sur mesure. Spécialiste de l'aventure avec plus de 600 itinéraires (de niveau tranquille, dynamique, sportif ou sportif +) faits d'échanges et de rencontres avec les habitants, Nomade Aventure donne la priorité aux expériences authentiques à pied, à VTT, à cheval, à dos de chameau, en bateau ou en 4x4.

▲ ROUTE DES VOYAGES (LA)

– Paris : 10, rue Choron, 75009. ☎ 01-55-31-98-80. Ⓜ Notre-Dame-de-Lorette.

– Angers : 6, rue Corneille, 49000. ☎ 02-41-43-26-65.

– Annecy : 4 bis, av. d'Aléry, 74000. ☎ 04-50-45-60-20.

– Bordeaux : 19, rue des Frères-Bonie, 33000. ☎ 05-56-90-11-20.

– Lyon : 59, rue Franklin, 69002. ☎ 04-78-42-53-58.

– Toulouse : 9, rue Saint-Antoine-du-T, 31000. ☎ 05-62-27-00-68.

Agences ouv lun-ven 9h-19h (18h ven). Rdv conseillé.

• laroutedesvoyages.com •

20 ans d'expérience de voyage sur mesure sur les 5 continents ! 15 pays en Europe complètent à présent leur offre de voyages sur mesure. Cette équipe de voyageurs passionnés a développé un vrai savoir-faire du voyage personnalisé : écoute, conseils, voyages de repérage réguliers et des correspondants sur place soigneusement sélectionnés avec qui ils travaillent en direct. Son engagement à promouvoir un tourisme responsable se traduit par des possibilités de séjours solidaires à insérer dans les itinéraires de découverte individuelle. Elle a aussi créé un programme de compensation solidaire qui permet de financer des projets de développement locaux.

▲ TERRE VOYAGES

– Paris : 28, bd de la Bastille, 75012. ☎ 01-44-32-12-81. • terre-voyages.com • Ⓜ Bastille. Lun-ven 8h-18h30, sam 10h-18h.

Les créateurs de voyages de Terre Voyages sont de fins connaisseurs, des experts des pays proposés, car tous natifs ou passionnés de leur destination. Ils sauront écouter vos attentes pour créer une offre de voyages sur mesure qui réponde à vos envies de découverte et vous proposeront une approche authentique des cultures et des peuples dans le respect de leur environnement naturel et au juste prix. Pour tous les voyageurs qui attendent d'une échappée lointaine plus qu'une simple visite mais, au contraire, une véritable connaissance et un apprentissage responsable des différentes cultures de l'Afrique du Sud en totale immersion, Terre Voyages est le spécialiste qu'il leur faut.

▲ TERRES D'AVENTURE

Nº Indigo : ☎ 0825-700-825 (0,15 €/mn + prix appel). • terdav.com •
– Paris : 30, rue Saint-Augustin, 75002. ☎ 01-70-82-90-00. Ⓜ Opéra ou Quatre-Septembre. Lun-sam 9h30-19h.
– Agences également à Bordeaux, Grenoble, Lille, Lyon, Marseille, Nantes, Rennes, Rouen, Strasbourg, et Toulouse.

Depuis 1976, Terres d'Aventure, spécialiste du voyage à pied, propose aux voyageurs passionnés de marche et de rencontres des randonnées hors des sentiers battus à la découverte des grands espaces de notre planète. Voyages à pied, à cheval, en bateau, à raquettes... Sur tous les continents, des aventures en petits groupes ou en individuel encadrés par des professionnels expérimentés sont proposées. Les hébergements dépendent des sites explorés : camps d'altitude, bivouac, refuge ou petits hôtels. Les voyages sont conçus par niveaux de difficulté : de la balade simple en plaine à l'expédition sportive en passant par la course en haute montagne.
En province, certaines de leurs agences sont de véritables *Cités des Voyageurs* dédiées au voyage. Consultez le programme des manifestations sur leur site internet.

▲ TERRES DE CHARME & ÎLES DU MONDE

• terresdecharme.com •
– Paris : 5 bis, rue de l'Asile-Popincourt, 75011. ☎ 01-55-42-74-10. Lun, mer-ven 9h30-18h30, mar 14h-18h30.
– 68, rue de Miromesnil, 75008. Lun, mer-ven 9h30-18-30, mar 14h-18h30, sam 10h30-13h et 14h-17h.

Créé en 1999, Terres de Charme propose aux voyageurs des expériences rares, authentiques et exclusives à travers le monde. Cachettes secrètes dans les îles italiennes, *city breaks* au cœur des grandes capitales, croisières sur le Nil sur un sandal traditionnel ou bivouac privé en terre masaï sont quelques-unes des pépites de sa collection. Son équipe vous apporte son expertise pour concevoir un voyage singulier, unique et hors des sentiers battus, tout en séjournant dans des adresses de charme et d'exception.

▲ VIE SAUVAGE

– Paris : 24, rue Vignon, 75009. ☎ 01-44-51-08-00. • viesauvage.fr • Ⓜ Madeleine. Lun-ven 9h-19h (18h ven) ; sam sur rdv 10h-13h, 14h-18h30.

Spécialisé plus particulièrement dans les safaris sous différentes formes (autotour, safari en réserve privée, etc.) sur le continent africain, Vie Sauvage propose plusieurs types de formules pour découvrir l'Afrique du Sud : circuits avec petits hôtels pour un séjour à prix raisonnables, voyages à la carte dans les réserves avec logement en bungalows, lodges et camps de tente, ou bien encore l'Afrique du Sud à cheval pour galoper parmi les animaux dans le Waterberg ou près du Kruger. Sans oublier un itinéraire pour profiter des plus belles adresses du pays.

▲ VOYAGEURS DU MONDE

Voyageurs en Afrique : ☎ 01-42-86-16-60. • voyageursdumonde.fr •
– Paris : La Cité des Voyageurs, 55, rue Sainte-Anne, 75002. ☎ 01-42-86-16-00. Ⓜ Opéra ou Pyramides. Lun-sam 9h30-19h. Avec une librairie spécialisée sur les voyages.
– Également des agences à Bordeaux, Grenoble, Lille, Lyon, Marseille,

Montpellier, Nantes, Nice, Rennes, Rouen, Strasbourg et Toulouse, ainsi qu'à Bruxelles et Genève.
Parce que chaque voyageur est différent, que chacun a ses rêves et ses idées pour les réaliser, Voyageurs du Monde conçoit, depuis plus de 30 ans, des projets sur mesure. Les séjours proposés sur 120 destinations sont élaborés par leurs 180 conseillers voyageurs. Spécialistes par pays et même par région, ils vous aideront à personnaliser les voyages présentés à travers une trentaine de brochures d'un nouveau type et sur le site internet où vous pourrez également découvrir les hébergements exclusifs et consulter votre espace personnalisé. Au cours de votre séjour, vous bénéficiez des services personnalisés Voyageurs du Monde, dont la possibilité de modifier à tout moment votre voyage, l'assistance d'un concierge local, la mise en place de rencontres et de visites privées et l'accès à votre carnet de voyage via une application iPhone et Android. Voyageurs du Monde est membre de l'association ATR (Agir pour un tourisme responsable) et a obtenu sa certification Tourisme responsable AFAQ AFNOR.

Voir aussi au sein de chaque ville les agences locales que nous avons sélectionnées.

Comment aller à Roissy et à Orly ?

Toutes les infos sur notre site ● *routard.com* ● à l'adresse suivante : ● *bit.ly/aeroports-routard* ●

En Belgique

▲ CONNECTIONS

Rens et résas : ☎ *070-233-313.* ● *connections.be* ● Fort d'une expérience de plus de 20 ans dans le domaine du voyage, Connections dispose d'un réseau de 32 *travel shops* dont une à Brussels Airport. Connections propose des vols dans le monde entier à des tarifs avantageux et des voyages destinés à des voyageurs désireux de découvrir la planète de façon autonome. Connections propose une gamme complète de produits : vols, hébergements, locations de voitures, autotours, vacances sportives, excursions...

▲ CONTINENTS INSOLITES

– Bruxelles : rue César-Franck, 44 A, 1050. ☎ *02-218-24-84.* ● *continents-insolites.com* ● *Lun-ven 10h-18h, sam 10h-16h30 sur rdv.*
Continents Insolites, organisateur de voyages lointains sans intermédiaire propose une gamme étendue de formules de voyages détaillées sur leur site internet.
– *Voyages découverte sur mesure :* à partir de 2 personnes. Un grand choix d'hébergements soigneusement sélectionnés : du petit hôtel simple à l'établissement luxueux et de charme.
– *Circuits découverte en minigroupes :* de la grande expédition au circuit accessible à tous. Des circuits à dates fixes dans plus de 60 pays en petits groupes francophones de 7 à 12 personnes. Avant chaque départ, une réunion est organisée. Voyages encadrés par des guides francophones, spécialistes des régions visitées.

▲ PAMPA EXPLOR

– Bruxelles : av. Brugmann, 250, 1180. ☎ *02-340-09-09.* ● *pampa.be* ● *Lun 13h-19h, mar-ven 9h-19h, sam sur rdv 10h-18h.*
Spécialiste des voyages « à la carte », Pampa Explor propose plus de 70 % de la « planète bleue », selon les goûts, attentes, centres d'intérêt et budgets de chacun. Pampa Explor privilégie des découvertes authentiques et originales, Pour ceux qui apprécient la jungle et les Pataugas ou ceux qui préfèrent les voyages de luxe. En individuel ou en petits groupes, mais toujours « sur mesure ».

▲ SOUTH AFRICAN TRAVELLERS

– Cape Town : 32, Parliament St. 📱 *+ 27 (0)72-92-00-490.* ● *satravellers.com* ● *Lun-ven 9h-19h.*
Cette agence locale 100 % francophone, gérée par 2 Belges, est basée en Afrique du Sud. Véritables artisans du voyage, ils organisent des séjours personnalisés entre océan et savane. Installés à Cape Town, avec un bureau

satellite dans la région du Kruger Park, ils vous accueilleront personnellement et seront toujours disponibles pour ajouter la touche supplémentaire qui fera de votre voyage un moment inoubliable. Spécialistes des voyages de noces, des voyages familiaux et des escapades entre amis, ils ont scrupuleusement choisi et validé chaque suite, destination et activité, et cela sans aucun intermédiaire, juste entre vous et eux !

▲ TERRES D'AVENTURE

– Bruxelles : 23, chaussée de Charleroi, 1060. ☎ 02-543-95-60. • terdav.com • Lun-sam 10h-19h.

Voir texte dans la partie « En France ».

▲ VOYAGEURS DU MONDE

– Bruxelles : 23, chaussée de Charleroi, 1060. ☎ 02-543-95-50. Le spécialiste du voyage en individuel sur mesure. • voyageursdumonde.com •

Voir texte dans la partie « En France ».

En Suisse

▲ L'ÈRE DU VOYAGE

– Nyon : Grand-Rue, 21, CH-1260. ☎ 022-365-15-65. • ereduvoyage.ch • Mar-ven 8h30-12h30, 13h30-18h ; sur rdv en dehors de ces heures.

Agence fondée par 4 professionnelles qui ont la passion du voyage. Elles pourront vous conseiller et vous faire part de leur expérience en Asie, Afrique australe et Moyen-Orient. Des itinéraires originaux, testés par l'équipe de l'agence : voyages sur mesure pour découvrir un pays en toute liberté en voiture privée avec ou sans chauffeur, guide local et logements de charme ; petites escapades pour un week-end prolongé et voyages en famille.

▲ JERRYCAN VOYAGES

– Genève : 11, rue Sautter, 1205. ☎ 022-346-92-82. • jerrycan-voyages.ch • Lun-ven 9h-12h30, 13h30-18h.

Tour-opérateur de la Suisse francophone spécialisé sur l'Afrique, l'Asie et l'Amérique latine. Trois belles brochures proposent des circuits individuels et sur mesure. L'équipe connaît bien son sujet et peut construire un voyage à la carte.

▲ ROUTE DES VOYAGES

• laroute-voyages.com • geneve@route-voyages.com • ☎ 022-552-34-46.

Voir texte dans la partie « En France ».

▲ STA TRAVEL

• statravel.ch • ☎ 058-450-49-49.
– Fribourg : rue de Lausanne, 24, 1701. ☎ 058-450-49-80.
– Genève : rue Pierre-Fatio, 19, 1204. ☎ 058-450-48-00.
– Genève : rue Vignier, 3, 1205. ☎ 058-450-48-30.
– Lausanne : bd de Grancy, 20, 1006. ☎ 058-450-48-50.
– Lausanne : à l'université, Anthropole, 1015. ☎ 058-450-49-20.

Agences spécialisées notamment dans les voyages pour jeunes et étudiants. 150 bureaux STA et plus de 700 agents du même groupe répartis dans le monde entier sont là pour donner un coup de main *(Travel Help).*
STA propose des tarifs avantageux : vols secs *(Blue Ticket),* hôtels, écoles de langues, *work & travel,* circuits d'aventure, voitures de location, etc. Délivre la carte internationale d'étudiant et la carte Jeune.

▲ TERRES D'AVENTURE

– Genève : 19, rue de la Rôtisserie, 1204. ☎ 022-518-05-13. • geneve@terdav.com • Lun-ven 10h-19h, sam 9h30-18h30.

Voir texte dans la partie « En France ».

Au Québec

▲ EXOTIK TOURS

Rens sur • exotiktours.com • ou auprès de votre agence de voyages.

Exotik Tours offre une importante programmation en été comme en hiver sur la Méditerranée et l'Europe. L'hiver, des séjours sont proposés dans le Bassin méditerranéen et en Asie. Durant cette saison, on peut également opter pour des combinés plage + circuit. Dans la rubrique « Grands voyages », le voyagiste suggère des périples en petits groupes ou en individuel. Au choix : l'Amérique du Sud, le Pacifique Sud, l'Afrique (Afrique du Sud, Kenya, Tanzanie), l'Inde et le Népal.

▲ EXPÉDITIONS MONDE

• expeditionsmonde.com •

Expéditions Monde est à l'avant-garde du voyage d'aventure, de découverte, de trekking, de vélo, et d'alpinisme sur tous les continents. Les voyages en petits groupes facilitent les déplacements dans les régions les plus reculées et favorisent l'interaction avec les peuples locaux pour vivre une expérience authentique. Expéditions Monde offre aussi la possibilité de voyager en Europe à pied ou à vélo, en liberté.

▲ EXPLORATEUR VOYAGES

Rens : 328, Ontario Est, Montréal, H2X 1H6. Rens : ☎ (514) 847-1177. • explorateurvoyages.com • Lun-mer 9h-18h, jeu-ven 9h-20h, sam 10h-15h.

Cette agence de voyages montréalaise propose une intéressante production maison, axée sur les voyages d'aventures en petits groupes (5 à 13 personnes maxi) ou en individuel. Ses itinéraires originaux, en Amérique latine, en Asie, en Afrique et au Moyen-Orient, se veulent respectueux des peuples et des écosystèmes, guidés par un accompagnateur de l'agence. Intéressant pour se familiariser avec ces différents circuits : les soirées Explorateur (gratuites), avec présentation audiovisuelle.

▲ KARAVANIERS

Rens : 4035, rue Saint-Ambroise, local 220N, Montréal, H4C 2E1. ☎ (514) 281-0799. • karavaniers.com • Lun-ven 9h-18h, sam 10h-15h.

L'agence québécoise Karavaniers du Monde a pour but de rendre accessibles des expéditions aux 4 coins de la planète. Toujours soucieuse de respecter les populations locales et l'environnement, Karavaniers favorise la découverte d'une quarantaine de destinations à pied et en kayak de mer, en petits groupes accompagnés d'un guide francophone et d'un guide local, avec hébergement en auberge ou sous la tente.

▲ TOURS CHANTECLERC

• tourschanteclerc.com •

Tours Chanteclerc est un tour-opérateur qui publie différentes brochures de voyages : Europe, Amérique du Nord, Amérique du Sud, Asie et Pacifique Sud, Afrique et le Bassin méditerranéen en circuits ou en séjours. Il s'adresse aux voyageurs indépendants qui réservent un billet d'avion, un hébergement (dans toute l'Europe), des excursions ou une location de voiture. Également spécialiste de Paris, le tour-opérateur offre une vaste sélection d'hôtels et d'appartements dans la capitale française.

AFRIQUE DU SUD UTILE

ABC de l'Afrique du Sud

- ***Population :*** 57,7 millions d'hab. (estimation 2018).
- ***Superficie :*** 1 219 912 km² (plus de 2 fois la France).
- ***Capitales :*** Pretoria (administrative), Cape Town (législative), Bloemfontein (judiciaire).
- ***Régime :*** république parlementaire.
- ***Président de la République :*** Cyril Ramaphosa, depuis février 2018.
- ***Monnaie :*** le rand (R). 1 rand = env 0,07 €. 1 euro = env 15 rands.
- ***Indice de développement humain :*** 0,699 (113e rang mondial sur 189)
- ***Peuples et ethnies :*** 79 % de Noirs, 9,5 % de Blancs (Afrikaners et Blancs d'origine britannique), 9 % de métis (coloured people) et 2,5 % d'Indiens. La population noire est composée de plusieurs ethnies : Zoulous, Xhosas, peuples sothos du Nord et vendas...
- ***Langues :*** 11 langues officielles, dont l'afrikaans, le zoulou et l'anglais. Et aussi le ndebele, le sotho, le swazi, le tswana, le venda, le xhosa (la plus parlée avec le zoulou).
- ***Symboles nationaux :*** la *protea* (fleur typique d'Afrique du Sud) et le springbok, une gazelle.
- ***Devise nationale :*** « L'unité dans la diversité ».
- ***Croissance économique :*** env 0,8 % (2018).
- ***Chômage :*** env 27 % (2019).
- ***Signes particuliers :*** seul pays au monde avec 6 couleurs sur son drapeau et un hymne en 5 langues.

AVANT LE DÉPART

Adresses et infos utiles

En France

Office de tourisme d'Afrique du Sud : *☎ 0810-203-403 (call center, lun-ven 9h30-17h30 ; prix d'un appel local). • country.southafrica.net/country/fr/fr •*

Ambassade d'Afrique du Sud : *59, quai d'Orsay, 75343 Paris Cedex 7. ☎ 01-53-59-23-23. • afriquesud.net • Ⓜ Alma-Marceau, Invalides ou Franklin-D.-Roosevelt ; RER C : Pont-de-l'Alma ou Invalides. Lun-ven 8h30-17h15 (9h-12h pour les visas).*

Consulat honoraire d'Afrique du Sud : *Centre d'affaires Île-de-France, 4, av. Charles-Tillon, 35000 Rennes. ☎ 02-23-46-14-18.*

Consulat général : *8, av. Foch, 59700 Marcq-en-Barrœul. ☎ 03-20-57-54-73.*

En Belgique

■ **Ambassade d'Afrique du Sud :** *rue Montoyer, 17-19, Bruxelles 1000. ☎ 02-285-44-00. • southafrica.be • Bureau du tourisme.*

En Suisse

■ **Ambassade d'Afrique du Sud :** *Alpenstr. 29, 3006 Berne. ☎ (031) 350-13-13. • southafrica.ch •*

■ ***Mission Permanente d'Afrique du Sud :*** *rue du Rhône, 65 (8ᵉ étage), 1204 Genève. ☎ (022) 849-54-54. • safricaun.ch •*

Au Canada

■ **Ambassade et consulat d'Afrique du Sud** (High Commission) **:** *15, Sussex Dr, Ottawa (Ontario), K1M 1M8. ☎ (613) 744-0330. • southafrica-canada.ca •*

Formalités

– Visa non nécessaire pour les ressortissants français, belges, suisses, luxembourgeois ou canadiens en possession d'un passeport valide pendant au moins 30 jours après la date de retour et d'un billet d'avion. Attention, il doit rester dans le passeport au moins 2 pages vierges. Un visa de tourisme de 3 mois est délivré gratuitement à la douane sud-africaine dès l'arrivée. Attention pour les séjours plus longs, les Sud-Africains sont assez pointilleux en matière d'immigration.
– Des visas à entrées multiples sont délivrés à ceux qui repassent par l'Afrique du Sud après un voyage dans les pays voisins.
– Les ***mineurs*** doivent être munis de leur propre pièce d'identité (passeport). Pour l'autorisation de sortie de territoire lorsque les enfants ne sont pas accompagnés par un de leurs parents, chaque pays a mis en place sa propre régulation. Ainsi, pour ***les mineurs français,*** une loi entrée en vigueur en janvier 2017 a ***rétabli l'autorisation de sortie du territoire.*** Pour voyager à l'étranger, ils doivent être munis d'une pièce d'identité (passeport), d'un formulaire signé par l'un des parents titulaire de l'autorité parentale et de la photocopie de la pièce d'identité du parent signataire. Renseignements auprès des services de votre commune et sur *• service-public.fr •*
– ***Si vous voyagez avec des enfants :*** attention, ***des règles très strictes et particulièrement draconiennes sont en vigueur pour voyager avec des enfants depuis 2015.*** Elles ont pour objectif d'éradiquer le trafic d'enfants. Si vous ne les suivez pas à la lettre, vous prenez le risque que la compagnie vous refuse l'accès à bord (ou pire, qu'on ne vous laisse pas entrer dans le pays). Cela arrive chaque année à des familles qui ont pris cette réglementation trop à la légère.
Voici les règles en vigueur en 2019 (vérifier qu'elles n'ont pas évolué depuis) : vous devez présenter la copie intégrale de l'acte de naissance de chaque enfant, en langue anglaise, ***dans une traduction faite par un traducteur assermenté*** ou un extrait d'acte de naissance plurilingue. Le livret de famille pourra être aussi présenté. Bien entendu, les enfants, même mineurs, doivent voyager avec un passeport personnel. S'ils voyagent avec l'un des 2 parents seulement, ***une autorisation de sortie du territoire de moins de 3 mois, signée par le parent ne voyageant pas,*** doit être produite en plus de la copie de l'acte de naissance. Si l'un des 2 parents est décédé, il faut fournir ***l'acte de décès dudit parent.***
Pour plus d'informations, consulter le site de l'ambassade d'Afrique du Sud ou le site du ministère des Affaires étrangères à Paris.
– ***Un conseil :*** pensez à scanner ou prendre en photo vos passeport, visa, carte de paiement, billet d'avion et *vouchers* d'hôtel. Ensuite, adressez-les-vous par mail, en pièces jointes. En cas de perte ou de vol, les démarches administratives seront bien plus rapides.

Ariane, pour votre sécurité, restez connecté.

Avant de partir en voyage, ayons les bons réflexes !
Vous pouvez enregistrer votre voyage sur le service Ariane du ministère de

LA BOTTE SECRÈTE
DU ROUTARD

S'AVENTURER DANS LES LIEUX LES PLUS INSOLITES DE LA PÉNINSULE

COMPRENDRE LA TRADITION DU CAFÉ SUSPENDU

DÉCOUVRIR LES GRANDS CLASSIQUES DU CINÉMA ITALIEN ET LEURS LIEUX DE TOURNAGE

FAIRE UN ROAD TRIP À VESPA LE LONG DE LA CÔTE AMALFITAINE

CONNAÎTRE L'ORIGINE DU SPRITZ

...

Le Routard

l'Europe et des Affaires étrangères. Ce service gratuit vous permet, lors de vos voyages personnels, touristiques ou professionnels, de recevoir des consignes de sécurité sur le pays dans lequel vous voyagez.
La fiche Conseils aux voyageurs, consacrée à votre pays de destination vous donne des informations utiles liées à la sécurité, aux formalités de séjour, aux démarches de santé et aux lois et coutumes du pays dans lequel vous voyagez. Elle est consultable sur le site • *diplomatie.gouv.fr* •

Avoir un passeport européen, ça peut être utile !

L'Union européenne a organisé une assistance consulaire mutuelle pour les ressortissants de l'UE en cas de problème en voyage.
Vous pouvez y faire appel lorsque la France (c'est rare) ou la Belgique (c'est plus fréquent) ne disposent pas d'une représentation dans le pays où vous vous trouvez. Concrètement, cette assistance vous permet de demander de l'aide à l'ambassade ou au consulat (pas à un consulat honoraire) de n'importe quel État membre de l'UE. Leurs services vous indiqueront s'ils peuvent directement vous aider ou vous préciseront ce qu'il faut faire.
Leur assistance est, bien entendu, limitée aux situations d'urgence : décès, accidents ayant entraîné des blessures ou des lésions, maladie grave, rapatriement pour raison médicale, arrestation ou détention. En cas ***de perte ou de vol de votre passeport,*** ils pourront également vous procurer un ***document provisoire de voyage.***
Cette entraide consulaire entre les États membres de l'UE ne peut vous garantir un accueil dans votre langue. En général, une langue européenne courante sera pratiquée.

Assurances voyages

■ ***Assurance Routard par AVI International :*** *40, rue Washington, 75008 Paris.* ☎ *01-44-63-51-00.* Ⓜ *George-V.* • *avi-international.com* • Enrichie année après année par les retours des lecteurs, *Routard Assurance* est devenue une assurance voyage incontournable. Tout est compris : frais médicaux, assistance rapatriement, bagages, responsabilité civile...
Vous avez besoin d'un médecin, d'un conseil médical ou d'une prise en charge dans un hôpital ? Appelez simplement le plateau *AVI Assistance* disponible 24h/24, leur réseau est l'un des plus complets actuellement. Vous avez eu des frais de santé en voyage ? Envoyez les factures à votre retour, *AVI* vous rembourse sous une semaine. Avant votre départ, n'hésitez pas à les appeler pour des conseils personnalisés.
Et téléchargez l'appli mobile pour garder le contact avec l'assistance 24h/24 et disposer de l'un des meilleurs réseaux médicaux à travers le monde.

■ ***AVA :*** *25, rue de Maubeuge, 75009 Paris.* ☎ *01-53-20-44-20.* • *ava.fr* • Ⓜ *Cadet.* Un autre courtier fiable pour ceux qui souhaitent s'assurer en cas de décès-invalidité-accident lors d'un voyage à l'étranger, mais surtout pour bénéficier d'une assistance rapatriement, perte de bagages et annulation. Attention, franchises pour leurs contrats d'assurance voyage.

■ ***Pixel Assur :*** *18, rue des Plantes, BP 35, 78601 Maisons-Laffitte.* ☎ *01-39-62-28-63.* • *pixel-assur.com* • *RER A : Maisons-Laffitte.* Assurance de matériel photo et vidéo tous risques (casse, vol, immersion) dans le monde entier. Devis en ligne basé sur le prix d'achat de votre matériel. Avantage : garantie à l'année.

Vaccinations

Les vaccinations recommandées sont celles dites « universelles » : diphtérie, tétanos, polio, coqueluche, hépatite B ; et pour l'enfant, toutes les vaccinations du calendrier vaccinal. Il faut ajouter les vaccins contre l'hépatite A (*Avaxim* ou

Havrix 1440) et la typhoïde *(Typhim Vi)*, ou le vaccin combinant les 2, en une seule injection *(Tyavax)*. Pas de fièvre jaune ; mais vaccin indispensable en cas de séjours dans les pays voisins. Pour les séjours longs, aventureux ou mettant en contact avec des animaux, la vaccination préventive contre la rage est très recommandée. Pour plus de renseignements, reportez-vous à la rubrique « Santé » de ce guide.
Pour les centres de vaccination partout en France, consulter le site internet : ● *astrium.com/centres-de-vaccinations-internationales.html* ●

Carte internationale d'étudiant (carte ISIC)

Elle prouve le statut d'étudiant dans le monde entier et permet de bénéficier de tous les avantages, services et réductions dans les domaines du transport, de l'hébergement, de la culture, des loisirs, du shopping...
La carte ISIC permet aussi d'accéder à des avantages exclusifs (billets d'avion spécial étudiants, hôtels et auberges de jeunesse, assurances, cartes SIM internationales, location de voiture...).

Renseignements et inscriptions

- ***En France :*** ● *isic.fr* ● *13 € pour 1 année scolaire.*
- ***En Belgique :*** ● *isic.be* ●
- ***En Suisse :*** ● *isic.ch* ●
- ***Au Canada :*** ● *isiccanada.com* ●

Carte d'adhésion internationale aux auberges de jeunesse (carte FUAJ)

Cette carte vous ouvre les portes des 4 000 auberges de jeunesse du réseau *HI-Hostelling* International en France et dans le monde. Vous pouvez ainsi loger dans 81 pays à des prix avantageux et bénéficier de tarifs préférentiels avec les partenaires des auberges de jeunesse *HI*. Enfin, vous intégrez une communauté mondiale de voyageurs partageant les mêmes valeurs : plaisir de la rencontre, respect des différences et échange dans un esprit convivial. Il n'y a pas de limite d'âge pour séjourner en auberge de jeunesse. Il faut simplement être adhérent.

Renseignements et inscriptions

- ***En France :*** ● *hifrance.org* ●
- ***En Belgique :*** ● *lesaubergesdejeunesse.be* ●
- ***En Suisse :*** ● *youthhostel.ch* ●
- ***Au Canada :*** ● *hihostels.ca* ●

Si vous prévoyez un séjour itinérant, vous pouvez réserver plusieurs auberges en une seule fois en France et dans le monde : ● *hihostels.com* ●

ARGENT, BANQUES, CHANGE

Monnaie

La monnaie est le ***rand*** (***R*** ou ***ZAR***), divisé en 100 cents. Les billets d'une valeur de 10, 20, 50, 100 et 200 rands sont à l'effigie de Nelson Mandela (au recto) et des *Big Five* de la faune africaine (au verso) : respectivement éléphant, rhinocéros, lion, buffle et léopard.
Au moment de la remise à jour de ce guide, 1 € valait environ 15 R (donc 10 R pour environ 0,70 €).

Change

Les euros se changent sans problème dans les bureaux de change ou dans les banques. Les taux et commissions varient d'un endroit à l'autre mais, en général, s'équilibrent plus ou moins : là où le taux est bon, la commission sera plus élevée... et inversement. Prévoir une commission fixe entre 50 et 120 R, plus un pourcentage (1,5 à 3 %) en fonction de la somme changée. Bien se renseigner AVANT de changer, car l'addition peut être lourde au bout du compte et les panneaux d'informations manquent souvent de transparence.
Conseil : demander combien on vous donne, tous frais compris, pour 100 € (par exemple), puis comparer avec d'autres bureaux. Vous connaîtrez exactement le taux de change. Mieux vaut, d'une manière générale, changer une somme importante pour ne pas repayer la commission fixe et être tranquille pendant un moment.
Ne pas changer dans les hôtels (taux déplorable). En revanche, les auberges de jeunesse alignent leur taux sur celui des banques (se renseigner). Certaines ne prennent pas de commission.
Vous pouvez choisir de changer vos euros avant votre départ. La bonne astuce est de commander vos devises sans commission, comme le propose Travelex. Il vous suffit de commander et payer vos devises sur le site • *travelex.fr* • et passer les récupérer directement dans l'une des agences Travelex présentes dans la plupart des aéroports et gares en France.

Banques

Le réseau bancaire sud-africain est aussi développé qu'en Europe, avec ses propres banques, telles ***Standard, Absa, Nedbank*** et ***First National Bank.***
– Horaires d'ouverture : généralement, du lundi au vendredi 9h-15h30 ou 16h, samedi 9h-11h (ou 8h30-11h30).
– ***Distributeurs automatiques de billets :*** comme en Europe, on en trouve partout, dans les grandes, moyennes et petites villes. *Visa* et *MasterCard* sont les 2 réseaux les mieux implantés. Évitez de retirer de l'argent dans un coin désert et soyez toujours vigilant dans les grandes villes (Jo'burg, Cape Town, Durban). Dans celles-ci, il arrive même que les distributeurs du centre-ville ne soient accessibles qu'aux horaires de bureau, afin d'éviter les pillages des machines ou les agressions. Dans les petites villes, aucun problème. À chaque retrait, les distributeurs demandent si l'on veut ponctionner ses *savings* (économies) ou sa *credit card.* Les cartes de retrait classiques délivrées par une banque française n'étant pas des cartes de crédit, il faut opter pour *savings.*

Cartes de paiement

Quand vous partez à l'étranger, pensez à relever le plafond de retrait aux distributeurs et pour les paiements par carte, quitte à le faire rebaisser à votre retour.
Avant de partir, notez donc bien le numéro d'opposition propre à votre banque (il figure souvent au dos des tickets de retrait, sur votre contrat, ou à côté des distributeurs de billets), ainsi que le numéro à seize chiffres de votre carte. Bien entendu, conservez ces informations en lieu sûr et séparément de votre carte.
Par ailleurs, l'assistance médicale se limite aux 90 premiers jours du voyage et l'assistance véhicule aux cartes haut de gamme (renseignez-vous auprès de votre banque). Et surtout, n'oubliez pas aussi de *VÉRIFIER LA DATE D'EXPIRATION DE VOTRE CARTE BANCAIRE* avant votre départ !
Les cartes de paiement sont acceptées dans la plupart des hôtels et des magasins, dans beaucoup de restaurants de catégorie moyenne, ainsi que dans les stations-service, même si, pour ce dernier cas, il vaut mieux vérifier auparavant que leur terminal fonctionne.

En cas de perte, de vol, ou de fraude, quelle que soit la carte que vous possédez, chaque banque gère elle-même le processus d'opposition et le numéro de téléphone correspondant.

– ***Carte Visa :*** *numéro d'urgence (Europ Assistance) : ☎ (00-33) 1-41-85-85-85 (24h/24). • visa.fr •*
– ***Carte MasterCard :*** *numéro d'urgence : ☎ (00-33) 1-45-16-65-65. • mastercardfrance.com •*
– ***American Express :*** *numéro d'urgence : ☎ (00-33) 1-47-77-72-00. • americanexpress.com •*

Il existe un serveur interbancaire d'opposition qui en cas de perte ou de vol vous met en contact avec le centre d'opposition de votre banque : en France : *☎ 0892-705-705 (prix appel + 0,35/mn) ;* depuis l'étranger : *☎ (+ 33) 442-605-303.*

Petite mesure de précaution : si vous retirez de l'argent dans un distributeur, utilisez de préférence les distributeurs attenants à une agence bancaire. En cas de pépin avec votre carte (carte avalée, erreurs de code secret...), vous aurez un interlocuteur dans l'agence, pendant les heures ouvrables.

Besoin urgent d'argent liquide

Vous pouvez être dépanné en quelques minutes grâce au système ***Western Union Money Transfer.*** L'argent vous est transféré en moins de 1h. La commission, assez élevée, est payée par l'expéditeur. Possibilité d'effectuer un transfert auprès d'un des bureaux *Western Union* ou, plus rapide, en ligne 24h/24 par carte de paiement (*Visa* ou *MasterCard*).
Même principe avec d'autres organismes de transfert d'argent liquide comme ***MoneyGram, PayTop*** ou ***Azimo.*** Transfert en ligne sécurisé, en moins de 1h.
Dans tous les cas, se munir d'une pièce d'identité. Toutefois, en cas de perte/vol de papiers, certains organismes permettent de convenir d'une question/réponse-type pour pouvoir récupérer votre argent. Chacun de ces organismes possèdent aussi des applications disponibles sur téléphone portable. Consulter les sites Internet pour connaître les pays concernés, les conditions tarifaires (frais, commission) et trouver le correspondant local le plus proche : *• westernunion.com • moneygram.fr • paytop.com • azymo.com/fr •*

ACHATS

Art et artisanat

Il souffle en Afrique du Sud un esprit de débrouille qui semble révéler bien des talents, et ***l'artisanat*** est florissant : boucles d'oreilles, bracelets, colliers et autres objets en perles de plastique colorées *(beads),* paniers en fibres de palmier *ilala* aux motifs géométriques, nappes et dessus-de-lit aux motifs africains, sculptures en bois, *tie & dye* (tissus teintés), objets en fil de fer, en fil de téléphone, en capsules de cannettes ou autres matériaux de récup'...
Les grandes villes comme Le Cap et Durban, par exemple, concentrent une bonne partie de l'art africain à l'échelle du continent. Le pouvoir d'achat étant plus important que dans d'autres pays du continent, on retrouve dans les *African Markets,* outre l'ensemble des produits artisanaux propres à l'Afrique du Sud, des objets provenant de Côte-d'Ivoire, du Kenya, du Congo, du Mali ou du Nigeria.
Il faut dire que ce pays est un véritable vivier d'artistes de toutes les couleurs, de toutes les cultures et de tous les milieux ! Le Festival national d'art du Little Karoo *(Klein Karoo National Kunstefees, • kknk.co.za •)* leur rend honneur. Il a lieu à Oudtshoorn fin mars-début avril. C'est l'occasion de découvrir les œuvres

de peintres et de sculpteurs renommés. Et pour vous rendre compte de la qualité créative des artistes sud-africains, rendez-vous au *Zeitz Museum* à Cape Town.
Côté ***mode,*** les boutiques de créateurs éclosent ici et là. Tissus chamarrés pour des vêtements souvent bien coupés... On a bien aimé la marque de ***chaussures*** sud-africaine *Tsonga*, spécialisée dans des modèles confortables en cuir. Leurs sandales déclinées dans différents coloris sont particulièrement sympa. Leurs boutiques sont largement répandues dans le pays.
Sujet sensible, les ***tapis en peaux de bêtes*** : on en trouve partout, et jusqu'à l'aéroport en *duty free.* Le *springbok*, à la couleur camel et blanche, est la mascotte. Lors de l'achat, n'oubliez pas le certificat officiel qui peut vous être demandé à la douane.
Le vin : peu pratique à rapporter dans ses valises, mais la plupart des domaines vous proposeront un tarif « port inclus » (évidemment plus cher), en général à partir de 6 bouteilles.

BUDGET

Hébergement

Les auberges de jeunesse (généralement de très bonne qualité), très nombreuses, offrent plusieurs possibilités d'hébergement. On y trouve le plus souvent des lits en dortoir bon marché, parfois des emplacements de camping, ainsi que des chambres doubles ou quadruples avec ou sans salle de bains privée. Elles sont donc « à cheval » sur plusieurs rubriques de prix et vont de « Bon marché à prix moyens ». Un conseil donc, amis routards ou familles recherchant un minimum de confort et d'intimité, ne boudez pas ces adresses-là, elles seront le salut de votre porte-monnaie !
Important : en Afrique du Sud, les prix des *B & B* sont généralement indiqués par personne. Dans le guide, le prix mentionné pour une chambre s'entend toujours pour 2 personnes selon la saison (la basse saison est souvent désignée par *shoulder season*). Voir aussi plus loin la rubrique « Hébergement ».

- ***Bon marché :*** 150-400 R (environ 10-26,70 €) pour un lit en dortoir en auberge de jeunesse. Généralement le prix des chambres privatives dans les auberges de jeunesse relève de la tranche des prix moyens.
- ***Prix moyens :*** 400-1 000 R (environ 26,70-66,70 €) la double, le prix d'un hôtel ou d'un *B & B* pas cher.
- ***Chic :*** 1 000-1 800 R (environ 66,70-120 €) la double, pour la majeure partie des *B & B,* dont le niveau de confort est souvent excellent.
- ***Très chic :*** plus de 1 800 R (plus de 120 €) la double.

Restauration

Les prix indiqués sont ceux d'un repas moyen par personne, sans la boisson.
- ***Bon marché :*** jusqu'à 150 R (moins de 10 €).
- ***Prix moyens :*** 150-400 R (environ 10-26,70 €).
- ***Plus chic :*** plus de 400 R (plus de 26,70 €).

Transports

- ***Voiture de location :*** grosso modo de 35 à 60 € par jour en fonction du type de véhicule loué. Kilométrage illimité en général. Prix de l'essence : environ 14 R le litre (même prix pour le gasoil, parfois un poil plus cher).
- ***Bus :*** un billet aller simple de Cape Town à Johannesburg revient à environ 600-800 R. Le système du *Baz Bus,* décrit plus loin dans la rubrique « Transports », revient plus cher, mais se révèle beaucoup plus souple et pratique pour les voyageurs au long cours.

Pour plus de renseignements et le détail des prix, rendez-vous sur les sites des bus *Greyhound, Intercape* ou du *Baz Bus.* Ils proposent des *passes* qui peuvent se révéler économiques.

Pourboires

Au restaurant, le pourboire (tip) n'est pas inclus dans l'addition. Il est d'usage de laisser 10 à 15 % de la note. De même, on donne une pièce pour le service rendu à la pompe à essence et au gardien qui surveille votre voiture dans la rue.

CLIMAT

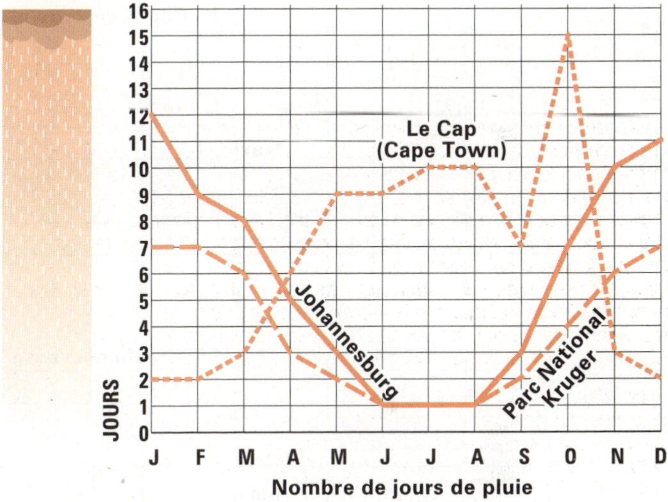

AFRIQUE DU SUD

L'Afrique du Sud se situe dans l'hémisphère sud. Ses saisons sont donc inversées par rapport à l'Europe. Quand l'Europe fête l'été, l'Afrique du Sud est en hiver. Et vice versa. Les mois de décembre, janvier et février correspondent donc à l'été austral (et aux grandes vacances). L'hiver austral correspond à la période mai-septembre. Le climat varie d'une région à l'autre.

– ***Le Cap (Cape Town)*** jouit d'un climat méditerranéen. Les étés (de septembre à avril) y sont chauds (sans excès) et secs, avec des températures avoisinant les 28 °C. C'est la saison la plus agréable. La mer est à 20° en moyenne. En été, un vent frais du sud-est, nommé le « Cape Doctor », souffle parfois fort. Cape Town est une des villes les plus ventées du monde. L'hiver (de mai à août) est tempéré (17 °C), mais la température peut chuter jusqu'à 8 °C.

– ***Du Cap à Port Elizabeth,*** l'eau de mer se réchauffe plus on s'éloigne de Cape Town (on passe de l'Atlantique à l'océan Indien).

– ***Le long de l'Atlantique,*** le climat devient de plus en plus chaud et sec en remontant vers le nord.

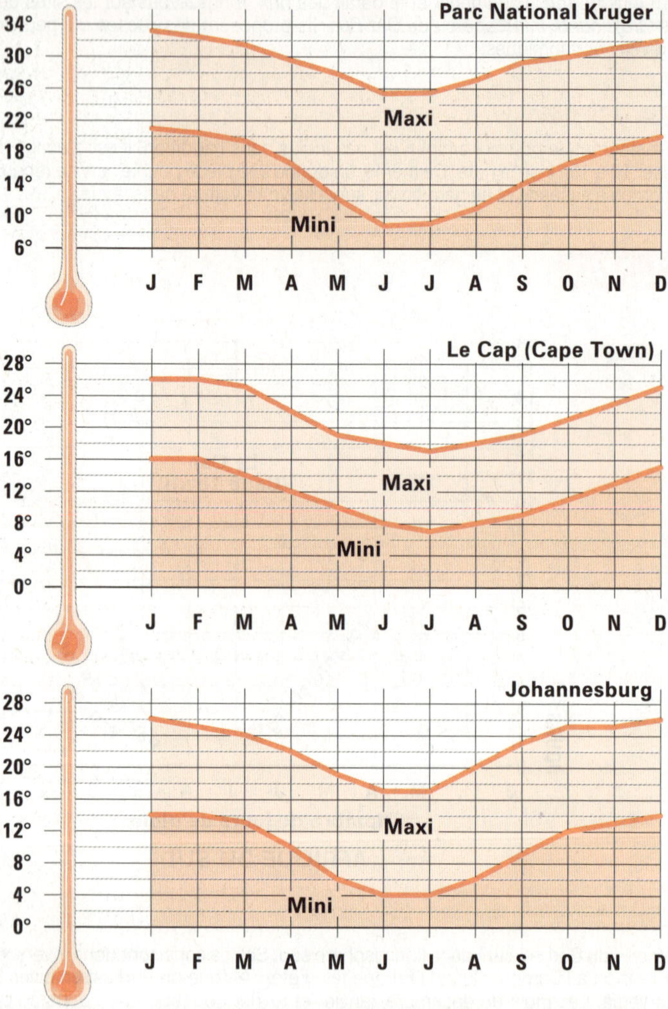

Moyenne des températures atmosphériques

AFRIQUE DU SUD

– ***À Durban et sur la côte du KwaZulu-Natal,*** en bordure de l'océan Indien, le climat passe de tempéré à subtropical (jusqu'à 83 % d'humidité). Les mois les plus frais à Durban sont juin et juillet, et les plus chauds et humides sont décembre, janvier et février, avec parfois de fortes pluies et même des brumes sur le relief. Pour profiter des plages, choisir de préférence les intersaisons (avril-mai et septembre-octobre). En juillet, il est possible de pratiquer le ski de randonnée à la frontière avec le Lesotho.

– ***À Johannesburg, à Pretoria et dans le Haut-Veld*** (Gauteng, État libre), les températures ne sont jamais excessives, en raison de l'altitude (Johannesburg est à 1 753 m). Le climat est sec et ensoleillé en hiver (de 20 °C le jour à 5 °C la nuit). D'octobre à avril, les journées sont ponctuées d'averses et d'éclairs impressionnants en fin d'après-midi. Dans les régions montagneuses entre Johannesburg et la côte (Transkei), les températures baissent avec l'altitude.
– ***Dans le Bas-Veld (Mpumalanga),*** les étés sont très chauds et ponctués d'orages, les hivers doux et ensoleillés. La meilleure saison pour visiter le ***parc national Kruger*** se situe entre mai et octobre (saison sèche).
– ***Dans le Karoo*** (intérieur du pays, au nord-est de Cape Town), la chaleur est cuisante, comme dans les déserts américains. Les hivers sont ensoleillés, mais les nuits froides.

DANGERS ET ENQUIQUINEMENTS

Au vu des statistiques, l'Afrique du Sud semble tout avoir d'un pays cauchemardesque qu'il ne faudrait pour rien au monde visiter. La lecture de la presse quotidienne est parfois déprimante. Les faits divers sordides n'en finissent pas, et l'horreur côtoie souvent l'absurde au quotidien.
Les raisons sont multiples : éclatement de la cellule familiale sous l'apartheid, sida, conditions de vie misérables, alcool, chômage et inégalités sociales criantes. Ajoutez à cela un nombre anormalement élevé d'armes (légales ou non) et les drames arrivent vite. Le procès d'Oscar Pistorius n'a fait que médiatiser encore plus une violence bien ancrée dans le quotidien. Alors, que faut-il faire ? Comme souvent, la vérité est ailleurs.
Le consulat général de France à Johannesburg recense une cinquantaine d'agressions de Français chaque année, dont certaines avec violence. Pour remettre les choses dans leur contexte, ***rappelons que plus de 80 % des crimes se déroulent entre gens qui se connaissent et ne concernent pas les touristes.*** Une bonne majorité d'entre eux sont des rixes qui dégénèrent à cause de l'alcool. Dans les faits, si l'on ne fréquente pas les lieux les plus déshérités, dans lesquels on n'a de toute manière rien à faire, il y a peu de risques qu'il arrive quelque chose.
Si on ne risque en principe rien dans les campagnes, il est nécessaire de suivre attentivement quelques conseils dans les grandes villes.
– D'abord, autant que possible, ***ne pas s'afficher comme touriste*** : pas de sacoche banane, d'appareil photo en bandoulière ni tenue trop marquée « touriste ». Par ailleurs, les voitures de location sont facilement repérées, et ce sont les seules du marché à ne pas avoir de système antivol crédible. En ville, toujours garer son véhicule dans une rue surveillée et ne pas laisser sa voiture dans la rue la nuit. Et restez vigilant, même dans les quartiers touristiques réputés sûrs.
– ***Ne jamais jouer les héros :*** certains quartiers sont dangereux (Hillbrow ou Yeoville à Johannesburg, les rues derrière le front de mer à Durban la nuit, *Downtown* à Cape Town après la sortie des bureaux). Pour ces coins-là, c'est bien simple, n'y allez pas du tout et il ne vous arrivera rien. Et si on vous rançonne, donnez ce que vous avez. Si vous avez un doute sur certains quartiers, demandez conseil autour de vous, à votre hôtel par exemple. Vigilance également à l'aéroport, à votre arrivée.
– Si vous faites preuve d'un peu de finesse, d'intelligence et de sensibilité, ***l'Afrique du Sud ne vous posera pas de problèmes particuliers. On déconseille tout de même d'aller dans un township seul.*** Il y a des *tours* organisés pour cela. C'est cruel à dire, mais en fonction de nos expériences, de notre attitude, nous ne sommes pas égaux face à la violence. Paradoxalement, alors que l'histoire de ce pays a posé les bases d'un racisme généralisé et de situations sociales tendues, on s'aperçoit rapidement que les Sud-Africains sont des gens très accueillants et respectueux des touristes.

Conseils pratiques

– ***Argent, papiers, billets :*** profitez des coffres que les hôtels mettent souvent à disposition pour déposer papiers et billets. Sinon, une pochette dissimulée sous les vêtements est une bien meilleure idée qu'un sac porté à l'épaule ou une banane, qui font le bonheur des pickpockets. Gardez les gros billets dans la pochette, et dans votre poche les quelques coupures dont vous aurez besoin pour la journée. En balade, il est préférable de ne prendre qu'une somme modique en petites coupures.

– ***Cartes de paiement :*** si votre carte reste bloquée, ne tapez pas votre code et ne laissez surtout personne vous aider. Évitez de retirer de l'argent la nuit à un distributeur, faites-le en journée et à un distributeur attaché à une banque (plus facile pour récupérer votre carte en cas de blocage de celle-ci). Dans les grandes villes, le soir, préférez les distributeurs situés à l'intérieur des centres commerciaux, des épiceries ou des stations-service. Ces lieux sont équipés de caméra de surveillance, ou sont surveillés par des vigiles, ce qui limite les agressions.

– ***Objets de valeur :*** gardez à l'esprit que les vols sont pour la plupart commis par nécessité. Ne tentez pas les éventuels intéressés en exhibant vos joyaux. Pas de bijoux, pas de bijoux volés ! Pour les appareils photo ou caméras, mettez-les plutôt dans un sac à dos sans prétention que dans une sacoche spécialement conçue à cet effet.

– ***En voiture :*** en ville, fermez les portes à clé de l'intérieur et remontez les fenêtres dans les quartiers chauds. Évitez de rouler dans Johannesburg la nuit (risque de *carjacking*). Renseignez-vous auprès de vos hôtes sur les routes et les quartiers à risques. Restez sur les grands axes et refusez les raccourcis que peut proposer votre GPS. Ne laissez rien dans la voiture, ni dans le coffre, ni dans la boîte à gants. Laissez d'ailleurs cette dernière ouverte pour que son contenu soit visible de l'extérieur. Cela vous évitera de retrouver vos vitres cassées. Contractez absolument une assurance vol et accident de voiture avant de partir.

– ***Braquages :*** en règle générale, pas de balades en solo la nuit. Les parcs, les gares, les plages et les endroits déserts sont à éviter absolument dès qu'il fait sombre. À Johannesburg, on se doit d'être encore plus prudent que dans les autres villes, surtout dans le centre. Prenez le taxi pour vous déplacer dans vos virées nocturnes. Devant une arme, ne jouez pas au héros : n'offrez aucune résistance et videz vos poches.

– ***Restez calme*** en toutes circonstances, et tout se passera bien. Malgré les conseils élémentaires de prudence ci-dessus, l'Afrique du Sud n'a rien d'un Far West.

– ***En cas de problème,*** appelez votre représentation diplomatique. *Pour les Français, les numéros d'appel, valables 24h/24, sont : ☎ 01-24-25-16-00 (à Pretoria) et 📱 083-460-43-60 (à Johannesburg).*

Requins

Les côtes sud-africaines sont connues pour être infestées de requins, même si les autorités ont prévu des filets de protection et font surveiller les rivages de certaines plages. Alors renseignez-vous toujours avant d'aller vous baigner. Nous vous en parlons évidemment dans les textes des plages concernées.

DÉCALAGE HORAIRE

L'Afrique du Sud a 2h d'avance sur l'heure de Greenwich (GMT) et 1h d'avance sur l'heure d'hiver européenne. En hiver, quand il est 10h en France, il est 11h en Afrique du Sud. En été, l'heure est la même qu'en France. Tout ceci, évidemment, devant changer quand l'Europe abandonnera le système heure d'hiver/heure d'été.

ÉLECTRICITÉ

Courant alternatif 220-230 V. Les prises mâles possèdent soit 2 fiches cylindriques, soit 3 grosses avec la plus longue reliant à la terre. Il faudra donc vous munir impérativement d'un ***adaptateur spécifique à l'Afrique du Sud*** pour tous vos appareils électriques. On en trouve facilement à l'aéroport, dans les supermarchés ou les bazars. Néanmoins, dans des hôtels ou des *B & B* de bon standing, les chambres sont toujours équipées d'un adaptateur.

HÉBERGEMENT

On trouve en Afrique du Sud des options pour satisfaire toutes les bourses.
- ATTENTION : du 15 décembre au 15 janvier, c'est l'été austral, donc la haute saison touristique. Les Sud-Africains prennent leurs congés annuels à ce moment-là, et de nombreux touristes anglais y viennent en vacances. Les hôtels sont alors complets pour la plupart, les réservations souvent difficiles et, bien sûr, les prix s'en ressentent : ils augmentent de 20 à 40 % !

Par ailleurs, culture anglo-saxonne oblige, les hébergeurs indiquent parfois les prix par personne et non par chambre. Bien vérifier lors de vos réservations.

Camping

Planter sa tente sur un terrain prévu à cet effet coûte en moyenne de 100 à 150 R par personne. De nombreuses auberges pour *backpackers* prévoient dans leur jardin un morceau de terrain pour les campeurs. C'est une très bonne solution pour les routards sac au dos, car ils sont en centre-ville et profitent des services de l'auberge (sanitaires, cuisine, repas servis en commun, petite piscine, bar...). Réservez à l'avance, car les campings se remplissent vite en haute saison.

Auberges de jeunesse et hôtels pour voyageurs à petit budget *(backpackers)*

L'Afrique du Sud possède un excellent réseau d'AJ ouvertes à tous sans condition d'âge. Elles offrent tous les services nécessaires aux routards : cuisine équipée, wifi, bar, parfois une petite piscine et souvent un espace pour camper. On y trouve toutes sortes d'informations sur la ville, les restaurants, les sorties, mais aussi sur les horaires de bus et de trains. Beaucoup organisent aussi des excursions et visites guidées dans et autour de la ville, ainsi que des safaris dans les parcs à prix raisonnables, de même qu'un tas d'activités sportives terrestres (randonnées, cheval, vélo) et maritimes (surf, plongée, pêche).

Dans les grandes villes (Johannesburg, Le Cap, Durban), on peut venir vous chercher à l'aéroport (payant). La qualité des hôtels pour *backpackers* varie selon les propriétaires et le quartier. Mais les prix restent le plus souvent abordables. Prévoir une moyenne de 150-300 R/pers pour une nuit en dortoir et 500-800 R en chambre double, avec ou sans salle de bains privée.
- ***Coast to Coast :*** voilà un excellent guide gratuit, véritable *vade-mecum* des lieux où dormir pas cher dans tout le pays. On peut le trouver, en version papier, dans n'importe quelle AJ d'Afrique du Sud, ou encore le télécharger région par région. Il décrit par le menu la grande majorité des adresses pas chères du pays, dans les villes et villages les plus reculés. • *coasttocoast.co.za* •
- Autre site présentant les AJ en Afrique du Sud : • *travelnownow.co.za* • Voir également le site généraliste : • *hostelworld.com* •

Hôtels classiques

Comme en Europe, on trouve toutes les gammes d'hôtel, du petit hôtel en bord de route au grand hôtel-club 5 étoiles, en passant par une foule d'hôtels moyens, de type « affaires » ou familial. En Afrique du Sud, l'hôtellerie est moins chère qu'en Europe pour un niveau égal de prestations et de confort. Dans la catégorie moyenne, une chambre coûte de 400 à 1 000 R (environ 27-67 €) ; dans la catégorie « Chic », de 1 000 à 1 800 R la double (environ 67-120 €).

Bed and Breakfast, pensions et *guesthouses*

Il existe des centaines de *B & B* dans les grandes villes (Le Cap, Johannesburg, Pretoria, Durban), mais on en trouve aussi jusque dans les coins les plus reculés de la brousse sud-africaine. Ils se confondent parfois un peu avec les *guesthouses*, formules d'hébergement à mi-chemin entre la maison d'hôtes et l'hôtel, en général situés dans de jolies maisons de caractère, et possédant juste une poignée de chambres. Dans les grandes villes, loger dans un *B & B* est un vrai plus par rapport à l'hôtel, à condition d'avoir le budget (ils font rarement dans le bas de gamme).
Les chambres sont très confortables (presque toujours avec sanitaires privés) et le quartier généralement sûr. On trouve de vrais petits bijoux.
Les prix varient en fonction des prestations, mais débutent rarement en dessous de 800 R (environ 53 €) pour grimper jusqu'à plus de 1 500 R, voire 2 000 R (environ 100-133 €) pour 2, petit déj inclus (et toujours copieux). Attention, les tarifs donnés sur les sites s'entendent le plus souvent, eux, par personne (en anglais : *pps* pour *per person sharing*).

– Pour les adresses très chics il existe une association, *The Portfolio Collection*, qui a répertorié dans tout le pays les plus sélects des *B & B*. • *portfoliocollection.com* • On trouve leur guide gratuitement dans les offices de tourisme.

Self-catering

Très populaires en Afrique du Sud, ces gîtes à louer à la nuit ou à la semaine se présentent sous forme de chalets, bungalows ou pièces en dur, tout équipés (cuisine, salle de bains, barbecue...). Prévus au minimum pour 2 personnes, mais il en existe pour 4, 6, 8 personnes, voire plus. C'est une solution économique quand on est au moins 4 et en se préparant ses repas. C'est également la meilleure solution pour loger dans les réserves animalières et parcs nationaux, car ils sont alors installés dans des coins magnifiques, en pleine nature. À partir de 800 R (environ 53 €) la nuit pour un gîte de 2 personnes, mais ça peut grimper très vite selon l'endroit.

Hébergement dans les parcs nationaux et les réserves animalières

– ***Campings :*** certains sont intégrés à de vastes campements accueillant toutes formes d'hébergements, d'autres isolés dans la brousse. Dans certains endroits du parc Kruger, par exemple, la proximité avec les animaux est totale. Ne pas oublier ses provisions s'il n'y a pas de boutique. Cuisine et sanitaires communs.
– ***Huts ou rondavels :*** ce sont des chambres en dur, rondes comme les huttes traditionnelles et d'un confort simple mais suffisant. Sanitaires et cuisine privés ou communs. Les prix sont évidemment très différents. On en trouve notamment dans les grands parcs comme le Kruger ou Hluhluwe-iMfolozi. Dans ce cas, elles n'ont pas d'électricité, donc prévoir une lampe torche.
– ***Safari tents :*** ce sont de grandes tentes en toile épaisse, posées sur des plates-formes de bois ou de ciment. Toutes équipées de moustiquaire, et pour les plus confortables de sanitaires et d'un coin cuisine. Électricité, ventilo et frigo en général. Parfois, la douche est à l'extérieur, entourée d'une palissade de bois et les étoiles comme plafond. Romantique !

– ***Bungalows :*** dans les parcs (le Kruger, par exemple), ils sont à des prix bien plus démocratiques que ceux de bien d'autres pays d'Afrique de l'Est (Kenya, Tanzanie...). Il existe des bungalows pour 2 personnes et des familiaux pour 4 (parfois plus), certains avec coin cuisine aménagé. C'est un bon rapport qualité-prix.
– ***Cottages :*** genre chalet ou bungalow amélioré, avec chambre, salon, cuisine et salle de bains. Le *family cottage* pour 4 personnes propose 2 chambres. Le *guest cottage,* quant à lui, offre au moins 2 salles de bains.
– ***Guesthouses :*** maisons confortables comportant plusieurs chambres, avec grande salle à manger, salon, super cuisine équipée, dans un espace verdoyant. Extra pour familles ou bandes d'amis.
– ***Bush lodges :*** il s'agit d'un lodge privé au sein d'une structure hôtelière chic. De quoi profiter d'un confort optimal en pleine brousse. Prix souvent très élevés.

LANGUES

Selon la Constitution de 1996, il existe 11 langues officielles en Afrique du Sud, mais chaque province peut faire ses propres choix linguistiques, en adoptant au minimum 2 langues officielles. L'anglais, utilisé comme langue de communication, est parlé partout, mais il n'est la 1re langue que pour 10 % de la population. L'afrikaans est parlé dans une bonne partie du pays, et 13,5 % des Sud-Africains le parlent comme 1re langue. C'est la 3e langue du pays après le zoulou et le xhosa. Mesure historique, en 2019, l'université de Pretoria a remplacé l'afrikaans par l'anglais montrant ainsi son rejet d'une langue qui rime avec apartheid.

La plupart des panneaux, formulaires, brochures d'informations sont bilingues (anglais et afrikaans), voire trilingues (avec, en plus, le xhosa ou le zoulou). Le pays compte 9 langues africaines : le ndebele, le pédi, le sotho, le swazi, le tsonga, le tswana, le venda, le xhosa et le zoulou, ces 2 dernières langues, appartenant à la même famille linguistique, étant respectivement parlées par 16 et 23 % de la population. Le pays se caractérise donc par une grande diversité linguistique, beaucoup de locuteurs passant, dans une même conversation, d'une langue à l'autre. « Kunjani » (comment ça va ?) reste le sésame employé par la majorité des Sud-Africains pour commencer une conversation.

CLICS-CLAC !

Certaines langues bantoues – dont font partie le xhosa, le zoulou, le sotho et le san –, utilisent les clics (sortes de claquements de la langue) comme phonèmes. Il existe plusieurs types de clics : le bilabial, ressemblant au bruit d'un baiser, le dental, qui fait tss-tss, etc. Certains pensent que chez les San, les clics, rappelant le craquement des branchages, leur permettraient de rester en immersion, les animaux s'en méfiant moins que du brouhaha habituel du langage humain. À bon entendeur...

LIVRES DE ROUTE

– ***Un long chemin vers la liberté,*** de Nelson Mandela (Fayard, 1995 ; Le Livre de Poche, 1996). Commencés en 1974, dans la prison de Robben Island, ces mémoires furent achevés après sa libération, en 1990, au terme de 27 ans de détention ! Celui qui fut « l'homme le plus recherché d'Afrique du Sud » raconte en plus de 750 pages l'histoire de sa vie, entièrement consacrée au combat sans merci contre le système racial de l'apartheid. Son enfance au Transkei, son métier d'avocat à Johannesburg, la formation de l'ANC, sa rencontre avec Winnie Mandela, ses années dans la clandestinité, ses nombreux procès, son interminable détention, sa libération et son élection à la tête du pays après l'abolition de l'apartheid : tout est raconté avec un

réel souci du détail. Un vrai cours de démocratie. Une version abrégée est disponible pour les adolescents à partir de 12 ans (L'École des loisirs, coll. « Medium », 1996).
– ***La Nouvelle Afrique du Sud,*** de Paul Coquerel (Gallimard, coll. « Découvertes », 1999). Cet historien propose là un remarquable petit livre, destiné au grand public. Les nombreuses illustrations, dont certaines très recherchées, redonnent vie à cette histoire tumultueuse faite « de crimes, de larmes et de sang ». L'épopée des huguenots, la colonisation, les guerres entre Anglais, Boers et Zoulous, le système de l'apartheid, la conscience noire, le combat de Mandela et de l'ANC, l'avènement de la nouvelle Afrique du Sud, la « nation Arc-en-Ciel », tout y est exposé d'une manière claire et didactique.
– ***L'Afrique du Sud,*** de Georges Lory (Karthala, coll. « Méridiens », 1998). Chercheur à l'université de Stellenbosch pendant l'apartheid, conseiller culturel à l'ambassade de France de 1990 à 1994, Georges Lory aborde le pays dans sa diversité – histoire, culture, économie, société – à partir de son observation du terrain. Il voit en l'Afrique du Sud un « précieux laboratoire [...] engagé dans un processus de réconciliation unique au monde », « une société multiculturelle, oscillant entre valeurs occidentales et africaines », etc. Un livre concis et précis.
– ***Un arc-en-ciel dans la nuit,*** de Dominique Lapierre (Robert Laffont, 2008). Avec son habituelle éloquence, Dominique Lapierre *(Paris brûle-t-il ?, La Cité de la joie...)* a mené une longue enquête sur place. Il brosse les étapes qui ont fait de l'Afrique du Sud d'hier ce qu'elle est aujourd'hui. Des 1res frégates hollandaises armées de salades et autres plantes potagères jusqu'à l'élection de Mandela, en passant par le Grand Trek et l'apartheid. Lapierre s'attache autant à raconter les hommes que les faits. Sous sa plume se croisent de grandes figures historiques comme le docteur Christiaan Barnard ou l'extraordinaire Helen Lieberman.
– ***Un été blanc et noir,*** de Frédéric Couderc (Flammarion, 2013, Le Livre de Poche, 2015). Cet écrivain français qui vit une partie de l'année au Cap campe une fiction basée sur des faits réels qui se sont déroulés en 1968 au Cap, en plein apartheid. Envoyée enseigner à l'université du Cap, une jeune Française croise la destinée de Christiaan Barnard qui a réalisé la 1re greffe de cœur, et des habitants du District Six, sur le point d'être expulsés... En suivant les idéaux de cette jeunesse battante, voilà qu'on se trouve mêlé au sort du célèbre prisonnier de Robben Island. Un récit plein de rebondissements, où l'on retrouve toute l'effervescence et les contradictions de Cape Town.

Littérature sud-africaine

La littérature de tradition afrikaner et britannique s'est largement inspirée de la lutte contre l'apartheid. Parmi les écrivains notoires, Nadine Gordimer, Breyten Breytenbach, J. M. Coetzee et André Brink. Leurs plumes décrivent admirablement la vie sous le régime ségrégationniste et le cheminement de la conscience blanche entre ignorance des faits, culpabilité et parfois engagement dans la lutte pour l'égalité. De nombreux *freedom fighters* (résistants) firent du verbe leur arme principale, dispersant aux 4 vents l'écho de la souffrance de leur peuple. Enfin, il existe une littérature zouloue, une littérature sotho, etc.
– **Nadine Gordimer** *(1923-2014)* **:** prix Nobel de littérature en 1991, elle fut l'archétype de l'écrivain sud-africain engagé contre l'apartheid. Elle ne s'est jamais exilée, même au pire moment de la violence. Engagée dans le combat contre le système racial, longtemps membre de l'ANC, elle fit de sa plume son arme, devenant la « bête noire » de la censure. Quelques-uns de ses romans traduits en français : *L'Arme domestique* (Plon, 1998), *Un amant de fortune* (Le Livre de Poche, 2004), ou le recueil de nouvelles *Pillage* (Le Livre de Poche, 2006)...
– **Breyten Breytenbach** *(né en 1939)* **:** fuyant le régime d'apartheid, il s'exila à Paris en 1961, et, lors d'un voyage clandestin en Afrique du Sud en 1975 fut arrêté et condamné à 9 ans de prison pour des raisons politiques. Il vit à présent entre l'Afrique du Sud, la France et l'Espagne et écrit en afrikaans. Voici un écrivain

courageux, fidèle à ses idées, qui alla jusqu'au bout de son engagement. Il a écrit des recueils de poésie, des essais, des romans et des récits autobiographiques

– ***André Brink*** *(1935-2015)* **:** né dans une famille traditionnelle d'Afrikaners, il grandit en plein régime d'apartheid, bercé par des idées bien-pensantes et calvinistes. En 1959, il part étudier à Paris pendant 2 ans, et ses certitudes morales s'effondrent en mars 1960 au moment du massacre de Sharpeville. « Je suis né sur un banc du Luxembourg, à Paris, au début du printemps 1960 », écrira-t-il plus tard. En 1974, son 2e roman, *Au plus noir de la nuit,* est interdit pour « pornographie » (comprendre qu'y est racontée l'histoire d'une liaison entre un acteur noir et une femme blanche). Il a publié en afrikaans une quarantaine de livres, parmi lesquels *Un turbulent silence* (Stock, coll. « Bibliothèque cosmopolite », 2001, Le Livre de Poche, 2003) et *Une saison blanche et sèche* (Le Livre de Poche, 2007), un de ses romans les plus aboutis. Dans *L'Amour et l'Oubli* (Actes Sud, 2006, coll. « Babel », 2009), sorte d'autobiographie amoureuse, il retrace 50 ans d'histoire sentimentale et politique, les 2 étant souvent mêlées...

– ***John Maxwell Coetzee*** *(né en 1940)* **:** prix Nobel de littérature en 2003, né au Cap, il étudia la littérature anglo-saxonne aux États-Unis, puis revint au Cap où il enseigna à l'université. Il a commencé sa carrière de romancier en 1977 avec *Au cœur de ce pays* (Le Seuil, coll. « Points », 2008). Le succès est venu avec *En attendant les barbares* (Le Seuil, coll. « Points », 2000), considéré comme une sorte de thriller politique dans la veine de Joseph Conrad. Il décrit mieux que quiconque la psychose et les effets dévastateurs de l'apartheid sur les esprits.

– ***Zakes Mda*** *(né en 1948)* **:** représentant de la nouvelle littérature noire sud-africaine. Sa famille se réfugia au Lesotho pour échapper à la persécution politique. Il a commencé par le théâtre en 1979, mais c'est un touche-à-tout talentueux : peinture, cinéma et, bien sûr, littérature. *La Madone d'Excelsior* (Le Seuil, 2004), son 5e roman, est un livre décapant qui raconte une histoire vraie de relations sexuelles entre des bourgeois blancs et leurs employées noires, au temps de l'apartheid (interdites, car considérées comme criminelles). *Le Pleureur* a été traduit en français aux éditions Dapper (1999). Dans *Au pays de l'ocre rouge* (Le Seuil, 2006), l'action se passe au Lesotho et au Transkei, dans un va-et-vient entre le milieu du XIXe s et l'époque actuelle.

– ***Marlene Van Niekerk*** *(née en 1954)* **:** son roman *Triomf* (Éd. de l'Aube, coll. « L'Aube poche », 2005) a été traduit de l'afrikaans en français par Donald Moerdijk. Ce roman « hyperréaliste », très cru, est une plongée glaçante dans l'univers mental de « Petits-Blancs » déclassés, à la veille des élections de 1994. *Agaat* (Gallimard, 2014) est une œuvre qui se déroule au même moment charnière, alors que l'apartheid se termine.

– ***Deon Meyer*** *(né en 1958)* **:** à travers le roman policier *(Jusqu'au dernier, Les Soldats de l'aube, L'Âme du chasseur, 13 heures...),* cet auteur montre les difficultés du pays à vivre avec le poids du passé et les plaies de l'apartheid qui ne se referment pas. Dans *À la trace* (Le Seuil, coll. « Seuil Policiers », 2012), sur fond d'intrigues bien rythmées, il est question de géopolitique, de trafics d'armes et d'animaux, de corruption, de violence des gangs... Un thriller haletant, qui met en évidence les lignes de fracture dans la société de la nouvelle Afrique du Sud. *Kobra* (« Seuil Policiers », 2014) débute dans un domaine viticole de la région de Franschhoek et se déroule sur fond d'espionnage avec le consulat britannique. Dans *En vrille* (« Seuil Policiers », 2016), on retrouve un de ses personnages préférés, l'inspecteur Benny Griessel, ainsi que les vignobles de la région du Cap. Son dernier roman, *L'Année du Lion* (Seuil 2017), rompt avec les précédents et nous emmène dans une Afrique du Sud du futur ravagée par une épidémie.

– ***Troy Blacklaws*** *(né en 1965)* **:** *Karoo Boy,* son 1er roman (Le Seuil, coll. « Points », 2008) raconte avec beaucoup de sensibilité l'enfance d'un gamin privé de son jumeau, mort dans un bête accident, qui doit quitter la moderne région du Cap pour la dure et archaïque zone du Karoo. Une excellente critique de l'apartheid, vu de l'intérieur dans un milieu blanc aisé, pas manichéen pour un rand. Du même auteur, *Orange sanguine* (Flammarion, 2008) et *Un monde beau, fou et cruel* (Flammarion, 2013).

POSTE

La poste sud-africaine fonctionne plutôt correctement.

- ***Services postaux :*** les bureaux de poste sont ouverts du lundi au vendredi de 8h à 17h ou 17h30, samedi de 8h à 13h.
- ***Les timbres*** sont en vente également dans les petits commerces (marchands de journaux, épiceries). La carte postale expédiée aux amis devra être affranchie à 9 R, la lettre à 12 R.

SANTÉ

Si les recours sanitaires ruraux sont quasi inexistants, il existe de nombreux hôpitaux (et surtout cliniques privées) de qualité – mais très onéreux – dans les grandes villes : prévoir une assurance assistance internationale.

Sur le plan infectieux, l'Afrique du Sud est un des pays les plus sûrs du continent. Il ne faut pas oublier que nous sommes loin de la zone tropicale, et que le pays est tempéré. Le ***paludisme*** n'est que très peu présent : exclusivement dans le nord-est du pays, là où se trouvent les très touristiques parcs animaliers (parc Kruger et les réserves privées aux alentours de celui-ci ainsi que celles situées au sud du Swaziland). Bien évidemment plus fréquent pendant la saison chaude (notre saison froide). Comme il s'agit d'un paludisme à *Plasmodium falciparum* (potentiellement mortel), votre médecin vous prescrira de la doxycycline ou du Malarone (évitez le *Lariam* beaucoup trop fort). Toutes les mesures de protection contre les piqûres de moustiques sont aujourd'hui les plus performantes : la gamme *Insect Ecran* (sous forme de pulvérisateur) est conforme aux recommandations du ministère de la Santé.

Il faudra également se protéger contre les ***tiques,*** très fréquentes en particulier dans les parcs naturels. Ces bestioles transmettent de nombreuses maladies, en particulier la « fièvre africaine à tique ». Par conséquent, éviter les buissons *(bush),* porter des vêtements recouvrant le maximum de surface corporelle et serrés aux extrémités, inspection cutanée quotidienne.

La ***tourista*** est rare dans les grands hôtels et les luxueux lodges des réserves. Pour les séjours ruraux, mieux vaut se contenter de boissons servies en bouteille capsulée (eau minérale), ou de boissons bouillies. Il est possible de purifier l'eau suspecte grâce à un procédé individuel et économique : une paille d'ultrafiltration de poche à 0,01 micron, qui, à travers 5 étages de filtration, piège absolument tous les parasites, virus et bactéries avec une capacité de 2 000 l d'eau purifiée. Grande autonomie, donc. Ni pile, ni substance chimique et un embout qui permet de fixer la paille à une bouteille en plastique (type « cola ») transformée alors en gourde, pratique ! L'***eau*** est potable dans les villes (malgré son goût très chloré) mais à la campagne, pas toujours. Gare aux glaçons, donc.

Idem pour les ***parasites*** ; ne pas se baigner en eau douce (bilharziose très fréquente) et ne pas marcher sans protection en terrain boueux.

Le ***sida*** – et la tuberculose multirésistante qui va avec – est un drame national : officiellement 19,2 % de la population sud-africaine âgée de 15 à 49 ans est infectée par le VIH, soit environ 7 millions de personnes (dans la réalité, ce chiffre est sans doute plus élevé encore). Les précautions doivent donc être maximales. L'Afrique du Sud est l'un des pays les plus touchés au monde par la maladie.

Après avoir longtemps nié le problème et distillé par la voix de son ex-président Thabo Mbeki la théorie selon laquelle le VIH n'entraînerait pas le sida, ou bien, selon Jacob Zuma, autre ex-président, qu'une douche suffit pour ne pas l'attraper (!), les autorités ont heureusement changé de position. Une politique de lutte contre la maladie a, enfin, été mise en place : en 2010 et 2011, près de 15 millions de personnes ont été dépistées et la mise en place de traitements antiviraux a été prescrite à la plus grande partie des malades (objectif 90 % à l'horizon 2020).

Évidemment, tatouages, piercings... sont à proscrire. Également très grande fréquence de l'***hépatite B.***

■ Les produits et matériels utiles aux voyageurs, assez difficiles à trouver, peuvent être achetés par correspondance sur le site de *Santé Voyages*. Infos complètes toutes destinations, boutique web, paiement sécurisé, expéditions Colissimo Expert ou Chronopost. ☎ 01-45-86-41-91 (lun-ven 14h-19h).

TÉLÉPHONE, INTERNET

L'Afrique du Sud dispose d'un très bon réseau de télécommunications. Très nombreux réseaux de téléphones mobiles également, qui fonctionnent parfaitement.
- ***Indicatif*** téléphonique de l'Afrique du Sud : 27.
- ***France → Afrique du Sud :*** 00 + 27 + n° de votre correspondant sans le 0 initial.
- ***Afrique du Sud → France :*** 00 + 33 + n° de votre correspondant sans le 0 initial.
- ***Afrique du Sud → Belgique :*** 00 + 32 + n° de votre correspondant sans le 0 initial.
- ***Afrique du Sud → Canada :*** 00 + 1 + n° de votre correspondant sans le 0 initial.
- ***Afrique du Sud → Afrique du Sud :*** n° de votre correspondant avec le 0 initial (10 chiffres en tout).

Téléphones portables

Appeler avec votre propre téléphone

Bon à savoir, certains opérateurs français incluent les appels illimités entre la France et l'Afrique du Sud (dans les 2 sens), ainsi que les appels en Afrique du Sud depuis ce même pays. Si ce n'est pas le cas, on déconseille d'utiliser votre téléphone avec votre carte SIM, les frais de *roaming* de la plupart des opérateurs étant exorbitants. N'oubliez pas de déconnecter les « Données cellulaires » et « Données à l'étranger ». Sinon, bonjour l'addition !
- ***Acheter une carte SIM/puce sur place :*** c'est une option très avantageuse pour certaines destinations. Il suffit d'acheter à l'arrivée une carte SIM locale prépayée dans un kiosque ou une agence de télécom (*Vodacom* notamment, qui a la meilleure couverture), représentés dans toutes les villes et les grands aéroports. On vous attribue un numéro de téléphone local et un petit crédit de communication (que l'on recharge au fur et à mesure). Inconvénient, on ne peut plus vous joindre sur votre numéro habituel mais uniquement sur ce nouveau numéro, sauf si vous avez un appareil à 2 cartes SIM. Bien vérifier auparavant si votre appareil est compatible.

La connexion internet en voyage

- ***Se connecter au wifi*** à l'étranger est le seul moyen d'avoir accès au web gratuitement si vous ne disposez pas d'un forfait avec *roaming* offert (voir plus haut). Ne pas oublier de ***désactiver la connexion*** « données à l'étranger » (dans « Réseau cellulaire »). Outre les hôtels, certains restos et bars proposent le wifi (toujours gratuit), ainsi que certains espaces publics.
- Une fois connecté, vous avez accès à tous les services de la ***téléphonie par Internet*** ! ***WhatsApp, Messenger*** (la messagerie de *Facebook*), ***Viber, Skype*** permettent d'appeler, d'envoyer des messages, des photos et des vidéos sans frais.

Urgence : en cas de perte ou de vol de votre téléphone portable

Suspendre aussitôt sa ligne permet d'éviter de douloureuses surprises au retour du voyage ! Voici les numéros des 4 opérateurs français, accessibles depuis la France et l'étranger :

- ***Free :*** depuis la France : ☎ 3244 ; depuis l'étranger : ☎ +33-1-78-56-95-60.
- ***Orange :*** depuis la France : ☎ 0800-100-740 ; depuis l'étranger : ☎ +33-969-39-39-00.
- ***SFR :*** depuis la France : ☎ 1023 ; depuis l'étranger : 📱 + 33-6-1000-1023.
- ***Bouygues Télécom :*** depuis la France comme depuis l'étranger : ☎ + 33-800-29-1000.

Vous pouvez aussi demander la suspension de votre ligne depuis le site internet de votre opérateur.

Internet

Dans les grandes villes, pas de différence avec l'Europe : le wifi est partout, nous ne le signalons donc pas. En revanche, dans les parcs et réserves, dans certaines régions éloignées, au Swaziland et au Lesotho, la situation est différente mais le wifi est très souvent disponible néanmoins.

TRANSPORTS

L'Afrique du Sud bénéficie d'une très bonne infrastructure routière, la meilleure du continent africain, ce qui simplifie la visite des lieux même les plus reculés.

Voitures de location

– Pour louer une voiture, avoir son permis de conduire national en cours de validité (le permis international n'est pas obligatoire mais en présenter un, lorsque vous louez la voiture ou lors d'un contrôle, est très apprécié), conduire depuis au moins 5 ans et être âgé de plus de 25 ans (mais cet âge varie selon les compagnies). Plus que dans d'autres pays, certaines agences de location ont la fâcheuse manie de prélever d'office une caution au départ (débitée immédiatement) et d'essayer de tirer parti au maximum de votre bourse lors de la restitution : on voudra vous facturer une invisible rayure sur le capot, un plein pas refait à ras bord, voire facturé d'office même si vous avez bien fait le plein, etc., alors soyez vigilant de la prise en charge à la remise du véhicule, d'autant que tous ces frais (vrais ou faux) ne seront facturés qu'une fois rentré chez vous. Bien faire marquer le moindre accroc sur le contrat avant de partir. Un bon truc consiste à prendre des photos du véhicule sous toutes les coutures. Et surveillez votre compte en rentrant, d'autant que le délai est généralement de 1 à 2 semaines avant de recevoir la facture finale.

– ***Tarifs :*** tout dépend de la compagnie et du type de voiture que vous désirez louer. Compter à partir d'environ 600 R (environ 40 €) par jour pour une voiture de petite catégorie.

– ***Attention : conduite à gauche !*** Bien faire attention ! Surtout, ne pas baisser la vigilance une fois qu'on se sent à l'aise, car alors, immanquablement, à un moment ou un autre, on se recolle sur la droite ! Faire surtout attention sur les ronds-points, les échangeurs et les bretelles en périphérie des villes. Les routes sont généralement en très bon état, mais gare aux pistes de terre et aux nids-de-poule *(potholes)* dans les endroits plus reculés.

– ***Sur la route,*** les grandes nationales disposent d'une voie d'arrêt d'urgence, signalée par une bande jaune. La plupart des véhicules n'hésitent pas à s'y déporter pour laisser passer les voitures les plus rapides. Ce système fonctionne bien et c'est très courtois. Souvent l'automobiliste qui a l'intention de vous doubler attend que vous vous déportiez pour le faire. Le seul problème, c'est que des gens marchent parfois sur cette voie d'arrêt d'urgence, alors prudence ! À l'intersection des routes moyennes, on rencontre souvent des croisements à 4 stops (chaque voie et chaque sens a le sien) : tout le monde s'arrête, et les gens passent à tour de rôle, tranquillement, en fonction de l'ordre d'arrivée. Cela marche très bien et l'on se prend à rêver d'un tel système sur les routes françaises.

– ***La vitesse*** est limitée à 60 km/h en agglomération et 80, 100 ou 120 km/h sur les routes nationales et autoroutes. Les radars ne sont pas légion mais ils existent et ne sont pas signalés à l'avance. Les sections à péage ne sont pas très nombreuses (et pas bien chères non plus) et inégalement réparties sur le territoire.

VOTRE LOCATION DE VOITURE EN AFRIQUE DU SUD :
bsp-auto.com
+33 1 43 46 20 74
0€
KM illimités
Assurances incluses
Annulation offerte
J-5
Payez 5 jours avant le départ
'Zéro franchise' à petit prix
-5% sur votre réservation avec le code ROUTARD20
7j / 7
bsp-auto.com

– ***Sur les autoroutes,*** curieusement, tout le monde se colle sur la voie rapide, créant des ralentissements alors que les autres voies sont vides. Allez comprendre !
– En centre-ville, des *car attendants,* avec un gilet fluo et parfois une petite machine à la main (à Cape Town), vous indiquent où vous garer. Ils surveillent les véhicules stationnés et vous facturent à l'heure. On paye parfois en arrivant (en estimant le temps que l'on va rester), soit quand on part. Demander votre reçu. Ça n'empêche pas d'avoir un « gardien de rue » informel qui attend quelques pièces (ne lui donner qu'au retour, sinon il disparaît !). Parfois, les *car attendants* ne sont présents que dans les secteurs des restaurants, à midi et le soir.
– Quand vous faites le plein, on vous lave souvent d'office le pare-brise. Donner alors 5 R à la personne qui s'en est chargé.

Quelques loueurs de voitures avec leurs numéros et sites respectifs :
■ ***BSP Auto :*** ☎ *01-43-46-20-74 (tlj).* • *bsp-auto.com* • Les prix proposés sont attractifs et comprennent le kilométrage illimité et les assurances. *BSP Auto* propose exclusivement les grandes compagnies de location sur place, assurant un très bon niveau de services. Le plus : vous ne payez votre location que 5 jours avant le départ. Remise spéciale de 5 % aux lecteurs de ce guide avec le code « ROUTARD20 ».
■ ***Hertz :*** ☎ *027-21-935-48-00.* • *hertz.co.za* •
■ ***Avis :*** ☎ *027-11-387-8432 (centre d'appel).* • *avis.co.za* •
■ ***Europcar :*** ☎ *027-11-479-40-00.* • *europcar.co.za* •

Bus directs

Les grandes compagnies ont en commun le confort, la sécurité et la ponctualité. Les agences de voyages locales sauront vous indiquer les compagnies les plus réputées. Réduction de 15 % pour les étudiants et des forfaits de voyage illimités pour un prix fixe. Les prix varient en fonction des saisons.

Baz Bus

Le *hop-on, hop-off,* comme on dit chez les Anglo-Saxons. Une idée géniale empruntée aux Australiens. On paie son billet de Cape Town à Durban, par exemple. En chemin, le bus marque plusieurs arrêts : vous pouvez descendre et remonter où bon vous semble pour des séjours illimités. Le *Baz Bus* est la compagnie qui a initié ce mode de transport en Afrique du Sud.
– ***Baz Bus :*** ☎ *021-422-52-02. Tarifs sur leur site :* • *bazbus.com* • Ce service de minibus privé présente pas mal d'avantages : sécurité, régularité, fiabilité et convivialité (on voyage entre *backpackers*). Arrêts à la demande dans de nombreuses auberges de jeunesse du pays. Il suffit de s'inscrire à l'AJ et de réserver sa place pour un trajet donné (par exemple, de telle AJ de Durban à telle AJ du Cap) ou une durée fixée à l'avance (*Travel passes* de 7, 14 ou 21 jours : respectivement 3 300, 5 300 et 6 600 R). Promos régulières sur Internet. Les AJ desservies par le *Baz Bus* sont répertoriées sur leur site. L'avantage majeur est qu'il vous dépose directement à la porte. Si la ville choisie n'est pas sur la route du bus, on vous lâche en un point précis (c'est indiqué sur leur site), et c'est l'auberge où vous avez réservé qui vient vous chercher en navette (surcoût à payer en général quand il y a un peu de distance). Il y a environ 180 *Baz Bus Stops* dans tout le pays.
Inconvénients : le billet est assez cher, et les routards font quasiment tous le même trajet, cela entraîne une certaine « moutonnerie » et bride quelque peu le sens de la découverte. Par ailleurs, même si l'on se fait déposer à l'AJ, on perd du temps dans chaque ville à faire le tour des différents points de chute pour déposer les routards. Faites donc votre calcul car, pour les grandes distances, les bus traditionnels restent moins chers ; en revanche, pour ceux qui veulent passer d'une AJ

Distances entre les villes (en km)	CAPE TOWN	DURBAN	HERMANUS	JOHANNESBURG	KNYSNA	MANZINI (Swaziland)	MASERU (Lesotho)	PORT ELIZABETH	PRETORIA	STELLENBOSCH	ST LUCIA	UNDERBERG
CAPE TOWN		1 640	120	1 400	490	1 785	1 147	750	1 451	52	1 868	1 460
DURBAN	1 640		1 650	570	1 170	498	554	908	620	1 605	240	210
HERMANUS	120	1 650		1 415	412	1 798	1 153	673	1 481	97	1 797	1 442
JOHANNESBURG	1 400	570	1 415		1 141	392	419	1 077	62	1 370	605	583
KNYSNA	490	1 170	412	1 141		1 525	879	261	1 207	465	1 387	1 032
MANZINI (Swaziland)	1 785	498	1 798	392	1 525		655	1 462	385	1 755	315	605
MASERU (Lesotho)	1 147	554	1 153	419	879	655		665	485	1 108	785	357
PORT ELIZABETH	750	908	673	1 077	261	1 462	665		1 142	725	1 130	775
PRET ORIA	1 451	620	1 481	62	1 207	385	485	1 142		1 435	625	634
STELLENBOSCH	52	1 605	97	1 370	465	1 755	1 108	725	1 435		1 842	1 435
ST LUCIA	1 868	240	1 797	605	1 387	315	785	1 130	625	1 842		442
UNDERBERG	1 460	210	1 442	583	1 032	605	357	775	634	1 435	442	

à l'autre et font de nombreux arrêts, le *Baz Bus* devient une solution intéressante. La plupart de ces AJ sont également *Baz Bus Agent,* à savoir qu'elles vendent des billets de bus.

Train

La compagnie nationale s'appelle ***Shosholoza Meyl*** *(infos et résas • southafricanrailways.co.za • ou • shosholozameyl.co.za •)* C'est un moyen de transport assez long, mais il est ponctuel et idéal pour profiter des paysages. Petit topo des différentes sortes de trains.

– ***Shosholoza Meyl :*** pour les trains « longue distance ». Les lignes Johannesburg-Le Cap, Johannesburg-East London, Le Cap-Durban et Johannesburg-Port Elizabeth proposent une classe « touristique » (*tourism class,* avec couchettes), en plus de la classe économique (*economy class,* places assises seulement). Compter, par exemple, environ 690 R (environ 42 €) pour un billet Jo'burg-Le Cap en classe touristique. Compter 27h de trajet tout de même ! Pour les autres lignes, il n'y a que la classe économique, environ 2 fois moins chère que l'autre. On peut y prendre ses repas, soit au wagon-restaurant, soit en attendant que passe le chariot...

– ***The Premier Classe Train :*** entre Johannesburg et Le Cap, 2 fois par semaine. Compartiment de 2 couchettes, salon à bord, tous les repas sont inclus, mais c'est nettement plus cher que le *Shosholoza Meyl. À partir de 3 120 R/pers pour Cape Town. Infos et résas : • premierclasse.co.za •*

– ***Blue Train :*** de Pretoria à Cape Town ainsi que de Pretoria à Hoedspruit, une ligne de très grand luxe relancée en 1997. Quelques trajets par mois, capacité limitée. Plutôt pour faire une croisière terrestre que pour relier ces 2 villes, vu le coût du voyage... *Rens : • bluetrain.co.za •*

Également une compagnie privée :

– ***Rovos Rail :*** même genre (et même itinéraire) que le précédent, et encore plus luxueux. Un peu l'équivalent africain de l'Orient Express. La grande majorité de nos lecteurs peuvent l'oublier... *Infos : • rovos.com •*

– ***Metrorail :*** les trains de banlieue. Changement de standing ! Ils possèdent 2 classes : la 1re et la 3e. C'est étrange, mais c'est ainsi ! On peut choisir de se serrer sur les durs bancs de bois de la 3e ou s'offrir le « luxe » d'un tout petit peu plus de rembourrage en 1re. Pas très sûrs le jour, dangereux la nuit. En bref, on déconseille !

Avion

Les compagnies *South African Airways, SA Airlink* et *SA Express* relient toutes les villes majeures et certaines villes moins importantes. *British Airways,* en partenariat avec *Comair,* assure des vols réguliers entre les grandes villes comme les compagnies *low-cost Kulula Airlines* et *Mango.* Voir les détails et les coordonnées dans les rubriques « Arriver – Quitter » de chaque ville.

■ ***Kulula Airlines :*** *☐ 086-158-58-52. • kulula.com •* Les vols parmi les moins chers du marché pour Jo'burg, Le Cap, Durban, Port Elizabeth, East London et George (Western Cape).

■ ***Mango :*** *☐ 086-100-12-34. • flymango.com •* Autre compagnie *low-cost,* qui dessert Johannesburg, Le Cap, Durban, Port Elizabeth, George et Bloemfontein.

■ ***Air Link :*** *☎ 011-451-73-00. • flyairlink.com •* Vols domestiques et vers les pays limitrophes.

■ ***FlySafair :*** *☐ 087-135-13-51. • flysafair.co.za •* Vols pour Johannesburg, Durban, Port Elizabeth et George.

En ville

– ***Rikki's taxi :*** comme un taxi normal, ces véhicules viennent vous chercher là où vous leur donnez rendez-vous. Toutes les AJ pour *backpackers* utilisent leurs services. Le prix des courses est fixe et s'entend par personne. Intéressant jusqu'à 3 personnes (mais il y a 8 places). Le chauffeur prend des clients en route avant de rejoindre votre destination. Moins rapide que les taxis donc.

– ***Taxis :*** nombreuses compagnies de taxis dans toutes les villes. Demandez à vos hôtes de vous en conseiller une. Prix au kilomètre. Les taximen mettent le compteur sans problème.

– ***Les minibus :*** vous connaissez le principe du taxi-brousse ? C'est pareil. On entasse le plus de monde possible dans un minibus qui ne démarre qu'une fois plein à craquer. Très bon marché certes, mais nous ne les conseillons pas, pour de simples raisons de sécurité (risque de vols à l'arraché).

Pour les plus courageux, sachez qu'ils n'affichent ni numéro de ligne ni destination. ***Les destinations s'indiquent par un signe de la main :*** par exemple, pour aller au centre d'une grande ville, l'index levé (qui symbolise les tours) suffira.

– ***Bus urbains :*** ils sont relativement sûrs. À éviter cependant une fois la nuit tombée. Peu coûteux et fonctionnement presque impeccable.

TOUCHE PAS À MON BUS !

Ils sont des milliers, appartenant à des propriétaires privés, à parcourir le grand Jo'burg. De l'avis des habitants, les minibus sont « le moyen le plus rapide de rentrer chez soi ». Pourtant, le gouvernement cherche à les remplacer par des bus officiels et construit même des routes dévolues à eux seuls. Une évolution dont ne veulent pas les classes populaires, attachées à leur mode de transport et qui craignent que la disparition des minibus n'entraîne celle de nombre d'emplois.

AFRIQUE DU SUD : LE TRANSVAAL

LE GAUTENG

• Carte *p. 77*

Gauteng, le « pays de l'or » en langue tswana. C'est la plus petite région du pays (18 178 km²), mais aussi la plus riche (environ 35 % du PIB national !). Plus de 12 millions d'habitants (environ 75 % de Noirs et près de la moitié des Blancs sud-africains). Grosse concentration démographique donc (675 h/km²) et, avec Pretoria et Johannesburg, siège du pouvoir politique et économique. Quelques escarpements rocheux (Witwatersberg et Magaliesberg) permettent à ses habitants de magnifiques échappées. Enfin, à la frontière du Gauteng surgit cette incroyable ville... Sun City !

JOHANNESBURG

957 000 hab. (Metropolitan Municipality : 4,95 millions)

• Plan Grand Jo'burg *p. 79* • Centre (plan I) *p. 80-81* • Rosebank, Dunkeld et Melrose (plan II) *p. 83* • Melville (plan III) *p. 85*

Capitale économique de l'Afrique du Sud, c'est la capitale des superlatifs : la ville la plus riche d'Afrique, le plus grand nombre de piscines du continent, les plus hauts bâtiments, mais aussi les plus grandes disparités sociales, l'un des taux de criminalité les plus élevés au monde... C'est aussi le plus ahurissant découpage urbain et social (en un bloc, on peut changer totalement d'univers !). Les quartiers résidentiels alignent les villas de luxe abritées derrière des rangées de barbelés, clôtures électriques, surveillées par des caméras. Les rues de certains quartiers sont même hermétiquement fermées. On n'y accède que par une seule entrée surveillée par un vigile...
Jo'burg (pour les intimes) possède pourtant bien des choses à offrir, ne serait-ce que sa riche histoire politique et son rôle moteur dans la lutte contre l'apartheid, ne serait-ce que l'incroyable saga économique que fut la découverte de l'or et du diamant (et ses douloureuses conséquences sociales), ne serait-ce que la fascinante et émouvante visite de Soweto. En prime, pas mal de quartiers bien vivants ou renaissants (comme Maboneng) et une vie sociale, artistique et culturelle assez riche. En outre, comme toute ville en devenir qui se bat, fonce, se transforme, Jo'burg dégage une énergie féroce...

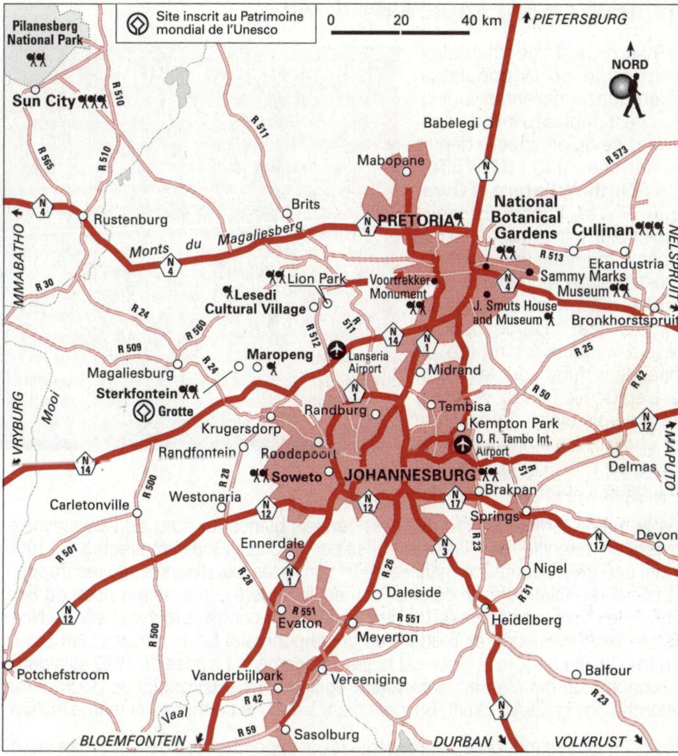

LE GAUTENG

UN PEU D'HISTOIRE

Travaillant dans la ferme Langlaagte, un beau jour de 1886, si George Harrison, un prospecteur itinérant, avait pu imaginer ce que son coup de pioche allait déclencher, aurait-il terminé son geste ? Le fait est que sous l'outil apparut, devant ses yeux effarés, le plus gigantesque filon d'or que le monde ait jamais connu ! Bien sûr, la nouvelle se propagea comme une traînée de poudre, et en peu de temps des milliers de prospecteurs se ruèrent sur le site. À la fin de l'année, l'immense camp de toile possédait déjà un nom : Johannesburg, du nom des 2 inspecteurs des mines, Johann Rissik et Johannes Joubert, qui supervisaient cette ruée vers l'or. 20 ans plus tard, la population avait déjà atteint les 100 000 habitants. Des fortunes colossales se constituaient. Urbanisation effrénée, explosion de l'immobilier. À la fin du XIXe s, création du centre-ville avec un plan en damier et des rues courtes... pour pouvoir vendre plus de... coins de rue, les commerçants les achetant beaucoup plus cher ! Pas étonnant que, par la suite, les Anglais aient tout fait pour mettre la main sur la région. Pour donner une idée, cette région du Witwatersrand (1/10 de la France) contient autant d'or que... le reste du monde !

Développement séparé de la ville

En 1904, devant l'augmentation considérable de la population ouvrière (essentiellement noire), celle-ci est déplacée loin du centre, dans ce qu'on appelle depuis les années 1960 **SOWETO,** les « **SOuth WEstern TOwnships** » (voir le chapitre historique complet plus loin dans « À voir »). Au même moment, une épidémie de peste frappe le quartier indien. ***Gandhi,*** qui travaille à Jo'burg comme avocat à l'époque, organise les secours et monte un hôpital de fortune pour les malades. L'épidémie fera 82 victimes, et le pouvoir blanc en profitera pour chasser les Indiens et raser la zone. Le nouveau quartier qui lui succède s'appellera Newtown.

TRISTES PRÉCURSEURS...

En matière de camps de concentration (pas de malentendu, il ne s'agit pas de camps d'extermination), les vrais « créateurs » du genre furent les... Anglais. Pendant la guerre anglo-boer (1899-1902), pour briser l'unité du peuple boer et démoraliser leurs combattants, les Anglais ouvrirent des camps de concentration où l'on enferma les familles. L'un d'entre eux fut installé à Jo'burg, au Turffontein Race Course. Il compta jusqu'à 5 000 détenus, essentiellement des femmes et des enfants, dont 700 moururent, le manque d'hygiène favorisant les épidémies.

Dans le même temps, les quartiers résidentiels blancs au nord du Downtown se couvrent de magnifiques villas construites par les plus grands architectes. En 1906, Gandhi est arrêté lors d'une manifestation contre les lois discriminatoires frappant les Indiens (et Asiatiques en général) et il est incarcéré à la sinistre prison du Fort. En 1922, les mineurs blancs de Jo'burg, protestant contre le recrutement de Noirs à des salaires inférieurs, se mettent en grève générale. Le 1er ministre Jan Smuts décrète la loi martiale, et la grève est brisée férocement. La crise de 1929 et la débâcle économique qui s'en est suivi furent également catastrophiques pour la ville. Le marché de l'or s'effondrant, ouvriers blancs et noirs connurent la même misère.

Après la 2de Guerre mondiale, la prospérité revint cependant rapidement, mais elle ne profita guère aux mineurs noirs. En 1946, pour protester contre leurs épouvantables conditions de travail, plus de 60 000 d'entre eux se mettent en grève. Nécessité de rappeler ici un chiffre : du début du XXe s aux années 1980, environ 44 000 mineurs moururent dans les mines (dont plus de 90 % de Noirs). En 5 jours, la grève est écrasée par l'armée et la police (au moins 9 morts et 1 000 blessés parmi les mineurs). En outre, les Noirs sont petit à petit chassés hors de la ville. En 1955, le quartier de Sophiatown, symbole de la résistance culturelle des Noirs, quartier vivant, dynamique, attirant les progressistes blancs, artistes, écrivains, musiciens de jazz, est brutalement rayé de la carte. En une nuit, des milliers de camions déportent les habitants à Soweto et ailleurs, les bulldozers se chargeant du reste... Dès lors, c'est la lutte de l'ANC qui va marquer la vie politique de Johannesburg : congrès de Kliptown (1955), arrestation de Nelson Mandela (1962), arrestation de la direction militaire de l'ANC à Rivonia en 1963, suivie du procès de Rivonia, émeutes étudiantes de 1976 dans tous les townships de Jo'burg, lutte armée... La marche vers l'abolition de l'apartheid et la fin du pouvoir raciste blanc ne s'arrêtera plus jamais.

Orientation

Le territoire de Johannesburg se révèle très étendu. De ***Rivonia,*** le quartier résidentiel au-dessus de ***Sandton,*** au Central Business District, compter 18 km, et jusqu'à ***Gold Reef City,*** 25 km. De ***Bruma*** où résideront certains lecteurs, 8 km pour rejoindre ***Newtown,*** et plus de 10 km pour ***Melville,*** le quartier branché nocturne. ***Soweto*** lui-même, au sud-ouest de

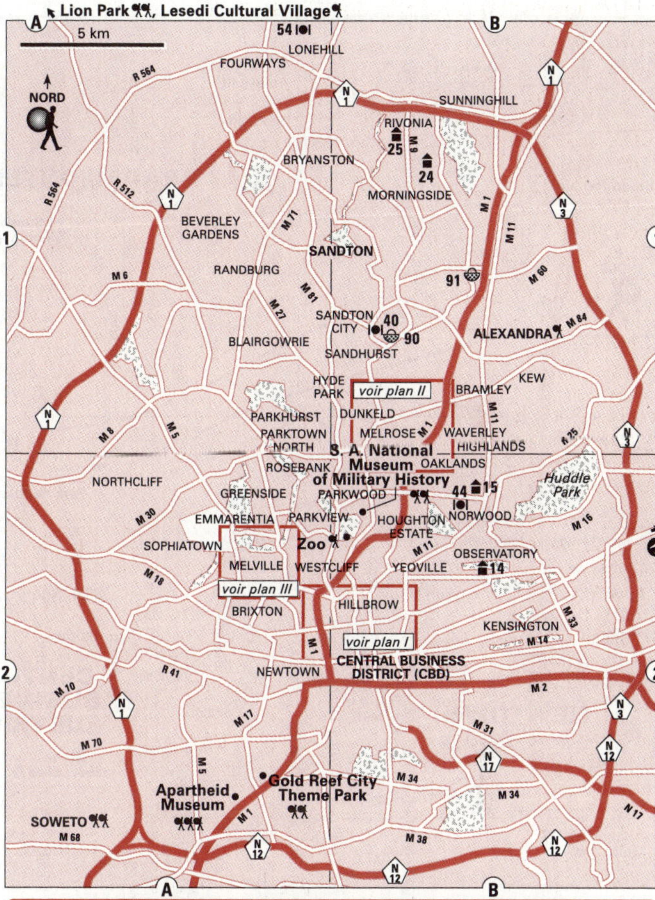

JOHANNESBURG – Grand Jo'burg

Où dormir ?

- **14** Brown Sugar (B2)
- **15** Satyagraha House (B2)
- **24** Rivonia Guest House et Bellgrove Guest House (B1)
- **25** Kingsway B & B Guesthouse (B1)

Où manger ?

- **40** The Butcher Shop and Grill (B1)
- **44** The Usual on Grant, The Barrio Next Door et Shahi Khana (B2)
- **54** Browns (A1)

Achats

- **90** Sandton City et Nelson Mandela Square (B1)
- **91** Amatuli (B1)

Jo'burg, fait environ 120 km². Cependant, Jo'burg est tailladée à coups d'autoroutes et de voies rapides qui, en dehors des *rush hours,* vous mettent rapidement à la portée de n'importe quel coin. Son plan en damier permet, en outre, de se repérer assez facilement.

Adresses utiles

- Gauteng Tourism Authority (C3)
- The Johannesburg Tourism Information Centre (B2)
- 1 Bidvest (A2)

Où dormir ?

- 10 Curiocity Hostel (D3)
- 11 Twelve Decades Art Hotel (D3)

Où manger ? Où déguster une pâtisserie ?

- 41 Fox Street Studios :

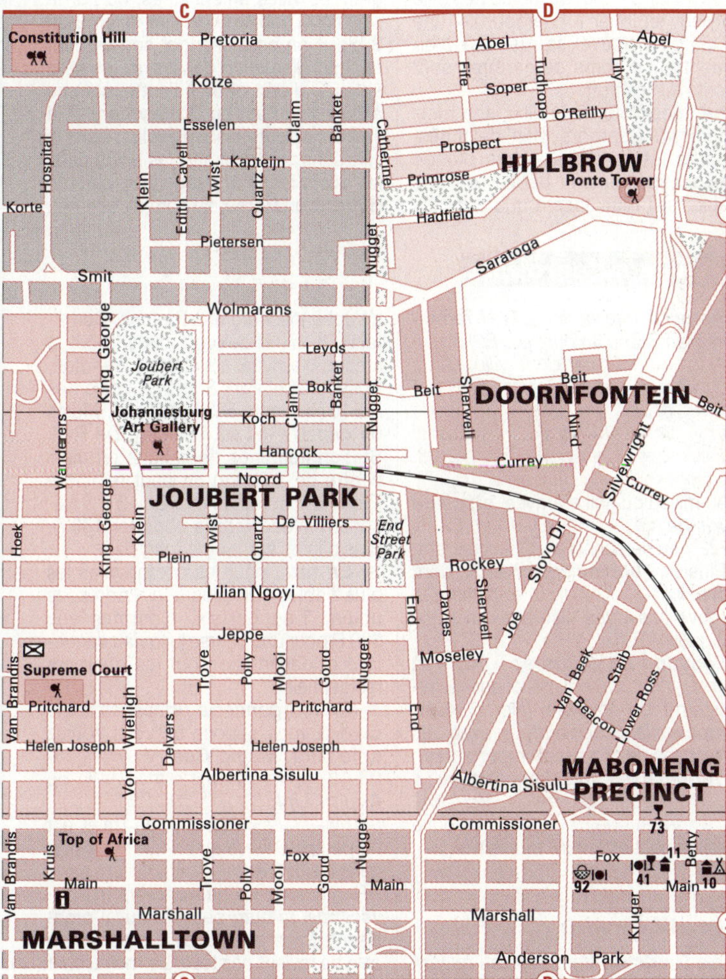

JOHANNESBURG – Centre (Plan I)

Eat your Heart Out, Little Addis (D3)
92 Arts on Main (D3)

Où boire un verre ? Où sortir ?

41 Blackanese et Living Room (D3)
70 The Orbit Live Music & Bistro (B1)
71 Kitchener's Carvery Bar (A-B1)
73 Les bars de Maboneng (D2-3)

Achats

92 Arts on Main (D3)

Outre un GPS – tout de même très utile (on peut en louer à l'aéroport) –, une astuce pour trouver sa rue : aux croisements, les noms des artères sont inscrits sur les trottoirs.
Autre spécificité de la ville, son morcellement. Quartiers bien délimités, séparés les uns des autres par de vastes espaces peu bâtis... ou une simple rue ! Plus encore que dans les grandes villes américaines, où l'on a pourtant l'habitude de dire qu'en 2 ou 3 blocs on peut changer socialement et culturellement d'univers, ici, ça peut se jouer d'un trottoir à l'autre, comme à ***Bellevue East*** ou ***Observatory.*** À la limite, on peut presque évoluer dans la ville sans mettre jamais les pieds dans les coins les plus dangereux, comme ***Hilbrow*** ou ***Berea,*** au nord du centre...

Arrivée à l'aéroport

✈ ***Aéroport international O. R. Tambo*** *(hors plan Grand Jo'burg par B2)* **:** *situé à 30 km au nord-est de la ville, soit à 30 mn en voiture du Central Business District (CBD) (plus aux heures de pointe). ☎ 011-921-62-62. Départs et arrivées des vols : 📱 086-727-78-88. • johannesburg-airport.com •*
ℹ Au milieu du hall d'arrivée, ***office de tourisme*** *(☎ 011-390-36-14 ou 02 ; tlj 6h-22h)* au personnel plutôt accueillant.
■ Plusieurs ***bureaux de change,*** dont ***Bidvest*** *(tlj 5h30-21h30)* et ***Absa.*** On y trouve aussi des distributeurs automatiques (ATM).
■ ***Location de voitures :*** *à 200 m à gauche de la sortie.* Une bonne demi-douzaine de loueurs *(Hertz, Avis, Europcar, National, Thrifty...),* avec des différences de prix assez importantes.
✈ ***Terminal des vols domestiques :*** *à 300 m à gauche du terminal international, en sortant de celui-ci.* On y trouve aussi un petit ***office de tourisme.***

Pour se rendre au centre-ville

➢ Le ***Gautrain,*** train express roulant à 160 km/h, relie l'aéroport au centre de Johannesburg et à Pretoria. Compter 158-170 R selon la distance et la station d'arrivée. Il s'arrête à Sandton, Rosebank, et Park Station. Circule ttes les 10 mn, entre 5h30 et 20h30. Moins de départs les sam et dim. De Park Station (terminus de la ligne en plein centre de Jo'burg) on peut rejoindre Pretoria. : durée 40 mn. Env 3 à 5 liaisons/h avec Pretoria compter 183 R. Plus d'infos sur : *• gautrain.co.za •*
➢ ***En taxi :*** pour les compagnies les plus fiables voir plus loin « Adresses utiles. Transports ». Compter env 300 R pour une course jusqu'au centre-ville et davantage pour les quartiers résidentiels.
➢ ***En fourgonnette privée*** *(shuttle)* **:** celle-ci vous dépose où vous voulez à Jo'burg, ***Magic Bus*** *(☎ 011-548-08-00 ; • magictransfers.co.za •)* ou ***Airport Link*** *(☎ 011-794-83-00 ; • airportlink.co.za •).* Le prix du trajet est un peu plus élevé qu'en taxi : compter dans les 650 R.
– Remarque : les *backpackers* (AJ privées) de Jo'burg peuvent aussi organiser le transfert depuis l'aéroport, mais cela ne revient pas toujours moins cher que le taxi.

Adresses utiles

Infos touristiques, poste et télécommunications

ℹ ***Gauteng Tourism Authority*** *(plan I, C3)* **:** *124, Main St, Marshalltown. ☎ 011-085-25-00. • gauteng.net • Lun-ven 8h-17h.* Doc abondante et bonnes infos sur le Gauteng et Jo'burg.
– Vous trouverez une succursale *(tlj 9h-17h)* à *Rosebank (plan II, A2),* dans l'*African Craft Market. ☎ 011-327-20-00.*
ℹ ***The Johannesburg Tourism Information Centre :*** *• visit.joburg • Bureaux à* ***Park Station*** *(plan I, B2), dans le Park City Transit Center, 1er étage, Food Court Area. ☎ 011-338-50-51. Également à*

JOHANNESBURG – Rosebank, Dunkeld et Melrose (Plan II)

Où dormir ?
12 The Backpackers Ritz (A1)

Où manger ?
42 Moyo (B2)
43 The Grillhouse (A2)

Où boire un verre ? Où sortir ?
74 Katzy's (A2)
75 Capital Music Café (A2)
76 The Jolly Roger (hors plan par A2)

Achats
93 The Rosebank (A2)

Sandton, *dans les Sandton Library Offices, 4ᵉ étage, Nelson Mandela Sq, West St. ☎ 011-883-35-25. Autre bureau à Soweto. Pour les 3 bureaux, ouv lun-ven 8h-17h.*

Change

■ ***Master Currency (Thomas Cook) :*** *dans la gare routière (Park City Transit ; plan I, B2), à l'étage. Lun-ven 8h-16h ; sam 8h-12h.*
■ ***Bidvest :*** *à l'aéroport international (tlj 5h30-21h30) ainsi qu'à Newtown (plan I, A2,* ***1****). Lun-sam 9h-16h30 (12h sam).*

Sinon, on trouve des bureaux de change dans chaque quartier.
– Pour ***retirer de l'argent,*** des distributeurs dans tous les centres commerciaux et les principaux lieux de transit (gares, aéroport, terminal de bus).

Culture

■ ***Alliance française de Jo'burg :*** *17, Lower Park Dr (angle Kerry Rd), Parkview. ☎ 011-646-11-69. ● alliance.org.za ● Lun-ven 8h30-19h30, sam 8h-13h. Fermé dim.* Joli bâtiment moderne. Cafétéria, expos diverses, concerts. Abrite aussi la *Dibuka Library,* centre d'information sur la France contemporaine : journaux, CD, DVD, Internet, etc.

■ ***Alliance française de Soweto :*** *735, Diepkloof, Ext. Phase 3, 1864, Soweto. ☎ 011-042-65-53. • soweto@alliance.org.za • Lun-ven 9h-16h. Fermé le w-e.* Avec plus de 200 élèves en langue et 250 dans les cours d'informatique, elle fait vraiment un travail formidable dans des conditions pas faciles. Manque surtout cruellement de livres et de magazines en français. Et si chaque lecteur(trice) visitant Soweto faisait un petit détour à l'Alliance pour l'expo du moment et y laissait quelques revues, quelques journaux récents et surtout des romans ou autres sujets historiques, sociologiques, etc., ce serait un petit geste à la hauteur de la gentillesse de l'accueil !

Représentations diplomatiques

■ ***Consulat de France*** *(plan II, A2)* **:** *Standard Bank Building, 3e étage, 191, Jan Smuts Ave, à l'angle de la 7th Ave, Parktown North 2196 (PO Box 1027, Parklands 2121). ☎ 011-778-56-00. En cas d'urgence, appeler le 📱 082-467-25-88. • consulfrance-jhb.org • Lun-ven 8h30-13h. Fermé le w-e.*

■ ***Consulat général de Belgique*** *(plan II, A2)* **:** *158, Jan Smuts Building, West Wing, 3e étage, 9, Walters Ave, Rosebank 2196. ☎ 011-912-96-00. N° d'urgence : 📱 082-458-80-26. • southafrica.diplomatie.belgium.be/fr • Lun-ven 8h-13h, 13h30-16h. Fermé le w-e.*

Santé

2 adresses sérieuses, recommandées pour leur professionnalisme.

■ ***Sandton Mediclinic :*** *angle Peter Pl et Main Rd, Bryanston 2021. ☎ 011-709-20-00. • mediclinic.co.za •*

■ ***Morningside Mediclinic :*** *angle Rivonia et Hill St, Morningside 2057. ☎ 011-282-50-00. • mediclinic.co.za •*

– On trouve, sur le site du consulat de France, une liste de médecins recommandés.

Transports

Outre le service de transport en ville que certains *backpackers hostels* peuvent offrir à leurs clients (mais ce n'est pas gratuit !), voici les différentes possibilités :

– ***Bus urbains*** *(Metropolitan Bus)* **:** assurent une centaine de parcours, couvrant 8 zones à des prix différents, de 5h à 19h. *☎ 011-833-59-18. • movinggauteng.co.za/metrobus •* À notre avis, nécessité d'être déjà habitué à la vie locale. Le terminal principal se trouve sur Gandhi Square, angle de Main et Rissik *(plan I, B2)*. Billet à l'unité ou *smartcard*.

– ***Metrorail :*** il dessert grâce à une douzaine de lignes le grand Jo'burg et les villes alentour (Soweto, Pretoria, Germiston...). Départs fréquents de 3h30 du mat à 21h env. Moins rapide et moins pratique que le *Gautrain* (voir plus haut). La gare centrale se situe dans le même complexe que celle des trains et des bus grandes lignes *(plan I, B2)*. *• metrorail.co.za •*

– ***Minibus :*** ces taxis collectifs (surnommés « Zola Budds », du nom d'une grande championne de course à pied) sillonnent les axes principaux de Jo'burg (par exemple, toute l'avenue Jan Smuts), grosso modo de 5h à 21h. Là aussi, ne vous lancez pas dans l'aventure d'emblée.

– ***Taxis traditionnels :*** il faut souvent en appeler un (voir les numéros ci-dessous), car il en passe assez peu dans les rues. De toute façon, c'est comme ça que vous aurez un taxi d'une compagnie officielle, avec système radio et, surtout, taximètre. Assurez-vous toutefois que ce dernier fonctionne bien (en général, c'est le cas). Compter env 8 R/km, ce qui, en fait, revient vite cher, car les distances sont importantes à Jo'burg. Évitez les autres types de taxis.

■ ***Orange Taxis :*** *📱 086-170-02-22. • orangecab.co.za •*

■ ***Zebra Cabs :*** *📱 086-110-51-05. • zebracabs.co.za •*

■ ***Roses Taxis :*** *📱 083-255-09-33. • rosestaxis.com •*

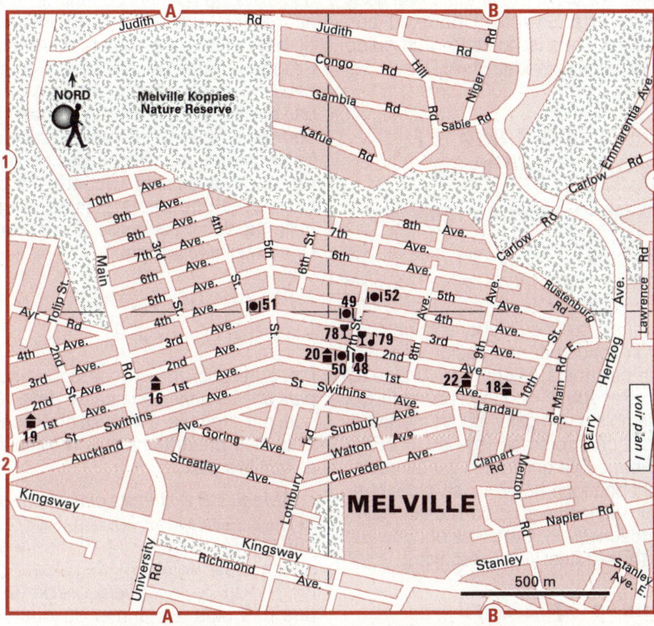

JOHANNESBURG – Melville (Plan III)

Où dormir ?

- 16 Home Base Melville Hostel (A2)
- 17 Abigail's B & B (hors plan par B1)
- 18 Lucky Bean Guesthouse (B2)
- 19 The Hillside House (A2)
- 20 Melville Manor Guest House (A-B2)
- 22 Melville Turret Guesthouse (B2)

Où manger ?

- 48 Poppy's (B2)
- 49 Ant (B1-2)
- 50 Nuno's (B2)
- 51 Picobella Trattoria (A1)
- 52 Lucky Bean (B1)

Où boire un verre ? Où sortir ?

- 78 Ratz Bar (B2)
- 79 Six Cocktail Bar (B2)

Achats

- 94 44 Stanley (hors plan par B2)

Où dormir ?

Dans le quartier branché de Maboneng Precinct (centre de Johannesburg)

De bon marché à prix moyens (150-1 000 R / env 10-66,70 €)

Curiocity Hostel *(plan I, D3, 10) : 302, Fox St, Maboneng Precinct. ☎ 011-614-01-63. ● curiocityhostel.com ● Lits en dortoir 180-250 R. Double 575 R.* Cette auberge de jeunesse (la seule du quartier) installée dans un bâtiment historique en brique avec des coursives métalliques. Façade de style rétro et charmant, intérieur restauré et aménagé avec soin, dortoirs (de 6 à 12 lits) propres avec ventilo et coin cuisine, sanitaires en commun. Bon accueil. Possibilité de dormir sous tente sur le toit. Propose des transferts (aéroport), des tours à bicyclette et des excursions en ville et à Soweto à bord du bus *Mabo'go*, sous la houlette d'un guide compétent (demandez Bheki Dube). *City tour de 4h : env 400-550 R/pers.*

Chic (1 000-1 800 R / env 66,70-120 €)

☗ ***Twelve Decades Art Hotel*** *(plan I, D3,* ***11****)* **:** *286, Fox St. Dans le building Main Street Life. ☎ 011-026-56-01. • 12decadeshotel.co.za • Doubles 1 110-1 160 R. Pas de petit déj. Parking payant.* Au cœur de Maboneng, un hôtel design conçu par une équipe de talentueux designers, célèbres en Afrique du Sud. Réception dans un passage qui ressemble à une galerie d'art moderne. Les 12 chambres situées au 7e étage de l'immeuble ont toutes du caractère (esprit boutique-hôtel), un style contemporain recherché et un bon confort (clim, TV, douche/w-c). Certaines ont une vue mais pas toutes. Les visiter avant.

Dans les quartiers de Rosebank, Dunkeld, Melrose, Parktown et Parkview

Quartiers assez centraux, résidentiels et sûrs car très sécurisés, et par conséquent peu animés, le soir notamment. Concernant Rosebank, possibilité d'aller dîner dans les grands hôtels des environs et dans le fameux centre commercial du quartier.

De bon marché à prix moyens (150-1 000 R / env 10-66,70 €)

☗ ***The Backpackers Ritz*** *(plan II, A1,* ***12****)* **:** *1A, North Rd, Dunkeld West. ☎ 011-325-71-25 ou 25-20. • backpackers-ritz.co.za • Arrêt du Baz Bus. Dortoir 200 R/pers. Double 600 R.* Bien caché au fond d'une impasse. L'un des rendez-vous les plus populaires des jeunes voyageurs, parce que l'un des plus centraux et situé près de Jan Smuts, avenue fréquentée où passent les minibus pour le centre. Grande demeure bourgeoise bourdonnante d'activité. Les parties communes donnent le ton, avec leurs cartes murales du pays et quelques objets artisanaux. Propose, outre de vastes et impeccables dortoirs circulaires (12 à 14 lits), une dizaine de chambres privatives très correctes, toutes différentes (salle de bains commune). Possibilité de petit déj dans la cuisine. Superbe jardin fleuri avec une petite piscine et une belle vue dominant la ville. Bon accueil. Une excellente adresse !

Chic (1 000-1 800 R / env 66,70-120 €)

Les adresses de cette catégorie sont plus chères dans cette partie de la ville que, par exemple, à Melville ou Rivonia, pour des prestations pas meilleures. Autant le savoir !

☗ ***Abigail's B & B*** *(hors plan III par B1,* ***17****)* **:** *52, Galway Rd, Parkview. ☎ 011-646-40-71. 📱 083-534-04-80. • abigails.co.za • Double 1 100 R, petit déj inclus. Parking privé.* Demeure de 1906, une des plus anciennes du quartier, tenue par une artiste peintre reconnue. Accueil chaleureux. Les hôtes logent dans plusieurs cottages noyés dans la végétation, de part et d'autre d'une rue bordée de jacarandas. Chambres (pour 2, 3 ou 4 personnes) bien aménagées, avec une déco colorée et gaie, équipées d'un coin cuisine. Certaines se situent dans des cottages indépendants (ça peut être sympa !). Joli jardin, petite piscine.

Dans les quartiers de Norwood, Observatory et Orchards

Beaux quartiers résidentiels et sécurisés au nord-est de Jo'burg, en droite ligne du centre-ville.

De bon marché à prix moyens (150-1 000 R / env 10-66,70 €)

☗ ***Brown Sugar*** *(plan Grand Jo'burg, B2,* ***14****)* **:** *75, Observatory Ave, Observatory Extension. ☎ 010-237-07-08. 📱 083-377-95-29.*

• brownsugarbackpackers.com • Dortoirs 190-220 R/pers, doubles env 640-750 R selon confort ; petit déj compris. Également des chalets indépendants (log cabins) *600 R. Parking privé. Ajouter 5 % pour les paiements par CB.* D'abord, l'architecture surprend : imaginez une espèce de petit castel de couleur mauve surplombant la rue, genre « folie » d'immigré sicilien rentrant au pays. En fait, ç'aurait été construit, dit-on, par un ancien gangster local. Balcons à balustres, vaste terrasse, plusieurs niveaux. Ensuite, des gérants aimables et professionnels, dans une atmosphère très *fellow travellers.* 3 chambres privées et plusieurs dortoirs (de 4 à 8 lits), avec sanitaires privatifs ou communs. Pour les repas, *pub lunches* (12h-15h) et dîner (19h-19h30) sur réservation. En surplomb derrière la villa, petite pelouse autour de la piscine. Offre de tours intéressants et service de navettes (payant) pour la gare, l'aéroport et les points d'intérêt de Jo'burg.

Très chic (plus de 1 800 R / plus de 120 €)

Satyagraha House *(plan Grand Jo'burg, B2,* **15***) : 15, Pine Rd, Orchards. ☎ 011-485-59-28. • satyagrahahouse.com • Doubles 3 080-6 080 R, avec petit déj et visite guidée gratuite. Repas végétarien env 250-300 R (resto accessible aux non-résidents sur résa).* Aujourd'hui classée au Patrimoine historique de Johannesburg, cette maison abrite un musée unique, dédié à Gandhi (voir plus loin, dans « À voir. Au nord-ouest et au nord »). Un lieu exceptionnel et chargé d'histoire, qui dispose de 8 chambres d'hôtes à la décoration réussie, épurée et superbe. Certaines sont dans la maison historique, d'autres dans de nouvelles bâtisses en brique avec grandes baies vitrées donnant sur le jardin. Tout est fait pour que vous plongiez dans la mémoire de Gandhi, de ses luttes, mais aussi dans l'histoire de l'Afrique du Sud au XXe s. Ici, ni télévision ni piscine, mais une atmosphère délicieusement sereine et des services de haut niveau. Activités diverses telles que des initiations au yoga ou à la méditation. Également des visites organisées par les meilleurs guides pour découvrir, avec un regard neuf, dense et passionnant, Johannesburg et ses banlieues. Une adresse certes chère, mais rare et particulièrement agréable.

À Melville

Un quartier vert et résidentiel à l'ouest du centre, à la fois vivant, tranquille et à la mode. *A trendy suburb,* le meilleur quartier pour loger.

Bon marché (150-400 R / env 10-26,70 €)

Home Base Melville Hostel *(plan III, A2,* **16***) : 37, 1st Ave, Melville. ☎ 011-482-57-97. • homebasemelville.com • Lit en dortoir 200 R, doubles 580-640 R.* La seule auberge de jeunesse de Melville. Tenue par une équipe dynamique, rénovée et bien arrangée. Autour d'une courette intérieure, elle abrite des dortoirs mixtes ou pas (8 à 10 lits) et des chambres toutes simples mais propres, avec lavabo et ventilo. Sanitaires collectifs ou privatifs. Cuisine à disposition, petit déjeuner, petite piscine, barbecue.

Prix moyens (400-1 000 R / env 26,70-66,70 €)

The Hillside House *(plan III, A2,* **19***) : 5, 1st Ave, Melville. 082-979-12-87. • thehillsidehouse.co.za • Double 950 R, avec copieux petit déj. Parking privé.* Derrière les hauts murs de ce *B & B* se cache un petit nid mignon, dont les 10 chambres sont réparties dans la maison principale et de petits bâtiments distribués autour d'un charmant jardin. Elles sont calmes et confortables (douche ou douche/w-c). Salle à manger accueillante pour prendre le petit déj. Petite piscine. Une bonne adresse, intime et chaleureuse.

Melville Manor Guest House *(plan III, A-B2,* **20***) : 80, 2nd Ave, Melville. ☎ 011-726-87-65. • melvillemanor.co.za • Doubles 850-1 050 R, avec petit déj. Parking privé.* Dans une

LE TRANSVAAL

rue calme et ombragée, proche de la rue des bars et restos, voici un *B & B* plutôt plaisant et bien tenu. Vous y trouverez 7 chambres simples mais confortables, décorées sans fantaisie. Les plus chères, avec sanitaires privés, donnent sur le jardin et la petite piscine. Accueil affable, agréable salle de petit déj.

Melville Turret Guesthouse *(plan III, B2,* ***22****) : 118, 2nd Ave, Melville. ☎ 011-482-71-97. 📱 083-568-38-20. • melvilleturret.co.za • Doubles 880-1 050 R selon confort, petit déj compris. Loft tt équipé env 1 200 R. Parking privé.* À quelques centaines de mètres seulement de l'animation, et pourtant on se sent déjà ailleurs... La maison de 1906 abrite 9 chambres autour d'une cour intérieure ombragée, pas très grandes mais soignées, confortables, avec entrée indépendante.

Chic (1 000-1 800 R / env 66,70-120 €)

Lucky Bean Guesthouse *(plan III, B2,* ***18****) : 129, 1st Ave, Melville. 📱 082-902-45-14. • luckybeanguesthouse.co.za • Doubles env 1 310-1 440 R selon confort, petit déj compris.* Heureux haricot ! Voici une de nos meilleures adresses à Melville. On est reçu par l'excellent Conway, dynamique et très attentionné avec ses hôtes. C'est une belle demeure dans un grand jardin calme et verdoyant avec une petite piscine. Les chambres aménagées et décorées avec soin sont de tailles différentes. Elles ont toutes une salle de bains, des lits assez grands, et vue sur ce même jardin. Petit déjeuner copieux servi dans la cuisine. Parking dans la propriété. Conway est aussi propriétaire du resto *Lucky Bean* (très bonne adresse).

Dans les quartiers de Sandton

Pour ceux et celles qui souhaiteraient résider près de Sandton, le quartier au nord de la ville qui a attiré nombre de sièges d'entreprises, hôtels, restos chics, etc. Pas de *backpackers* ici mais, bizarrement, les *B & B* et les *guesthouses* n'y sont pas trop chers, pour la qualité. Autant en profiter ! Zone assez éloignée du centre cependant. Pour les voyageurs véhiculés uniquement.

Chic (1 000-1 800 R / env 66,70-120 €)

Kingsway B & B Guesthouse *(plan Grand Jo'burg, B1,* ***25****) : 18B, Homestead Rd, Rivonia. ☎ 011-803-38-31. 📱 079-694-25-90. • kingswaybandb.co.za • Doubles env 900-1 020 R, petit déj inclus.* Cette élégante villa, installée dans un quartier riche et verdoyant, abrite 6 chambres (certaines avec salle de bains commune) absolument impeccables et pourtant abordables. Elles donnent sur un beau jardin (avec piscine) peuplé d'oiseaux. Accueil jovial de la charmante Dolly.

Bellgrove Guest House *(plan Grand Jo'burg, B1,* ***24****) : 8A, Trebyam Ave, Rivonia. ☎ 011-803-46-43. 📱 082-731-96-92. • bellgrove.co.za • Doubles env 1 200-1 600 R, petit déj compris. Parking clos.* Charmante grosse villa au milieu d'un jardin où coule une petite fontaine. Chambres avec entrée indépendante. Elles sont vastes et luxueuses, avec moquette et grands lits douillets (TV, coffre-fort...). On prend le petit déj dans une salle ouverte sur une très jolie piscine. Possibilité d'excursions et location de voiture.

Rivonia Guest House *(plan Grand Jo'burg, B1,* ***24****) : 3, River Rd, Rivonia. ☎ 011-803-27-90. 📱 082-496-55-68. • rivoniabb.co.za • Doubles 1 440-1 870 R, copieux petit déj compris. Réduc de 20 % le w-e.* Au fond d'une impasse, au calme. Propriété possédant 30 chambres spacieuses dans de jolis cottages répartis dans un jardin luxuriant. La plupart ont une terrasse, coin cuisine équipée, TV, frigo, chauffage, etc. Certaines sont vraiment ravissantes. Également des *family units*. Atmosphère reposante, seulement troublée par le chant des oiseaux et le bruit de l'arrosage automatique. Location de voitures, tours et service de blanchisserie. Accueil cordial.

Où manger ? Où déguster une pâtisserie ?

Dans le quartier de Maboneng Precinct

Bon marché (jusqu'à 150 R / jusqu'à 10 €)

|●| ***Fox Street Studios*** *(plan I, D3, **41**) : 280, Fox St, angle de Fox et de Kruger St.* Plusieurs restos le long de la rue, dans le bloc d'immeubles nommé *Fox Street Studios.* On recommande notamment ***Eat your Heart Out,*** pour ses bons petits déjeuners, ses plats soignés et économiques, dans l'esprit culinaire « Jo'burg Deli ». À côté, le ***Little Addis*** sert de la cuisine éthiopienne dans un décor postindustriel. Prix sages partout. L'immeuble ***Arts on Main*** *(plan I, D3, **92**),* au 264 Fox St, abrite un marché unique en son genre *(ouv dim 10h-16h et 1er jeu de chaque mois 19h-23h).* On peut s'y restaurer dans une des cantines ou des éventaires de cuisine du monde (Éthiopie, Maroc, Chine, Inde). Il y a aussi des restos : *Canteen, Mama Mexicana.* À l'angle de Kruger et de Main St, le resto ***The Living Room*** sur le toit de l'immeuble *Main Change* est un de nos lieux préférés. Pour boire un bon café, allez chez *Origin (coffee roastery)* à l'angle de Fox et de Main Street.

Dans le quartier de Melville

Le mini-« Quartier latin » de Jo'burg, le plus sûr de la ville (faire quand même garder sa voiture). Atmosphère bohèmo-étudiante et restos à tous les prix. Notre quartier préféré, vous l'aviez deviné...

Bon marché (jusqu'à 150 R / jusqu'à 10 €)

|●| ***Poppy's*** *(plan III, B2, **48**) : angle 7th et 2nd Ave, Melville. ☎ 011-482-87-75. Tlj 7h30-minuit. Repas env 120-150 R.* Ouvert sur la rue, avec des tables sur le trottoir, un excellent service, de la cuisine soignée et bon marché, on aime bien ce resto qui dégage de bonnes ondes. Cuisine d'influence méditerranéenne et portugaise, frites savoureuses, vin au verre et animation musicale le week-end (petits groupes de qualité).

|●| ***Nuno's*** *(plan III, B2, **50**) : 7th St, entre la 1st et la 2nd Ave, Melville. ☎ 011-482-69-90. Tlj. Env 60-120 R le plat.* Bon endroit pour découvrir la cuisine mozambico-portugaise dans une atmosphère d'auberge rustique. On y sert de bonnes grosses assiettes bien fumantes. Essayez les calamars grillés ou le *seafood combo,* vraiment bon et copieux. Un beau rapport qualité-prix.

Prix moyens (150-400 R / env 10-26,70 €)

|●| ***Ant*** *(plan III, B1-2, **49**) : 11A, 7th St, Melville. 📱 076-476-56-71. Ouv 12h-minuit. Plats et pizzas 50-70 R.* Un des restos les plus bohèmes de la rue. Salle avec grosses tables en bois éclairée à la bougie. On y vient autant pour l'ambiance que pour ses bonnes pizzas à pâte fine et les hors-d'œuvre qu'on déguste sur des planches. Quelques tables dehors aussi (notamment pour les fumeurs).

|●| ***Picobella Trattoria*** *(plan III, A1, **51**) : 66, 4th Ave, Melville. ☎ 011-482-43-09. Tlj midi et soir. Plats 90-155 R, pizzas env 70-100 R.* Dans une rue paisible, un resto italien aux murs couleur *terracotta,* décorés de madones en tout genre. Cuisine bien faite et soignée : choix de pizzas à la pâte fine, plats de *pasta* goûteux.

|●| ***Lucky Bean*** *(plan III, B1, **52**) : 16, 7th St, Melville. ☎ 011-482-55-72. Tlj sauf lun, 11h jusque tard. Plats 95-200 R. Menus 190-320 R.* Bien situé, avec une jolie salle intérieure prolongée par une terrasse. Sans doute la meilleure cuisine du quartier. Le chef élabore des plats où l'on retrouve la Méditerranée, l'Afrique du Sud et le reste du monde. Steak portugais, poulet Casamance, burger d'autruche... Tout est savoureux et bien présenté. Excellent service. Plutôt une adresse pour dîner dans un cadre assez élégant et un peu design.

À Melrose Arch

Prix moyens (150-400 R / env 10-26,70 €)

|●| *Moyo* *(plan II, B2, **42**) : Melrose Sq, Melrose Arch. ☎ 011-684-14-77. Tlj à partir de 11h. Résa recommandée le soir. Plats env 150-200 R.* L'une des meilleures cuisines africaines de la ville, dans un décor hors normes marqué par le génie artistique du continent. Une multitude de beaux objets et statues, bien mis en valeur, tissus aux tons chaleureux, terrasse aux chaises stylisées, sous un toit en toile amovible, ou encore des toilettes, vraiment géniales ! Cuisine raffinée et variée. On se régale de *nigerian kebabs,* de *maputo peri peri chicken* ou de *nyama na kumba.*

À Rosebank

Prix moyens (150-400 R / env 10-26,70 €)

|●| *The Grillhouse* *(plan II, A2, **43**) : The Firs, Oxford Rd, Rosebank. ☎ 011-880-39-45. Dans un des malls de Rosebank, au 1er étage. Tlj 12h-23h. Résa conseillée. Plats env 150-250 R.* Souvent bondée, c'est l'une des plus belles tables pour amateurs de viande. Cadre élégant, grande salle aux murs de brique et plancher en bois, avec ventilos au plafond. La viande ici est au sommet de son art : des *T-bones* juteux de 450 g à 1 kg...

Dans le quartier de Norwood

Quartier à quelques kilomètres à l'est de Rosebank, réputé sûr et fort prisé pour ses nombreux (et bons) restos multiethniques, alignés sur Grant Avenue comme à la parade.

Bon marché (jusqu'à 150 R / env 10 €)

|●| *The Barrio Next Door* *(plan Grand Jo'burg, B2, **44**) : 80, Grant Ave. ☎ 011-728-25-77. Tlj jusqu'à 22h.* Café-resto casher au bord de la rue principale de Norwood, c'est la bonne adresse locale pour un repas rapide le midi ou pour boire un verre. Pizzas, gnocchis, bagels, salades, quiches... la carte est longue et pas chère du tout. Accueil chaleureux.

|●| *The Usual on Grant* *(plan Grand Jo'burg, B2, **44**) : 66, Grant Ave (à l'angle de Nellie St). ☎ 011-483-07-99. Tlj 7h30-18h (17h w-e). Plats 40-110 R.* Le petit resto de quartier accueillant, avec une longue carte de plats de viande bien cuisinés et de grosses salades. Les assiettes sont généreuses, les produits de toute fraîcheur, le service *friendly...* Bref, une parfaite petite adresse pour un déjeuner sain, copieux et goûteux.

|●| *Shahi Khana* *(plan Grand Jo'burg, B2, **44**) : 80, Grant Ave (à l'angle de William Rd). ☎ 011-728-98-22. Tlj midi et soir jusqu'à 23h. Plat env 70 R. Buffet le soir mar et sam 85 R.* Tous les grands classiques de la cuisine d'Inde du Nord : *fish Madras* (poisson au poivre noir et lait de coco), *lamb vindaloo* ou *lamb biryani,* tandoori, *dhal ghost* (lentilles), etc.

Dans les quartiers de Sandton et de Rivonia

Les quartiers au nord de Jo'burg parmi les plus smart et recherchés pour les restos et sorties du soir. Pour manger, voici quelques adresses, mais franchement pour ceux et celles qui résident dans le coin uniquement. Même si elles sont bonnes, c'est quand même pas la peine de faire 15 km pour y aller !

Prix moyens (150-400 R / env 10-26,70 €)

|●| ⛱ *Browns* *(plan Grand Jo'burg, A1, **54**) : 31, Mulbarton Rd, Lonehill. 📱 060-946-99-75. Fermé dim soir et lun. Pour le dîner, résa impérative. Plats env 130-260 R.* Resto chic avec une agréable terrasse ouvrant sur un jardin luxuriant. Le chef mijote une cuisine savoureuse inspirée des quatre coins de la terre : lasagnes aux champignons sauvages, *chicken tikka,* carpaccio d'autruche, plus de succulentes suggestions du jour. Propose aussi 33 000 bouteilles et 53 marques de champagne (on peut d'ailleurs aller choisir son vin en cave). Régulièrement des *Wine Evenings* sont organisés. Accueil chaleureux.

Ⅰ●Ⅰ ***The Butcher Shop and Grill*** *(plan Grand Jo'burg, B1,* ***40****) :* *Nelson Mandela Sq, Sandton. ☎ 011-784-86-76. Tlj 12h-22h45 (21h45 dim). Plats env 160-215 R.* Un autre petit temple de la viande, fondé en 1994 par Alan Pick, le fils d'un grand boucher de Jo'burg. Le resto est installé sur la place suspendue entre les 2 tours du *mall.* Beaucoup de monde, dont s'occupe une armée de serveurs joviaux en tablier de boucher. Personnel compétent, bon service. Adresse remarquable qui débite et vend des tonnes de viande de qualité chaque mois...

Où boire un verre ? Où sortir ?

À Maboneng Precinct (centre Johannesburg)

– ***Les bars de Maboneng :*** dans le building *MOAD (plan I, D2-3,* ***73****),* à l'angle de Commissioner Street et d'Albrecht, on aime bien, par exemple, ***The Poolside*** (café au bord d'une piscine), typique de ce quartier branché, artiste et cosmopolite, qui abrite de nombreux bars ouverts dans la journée mais aussi le soir. Un peu plus bas, à l'angle de Kruger Street et de Main Street, l'immeuble *Main Change (plan I, D3,* ***41****),* rénové, abrite ***Blackanese,*** un bar à vins qui sert aussi des sushis. Dans le même immeuble, ***The Living Room*** est situé sur le toit. On y sert des jus de fruits et toujours quelque chose à manger.

À Melville

🍸 ***Ratz Bar*** *(plan III, B2,* ***78****) : 9, 7th St (entre la 3rd et la 4th Ave). ☎ 011-482-24-14. Mar-dim 16h-2h du mat. Happy hours 18h-21h.* Tamisé à souhait, musique hyper forte, atmosphère un peu *rough...* Un des bars de nuit les plus populaires.

🍸♩ ***Six Cocktail Bar*** *(plan III, B2,* ***79****) : 5, 7th St. ☎ 011-482-83-06. Tlj 12h-2h.* Un des bars branchés de Melville, où se retrouve une clientèle jeune et mixte (black and white). Déco insolite, mélange de branchages, photos, tableaux du Che, de Marley et Mandela. Musique à fond, lumière tamisée et ambiance décapante, bien aidée par les nombreux cocktails et la bière qui coule à flots !

À Braamfontein

🍸♩ ***Kitcheners Carvery Bar*** *(plan I, A-B1,* ***71****) : 71, Juta St, angle avec De Beers. ☎ 011-403-01-66. Tlj 10h-2h du mat.* Un bar centenaire dans une demeure de 1906 dont la façade et la galerie rappellent les maisons de Louisiane. À l'intérieur, rien n'a changé, décor en bois, planchers et grand bar patiné par les ans, on y sert à boire (notamment une excellente bière au gingembre). Soirées musicales très animées (DJ et *music live*).

🍸♩ ***The Orbit Live Music & Bistro*** *(plan I, B1,* ***70****) : 81, De Korte St. ☎ 011-339-66-45. ● theorbit.co.za ● Mar-dim 17h30-1h30.* Billet d'entrée variable selon la notoriété du groupe. Un des endroits nocturnes les plus réputés de la ville, dans un quartier central renaissant et sûr. On y vient pour les soirées jazz ou électro. Excellente programmation. Fait aussi bistrot-resto.

À Rosebank et Parkhurst

🍸♩ ***Katzy's*** *(plan II, A2,* ***74****) : 1, The Firs, Hyatt Shopping Centre, Oxford Rd, Rosebank. ☎ 011-880-39-45. ● katzyslive.co.za ● Lun-mer 12h-minuit, et plus tard jeu-sam (mais fermé sam midi). En face du Grillhouse (voir « Où manger ? »). Cover charge jeu-sam 150 R.* Bois sombre, murs de brique placardés de pubs *old school,* lumière tamisée et profonds fauteuils pour écouter certains soirs une super musique live de jazz et blues. Clientèle mixte assez chicos. Pour les amateurs, on y sert aussi 170 sortes de whiskies. Petite piste de danse, mais la foule déborde souvent dans la galerie, en particulier les jeudi et samedi !

🍸♩ ***Capital Music Café*** *(plan II, A2,* ***75****) : à l'angle de Tyrwhitt et Keyes, Rosebank. ☎ 011-880-00-33. Tlj sauf dim 7h30-2h (17h30 lun).* Un des *joints* préférés de la jeunesse black *trendy.* Tonalités chaudes, avec un coin tout capitonné garni de divans en cuir. Musique à tue-tête (techno très souvent, house, électro...), foule compacte. Si vous aimez danser, c'est la bonne adresse.

The Jolly Roger *(hors plan II par A2,* ***76****) :* *10, 4th Ave, Parkhurst. ☎ 011-442-39-54. Ouv jusqu'à 2h.* Un des bars musicaux les plus populaires de Jo'burg, dans un des quartiers les plus chics (c'est la rue des antiquaires). Ambiance de pub anglais avec écran géant diffusant les matchs de rugby, foot, etc., mais certains clients se pressent sur la petite terrasse au 1er étage.

Achats

Attention, les différences de prix peuvent être énormes d'une boutique à l'autre, surtout en matière d'antiquités africaines. Voici notre sélection de grands marchés centraux à prix raisonnables, de *shopping malls,* de marchés aux puces et de boutiques.

Arts on Main *(plan I, D3,* ***92****) :* *au cœur du quartier branché de Maboneng Precinct, entre Main St et Fox St. • marketonmain.co.za • Tlj jusqu'à 16h30.* Dans ce quartier naguère paupérisé et à l'abandon, un ancien entrepôt réhabilité avec intelligence. Nombreux éventaires de nourriture *(marché le dim, 10h-15h)* mais aussi des boutiques de mode et des galeries d'art. À noter que, derrière ce lieu et ce quartier, existe une très forte volonté d'intégration économique et sociale et de création d'emplois, une expérience remarquable.

The Rosebank *(plan II, A2,* ***93****) :* un des *shopping malls* les plus intéressants dans le quartier chic et riche de Rosebank. Délimité par Bierman, Oxford, Baker et Bath. 2 rues centrales, Tyrwhitt et Cradock, le coupent ensuite en 4 quartiers. Regorge de cafés et restos avec terrasse. En voici les parties principales :

– *Rooftop Market : dim et j. fériés seulement, 9h-16h, sur les parkings du toit (d'où le nom).* Plus de 600 stands de toutes sortes, mélange de vraies puces et de neuf. On y trouve réellement de tout, vêtements, bibelots, porcelaines, antiquités, artisans et artistes... Un de nos marchés préférés.

– *African Craft Market : ☎ 011-880-29-06. Tlj 9h-18h.* Plus de 140 stands d'artisanat africain. Nécessairement quelque chose qui vous plaira dans vos prix.

Sandton City et Nelson Mandela Square *(plan Grand Jo'burg, B1,* ***90****) :* *5th, Rivonia et West St, Medical Mews.* Une vaste galerie marchande organisée autour d'une grande esplanade où trône une imposante statue de Mandela. Y sont présentes les meilleures enseignes internationales de vêtements, plus les cinémas, les terrasses de café, les restos à la mode.

44 Stanley *(hors plan III par B2,* ***94****) :* *44, Stanley Ave, à l'angle de Owl St. • 44stanley.co.za •* Dans d'anciens bâtiments industriels magnifiquement retapés, une vingtaine de boutiques au goût du jour (fringues, artisanat, antiquités...). Quelques restos et snacks assez abordables pour manger au calme, dans des cours ombragées à l'écart de la circulation. Bien pour flâner et fouiner.

Amatuli *(plan Grand Jo'burg, B1,* ***91****) :* *6, Desmond St ; à Kramerville (est de Sandton). ☎ 011-440-50-65. • amatuli.co.za • Lun-ven 8h30-17h30, sam 9h-15h et dim 10h-15h.* Un énorme entrepôt sur 3 niveaux qui présente le meilleur de l'artisanat sud-africain à des prix de demi-gros : tissus, bijoux, tableaux, objets et meubles. Une sélection assez épatante. Sur place, un resto-bar très joliment décoré à l'africaine. Un vrai spot pour ceux qui en ont assez de la pacotille.

Galeries d'art

– Quelques célèbres galeries d'art, comme la **Goodman Gallery** *(hors plan II par A2) :* *163, Jan Smuts Ave, Parkwood. ☎ 011-788-11-13. Ouv 9h30-17h30 (16h sam). Fermé dim-lun.* Depuis plusieurs dizaines d'années au service des nouveaux talents, mais elle présente aussi régulièrement des artistes confirmés. **Everard Read Gallery** *(plan II, A2) :* *6, Jellicoe Ave, Rosebank. ☎ 011-788-48-05. Ouv 9h-18h (13h sam). Fermé dim.* Expo d'œuvres de très grande qualité.

À voir

LE CENTRE

Balades, mode d'emploi

En fait, nous devrions dire « les centres », tant chaque quartier possède son identité propre. En l'absence de transports publics garantissant une vraie sécurité, nous conseillons d'effectuer les liaisons interquartiers avec une voiture de location, par taxi ou de prendre un tour organisé.
En pleine journée, il est tout à fait possible de visiter une zone de façon autonome en définissant précisément son parcours et en appliquant les mesures élémentaires de sécurité, comme rester dans les rues et les places publiques fréquentées, grands magasins, environs proches des grands monuments. Le tout sans signe ostentatoire de richesse, en adoptant un comportement décontracté.
Un bon exemple est *Newtown* (voir ci-dessous). En revanche, tout le secteur de l'ancien quartier des affaires, appelé *Central Business District (CBD),* présente encore de gros problèmes. De jour, en principe pas trop à craindre dans les grandes rues commerçantes et aux abords des grands monuments civils. Mais il ne faut pas s'en écarter. De nuit, c'est totalement exclu. De toute façon, ça devient alors un sinistre et pathétique désert de béton. ***Quartiers à déconseiller :*** les quartiers de *Hillbrow, Berea, Yeoville, Highlands, Doornfontein, Bertrams, Bellevue East* et *Bellevue Central,* de jour comme de nuit.
De même, à côté de la Johannesburg Art Gallery (voir plus loin) s'étend le *Joubert Park.* Pas vraiment conseillé de s'y promener en journée et totalement exclu la nuit. En revanche, le grand marché de jour qui se tient à côté de la galerie reste tout à fait fréquentable aux heures de pointe.

Newtown

Newtown est un quartier central de Jo'burg que nous pouvons recommander sans problème. Il est délimité au nord par Carr Street, au sud par Helen Street (ex-President Street), à l'est par Sauer, et à l'ouest par la M 1. Il fait l'objet des soins attentionnés de la municipalité, qui s'attelle avec un certain succès à le rénover et lui donner un nouveau look. L'ancien marché aux fruits et légumes abrite désormais le Museum Africa et le Market Theatre, un petit marché d'artisanat. Partout, les vieux entrepôts font place à des édifices modernes, ou bien reprennent des couleurs pimpantes. De rares graffitis subsistent de-ci de-là. Quelques terrains vagues squattés par une ultime poignée de pauvres et de laissés-pour-compte témoignent du triste passé du quartier... Résultat, une fréquentation remontée en flèche de jour (et maintenant de nuit) et une sécurité qui s'est considérablement accrue. La présence de beaux restaurants, de théâtres et autres lieux culturels, l'installation de studios de danse et de musique ont également beaucoup contribué à cette formidable renaissance. Pour se garer, utiliser le parking surveillé du Market Theatre.
Sur Diagonal, ne pas manquer d'aller admirer le siège de la *First National Bank,* construit en forme de pointe de diamant. Vous êtes dans l'ancien quartier indien de la ville, dont il subsiste encore quelques témoignages, boutiques, restos.

The SAB World of Beer *(plan I, A2)* **:** *15, Helen Joseph St.* ☎ *011-836-49-00.* • *worldofbeer.co.za* • *Tlj 10h-18h. Dernier tour à 17h (16h dim et lun). Entrée : 130 R, 2 bières comprises ! Parking fermé.* Financé par la *SAB (South African Breweries),* on pourrait croire que ce musée n'est qu'une vitrine du puissant groupe, mais il n'en est rien ! À travers une superbe muséographie, très moderne, on découvre toute l'histoire dudit breuvage (de l'ère mésopotamienne aux brasseries d'aujourd'hui). Panneaux explicatifs fort bien faits, reconstitutions variées, notamment d'une scène de village où l'on voit comment la bière traditionnelle africaine, à base de sorgho, est fabriquée (vous pourrez même la goûter !). Faux *shebeen* aussi, café de mineur. Le parcours se termine au bar, où l'on vous offrira 2 bières... *SAB,* bien sûr, de votre choix.

Museum Africa *(plan I, A2)* **:** *121, Lilian Ngoyi St, Newtown. ☎ 011-833-56-24. Mar-dim 9h-17h. GRATUIT.* Un musée un peu fourre-tout, qui traite de l'histoire et de la culture du pays. Installé dans l'ancienne halle aux fruits et légumes de 1913. Après une petite ***section géologique,*** on accède aux étages dédiés notamment à l'***histoire du Gauteng et de Johannesburg,*** des 1ers sites (reconstitution d'une hutte traditionnelle de l'âge du fer) à la découverte de l'or. De cette dernière période, évocation des difficiles conditions de travail des mineurs. Plus loin, reconstitution de townships, où l'on peut voir l'intérieur de taudis typiques de ces « bidonvilles », ainsi que celui d'un *shebeen* de Sophiatown, le célèbre quartier que le régime d'apartheid fit totalement raser à partir de 1955.
À côté, section sur la ***musique sud-africaine,*** avec toutes sortes d'instruments, du plus rudimentaire au plus sophistiqué. Section aussi sur la ***photographie*** et le ***cinéma*** en Afrique du Sud (impressionnante collection d'appareils anciens), ainsi que sur l'***art rupestre*** (grotte reconstituée). Enfin, 2 parties, respectivement consacrées à la vie de ***Gandhi*** à Johannesburg à la fin du XIXe s et au ***procès historique de 1956*** – le procès de trahison – de 156 militants anti-apartheid, viennent compléter la visite.

Central Business District *(CBD)*

Ce quartier s'étend à l'est de Newtown. Il rappelle les *downtowns* américains des années 1960-1970, lorsque les classes moyennes désertèrent les centres-villes pour les banlieues résidentielles. On y retrouve les habituels gratte-ciel parfois décrépis (aujourd'hui on les restaure petit à petit), quelques grands hôtels en jachère, de nombreux bureaux et quelques dizaines de bâtiments anciens, certains d'ailleurs pas inintéressants du point de vue architectural. Beaucoup d'entreprises et de sièges sociaux se sont, depuis, réfugiés à Sandton.
Les axes principaux de CBD en sont Rissik Street et Albertina Sisulu Street (ex-Market Street). En principe, de jour (sauf le dimanche), si on ne transporte pas de valeurs sur soi, pas de problème. Le quartier est toujours bondé, joyeusement bordélique, et la présence de la police est assez voyante. Mais attention, en fin d'après-midi, les rues se vident en 30 mn et se transforment en no man's land.

Quelques lieux historiques qui servent de repères : le ***Top of Africa*** *(plan I, C3),* 150, Commissioner Street, une tour en béton de 50 étages (223 m, la plus haute d'Afrique) avec centre commercial *(Carlton Centre)* au rez-de-chaussée. On peut accéder à son sommet, au 50e étage *(entrée par le Carlton Centre, chercher le Top of Africa ticket office ; lun-ven 9h-18h, sam 9h-17h, dim 9h-14h. Billet : 15 R ; ☎ 011-308-13-31).* À l'angle de Albertina Sisulu et de Rissik, on trouve l'ancien *City Hall,* qui date de 1915. En face, sur Rissik Street, la monumentale ***Grand Post Office*** *(plan I, B2),* édifiée en 1897, à l'époque le point culminant de la ville.
À l'angle de Von Brandis et Pritchard s'élève la ***Supreme Court*** *(Cour suprême ; plan I, C2).* Dans le secteur, on trouve aussi la bibliothèque. En conclusion, visite qui, certes, ne possède pas un intérêt fondamental, mais qui permet de comprendre comment s'est construite la ville. Si l'on ne veut pas effectuer la balade par soi-même, on peut toujours prendre une visite guidée.

Johannesburg Art Gallery *(plan I, C2)* **:** *Klein St, Joubert Park. ☎ 011-725-31-30. Mar-dim 10h-17h. Fermé lun. GRATUIT. Parking dans l'enceinte du musée.* Dans un grand bâtiment de 1915, aux beaux et vastes espaces, un musée à voir pour ses expos temporaires, qui témoignent bien de la vitalité de l'art contemporain sud-africain. Sinon, petite collection permanente pas très convaincante.

En gros, 2 salles pour l'art sud-africain (peintures, fétiches, cannes de danse, etc.) et 2 pour l'art européen (du XVIIIe au XXe s). Dans cette section, œuvres de Rodin, Picasso, Monet, Degas, Pissarro... Également des sculptures sud-africaines disséminées dans le musée, comme le *Dromedaris Donder* d'Andries Botha (extra !) et les œuvres sur bois de Jackson Hlungwane.

Braamfontein

Braamfontein (la « Fontaine d'Abraham ») s'étend au nord de Newtown. Au nord-ouest, la célèbre et agréable University of Witwatersrand (la « Wits »). Depuis la fin de l'apartheid, ce quartier connaît une vague de renouveau économique et culturel. Il est sécurisé et fréquentable de jour. De nuit, mieux vaut circuler en taxi.

Sur Joubert et De Korte, le ***Miners' Monument*** *(plan I, B1),* célébrant ce damné de la terre qui fit la fortune de l'Afrique du Sud. Le quartier abrite le *Joburg Theatre (plan I, B1),* le meilleur de la ville ; mais si, d'aventure, vous assistiez à un spectacle un soir, prévoyez de vous y rendre et d'en repartir en taxi.

Origins Centre (plan I, A1) : *1, Yale Rd. ☎ 011-717-47-00. ● wits.ac.za/origins ● Dans le East campus de l'université de Witwatersrand. Tlj sauf dim 10h-17h. Entrée : 81 R ; réduc ; audioguide inclus.*
Voici un superbe musée sur l'origine de l'espèce humaine et les cultures ancestrales sud-africaines. À ne manquer sous aucun prétexte si ce sujet titille un tant soit peu votre curiosité ! Muni d'un audioguide très bien fait (version française disponible), le visiteur découvre d'abord la section consacrée aux 1ers hominidés qui, comme chacun sait, ont probablement vu le jour en Afrique. C'est en tout cas ce que semblent indiquer les recherches en paléontologie depuis plusieurs décennies, avec la découverte de Lucy en 1974 puis, en 2001, du *Sahelanthropus tchadensis* Tumaï, au Tchad.
On apprend ainsi que les humains modernes ont en commun 99,9 % de leur patrimoine génétique, et que, de ce fait, il n'existe pas de races au sein de l'espèce humaine mais seulement différentes couleurs de peau (cela dit comme une évidence) ! Excellente carte montrant les 1ers flux migratoires à la surface du globe. Puis on arrive à la partie dédiée aux peuples *San,* ou *Bushmen,* les 1ers habitants d'Afrique du Sud. Tous les aspects de leur culture (moyens de subsistance, art, rituels) sont expliqués et illustrés au travers de panneaux, documents, photos, images filmées et reconstitutions diverses, notamment de grottes peintes (le pays en compterait des centaines de milliers !).
Au niveau – 1, dans une grande salle, c'est toute leur histoire qui nous est racontée, du mythe fondateur à l'arrivée des Blancs, sur une dizaine d'immenses tapisseries en suspension. On a bien aimé aussi, outre la muséographie globale du lieu, la présence d'œuvres d'art contemporain pour exprimer certaines idées. Un musée qui vaut vraiment le détour !

University of Witwatersrand (plan I, A1) : *Jan Smuts Ave. ☎ 011-717-10-00. Ouv en sem 8h30-16h.* Un gigantesque campus à l'anglo-saxonne, avec espaces verts, terrains de sport, piscine, théâtre, le tout ponctué de vénérables bâtiments à colonnades et peuplé d'étudiants métissés. Pour un peu on reprendrait ses études, d'autant que cette « Wits » joua un rôle très important dans l'édification du pays et forma de nombreux membres de l'élite.

Constitution Hill (plan I, C1) : *11, De Kotze St. ☎ 011-381-31-00. ● constitutionhill.org.za ● Tlj 9h-17h (départ de la dernière visite guidée à 16h). Plusieurs types de visites possibles dont le* Highlights tour *(80 R) et le Full tour, à 10h et 13h, d'une durée de 2h (100 R) ; réduc.*
Encore un lieu témoignant de la volonté de la nouvelle Afrique du Sud de sensibiliser sa population, et les visiteurs du monde entier, à son tortueux passé. Il s'agit de la ***prison Number Four,*** édifiée sur un ancien fort. À l'origine, on y gardait les

prisonniers enfermés, durant la guerre anglo-boer (1899-1902). En 1953, elle comptait 2 207 prisonniers pour 979 places. On montait même des tentes dans la cour pour pouvoir parquer tout le monde. Elle ferma en 1983 après avoir eu comme hôtes Gandhi, Winnie et Nelson Mandela, Albert Luthuli et maints autres prisonniers politiques.

Beaucoup de femmes aussi, des criminelles de droit commun aux militantes anti-apartheid en passant par celles qui avaient seulement (et légitimement) violé la loi antipass. C'est d'ailleurs par leur quartier qu'on commence la visite. Puis on passe dans l'***Old Fort,*** qui était la prison pour les hommes blancs. C'est toutefois là qu'on mit Mandela, car il fallait l'isoler des autres. On peut voir la salle, transformée en musée, où il fut interné, et l'une des 76 caisses qui constituaient la totalité de son dossier ! Nombreux documents, certains écrits de sa main pendant sa détention, à Robben Island notamment. Les prisonniers noirs, eux, étaient placés dans la fameuse prison *Number Four,* qu'on visite ensuite.

Leurs conditions de détention étaient pires que celles des détenus blancs, la violence de certains prisonniers voulant devenir le « boss » de la cellule s'ajoutant à celle des gardiens. Emprisonnés en groupe, les détenus politiques s'organisaient pour lutter contre ces humiliations. Insolite : les sculptures que réalisaient à l'aide de couvertures les prisonniers pour l'inspection du dimanche. L'auteur de la plus belle était récompensé d'une tranche de pain supplémentaire ! On passe alors dans la salle dédiée au mouvement de résistance de Ghandi (le *Satyagraha Movement*), basé sur la non-violence. Une autre salle, interactive, est consacrée aux témoignages des anciens détenus : on peut voir, écouter et même enregistrer sa propre histoire. Enfin, on jette un œil au ***Constitution Hall*** lui-même, en fait le nouveau palais de justice pour les affaires constitutionnelles jalonné d'œuvres d'art contemporain. À l'entrée : la *Freedom ladder,* qui symbolise l'inexorable évolution du pays vers plus de justice et de liberté.

À CHACUN SON RÉGIME

Sous l'apartheid, les prisonniers noirs, blancs et indiens étaient aussi soumis à un régime discriminatoire, celui des Noirs étant notoirement plus sévère. Ainsi, on leur refusait le pain sous prétexte que c'était « mauvais pour leurs dents » ; à Noël, ils devaient se contenter de thé ou café avec du sucre, et parfois de lait, tandis que pour les Blancs, c'était jour de pudding. Sans parler du régime des détenus placés en cellule d'isolement : pendant parfois plus d'un an ils n'étaient nourris que d'eau de cuisson du riz...

Maboneng Precinct *(plan I, D2-3)*

Maboneng signifie « Lieu de lumière » en sotho, et *precinct,* « enceinte », « enclos » en anglais. Situé à l'est du Central Business District (CBD) de Johannesburg, le quartier de Maboneng est aujourd'hui un îlot sécurisé, petit mais prometteur. Ce miniterritoire de 7 rues parallèles (dont Fox St et Main St) s'est remis à vivre après une longue période d'abandon. Maboneng offrait l'image d'un paysage urbain dégradé : immeubles délabrés, entrepôts industriels en friche, population paupérisée.

Un beau jour, *Jonathan Liebmann,* un jeune Sud-Africain riche et ambitieux, a décidé de faire revivre cette misérable enclave urbaine. Rachetant des immeubles entiers pour une somme symbolique, il les a rénovés et revendus à prix fort. Des investisseurs ont cru au projet de Liebmann, des locataires sont venus s'installer dans les lofts, des artistes, des créateurs, des *hipsters* anticonformistes ont tenté l'aventure, des cafés alternatifs, des restaurants bio et ethniques ont ouvert leurs portes ainsi que des boutiques de mode et des galeries d'art.

Ce quartier renaissant symbolise la métamorphose réussie (non sans mal) de Johannesburg, un exemple à suivre. Désormais les rues de Maboneng

ressemblent un peu à celles de Brooklyn. On y trouve aussi un *hostel* bon marché, un hôtel design (voir « Où dormir ? »), un musée du Design africain (MOAD) au 281, Commissioner St *(mar-ven 10h-17h, w-e 10h-18h, GRATUIT)*, un centre culturel (POPArt Theatre) et un marché multiethnique (éventaires des cuisines du monde) dans l'immeuble Arts on Main, 264, Fox St (voir rubrique « Achats »). C'est par là qu'il faut commencer la découverte de ce quartier branché et avant-gardiste. Le quartier ravagé de naguère s'est métamorphosé en un « enclos lumineux ».
– Infos, carte détaillée : ● *mabonengprecinct.com* ●

Hillbrow et Berea *(plan I, C-D1)*

Hillbrow et Berea se situent au nord de Joubert Park. Quasiment désertés par leurs anciens habitants, remplacés aujourd'hui par des gens venant des *townships* et, surtout, les immigrants d'autres pays africains (Nigeria, l'ex-Zaïre, République démocratique du Congo, Zimbabwe...). Pourtant, ces quartiers échappèrent à la ségrégation. Il y eut toujours un grand brassage de la population. Quartiers modernes, puis postmodernes, plutôt agréables à vivre jusqu'aux années 1980 pour Hillbrow et 1990 pour Berea. Ces quartiers connaissent une densité de population incroyable. Bien sûr, beaucoup de squatteurs, de trafic de drogue et l'un des plus gros taux de criminalité du pays.

OBJETS VOLANTS IDENTIFIÉS !

La nuit de la Saint-Sylvestre, les habitants du quartier de Hillbrow se débarrassent de leurs appareils électroménagers usagers en les jetant... par la fenêtre ! Gare aux micro-ondes et autres téléviseurs tombés du ciel !

Le symbole de Hillbrow, c'est la ***Ponte Tower*** *(plan I, D1)*, genre de tour Montparnasse locale toute ronde et incongrue. Longtemps comparée à un « bidonville vertical », cette tour était naguère un haut lieu du crime, de la drogue et de la prostitution. Un petit miracle s'est produit depuis la fin de l'apartheid. La tour Ponte a retrouvé une certaine vie plus décente et plus normale, avec beaucoup moins d'insécurité, grâce à la volonté de ses habitants et d'une association engagée dans le combat social. Quant à Berea, ancien quartier surtout résidentiel, il souffre des mêmes maux : surpopulation, drogue, prostitution...

AU NORD-OUEST ET AU NORD

Melville *(plan III et plan Grand Jo'burg, A2)*

Melville est le 1er quartier sûr après Newtown. On a coutume de dire que toute la bohème de Yeoville est venue s'y réfugier, mais pas d'illusions, c'est avant tout un quartier résidentiel très « bobo » et verdoyant, qui possède juste quelques rues animées et commerçantes. Avec ses quelques *guesthouses* agréables, de bons restos et de nombreux bars, Melville est le meilleur quartier pour un touriste étranger désireux de loger au calme et en sécurité. Surtout, c'est l'un des rares quartiers authentiquement villageois, qui offre le charme de ses petites demeures cosy, le long de ruelles tranquilles.
Délimité entre Barry Hertzog Avenue à l'est et Main Road à l'ouest. 2 centres névralgiques : la Seventh Street (entre First et Fourth Avenues) dans le vieux Melville et Main Road (de part et d'autre de 3rd Avenue) dans le New Melville.

Westcliff et Parktown

Westcliff et Parktown sont les plus anciens quartiers résidentiels de Jo'burg. Ici s'installèrent ceux qui avaient fait fortune dans les mines d'or et de diamant. Luxueuses résidences gardées comme des forteresses (portails blindés, hauts murs coiffés de barbelés, alarmes et panneaux « Armed response »...) au milieu de vastes jardins, dans des rues plantées de jacarandas. On y trouve aussi quelques *guesthouses* à proximité (voir « Où dormir ? »).

➢ ***Tour architectural :*** ceux et celles qui s'intéressent à l'architecture de la fin du XIXe s et du début du XXe s peuvent tenter de faire une promenade guidée avec le *Johannesburg Heritage Foundation* (☎ *011-482-33-49.* • *joburgheritage.org.za* • *Compter env à partir de 170 R/pers).* ***Sir Herbert Baker,*** l'un des plus grands architectes de l'Empire britannique (bâtiments officiels à New Delhi, Calcutta, Rangoon...), construisit dans le coin de magnifiques demeures. À commencer par *Stone House,* la propre maison de l'architecte sur Rockridge Road, ainsi que *Pilrig House* et *Saint Margaret's.* Dans le style Art déco, on découvrira la *Grant Andrews House* sur Eton Road, Parktown. Quant à l'art victorien, il a donné *Wanooka,* sur Girton Road, Parktown (construite en 1902). Dans la foulée, *North Lodge* et *Dolobran* valent aussi le détour.

Rosebank, Parkview, Melrose and Co

Avec Rosebank, Parkview, Dunkeld, Orchards, Melrose, Saxonwold, Norwood, on aborde les grands quartiers résidentiels hyper sécurisés à mi-chemin du centre-ville et de Sandton. Luxueuses villas, étincelants *shopping malls,* importants marchés aux puces (traités plus haut dans « Achats »), balisent ces quartiers. Quelques galeries de peinture aussi.

Johannesburg Zoo *(plan Grand Jo'burg, A-B2)* ***:*** *Jan Smuts Ave, Upper Park Dr, Saxonwold.* ☎ *011-646-20-00.* • *jhbzoo.org.za* • *Tlj 8h30-17h30 (dernière entrée à 16h). Tarif : 90 R ; réduc. Parking : 16 R.* Pour ceux qui ne visiteraient pas les parcs animaliers, assez beau zoo de 55 ha, aux enclos plutôt bien conçus. Plus d'oiseaux que de mammifères, mais tous les grands de la savane sont là avec, en prime, le tigre sibérien, le rhino blanc et le léopard des neiges.

South African National Museum of Military History *(plan Grand Jo'burg, B2)* ***:*** *22, Erlswold Way, Saxonwold.* ☎ *010-001-35-15.* • *ditsong.org.za/militaryhistory.htm* • *Tlj 9h-16h30. Entrée : 40 R ; réduc.* Ne ricanez pas, ce n'est pas qu'un musée ayant trait à l'armée ! Certes, c'est un peu le foutoir au niveau des explications, mais à travers l'évocation des conflits armés du pays, ce sont des pans entiers de l'histoire nationale qui sont passés en revue, de même que des événements peu connus, souvent curieux ou insolites. Et bien sûr, il ravira les amateurs d'armes et d'équipement militaire car les collections se révèlent étonnantes. Petit tour virtuel.
– *Dans les espaces extérieurs :* la grosse artillerie, des canons de tous calibres et marques aux avions de chasse modernes (Mirage français, Hawker Siddeley anglais) en passant par les automitrailleuses, les blindés et autres chars d'assaut... De quoi déjà occuper un bon moment les férus du genre !
– *Dans les hangars :* explication de tous les grands conflits qui ont touché de près ou de loin l'Afrique du Sud, à commencer par la guerre anglo-boer (1899-1902). Panneaux illustrés, photos inédites, documents très parlants et témoignages sur les camps de concentration anglais et la politique de destruction des fermes boers.

Un grand moment d'histoire qui justifierait à lui seul la visite du musée. Puis évocation de l'implication des Sud-Africains dans les 2 grands conflits du XXe s. Les

Afrikaners, plus enclins à pencher pour l'Allemagne (surtout par anglophobie), et les anglophones, naturellement du côté des Alliés. Épisodes peu connus de ces guerres mondiales, comme la campagne d'Abyssinie des Sud-Africains, les affrontements avec l'Allemagne en Afrique de l'Est et la participation des Sud-Africains dans les batailles en Europe (prisonniers sud-africains en Italie et... italiens en Afrique du Sud).

– Rappelons-nous que la France a donné un terrain à l'Afrique du Sud en hommage à l'intervention des soldats sud-africains lors de la 1re Guerre mondiale (1914-1918).

LES ZOULOUS BLANCS DE 14-18

À la bataille du bois de Delville (Somme) en juillet 1916, des volontaires blancs venus d'Afrique du Sud, appelés « Springboks », affrontèrent les Allemands. Ils se noircissaient le visage comme les guerriers zoulous d'Afrique du Sud. Ils partaient à l'assaut en hurlant des cris tribaux comme les Zoulous, redoutables guerriers sud-africains. Les soldats allemands étaient terrifiés. Les combats furent si violents que Delville fut surnommée « Devil's Wood », le bois du diable...

D'autres pages d'histoire moins glorieuses, comme les massacres de Zoulous en 1879 par les Anglais durant la colonisation et la sale guerre menée par l'Afrique du Sud contre l'Angola et le Mozambique dans les années 1970-1980. Section aussi sur la création et l'activité de la branche militaire de l'ANC (à notre avis rajoutée après 1993).

Et puis bien d'autres collections d'armes, blanches ou à feu, des XIXe et XXe s, ainsi que d'autres avions, comme le célèbre Spitfire anglais, des biplans de 1914-1918, etc.

Satyagraha House : 15, Pine Rd, Orchards. ☎ 011-485-59-28. • satyagrahahouse.com • Musée ouv tlj 10h-16h30. Entrée : 70 R.

Gandhi a vécu près de 20 ans en Afrique du Sud, entre 1893 et 1913 ; on le sait peu, mais c'est dans ce pays qu'il est devenu le grand homme qui mena l'Inde à son indépendance. Arrivé simple avocat, il en repartit leader de la communauté indienne sud-africaine et adepte de la lutte non-violente. La résistance passive (basée sur des enseignements du *Satyagraha*) fut théorisée par Gandhi dans les années 1906-1910.

DROIT AU BUT !

Gandhi, grand fan de foot (mais oui !), a vite compris qu'il pouvait se servir de l'extrême popularité de ce sport pour véhiculer son message politique et pacifique auprès des communautés les plus exclues d'Afrique du Sud. Il a ainsi collaboré à l'établissement de clubs à Durban, Pretoria et Johannesburg, tous appelés Passive Resisters Soccer Club *!*

En 1908, il vécut pendant plus d'une année dans la campagne proche de Johannesburg, alors centre minier et cœur des 1res luttes antiségrégationnistes. La maison, construite par son ami Hermann Kallenbach, était alors nommée le « Kraal » (la ferme). Les historiens spécialistes de Gandhi y font fréquemment référence, mais la demeure est toutefois tombée peu à peu dans l'oubli.

Il a fallu attendre 2009 pour que cette maison historique retrouve un 2d souffle. Elle a été achetée par le tour-opérateur *Voyageurs du Monde,* qui lui a redonné son statut et sa place dans le patrimoine sud-africain.

Aujourd'hui classée au Patrimoine historique de la ville de Johannesburg, la maison abrite un très joli musée dédié à Gandhi, à sa vie sud-africaine, à ses amis et surtout à ses luttes. Le musée permet de visiter la demeure historique et son cottage blancs, qui côtoient d'élégantes bâtisses contemporaines au cœur d'un paisible jardin. Une visite très agréable où l'on déambule librement

LE TRANSVAAL

dans les pièces, admirant au passage la mezzanine où Gandhi séjournait. On peut lire notamment quelques citations célèbres du grand homme, flâner dans le jardin ou le potager, bref, s'imprégner de l'atmosphère des lieux. Intéressant aussi de constater que Mandela s'est énormément inspiré de la politique de non-violence prônée par Gandhi pour lutter contre l'apartheid. Bref, une belle émotion !

Pour vivre une expérience inédite et très enrichissante, vous pouvez résider dans l'une des 8 chambres de la maison (voir plus haut la rubrique « Où dormir ? »).

Sandton et Rivonia

À une petite vingtaine de kilomètres du Central Business District, Sandton, Rivonia, Randburg..., les derniers quartiers résidentiels et centres commerciaux de luxe au nord de Jo'burg. Là, dans les années 1960 paissaient encore des vaches ! Avec l'insécurité qui régna dans le vieux centre-ville après la fin de l'apartheid, ces quartiers se sont très vite développés. Nombre de sièges sociaux, la Bourse, les banques et de grands hôtels se replièrent alors ici, tandis que se construisaient de nouvelles zones résidentielles hyper sécurisées, bardées de barbelés électriques, ainsi que d'immenses *shopping malls* au luxe indécent... Le comble de l'ostentation dans la richesse, teintée de prétention et de vulgarité, étant symbolisé par le « complexe commercial-forteresse » de Monte Casino, au nord de Sandton.

Alexandra (township)

À l'est de la M 1, à 5 mn des luxueux centres commerciaux de Sandton, s'étend Alexandra (Alex pour les intimes), qui abrite environ 180 000 habitants. Moins connu que Soweto, c'est le 2e plus important township de Jo'burg. Créé en 1912, le plus proche du centre (seul township à l'intérieur du grand périph), il possède la particularité de ne pas avoir été rayé violemment de la carte (comme Sophiatown, par exemple), tout simplement parce que beaucoup de ses habitants étaient à l'époque propriétaires (et non locataires, comme dans nombre de townships). Nelson Mandela y habita un temps dans les années 1940. Gros bastion de la résistance à l'apartheid, bien entendu, Alexandra paya également un lourd tribut à la lutte (notamment lors de la révolte de 1976, nombreux morts) et se rendit célèbre en organisant avec succès le boycott des bus urbains contre une augmentation scandaleuse du prix de transport.

Après la chute de l'apartheid, les affrontements pour le contrôle politique du township, entre les Zoulous de l'Inkhatha et l'ANC de Mandela, furent particulièrement sanglants.

Bien sûr, dans le même esprit que Soweto, Alexandra se visite : il est nécessaire de passer par les tours guidés.

– Pour des tours classiques : • imbizotours.co.z • (voir plus loin « Comment visiter Soweto ? »). 780 R/pers pour 4h.

– Pour des tours à bicyclette : • alexandratours.co.za • Compter 450 R/pers pour un tour de 2h. Jeff, le guide, est originaire du township. Les explications du contexte historique et politique sont d'ailleurs indispensables. On y verra la juxtaposition des anciens bidonvilles et des nouveaux quartiers de la classe moyenne, le petit logement de Mandela au bout d'une étroite allée, le grand cimetière offrant une belle vue sur l'ensemble, le vieux cinéma *King's* style années 1950 et, juste derrière, l'immense *hostel* construit pour les ouvriers célibataires par les autorités de l'apartheid. Autour de la vieille *Saint Hubert Church* s'étend un quartier commerçant animé, bourré de *beer taverns,* etc.

AU SUD

Gold Reef City Theme Park (plan Grand Jo'burg, A2) : *Northern Parkway, Ormonde. ☎ 011-248-68-00. • tsogosun.com/gold-reef-city.casino/theme-park • Par la M 1, sortie Xavier St. Mer-dim 9h30-17h (tlj pdt vac scol du Gauteng). Fermé lun-mar. Entrée* (Thrill Rider) *: 215 R selon période (en sem ou w-e, pdt vac scol ou hors saison) ; 135 R enfants de moins de 1,30 m. Ce ticket donne accès à l'ensemble des rides (attractions du parc). Le ticket à 125 R* (non rider) *permet de visiter seulement 7 attractions. Choisir ce dernier type de ticket si vous ne venez que pour la mine (ce qui n'empêche pas de payer à nouveau pour la visite de cette dernière). Family ticket (2 parents + 2 enfants) : 550 R. Consignes.*
Située à environ 7 km au sud-ouest du centre-ville, cette ancienne mine d'or fut en activité de 1887 à 1977. En 1942, un jeune étudiant y trouva d'ailleurs un job de gardien de nuit pendant quelques semaines : c'était Nelson Mandela. Aujourd'hui, grand parc d'attractions, mélangeant curieusement les sites les plus sérieux et émouvants (comme la visite de la mine) aux attractions les plus ringardes et aux atmosphères les plus lourdement touristiques. Une sorte de Disneyland, donc, qui demande une bonne journée si l'on souhaite tout faire. Voici les principaux centres d'intérêt :
– *Visite de la mine (Jozi's Story of Gold) : descente ttes les 30 mn 10h-12h et 14h-16h. Entrée : 110 R. Enfants de moins de 6 ans non admis. Casque et lampe fournis. Visite en anglais seulement.* Balade fort intéressante 75 m sous terre et guides racontant avec conviction l'histoire de l'une des plus importantes mines d'or du pays. Spectaculaire descente, avec l'ascenseur qui transportait les mineurs à l'époque, et balade dans le treillis de galeries, avec moult explications sur chaque poste de travail. Quelques chiffres glanés au passage : galerie la plus profonde à 3 770 m ; si la plus grosse pépite découverte pesait 7,8 kg, c'est en moyenne 4 g d'or (en fine poussière) qui étaient récupérés par tonne de pierre extraite ; le volume d'eau pompé quotidiennement aurait pu remplir... 3 000 grandes baignoires ; enfin, plusieurs milliers de mineurs moururent à cause des conditions de travail, d'hygiène et de sécurité extrêmement primitives...
– Pour les enfants, possibilité de rechercher de l'or dans un torrent, comme à l'époque.
– Et puis une flopée de restos, boutiques de toutes sortes où tout sera fait pour vous faire dépenser jusqu'à vos derniers rands. On compte même un casino, grandiloquent castel crème au décor intérieur baroque, auquel on accède par un pont enjambant la rue.

Apartheid Museum (plan Grand Jo'burg, A2) : *Northern Parkway & Gold Reef Rd, Ormonde, Gold Reef City. ☎ 011-309-47-00. • apartheidmuseum.org • Depuis la M 1, sortie Booysens Rd. À 2 pas du Gold Reef City Theme Park. Tlj 9h-17h. Entrée : 95 R ; réduc. Audioguide (en anglais) 20 R. Visite guidée sur résa (sauf lun) 105 R.*
On s'attendrait presque à le trouver ailleurs, tant le sujet paraît grave. C'est un voyage sobre et très émouvant au cœur de l'une des plus odieuses discriminations raciales de tous les temps : l'apartheid. Dès le début, c'est le choc, avec l'entrée pour les Blancs et celle pour les Noirs. On retrouvera bien sûr ce souci de pédagogie tout au long du parcours. Nous vous laisserons d'ailleurs découvrir par vous-même le maximum de choses dans ce musée exceptionnel par son didactisme et sa remarquable muséographie. Peu de slogans ou de vérités assenés, mais le choc des situations et des conclusions que l'on tire soi-même avec effroi.

BUSINESS ET ÉTHIQUE

Le musée de l'Apartheid est bâti sur un terrain appartenant au casino juste à côté. L'existence du musée est donc liée à l'autorisation de fonctionnement des machines à sous et des tables de jeux. Pas bête !

Les moments les plus forts : l'explication du système des cartes d'identité par races et le casse-tête ubuesque que cela devait parfois représenter. La ségrégation s'étendait à l'exploitation des mines. Pour se garder les meilleurs salaires, les Blancs interdirent aux Noirs de travailler dans les mines. Dans les années 1980, quelques milliers de personnes obtinrent d'ailleurs de changer de catégorie : passer de Noir à métis, de métis à Blanc ou Indien, etc. Poignante section intitulée « *Life under Apartheid* » et impressionnante salle des cordes de pendus, venant rappeler le lourd tribut payé par les militants de l'ANC à la lutte contre le régime. Nombre d'entre eux furent exécutés dans la sinistre prison de Pretoria, d'autres moururent à la suite de tortures, d'autres dans des attentats...
Émotion aussi en voyant les photos d'***Helen Joseph,*** la Blanche, et de ***Lilian Masediba,*** la Noire, qui ont lutté ensemble. Amies dans la vie, elles sont d'ailleurs enterrées ensemble au cimetière de Soweto et rappellent qu'une minorité de Blancs progressistes participa âprement à la lutte anti-apartheid et que certains y laissèrent leur vie. Sans oublier le rôle du président De Klerk dans l'abolition de l'apartheid en 1990. Un musée remarquable, à ne pas manquer !

AU SUD-OUEST

SOWETO *(plan Grand Jo'burg, A2)*

Le célèbre Soweto (pour *SOuth WEstern TOwnships*), connu sous ce nom depuis 1963 seulement et que, finalement, fort peu de Blancs sud-africains ont visité. Alors, quelles raisons pour des touristes européens de s'y rendre ? Tout simplement parce qu'on y rencontre l'essence, l'âme même de l'Afrique du Sud, ses quartiers populaires, ses marchés africains. Une visite incontournable... et nécessairement accompagnée d'un guide. C'est ici (et dans les autres townships comme Alexandra) que s'est construite, au fil d'héroïques années, la lutte, finalement victorieuse, contre l'apartheid. Et puis une visite ***pas seulement historique, pas seulement affective, mais aussi sociale et culturelle.*** Patchwork de petits et grands quartiers sur 200 km², traversés par endroits de voies rapides, s'apparentant presque à des autoroutes...

ÉLÉPHANTS, TRAINS ET BOÎTES D'ALLUMETTES

Dans l'immense Soweto, chaque type d'habitation est gratifié d'un sobriquet. Les baraques au toit de tôle arrondi (comme le dos des éléphants) se nomment elephant houses, *les bidonvilles* shacks *(bicoque), les boutiques alignées dans un même bâtiment* train shops... *Quant à la traditionnelle maisonnette de brique, la* matchbox *(boîte d'allumettes), elle se prolonge souvent d'une extension en tôle pour pouvoir loger toute la famille. Même les garages sont aménagés en pièces « habitables ».*

On a dit que Soweto était peuplé de plus de 3 millions d'habitants. Ce chiffre a été donné dans les années 1980 par le gouvernement d'apartheid, qui y a mis en place les forces de police et d'armée en conséquence. Idem en 1994 : on y a mis les crédits de développement en conséquence. Résultat : les égouts de Soweto n'ont pas à rougir face à ceux de New York, par exemple ! Mais en 1995 un cabinet de démographes américains, par une étude croisant des photographies aériennes avec des enquêtes de terrain, avance le chiffre de 1 120 000 habitants, avec une marge d'erreur de plus ou moins 10 %. Ce que le dernier recensement a en gros confirmé (1 271 600 habitants).
Des banlieues très différentes les unes des autres, d'ailleurs. Diepkloof, vaste zone bourgeoise, domine d'anciens *hostels* délabrés pour célibataires, peu à peu remplacés par de petites unités de logements sociaux. Dans les zones très

populaires alternent quartiers aux modestes demeures (mais avec l'eau courante et aux rues bien tenues) et authentiques bidonvilles de masures en planches ou tôles ondulées sans aucun confort. Leurs habitants sont petit à petit relogés dans des baraques neuves, mais la corruption prévaut pour leur attribution. C'est dans ce contexte que Soweto détient, dit-on, le record de crimes du pays (agressions, viols, assassinats). Ça a dû être vrai à une époque, ça l'est encore un peu sans doute, mais les choses évoluent de façon positive. Une majorité d'habitants souhaitent vivre en paix et en sécurité, et ont pris les problèmes à bras-le-corps. Les organisations sociales et culturelles se multiplient et impliquent massivement les jeunes. Une évolution encouragée par un gouvernement fort d'une ambition : faire de Soweto la vitrine du développement noir en Afrique du Sud.
Vous constaterez aussi le peu d'animosité des habitants de Soweto envers les visiteurs, la gentillesse, la courtoisie même de la plupart d'entre eux. Bien sûr, on pourra avoir l'impression d'être un peu voyeur, mais les habitants de Soweto se révèlent dans l'ensemble ravis qu'on s'intéresse à leur riche histoire. Enfin, le tourisme est, qu'on le veuille ou non, une source croissante de devises et d'emplois. Pour en juger, il n'y a qu'à constater le nombre d'agences travaillant sur le secteur, ces restos, et même, signe qui ne trompe pas, l'apparition de quelques *B & B* et chambres chez l'habitant. En outre, c'est tout de même rare dans le monde, un quartier qui a connu 2 prix Nobel dans la même rue !

Un peu d'histoire

À l'origine, à partir de 1885, les travailleurs des mines d'or et de l'industrie étaient logés près des puits et de leur lieu de travail en général. Avec l'augmentation de la population ouvrière, le pouvoir blanc prit conscience du danger d'une telle concentration noire près de Jo'burg et démarra une politique d'installation et de logement le plus loin possible des cités « blanches ». C'est ainsi que fut créée Klipspruit en 1904 (aujourd'hui Pimville), le noyau du futur Soweto. Au début, quelques milliers de personnes y étaient logées, mais les chiffres augmentèrent vite avec la mise en place de la ségrégation raciale (inscrite dans la Constitution dès 1910). En 1931 naquit Orlando : rien de vertical, tout en horizontal, des milliers de petites demeures, toutes sur le même modèle, appelées *matchboxes* (boîtes d'allumettes). Un urbanisme monotone dont était exclue toute notion de commodité et de services. Durant la 2de Guerre mondiale, le développement de l'industrie et la misère dans les campagnes amenèrent dans les villes un nouvel afflux de gens à la recherche de travail. Là encore, c'est le mode de logement le plus primitif qui prévalut, accompagné des 1res installations de squatters. Une solide conscience politique commença à se développer.

UNE RELIGION, LE BALLON ROND

Si en Afrique du Sud les Blancs jouent au rugby, ici « on tape dans tout ce qui est rond ». À Soweto, le football est une 2de religion. On est supporter des Orlando Pirates OU des Kaizer Chiefs. L'événement de l'année, c'est le derby entre les 2 formations. À l'occasion de la Coupe du monde de football 2010, un immense stade de 95 000 places a été construit à l'entrée de Soweto.

Naissance de grands leaders

Orlando devint alors une pépinière de grands leaders politiques noirs. Beaucoup de jeunes leaders de l'ANC Youth League (l'organisation de jeunesse de l'ANC) passèrent par Soweto, comme Nelson Mandela, Walter Sisulu, Anton Lembede, etc. La radicalisation et le glissement à gauche du mouvement politique noir permirent d'établir des liens de plus en plus solides avec les partis progressistes blancs. En 1954, le pouvoir raciste mit à nouveau en place une

politique d'expulsion massive des Africains, métis et Asiatiques de Johannesburg (60 000 personnes). Les Noirs furent surtout réinstallés à Meadowlands (à l'ouest d'Orlando). En 1955 se tint à Kliptown (au sud d'Orlando) l'assemblée historique du Congrès du Peuple (regroupant l'ANC et les mouvements progressistes métis, indiens et blancs), qui vit l'adoption de la *Freedom Charter* (charte de la Liberté). Les autorités arrêtèrent et inculpèrent 156 militants (dont Nelson Mandela et Walter Sisulu). Ce fut le fameux « Treason Trial » (présenté au Museum Africa de Newtown), qui dura 4 ans et se solda par l'acquittement de tous les accusés.
Les townships furent aussi le terrain des affrontements politiques au sein de la résistance anti-apartheid. C'est ainsi qu'en 1959, à Orlando, les partisans d'une organisation uniquement africaine, refusant toute alliance avec les progressistes blancs et le parti communiste, firent sécession de l'ANC et formèrent le PAC (Pan-African Congress).

La radicalisation de Soweto

Après le massacre de Sharpeville (mars 1960), le renforcement de la politique d'apartheid et le refus de toute concession de la part du pouvoir, l'ANC et le PAC (entre-temps interdits) créèrent leur branche armée. Pour l'ANC, ce fut le MK (UmKhonto we Sizwe, la « Lance de la Nation »), sous la direction de Mandela. En 1964, les principaux dirigeants de l'organisation furent arrêtés et condamnés à de longues peines de prison.
De 1972 à 1976, le nombre d'écoles secondaires doubla à Soweto et celui des élèves tripla. Les conditions d'études extrêmement rudimentaires, les classes surchargées, le manque de moyens faisaient monter la colère dans les collèges. La goutte d'eau fut la volonté du pouvoir d'imposer l'afrikaans comme langue d'enseignement dans le secondaire. Début 1976, les élèves commencèrent à boycotter les classes dirigées en afrikaans. En mai, la Orlando West Junior Secondary School entama une grève générale, bientôt suivie par les autres collèges de la ville.

Le massacre du 16 juin 1976

Une manifestation de masse contre l'afrikaans obligatoire à l'école fut organisée. De tout Soweto, collégiens et étudiants affluèrent par milliers vers la Orlando West Junior Secondary School. Bien qu'il leur ait été demandé de rester chez eux, de nombreux écoliers du primaire s'étaient joints également à la manifestation. Arrivée sur Vilakazi Street, la police tenta d'arrêter le cortège. Aux pierres des manifestants, la police répondit par le matraquage et les gaz lacrymogènes, puis rapidement par les balles. Le 1er collégien tué fut le petit Hector Pieterson, 13 ans. La photo le montrant dans les bras d'un plus grand, avec sa sœur criant sa douleur à côté, fit le tour du monde. Soweto alors se souleva, ainsi que d'autres townships comme Alexandra. Au total, 176 personnes furent tuées et 1 000 blessées (environ) dans ce qui fut la plus violente et plus longue confrontation de l'histoire de l'Afrique du Sud entre le peuple noir et le pouvoir blanc.
L'impact de la révolte de Soweto dans le monde fut énorme, et ses conséquences dans le pays incalculables. Le projet d'imposer l'afrikaans fut bien sûr abandonné, et beaucoup de jeunes quittèrent l'école pour rejoindre la résistance. Surtout, l'immense vague de solidarité que le massacre provoqua dans le monde ne retomba pas et renforça considérablement la lutte anti-apartheid. À cette occasion, beaucoup de Blancs d'Afrique du Sud réalisèrent pour la 1re fois l'ampleur du problème. Un début de prise de conscience politique se fit jour. De ces terribles journées de juin à Soweto, le mouvement de lutte contre l'apartheid devait acquérir une légitimité définitive, et il deviendra, malgré d'ultimes lois répressives, irréversible.

Comment y aller ?

C'est encore un peu tôt pour s'y rendre seul. Au-delà des problèmes de sécurité qui subsistent, même si la présence voyante de la police contribue à faire baisser la criminalité sans toutefois l'éradiquer, vous vous perdriez dans le dédale des banlieues, la signalétique étant quasiment inexistante.

Restent les tours organisés, les services d'un guide local ou une visite assurée directement par les *B & B.*
La plupart des agences qui assurent des tours proposent les mêmes itinéraires, c'est-à-dire tous les hauts lieux du combat contre l'apartheid, à découvrir avec un guide issu du township, qui évoque alors des événements auxquels il a souvent lui-même participé. N'hésitez pas à poser des questions, donc.
Au programme, les maisons de Mandela, de Desmond Tutu, le musée Hector-Pieterson et son mémorial, le Freedom Square, la Regina Mundi Church, l'Avalon Cemetery...
Vous pouvez vouloir faire aussi d'autres visites non programmées, suivant vos propres désirs ou centres d'intérêt, par exemple une rencontre avec quelqu'un de votre profession. Il suffit d'en parler avec l'agence ou avec le chauffeur et de vous mettre d'accord sur le prix. Ce sera pour vous une excellente opportunité de connaître la ville plus en profondeur que strictement par l'itinéraire historique (où vous ne serez pas seul !) et qui vous amènerait inévitablement chez *Wandie's* (où vous retrouveriez les groupes) pour déjeuner ou boire un verre. Rapide, volontiers mis en scène, ce type de visite programmée peut se révéler assez frustrant.

Comment visiter Soweto ?

Voici quelques agences et guides agréés par l'office de tourisme. Compter 500-800 R par personne pour une demi-journée de visite.

■ ***Taste of Africa :*** *• tasteofafrica.co.za •* Une excellente agence, fondée par Cédric de la Harpe, qui pratique le tourisme équitable. Contact par e-mail.
■ ***Imbizo Cultural Tours :*** *☎ 011-838-26-67. 📱 083-700-90-98. • imbizotours.co.za •* Excellente agence, très sérieuse. Demander la dynamique Mandy Mankazana, originaire de Soweto. Elle était collégienne pendant les émeutes de 1976. Tours en anglais mais certains des guides parlent le français.
■ ***Soweto Guided Tours :*** *☎ 011-985-62-49. 📱 076-863-55-48. • sowetoguidedtours.co.za •* Une autre agence très compétente.

Adresse utile

ℹ ***Soweto Tourism Information Centre :*** *Walter Sisulu Sq, à l'angle de Klipspruit Valley Rd et Union Ave, Kliptown. ☎ 011-342-43-16. • joburgtourism.com • Lun-ven 8h-17h.* Dépend de la *Johannesburg Tourism Company.* Dans un beau bâtiment moderne. Plan du township et infos sur les différents modes d'hébergement.

Où dormir ?

– ***Logement chez l'habitant :*** une bonne formule pour s'immerger dans Soweto. Dans une famille, vous ferez un peu partie de l'environnement. Contacts et échanges souvent riches, sécurité garantie, est-il encore besoin d'insister là-dessus ? Certaines agences peuvent aussi vous loger chez l'habitant.
• soweto.co.za • Le site internet incontournable pour des infos sur la ville, notamment une sélection de *B & B.* Organise aussi des tours.

Bon marché (150-400 R / env 10-26,70 €)

⛺ 🏠 🍽 ***Lebo's Soweto Backpackers :*** *10823A, Pooe St, Orlando West. ☎ 011-936-34-44. 📱 074-360-90-85. • sowetobackpackers.com • Camping 100 R/pers (150 R/pers avec tente louée), dortoir 205 R/pers, doubles 590-720 R ; petit déj en sus (pas cher). Repas 120 R.* La seule AJ de Soweto. Petite maison colorée et bien tenue.

Ambiance jeune à l'image de Lebo et de son équipe. 2 dortoirs de 6 et 8 lits, une chambre simple et une double, le tout avec sanitaires communs. Petit salon TV avec canapé, billard, cuisine aménagée et jardin avec hamac, barbecue et boissons en libre-service. On plante sa tente à l'extérieur, dans un pré. Tours à pied, dans Soweto *(395 R pour 3h)*, mais aussi à bicyclette *(compter 550 R/pers pour 2h)*. Également un *tuk-tuk* motorisé *(compter 570 R pour un tour de 2h)*.

Prix moyens (400-1 000 R / env 26,70-66,70 €)

Mama Lolo's Guesthouse : *1320, Inkuzi St, Diepkloof, Ext. Phase 3, 1864. ☎ 011-985-91-83. 083-441-62-79. • lolosguesthouse.co.za • Au cœur du quartier résidentiel chic de Diepkloof (l'un des 1ers en venant du centre-ville), au sud de l'hôpital* Chris Hani Baragwanath. *Double 700 R, petit déj non inclus. Dîner 180 R. CB acceptées, moyennant un supplément.* Pionnier des *B & B* de Soweto, créé par Lolo Mabitsela, ancienne directrice d'école bien décidée à mener une retraite active. Vaste demeure cossue en brique beige, chambres confortables, très bien tenues, salles de bains pimpantes avec baignoire, salon commun aux profonds canapés. Accueil dynamique et chaleureux de Lolo. Elle pourra, sur demande, organiser la visite des principaux centres d'intérêt de Soweto. Lolo adore bavarder sur tous les sujets. Comme elle dit : « Une journée avec moi, vous en savez plus sur l'Afrique du Sud qu'en un mois de voyage individuel. » En outre, grande cuisinière, elle vous concoctera pour dîner de délicieux p'tits plats traditionnels sud-africains.

Où manger ? Où boire un verre ?

Prix moyens (150-400 R / env 10-26,70 €)

Wandie's Place Restaurant : *618, Makhaleme St, Dube. ☎ 011-982-27-96. • wandiesplace.co.za • Tlj jusqu'à 23h. Formule buffet env 170 R.* C'est le plus ancien resto de Soweto. D'abord, de 1981 à 1991, un *shebeen* illégal soutenu fermement pendant 10 ans par sa clientèle. Puis il obtint sa licence officielle et se transforma progressivement en resto. Excellent accueil. Salle d'origine couverte de cartes de visite, de signatures et graffitis de clients. Au mur, quelques personnalités qui honorèrent les lieux : Quincy Jones, la fille de Martin Luther King, Pierre Cardin (venu manger avec Nelson Mandela), le révérend Jessie Jackson... Avec le succès et l'arrivée des groupes, le resto a ouvert une nouvelle salle à côté, plus fonctionnelle. Au buffet, goûter aux spécialités traditionnelles telles que les *mogodu* (tripes) ou le *ting* (genre de porridge). Lieu historique donc, mais qui est devenu très touristique et s'est standardisé pour convenir à tous, aux groupes en particulier. Bien cependant pour boire un verre en terrasse.

Sakhumzi : *6980, Vilakazi St, Orlando West. ☎ 011-536-13-79. Tlj jusqu'à minuit. Plats 85-155 R. Buffet lun et mar 185 R.* Très central, puisque situé entre la demeure de Desmond Tutu et le musée Mandela (et pas loin du Hector Pieterson Museum). Resto touristique au cadre agréable servant une cuisine convenable, sans plus. Au choix, plats typiques, viandes grillées, snacks et salades. Possibilité de manger dehors aussi, sur la vaste terrasse ombragée installée sur le trottoir. Bien pour le déjeuner.

Nambitha : *6877, Vilakazi St (plus haut que la maison de Mandela), Orlando West. ☎ 011-936-91-28. Ouv jusqu'à 22h (23h w-e). Plats 70-160 R.* Resto créé dans la dynamique touristique de Soweto. Grande terrasse agréable où s'affaire une volée de jeunes serveurs. À l'intérieur, expos de photos et de peintures. Cuisine correcte à prix modérés. Quelques plats traditionnels comme les tripes *(mogodu)* aux épinards et au potiron, mais aussi des burgers, des salades et

LE TRANSVAAL

des sandwichs. Le jeune patron vient volontiers bavarder avec les clients qui laissent leur autographe sur les menus.

Robby's Place : *5634, Zone 5, Mokala St, Pimville (sur la rue qui longe le golf). ☎ 011-933-79-65. 📱 082-865-64-29. Tlj 10h-22h (14h w-e).* Jonglant entre salle et terrasse, Robby, volubile et jovial, vole de table en table pour serrer des mains, conter une bonne blague ponctuée d'hilares accolades. Il peut aussi vous trouver une chambre dans un *B & B,* préparer un petit déj ou un repas (buffet de plats traditionnels), sur commande uniquement.

À voir

Nelson Mandela House : *8115, Vilakazi St, Orlando West. ☎ 011-936-77-54. Tlj 9h-17h. • mandelahouse.com • Entrée : 60 R ; réduc.* C'est la modeste demeure, rénovée, où vécurent Nelson Mandela et ses 2 premières femmes (Evelyn d'abord, Winnie ensuite) de 1946 à 1961, avant son arrestation (1962). Il y revint pour quelques jours en 1990 après sa libération. La maison était vraiment trop petite et, surtout, les conditions de sécurité très difficiles à assurer. Aujourd'hui transformée en musée, elle n'a rien de spectaculaire mais elle est chargée d'histoire, une destinée peu commune. Dans ces 4 pièces minuscules (salon, cuisine, salle à manger et chambre), nombreuses photos et effets personnels (notamment les 1res chaussures que Mandela acheta après sa libération). Sur un écran de TV, vidéo de nombreux témoignages de proches et d'habitants de Soweto ayant connu Mandela. À noter que, des meubles, seul le lit est d'origine. Petite boutique de livres, brochures et souvenirs dans la cour.

Desmond Tutu's House : *Vilakazi St, Orlando West. Juste derrière le resto Sakhumzi (voir plus haut), au coin de la rue.* La villa du célèbre évêque anglican, prix Nobel de la paix en 1984, ne se visite pas. Résident à Cape Town, il vient rarement à Soweto. Rien de particulier, bien que la présence de 2 prix Nobel dans la même rue mériterait de figurer au *Guinness Book of Records* !

1976 Memorial : *Vilakazi St (au coin de Moema), Orlando West.* À proximité du musée Mandela s'élève ce petit mur-mémorial en hommage aux victimes du massacre de juin 1976. C'est ici que les 1ers morts tombèrent, le jeune Hector Pieterson notamment. Vers la maison de Mandela, la *Phefeni Secondary School* et la *Orlando West High School,* 2 écoles qui jouèrent un rôle primordial dans le mouvement de révolte de 1976.

LES POISONS DU « DOCTEUR MORT »

Au service de l'apartheid, le docteur Wouter Basson (surnommé « Docteur Mort ») avait mis au point des armes chimiques et biologiques pour anéantir l'ANC et ses chefs. Ses agents imprégnèrent de poison les sous-vêtements du docteur Chikane pour le tuer. Basson songea au même produit pour éliminer Desmond Tutu. Il envisagea aussi d'anéantir Mandela en l'empoisonnant avec du thalium (métal lourd impossible à détecter) dans sa prison de Pollsmoor.

Hector Pieterson Museum & Memorial : *au bout de Moema St. Menant au musée, une* firing line *d'arbres fut plantée, symbolisant la ligne de feu d'où partirent les 1res balles. ☎ 011-536-06-11. Tlj 10h-17h (16h dim). Entrée : 30 R ; réduc.* Dans un grand bâtiment de brique rouge, s'il existe un lieu à ne pas manquer, c'est celui-là ! Ce musée fait donc référence au 1er collégien tué en juin 1976. Sur 3 niveaux, tous les événements de l'époque (massacre de Sharpeville, Treason Trial et surtout révolte de 1976), avec une articulation très réussie entre films d'archives, grandes photographies, textes et témoignages sonores. En particulier,

on y retrouve les principales photos de Peter Magubane et de Sam Nzima (ce dernier auteur de la photo emblématique montrant le jeune Hector emmené mort et sa sœur qui hurle sa douleur à ses côtés). Dans la cour du musée, des briquettes sur le gravier portent les noms de toutes les victimes des émeutes de 1976.
Et à l'extérieur, le monument en l'honneur de Hector Pieterson et des héros de juin 1976, inauguré par Nelson Mandela.

Regina Mundi Church : *149, Mhkize St, Moroka. Entrée : 30 R.* Église catholique moderne sans caractère particulier, mais qui joua un grand rôle dans les événements dramatiques de 1976 et la longue lutte contre l'apartheid. L'église servait de lieu de meetings politiques, de point de départ de manifs, etc. Ici se réfugièrent des milliers de personnes fuyant la répression. Une fois, la police n'hésita pas à jeter des gaz lacrymogènes et à tirer dans la nef depuis le toit, asphyxiant les fidèles, matraquant ceux qui tentaient de sortir. Les impacts de balles sont encore visibles dans le plafond et les vitraux. La Pologne a offert un des vitraux neufs tandis que la grande peinture de la Vierge noire est un don du milliardaire anti-apartheid Harry Oppenheimer. Il représente l'une des 2 madones black d'Afrique du Sud. L'église accueille plusieurs milliers de personnes chaque année pour la commémoration des événements de 1976.

Freedom Square : *à Kliptown.* Là aussi, un site historique, puisque c'est ici que se tint en 1955 le congrès du Peuple et que fut adoptée la célèbre *Freedom Charter,* articulée autour d'une idée forte : un homme = une voix. Plusieurs milliers de personnes, représentant Noirs, Blancs, métis et Indiens, plus l'union des syndicats, se réunirent en ce qui fut la plus importante conférence de travail et de réflexion sur l'avenir du pays jamais tenue en Afrique du Sud. Aujourd'hui patrimoine national et rebaptisé *Walter Sisulu Square of Dedication.* Vous y trouverez l'office de tourisme et découvrirez l'animation de Kliptown, le plus vieux township de Soweto.

Orlando Towers : *à Orlando ; 318, Klipspruit, au bord de Nicholas St.* On aperçoit de loin ces 2 cheminées de refroidissement de l'ancienne centrale thermique. Elles sont superbement peintes et constituent la plus grande fresque murale du pays, évoquant la vie dans les townships. En haut, une passerelle relie les 2 tours et offre un spot idéal pour... des sauts à l'élastique ! Pour les routards amateurs de sensations fortes, infos et résas sur le site : • *orlandotowers.co.za* •

Avalon Cemetery : *au sud-ouest de Soweto. Ouv 8h-16h.*
Ce cimetière s'étend à perte de vue. Son nom – Avalon – est un drôle de clin d'œil de l'Histoire. Dans le cycle du Graal, Avalon est l'île mythique de la fée Morgane où le roi Arthur aurait forgé l'épée magique Excalibur... Ici pas de fées ni de rois, mais une ribambelle de Noirs anonymes et de combattants anti-apartheid. Leur épée, c'était la lutte pour la liberté !
À gauche de l'entrée, panneaux explicatifs et présentation des leaders enterrés ici. On y trouve aussi le *Mendi Memorial,* dédié aux 607 Sud-Africains noirs qui périrent dans leur bateau coulé dans la Manche à la suite d'une collision accidentelle, pendant la 1re Guerre mondiale. Possibilité d'effectuer la visite en voiture (les distances se révèlent grandes). Si vous le pouvez, faites-vous accompagner par un gardien ou un employé (mais n'oubliez pas alors de récompenser ce temps gentiment offert). En effet, même avec des indications, on se perd facilement.
Beaucoup de sépultures très simples, d'autres abandonnées donnent à ce cimetière un côté très désolé. La sépulture la plus éloignée est celle de *Joe Slovo,* mort en 1995 (bloc B 35-135). Ancien secrétaire général du PC sud-africain, un des promoteurs de la *Freedom Charter* et partie prenante du MK (la branche armée de l'ANC). Sa tombe s'orne, bien entendu, d'une faucille et d'un marteau.
Autre hommage poignant à *Helen Joseph* la Blanche et à *Lilian Masediba Ngoyi* la Noire, 2 historiques militantes anti-apartheid, amies dans la vie, réunies dans la mort dans la même sépulture (bloc B 4792). Puis visite au jeune *Hector Pieterson,* à *Ruth First* (épouse de Joe Slovo assassinée par colis piégé en 1982), à *Zeph*

Mothopeng et à tant d'autres... En chemin d'ailleurs, de-ci de-là, des poings levés ciselés dans le marbre témoignent du grand nombre de combattants qui reposent au cimetière d'Avalon.

DANS LES ENVIRONS DE JOHANNESBURG

La grotte de Sterkfontein (carte Le Gauteng) **:** *à env 40 km de Jo'burg. ☎ 014-577-90-00. • maropeng.co.za • Pas de transport public, nécessité d'y aller en voiture ou par un tour organisé. Suivre la R 47, puis la N 14, jusqu'à la R 563. Tlj (sauf lun en basse saison) 9h-17h (dernière admission à 16h). Visite (guidée, ttes les 30 mn) : 165 R ; réduc. Possibilité de billet groupé avec Maropeng : 190 R ; réduc.*
La grotte fut découverte par un chercheur d'or italien en 1896. En 1936, un grand paléontologue, Robert Broom, y décela des vestiges d'animaux et d'hominidés très anciens, puis, plus tard, le crâne d'une femme datant de plus de 2,5 millions d'années, surnommée Mrs Ples. Dans les années 1990, nouvelle découverte très importante : les restes de « Little Foot », un squelette presque entier d'« hominidé marchant », remontant à 3,67 millions d'années. En 40 ans, ce sont finalement des centaines de vestiges d'ossements et d'outils qui ont été ainsi mis au jour, à tel point qu'on baptisa le site « Berceau de l'humanité » *(Cradle of Humankind).*
Aujourd'hui, la grotte se visite donc, mais s'adresse plutôt aux amateurs de paléontologie. Les chercheurs d'or, puis les exploitants de carrières détruisirent quasiment toutes les concrétions à l'explosif. Du coup, l'endroit possède assez peu d'intérêt esthétique.

Maropeng (carte Le Gauteng) **:** *à env 10 km de la grotte de Sterkfontein, par la R 563. ☎ 014-577-90-00. • maropeng.co.za • Tlj (sauf lun en basse saison) 9h-17h (dernière admission à 16h). Entrée : 120 R ; réduc. Possibilité de billet groupé avec Sterkfontein (voir ci-avt).*
Très touristique et surexploité, mais le bâtiment est original : une espèce de gros tumulus circulaire tout recouvert d'herbe ! En fait, il s'agit un peu de la version interactive et ludique du musée de la grotte de Sterkfontein. Assis sur de petits radeaux ronds, on se laisse d'abord entraîner par un courant d'eau artificiel dans un tunnel plein d'éclairs et de bruits factices.
C'est sur le site de Maropeng que l'on a découvert, en 2013 et 2014, les restes de ce que des paléontologues ont par la suite appelé *Homo Naledi,* dont on ne sait trop s'il relève du genre *Homo* ou des australopithèques. L'annonce de cette découverte, en septembre 2015, a divisé le petit monde de la discipline car il mélange des traits primitifs (petite tête) et des caractéristiques « modernes » (longues jambes) : la datation, annoncée en 2017, permet de savoir qu'*Homo Naledi* a vécu entre 236 000 et 335 000 ans av. J.-C.

Lion Park (carte Le Gauteng) **:** *à Broederstroom, sur la R 512. 087-150-01-00. • lionandsafaripark.com • À env 35 km de Jo'burg. Tlj 8h-18h (20h w-e). Entrée : self drive adulte 210 R. Mini Safari Tour (tour guidé de 1h30) : 350 R et Safari Tour (3h) 595 R ; réduc.* Petite réserve abritant une centaine de lions, lionceaux et... une dizaine de lions blancs, rares, ainsi que des hyènes et d'autres carnivores. On s'y promène au volant de sa voiture ou bien en suivant une visite guidée (au choix). À côté, à part bien sûr (!), de nombreux autres animaux de la savane, notamment des girafes que l'on peut nourrir.

Lesedi Cultural Village (carte Le Gauteng) **:** *à Broederstroom, sur la R 512. À env 40 mn de voiture de Jo'burg, 1 km avt le Lion Park. 071-507-14-47. • aha.co.za/lesedi • Tours et spectacle de danses traditionnelles à 11h30 (suivi d'un repas) et 16h30 (suivi du dîner). Compter 610 R/pers ; ½ tarif moins de 12 ans ; gratuit moins de 5 ans ; 185 R si l'on ne choisit que les danses. Possibilité de dormir au village dans des cases traditionnelles joliment décorées. Compter env 2 040 R/pers, incluant le tour, la danse, le dîner et le petit déj.* Reconstitution, dans un grand

LE TRANSVAAL

parc, des villages des principales ethnies du pays, les Pédis, Xhosas, Zoulous, Sothos et Ndebeles. Certes très touristique, mais, reconnaissons-le, on échappe à la caricature. C'est même assez crédible. Le tour évolue d'un minivillage à l'autre, le guide expliquant us et coutumes de façon intéressante, agrémentés de petites anecdotes. Ça se déroule dans une atmosphère bon enfant. La présentation du tour par le chef, pleine d'humour et de bonhomie, donne d'ailleurs le ton. Bien sûr, savoir que les groupes composent quand même l'essentiel de la clientèle. Danses traditionnelles, puis bon repas sous la forme d'un abondant buffet servi dans une vaste salle à manger décorée de fresques.

QUITTER JOHANNESBURG

En bus

Depuis le ***Park City Transit*** *(plan I, B2)*, à côté de la gare ferroviaire. *Consigne tlj 6h-22h.* Tâchez, d'une façon générale, de réserver vos billets le plus à l'avance possible.

■ ***Greyhound :*** ☎ *011-611-80-00.* *087-352-03-52.* ● *greyhound.co.za* ● *Résa possible sur Internet.* Excellente compagnie.

➢ ***Cape Town*** *(via Kimberley)* **:** 2 départs/j., un en début d'ap-m, un autre en soirée. Trajet (1 490 km). Durée : 18h30.

➢ ***Cape Town*** *(via Bloemfontein)* **:** tlj à 18h. Même durée que par Kimberley.

➢ ***Nelspruit :*** un bus/j., départ le mat. Durée : env 6h.

➢ ***Durban :*** 4 bus/j. 8h30-23h. Durée : env 8h (690 km).

➢ ***Port Elizabeth*** *(via Blomefontein)* **:** tlj à 17h45. Durée : 15h45.

➢ ***Umtata et Butterworth :*** 1 bus/j. en fin d'ap-m. Durée : env 13h (Umtata) et 15h (Butterworth).

■ ***Intercape :*** ☎ *021-380-44-00.* ● *intercape.co.za* ● *Réduc étudiant et backpacker. Résa possible sur Internet.* Bus confortables (w-c, sièges inclinables, etc.).

➢ ***Cape Town :*** 2 à 3 bus/j. Durée : 18h45.

➢ ***Durban :*** 3 bus/j. Durée : 8h.

➢ ***Port Elizabeth :*** 1 ou 2 bus/j. Durée : 15h20.

➢ ***Knysna*** *(via Kimberley)* **:** 4 bus/sem. Durée : 17h.

➢ ***Windhoek*** *(Namibie)* **:** 1 ou 2 bus/j. avec changement à Upington. Durée : env 11h. De Upington à Windhoek, autre bus seulement 4 fois/sem. Durée : 12h.

■ Il y a aussi la compagnie gouvernementale ***Translux*** qui assure des liaisons entre Johannesburg et Cape Town, Durban, Bloemfontein, Port Elizabeth, Knysna et d'autres villes du pays. *086-158-92-82.* ● *translux.co.za* ●

En train

– Infos générales et résas : 086-000-88-88. ● *shosholozameyl.co.za* ●

Johannesburg Park Station *(plan I, B2)* **:** *dans le Central Business District. Rens :* ☎ *011-773-30-63.* Seules les lignes Johannesburg-Le Cap, Johannesburg-Durban et Johannesburg-Port Elizabeth proposent des trains avec la classe touristique *(tourism class trains)*, en plus de la classe économique. Pour les autres, il n'y a que la classe économique, certes moins confortable (places assises uniquement) mais 2 fois moins chère.

➢ ***Pretoria :*** *avec le Gautrain.* ☎ *(0800) 42-88-72-46.* ● *gautrain.co.za* ● La ligne part de Park Station et passe par Rosebank, Sandton, Marlboro Midrand, Centurion, Pretoria centre, et Hatfield. Env 3 départs/h en sem de 5h30 à 20h30. Moins le w-e. Trajet complet : 42 mn.

➢ ***Cape Town*** *(via Kimberley)* **:** train touristique et économique les mer, ven et dim. Départ en début d'ap-m. Compter 27h de trajet. Pour les grands fanatiques du voyage ferroviaire.

➢ ***Durban*** *(via Ladysmith et Pietermaritzburg)* **:** train de classe touristique les mer, ven et dim. Durée : 15h.

➢ ***Port Elizabeth*** *(via Bloemfontein)* **:** 3 départs/sem. Durée : 20h.

– ***Blue Train :*** *de Pretoria à Cape Town.* ☎ *012-334-84-59.* • *bluetrain.co.za* • Relancé en 1997, le *Blue Train* renoue avec la tradition des grands trains de luxe. Le prix est dissuasif : billet simple à partir d'environ 22 000 R.

En avion

✈ ***Aéroport international O. R. Tambo*** *(hors plan Grand Jo'burg par B2)* **:** *à env 30 mn en voiture à l'est du Central Business District.* ☎ *011-921-62-62 et* 📱 *086-727-78-88 (info sur les vols).* • *johannesburg-airport.co.za* • Le terminal pour les vols intérieurs se trouve à 300 m du terminal international. Certains vols *low-cost* partent de l'aéroport de Lanseria.

Pour se rendre à l'aéroport international : taxi (le plus pratique ; voir les coordonnées de compagnies dans la rubrique « Adresses utiles. Transports » en fin de guide) ou *shuttle* (passe en principe vous prendre où vous voulez ; voir la rubrique « Arrivée à l'aéroport » pour les coordonnées).

Compagnies internationales

■ ***Air France :*** 📱 *086-134-03-40.*
■ ***South African Airways :*** ☎ *011-978-55-77.*
■ ***British Airways :*** ☎ *011-441-84-00.*
■ ***KLM :*** ☎ *011-961-67-00.*

SUN CITY

• Plan *p. 113*

À environ 2h de route au nord-ouest de Jo'burg (187 km), sans aucun doute le site touristique le plus décalé d'Afrique, mêlant hôtels de luxe et parc d'attractions.
Sol Kerzner, un milliardaire sud-africain, magnat de l'industrie des loisirs, eut d'abord l'idée de construire un hôtel-casino et un golf en pleine brousse, mais pas trop loin de la capitale pour ne pas décourager la clientèle. Il trouva donc ce site de rêve dans le bantoustan du Bophutatswana, qui autorisait les casinos. Construit en un temps record, inauguré en 1979, l'ensemble connut rapidement un immense succès. Dans les années qui suivirent, Sun City s'agrandit : d'autres hôtels, un centre de loisirs, des dizaines de restos, une salle de concert de 6 000 places (étrennée par Franck Sinatra en 1981), une piscine géante, un monorail suivirent. Mais la vraie folie du complexe, c'est le palais de *Lost City,* un des fantasmes de milliardaire les plus déments jamais réalisés, la folie d'un enfant gâté qui se prenait pour le fils d'Indiana Jones et de Shéhérazade. Inauguré en 1992, il réunit à lui tout seul les styles les plus fous de l'histoire, indo-gaudien, égypto-baroque, islamo-grec, saupoudrés de manuélin portugais, de plateresque espagnol et de délires rococo inouïs. Hélas, le palais et sa jungle ne se visitent plus : il faut être résident ou réserver une table dans l'un des restos de l'hôtel.
Cela étant dit, Sun City a pris un sacré coup de vieux. On ne compte que 2 modestes casinos, des attractions assez passe-partout, et des hôtels aux prix absolument surévalués. Et comme le gros de la fréquentation est assuré par des groupes, des hordes de congressistes ou des familles, l'ambiance s'avère plan-plan et les soirées y finissent tôt. Bref, on est bien loin de « Sin City », la ville du vice !
Alors, une fois visitées les quelques attractions marrantes du parc, autant mettre le cap sur le merveilleux parc national du Pilanesberg, qui n'est qu'à une portée de sagaie d'ici.

Arriver – Quitter

➢ ***En voiture :*** de Jo'burg, suivre la N 1 direction Pretoria, puis attraper la R 512 jusqu'à Randburg et ensuite rejoindre la N 4 ; après quoi c'est bien indiqué. Compter 2 bonnes heures de route.

➢ ***Par agence :*** beaucoup de gens passent par un tour pour la journée. Comparer les prix en fonction des prestations proposées.

➢ ***En shuttle :*** des navettes assurent quotidiennement la liaison entre Jo'burg, Pretoria et Sun City. *Rens : ☎ 012-346-38-27. • ingelositours.co.za •*

Adresses et infos utiles

■ **Sun City :** *PO Box 2, Sun City, Northern Province 0316. ☎ 011-780-78-00 (head office). Résas : ☎ 011-780-78-55. • sunInternational.com • sun-city-south-africa.com •*

– ***Visite pour la journée :*** *on paie un* ***droit d'entrée de 75 R (enfants 650 R)*** *et on laisse sa voiture au parking (gratuit). Puis navettes de bus gratuites pour sillonner le parc.* Passer ensuite au *Welcome Centre* faire le plein de plans et brochures. On circule librement entre les hôtels *Cabanas, Sun City* et *Cascades,* et libre accès aux restaurants. En revanche, pour les visiteurs de jour, entrée de la plage *(Valley of Waves)* payante.

– ***Visite avec nuit dans un des hôtels :*** *bien sûr, résa obligatoire. Pas d'entrée à payer et on peut gagner son hôtel avec sa propre voiture. Après, on n'en aura plus besoin, une navette ou des voitures privées avec chauffeur assurant la desserte de ts les centres d'intérêt non-stop 24h/24. Accès gratuit à la* Valley of Waves.

■ ***Welcome Centre*** *(plan,* ***1****) : à l'entrée de l'Entertainment Centre. ☎ 014-557-15-44. Tlj 8h-19h (22h ven-dim).* Peut donner quelques infos ainsi qu'un plan du site. Plusieurs guichets de compagnies privées : safaris dans le Pilanesberg, location de segway, location de voitures *(**Hertz,** ☎ 021-935-48-00).*

■ ***Mankwe Gametrackers Outdoor Adventures*** *(plan,* ***1****) : dans le* Welcome Centre. *☎ 014-552-50-20. • mankwe gametrackers.co.za •* Organise, entre autres, des balades de 3h environ dans le parc national du Pilanesberg. Camions confortables, entièrement ouverts et qui surplombent le paysage : un avantage certain par rapport aux voitures. En outre, intéressants commentaires des rangers et infos privilégiées sur la position des animaux. Lire plus bas le chapitre consacré au Pilanesberg.

■ ***Banque et change :*** *banques à l'Entertainment Centre et au Sun City Hotel, et distributeurs à profusion.* Éviter de changer à Sun City, les taux sont très désavantageux.

■ ***Pharmacie :*** *au rdc de l'*Entertainment Centre. *Ouv 9h (10h dim)-22h.*

Où dormir ?

Il existe 5 hôtels à Sun City. Du moins cher au plus cher (façon de parler, car les tarifs individuels sont tous extrêmement élevés) : *Kwena Chalets, Cabanas, Sun City Hotel, Cascades Hotel* et enfin, le « joyau », *The Palace of the Lost City.* Tous ces hôtels ont le même central de réservation *(☎ 011-780-78-55 ; résa obligatoire).* Gratuité pour les enfants de moins de 12 ans. Chambres pour personnes handicapées dans chaque hôtel. Le petit déj (buffet) est toujours compris.

Pour ceux qui veulent visiter Sun City sans dépenser une fortune dans ses hôtels, lire plus loin notre rubrique « Où dormir dans les environs du parc ? », dans le chapitre consacré au Pilanesberg.

De chic à très, très chic (à partir de 1 800 R / à partir de 120 €)

☗ ***Kwena Chalets*** *(plan,* ***10****) : au Crocodile Sanctuary. ☎ 014-552-12-62.*

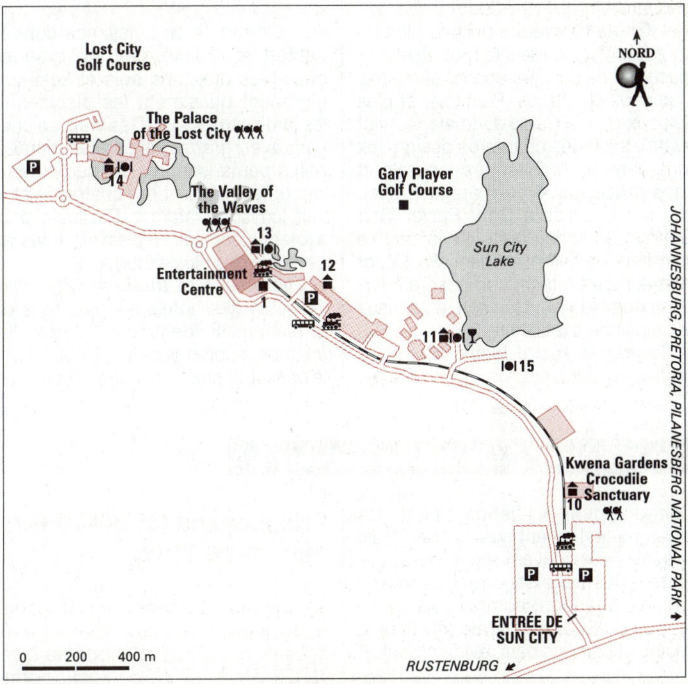

SUN CITY

■ **Adresse utile**

1 Welcome Centre et Mankwe Gametrackers Outdoor Adventures

Où manger ? Où boire un verre ?

10 Kwena Chalets
11 Cabanas Hotel et Palm Terrace
12 Soho Hotel
13 Cascades Hotel, Bocado et The Peninsula
14 The Palace of the Lost City et Crystal Court
15 Shebeen

Cases pour 2 env 1 860-2 240 R selon saison et j. de la sem. Dispersées au-dessus du sanctuaire des crocodiles, 14 huttes rondes au toit de chaume et au nom africain. De loin la solution la plus agréable et, ça tombe bien, la moins chère pour se loger ici. Le confort est très correct (clim, frigo, coffre-fort), même si on peut s'étonner du prix demandé. Ses points forts, l'intimité et l'accueil extra. Le fait d'être à l'écart du cœur de la « ville » et de ses attractions n'est guère un handicap (navettes sur demande).

Cabanas Hotel (plan, **11**) **:** *doubles env 2 500-3 500 R selon saison.* Environ 380 chambres d'une banalité totale, réparties en petits blocs de béton de 2 ou 3 étages. Le préféré des familles et des groupes : toujours beaucoup de passage et d'animation. Proche du lac et de ses sports nautiques et doté de jeux pour enfants. Avantages du *Cabanas* : la belle pelouse avec piscine, qui mène au lac, et l'ambiance, moins guindée que dans les hôtels suivants.

Soho Hotel (plan, **12**) **:** *doubles*

LE TRANSVAAL

standard env 3 000-4 000 R selon saison. On se rapproche un peu plus du style Las Vegas, mais le bruit des *slot-machines* ne parvient quand même pas jusqu'aux chambres. Plus cher et plus luxueux que le *Cabanas* (mais tout est relatif), avec des chambres design aux tons chauds. Architecture massive et sans grâce (sur 4 ou 5 étages), avec vue sur le célèbre Gary Player Golf Course. 340 chambres, de la double standard à la suite présidentielle. Décor intérieur ultra-kitsch, composé d'énormes jetons (de jeu, bien sûr), d'animaux et de palmiers artificiels.

Cascades Hotel *(plan,* ***13****) : c'est l'espèce de grosse pyramide. Doubles standard env 3 500-4 500 R selon saison.* On monte en puissance dans le confort et le luxe. Les 243 grandes chambres aux tons bois et kaki surplombent quasiment les piscines et les jardins tropicaux. Des vrais de chez vrai, avec grottes, allées luxuriantes, petits ponts, sentiers qui serpentent ; la journée, pénombre équatoriale et la nuit, lumières blafardes. D'ailleurs, pour siroter un cocktail en plein air, le ***Vistas*** se révèle des plus exotique...

The Palace of the Lost City *(plan,* ***14****) :* l'un des hôtels les plus fous de la planète. Évidemment, le prix des chambres commence à... 5 000 R. Lire le descriptif plus loin, dans « À voir ».

Où manger ? Où boire un verre ?

Contrairement à l'hébergement, les repas ne reviennent pas si cher. Mais la qualité est souvent médiocre (nourriture industrielle sans grande imagination). Attention, comme ailleurs en Afrique du Sud, tout ferme tôt. Sauf le casino et certains bars, évidemment.

Bon marché (moins de 150 R / moins de 10 €)

Shebeen *(plan,* ***15****) : entre le Crocodile Village et le Cabanas Hotel. Ouv dès 10h jusque... tard. Cuisine 12h-15h, 18h-22h. Plats env 50-160 R.* Le soir, c'est là que ça se passe. Bye bye les hôtels chicos et *welcome* au *Shebeen,* à la fréquentation populaire. Le lieu a beau être modeste, on y mange mieux que dans la plupart des restos de luxe de Sun City ! Car la cuisine est généreuse et ne renie pas son africanité : les ragoûts *(pap stew),* le *Boere Caviar* (os à moelle en sauce) ou la goûteuse *Big Boys Platter* en sont de très bons exemples. Dedans, on s'adonne au billard ou à la causette, mais le week-end l'ambiance peut s'enflammer quand un DJ vient faire danser la clientèle.

Fast Food Arcade *: à l'upper level de l'Entertainment Centre. Ouv 11h-22h30 (23h30 sam).* Un best of des fast-foods habituels : *Steers, Wimpy, Fishaways...*

Prix moyens (150-400 R / env 10-26,70 €)

Palm Terrace *: au Cabanas Hotel (plan,* ***11****) ; ouv pour le petit déj 7h-11h (12h dim) et pour le dîner 18h30-21h30 (22h ven-sam). Fermé mai-août. Repas env 250 R.* Plantureux buffet, très sud-africain (la quantité prime sur la qualité) sur une vaste terrasse couverte.

Bocado *: au Cascades Hotel (plan,* ***13****). Ouv 12h30-15h, 18h30-22h30. Plats 85-180 R.* Au pied de la pyramide du *Cascades Hotel,* une kitschissime grotte en stuc aux larges baies vitrées et sa terrasse s'ouvrent sur la piscine et la jungle. Tons bleu et blanc, tonnelles rondes et olivier pour la touche méditerranéenne. On y sert une cuisine grecque lissée à l'international évidemment, on est à Sun City !

The Peninsula *: au Cascades Hotel (plan,* ***13****). ☎ 014-557-12-66. Petit déj 6h30-11h et dîner 18h30-22h30 (seulement le w-e hors saison).* Cadre chic et cossu sur plusieurs niveaux, décor de bois d'acajou, gros luminaires, tables bien séparées. Buffet de qualité à prix encore abordables. À la carte, nettement plus cher pour une cuisine méditerranéenne, là aussi d'inspiration en grande partie grecque.

Plus chic (à partir de 400 R / à partir de 26,70 €)

Crystal Court : *au Palace of the Lost City (plan, **14**). ☎ 014-557-43-07. Ouv pour le petit déj jusqu'à 11h (11h30 w-e), pour le* high tea *15h-17h30 (avec buffet de pâtisseries) et pour le dîner 18h30-23h. Accessible aux non-résidents seulement sur résa. Plats env 155-200 R. Tenue correcte conseillée.* Sur le plan décor, l'un des restos les plus chics au monde (en tout cas d'Afrique !). Immense volume de cathédrale et hautes verrières. Au centre, une fontaine monumentale soutenue par 4 éléphants. L'énorme lustre de 3,5 t et 5 m de diamètre se révèle lui-même une œuvre d'art fabriquée en Italie (gracieux bouquet de feuilles de palme aux nervures de bronze et feuilles en cristal de roche...). Cuisine internationale avec quelques escapades méditerranéennes et africaines, exquise et à la hauteur du cadre.

À voir

The Palace of the Lost City : *entrée interdite aux non-résidents (sauf si vous avez réservé à l'un des luxueux restaurants).*
À tout seigneur tout honneur. Ce chef-d'œuvre du kitsch délirant fut édifié en 1992, contrepoint final de l'aventure de Lost City. Dans cette jungle artificielle (1,2 million d'arbres furent plantés), on construisit un véritable palais des *Mille et Une Nuits* (qui coûta 400 millions de rands), dans une frénésie de styles architecturaux inégalée au monde. Les matériaux les plus nobles furent utilisés, travaillés par les plus grands sculpteurs et stuqueurs. Quelques chiffres qui donnent le tournis : 5 000 ouvriers y travaillèrent en même temps aux moments les plus forts ; au début, pour élever les murs, 200 maçons empilèrent un million de briques chaque mois ; les électriciens posèrent 75 km de câbles et fils électriques et 6 500 prises ; les motifs des tapis et tentures furent créés exclusivement pour l'hôtel ; les portes des 338 chambres furent toutes sculptées à la main... On pourrait allonger la liste de plusieurs pages !
Allez, pour le rêve, et parce que tout le monde ne pourra pas y accéder, on vous offre un rapide tour virtuel des lieux : la porte en bois de 17 m de haut (jamais fermée, car elle est trop lourde !) donne sur un hall monumental, dont le dôme de 16 m de diamètre culmine à 25 m. La fresque du plafond, évoquant la richesse de la nature africaine, fut réalisée suivant les mêmes techniques que celles de la chapelle Sixtine par Michel-Ange. La luxueuse salle à manger, qui abrite le restaurant *Crystal Court,* a des allures de cathédrale par son volume. Voir aussi la spectaculaire statue de Shawu dans l'*Elephant Atrium,* à la verrière soutenue par de fausses défenses. Ce vieux solitaire, mort dans le Kruger dans les années 1980, est représenté en train de charger.
Le clou de la visite est la jungle de Lost City : recréée sur 25 ha, avec plus de 1 600 000 plantes (de 3 200 variétés différentes), arbres, bosquets et buissons replantés, dont de très gros baobabs (certains pesaient 75 t et mesuraient 6 m de diamètre). Par endroits, une forêt équatoriale a été reconstituée avec une canopée qui culmine à plus de 40 m. En cours de route, belles chutes d'eau et, de-ci de-là, quelques fausses ruines de la Cité perdue qui nécessitèrent quelque chose comme 30 millions de briques.

The Valley of the Waves : *ouv 9h-18h sept-avr, 10h-17h mai-août. Dernière entrée 1h avt fermeture. Fermé 1 mois entre mai et juil. Entrée : 185-195 R selon saison ; réduc enfant ; tarif réduit pour ts après 15h ; gratuit pour les résidents. Loc de serviettes ; consigne payante. Accès depuis l'*Entertainment Centre.
Cette vallée des Vagues est l'une des attractions majeures de Sun City. Entrée en grande pompe par une grotte sculptée donnant sur une allée bordée d'éléphants.

Puis, surprise, traversée d'un pont lézardé subissant un tremblement de terre à chaque heure tapante : le sol gronde alors légèrement, avec une oscillation de 2 m.
– *Le Roaring Lagoon :* ce « lagon rugissant » est une piscine à vagues de 120 m de large (et 6 500 m² de superficie) bordée d'une plage de sable blanc. À certains moments, une vague de près de 2 m de haut déferle à 35 km/h dans le lagon. Sinon, en temps normal, un autre mécanisme permet de maintenir l'agitation de l'eau, pour la grande joie des nageurs sur leurs grosses bouées (à l'annonce de la vague de surf, toutes les bouées sont d'ailleurs invitées à se retirer).
– D'autres jeux aquatiques pour les petits et les grands, comme la *Royal Baths Swimming Pool,* juste à côté de la chute de la Grotte (12 m de haut et 12 m de large, la chute artificielle la plus grosse du monde !). Quelques gentils toboggans aussi, comme celui qui part du *Temple of Courage,* sans oublier la *Lazy River* qu'on descend sur de grosses bouées et qui ravit couples et enfants.

The Maze of the Lost City : *accès au dernier étage de l'*Entertainment Centre. *Tlj 9h-21h. Entrée : 140 R ; réduc.* La dernière attraction en date : après avoir traversé un pont suspendu, on parcourt un labyrinthe en carton-pâte censé imiter une fausse cité antique en ruine. À part quelques vues à glaner sur le *Palace of the Lost City* et sur le *Gary Player Golf Course,* c'est assez bidon. Et la dégustation de bières locales à la fin n'y change rien !

Crocodile Village : *à l'entrée de Sun City.* ☎ *014-552-12-62. Ouv 10h-18h. Entrée : 140 R. Nourrissage des crocos tlj à 16h30.*
Intéressante promenade au milieu de 7 000 crocodiles du Nil. Certains dépassent les 100 ans, d'autres seraient (dur à vérifier !) les plus gros du monde en captivité, avec 5 m de long pour 800 kg. Itinéraire et passerelles balisés de pancartes descriptives détaillées. On y apprend pas mal de choses insolites sur la vie des crocodiles.
Boutique bien fournie pour les « maniaco-crocos » (il y a même des ceintures, c'est d'un goût !).

Sports et loisirs

Sports nautiques

■ ***Waterworld :*** *centre nautique sur le lac, à l'hôtel* Cabanas *; ski nautique, jet-ski, bouées, embarcations à pédales, parachute ascensionnel. Tt est payant, bien sûr.* Sinon, nombreuses piscines avec bassins pour enfants, dont celle du *Royal Observatory Deck* dans la *Valley of the Waves.* Piscine de l'hôtel *Cascades* chauffée ; celle du *Palace* est réservée aux résidents.

Golf

2 terrains parmi les plus célèbres du monde, dessinés par Gary Player (le bien nommé), célèbre champion sud-africain des années 1960-1970.

■ Le ***Gary Player Golf Course*** mesure 7 km de long.
■ Celui de ***Lost City,*** de 18 trous sur 100 ha, possède plus ou moins la forme de l'Afrique et s'ouvre également sur une merveilleuse nature. Il propose un redoutable 13e trou... tout près d'un lac abritant une quarantaine de crocodiles du Nil, nourris bien sûr à la balle de golf (quant au nombre de joueurs intrépides qui ont voulu récupérer la leur à tout prix, on n'a pas de statistiques). Bien entendu, vous y trouverez tout le confort et tous les services qu'on peut imaginer : restaurant, gymnase, spa, thalasso et, pour les joggers, un superbe parcours autour des 2 terrains. Possibilité d'assister aux championnats (en principe, la 2de quinzaine de novembre). *Rens au* ☎ *014-557-12-45.*

Autres activités

Toutes les infos sont disponibles au *Welcome Centre* et sur le site internet de la ville.
➢ Courts de ***tennis*** et de ***squash, location de VTT,*** possibilité de faire des ***balades à cheval, à dos d'éléphant ou en ballon,*** du ***paintball,*** un ***tour en hélicoptère...***
Programmes d'***activités pour les enfants, miniferme, aire de jeux*** (trampoline, toboggans...), le tout au *Kamp Kwena,* où des nounous peuvent aussi les prendre en charge pendant que vous vous éclatez ! *Compter env 100 R/enfant.*
➢ Les plus téméraires pourront se lancer sur la ***tyrolienne*** *(zip slide)* la plus haute du monde (280 m), longue de 2 km avec des pointes à 120 km/h... Remboursable à 100 % si vous craquez avant le grand saut. ☎ *014-557-15-44. Tlj sauf lun, 4 fois/j.*

Casinos

■ ***L'« enfer du jeu » :*** *au* Sun City Hotel *et à l'*Entertainment Centre. Guère plus impressionnants que nos petits casinos de ville thermale. Environ 250 « bandits manchots » ratissent les poches des visiteurs et donnent l'occasion d'admirer une intéressante galerie de portraits, où l'on observe surtout beaucoup d'ennui et de désœuvrement. Pour les autres jeux, quelques timides tables de roulette, black jack et poker. Il y a bien une salle à part pour les gros joueurs, mais le public y est interdit. Bingo géant de 240 places au *Jungle Casino.* Pour les enfants, jeux d'arcade et fête foraine.

LE TRANSVAAL

Concerts et spectacles

– Au ***Sun City Superbowl,*** immense salle de 6 000 places où tous les grands se produisirent, les Sinatra, Joe Cocker, Queen, Rod Stewart, Bill Cosby, Elton John... Intéressants shows à l'***Extravaganza Theatre*** également *(mar-sam 20h, dim 14h).* Quelques salles de cinéma et aussi 2 night-clubs.

PILANESBERG NATIONAL PARK

• Plan *p. 119*

L'autre must de la région. Le plus beau parc artificiel d'Afrique. Il naquit, comme Sun City, en 1979. À l'origine, un immense cratère de volcan éteint il y a quelques millions d'années. On vira les fermiers qui y vivaient, on traça des pistes, on clôtura et on y introduisit 6 000 animaux d'une vingtaine d'espèces différentes. Secouez le tout, et vous obtiendrez un sacré cocktail... Aujourd'hui, le parc abrite environ 8 000 bêtes. Nombre stabilisé depuis quelques années, grâce à une autorégulation idéale et harmonieuse entre les prédateurs et leurs victimes. On y trouve bien sûr les *Big Five* et les *Magnificent Seven...*
On y voit moins d'animaux qu'au Kruger, par exemple, mais ils sont assez faciles à repérer ; il suffit d'écarquiller les yeux, là où les véhicules sont arrêtés. En outre, ce mini-Ngorongoro (en référence au célèbre parc tanzanien), de 580 km² quand même, possède un relief varié, des paysages tantôt très ouverts et amples, tantôt presque intimes, grâce aux jeux des collines et des monts à l'intérieur même du cratère. Son sommet le plus haut, le Matlhorwe, en son centre, culmine à 1 690 m. Tous les circuits convergent vers le lac Mankwe, l'un des plus harmonieux et verdoyants paysages qui soient dans son cirque de douces montagnes, surtout après la saison des pluies. Beau réseau de pistes en terre, bien damées et accessibles aux voitures de tourisme.

Arriver – Quitter

➢ ***De Jo'burg :*** même route que pour Sun City. Suivre ensuite la R 556, qui dessert les différentes portes du parc (bien indiquées).
– ***Avec son véhicule :*** pistes en bon état, limitées à 40 km/h (roulez plutôt de 20 à 30 km/h si vous voulez apercevoir quelque chose). Seuls quelques tronçons peuvent s'avérer difficiles après les fortes pluies. Itinéraires hyper bien balisés. Ne pas sortir de la voiture, sauf aux endroits de pique-nique et d'observation autorisés.
– ***Avec Mankwe Gametrackers :*** *rens et inscription aux tours de Gametrackers au* Welcome Centre *de Sun City.* ☎ *014-552-50-20.* ● *mankwegametrackers.co.za* ● *Balade de 3h env. Compter 660 R/pers (en véhicule de 25 pers) ; réduc enfant.*

Infos utiles

– ***Horaires :*** *ouv nov-fév 5h30-19h, mars-avr 6h-18h30, mai-août 6h30-18h et sept-oct 6h-18h30. Dernière entrée 1h avt fermeture. Prévoir d'y rester la journée entière pour voir le max d'animaux.*
– ***Accès :*** possible par 5 portes – la *Bakubung Gate* (qui donne sur Sun City), au sud-ouest la *Sheperds Tree Gate,* puis vers l'est la *Kwa Maritane Gate* (la seule non goudronnée), la *Manyane Gate* et au nord-est la *Bakgatla Gate,* qui est un point de départ intéressant.
🛈 ***Direction du parc :*** *Manyane Gate.* ☎ *014-555-16-06 ou 014-555-53-54 à 57.* ● *pilanesbergnationalpark.org* ●
– ***Tarifs d'entrée :*** *110 R/pers ; réduc. Ajouter 40 R/véhicule.*
– On vous conseille d'acheter dès l'entrée la ***brochure du parc*** (payante), qui inclut un plan et moult infos sur l'histoire, la géologie, la faune et la flore du parc.
– ***Pilanesberg Centre :*** *au milieu du parc. On y trouve une épicerie, une boutique de souvenirs et quelques stands d'artisanat.* ***Bar*** *et* ***resto*** *sur pilotis : c'est le seul endroit pour manger à l'intérieur du parc.*
Pour faire des provisions de nourriture, le meilleur endroit est l'hypermarché ***Moruleng Mall,*** à Moruleng (à 4 km de Bakgatla Gate). Immense et moderne ; on y trouve aussi des distributeurs automatiques. Autre centre commercial au sud du parc, près de l'entrée de Sun City.
– ***Paludisme totalement absent*** (bon à savoir pour ceux qui ne vont pas au Kruger).

Quels animaux y observer ?

Ce cratère en forme de cercle presque parfait, mesurant 26 km de large et 22 km de long, est sillonné par plus de 200 km de routes et de pistes, permettant une honorable répartition des visiteurs et multipliant les points de vue.
Pour augmenter vos chances d'apercevoir des animaux, mieux vaut venir en saison sèche (d'avril à septembre). L'herbe est alors rase, et on les repère plus facilement, d'autant qu'ils ont tendance à se concentrer autour des rares points d'eau. Quelle que soit la saison, mieux vaut venir tôt le matin (à l'ouverture) ou en fin d'après-midi : au plus chaud de la journée, les animaux restent bien planqués à l'ombre.
Côté animaux, on y trouve quasiment tous les animaux de l'arche de Noé : une dizaine de variétés d'antilopes (plus de 3 000 impalas, 1 800 gnous et 600 koudous), près de 2 000 zèbres, 170 girafes, 220 éléphants, une cinquantaine de lions, des léopards, guépards, hyènes et chacals, ainsi qu'une belle concentration de rhinos blancs et même quelques rhinos noirs dans la partie nord-ouest (inaccessible, c'est une réserve privée), sans oublier plus de 350 espèces d'oiseaux...

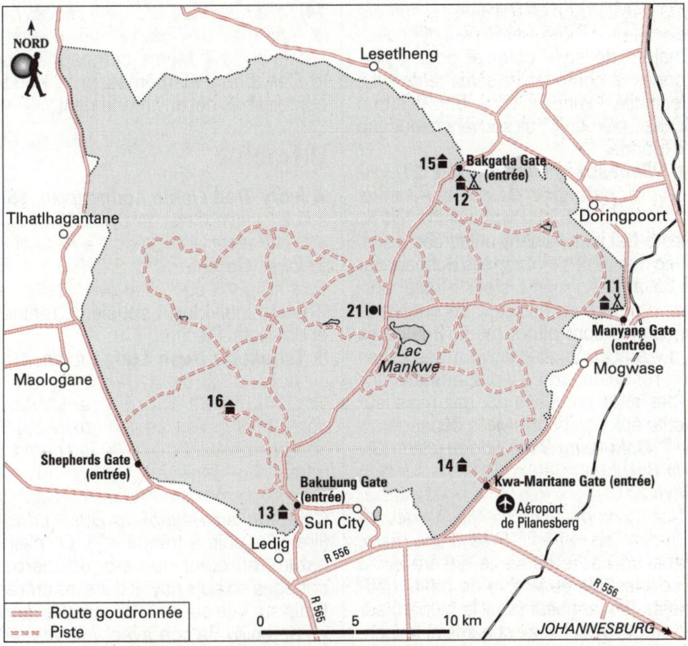

PILANESBERG NATIONAL PARK

Où dormir ?

11 Manyane Resort
12 Bakgatla Resort
13 Bakubung Bush Lodge
14 Kwa Maritane Bush Lodge
15 Ivory Tree Game Lodge
16 Tshukudu Bush Lodge

Où manger ?

21 Pilanesberg Centre

Où dormir ? Où manger ?

Quelques lodges et camps dans le parc. Tous proposent des formules en demi-pension ou pension complète. Les enfants de moins de 12 ans ne paient pas. En haute saison, le week-end et pendant les vacances sud-africaines, réserver longtemps à l'avance.

De chic à très chic

Manyane Resort (plan, **11**) **:** *à la Manyane Gate, à l'est. Résa par* Golden Leopard Resorts. ☎ *014-555-10-00.* ● *manyaneresort-pilanesberg.com* ● *Camping env 400-440 R pour 2.* Safari *tents env 1 405-1 480 R pour 2. Chalets (certains avec cuisine aménagée) 2 040-2 140 R selon j. de la sem, petit déj inclus.* La meilleure solution pour loger à l'intérieur du parc à des tarifs encore abordables. Environnement calme, camping ombragé et doté de blocs sanitaires très bien tenus et en grand nombre. Les chalets sont plaisants et confortables, avec leur toit de chaume. Accueil d'une grande gentillesse. Piscine, épicerie, resto.

Bakgatla Resort (plan, **12**) **:** *à la Bakgatla Gate, au nord-est. Au pied des Garamoga Hills.* ☎ *014-555-10-45.* ● *bakgatlaresort-pilanesberg.com* ●

Camping 400-440 R pour 2 ; chalets pour 2 env 2 855-3 140 R, petit déj inclus. Chalets de style colonial pour 5 personnes et confortables *safari tents* avec électricité. Grande piscine. Bar. Très bon accueil, bien qu'il y ait souvent beaucoup de monde.

Pilanesberg Centre (plan, **21**) **:** *au cœur du parc, près du lac de Mankwe. ☎ 014-552-50-20. Plats env 70-150 R.* Resto-bar installé dans un agréable site, avec des tables ombragées donnant sur la savane. Au menu, steaks-frites, burger d'autruche, pizzas... La qualité et le service sont plutôt médiocres, mais il n'y a aucune alternative à des lieues à la ronde. Interdit d'y pique-niquer (il y a des aires prévues pour ça), mais leur petite épicerie pourra vous dépanner.

Bakubung Bush Lodge (plan, **13**) **:** *à la Bakubung Gate (qui donne sur Sun City). ☎ 014-552-62-00. • legacyhotels.co.za • Compter 4 660-5 460 R la double standard en ½ pens.* Près d'une mare, dans un cadre sauvage, inséré entre 2 collines. Un ensemble de petits bâtiments (en longueur pour la plupart) sur un étage, avec toit de chaume et balcon. Tennis, piscine et spa. Du resto, terrasse donnant sur l'ensemble du parc.

Kwa Maritane Bush Lodge (plan, **14**) **:** *à la Kwa Maritane Gate ; accès par la R 556. ☎ 014-552-51-00. • legacyhotels.co.za •* Même compagnie que le *Bakubung* et mêmes prix. Lodge confortable, bel environnement.

Ultrachic

Ivory Tree Game Lodge (plan, **15**) **:** *à la Bakgatla Gate. ☎ 014-556-81-00. • ivorytreegamelodge.com • Résa obligatoire. Compter env 3 080-3 685 R/pers en pens complète avec 2 safaris.* Chalets individuels spacieux, raffinés et douillets. Piscine.

Tshukudu Bush Lodge (plan, **16**) **:** *au nord-ouest de la Bakubung Gate. ☎ 014-552-62-55. • legacyhotels.co.za • Sur résa seulement. Pour 2, compter env 9 720-10 780 R tt compris (dîner, boissons et 2 game drives). Enfants de moins de 12 ans non admis. Check-in* au *Bakubung Bush Lodge* (lire « De chic à très chic »). En pleine nature, au cœur du parc, 6 superbes cottages en bois noyés dans les arbres. Bâtis sur une colline (132 marches pour y parvenir). Balcon avec une vue saisissante. Également quelques *luxury suites.* Très cher, mais c'est le prix du grand luxe en pleine brousse !

Où dormir dans les environs du parc ?

Le tranquille bourg de ***Mogwase,*** situé à 2 pas du Manyana Gate, à l'est du parc national, offre une brochette d'hébergements très corrects : cela revient nettement moins cher que de dormir dans l'enceinte du parc !

Modizen Guesthouse **:** *794, Kwena Dr. Dans une rue parallèle à la route 556 (fléché). 079-496-45-33. • modizenguesthouse.co.za • Double 870 R, petit déj (120 R/pers) non inclus. Dîner 220 R.* Maison récente organisée autour d'un petit jardin soigné, planté de palmiers et doté d'une piscine au bleu profond. Une quinzaine de chambres modernes et plaisamment décorées, avec des salles de bains rutilantes, clim et frigo. En bas, salon et salle à manger mignons comme tout ; on y sert des repas sur commande. Accueil chaleureux et souriant.

Valley View Guesthouse **:** *743, Kwena Dr (rue parallèle à la route 556). ☎ 014-555-59-14. • valleyviewguesthouse.co.za • Doubles env 800-900 R, petit déj inclus.* Chambres de bon confort, très propres mais sans grand charme, réparties autour d'une jolie piscine. Beaucoup de calme et d'intimité. Gymnase, spa. Fait aussi bar-restaurant et organise des excursions. Accueil très pro ; on voit que l'affaire est gérée avec sérieux.

À voir. À faire

Circuler avec son propre véhicule pendant quelques heures restera l'un des plus beaux souvenirs de voyage. Tickets et plan du parc s'achètent à l'entrée. En plus

de la liberté et des animaux, les pistes livrent ici des points de vue remarquables et d'une variété étonnante. Quelques chouettes aires de pique-nique permettent de distiller son plaisir.
Enfin, en plus du traditionnel circuit de 2h30 à 3h organisé par *Gametrackers,* voici d'autres variantes :

Guides Hikes : *à pied, groupes min 4 pers, max 8 pers, accompagnés d'un ranger expérimenté. 4h de rando. Compter 700 R/pers ; réduc.* Dans les *Rhino Hiking Trails,* l'accent est mis sur la découverte du rhinocéros, en plus de la faune et la flore locales.

Survol du parc en montgolfière : le must ! 45 mn à 1h de vol, champagne, petit déj et diplôme à l'arrivée. Compter 5h en tout (trajet, préparation et rangement). *Au moins 6 pers. Très cher : 5 000 R/pers. Moins cher : groupes de 20 pers min et vols en 2 tranches de 30 mn ; compter alors 4 000 R/pers.*

PRETORIA (TSHWANE)

env 750 000 hab. (Metropolitan Municipality : 3,2 millions)

• Plan Centre (Arcadia et Sunnyside) *p. 122-123* • Plan Hatfield *p. 125*

50 km séparent à peine Jo'burg de Pretoria, la capitale nationale rebaptisée Tshwane. Et pourtant, Pretoria présente un visage radicalement différent. Malgré quelques gratte-ciel, on croirait vraiment débarquer dans une grosse ville-jardin à l'allure toute provinciale. Longtemps cité exclusivement blanche et afrikaner, elle a, bien entendu, changé de visage ces dernières années. La fin de l'apartheid, la promotion des Noirs sud-africains dans l'administration et l'appareil d'État, et le droit de retourner vivre dans les centres-villes a naturellement rééquilibré la ville. Elle conserve toujours sa réputation de cité relativement tranquille et sûre et, à part 1 ou 2 quartiers dégradés, on peut s'y promener de jour quasiment partout. Enfin, le quartier universitaire de Hatfield, bien animé (autant d'étudiants à Pretoria que de jacarandas, paraît-il !), d'intéressants musées et quelques monuments vous inciteront à en apprécier toutes les qualités. On y découvre aussi la réalité sociale de la toute fraîche « nation Arc-en-Ciel » : ici, on voit des Blancs faire la manche.

UN PEU D'HISTOIRE

Avant l'arrivée des Voortrekkers, seules quelques tribus ndebeles vivaient sur les bords de la rivière Tshwane. N'ayant pas à spolier grand monde, les colons hollandais ont pu prétendre qu'ils furent bien les 1ers habitants de la région. La terre était fertile, le climat sain, il y avait de l'eau, les fermes se multiplièrent. Un État, le Transvaal, se forma. Le traité de Sandrivier en 1852, entre Voortrekkers et Anglais, reconnut son indépendance. Peu après, sa jeune capitale prit le nom de Pretoria, en hommage à Andries Pretorius, le vainqueur de la décisive bataille de Blood River, en 1838, contre les Zoulous. La ville, bien nantie en espaces, se construisit donc à l'horizontale, s'aménageant de nombreux jardins privés et des poumons verts.

En 1881, lors de la 1re guerre anglo-boer, les troupes anglaises tentèrent de s'en emparer. Avant la 2de guerre anglo-boer (1899-1902), Pretoria fut la puissante capitale du pouvoir blanc, personnifié par le président Paul Kruger. La découverte de l'or dans le Witwatersrand suscitant à nouveau la convoitise des

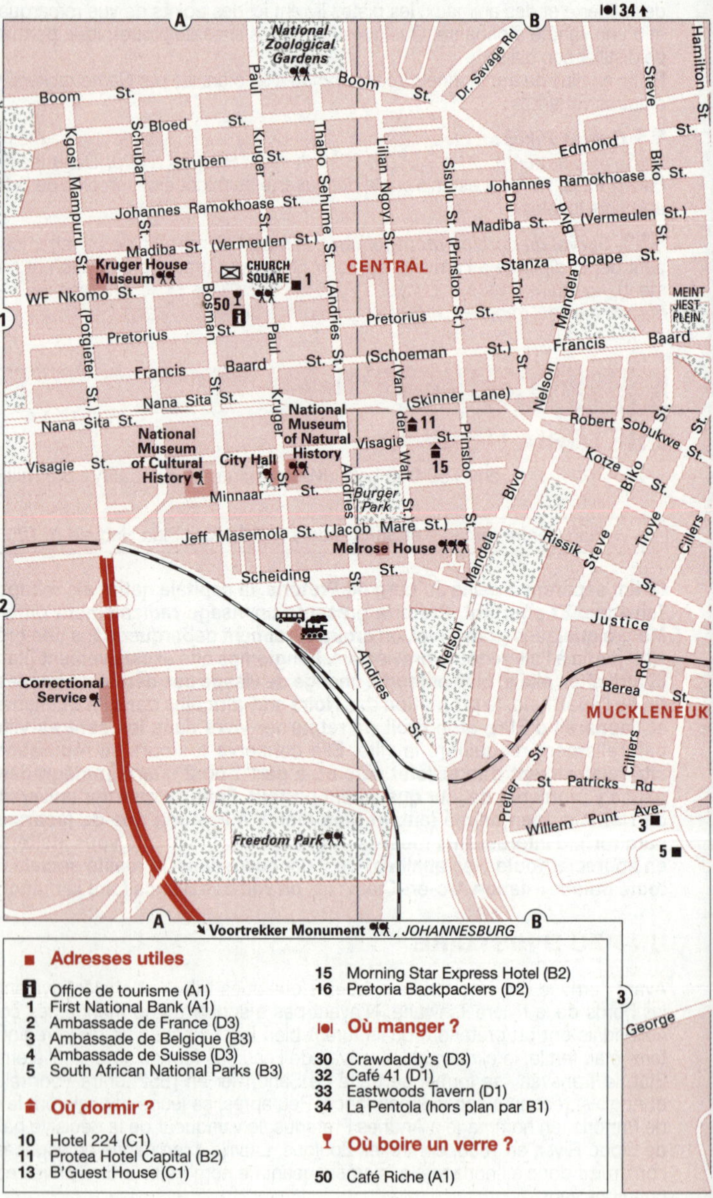

■ Adresses utiles

- Office de tourisme (A1)
- **1** First National Bank (A1)
- **2** Ambassade de France (D3)
- **3** Ambassade de Belgique (B3)
- **4** Ambassade de Suisse (D3)
- **5** South African National Parks (B3)

Où dormir ?

- **10** Hotel 224 (C1)
- **11** Protea Hotel Capital (B2)
- **13** B'Guest House (C1)
- **15** Morning Star Express Hotel (B2)
- **16** Pretoria Backpackers (D2)

Où manger ?

- **30** Crawdaddy's (D3)
- **32** Café 41 (D1)
- **33** Eastwoods Tavern (D1)
- **34** La Pentola (hors plan par B1)

Où boire un verre ?

- **50** Café Riche (A1)

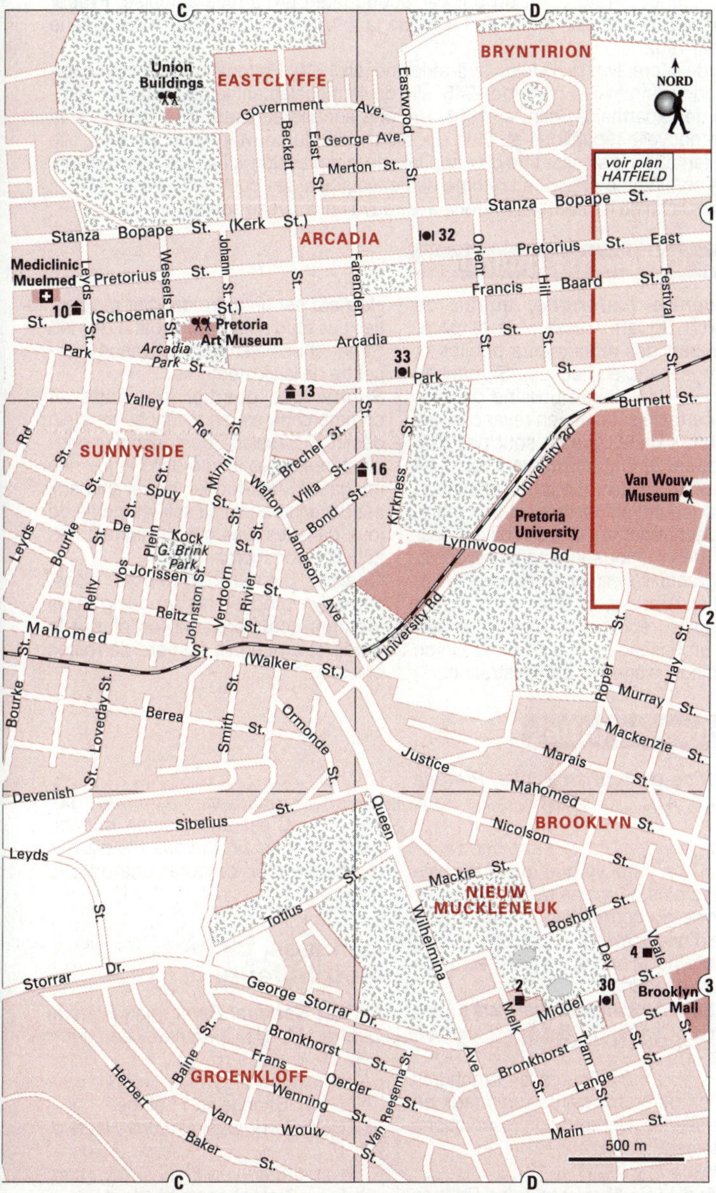

PRETORIA – Centre (Arcadia et Sunnyside)

Britanniques, Pretoria fut un but de reconquête par l'armée anglaise. Kruger lui abandonna la ville en 1900. La fin de la 2de guerre anglo-boer fut signée le 31 mai 1902.

Lors de la création de l'Union sud-africaine, en 1910, Pretoria en devient la capitale administrative. À partir de 1948, elle devient également le peu reluisant symbole de l'apartheid. Enfin, en 1961, Pretoria accède au statut de capitale de la toute nouvelle république et, bien sûr, reste celle du pouvoir blanc. En plus, elle acquiert aussi le sinistre titre de « capitale de la répression ». La plus dure qui soit, dans son infâme prison, au rythme des exécutions des combattants de l'ANC... Depuis la fin de l'apartheid, Pretoria a retrouvé un nouveau souffle.

Les différents quartiers

Le ***centre historique,*** autour de Church Square, rassemble la gare, la plupart des monuments publics et les musées (bien fléchés). Si, dans la journée, l'animation urbaine garantit une certaine sécurité, en revanche, les alentours de la gare ne sont pas trop conseillés la nuit (mieux vaut rentrer à son hôtel en taxi). Le jour, l'animation se concentre au nord-ouest du centre, avec échoppes sur la rue et balai incessant des minibus klaxonneurs. L'est, plus tranquille, est essentiellement résidentiel. ***Arcadia,*** quartier verdoyant et tranquille, réputé sûr, abrite la plupart des ambassades, *B & B* et les Union Buildings, siège de l'administration.

Hatfield est un autre quartier résidentiel. Les étudiants y ont squatté Burnett Street et ses alentours, devenus l'épicentre de la vie nocturne.

Sunnyside, quartier populaire et commerçant, est en revanche en plein déclin. Si Esselen Street, son axe principal, reste très animé dans la journée (magasins, fast-foods), en revanche, il est devenu peu sûr le soir (et même de jour, dans les rues qui s'éloignent des activités commerçantes).

Quartier bien *upper middle class,* ***Brooklyn*** propose les *shopping malls* (centres commerciaux) les plus à la mode et un certain nombre de restos chics.

Adresses utiles

■ ***Office de tourisme*** *(plan Pretoria Centre, A1) : Old Nederlandsche Bank Building, Church Sq. ☎ 012-358-14-30. • gopretoria.co.za • Lun-ven 7h30-16h.* On n'y trouve que quelques brochures plus ou moins utiles. Observez la porte du coffre-fort (on est dans la salle d'une ancienne banque) qui abrite aujourd'hui la doc et les prospectus de l'office de tourisme.

■ ***South African National Parks*** *(plan Pretoria Centre, B3,* ***5****) : 643, Leyds St, Muckleneuk. ☎ 012-428-91-11. • sanparks.org •* Toutes les brochures sur les différents parcs nationaux en libre-service. Comptoir de réservations également.

■ ***Police :*** *☎ 012-353-42-33.*

■ ***Mediclinic Muelmed*** *(plan Pretoria Centre, C1) : 577, Pretorius St, Arcadia. ☎ 012-440-06-00.*

■ ***Hillcrest Swimming Pool*** *(plan Pretoria-Hatfield, B2,* ***8****) : à l'angle de Duxbury Rd et Jan Shoba St. Lun-ven 5h30-19h30, sam 10h-18h, dim 10h-17h.* C'est une piscine municipale, en plein air. Si vous n'avez pas la chance d'en compter une à votre hôtel.

Banques, change, distributeurs

■ ***First National Bank*** *(plan Pretoria Centre, A1,* ***1****) : Church Sq, de l'autre côté de la place par rapport à l'office de tourisme. Lun-ven 9h-15h30, sam 8h30-11h.* Change au 1er étage.

■ ***ABSA Bank*** *(plan Pretoria-Hatfield, A1,* ***6****) : sur Burnett St, entre Hilda et Grosvenor. Lun-ven 8h30-15h30, sam 8h-11h.* Distributeurs à l'extérieur, accessibles 24h/24.

– On trouve généralement des distributeurs dans tous les *malls* (centres commerciaux).

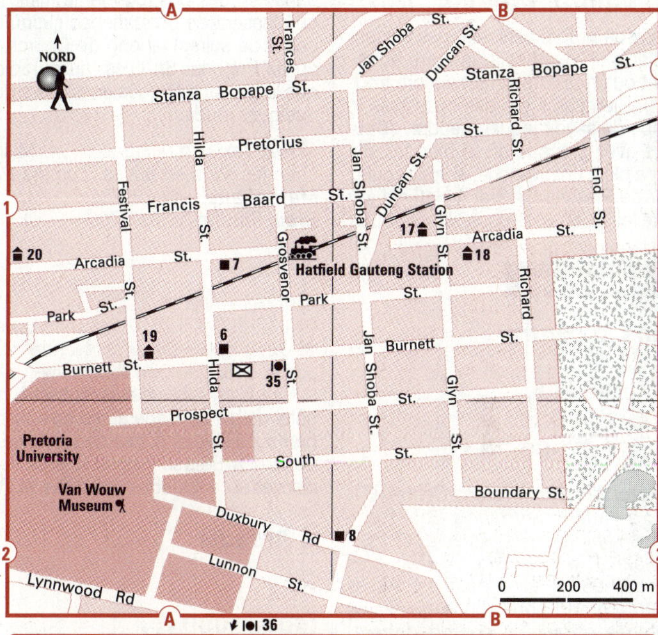

PRETORIA – Hatfield

■ Adresses utiles
- **6** ABSA Bank (A1)
- **7** Ambassade du Canada (A1)
- **8** Hillcrest Swimming Pool (B2)

Où dormir ?
- **17** Pumbas Backpackers (B1)
- **18** Bed & Breakfast in Hatfield (B1)
- **19** Protea Hotel Manor (A1)
- **20** Birdwood Guest House (A1)

Où manger ?
- **35** Ocean Basket (A1)
- **36** La Madeleine (hors plan par A2)

Représentations diplomatiques

■ ***Ambassade de France*** *(plan Pretoria Centre, D3,* ***2****) : 250, Melk St, Nieuw Muckleneuk. ☎ 012-425-16-00. • za.ambafrance.org •*

■ ***Ambassade de Belgique*** *(plan Pretoria Centre, B3,* ***3****) : 625, Leyds St, Muckleneuk 0002. ☎ 012-440-32-01. • diplomatie.be/pretoria • Lun-ven 8h30-16h30.*

■ ***Ambassade du Canada*** *(plan Pretoria-Hatfield, A1,* ***7****) : High Commission, 1103, Arcadia et Hilda St (Private Bag X13, Hatfield 0028). ☎ 012-422-30-00. • canadainternational.gc.ca/ • Lun-ven 9h-12h.*

■ ***Ambassade de Suisse*** *(plan Pretoria Centre, D3,* ***4****) : 225, Veale St, Parc Nouveau, Nieuw Muckleneuk (PO Box 2508, Brooklyn Sq 0075). ☎ 012-452-06-60. • eda.admin.ch/pretoria • Lun-ven 9h-12h.*

■ ***Ambassade du Swaziland :*** *High Commission, 715, Government Ave (PO Box 14294, Hatfield 0028). ☎ 012-344-19-10. • swazihighcom.co.za • Lun-ven 8h30-16h30.*

■ ***Ambassade du Lesotho :*** *High Commission, 391, Anderson St, Menlo Park 0081 (PO Box 55817, Arcadia 0007). ☎ 012-460-76-48. • lesotho-pretoria@foreign.gov.ls •*

Transports urbains

Sans son propre véhicule, pas évident d'aller d'un quartier à un autre autrement qu'en taxi (qu'il faut encore trouver !). Bien sûr, il y a des bus, mais le temps de savoir lequel prendre, et où, vous avez presque aussi bien fait d'y aller à pied. En revanche, si vous voulez aller de Pretoria Central à Hatfield (ou entre les 2), on vous conseille de sauter dans l'un des bus (ou même minibus) qui passent en permanence (jusqu'en début de soirée) le long de Church St ou de Pretorius St. C'est aussi rapide que le taxi, et il ne vous en coûtera que quelques rands.

■ ***Rixi Taxis :*** *086-100-7494.* Moins cher, les *shuttles* privés, comme ***Pat Mathebane*** *(082-085-77-04)* ou ***Brain Shuttle*** *(☎ 012-400-41-40).*

Où dormir ?

Dans le centre

Prix moyens (400-1 000 R / env 26,70-66,70 €)

Hotel 224 *(plan Pretoria Centre, C1,* ***10****) : à l'angle de Francis Baard (ex-Schoeman) et Leyds, Arcadia. ☎ 012-440-52-81. • hotel224.com • Doubles env 850-980 R, avec petit déj.* Assez central, grand hôtel d'une quinzaine d'étages offrant un confort correct, surtout fréquenté par des hommes d'affaires et des touristes autochtones. Propose 224 chambres (!), pas très grandes mais bien tenues, avec chauffage, TV, *kettle* (bouilloire) et coffre. Dans les étages supérieurs, certaines offrent une belle vue sur les Union Buildings. Excellent accueil. *Old Town Tavern, coffee-shop* et resto (buffet).

Morning Star Express Hotel *(plan Pretoria Centre, B2,* ***15****) : 327, Visagie St. ☎ 012-442-06-00. • morningstarhotel.co.za • Doubles 950-1 080 R. Parking.* Au centre de Pretoria, un hôtel moderne avec 3 types de chambres, bien équipées (douche/w-c, clim). Dans les triples, le 3e lit est superposé. En choisir une dans les étages élevés (plus clair, plus calme). Déco sobre et contemporaine sans recherche particulière. Bon accueil. Fait aussi resto.

Chic (1 000-1 800 R / env 66,70-120 €)

Protea Hotel Capital *(plan Pretoria Centre, B2,* ***11****) : 390, Lilian Ngoyi St. ☎ 012-322-77-95. Résa nationale : ☎ 021-430-53-00. • protea.marriott.com • Doubles 900-1 200 R, avec petit déj. Parking fermé.* Idéalement situé, cet hôtel de bonne tenue abrite des chambres sur 3 étages, autour de la piscine et de son bar. Elles sont fonctionnelles, spacieuses et confortables, avec clim et TV.

À Arcadia

Prix moyens (400-1 000 R / env 26,70-66,70 €)

Pretoria Backpackers *(plan Pretoria Centre, D2,* ***16****) : 433, Farenden St, Clydesdale. ☎ 012-343-97-54. • pretoriabackpackers.net • Compter env 200-250 R/pers.* Bien située, dans un quartier calme et vert (et sûr), cette auberge est installée dans une villa et abrite des chambres pour 2, 3 ou 4 personnes. Toutes avec les sanitaires à l'intérieur, et *lockers*. Pas de dortoirs. Petite piscine dans le jardin, laverie, transfert pour l'aéroport. Abrite aussi l'agence *Footprints in Africa* qui organise des excursions en petits groupes à Pretoria, dans le Gauteng et le parc Kruger ainsi que plus loin, au Drakensberg et au Swaziland.

Chic (1 000-1 800 R / env 66,70-120 €)

B'Guest House *(plan Pretoria Centre, C1,* ***13****) : 751, Park St (et Beckett). ☎ 012-344-05-24. 083-759-68-97. • bguesthouse.co.za • Double 1 150 R, petit déj compris. Parking privé.* Dans une rue ombragée, non loin du Pretoria

Art Museum. Adorable *B & B* dans une maison de 1929 (style Dutch) avec des fenêtres-vitraux et un style ancien. 3 chambres dans la maison principale et 4 dans une petite maison à côté, avec TV, minibar, clim et déco chaleureuse et soignée. Petite piscine. Possibilité de dîner sur commande. Accueil jovial.

À Hatfield

Bon marché (150-400 R / env 10-26,70 €)

■ ***Pumbas Backpackers*** *(plan Pretoria-Hatfield, B1,* ***17****) : 1232, Arcadia St. ☎ 012-362-53-43. • pumbas.co.za • Lit en dortoir 200 R ; en chambre compter 225-250 R/pers.* À 200 m de la station Gautrain Hatfield, dans un quartier résidentiel et calme. Bonne petite auberge de jeunesse, tenue par des jeunes, pour des voyageurs à petits budgets. Dortoirs propres de 10 lits (mixte), ou 6 lits (filles seulement). Il y a aussi des chambres privatives pour 2, 3 ou 4 personnes avec bains sur le palier. Confort sommaire mais correct pour le prix. Accueil cordial et nombreuses infos sur la capitale et la région.

Prix moyens (400-1 000 R / env 26,70-66,70 €)

■ ***Bed & Breakfast in Hatfield*** *(plan Pretoria-Hatfield, B1,* ***18****) : 1265, Arcadia St. ☎ 012-362-53-92. • bandbhatfield.co.za • Fermé 10 j. autour de Noël. Double 950 R, petit déj inclus.* Un peu à l'écart de tout, dans une rue calme et ombragée. Ne pas s'arrêter au style banal des bâtiments, l'essentiel n'est pas dans cette apparence mais dans les chambres spacieuses, lumineuses et résolument contemporaines, avec de belles salles de bains. Agréable salle pour le petit déj. Une adresse tranquille, d'un bon rapport qualité-prix.

Chic (1 000-1 800 R / env 66,70-120 €)

■ ***Protea Hotel Manor*** *(plan Pretoria-Hatfield, A1,* ***19****) : 1050, Burnett St, à l'angle de Festival. ☎ 012-362-70-77. Résa centrale : 📱 086-111-90-00. • protea.marriott.com • Doubles à partir de 1 250 R, petit déj en sus. Réduc sur Internet. Parking privé.* Dans cette catégorie d'hôtels de chaîne, pratiques et fonctionnels, c'est un des meilleurs. Chambres à la déco standard avec mobilier en bois sombre, tissus contemporains et bon confort (clim, minibar, coffre, etc.). Attention, certaines chambres donnent sur un mur aveugle, pour le même prix. Bon rapport qualité-prix le week-end.

■ ***Birdwood Guest House*** *(plan Pretoria-Hatfield, A1,* ***20****) : 976, Arcadia St. ☎ 012-430-49-05. • birdwood.co.za • Double env 1 430 R, avec copieux petit déj. Parking privé.* Une superbe villa de style colonial construite en 1903 pour la famille Heys (comme la *Melrose House*), composée d'une superbe maison et de différents petits et charmants pavillons. Décoration intérieure de très bon goût, mobilier raffiné, ambiance rétro-romantique. Les chambres, douillettes et confortables, sont toutes différentes, plus ou moins contemporaines dans leur déco (superbe salle de bains dans certaines). Le jardin est une oasis de paix, avec ses coins et recoins pour se poser ou pour boire un thé servi dans l'argenterie de la famille. Et une belle piscine, bien sûr ! Accueil agréable et convivial. Vous l'aurez compris, une adresse exceptionnelle...

Où manger ?

Dans le centre

Pour les petites faims ou les petits budgets, le centre est parsemé de snacks où l'on mange sur place ou à emporter, pour une poignée de rands. Y aller au feeling, ils se ressemblent tous !

Dans le quartier de Brooklyn (Nieuw Muckleneuk)

Prix moyens (150-400 R / env 10-26,70 €)

Crawdaddy's *(plan Pretoria Centre, D3,* ***30****) : à l'angle de Middel St et Dey St, Brooklyn Piazza. ☎ 012-460-08-89. Ouv midi et soir jusqu'à 22h (23h30 jeu-sam et 21h dim). Plats 80-180 R.* Resto grand public présentant l'un des meilleurs rapports qualité-prix du quartier. On le remarque à sa terrasse en bois bien aérée et rafraîchie par des brumisateurs (assez spectaculaires !). Plusieurs salles sur 2 étages, beaucoup de monde et accueil dynamique. Longue carte variée : burgers, viandes goûteuses, carpaccio de springbok, succulents escargots servis en petite marmite, *seafood chowder,* bon et hyper copieux. Dans le même bâtiment on trouve aussi une pizzeria, ***Mimmo's,*** et un resto de « fruits de mer », ***Jimmy's Killer Prawns.***

À Arcadia

Prix moyens (150-400 R / env 10-26,70 €)

Café 41 *(plan Pretoria Centre, D1,* ***32****) : dans Eastwood Village, angle de Eastwood St et de Pretorius St. ☎ 012-342-89-14. Tlj 7h30-22h30. Plats 50-240 R.* Près d'un petit centre commercial, avec vue sur un parking (gratuit, pratique), voici un resto de style « bistronomique » avec une terrasse-véranda agréable. Salles accueillantes, mais les clients s'installent plutôt dans la cour intérieure, à l'ombre d'un fier palmier ou des cannisses. Carte variée, grosses salades, toutes sortes de breakfasts, *mezze,* sandwichs, steaks, poissons, etc. Pas de la grande gastronomie, mais tout est frais et honorable. Service souriant. Notre meilleure adresse dans ce quartier.

Eastwoods Tavern *(plan Pretoria Centre, D1,* ***33****) : 391, Eastwood, à l'angle de Park St. ☎ 012-344-02-43. Ouv midi et soir jusqu'à 2h (22h dim). Plats 70-190 R.* Ce resto a gagné le prix du meilleur pub de Pretoria. Il le mérite. C'est vraiment le *neighbourhood pub* tel qu'on l'aime. En dehors des sentiers battus et toujours plein comme un œuf. D'ailleurs, au fil des années de succès, il s'est agrandi. Plusieurs salles, immense terrasse rafraîchie par des brumisateurs l'été. Cuisine fraîche et copieuse : salades, grillades (*T-bone* de 500 g), différentes pièces de viandes, dont certaines très grosses. Également des burgers, pâtes et pizzas. Plutôt une table pour déjeuner dans une ambiance de grande brasserie, pas vraiment pour un dîner intime.

À Hatfield

Ocean Basket *(plan Pretoria-Hatfield, A1,* ***35****) : Burnett et Grosvenor. ☎ 012-362-66-26. Tlj 10h-22h (21h dim). Plats 60-160 R.* C'est un resto de chaîne, mais on y mange si bien et à des prix si sages qu'*Ocean Basket* mérite un détour. C'est le meilleur de Hatfield. Spécialités de poisson et de fruits de mer. Grande salle avec des posters annonçant les promos. Dans un coin, petit bar à sushis et son habituel tapis roulant. Terrasse prise d'assaut, dans une joyeuse atmosphère, pour le bon *seafood platter,* les *combos, calamari* grillés, gambas, sushis, sardines à la portugaise et moules à l'ail. Sur une ardoise, le poisson du jour. Servi dans des poêlons, c'est frais et copieux. Pour les petits budgets, le *fish & chips* est imbattable !

À Lynnwood

La Madeleine *(hors plan Pretoria-Hatfield par A2,* ***36****) : 122, Priory Rd, Lynnwood Ridge. ☎ 012-361-36-67. De l'université, suivre Lynnwood ; passer le pont enjambant la* highway *; centre commercial à gauche et station* BP *avec feu rouge ; au suivant, tourner à gauche dans Camellia Ave, puis au rond-point à gauche (autre I) pour Priory Rd. Fermé sam midi, dim soir et lun. Plats 160-190 R.* Sunday lunch *205 R.* Résa ultra-conseillée, car ce resto cumule les récompenses et est devenu le chouchou de l'*upper middle class* sud-africaine et des expats. Cadre confortable, élégant et chaleureux tout à la fois. Le chef belge Daniel Leusch (qui vient vous annoncer et présenter la liste des plats) et sa fille élaborent une savoureuse et fine cuisine traditionnelle française mais aussi des spécialités sud-africaines : tartare d'impala et rognons de koudou...

À La Riviera

La Pentola *(hors plan Pretoria Centre par B1, **34**) : 5, Riviera Galleries, à l'angle de Soutpansberg Rd et Well St. ☎ 012-329-40-28. Tlj midi et soir sauf dim. Résa conseillée. Plats 95-250 R. Formules rapides et bon marché 11h30-15h.* Un resto proposant une cuisine d'inspiration méditerranéenne (influences italienne et française) mais aussi sud-africaine. Plats très soigneusement confectionnés. C'est très fin et goûteux. Amusant contraste entre le décor hétéroclite et fantaisiste et les tables joliment dressées, façon restaurant chic. Longue liste de plats à la carte, comme le *bistecca quattro formaggi,* la sole d'Hermanus (spécialité) ou le steak d'autruche. Il y a aussi du crocodile...

Où boire un verre ?

Dans le centre

Café Riche *(plan Pretoria Centre, A1, **50**) : Church Sq. ☎ 012-328-31-73. Tlj 6h-18h.* Ce très vieux café patiné par les ans a un certain charme avec ses céramiques et quelques bouts de vitraux provenant d'une église qui s'élevait jadis sur la place. Quelques tables sur la rue, face à la place. Possibilité de se restaurer, mais on vous le conseille plutôt pour prendre un pot, d'autant qu'il n'y a rien d'autre sur cette place.

Visite de la ville

Union Buildings *(plan Pretoria Centre, C1) : situé sur Meintjeskop, la colline dominant le centre de la ville. Accès par Church St. Ne se visite pas.* Construit par sir Herbert Baker, à partir de 1910, pour abriter le gouvernement de la toute nouvelle Union sud-africaine. En forme d'hémicycle, de style néoclassique, dont chaque aile symboliserait anglais et afrikaans, les 2 langues et identités fondatrices du pays. C'est ici que Nelson Mandela fut intronisé président de la République en 1994. Superbe vue sur la ville depuis la terrasse au bord de la route (celle-ci passe devant le monument gouvernemental, on peut se garer facilement). En fin d'après-midi, le grès jaune prend de belles teintes flamboyantes au soleil couchant. Sur la terrasse devant le monument, statue équestre de Louis Botha, le tout premier 1er ministre lors de la création de l'Union. En contrebas, accessible par des escaliers de pierre, immense statue en bronze de Nelson Mandela représenté debout et les bras ouverts, symbole de liberté, de justice et de réconciliation.

➢ En redescendant vers Sunnyside via Arcadia, on tombe vite sur le musée d'Art de la ville.

Pretoria Art Museum *(plan Pretoria Centre, C1) : Schoeman et Wessels, Arcadia Park. ☎ 012-358-67-50. Mar-dim 10h-17h. Fermé lun et j. fériés. Entrée : 22 R ; réduc.* Dans un vaste bâtiment, des salles spacieuses bien éclairées. À travers une belle muséographie, présentation par roulement des quelque 5 000 œuvres du musée, en plus d'expos temporaires. Il reflète toutes les tendances de l'art sud-africain, intégrant bien sûr les apports des artistes européens qui accompagnèrent la colonisation. L'acquisition de la collection de Lady Michaelis permit également d'enrichir le musée d'importantes œuvres flamandes et hollandaises du XVIIe s, comme celles de Cornelis De Vos et Jan Van Goyen. Quelques œuvres graphiques de Picasso, Gauguin, Chagall... jouent également le rôle de passerelle avec l'Europe. Mais c'est surtout la production des artistes sud-africains qui compose l'essentiel des richesses du musée. Beaucoup de contemporains dont on peut mesurer les riches apports, le dynamisme, les remises en cause, les nouvelles techniques... En particulier, dans les domaines de la peinture et de la gravure (sur bois, lino, etc.), photogravure, sérigraphie, dessin au charbon de bois, etc., où l'imagination s'exprime dans un foisonnement graphique particulièrement novateur. Bien sûr, les œuvres où sont présentes les souffrances du peuple noir à travers les luttes contre la colonisation et l'apartheid ne sont pas en reste, avec, entre autres, le travail d'artistes comme Paul Stopforth, Ian Van Coller, Dumile Feni-Mhlaba, Andrew Motjuoadi, Gerard Sekoto et beaucoup d'autres.

Church Square *(plan Pretoria Centre, A1)* **:** le cœur du Pretoria historique est un bon point de départ pour une balade à pied, accompagnée d'animations de rue. Ce fut de tout temps le centre de la vie publique et politique. Tous les grands rassemblements afrikaners se tinrent ici, des 1ers regroupements de chariots des Boers aux manifestations contre l'apartheid, etc. Plusieurs dizaines de milliers de personnes y vinrent pour la cérémonie en mémoire de la mort de Paul Kruger, en 1904. Aujourd'hui, employés du coin au moment de la pause, familles, jeunes, SDF aiment venir s'étendre et se reposer sur les pelouses, sous l'œil noir et scandalisé de l'ancien président. Quelques monuments dignes d'intérêt :
- *La statue du président Kruger : au milieu du jardin central.* L'enclos est entouré de barbelés, ce qui n'est guère attractif... D'un conformisme redoutable elle est l'œuvre d'Anton Van Wouw. Elle représente ce politicien aux allures de vieux notable. Autour de lui, les sculptures des Boers aux 4 coins, bien que d'une facture également assez classique, dégagent, eux, une force réelle. Pour la petite histoire, Van Wouw prit des pêcheurs italiens comme modèles pour incarner ses Boers. À noter que 2 des 4 personnages semblent déjà désabusés, voire accablés... Une certaine prémonition de leur destin ?
- *Le palais de justice : côté nord de la place.* Construit en 1897 dans un style hybride, mélange de baroque et de néo-Renaissance. Servit d'hôpital militaire aux Anglais jusqu'en 1902. Il abrite la Cour suprême. C'est ici que furent jugés et condamnés, en 1963-1964, Nelson Mandela et ses camarades.
- Sur sa gauche (en lui faisant face), belle série de façades en brique de style flamand. Au coin de Church St, la monumentale poste principale et, en face de cette dernière, le fameux *Café Riche* à la façade toute provinciale, avec une petite touche flamande. À côté, la vieille *Netherlands Bank* qui abrite l'office de tourisme.
- *Le Raadsaal : au sud de la place.* C'est l'ancien siège du Parlement de la république du Transvaal.

➢ En repartant vers l'ouest, on arrive rapidement devant une demeure qui mérite une petite visite.

Kruger House Museum *(plan Pretoria Centre, A1)* **:** *60, WF Nkomo St. ☎ 012-321-08-16. • ditsong.org.za/kruger.htm • Tlj 8h30 (9h w-e)-16h30 (fermeture à 17h30 ou 17h sept-nov). Entrée : 65 R ; réduc. Brochure en français.*
Demeure de Paul Kruger (1825-1904), qui fut président de la République sud-africaine (ou Transvaal) de 1883 à 1900. Il vécut là pendant 16 ans avec sa 2de femme Gezina (sa cousine) et sa famille (ils eurent 16 enfants). En pleine guerre anglo-boer (1899-1902) et alors que les Britanniques s'avançaient vers la capitale, Paul Kruger dut quitter Pretoria. Il termina sa vie en exil à Clarens (Suisse). Sa femme malade ne put le suivre et resta à Pretoria où elle mourut en 1901. Les funérailles nationales de Paul Kruger eurent lieu à Pretoria le 16 décembre 1904.
Cette demeure remarquable, riche en souvenirs, est un intéressant témoignage du mode de vie de l'époque. Elle fut la 1re demeure de Pretoria à avoir l'électricité et le téléphone. Noter les 1ers commutateurs électriques en cuivre Siemens. Mobilier d'époque, objets d'art, elle a conservé son atmosphère compassée et désuète. Après un incendie, on retrouva même le papier peint d'origine. Nombreux souvenirs historiques, témoignages, photos... Dans une salle, plusieurs vitrines

renferment des documents relatant les liens entre le Transvaal et la France (le bleu-blanc-rouge du drapeau), ainsi que des témoignages de soutien à Paul Kruger provenant de particuliers ou de communes (Nantes...)
Dans la cour, tout au fond, le *wagon présidentiel* dans lequel il quitta son pays en 1900.

National Museum of Natural History *(plan Pretoria Centre, A2)* **:** *432, Paul Kruger St, à l'angle avec Visagie St. ☎ 012-492-57-08. • ditsong.org.za/naturalhistory.htm • Tlj 8h-16h. Entrée : 35 R ; réduc.* Ouvert en 1900, le grand Muséum d'histoire naturelle, facilement repérable avec son squelette de baleine devant. Collections cependant d'intérêt inégal et présentation vieillotte. Au rez-de-chaussée, à droite, la ***section ornithologique,*** l'une des plus intéressantes. Le nombre d'espèces traversant les airs en Afrique du Sud est tout bonnement incroyable. Superbes rapaces (empaillés, bien sûr), pittoresque sélection des oiseaux les plus petits. Ensuite, à l'entresol, un petit ***musée de Géologie*** (curieusement indépendant du reste du musée), avec une riche section sur la formation de la Terre, le volcanisme, la dérive des continents, etc. Très belle collection de minéraux, pierres précieuses, fossiles. À l'étage, grande salle sur l'***évolution de la vie terrestre*** renfermant une foule d'invertébrés (mollusques, arthropodes, crustacés, insectes et beaux papillons) mais aussi des animaux marins, comme cette impressionnante mâchoire de requin blanc et un vrai cœlacanthe baignant dans son formol. Également une poignée d'aquariums, 2 minivivariums et une hutte exposant l'utilisation culinaire de certains insectes.

City Hall *(plan Pretoria Centre, A2)* **:** *en face du Transvaal Museum.* Architecture néoclassique. Mairie depuis 1931. À l'intérieur, le grand auditorium possède l'un des plus grands orgues de l'hémisphère sud. Dans la tour centrale, un carillon fabriqué à Chicago. Devant le Town Hall, la statue de Pretorius, fontaines, jardins et pelouses où aiment venir se détendre les gens du coin.

➢ 2 autres musées encore dans les proches environs :

Melrose House *(plan Pretoria Centre, B2)* **:** *275, Jeff Masemola St (ex-Jacob Mare St). ☎ 012-322-28-05. Tlj sauf lun 10h-17h. Entrée : 25 R ; réduc.* Une des plus belles demeures d'Afrique du Sud, nommée d'après la célèbre abbaye de Melrose en Écosse. C'est un exceptionnel exemple d'architecture victorienne, avec une touche de styles édouardien et hollandais du Cap. Construite en 1886 pour la famille Heys, qui l'occupa jusqu'en 1939. Le propriétaire, George Heys, dirigeait une grosse compagnie de transport en diligence. Pendant la 2de guerre anglo-boer (1899-1902), la demeure fut réquisitionnée et devint le quartier général de l'armée britannique et la résidence de lord Kitchener. C'est également ici que fut signé, le 31 mai 1902, le traité de paix établi à Vereeniging. Remarquables mobilier et collections d'objets d'art.

Rez-de-chaussée
– Élégant salon avec son plafond stuqué ; mobilier raffiné et beaux objets.
– La salle à manger où fut signé le fameux traité de paix de 1902 (sur la grande table en teck). Horloge dublinoise, peintures du XIXe s. Le tapis, de Smyrne (Izmir), est également original.
– Ravissant bureau avec vitraux représentant Shakespeare et John Milton.
– Intéressante galerie de portraits et cuisine équipée de fourneaux de 1890, avec encore le tableau métallique indiquant les courses à faire.
– Ne pas rater la serre, pour son salutaire petit travail de mémoire. Exposition permanente sur la 2de guerre anglo-boer, avec les réactions de la presse européenne, notamment française, à travers des dessins et des caricatures tragi-comiques. Le plus affreux ici, ce sont les images des camps de concentration (une invention britannique, rappelons-le !). Lors de cette guerre, y furent internés 110 000 femmes et enfants, dont 26 000 (au moins) moururent en 2 ans. On n'est pas loin de la purification ethnique par famine et typhus interposés. Dans le même

temps, 30 000 fermes étaient brûlées et le bétail massivement massacré, tandis que 20 000 prisonniers boers étaient envoyés aux 4 coins de l'empire, histoire de « déstructurer » et démoraliser leur société. Photos terribles de la petite Lizzie Van Zyl, presque morte de faim. Honnêtement, devant ces horreurs, le cœur du visiteur balance plus du côté boer que du côté anglais.
– Pour se détendre, la superbe salle de billard. Tout en acajou, un des plus grands billards jamais vus, presque un terrain de foot. Beaux vitraux également.

1er étage
Dans la cage de l'escalier, qui était interdit aux domestiques, vestige du papier original. Accès aux chambres d'enfants et à la chambre principale. Il se dégage de l'ensemble un charme rétro unique. Superbes meubles et harmonium en bois sculpté. Salle de bains originale, avec une baignoire pour le moins insolite.

National Museum of Cultural History *(plan Pretoria Centre, A2)* **:** *149, Visagie St (et Bosman). ☎ 012-324-60-82. • ditsong.org.za/culturalhistory.htm • Tlj 8h-16h. Entrée : 35 R ; réduc. Visites guidées possibles. Parking devant le musée.* Musée quelque peu surdimensionné pour les collections actuelles. Celles-ci d'ailleurs sont assez hétéroclites. Outre des expositions temporaires, on y trouve 4 sections permanentes. La 1re est consacrée à l'***art rupestre,*** avec d'authentiques fresques et gravures sur roche (pétroglyphes) des 1ers peuples d'Afrique du Sud (les *San* ou *Bushmen*). Elles évoquent surtout des rites et danses chamaniques, destinés à faire accéder à des forces surnaturelles censées garantir la survie et l'harmonie du groupe. Plus loin, quelques salles abritent une belle collection de ***peintures et sculptures sud-africaines*** de 1850 à nos jours. Nombreux paysages (notamment de Frans Oerder), gravures de Pieter Wenning, aquarelles d'Erich Mayer et, surtout, des toiles de Jacobus Hendrik Pierneef et des sculptures de Coert Steynberg. La 3e expo porte sur le ***vieux quartier de Marabastad,*** qui fut un peu le Sophiatown de Pretoria (aujourd'hui presque totalement disparu sous sa forme historique), avec la reconstitution d'une épicerie, d'une maison... Explication des luttes du quartier, de sa riche vie culturelle. Enfin, de-ci de-là, dans des salles pour le moment trop vastes, un peu de ***mobilier rococo et Art déco,*** et une poignée d'autres objets disparates. Un musée qui se cherche encore, donc, à visiter si vous avez du temps. On y trouve aussi un *coffee-shop.*

➢ En continuant plus au sud (de l'autre côté de la voie ferrée) :

Freedom Park *(plan Pretoria Centre, A3)* **:** *Koch St, accès par Kgosi Mampuru St (ex-Potgieter St). En venant du centre-ville, au niveau de Correctional Service, tourner à gauche. C'est bien indiqué. ☎ (général) 012-336-40-00. • freedompark.co.za • Tlj 8h-16h30. Billet : 120 R ; réduc. Les visites sont libres ou guidées (tlj 9h, 12h et 15h ; résas visite guidée ☎ 012-336-40-20).* Au sommet d'une colline, ce grand ensemble en pierre est un monument national consacré à la liberté, à la tolérance, à la diversité et aux Droits de l'homme. Il abrite un musée et un mémorial, en hommage aux combattants ayant lutté pour la fin de l'Apartheid et la libération de l'Afrique du Sud. Le mémorial (S'khumbuto) étend cet hommage à toute l'Afrique à travers la lutte contre l'esclavage, et le colonialisme. Voir notamment les noms des héros et héroïnes inscrits sur le mur *(Wall of Names).*

Correctional Service *(musée de la Prison ; plan Pretoria Centre, A2)* **:** *Kgosi Mampuru St (ex-Potgieter St).* Situé dans l'enceinte de la grande prison de Pretoria, qui date du début des années 1980. La vieille et sinistre prison en pierre (1906), où furent internés et exécutés tant de militants de l'ANC, se trouve plus loin, au milieu de l'espace pénitentiaire, et n'est pas visible. Elle ramène aux heures les plus sombres de la lutte contre l'apartheid. Les militants de l'ANC emprisonnés n'étaient pas considérés comme des militants politiques, mais comme des terroristes et des criminels. Beaucoup d'entre eux, après un procès inique, y furent pendus.

➢ Au nord de Church Square, plein de choses intéressantes à voir également :

National Zoological Gardens *(plan Pretoria Centre, A1)* **:** *232, Boom St, angle Kruger. ☎ 012-339-27-00. • nzg.ac.za • Tlj 8h30-17h30 (dernière entrée à 16h30). Entrée : 110 R ; réduc. Parking : 20 R.* Un des nombreux poumons verts de la ville. Très étendu, il demande d'avoir du temps (petites voitures pour ceux qui sont fatigués). C'est le plus grand zoo du pays : 200 espèces de mammifères et autant d'oiseaux, 90 de reptiles et un grand aquarium avec requins, piranhas et salamandres.

Quartier de l'Asiatic Bazaar *(hors plan Pretoria Centre par A1)* **:** *à l'intersection de Boom St et Seven St.* Dans l'*Asiatic Bazar,* vous retrouverez quelques images et une atmosphère de « quartier-marché », brassant Noirs et Indiens. Nombreuses échoppes à l'architecture ancienne croulant sous le poids des ans, trottoirs couverts, marchands de fruits colorés, gargotes populaires, éventaires et boucheries, bazars invraisemblables, échoppes de guérisseurs, klaxons ininterrompus des minibus, dans une atmosphère bien fiévreuse. Un bon but de balade peut être le *temple hindou de Mariammen* (et sa traditionnelle façade constellée de personnages) sur Sixth Street. Construit en 1905, c'est le plus ancien de la ville. Dédié à Mariammen, la déesse qui protège de la variole et autres maladies infectieuses. Ouvert tous les jours, visiteurs bienvenus (enlever ses chaussures à l'entrée).

➢ En dehors du centre-ville :

Van Wouw Museum *(plan Pretoria Centre, D2)* **:** *Merensky Library, University of Pretoria, Lynwood Rd. ☎ 012-420-64-19. Ouv mar-sam 10h-16h (12h sam). GRATUIT.* Petit musée dépendant de l'université. Installé dans l'ancienne maison en brique rouge et au toit de chaume d'Anton Van Wouw, l'un des plus grands sculpteurs sud-africains (peut-être même le plus grand). Né près d'Utrecht, en Hollande, en 1862, il mourut dans cette demeure en 1945. Il travailla en 1910 sur la décoration des Union Buildings et fut l'auteur, entre autres, de la célèbre statue de Paul Kruger (et des 4 Boers en angle), sur Church Square, ainsi que de la « mère voortrekker » et ses 2 enfants, pour le Voortrekker Monument. Une agréable muséographie présente les œuvres, plâtres et maquettes dans les anciennes pièces d'habitation. Dans l'atelier, photo du monument Kruger érigé à la gare (avant d'être déplacé Church Square). À l'extérieur, une des sculptures les plus émouvantes : femmes boers pleurant dans le camp de concentration de Dundee.

DANS LES ENVIRONS DE PRETORIA

Voortrekker Monument *(hors plan Pretoria Centre par A3 et carte Le Gauteng)* **:** *suivre la 101, vers le sud, puis prendre à gauche sur la M 7. À env 4 km du centre-ville. Perché sur sa colline, impossible à rater. ☎ 012-326-67-70. • vtm.org.za • Tlj 8h-17h (18h sept-avr). Entrée : 80 R ; réduc. Parking : 20 R.* Commencé en 1938, inauguré en 1949, c'est le grand monument-hommage à l'épopée des 15 000 Voortrekkers (les pionniers) qui quittèrent Le Cap entre 1835 et 1849 pour de meilleurs pâturages et pour fuir l'occupation anglaise. Pas léger, léger, ledit monument, sûrement besoin de se rassurer qu'ils étaient bien ce « peuple élite » au pathétique destin... Gérard Moerdijk en fut l'architecte et, à cette occasion, on découvre toutes les grandes valeurs et

> **BIGOTS MAIS SUPERSTITIEUX**
>
> *Leur bible était très présente, mais les colons n'en restaient pas moins superstitieux. Ainsi, pour accélérer la sortie des 1res dents de ses enfants, le père coupait la tête d'un mulot puis la faisait sécher dans un petit sac qu'il pendait ensuite au cou du bambin. Parents inquiets, à vos tapettes...*

caractéristiques des Afrikaners de l'époque : la puissance, l'ordre, la religion, la précision géométrique, les symboles bien carrés... Instructif pour comprendre l'image qu'ils avaient d'eux-mêmes.

L'extérieur

Le monument mesure 40 m de côté et 40 m de haut (carré, on vous disait), et le mur d'enceinte est constitué de 64 chariots en rond, symbolisant le *laager,* la défense traditionnelle des camps voortrekkers lors des étapes. Aux 4 coins, les chefs de l'expédition : face droite, Piet Retief ; face gauche, Andries Pretorius ; arrière gauche, Hendrik Potgieter et arrière droit, le « Voortrekker inconnu »... La statue de la mère et de ses 2 enfants symbolise la femme afrikaner, gardienne de la tradition et de la religion (œuvre d'Anton Van Wouw). Les gnous représentent le danger permanent, à savoir les Zoulous de Dingane. Quant à la tête de buffle, elle symbolise la force de l'animal quand il se sent en danger... et elle assure la défense du monument. La corniche du blockhaus comporte des ouvertures ornées de motifs triangulaires (comme des superpositions de pointes de flèches), symboles de la fertilité et de la volonté des pionniers de pérenniser leur culture.

L'intérieur

Au 1er étage, on trouve le ***cénotaphe de Piet Retief*** et tous les Voortrekkers morts pendant la longue marche. Le sol est pavé de marbre en cercles croissants autour du cénotaphe, symbolisant une pierre jetée dans l'eau et, comme une onde, la propagation de l'esprit de résistance et de sacrifice des Afrikaners. Au milieu, le 16 décembre, à 12h pile, pour l'anniversaire de la bataille de Blood River en 1838 (où 464 Voortrekkers auraient vaincu plus de 10 000 Zoulous), un rayon de soleil illumine la phrase : « *Ons vir jou Suid-Afrika* » (« Nous pour toi, l'Afrique du Sud »).

– La pièce la plus remarquable ici est la ***frise de 92 m*** (la plus longue en marbre du monde), composée de 27 panneaux racontant l'épopée.

– La visite continue au sous-sol, avec diverses représentations des tribus africaines rencontrées par les Afrikaners lors du Trek, des panneaux qui expliquent le mode de vie et les traditions des Boers... Également nombreux objets avec lesquels ils voyagèrent, exposés sous vitrines (broderies, vêtements, armes, chariot, coffrets, jouets d'enfant, etc.) et des dioramas, intéressants pour leur valeur documentaire, comme celui qui montre une famille boer installée en pleine campagne, avec une bible éléphantesque dans un coin. Les livres saints exposés sont d'ailleurs tous énormes ! Quand on parle du poids de la religion...

Le summum du kitsch, ce sont ces tapisseries naïves, brodées par les femmes en hommage au rôle de leurs aïeules dans le Grand Trek. En particulier la toute dernière où l'on voit, à gauche, le règne des ténèbres (celui des Noirs ?), que viennent éclairer quelques pieuses torches avant de se muer, à droite, en un véritable jardin d'Éden hérissé de cheminées et peuplé de bons Boers, sur lesquels veille un ange féminin blême qui tient une couronne de lauriers... Une vision de cauchemar en somme, qu'heureusement l'Histoire n'a pas cautionnée.

L'ascenseur – ou l'escalier pour les sportifs – mène au sommet du monument, pour une vue à 360° sur toute la région.

National Botanical Gardens *(hors plan Pretoria-Hatfield par B1 et carte Le Gauteng)* **:** *2, Cussonia Ave, Brummeria. ☎ 012-843-50-71. • sanbi.org/gardens/pretoria • Tlj 8h-18h (dernier accès à 17h). Entrée : 35 R ; réduc. Visites guidées possibles.* Toutes les variétés de plantes du pays dans un grand parc de 76 ha. Le jeudi, visite guidée de la serre, des jardins et de l'herbarium (réservation obligatoire). Très agréable *Tea Garden,* où se tiennent régulièrement des concerts.

Sammy Marks Museum *(carte Le Gauteng)* **:** *à env 22 km du centre de Pretoria, sur la vieille route pour Bronkhorstspruit (panneaux sur la N 4 et la R 104). ☎ 012-755-95-42. • ditsong.org.za/sammymarks.htm • Tlj 9h-17h (dernier accès à 16h). Entrée : 65 R avec visite guidée obligatoire.* Zwartkoppies Hall est un beau manoir victorien de plusieurs dizaines de pièces, construit en 1885 par le financier

et magnat de l'industrie Sammy Marks (1843-1920). Né dans une famille juive de Lituanie, Sammy Marks gagna l'Afrique du Sud en 1869. Il débarqua avec rien, juste une trousse de couteaux en argent, fit ses débuts comme boutiquier à Kimberley, la ville des mines de diamants. Son génie des affaires fit rapidement de lui un milliardaire à moins de 40 ans.
Le manoir est bordé d'un *rose garden.* Décoration de nouveau riche, ameublement, objets d'art, tout se révèle d'un raffinement inouï ; 98 % de ce qui est à l'intérieur vient de la famille Marks. Le dernier descendant y habitait encore en 1978. Atmosphère quasiment intacte aussi, on jurerait que Paul Kruger (qui venait souvent en ami) vient de quitter les lieux...

Jan Smuts House & Museum *(carte Le Gauteng)* **:** *à env 15 km au sud de Pretoria, dans la ville d'Irene. ☎ 012-670-90-16. • smutshouse.co.za • Prendre la N 1 sud (direction Jo'burg), sortir à la M 18 puis suivre les indications : « Smuts House-Doornkloof ». Tlj sauf lun 8h-16h. Entrée : 30 R.* Dans une grande propriété ombragée, garnie d'une paire d'automitrailleuses (!). Voici la demeure en bois relativement simple de Jan Christian Smuts (1870-1950), un des plus grands hommes d'État sud-africains. Ce fut le plus jeune général de la guerre anglo-boer (1899-1902). Il s'installa dans cette maison en 1909. Smuts fut ensuite 1er ministre de l'Union sud-africaine de 1919 à 1924, puis de 1939 à 1948. Churchill le prit dans son cabinet de guerre, et il fut nommé maréchal de l'Empire britannique. Il fut un temps détesté par la classe ouvrière pour avoir réprimé des grèves, mais il fut aussi ami des juifs (ses détracteurs le conspuèrent en lui proposant d'aller gouverner la Palestine...) et favorable à leur émigration en Afrique du Sud. Dans cette maison, nombreux salons mais chambres spartiates, et un nombre incalculable de photos et de bustes du strict général. Un grand nombre de livres, documents et de souvenirs qui rappellent qu'il fut également scientifique, philosophe, botaniste, juriste, écrivain et... fermier. Ce lieu donne un aperçu de la vie des Afrikaners à la campagne dans la 1re moitié du XXe s. Sentier pédestre (arboretum).

QUITTER PRETORIA

En bus

Terminal des bus *(plan Pretoria Centre, A2)* **:** *à gauche de la gare ferroviaire. On y trouve les 3 principales compagnies de bus.*

■ ***Greyhound*** **:** la seule compagnie qui possède un vrai sens de la clientèle et qui donne les horaires avec amabilité. *☎ 012-323-11-54. • greyhound.co.za •*
➢ ***Cape Town*** *(via Kimberley)* **:** tlj à 11h45. Trajet : env 20h.
➢ ***Cape Town*** *(via Bloemfontein)* **:** tlj à 16h15. Même durée que par Kimberley.
➢ ***Durban :*** 4 bus/j. 6h15-21h15. Compter 10h de route.
➢ ***Port Elizabeth :*** tlj à 16h15. Très long (17h45). Passe par Bloemfontein.
➢ ***East London :*** tlj à 16h15. Trajet : env 14h.
Et aussi : Umtata, Butterworth, Pietersburg et Louis Trichardt...

■ ***Intercape*** **:** *bus confortables (w-c, sièges inclinables, etc.). 📱 086-128-72-87. • intercape.co.za • Réduc étudiant et backpacker.*
➢ ***Cape Town :*** 2 à 3 bus/j. Trajet : env 20h30.
➢ ***Durban :*** 3 bus/j. Trajet : 10h30.
➢ ***Port Elizabeth :*** 2 bus/j. Trajet : 17h.
➢ ***Windhoek*** *(Namibie)* **:** bus tlj pour Upington, où il faut changer. Puis autre bus pour Windhoek. Durée totale du voyage : env 23h !

En train

Central Station *(plan Pretoria Centre, A2)* **:** *au sud du centre.*
C'est de Johannesburg que s'effectuent les départs en train grande ligne pour la plupart des villes d'Afrique du Sud (Cape Town, Durban, Port Elizabeth...). Seuls les trains de Jo'burg

à Musina (frontière du Zimbabwe) et Komatipoort (frontière mozambicaine) passent Pretoria. Pour les autres destinations, se rendre donc à Johannesburg d'abord.

➢ ***Pour Johannesburg :*** *avec le Gautrain.* ☎ *(0800)42-88-72-46.* ● *gautrain.co.za* ● La ligne part de la station de Hatfield, passe par Pretoria centre, Centurion, Midrand, Marlboro, Sandton, Rosebank et arrive à Park Station au centre de Johannesburg. Env 3 départs/h en sem 5h26-20h36 ; moins le w-e. Trajet complet : 42 mn.

En avion

✈ ***Johannesburg International Airport :*** voir la rubrique « Quitter Johannesburg » dans le chapitre sur cette ville.

CULLINAN

À une cinquantaine de kilomètres à l'est de Pretoria, Cullinan est le paisible siège de l'une des plus célèbres mines de diamants au monde, la Premier Diamond Mine (la seule qui se visite en Afrique du Sud), ex-membre du groupe De Beers aujourd'hui exploitée par Petra Diamonds. Cullinan est le 3e site d'exploitation des diamants en Afrique du Sud. Toute la vie de la ville tourne autour de la mine.

UN PEU D'HISTOIRE

Les origines de la mine méritent d'être contées : dans les années 1890, Thomas Cullinan, prospecteur et homme d'affaires anglais, soupçonne qu'un filon de diamants gît sous la ferme d'un Afrikaner. Pas de chance, ce dernier déteste les Anglais et refuse de vendre. Survient la guerre anglo-boer, le fermier meurt, la ferme est ravagée et, en 1902, la famille contrainte de vendre. Bingo ! Les diamants se révélaient bien être en dessous.

Très rapidement, la mine fut productive. En 1904, elle employait déjà plus de 2 000 personnes. Pendant 30 ans, elle fut exploitée à ciel ouvert (jusqu'à 180 m de profondeur), puis elle ferma durant la Grande Dépression. En 1944, elle fut rouverte pour soutenir l'effort de guerre des Alliés. Puis des sondages favorables permirent l'exploitation souterraine. Aujourd'hui, la mine emploie 2 700 personnes (dont 750 en sous-sol, travaillant 5 jours en 3x8). 75 % des employés sont des Noirs sud-africains. 25 femmes travaillent en sous-sol. La mine de Cullinan produit ¼ des diamants (de plus de 400 carats, donc 80 g) du monde. Les galeries les plus profondes atteignent aujourd'hui 500 m de profondeur. Plus on descend dans le sous-sol et moins les diamants sont beaux ; cela implique que les diamants de Cullinan sont achetés essentiellement par l'industrie et peu par la joaillerie.

DIAMONDS ARE THE KING'S BEST FRIEND...

Le 26 janvier 1905, à seulement 9 m de profondeur, on découvrit le plus gros diamant du monde jamais trouvé, le célèbre Cullinan Diamond, *pesant 3 106 carats (621,2 g). Il fut acheté par le gouvernement du Transvaal et offert au roi Édouard VII d'Angleterre pour le remercier d'avoir rendu si vite, après la guerre, l'autonomie aux États afrikaners. Le diamant fut coupé en 105 morceaux (96 petits et 9 gros) qui furent incorporés à la couronne britannique. Le plus important, pesant 530,2 carats, fut baptisé* Great Star of Africa *(il orne le sceptre impérial).*

Arriver – Quitter

➢ ***Par la route :*** *prendre à l'est la R 104 vers Witbank (Emalahleni). Tourner à gauche pour la R 515 sur env 15 km, puis à Cullinan prendre la R 513.*

➢ Beaucoup de petites agences et certains *hostels* pour *backpackers* de Pretoria programment cette excursion.

Où manger ?

Whispering Oaks Garden Café : *92, Oak St. ☎ 012-734-24-96. Tlj sauf mar 8h-16h. Plats 50-100 R.* En face de la maison « Premier Diamond Tours », sur la gauche de la route principale et ombragée. Petite maison avec une terrasse pour déguster des pancakes, des toasts, des salades, des burgers ou des sandwichs. Quelques plats plus copieux : saumon fumé, agneau épicé...

À voir

Cullinan Tourism and History : *99, Oak St. ☎ 012-734-21-70. 083-261-35-50. • tourcullinan.co.za • 2 types de visites guidées :* Surface Tour *(à l'extérieur) et* Underground Tour *(sous terre). Pour la 1re, tlj à 11h et 13h30. Durée : 1h30. Résa obligatoire. Entrée : 150 R (!) ; réduc. Enfants de moins de 10 ans non admis. Pour la visite souterraine* (Underground Tour), *il s'agit d'une visite à pied des boyaux de la mine à 763 m sous terre. Lun et ven à 10h30, mar-jeu à 9h30, sam à 8h. Durée 4h30. 4 pers min et pas d'enfants de moins de 16 ans. Compter 550 R/pers.*

Le tour extérieur est très intéressant. On doit porter un casque. Projection d'une petite vidéo qui donne un historique de la mine. Ensuite balade à travers les installations, avec moult explications sur la qualité des pierres (et plein de chiffres et tableaux), tout sur le processus de travail, le fonctionnement des machines et du chevalet, les conditions d'exploitation, etc. Ainsi, on apprend que les mineurs extraient 8 000 t de kimberlite par jour pour en tirer seulement 1,6 kg de diamants, soit l'équivalent de 2 000 carats. 80 % sont d'une trop faible qualité pour orner les bijoux et sont alors destinés à des usages industriels.

Les mesures de sécurité sont draconiennes pour les travailleurs : fouille aléatoire des ouvriers, nettoyage des bottes avant de quitter le site (faudrait pas que le seul diamant du jour reste coincé dans les crans d'une semelle)... Autrefois, les mineurs dérobaient des diamants en les avalant... Très impressionnant à voir à l'extérieur : la tour métallique *(Head Gear)* haute de 60 m, où arrivent les bennes *(skips)* remplies de 13 t de roches brutes depuis plus de 700 m de profondeur. Les *skips* lourdement chargées remontent à toute vitesse du sous-sol à raison de 14 m par seconde !

On visite aussi une galerie de photos et de répliques des plus beaux diamants de la terre. Ainsi, le célèbre *Golden Jubilee,* plus gros diamant poli au monde (545 carats), offert au roi Bhumibol de Thaïlande, et celui que Richard Burton offrit à Elizabeth Taylor (34 carats). Plus loin (accès à pied), on admire le trou d'exploitation béant (32 ha), l'un des trous artificiels les plus grands du monde. Pour finir, la boutique, si vous avez quelques milliers d'euros en trop...

Mac Hardy House : *101, Oak Ave. Tlj sauf mar 10h-15h.* Visite de la 1re maison construite à Cullinan (1903) pour le *general manager.* Occupée 81 ans par la même famille. Décor et mobilier d'origine. On peut aussi suivre une ***visite guidée*** *(40 R)* de la coquette rue de l'ancien village, semée de quelques cafés et boutiques d'artisanat.

LE PARC NATIONAL KRUGER ET LES RÉSERVES PRIVÉES

LE PARC NATIONAL KRUGER

• Carte *p. 139*

L'un des parcs les plus célèbres au monde, l'un des plus étendus, le plus ancien, l'un des plus... bref, quasiment élevé au rang de mythe ! Il mesure, du nord au sud, 350 km de long et, d'ouest en est, en moyenne 60 km. Superficie totale : 19 633 km². On y trouve pas moins de 16 zones de végétation différentes et 2 500 km de routes et pistes. Sans vous assommer par les chiffres, l'occasion exceptionnelle d'observer plus de 500 variétés d'oiseaux, 110 sortes de reptiles, près de 150 espèces de mammifères, 230 de papillons, 330 d'arbres, un nombre incalculable de toiles d'araignées tendues d'arbuste en arbuste... et, bien entendu, nos remarquables *Big Five* (lion, éléphant, rhinocéros, buffle et léopard) !
Malgré le grand nombre de visiteurs, on n'a jamais l'impression de foule (sauf peut-être en haute saison dans le sud du parc, et encore). Une telle superficie avec un tel réseau de routes et de pistes possède la capacité d'absorber sans problème son million de visiteurs annuels. Cadre sauvage intact, fléchage impeccable, pistes dans un superbe état garantissent en outre le maximum de confort. Ne reste plus qu'à rouler doucement, à s'armer de patience, à être attentif aux moindres bruissements des feuilles et, pour certains d'entre vous, à avoir un bon guide animalier...

UN PEU D'HISTOIRE

Lorsque les Boers colonisèrent la région au XIXe s, ils furent soumis à des conditions d'existence redoutables. Non seulement le paludisme faisait des ravages parmi eux, mais la mouche tsé-tsé en endormit aussi quelques-uns, et les lions se chargèrent de croquer ceux qui en réchappaient. Le lion fut abondamment chassé sauf dans les régions les moins fertiles et pas encore exploitées. En 1898, pour préserver cette nature encore sauvage, il est décidé de créer une réserve gouvernementale dans la région de la rivière Sabie (actuellement, la partie du parc autour de Skukuza). C'est une 1re en Afrique ! Cette tentative faillit échouer à cause des désastreuses conséquences de la 2de guerre anglo-boer entre 1899 et 1902 (liquidation en maints endroits de la vie animale).

> **DANS LA GUEULE DU... LION**
>
> *Quel que soit le pays, l'immigration clandestine n'est qu'une longue suite de drames. En Afrique du Sud, îlot de richesse (toute relative) sur un continent de misère, de nombreux immigrants mozambicains passent clandestinement la frontière à travers le Kruger. Un pari risqué, qui se termine parfois dans l'estomac des lions. À garder en tête s'il vous prend l'idée de sortir de votre véhicule...*

En 1902, c'est pourtant un Anglais, Stevenson-Hamilton, qui est nommé responsable de la réserve (les Boers n'y étaient en fait guère favorables). Pendant 44 ans, malgré de nombreuses difficultés, il va s'acharner à la préserver, la faire vivre, l'agrandir.

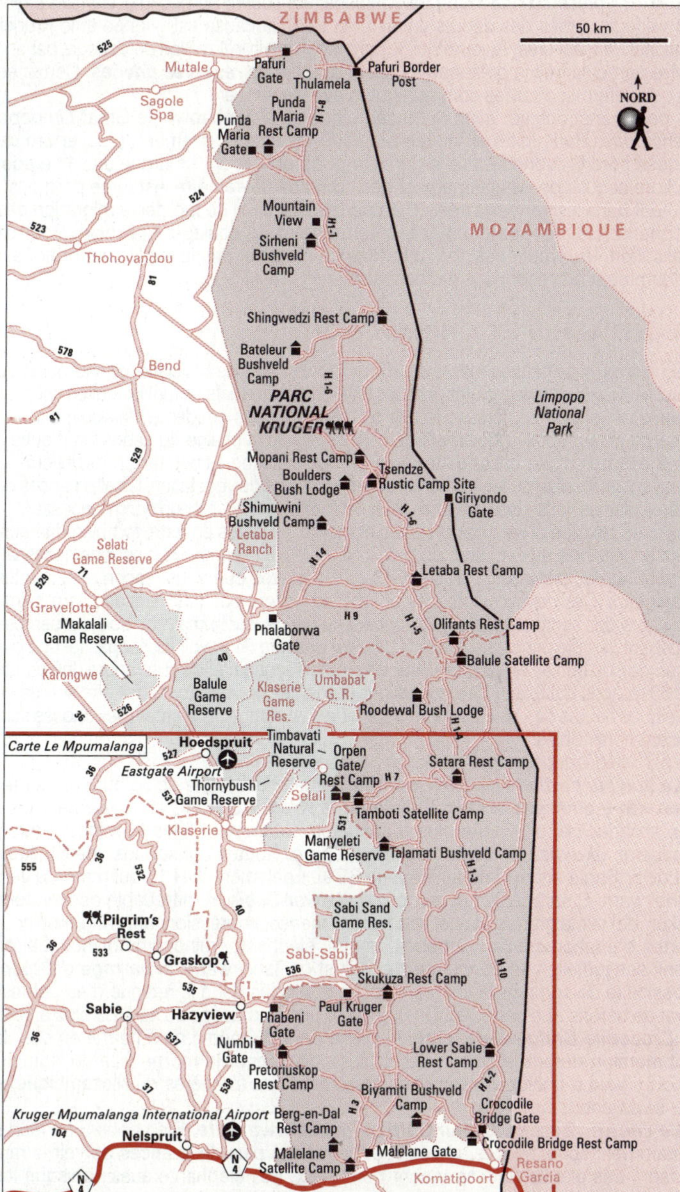

LE PARC NATIONAL KRUGER

En 1912, il présente l'idée d'un parc national, de l'ouvrir au public et de faire payer les visiteurs. Après des débuts timides, en 1926, la cause est gagnée et le Kruger National Park est créé. Aujourd'hui, le parc reçoit environ 1 million de visiteurs par an ! Autre particularité : la présence à l'ouest du parc de ***réserves privées.*** Certaines en circuit fermé, d'autres communiquant avec le Kruger.
Le parc transfrontalier avec le Mozambique et le Zimbabwe, le *Great Limpopo Transfontier Park,* initié en novembre 2000, avance doucement. L'ouverture de l'accès nord Giriyondo entre le parc Limpopo et le Kruger marque une 1re étape. La libre circulation des animaux et des hommes devrait être instaurée progressivement dans les années à venir. Cela permettrait ainsi de faciliter la migration des éléphants, de presque doubler leur territoire et de soulager le Kruger. Pour sa réalisation, les problèmes sont à l'évidence multiples, mais le plus important est évidemment le braconnage (voir encadré).

GÉOGRAPHIE ET ORIENTATION

Même si formellement on monte de 260 m à 839 m près de Malelane (au sud-ouest du parc), le Kruger se révèle plutôt plat. Les différences de reliefs se font ici tout en finesse : rivières qui ont un peu creusé leur lit ou taillé quelques coudes en falaises, discrets escarpements, doux ondoiement de collines. Seule la chaîne du Lebombo, frontière avec le Mozambique, casse cette impression de platitude. Et pourtant, nulle uniformité, le savant treillis des routes, les nombreuses variations de végétation, les alternances de vastes plaines herbeuses, savanes, bush et forêts savent créer un rythme incessant.
Les axes principaux sont goudronnés, et même les pistes en terre, fort bien damées, sont accessibles aux voitures de tourisme. Paradoxalement, ce n'est pas nécessairement sur les pistes qui semblent les plus secrètes que vous rencontrerez le plus d'animaux. Ces derniers, ludiques et facétieux, n'ont pas cette notion sacro-sainte du « hors des sentiers battus ». Ils vaquent au gré de leur humeur où bon leur semble. Ainsi, sur la route principale nord-sud, il n'est pas rare de devoir laisser passer un troupeau de 500 buffles et, plus tard, sur une route secondaire, de surprendre une bande de 30 lycaons batifolant. Ces apparitions magiques peuvent tout à fait être suivies de quelques heures de « disette photographique ». Au Kruger, finalement, les choses sont assez imprévisibles.
Le parc se découpe, grosso modo, en 3 parties :
- ***Le sud : la partie la plus fréquentée,*** car la plus proche de Jo'burg et de Pretoria. On y entre par la ***Numbi Gate*** ou la ***Kruger Gate.*** C'est également celle où, en principe, on voit le plus d'animaux, notamment lions et rhinos. Vous y trouverez ***Skukuza,*** la petite capitale du parc. Routes conseillées : de Skukuza à Lower Sabie en suivant la rivière (la S 79). Également la H 10 qui remonte vers Tshokwane-Satara. À 32 km au nord de ***Lower Sabie,*** remarquable observatoire (Nkumbe) sur la grande plaine, vraiment immense, impressionnante. Collines couvertes d'euphorbes. En contrebas, gnous, éléphants, rhinocéros blancs. Là, on bénit ses jumelles de bonne qualité. À l'est de Tshokwane, le ***barrage d'Orpen.*** Possibilité de sortir de la voiture. Crocos et hippos dans la retenue d'eau et festival de hérons et d'aigrettes. On compte 4 portes d'accès au sud. La plus à l'est, la ***Crocodile Bridge Gate,*** permet, par le pont du même nom (fermé en cas de submersion durant la saison des pluies), de gagner la morne ville de Komatipoort située à quelques kilomètres seulement des frontières du Mozambique et du Swaziland.
- ***Le centre :*** 2 accès, ***Orpen Gate*** et ***Phalaborwa Gate.*** Bien pourvu en faune, notamment lions, hyènes, chacals, et beaucoup plus de chances de voir le rare lycaon. Les élands du Cap y sont nombreux. Les éléphants aussi, puisque les mopanes y poussent (ces arbres sont une de leurs délicates gourmandises). Au camp d'Oliphants, on a en prime une des plus jolies vues du parc. À partir de là, vers le nord, vos chances augmentent d'apercevoir l'antilope de Roan, l'une des plus rares. Dans le coin, on trouve aussi *Balule,* l'un de nos campings préférés, prodiguant une belle intimité avec la nature.

– ***Le nord :*** 2 accès, ***Punda Maria Gate*** et ***Pafuri Gate.*** Moins de visiteurs bien sûr, plus sauvage. Pas mal de collines et forêts autour de Punda Maria. Royaume des éléphants et des buffles. Plus rarement, lions, léopards et guépards. En revanche, les ornithologues y trouveront leur bonheur. À une quarantaine de kilomètres au nord de Punda Maria, on découvre de superbes baobabs.
Le rêve, bien entendu, c'est de couvrir l'ensemble, doucement, à son rythme... Pour bien sentir les frémissements du parc, les changements subtils de paysages et de végétation. Pour cela, compter au minimum 3-4 jours.

LES ÉLÉPHANTS DU KRUGER

Naguère espèce menacée, ils ont été l'objet de beaucoup de soins : on leur a ainsi créé de nouveaux points d'eau, afin qu'ils soient visibles des touristes, mais ces aménagements, limitant leurs déplacements, ont eu pour effet de limiter la sélection naturelle. En 2011, la direction des parcs d'Afrique du Sud a carrément préconisé l'abattage de 5 000 éléphants sur 6 ans... Ce qui pourrait au 1er abord paraître scandaleux. Mais rien de très nouveau puisque, de 1967 à 1995, près de 15 000 éléphants ont été tués dans le cadre de la « gestion » de la population des pachydermes, et donc de leur propre survie. Protestation des organisations de défense des animaux qui, elles, préconisent la contraception, avec une méthode étonnante en provenance du Kenya : l'injection depuis un hélicoptère ! Voici le genre de débat qui fait rage, mais qui dépasse en fait les principes écologiques fondamentaux, sur lesquels tout le monde (sauf les braconniers) est à peu près d'accord. Ce sont les choix de gestion de la faune du parc qui sont alors en cause, pour la survie et l'équilibre de toutes les espèces, bien au-delà de leur simple protection. Même s'il reste faible (en comparaison avec d'autres pays), on a assisté en 2017 et 2018 à un retour du braconnage des éléphants, avec 67 et 71 animaux tués. Mais le vrai problème ici, c'est pour les rhinos !

LA LOI DE LA JUNGLE

La lutte contre le braconnage (anti-poaching) *n'a jamais été aussi proche d'une guérilla dans la brousse. Les rangers ne suffisent pas. Le gouvernement recrute des mercenaires (des anciens de l'armée) pour chasser les braconniers venus du Mozambique tuer les rhinocéros afin de s'emparer de leurs cornes. Depuis 2010 plus de 500 braconniers ont été tués par les mercenaires. Quand ils les débusquent, ils tirent sans sommation sur les braconniers...*

LES RHINOCÉROS MENACÉS

Concernant les rhinocéros, il est bien question de massacre. L'Afrique du Sud détient 75 à 80 % de la population mondiale de rhinocéros, dont une bonne partie (4 650 à 7 830 selon un recensement de 2016) vit dans le seul parc Kruger. Leurs cornes – aux vertus supposément aphrodisiaques très prisées en Extrême-Orient – attirent un nombre toujours croissant de braconniers *(poachers),* la plupart venus du Mozambique voisin. Et pour cause... une corne vendue nourrit une famille mozambicaine pendant 2 ans ! En Asie, une corne a pu se négocier aux environs de 200 000 € ! En 2016, 1 054 rhinocéros furent tués en Afrique du Sud, dont 662 dans le parc Kruger. Un carnage que les 650 rangers de la réserve semblent ne pas pouvoir maîtriser (quand certains d'entre eux – une minorité – ne seraient pas directement impliqués dans le trafic...). En 2018, on a compté 769 animaux tombés sous les balles des braconniers dans le pays (dont 421 dans le Kruger). Une légère baisse, mais pas une embellie. De quoi mettre en danger l'espèce, même si les naissances sont nombreuses.

Pour lutter plus efficacement contre les braconniers, le gouvernement sud-africain recrute des mercenaires armés (voir encadré plus haut). De plus en plus, les conservateurs du parc Kruger et des réserves privées coupent préventivement les cornes des rhinocéros, afin de couper l'herbe sous le pied des braconniers qui n'ont alors plus rien de valeur à voler... Ces cornes peuvent être remplacées par des prothèses en résine synthétique qui se fixent sur la racine, mais cette technique ne donne pas encore les résultats escomptés. Par ailleurs, en 2015, une entreprise innovante a inventé une poudre synthétique de corne de rhinocéros qui pourrait inonder le marché asiatique et faire chuter le trafic illégal.

Infos générales

– ***Infos et résas :*** *☎ 012-428-91-11. • reservations@sanparks.org • sanparks.org • Lun-ven 7h30-17h, sam 8h-13h.*
– ***Numéro d'urgence (24h/24) :*** *☎ 013-735-01-97.*
– ***Horaires d'ouverture des portes du parc :*** *les portes du parc ouvrent selon les mois entre 5h30 et 6h et ferment entre 17h30 et 18h30. Se renseigner quand vous arrivez dans le parc.* Si vous n'êtes en visite que pour la journée, il est bien entendu interdit de rester dans le parc. De même, si vous résidez dans un campement, vous devez l'avoir rejoint avant l'heure de fermeture indiquée, sous peine d'amende.
– ***Tarifs :*** *400 R/j. adulte ; 200 R/j. enfant.* Plan détaillé en français avec conseils et courts descriptifs des camps et des animaux : 90 R.
– ***Principales entrées :*** dans le Sud, Crocodile Bridge (fermé en cas de submersion du pont en saison des pluies, soit d'octobre à mars), Malelane, Numbi, Paul Kruger et Phabéni. Dans le Centre : Orpen, Phalaborwa et Giriyondo (accès au Limpopo National Park, au Mozambique). Dans le Nord : Punda Maria et Pafuri. Il est obligatoire de s'arrêter à la réception de l'une des portes du parc pour payer votre entrée et obtenir l'*Entrance permit.* Chaque entrée possède un bureau d'informations avec tous les tarifs d'hébergement.
– ***Banque, poste*** et ***médecin*** au campement de Skukuza (dans le Sud). Le docteur est joignable 24h/24 en cas d'urgence. *☎ 013-735-56-38.*
♿ Pour les personnes handicapées, malvoyantes ou à mobilité réduite, des informations détaillées sont disponibles sur le site internet.

Comment y aller ?

En bus

➢ ***Nelspruit :*** bus tlj de Jo'burg avec les compagnies *Greyhound, Translux* et *Citybug.*

➢ ***Hoedspruit*** et ***Phalaborwa :*** avec la compagnie *City to City.*

En avion

✈ La compagnie *South African Airways* assure des liaisons régulières vers 3 aéroports proches des entrées du parc, en particulier Nelspruit *(Kruger Mpumalanga International Airport).* Infos sur *• flysaa.com •*

À noter : les hébergements du Kruger et des réserves privées proposent généralement des transferts depuis les aéroports proches du parc.

➢ ***De/pour Cape Town :*** 1 vol/j. avec *South African Express,* depuis l'aéroport de ***Hoedspruit (Eastgate Airport).*** *• eastgateairport.co.za •* Aéroport domestique situé à 7 km au sud de Hoedspruit. *Orpen Gate* est à 68 km au sud-est de Hoedspruit.

➢ ***De/pour Cape Town et Durban :*** vols tlj vers l'aéroport de ***Nelspruit*** (pour Numbi Gate, Malelane Gate, Crocodile Bridge Gate).

➢ ***De/pour Johannesburg :*** 1 vol/j. vers ***Phalaborwa*** (à 1 km de Phalaborwa Gate) et 2 vols/j. vers Eastgate Airport à ***Hoedspruit*** (Orpen Gate), plusieurs vols/j. vers ***Nelspruit.***

Recommandations utiles

– ***Approvisionnement*** en fruits et légumes assez limité dans les magasins des camps. Pour ceux qui sont en *self-catering,* apporter vos denrées fraîches préférées. Quelques fruits et beaucoup de *junk food.*

– On trouve ***une brochure-carte en français*** (éd. Tinkers) dans les boutiques des grands campements. Elle contient un plan précis des pistes, avec indication du kilométrage, position des hébergements, infos pratiques et dessins des principaux animaux du parc. Un achat très utile.

– Le parc est situé dans une zone où le ***paludisme*** est endémique. Ne pas oublier son répulsif antimoustiques (on en trouve cependant sur place), ni de suivre un traitement antipaludéen si la saison l'exige (voir la rubrique « Santé » dans « Afrique du Sud utile » en fin de guide).

– ***Ne jamais sortir de la voiture,*** sauf aux endroits dûment indiqués. En cas de pépin (pneu crevé, par exemple), appeler le numéro d'urgence (voir « Infos générales »). Ne rien jeter par les fenêtres. Si vous descendez hors des lieux autorisés, vous risquez (outre votre peau), une sévère amende.

– Vitesse limitée ***à 50 km/h*** sur route goudronnée et ***40 km/h*** sur piste, ***contrôlée par radars automatiques.*** Les excès de vitesse tuent des animaux. Et puis, si vous roulez trop vite, vous ne verrez rien !

– Même si l'on voit beaucoup de choses depuis la route principale, de très nombreuses pistes décrivent des boucles. Et là, on est vraiment tout seul !

– ***Station d'essence*** dans pratiquement tous les grands campements, soit tous les 50 km environ. Bien pratique. Ne jamais attendre que la jauge soit au plus bas, faire le plein dès que ça se présente. On les indique.

– Hors-piste interdit, bien sûr.

– Évitez de rouler dans les bouses d'éléphant. Vous risqueriez d'écraser des centaines de scarabées et surtout de crever un pneu sur les épines que ces pachydermes avalent sans broncher.

– Les animaux ont toujours priorité. ***Interdiction de les nourrir.***

– Aucun animal domestique autorisé dans le parc.

– Prudence avec le feu (cigarettes, barbecue).

– Interdiction de cueillir des plantes.

– Surveillez vos affaires, en particulier la nourriture. Les babouins sont chapardeurs.

– Ne pas manquer de ***consulter les tableaux de sortie et de déplacement des animaux*** affichés dans les campements. Ça ne garantit nullement de les trouver, mais ça aide pas mal. Une bonne paire de jumelles, pour les oiseaux notamment, est bien entendu fort conseillée.

– ***Rencontre avec les animaux :*** quand vous vous arrêtez pour observer un animal, laissez tourner le moteur le temps qu'il se calme, puis coupez-le. Si vous rencontrez des éléphants qui s'apprêtent à traverser la piste ou la route, restez à distance (moteur en marche), surtout s'il y a des éléphanteaux. Si le mâle dominant bat des oreilles et lève sa trompe, reculez doucement, vous êtes sur son territoire et il n'est pas content. Attendez tranquillement que le troupeau passe.

– ***Les meilleurs moments d'observation*** dans une journée sont d'abord tôt le matin. Les prédateurs achèvent leur chasse nocturne, d'autres vont boire. Comme vous, ils apprécient la fraîcheur. Dès que la chaleur monte, les félins, à part le guépard, vont dormir. Vers midi, les autres animaux se rendent par groupes aux points d'eau pour boire, chacun à leur tour. À 15h, le soleil cesse d'écraser les couleurs. En allant doucement vers 18h, la lumière devient de plus en plus rasante, à la limite sublime. Ça tombe bien, les bêtes se retrouvent à nouveau aux points d'eau. Ne pas s'endormir au spectacle et ne pas être trop éloigné de son campement ou d'une porte, pour être sûr de rentrer à temps.

Quand y aller ?

– Bien sûr, si l'on peut, on évitera les vacances scolaires sud-africaines (en gros, de décembre à mi-janvier, Pâques et juillet) et les longs week-ends de l'année. Dans ces périodes, énormément de monde, surtout dans le sud du parc où la foule, les queues compactes de voitures, les gros rassemblements aux points d'observation peuvent provoquer une certaine irritation et empêcher le rêve.

– ***L'été, d'octobre à mars :*** c'est la ***saison des pluies.*** Il fait chaud et humide, ça vous vous en doutiez. Il pleut régulièrement, surtout en fin d'après-midi, et encore plus vers janvier-février. Certaines pistes de terre risquent alors de ne pas être accessibles. Mais la route principale reste toujours praticable. S'il ne pleut pas, le temps sera souvent gris, le ciel bas et lourd. Tout est vert, les herbes sont hautes, ce qui rend la faune – bien répartie sur l'ensemble du territoire – plus difficile à observer.

– ***L'hiver, d'avril à septembre :*** c'est la ***saison sèche.*** Amateurs de diapos, vous gagnerez en luminosité et en ciel bleu ce que vous perdrez dans les verts, la nature, la savane prenant de plus en plus des tonalités jaunes. Au milieu de la saison, il ne pleut quasiment pas. Les herbes sont rases, on retrouvera les animaux concentrés autour des points d'eau. L'observation, des fauves en particulier, est un peu plus aisée. Nuits et aubes plus fraîches, prévoir une petite laine.

Modes de logement

D'une très grande variété de possibilités et de prix, contrairement au Kenya et à la Tanzanie par exemple. Plusieurs sortes de campements : les *main rest camps* offrent tous les services. Les *bushveld camps* sont beaucoup plus petits, plus intimes et n'ont ni resto ni boutique (apporter ses provisions). Les campings et les *huts* possèdent leurs fans. Elles sont très basiques : de petites huttes rondes, des lits simples et parfois sans électricité. D'abord, c'est beaucoup moins cher (pas négligeable !) et, surtout, la rudesse du mode de logement, l'isolement de certains campings donnent souvent plus de vérité à ses émotions et apportent un vrai dépaysement. Côté horaires, on accède à sa location à partir de midi et on la quitte à 9h ou 10h (selon les lieux).

– ***Réservations :*** *auprès du central de résas à Pretoria :* ☎ *012-428-91-11. Ou par e-mail :* • *reservations@sanparks.org* • *sanparks.org* • *Résas également au campement de Skukuza :* ☎ *013-735-40-30.*

– ***Campings :*** *compter, selon saison, 300-380 R pour 2, 94 R/pers supplémentaire, 47 R/enfant.* Pour les amateurs de camping, c'est une belle expérience. Certains sont intégrés à de vastes campements, d'autres totalement isolés dans la brousse. À *Balule,* par exemple, l'intimité avec les bêtes est totale. Ne pas oublier ses provisions, s'il n'y a pas de boutique. Cuisine commune et BBQ à disposition. Réservation obligatoire via certains campements. Ne pas s'y rendre directement, il n'y a pas d'accueil. Voici les *rest camps* et *satellite camps* qui possèdent un camping. Dans le Sud : Berg-en-Dal, Crocodile Bridge, Lower Sabie, Pretoriuskop, Skukuza, Malelane (s'inscrire à la Malelane Gate). Moitié sud : Satara et Maroela (s'inscrire au *Orpen Restcamp*). Moitié nord : Letaba, Balule (s'inscrire à *Olifants* ou *Satara*). Dans le Nord : Shingwedzi, Tsendze Rustic (s'inscrire à *Mopani*) et pour finir, Punda Maria.

– ***Huts :*** *compter 400-805 R pour 2 (180 R pour la 3e pers ; 90 R/enfant).* Chambres en dur d'une rugueuse simplicité. Sanitaires et cuisine en commun. On trouve les *huts* (du sud au nord) à Lower Sabie, Pretoriuskop, Balule, Olifants, Letaba et Shingwedzi. Attention, à Balule, pas d'électricité : avoir impérativement sa torche.

– ***Safari tents :*** *compter 586-792 R avec sanitaires communs, 1 120-1 370 R avec sanitaires privés ; 280 R/pers supplémentaire (avec sdb), 180 R/pers supplémentaire (sans* *sdb).* Grosse tente sur plate-forme. Certaines avec sanitaires et cuisine communs, d'autres plus confortables avec salle de bains privée, celles de Tamboti sont toutes équipées. On les trouve à Crocodile Bridge, Lower Sabie, Skukuza, Tamboti (s'adresser au *Orpen Restcamp*), Letaba, Olifants et Punda Maria.

- ***Bungalows :*** *pour 2, compter 945-2 235 R selon niveau de confort et capacité ; 280 R/pers supplémentaire, 140 R/enfant.* Les moins chers ont une cuisine commune ou une kitchenette, les plus luxueux disposent d'un coin cuisine aménagé et d'une belle vue. On en trouve à Berg-en-Dal, Crocodile Bridge, Letaba, Lower Sabie, Mopani, Olifants, Orpen, Pretoriuskop, Punda Maria, Satara, Shingwedzi, Skukuza et Malelane.
- ***Cottages :*** *pour les family ou guest cottages, compter 2 145-3 470 R ; 500 R/pers supplémentaire au-delà de 4 pers, 250 R/enfant.* Genre chalet ou bungalow amélioré, avec chambre, salon, cuisine et salle de bains. Le *family cottage* dispose de plusieurs chambres, le *guest cottage,* un peu plus cher, quant à lui, offre au moins 2 salles de bains et une cuisine tout équipée. On les trouve à Berg-en-Dal, Lower Sabie, Pretoriuskop, Skukuza, Orpen, Satara, Letaba, Punda Maria, Mopani, Shingwedzi, ainsi que dans certains *bushveld camps* comme Bateleur, Biyamiti, Shimuwini, Sirheni, Talamati.
- ***Guesthouses :*** *compter 5 390-7 935 R sur la base de 6-8 pers.* Maisons multipièces (plusieurs chambres et salles de bains), avec grande salle à manger, salon, super cuisine équipée, dans un espace verdoyant. Extra pour les familles ou bandes d'amis. Peu de campements disposent de ce type d'hébergements. On les trouve à Berg-en-Dal, Letaba, Lower Sabie, Mopani, Balule, Olifants, Pretoriuskop, Satara, Shingwedzi et Skukuza.
- ***Bush lodges :*** *5 900-6 550 R sur la base de 8 pers.* Lodges privés, la forme de logement la plus luxueuse. Pour le lodge de Boulders, s'adresser au *Mopani Camp,* et pour celui de Roodewal, au *Satara Rest Camp.* Liens directs avec des sites internet détaillés sur le site officiel du parc.
- ***Luxury lodges :*** idéal pour les couples en lune de miel ou les voyageurs fortunés. Le top du top dans le genre luxueux, style *Out of Africa...* Une douzaine de lodges répartis dans le parc sur des concessions privées. Liens directs, infos détaillées et tarifs sur les sites internet mentionnés sur le site officiel du parc. Voir aussi plus loin « Les réserves privées ».

Où dormir ?

Le parc dispose de 12 campements principaux *(rest camps),* 5 *bushveld camps,* 2 *bush lodges* et 5 campements satellites. Accès Internet gratuit ou payant dans chaque camp principal. Connexion uniquement à la réception la plupart du temps.

Quand un hébergement dispose d'une pompe à essence, on l'indique.

Du sud au nord, voici les principaux *rest camps* et *bushveld camps.* Pour les prix et les modalités de réservation, voir la rubrique « Modes de logement » ci-dessus.

On rappelle que tous les grands campements organisent des *sunrise/sunset walks* et *sunrise/sunset drive.* À réserver directement auprès d'eux.

Dans la partie sud

- ***Skukuza Rest Camp :*** *à 12 km de Paul Kruger Gate. ☎ 013-735-42-65. Pompe à essence.* Skukuza était le surnom du fameux James Stevenson-Hamilton qui fut le 1er responsable du parc. À tout seigneur, tout honneur, c'est la petite « capitale » du Kruger. Une vraie ville à elle toute seule, au bord de la rivière Sabie. Plus de 1 000 personnes peuvent y dormir. C'est ici que vous pouvez effectuer les réservations pour tous les autres camps du parc. Vous y obtiendrez aussi les infos les plus complètes sur les possibilités du secteur. On y trouve tout : banque (9h-16h ; ATM), médecin, poste, magasins, station-service, boutique et toutes les formes de logement existantes. Camping (85 places), *safari tents* (20 unités), bungalows (près de 200, du standard au super luxe), plus 19 cottages et *guesthouses* (4-12 places). Même un dortoir ! Les bungalows standard en forme de *rondavels* (chalets ou huttes en rondins de bois et toit de chaume) sont très corrects. On y trouve une cafétéria, 2 restos dont un installé à la gare de Selati. Et aussi 2 piscines (dont une avec spa), garage, location de voitures... La route de Skukuza à Lower Sabie est réputée pour sa faune généreuse.

– ***Pretoriuskop Rest Camp :*** *à 8 km de la Numbi Gate. ☎ 013-735-51-28/32.* C'est le plus ancien *rest camp* du parc, situé dans une région vallonnée. Intéressant pour son camping (45 places) et ses *huts* pas chères (76, dont une majorité avec frigo, certaines pouvant loger jusqu'à 6 personnes). Plus une cinquantaine de bungalows, certains avec cuisine, tous avec clim ; quelques *family cottages* et 2 *guesthouses.* Huttes rondes sans grand charme. Ensemble un peu tristounet. Boutique, station d'essence et resto (fast-food *Wimpy* !). Agréable piscine, mais très à l'écart de l'ensemble.

– ***Berg-en-Dal Rest Camp :*** *à 12 km de la Malelane Gate. ☎ 013-735-61-06/07. Pompe à essence.* Établi sur la rive sud de la rivière Matjulu avec une vue superbe sur les collines ondulantes. À gauche de la réception, voir la petite expo rhino, avec les énormes cornes de rhino noir et rhino blanc. Environ 60 bungalows modernes dans un environnement séduisant. Également environ 80 places en camping avec cuisine commune et environ 30 cottages et 2 *guesthouses.* Resto *Tindlovu* de bonne allure et délicieuse terrasse. Resto, boutique, etc.

– ***Malelane Satellite Camp :*** *on s'inscrit à la Malelane Gate.* Dans un site très vert, agréable et intime, cerné de belles pelouses. Logement limité : 25 emplacements de camping et 5 bungalows, tous avec salle de bains, clim, terrasse et basta. Pas de resto ni boutique aux environs. Cuisines communes.

– ***Biyamiti Bushveld Camp :*** *à mi-chemin de Berg-en-Dal et Crocodile Bridge par la S 25. ☎ 013-735-61-71.* En bord de rivière, en pleine nature, dans un coin isolé et intime, une quinzaine de cottages cubiques et bien équipés et simples tout à la fois pour 2 ou 5 personnes (ventilo, salle de bains, cuisinette, terrasse). La plupart avec vue sur la rivière. Grand nombre d'animaux alentour. Très calme car peu de monde dans ce coin-là.

– ***Crocodile Bridge Rest Camp :*** *à 2 km de Crocodile Bridge Gate et 11 km de Komatipoort (ville-frontière avec le Mozambique). ☎ 013-735-60-12. Pompe à essence.* C'est le *rest camp* le plus au sud-est du parc, situé sur la rive nord de la Crocodile River. Une vingtaine de places en camping, 8 *safari tents* (lits simples, ventilo et frigo) et 20 bungalows pour 2 à 3 personnes. Pas de resto, pas de piscine. Petite boutique. Le coin est réputé pour l'abondance de sa faune, notamment les *Big Five,* dont les rhinocéros.

– ***Lower Sabie Rest Camp :*** *à 35 km au nord de Crocodile Bridge Gate. ☎ 013-735-60-56/57. Pompe à essence.* À l'accueil, voir les beaux serpents en bocaux. Grand camp situé au bord de la rivière Sabie, qui offre tous les types d'hébergements. L'un des plus populaires (fait cependant moins usine que Skukuza) et au centre d'une région privilégiée pour les animaux. Avec ses vastes pelouses et ses arbres qui font de l'ombre, c'est une destination très fréquentée surtout le week-end. Une quarantaine de places en camping avec larges espaces, 28 *huts* prises d'assaut (avec ventilo, sanitaires communs), 24 *safari tents,* une soixantaine de bungalows (clim, cuisinette, BBQ) et une luxueuse *guesthouse* avec vue extra sur la rivière. Toute une rangée de bungalows rectangulaires offrent également un panorama unique sur la Sabie (terrasse avec frigo, clim et ventilo, etc.). Piscine bien agréable. Resto panoramique sur la Sabie, géré par la chaîne *Mugg and Bean* (pas terrible !). Partie snack aux plats pas franchement goûteux et partie resto (buffet). Grande boutique (un peu de nourriture). Sur la route de Satara, aire de pique-nique du barrage de Mondozi, et sur la route de Skukuza, à 23 km, celle de Nkuhlu. Le secteur autour de l'aire de pique-nique de Tshokwane serait en outre l'un des plus généreux en parade de lions.

Dans la partie centre-sud

– ***Satara Rest Camp :*** *à 48 km (1h55) de Orpen Gate et env 90 km au nord de Lower Sabie.* ☎ *013-735-63-06/07. Pompe à essence.* 2e plus grand *rest camp* du parc situé dans le secteur qui offre les meilleurs pâturages du parc, avec plusieurs points d'eau et quelques observatoires à oiseaux. Camp agréable et bien ombragé, avec de belles pelouses et de jolis massifs de fleurs. Une centaine d'emplacements de camping agréables et 95 bungalows confortables avec clim, cuisine extérieure et terrasse. Ils sont organisés en plusieurs cercles encadrant un espace vert, ce qui donne un côté intime. Superbes *guest cottages* (jusqu'à 6 personnes, 2 chambres spacieuses et 2 salles de bains) et *guesthouses* (6-8 personnes, 3 chambres avec salle de bains). Cafétéria (pizzas) et resto un peu sombre mais plutôt sympa (bonnes viandes). Accueil chaleureux. C'est ici qu'on s'enregistre également pour le camping de Balule (voir « Dans le centre »).

– ***Orpen Rest Camp :*** *situé à 400 m à peine de la porte Orpen (Orpen Gate) à l'ouest du parc.* ☎ *013-735-63-55.* Ce très petit campement accueille ceux qui n'ont plus le temps de se rendre dans les autres campements. Pas désagréable d'ailleurs, plus intime que la plupart de ses confrères, et les animaux cognent déjà à la porte. Les alentours sont réputés pour leur population d'éléphants, buffles, rhinos, lions et léopards. Caractéristique : il y a une webcam à un point d'eau pour visionner les animaux. Attention, logement cependant limité. Seulement 12 bungalows avec cuisine et terrasse, 3 *guest cottages* (jusqu'à 6 personnes) et une épicerie-boutique au choix succinct. On y trouve une excellente carte du parc, en français. Pour camper, nécessité d'aller au campement satellite Maroela, à 4 km.

– ***Tamboti Satellite Camp :*** *à 2 km d'Orpen.* ☎ *013-735-63-55. Inscription et résa à l'Orpen Rest Camp (s'y prendre à l'avance).* Au bord de la rivière Timbavati, voici un campement populaire. Abrite une trentaine de *budget safari tents* (frigo), sans sanitaires. Cuisine commune et une dizaine avec salles de bains privées. Quelques *semi luxury safari tents* équipées de douche, frigo et coin cuisine. Pas de resto ici, seulement un *coffee-shop.* Épicerie avec quelques denrées. Fort belle situation en bord de rivière (même si souvent à sec), entouré de belles essences d'arbres *(Tamboti Tree).* Observatoire ornithologique et *boma* pour échanger ses observations en fin de journée, autour du feu de camp.

– ***Talamati Bushveld Camp :*** *à une trentaine de km au sud d'Orpen, sur la S 145.* ☎ *013-735-63-43.* C'est un *bushveld camp* au bord de la rivière Nwaswitsontso (généralement à sec). Bien isolé, intime, avec seulement une quinzaine de cottages. Entouré de plaines, ce qui facilite l'observation des animaux alentour, des classiques girafes aux lions et rhinos.

Dans le centre

On adore cette partie du parc Kruger, là où se retrouvent les 2 types de végétation : celle du sud et celle du nord. Superbe balade sur la S 44 qui longe la rivière Letaba. À 4 km du camp, vers l'est, remarquable point de vue sur la rivière. Hippos nombreux en bas. Possibilité de descendre de la voiture. Si vous rejoignez la H 1-4, autre merveilleux panorama au carrefour avec la H 8, au lieu-dit N'Wamanzi. Enfin, si vous entrez par la Phalaborwa Gate, éventuel passage sur le site archéologique de Masorini (âge du fer). Quelques vestiges de poteries et d'outils.

– ***Olifants Rest Camp :*** *à 83 km de Phalaborwa Gate et 52 km au nord de Satara, sur la route H 1-4, puis la H 8.* ☎ *013-735-66-06/07. Pompe à essence.* Considéré comme le plus beau *rest camp,* et à juste titre ! Belle tête d'éléphant dans le hall. Situation exceptionnelle sur une colline en aplomb de 100 m au-dessus de la rivière Olifants. Ici, elle effectue un large coude. De la terrasse, on passerait des heures à contempler les éléphants, les buffles, les zèbres, impalas et koudous qui viennent se désaltérer au bord de l'eau. Oh, rien de spectaculaire, mais le temps soudain arrêté permet de saisir la beauté de la nature, ses rythmes et les habitudes de nos compagnons éphémères de brousse. Style et architecture des logements en harmonie avec la nature (*rondavels* couleur sable au toit de chaume), atmosphère vraiment plaisante. 140 bungalows impeccables (de 2 à 4 personnes) avec salle de bains et certains avec cuisine. Terrasse privée et barbecue pour chacun. 2 *guesthouses* (8 personnes) avec tous les degrés de confort. Piscine agréable, boutique, laverie. Les 2 premières dizaines des numéros de chambres offrent une vue superbe sur la rivière.

– ***Balule Satellite Camp :*** *à env 12 km au sud d'Olifants. Check-in à Olifants ou Satara au moins 1h avt la fermeture du camp.* C'est en fait le camping annexe du campement d'Olifants. Bien situé, puisque sur le chemin naturel des éléphants qui vont se désaltérer dans la rivière à 1 km. Petit, intime, très rustique (pas d'électricité, cela dit, rassurez-vous, il y en a dans la clôture qui l'entoure). Avoir une lampe. Pas de moustiquaire. Les éléphants viennent souvent en voisins étudier les mœurs des bipèdes au moment du petit déj... D'un côté le camping (15 emplacements), de l'autre 6 *huts* toute blanche, toute ronde, au toit de chaume et à la sobriété quasi cistercienne (maximum 3 personnes) avec cuisine et sanitaires communs (très corrects). BBQ pour tous. Peu chères, ces *huts* sont particulièrement demandées. Primitif certes, mais tout cela est fort bien tenu.

– ***Letaba Rest Camp :*** *à 51 km de Phalaborwa Gate et 34 km au nord d'Olifants Rest Camp, au carrefour de la H 1-5 et de la route de Phalaborwa (H 9).* ☎ *013-735-66-36.* Presque au centre du parc Kruger, à un très bel emplacement sur la rive sud de la rivière Letaba qui décrit un grand coude. C'est la région des éléphants. Ne pas manquer le très intéressant petit *Musée de l'Éléphant* et sa collection de défenses impressionnantes *(tlj 8h-20h ; film nature ts les soirs à 19h).* Moins cher que l'*Olifants,* plus « populaire », on y trouve 60 places de camping, 5 *huts* (un lit et un frigo, sanitaires communs), une dizaine de *safari tents* (2-4 personnes, sans sanitaires mais avec frigo), ainsi que 86 bungalows dont plusieurs *rondavels,* simples mais de bon confort quand même (cuisinette et clim). Globalement moins de charme. Fonctionnel surtout. En haut de gamme, une douzaine de *guest cottages* et *guesthouses.* Bon resto et magasin bien approvisionné.

– ***Shimuwini Bushveld Camp :*** *à 52 km au nord-est de la Phalaborwa (par la H 14 puis la S 141).* ☎ *013-735-66-83.* Au-dessus d'un barrage, un campement de brousse réputé plus pour l'observation des oiseaux que des grosses bêtes. Une quinzaine de cottages d'excellent confort (douche, ventilo, coin cuisine).

Dans la partie nord

Beaucoup moins fréquenté que le sud, le nord possède moins de *Big Five* (encore que, les éléphants...), mais plus d'oiseaux en certains endroits grâce à la dense végétation. Paysages de collines verdoyantes, alternant avec savanes broussailleuses, bush d'épineux et zones semi-arides. Tout au nord, de beaux baobabs et, à Pafuri, une chouette aire de pique-nique. À quelques kilomètres de la H 1-8, le site archéologique de Thulamela (près du camp de Punda Maria). Vestiges d'habitat préhistorique (âge du fer). Sur place, on a retrouvé des colliers de perles en or, anneaux en ivoire, rondelles percées, etc. Superbe environnement.

– ***Mopani Rest Camp :*** *sur la H 1-6, à env 50 km au nord du camp de Letaba.* ☎ *013-735-65-35/36. Pompe à essence.* Un camp assez grand dans un beau paysage sauvage et verdoyant au-dessus d'un lac artificiel et d'un barrage (Pioneer Dam). Atmosphère reposante et bonne cuisine au resto. On y trouve 45 bungalows mignons comme tout (clim, ventilo, frigo...), en pierre et toit de chaume, bien isolés les uns des autres. Également 12 cottages et 45 *guest cottages* tout confort, pouvant loger jusqu'à 6 personnes (3 chambres), et une luxueuse *guesthouse.* Belle piscine, resto, épicerie et laverie. Aire de BBQ et de pique-nique. À 8 km vers le sud, aire de pique-nique de Mooiplaas et, plus bas, joli point de vue.

– ***Tsendze Rustic Campsite :*** *à 70 km au nord-est de Phalaborwa Gate et à env 10 km au sud du camp de Mopani. Check-in à Mopani.* Le camping de Mopani, rustique comme son nom l'indique (pas d'électricité), dispose de 34 emplacements. BBQ, sanitaires communs impeccables. Avec sa végétation dense, ses emplacements très espacés et bien ombragés, il plaira surtout aux amoureux des oiseaux.

– ***Shingwedzi Rest Camp :*** *à 71 km au sud-est de la Punda Marla Gate et à 63 km au nord du camp de Mopani (sur la H 1-6). ☎ 013-735-68-06/07. Pompe à essence.* Le grand *rest camp* de la région nord. L'un des préférés des ornithologues aussi. À quelques kilomètres, on trouve un sanctuaire d'oiseaux au barrage du Kannieddood. Au camp lui-même, exceptionnel « festival immobilier » des oiseaux tisserands qui viennent bâtir leurs nids le long du toit. On connaissait les nids avec entrée et chambre, mais pas ceux avec entrée et... 2 chambres. Quel génie ! Joli ballet des mâles cherchant à vanter les mérites de leur maison auprès des femelles... Quant aux demeures des humains, elles séduisent également. D'abord, les joyeux campeurs ont droit à 50 places et les « huteurs » à une douzaine ; 66 confortables bungalows (avec clim). Le cottage peut loger 4 personnes. Également la *Rentmeester Guest House,* avec des chambres spacieuses, 2 salles de bains, une immense salle à manger dominant la rivière et un ameublement de charme. Piscine.

– ***Bateleur Bushveld Camp :*** *à 108 km au sud de Punda Maria Gate et à env 40 km au sud-ouest du camp de Shingwedzi, par la S 52. ☎ 013-735-68-43.* L'un des *bushveld camps* les plus isolés, le plus ancien et le plus petit du parc. Confortables *guest cottages* avec frigo et coin cuisine (attention, il n'y en a que 7). Agréable terrasse pour observer les animaux si la mare est pleine. En revanche, les 2 barrages de Silverwis et de Rooibosrant à côté les attirent plus sûrement. Pas mal d'oiseaux aussi. Beau point de vue de Tshangé.

– ***Sirheni Bushveld Camp :*** *à 52 km (2h) au sud de Punda Maria Gate et à 32 km au nord du camp de Shingwedzi, par la route H 1-7, puis la S 56). ☎ 013-735-68-60.* Une quinzaine de cottages, dont 5 pour 4 personnes, en bord de barrage pour les plus Robinson de nos lecteurs et les amateurs d'oiseaux. Le lieu est fréquenté notamment par les antilopes et aussi par un léopard qui vient régulièrement s'abreuver au barrage. Il n'est pas rare d'entendre le matin le bruit de lions ou hyènes en fureur, car le barrage est un de leurs terrains de chasse... En chemin, aire de pique-nique de Babalala.

– ***Punda Maria Rest Camp :*** *à 9 km de la Punda Maria Gate, laquelle se trouve à 140 km à l'est de la ville de Louis Trichardt (Makhado). ☎ 013-735-68-73.* Situé à la pointe nord du parc, peu fréquenté car éloigné, ce camp est à taille humaine. 50 emplacements de camping, 7 *safari tents,* 22 bungalows et 3 *family cottages.* Bon confort (frigo, clim, etc.). Petit resto dispensant une cuisine très correcte et bien servie (le soir, prévenir). Boutique. Beau point de vue de Thulamela. C'est aussi l'un des sites privilégiés des ornithologues et le camp le plus chaud l'été (on parle de température !).

Activités dans le parc

Nombreuses activités dans le parc, de quelques heures à plusieurs jours. Tous les campements ne proposent pas les mêmes activités ni les mêmes tarifs. Renseignez-vous au moment de réserver ou au camp de Skukuza. Pour profiter pleinement de la visite du parc, prévoir du temps sur place au moment de la préparation du voyage. Le Kruger, c'est l'un des grands voyages d'une vie...

Guided walks : *randonnées à pied en groupes de 8 pers max. Départ tlj de la plupart des campements. Infos et résas par e-mail (• reservations@sanparks.org •) ou sur place. Pour les* morning walk *ou* afternoon walk, *compter 600 R/pers la balade du mat, 480 R l'ap-m. Enfants de moins de 12 ans non acceptés.* 3-4h à marcher le cœur battant, à frôler les lions (heureusement le plus souvent repus et endormis, mais quand même), à titiller les hyènes... De plus, avec un ranger qui aime son métier, c'est une intime et fascinante approche de la nature et des plantes. Plus la reconnaissance des traces, l'analyse des fientes et des os trouvés en chemin, beaucoup d'anecdotes... Une excursion accessible même aux marcheurs peu expérimentés, à faire absolument !

Game Drives : *balades en véhicules aménagés (22 places). Enfants de moins de 6 ans non admis.* Avantage : observation en hauteur (appréciable en période de hautes herbes) et espace aéré. Guides-chauffeurs compétents, qui connaissent bien leur secteur. Plusieurs types de balades :

– le *Sunrise Drive* dure 3-4h. *Départ à 4h30 en été, 5h30 en hiver. Compter 346-446 R/adulte ; réduc enfant.*

– Le *Sunset Drive,* en fin de journée donc, dure environ 3h (2h pendant le coucher de soleil et 1h de nuit). *Compter 346-446 R/adulte selon camp de départ ; réduc.* Intéressant pour la belle lumière du soir, autant que pour les animaux que l'on découvre de nuit.

– Le *Night Drive* permet d'observer l'activité nocturne du parc. *Compter 270-346 R/adulte (et 446 R à Crocodile Bridge Gate) ; réduc. Résa sur place auprès de votre campement.* Là encore, un autre monde s'ouvre à vous.

Wilderness Trail : *randonnée de 3 nuits et 4 j., guidée par un ranger. Groupes de 8 pers max. Enfants de moins de 12 ans non admis. Itinéraires selon les camps. Résas auprès des campements de départ. Compter 4 900-5 270 R/pers.* Logement, nourriture, eau potable, café et thé fournis ; le reste est à la charge des participants. Nuits dans les campements du parc. Bon équipement recommandé.

Mountain Bike Trails : *compter 1 095 R/pers (adultes et enfants de plus de 12 ans) le mat ; possibilité d'excursion à la journée (7h). Résas par e-mail ou auprès du campement d'Olifants : ☎ 013-735-66-06/07. • reservations@sanparks.org •* Une alternative pour les amateurs de VTT. Excursion en petit groupe de 3-4h, encadrée par des rangers. Départ du *Olifants Rest Camp.* VTT, casque, eau et snacks inclus dans le prix.

Olifants River, Lonely Bull et Mphongolo Backpack Trail : *randonnée de 4 j. et 3 nuits, guidée par un ranger depuis ces 3 campements. Seulement pdt la saison sèche, nov-fév et mars-oct. Compter 2 825-3 300 R/pers (max 8 pers).* Avis aux amateurs d'aventure ! 42 km de sentier pédestre au départ du campement (réservation du logement conseillée à l'avance). On loge en camping sauvage sous sa propre tente, on emporte sa nourriture et tout le matériel nécessaire. Parcours sur le principe du *no trace camping* : pas de toilettes ni de poubelles sur le parcours, on voyage à la dure en emportant le minimum et en ne laissant aucune trace derrière soi. Départ à l'aube, mais, rassurez-vous, une sieste est prévue au plus chaud de la journée.

Adventure Trails : *en 4x4, max 6 véhicules/j. Tarifs et résas auprès du campement de Satara, Crocodile Bridge Camp et Phalaborwa Gate.* Excursions à la journée hors des sentiers touristiques. C'est l'occasion de s'approcher au plus près de la faune. Un itinéraire de 48 km à effectuer par ses propres moyens. Emporter son pique-nique, GPS recommandé (!). À noter, certaines pistes empruntent des ponts de bois et coupent le lit de rivières ; facilement négociables en saison sèche, plus aventureuses pendant la saison des pluies...

Lebombo Eco-Trail : *excursion guidée de 500 km en 4x4, 5 j. et 4 nuits le long de la frontière est du parc (Lebombo Hills), de l'extrême sud à l'extrême nord. Seulement pdt la saison sèche, théoriquement d'avr à oct. Départ du sentier de*

Crocodile Bridge ts les dim et mer à 9h et arrivée à Pafuri respectivement le jeu et le dim. Max 5 véhicules plus celui du guide, et max 4 pers/véhicule (enfants de moins de 12 ans non admis). • specialisedreservations@sanparks.org • Résas au ☎ 012-428-91-11. Compter 10 630 R/véhicule pour 4 pers (incluant le véhicule et le guide). À noter, la route peut être totalement fermée en cas de fortes pluies. Équipement complet obligatoire (tente, matériel et sac de couchage) et provisions conséquentes (liste complète sur le site • *sanparks.org* •).

LES RÉSERVES PRIVÉES

Situées à l'ouest du parc Kruger, ce sont parfois d'immenses territoires qui furent longtemps séparés du parc national par une clôture électrique. Une concertation entre leurs propriétaires et les autorités du parc a permis de supprimer plusieurs de ces clôtures pour faciliter la circulation naturelle des animaux. Du nord au sud, on trouve les réserves naturelles de Balule, Klaserle, Umbabat, Timbavati (une des plus grandes), Sabi Sand (une des plus célèbres) et Sabi-Sabi. D'autres réserves, pas moins intéressantes, sont isolées du parc, au milieu des champs et cultures traditionnelles, comme Thornybush, Selati ou Makalali.

Dans ces réserves naturelles les propriétaires ont installé des lodges, en général luxueux et chers. Certains pensent que ce sont des ghettos pour riches touristes, d'autres en revanche considèrent que c'est vraiment là le nec plus ultra de l'observation des animaux sauvages. En effet, ces réserves privées offrent souvent de meilleures conditions techniques pour les visites. Elles offrent aussi la quasi-garantie de voir les *Big Five.*

À signaler que, probablement pour préserver leur caractère et leur indépendance, les lodges ne possèdent pas de liaisons avec l'intérieur du parc et ne sont accessibles que par des pistes privées arrivant toutes de l'extérieur.

Les réserves les plus fameuses possèdent des équipes de rangers extrêmement professionnels, reliés entre eux par radio ou portable pour repérer où se cachent exactement les animaux. Véhicules totalement adaptés au safari-photo : peu de passagers, grande visibilité, confort... À l'avant du véhicule, bien souvent, sur un petit siège, un pisteur capable de distinguer un animal ou un oiseau rare à plusieurs centaines de mètres. L'apéro bien frais, accompagné de *biltong,* est généralement prévu quand la nuit tombe, dans la magie des crépuscules africains. En extra mais extra, les randonnées à pied de 2-3h avec ranger armé. Là, ce n'est plus une balade, mais une fusion avec la nature. Bien sûr, le p'tit cœur serré fait partie de la sortie, mais vous pensez bien que les rangers connaissent parfaitement les réactions des animaux et qu'il n'y a quasiment rien à craindre !

Pendant l'hiver austral (de juin à septembre), d'importantes réductions sont consenties par les lodges, il faut savoir en profiter. En revanche, pour le safari de l'aube, il peut faire assez froid. On se couvrira en conséquence, bien sûr. En récompense, les herbes moins hautes et la nature dégagée par la sécheresse livreront mieux leurs animaux.

Enfin, quelques conseils pour réussir pleinement son safari. D'abord, oublier le monde moderne et laisser le portable au lodge (a fortiori, ne pas téléphoner pendant la balade). Savoir garder le silence et ses questions pour les moments de pause. Bien sûr, porter des tenues aux couleurs neutres. Ce sont des trucs de savoir-vivre qui permettent vraiment de rêver à fond quelques moments. Bon, sortons de notre réserve pour vous en livrer quelques-unes sans réserve...

– Les prix varient suivant la catégorie de l'établissement et le degré de confort : pour la plupart, compter de 5 000 à 35 000 R/j. (env de 333 à 2 333 €/j. !) pour 2 pers. En général, la formule inclut tt (hors boissons et pourboires), à savoir : la pens complète et les safaris-photos ou game drives de ttes sortes (du mat, de l'ap-m et parfois une sortie de nuit, randonnées à pied, etc.). En général, le confort et le cadre correspondent aux prix (élevés) des prestations.

Chic (1 000-1 800 R / env 66,70-120 €)

– ***Balule Game Reserve :*** *une réserve d'env 40 000 ha, sans barrières avec le Kruger. Une bonne vingtaine de lodges, dont le Kurhula, situé à env 35 km de Hoedspruit sur la R 40, en direction de Phalaborwa. Tourner au panneau « Parsons », puis piste de 14 km, praticable avec une voiture standard (env 1h). 079-251-84-87. • kurhulalodge.com • Compter env 1 430 R/pers en ½ pens, ajouter 60 R/pers de droit d'entrée dans la réserve et 100 R/véhicule. 2 nuits min demandées.* En pleine réserve, dans une nature superbe, ce lodge à la fois simple et élégant pratique des prix raisonnables et abordables. Les 4 chambres, ravissantes, contemporaines et confortables (super literie, moustiquaire, clim, salle de bains dernier cri) sont réparties dans 2 petites maisons au toit de chaume et disposent d'une terrasse dominant la rivière. Quelques bonnes chances d'y apercevoir 1 ou 2 des *Big Five* ! Petite piscine. Organise des safaris. Délicieux dîners et excellent accueil de Kim et Sander. Une très belle adresse.

LE TRANSVAAL

Très chic (plus de 1 800 R / plus de 120 €)

– ***Sabi Sand Game Reserve :*** la plus célèbre des réserves privées d'Afrique du Sud (en fait, une association de grandes et petites réserves). *☎ 021-424-10-37. • sabi.krugerpark.co.za • Voir également • sabisand.co.za •* Située au nord de la Paul Kruger Gate, étendue sur près de 65 000 ha, avec de luxueux lodges, une cinquantaine de kilomètres de frontière commune avec le parc Kruger. Riche faune, bien sûr. Une vingtaine de lodges de différent confort jusqu'à l'ultra-luxueux *Sabi Sabi. • sabisabi.com •* Un incroyable lodge en béton brut en pleine brousse, n'offrant qu'une douzaine de suites « exclusive », décorées de troncs d'arbres sculptés par Geoffrey Armstrong, chacune avec minipiscine privée, etc. Quant aux *Singita Ebony & Boulders Lodges*, ils sont membres des *Relais & Châteaux*, c'est tout dire ! *Rens : ☎ 021-683-34-24. • singita.com •*

– ***Manyeleti Game Reserve :*** *située au nord de la Sabi Sand Game Reserve, sur le flanc ouest du parc national du Kruger, à 36 km au sud d'Orpen Gate. Infos : ☎ 021-424-10-37. • manyeleti.com •* Environ 23 000 ha. Moins connue, moins fréquentée donc, mais réputée pour ses lions et léopards. Présente l'avantage d'offrir un bon éventail de logements, des plus simples et pas trop chers (enfin, tout est relatif !) aux plus luxueux. Entre autres, des *rondavels* traditionnels ou de grandes tentes, dans des conditions basiques. En plus chic, parfois sous tente mais avec tout le confort : *Honeyguide Tented Camps* et plus chics (plus chers) le *Tintswalo Safari Lodge* et *Tintswalo Manor House*.

– ***Timbavati Game Reserve :*** *à env 50 km à l'est de Hoedspruit, où se trouve l'aéroport Eastgate, très pratique si vous y arrivez en avion.* C'est une des plus spacieuses des réserves privées, environ 53 000 ha (une cinquantaine de fermes privées). Là aussi, plus de frontière avec le Kruger. Réserve autrefois célèbre pour ses lions blancs (que se partagèrent les zoos). Cependant, fort peu de chances d'en voir aujourd'hui. *Compte 8 camps et 7 lodges très chers. Pour davantage d'infos, consulter • timbavati.co.za •*

– ***Thornybush :*** *à env 30 km à l'est de Hoedspruit et de son aéroport (Eastgate), elle touche au sud la Timbavati Game Reserve.* D'une surface d'environ 11 500 ha, totalement séparée du Kruger et bien sûr clôturée. Mais cela ne l'empêche pas de proposer les *Big Five*. *Une douzaine de lodges très chers. Consulter • thornybush.co.za •*

– ***Makalali Game Reserve :*** *à env 30 km à l'est de Hoedspruit et de son aéroport (Eastgate), accès par la R 36, la R 71 ou la R 526, puis par une route secondaire menant, dans le sens nord-sud, de Gravelotte à la jonction des routes 36 et 526 (lodge bien indiqué). ☎ 015-793-93-00. • aha.co.za/makalali •* L'une des plus à l'ouest ; 26 000 ha (soit 260 km²) totalement clôturés, 14 lions (et aussi les 4 autres *Big Five*). Dans un superbe paysage accidenté, 4 *minicamps* de 6 chambres surplombant une rivière (parfois à sec). Décoration vraiment originale. Les *camps,* avec leurs toits qui rebiquent, les cheminées de guingois, leur couleur brique, les décors de céramique cassée et de métal, évoquent d'ailleurs quelque peu un style « soudano-gaudien ». Petite piscine bien fraîche. Rangers très pro et intéressants safaris en 4x4 ou à pied. Excellente cuisine. Intimité avec la nature (pas de barbelés à l'intérieur de la réserve et autour du lodge).

LE MPUMALANGA

• Carte *p. 155*

Entre Gauteng, Kruger et Swaziland, une des zones les plus visitées du Nord. Les routes larges et en excellent état en font une région en or pour le tourisme individuel avec voiture de location. C'est là que l'on découvre le fameux Blyde River Canyon, le merveilleux point de vue des Three Rondavels et l'ancienne ville de mineurs de Pilgrim's Rest. Quant aux villes du coin (Graskop, Hazyview, Sabie, White River, Nelspruit...), si elles ne présentent pas un intérêt particulier, elles se révèlent de bonnes étapes pour dormir, et les paysages qui les relient sont de toute beauté. C'est une Afrique du Sud idyllique, aux larges vallées encadrées de montagnes aussi rocailleuses que verdoyantes, et couvertes de forêts ou de grasses prairies. Ce fut aussi l'une des plus prospères régions de prospection pour l'or, et les souvenirs de cette époque ne manquent pas. Et puis le soleil est garanti quasiment partout, s'extirpant des brouillards récurrents de l'aube : *Mpumalanga,* région la plus à l'est, ne signifie-t-il pas « là où le soleil paraît » ? L'été, dans la journée, il n'y fait jamais trop chaud, les orages du soir venant rafraîchir l'atmosphère. L'hiver, les nuits sont rudes et les aubes frisquettes.

Avertissement : Roadside Anti-Corruption Initiative.
C'est le nom de la campagne menée par la police nationale pour lutter contre la corruption de certains policiers. La plupart des *guesthouses* du Mpumalanga distribuent à leurs hôtes une carte pour les mettre en garde. Des policiers en uniforme arrêtent les voitures sur les routes, sans raison apparente ou pour une infraction mineure au code de la route. Par exemple : vous n'avez pas assez marqué l'arrêt à un stop. Ils vous demandent de payer en espèces une amende. C'est strictement illégal. En cas d'infraction, un policier doit obligatoirement vous délivrer un reçu. Muni de celui-ci vous vous rendez ensuite au poste de police pour payer l'amende. En aucun cas ne payez une amende en espèces à un policier au bord de la route !
– Infos : Police 24 hour line : 📱 082-451-70-44.

BLYDE RIVER CANYON

Un des canyons les plus grands du monde (le 3ᵉ, après le Grand Canyon aux États-Unis et le Fish River Canyon en Namibie). En venant de Graskop au sud, suivre la belle route R 532, qui traverse un vaste paysage de collines,

LE TRANSVAAL

de prés, de maquis et de bois. Faire environ 55 km, puis en pleine campagne tourner à droite (panneau), suivre une route secondaire qui mène 3 km plus loin à un cul-de-sac. Pas de hameau, pas de village, rien d'autre que ce site vertigineux qui évoque un nid d'aigle. On gare la voiture près d'éventaires de souvenirs et d'artisanat puis on marche 3 mn jusqu'au belvédère du versant sud qui surplombe l'impressionnant canyon dominé par le massif des Three Rondavels (sur le versant nord).

Le Blyde River Canyon, profond de 600 à 800 m, fut creusé à travers la masse granitique par la Blyde River, pendant plusieurs millions d'années. Il offre, tout du long d'un parcours de 25 km de prodigieux points de vue, mais le point de vue principal, le plus recherché, est celui de la rive sud.

– ***Accès au site :*** *ouv 7h-17h. Billet : env 50 R/pers.* Venir dès l'ouverture car il y a moins de monde. Pour admirer les Three Rondavels depuis la rive sud, avec lumière dans le dos (et rasante), les photographes viendront plutôt en fin d'après-midi. En août, la nuit tombe vers 17h30, venir alors bien plus tôt.

Où dormir ? Où manger dans les environs ?

Forever Resort Blyde Canyon : *à env 57 km au nord de Graskop, par la R 532. Après avoir passé l'intersection à droite avec la route qui mène au belvédère du Blyde River Canyon, continuer env 3 km max sur la R 532 vers le nord. L'entrée du domaine se trouve à droite, panneau. 086-122-69-66. Résas à Graskop : ☎ 012-423-56-00. • foreverblydecanyon.co.za • Camping 110-148 R/pers selon saison, et emplacement 200-268 R. Doubles, chalets et bungalows env 1 260-3 450 R selon capacité (2-6 pers), confort et saison. Bon buffet env 200 R.* Idéalement situé sur un grand versant de montagne descendant vers le canyon. Très grand domaine où l'on circule en voiture, avec des bungalows et chalets confortables (clim, cuisine équipée, barbecue) disséminés sur de vastes pelouses ombragées et fort agréables. Luxueuses *guesthouses* pour 6 à 8 personnes, en pierre ocre. Restaurant ouvert aux non-résidents pour le déjeuner (pour ces derniers, l'accès au site ferme à 17h). Piscine, tennis et trampoline. Terrasses avec vue panoramique sur les Three Rondavels. Station-service à l'entrée. *Resort* très axé sur la randonnée pédestre (plusieurs *trails,* de 1 à 3h de marche). Possibilité de randonnée équestre.

À voir

Three Rondavels : c'est la 1re chose qui frappe l'œil quand on observe le Blyde River Canyon depuis le belvédère. Voilà l'un des panoramas mythiques de la région, tout simplement époustouflant, mélange du Grand Canyon du Colorado (en plus verdoyant) et du Vercors (en plus vertigineux). Les Three Rondavels sont 3 massifs rocheux dont la forme évoque des « cases africaines » traditionnelles coiffées d'un toit conique en chaume. Ces étranges massifs accolés dominent de 600 m la rivière qui coule au fond d'une gorge abrupte.

Echo Caves : *en venant du sud et de Graskop par la R 532 prendre sur la gauche au croisement avec la R 36 (fléché). Ensuite, piste sur 4 km. ☎ 013-238-00-15. • echocaves.co.za • Tlj 8h30-16h30. Entrée : 60 R ; visite guidée obligatoire ; réduc.* Cette vaste grotte privée servit de refuge aux Pédis aux XVIIIe et XIXe s, pendant les guerres tribales qui les opposèrent aux Swazis. De salle en salle, de stalagmite en stalactite, on s'introduit dans ce qui fut leur cimetière, leur

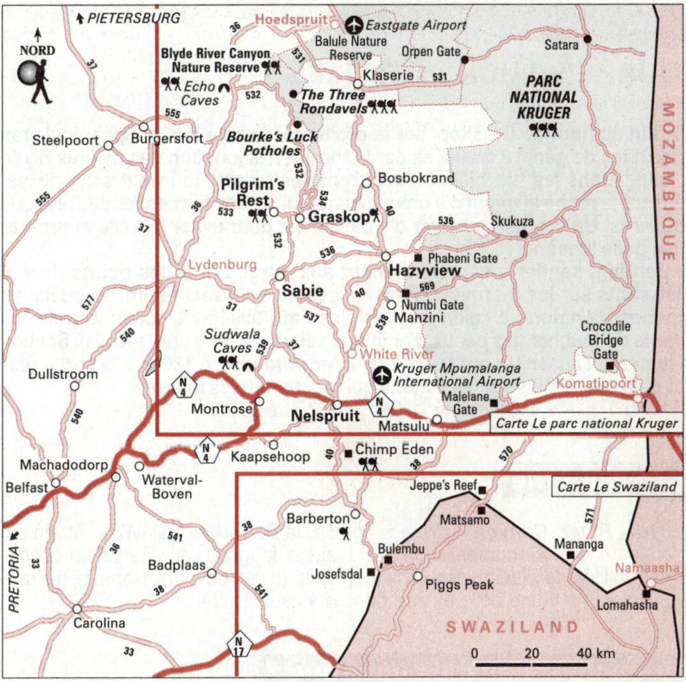

MPUMALANGA

dortoir, leur cuisine – la seule salle percée d'une cheminée naturelle, aujourd'hui bouchée pour éviter les inondations –, où furent découverts des ossements et objets usuels. Après quelques contorsions, on accède à une dernière salle, la *Crystal room,* aux parois blanchâtres qui tendent à s'oxyder au contact des lumières artificielles. Les propriétaires actuels de la grotte, des fermiers blancs, ont donné aux concrétions d'amusants noms d'animaux en fonction de leur forme. La grotte, elle, tient son nom de 2 grosses stalactites qui, lorsqu'elles sont frappées, résonnent dans toutes les salles – le guide se fera sûrement un plaisir de vous jouer un petit rythme. On dit d'ailleurs qu'elles servaient de téléphone aux Pédis...

Sur la route menant à la grotte, le ***Museum of Man,*** une caverne à flanc de montagne où vécurent des *Bushmen.*

La route de Blyde River Canyon à Hoedspruit

De Blyde River Canyon à Hoedspruit, il y a 95 km. Suivre sur 20 km la R 532 jusqu'à la route R 36. De cette intersection on peut rejoindre le site d'*Echo Caves* (voir plus haut). Suivre ensuite vers le nord la R 36 qui traverse le plateau fertile de Garmoraba. 32 km plus loin, passage du col Abel Erasmus, encadré de falaises, puis le tunnel J. G. Strijdom. La route R 36 descend dans la plaine et mène à Hoedspruit par la R 531 et la R 527.

BOURKE'S LUCK POTHOLES

À 32 km au nord de Graskop, sur la droite de la route R 532. Spectaculaires « marmites de géant » creusées par le torrent à la jonction des rivières Blyde et Treur. Dans les tourbillons du torrent, les galets, tournant sans cesse, creusent la roche au point d'y créer ces marmites aux formes rondes presque régulières. Un conseil : essayer d'y passer tôt pour éviter la foule et profiter d'une belle lumière !

Du parking, sentier aménagé menant aux gorges et à des points de vue saisissants sur les marmites. Petit musée où sont reconstituées quelques tranches de nature, à l'aide de bestioles naturalisées. L'occasion pour les enfants de toucher des peaux d'animaux sauvages (ils y sont invités). Section de minéraux aussi. Un petit sentier d'interprétation de 180 m à la sortie permet d'en savoir plus sur les lichens qui recouvrent les falaises.

– Ouv 7h-17h. Accès payant : 63 R/pers et 20 R/véhicule.

Adresse utile

Blyde River Canyon Office : *à l'entrée du site.* Documentation sur les possibilités de randonnées dans le coin. Notamment une belle balade de 5h, la *Belvedere Day Walk.* Attention, assez fatigante et réservation obligatoire (c'est payant). Nombre de randonneurs limité.

Où manger dans les environs ?

Restaurant Potluck Boskombuis : *situé à env 19 km au nord de Graskop et à 7 km au sud de la bourgade de Moremela. En venant de Graskop par la route R 532, un panneau l'indique sur la droite, au milieu de nulle part ! Suivre la piste sur env 500 m. Les voitures de tourisme passent en roulant doucement. 071-539-67-73. Plats 95-150 R. Tlj 10h-16h. CB refusées.* Après un pont un peu percé, on arrive 250 m plus loin à ce resto situé en pleine nature au bord d'une rivière dans un paysage rocailleux de causse. Adossé à un bloc rocheux, avec quelques rondins et des tables en bois sous un auvent, ce resto pourrait être une guinguette pour chercheurs d'or. Excellent accueil de Lucky, qui sert les plats mijotés par sa mère sur un gros fourneau à bois. Petite carte avec moins de 10 plats, dont le *beef potjie* (ragoût de viande aux légumes) et le *venison kebab mielie pap* (du springbok accompagné de porridge bantou de maïs), les spécialités locales.

LA ROUTE DES CASCADES, VERS GRASKOP ET LE SUD

Le même enchantement, paysages ouverts, rythmés par de nombreuses chutes d'eau et de beaux points de vue. Chutes un peu en marge de la R 532 et bien indiquées, toutes payantes (accès 10-20 R, ça finit par être chérot !). Nous décrivons ici les cascades en allant du nord vers le sud.

Les ***Berlin Falls :*** à 12 km au nord de Graskop, accessibles par la R 523 puis une route secondaire. Elles tombent de la falaise sur 80 m dans un bel environnement. Si les noms des sites furent donnés par les prospecteurs suivant leur origine, ce sont des Allemands qui ont probablement baptisé celui-ci.

Encore plus impressionnantes, proches de Berlin Falls, les ***Lisbon Falls*** qui se précipitent de 92 m dans un bassin naturel. Puis, sur la R 534, la *God's Window* s'ouvre sur la gauche en descendant sur Graskop. Cette « Fenêtre de Dieu » offre également de superbes points de vue sur le canyon (accès 7h-17h).

Le ***Pinnacle,*** à 3 km au nord-ouest de Graskop, est un énorme piton de quartz orné de quelques arbres. Accès de Graskop par la R 534.

Forest Falls : situées à 12 km au sud de Graskop, à gauche en contrebas de la route R 532 vers Sabie. On l'atteint par un sentier de 3 km à travers une belle forêt de pins. La seule cascade du secteur plus large que haute.

Maria Shires Falls : en venant de Graskop, sur la droite de la route R 532, 3 km avant les Forest Falls. Maria Shire était la mère de l'homme qui planta les 1ers arbres de la région.

Mac Mac Falls : environ 4 km après Forest Falls, donc assez près de Sabie, sur la gauche de la R 532. 300 m de marche pour y accéder. Découverte par des Écossais. C'est le président Burgers qui la baptisa ainsi en 1874. Cette cascade ravira les amateurs. Elle plonge de plus de 80 m d'un verdoyant plateau. Visible d'une plate-forme dominant le ravin.

– D'autres chutes et cascades aux environs de Sabie (voir plus bas)

PILGRIM'S REST

1 700 hab.

Que l'on vienne de l'ouest ou de l'est, la route R 533 est superbe, traversant des paysages de monts et de collines couverts de prés d'herbe rase, de maquis et de bosquets. On se croirait parfois en Irlande ou en Auvergne. À 15 km à l'ouest de Graskop, soudain au creux d'une vallée apparaît Pilgrim's Rest, un ancien village de mineurs, restauré avec soin pour le tourisme et pour la mémoire. Quand l'activité minière s'arrêta définitivement en 1972, le village se dépeupla doucement. Résultat, on découvre aujourd'hui un vrai village-musée de chercheurs d'or, comme à la fin du XIXe s, avec des maisons d'époque, la plupart restaurées, réparties des 2 côtés d'une rue unique.

– Attention au sport local : l'arnaque au lavage de voiture. Vous garez votre véhicule et, quand vous venez le récupérer, quelqu'un l'a lavé et vous demande donc de payer. Si ça ne vous plaît pas, il suffit de refuser...

UN PEU D'HISTOIRE

En 1873, un nommé Alec « Wheelbarrow » (« brouette ») Patterson, qui cherchait de l'or du côté de Sabie, découvrit des pépites dans un torrent de la vallée où se trouve aujourd'hui Pilgrim's Rest. Ce fut la 1re ruée vers l'or d'Afrique du Sud. Bientôt, 1 500 prospecteurs tamisèrent à ses côtés sur un territoire partagé en 4 000 concessions. Emma et Adelina furent les 2 plus grosses pépites d'or trouvées sur place (467 et 623 g).

LE TRANSVAAL

Après la 1re guerre d'indépendance (1880-1881), le gouvernement républicain favorisa l'éclosion des compagnies minières. C'est ainsi qu'un financier londonien, David Benjamin, racheta une grande partie des concessions, et en 1895 se créa la Transvaal Gold Mining Estates. La prospection et l'exploitation minière fut mécanisée et rationalisée.

En 1902, dans les derniers mois de la guerre anglo-boer, les Boers battirent monnaie à Pilgrim's Rest, utilisant l'or de la mine. Ils utilisaient une presse à bras qu'on pouvait déplacer facilement, pour éviter les attaques anglaises. Cette activité en pleine nature, loin des champs de bataille, y gagna le nom de *State Mint in the Field*. Dans la 1re moitié du XXe s, la mine continua à fonctionner cahin-caha, suivant les conjonctures économiques, les crises diverses, les inondations et les épuisements de filons. Le dernier coup de pioche fut donné en 1971, et le village déclaré Monument national en 1986.

Adresse utile

Office de tourisme : *Main St, Uptown. ☎ 013-768-10-60. • pilgrims-rest.co.za • Tlj 9h-12h45, 13h45-16h.* Plan du village, infos et nombreuses brochures en français. Renseignements et réservations sur les quelques *guesthouses*. L'office abrite aussi une petite expo permanente sur l'histoire de la ville : photos anciennes insolites, collection de minerais, objets domestiques, matériel de prospecteur, éléments d'archéologie locale. Boutique où, parmi les babioles touristiques classiques, on peut dénicher quelques objets anciens, vieilles bouteilles, etc. C'est ici qu'on achète le billet collectif pour les 4 petits musées du village (ou dans le 1er musée que vous visiterez). Prix : 20 R (réduc), qui donnent accès au *Pilgrim's and Sabie News Museum*, au *Central Garage* (vieilles autos), au *Dredzen Store* et au *House Museum* (lire plus bas « À voir »).

– Pas de distributeurs d'argent à Pilgrim's Rest.

Où dormir ?

Prix moyens (400-1 000 R / env 26,70-66,70 €)

Royal Hotel : *Main St, Uptown. ☎ 013-768-11-00. • royalhotelpilgrims.co.za • Double env 1 380 R, copieux petit déj compris.* Une vieille demeure historique de style victorien, en bois et en tôle ondulée, qui date de la ruée vers l'or. L'intérieur a été superbement restauré. Abrite une cinquantaine de chambres, une dizaine située dans le bâtiment central et le reste dans des cottages. Murs en tôle ondulée, salon avec vieux planchers, tapis et mobilier ancien cossu, lits en cuivre, beaux tissus, vieilles baignoires, objets du XIXe s dans les chambres, et aussi un bar dans une ancienne chapelle... Du charme et du caractère ! Resto correct (voir ci-après).

Où manger ?

Bon marché (jusqu'à 150 R / jusqu'à 10 €)

Pilgrim's Pantry (House of Mamma Van Wyk) : *Main St, Downtown. ☎ 013-768-11-29. Tlj 8h-17h. Plats 30-60 R.* À droite de la vieille station-service *BP*, dans une coquette maison bâtie en 1910, une vieille habitante du village propose gaufres, tartes maison, mais aussi sandwichs, burgers... à des prix sages. La maison fait aussi boutique de souvenirs et d'artisanat.

Prix moyens (150-400 R / env 10-26,70 €)

The Vine : *Main St, Downtown. ☎ 013-768-10-80. Ouv 10h (8h w-e)-19h (15h dim). Plats env 60-110 R.* Une vénérable demeure en tôle et bois laqué. On s'installe dans une vieille salle aux planchers usés ou bien en terrasse sous la véranda. On y sert d'excellentes spécialités *roots* et boers, comme l'*ostrich neck potjie* (autruche à « la pionnier » en tripode de fer), le *potjiekos and rice* (agneau en cocotte)... ou le *diggers stew* (bœuf et riz façon prospecteur, dans la poêle d'orpailleur).

Restaurant du Royal Hotel : *Main St, Uptown. ☎ 013-768-11-00. Ouv midi et soir jusqu'à 20h30 (dernière commande). Résa conseillée car il y a souvent des groupes. Buffet env 180 R ou plats 70-180 R.* Dans le même style que l'hôtel : vieux papier peint, plancher en bois, mobilier paysan, vénérables gravures. Cuisine classique, rustique et franche comme la campagne mais sous forme de buffet.

Où boire un verre ?

Johnny's Bar (The Vine Pub) : *Main St, Downtown. Ferme à 19h.* Un minuscule *neighbour pub* chaleureux en diable, attenant au resto *The Vine*. Décor patiné par les ans, genre brocante, de la chasse d'eau à la poêle d'orpailleur.

Church Bar : *Main St, Uptown. Ferme à 22h.* C'est le bar du *Royal Hotel,* installé dans une adorable ancienne chapelle en bois. D'abord chapelle d'école au Cap, elle fut démontée et rebâtie à Maputo au Mozambique, avant d'être démontée de nouveau quelques années plus tard et transportée en char à bœufs à Pilgrim's Rest... pour servir autre chose que du vin de messe. Décor d'époque, plancher et vieux comptoir rabotés et usés, poêle antédiluvien, large comptoir, souvenirs et photos aux murs.

À voir. À faire

Balade dans le village tôt le matin, sur près de 1 km, de Uptown à Downtown, dans ce paysage serein, pour admirer ces jolies demeures de pionniers, ces vieilles boutiques pleines de charme. Comme la restauration s'est faite tout en finesse, le village a su échapper au côté lourdement touristique habituel. Bref, hors saison, ça reste assez crédible. Visites : à part l'*Alanglade House Museum* et le *Diggings Site Museum,* les minimusées du village sont sur le même billet collectif qui vaut 20 R (à acheter à l'office de tourisme ou dans le 1er musée visité).

Central Garage (Transport Museum) : *en contrebas de la route principale, en face du Royal Hotel et à droite de l'office de tourisme. Tlj 9h-12h45, 13h45-16h.* Créé en 1924, il servit de garage et d'agence Chevrolet jusqu'en 1946. Démoli au début des années 1950, il a été reconstruit à l'identique en 2003. Un hangar abrite quelques vieilles voitures.

Victorian House Museum : *à 250 m plus bas que l'office de tourisme, en face de la poste. Tlj 9h-12h45, 13h45-16h.* Date de 1913. Typique de l'architecture bois et charpente de fer largement utilisée dans le village. Pleine de souvenirs post-victoriens. Cloisons en bois, lino d'époque bien raboté, tissus usés jusqu'à la moelle, vénérable mobilier, lits en cuivre, etc. Dans le salon, 2 fauteuils victoriens typiques, sans bras, pour permettre aux dames de s'asseoir avec leurs amples robes. Dehors, l'antique four à pain hollandais et le potager qu'on atteint par la véranda.

Pilgrim's and Sabie News Museum (Printing Museum) : *à 400 m plus haut que l'office de tourisme, sur la droite de la route principale. Tlj 9h-12h45, 13h45-16h.* La classique vieille imprimerie comme dans l'Ouest, le vrai. Le *Gold News* fut le 1er journal à paraître, dès 1874. Le titre n'avait pas été trop difficile à trouver. Puis il s'appela *Goldfields Mercury,* avant d'acquérir son titre définitif en 1910 : le *Pilgrim's and Sabie News.* Le journal subsista jusqu'à la fin des années 1940. Aujourd'hui, un œil nostalgique se promène sur les presses et linotypes antiques, les émouvantes casses « criblées » de plomb, les vieilles macules...

Dredzen Store : *dans la partie basse du village, à 500 m env de l'office de tourisme, sur la droite de la route principale en venant de la route nationale et du bas de la vallée. Tlj 9h-12h45, 13h45-16h.* Des drugstores comme ça, il y en eut jusqu'à 16 dans les années 1930. Puis, lors des 2 décennies suivantes, l'économie du village périclita, et ils disparurent presque tous. Celui-ci, typique des années 1940-1950, est resté dans son jus. Dans la boutique, rien ne manque, du baril de clous au vrai Frigidaire américain, en passant par les outils, les vêtements de travail, la pharmacie, les bacs à graines, les conserves bombées, etc. Derrière la boutique, l'appartement du négociant, typique également de l'époque, y compris le papier peint défraîchi, le plancher ciré, les interrupteurs en cuivre, les vénérables tissus... Un brin de charme nostalgique !

Un peu plus loin du centre

Historic Cemetery (cimetière) **:** *descendre vers le bas du village ; tourner à gauche et grimper le petit sentier (qui mène aussi à l'église méthodiste). GRATUIT.* Cimetière accroché à la colline et envahi par les hautes herbes, dans un environnement bucolique. Les pierres tombales racontent l'histoire du village, des histoires de vies bien remplies qui naquirent d'abord dans les brumes d'Europe du Nord. À noter que les sépultures sont toutes à la verticale de la colline, sauf celle d'un voleur marquée Robber (était-ce son vrai nom ou cela indiquait-il plus sûrement « tombe de voleur » ?). Elle est résolument en travers de la colline, à la perpendiculaire des autres, ultime stigmatisation, même dans la mort...

Diggings Site Museum *(musée et site des chercheurs d'or)* **:** *à 1 200 m du village sur la route de Graskop, panneau sur la gauche. Visite tlj à 10h, 11h, 12h, 14h et 15h. Entrée : 20 R ; réduc.* Quelques vieilles tentes en toile dans un pré au-dessus d'une rivière qui coule dans le fond de la vallée. Voilà le site où travaillaient les chercheurs d'or au début de l'aventure minière. Au départ sous des tentes, les prospecteurs s'installèrent dans des huttes et des cabanes. Ils menaient une vie rude. Ils arrivaient ici en chars tirés par des bœufs, souvent rongés par la dysenterie et la malaria. La somme d'efforts déployés, les longues et rudes journées de labeur n'étaient pas à la mesure des résultats, le plus souvent décevants. En revanche, au contraire de l'Ouest américain à la même époque, la violence et le vol étaient quasiment absents de la ville. La loi punissait durement les voleurs (voir le « Robber » du cimetière). Le visiteur peut s'initier aux techniques d'extraction de l'or, dont la fameuse « poêle à frire » pour récolter les pépites dans les torrents. C'étaient le plus souvent des paillettes incrustées dans la roche...

Alanglade House Museum : *à l'ouest de la ville. Visite guidée, seulement sur résa 30 mn avt auprès de l'*Information Centre, *en principe tlj à 11h et 14h. Entrée : 20 R ; réduc.* De 1915 à 1972, ce fut la résidence officielle du General Manager de la mine. Richement meublée et décorée de beaux objets couvrant les périodes édouardienne, Art nouveau, Art déco, etc. Le contraste devait être incroyable entre les conditions de vie des prospecteurs et ce luxueux mode de vie typiquement européen de la Belle Époque.

GRASKOP

4 000 hab.

À 42 km au nord de Sabie par la route 532 et 45 km du parc Kruger. Carrefour routier et ville-étape située sur un plateau (à 1 400 m d'altitude), Graskop jouit d'un climat agréable. La bourgade consiste en quelques rues bordées de maisons et de commerces. Voilà certainement la petite ville la plus attractive de la région, quadrillée et bien propre. Hormis les touristes, Graskop est également apprécié des *blue swallows* (hirondelles bleues) qui en ont fait l'un de leurs 3 lieux de nidification privilégiés dans le pays. Une insolite et définitive page tournée : le dernier prospecteur d'or du coin ne mit sa poêle à frire au rancart qu'en 1996 !

Infos utiles

ℹ ***Tourist Reservations & Info :*** *dans une hutte sur Louis Trichardt St.* ☎ *013-767-18-86. Infos complètes et résas d'hébergement sur le site • graskop.co.za • Tlj 8h-16h30. Bien documenté et professionnel.* Carte de la région, plan de la ville, infos et brochures sur les choses à voir dans le secteur.

■ ***FNB Bank :*** *Kerk St, à 50 m de l'intersection avec Louis Trichardt St. Lun-ven 9h-15h30, sam 8h30-11h.* Distributeur à l'extérieur (accepte les cartes *Visa* et *MasterCard*).

Où dormir ?

De bon marché à prix moyens (150-1 000 R / env 10-66,70 €)

🏠 ***Valley View Backpackers :*** *47, De Lange St (à l'entrée du village à droite en venant de Pilgrim's Rest).* ☎ *013-767-11-12.* 📱 *084-299-04-23. • valleyview.co.za • Camping 130 R/pers ; dortoir 180 R/pers ; doubles 390-420 R selon confort. Rondavel et cottages en self-catering 480-500 R pour 2.* Au bout d'un quartier résidentiel, s'ouvrant sur une belle vallée, cette petite *guesthouse* est tenue par le jovial Joseph, un étonnant Black South African car il parle 11 langues locales et aussi l'afrikaans (et l'anglais bien sûr). Il a longtemps travaillé dans le tourisme en Namibie, du temps de l'apartheid. Revenu au pays, il a racheté cet *hostel,* probablement le plus accueillant de la région ! On y trouve plusieurs types d'hébergements : camping, *rondavel* (cabane en bois) au toit de chaume tout équipé, dortoir (6 lits), chambres doubles (avec ou sans salle de bains) et des petits cottages *(self-catering).* Ni ventilo ni clim, car la température est clémente la nuit. Location de VTT et transfert (payant) de Nelspruit et Belfast.

🏠 🍴 ***Summit Lodge :*** *8, Market St, à l'entrée de la ville, venant de Pilgrim's Rest.* ☎ *013-767-10-58. • summitlodge.co.za • Nuitée 250 R/pers dans le wagon, petit déj inclus. Rondavel env 1 200 R pour 2, petit déj compris. Possibilité de ½ pens.* Petit complexe hôtelier offrant différentes formes de logement. D'abord, pour les plus petits budgets, un authentique wagon-couchette transformé en logement très bon marché. Inutile de préciser que les cabines-chambres sont particulièrement exiguës ! Ensuite, une douzaine de *rondavels* (huttes avec toits de chaume et murs ocre rouge comme dans la brousse) au milieu d'un grand jardin, au confort très sommaire. Puis des cottages pour familles, fonctionnels mais sans cachet particulier, avec cuisine, salon, salle de bains, petite terrasse. Enfin, des *wooden cabins* en formule *self-catering.* Environnement verdoyant très agréable... c'est le plus du lieu. Resto, pub, piscine.

Prix moyens (400-1 000 R / env 26,70-66,70 €)

Zur Alten Mine : *depuis Graskop, prendre la R 533 (Pilgrim's Rd), c'est 4 km plus loin sur la droite. 073-236-92-89. • zuraltenmine.co.za • Compter 600-900 R en chalet pour 2 selon confort. Petit déj (bon et copieux) sur demande 90 R.* Dans un environnement paisible et vert, un coin de Suisse égaré en Afrique. Accueil très chaleureux de Rainer et Wally. « Vers la mine d'or » (c'est son nom) dispose de 4 chalets en bois (de 2 à 5 personnes) simplement décorés, équipés d'une cuisine, d'une cheminée pour les soirées fraîches, d'une véranda privée et d'un barbecue. Que ce soit le *Family Cottage,* le *Garden Cottage,* le *Log Chalet* ou le *Honeymoon Chalet,* ils ont une vue imprenable sur la God's Window (montagne).

Mogodi Lodge : *à 1 km au sud de la ville, sur la route de Hazyview. ☎ 013-767-11-10. 079-645-64-90. • mogodilodge.co.za • Backpacker rooms 180-200 R/pers, doubles 940-1 000 R, petit déj en plus, et chalets 1 000-1 120 R pour 2.* Situé au-dessus des chutes de la Graskop Gorge. On pourrait se croire dans un collège britannique, avec ses maisonnettes en briques jaunes réparties sur une vaste pelouse. Le choix entre des bungalows (2 chambres, 2 salles de bains, un salon, cuisine équipée, cheminée, barbecue) et une vingtaine de chambres doubles. Confort passe-partout, déco classique de base, ensemble fonctionnel, mais les prix sages, la proximité des gorges et d'une belle cascade peuvent néanmoins justifier ce choix. Les plus téméraires pourront y faire une belle traversée en tyrolienne ! Resto, bar et même une chapelle (pour les mariages, au cas où...).

Chic (1 000-1 800 R / env 66,70-120 €)

Graskop Hotel : *au croisement de Hoof et Louis Trichardt St. ☎ 013-767-12-44. • graskophotel.co.za • Double env 1 460 R, petit déj compris.* Qui pourrait soupçonner que derrière cette façade anonyme, en plein centre-ville, se cache un des hôtels les plus remarquables de la région ? Un *Art Hotel* fait par des artistes inspirés pour le grand public. Un lieu délibérément dédié à l'expression artistique contemporaine, une sorte de galerie dans laquelle on peut dormir. Dès la réception, beaux espaces aérés et quelques objets savamment choisis. Les chambres (confortables, avec ventilo) situées dans le bâtiment sur rue sont absolument incroyables, toutes différentes, élégamment décorées d'œuvres d'art très originales. Le patron a recruté les meilleurs artistes du pays pour parfaire la décoration de son hôtel. Au rez-de-chaussée, le grand salon aux profonds fauteuils et le bar se prolongent par une belle salle d'expo. De l'autre côté de la piscine et de sa pelouse, quelques bungalows indépendants plus sobres dans leur décoration, mais charmants, avec petites terrasses tranquilles. Une très belle adresse, un vrai coup de cœur et des prix imbattables.

Où manger ? Où boire un verre ?

Bon marché (jusqu'à 150 R / jusqu'à 10 €)

Harrie's Pancakes : *à l'angle de Kerk et Louis Trichardt St. ☎ 013-767-12-73. Tlj 8h-18h.* Touristique, mais renommé pour ses succulents pancakes, vous l'aurez compris, crêpes fourrées salées (épinards, fromage, tomates confites, mozzarella, etc.) ou sucrées (figues vertes, mûres, banane), salades diverses... Cuisine saine, fraîche, finement préparée, plats servis généreusement dans un cadre moderne plaisant, coloré et ventilé. Belle terrasse sous véranda. À l'intérieur, expo de peinture.

Prix moyens (150-400 R / env 10-26,70 €)

Canimambo : *à l'angle de Hoof et Louis Trichardt St. ☎ 013-767-18-68. Tlj 11h-21h. Plats 65-170 R.* Resto mozambico-portugais où l'on se pose en terrasse, dans l'espace lounge et ses profonds canapés, ou dans la salle particulièrement accueillante aux tons chauds de la Méditerranée. Nombreux plats des 2 pays, bien préparés et pleins de saveurs, comme le burger portugais, le poulet *peri-peri* ou *chacuti*, l'*espetada* (plus cher) ou encore les sardines. Une des plus agréables étapes culinaires de la ville, tant pour son décor que pour la qualité de sa cuisine.

HAZYVIEW

4 250 hab.

À 35 km de Graskop et 67 km de Nelspruit, ce gros bourg est le plus proche des 3 portes d'entrée du sud du parc national Kruger et se situe non loin de Phabeni Gate (11 km est) et de Numbi Gate (19 km). C'est une ville-rue sans caractère semée de stations-service et de centres commerciaux Quelques possibilités de logement à prix modérés évitent d'avoir à dormir dans le parc (ou si ce dernier est complet).
Les paysages de la région sont plus attractifs que la ville. En arrivant par la R 535, juste après le col, superbe panorama s'ouvrant sur un cirque de montagnes, d'immenses forêts d'eucalyptus, et plus bas des champs de bananiers et de noix de macadamia. Toute cette région bénéficie d'un microclimat qui permet également la culture des oranges, mangues, litchis, citrons, papayes, etc. Une dernière info pour les amateurs de papillons : près de 800 espèces virevoltent dans le coin !

Infos utiles

On trouve 2 petits ***offices de tourisme*** dans les centres commerciaux *Rendez Vous* et *Perry's Bridge Trading Post.* Beaucoup de prospectus, mais finalement peu d'infos. Également plusieurs ***distributeurs*** dans ces 2 complexes.

Où dormir à Hazyview et dans les environs ?

De bon marché à prix moyens (150-1 000 R / env 10-66,70 €)

Gecko Backpackers : *à 3 km du centre, sur la R 536, direction Sabie. Piste abrupte fléchée sur la droite. 082-342-65-98. • backpackers-gecko.co.za • Camping agréable et ombragé 90 R/pers. Dortoir 130-195 R/pers ; doubles 385-470 R.* Un endroit incroyable au cœur d'un petit bout de jungle, assez indescriptible tant tout y est dense. Les murs sont constellés d'autographes laissés par les clients. Atmosphère vraiment relax, salle commune ouverte sur la forêt, avec billard sous un auvent. Animation autour du bar bien fourni. Cuisine équipée et dîner sur commande. Chambres et dortoirs très bien arrangés et décorés avec soin. Quelques chambres doubles dont la *Bushman* avec sanitaires privatifs. Aire de pique-nique dans le jardin, au bord de la Sabie. Organise aussi des randonnées à pied et à cheval, visite du Kruger, rafting, etc. Transfert pour le Mpumalanga, le Gauteng et l'aéroport de Johannesburg ou du Kruger.

Kruger Adventure Lodge : *Main Rd. 081-501-65-26. • krugeradventurelodge.co.za • Accès par la R 40, sur la droite à la sortie sud de la ville (en direction de la Numbi Gate). Tentes safari 720-1 140 R pour 2 ; double 1 140 R.* Vaste et beau complexe hôtelier aux unités dispersées dans un parc ombragé de 7,5 ha. De la réception aux chambres, en passant par le restaurant et par les terrasses, une certaine élégance réchauffée par des tons chaleureux aux couleurs de l'Afrique. Terrain de volley, salle de gym, et grande aire de jeu bien pensée pour les enfants. Côté resto, cuisine à base des légumes du jardin (excellents plats végétariens). Possibilités d'excursions, safaris et balades à cheval à partir de l'auberge, à prix abordables. Enfin, 2 belles piscines. Notre adresse préférée à Hazyview même, pour son rapport qualité-prix imbattable.

Hazyview Country Cottages : *en venant de Nelspruit par la R 40, tourner à droite sur la R 538 vers Numbi Gate. Le lodge se trouve à env 300 m, sur la gauche (chemin de terre). 082-337-65-32. • hazyviewcountrycottages.co.za • Lit en dortoir 140 R ; cottages 500-1 200 R selon saison et confort ; camping 150 R/nuit pour 2. Petit déj sur commande 40 R. Parking privé.* Une dizaine de cottages (en *self-catering,* avec cuisine équipée) pour 2 à 8 personnes, dans un environnement calme et verdoyant (grand jardin ombragé, piscine, fontaine...). Tarifs plus intéressants en semaine hors des vacances. Possibilité de camper : une cinquantaine d'emplacements avec électricité et bloc sanitaires.

Chic (1 000-1 800 R / env 66,70-120 €)

Hamilton Park Country Lodge : *à env 12 km au sud-ouest de Hazyview, sur la R 40 en direction de White River. 074-252-70-37. • hamiltonparks.com • Doubles standard 1 200 R selon saison et confort, petit déj inclus.* Au sommet d'une colline, un panneau l'indique sur la gauche. Franchir le portail et continuer 2 km par un chemin de terre praticable aux voitures de tourisme. On arrive au bas d'un charmant vallon verdoyant. La maison principale de style Cape Dutch est l'endroit le plus marqué par l'histoire. On y prend les repas. Il y a aussi un salon agréable le soir. Les aimables propriétaires ont aménagé les chambres dans des pavillons extérieurs qui ressemblent à des chaumières hollandaises, avec tout le confort (douche/w-c, clim, ventilo) et une petite terrasse donnant sur les prés. Dîner sur place, cuisine familiale mijotée par le sympathique Kurt. De loin, c'est notre adresse coup de cœur dans la région !

Où manger ?

Les 3 adresses suivantes se trouvent dans un petit centre commercial aux terrasses proprettes (le *Perry's Bridge Trading Post*), à l'angle de la R 536 (route de Sabie) et de la R 40 (Main Rd).

Prix moyens (150-400 R / env 10-26,70 €)

Kuka Restaurant : *☎ 013-737-69-57. Tlj 10h-22h. Plats 80-200 R.* *Kuka* est un pub-restaurant chic et *trendy,* avec une jolie déco. Agréable salle avec grandes tables conviviales et profonds canapés. Vaste terrasse ombragée, sur pilotis. Carte classique avec des salades, des *wraps,* des pâtes, des burgers, des plats au curry et des viandes (*T-bone,* poisson du jour...). Tout est copieux et à prix sages pour la qualité.

Topolino's : *☎ 013-737-80-49. Tlj 10h-21h (22h jeu-sam). Pâtes 65-100 R ; pizzas 75-130 R.* En terrasse surélevée à l'ombre d'un arbre centenaire, un resto italien avec des pâtes, des lasagnes, des salades et 24 sortes de pizzas bien faites.

Pioneer's Butcher & Grill : *☎ 013-737-73-97. Tlj 12h-15h, 18h-21h. Plats 100-200 R.* Le resto fait aussi boucherie, on y mange les meilleures viandes de la ville. Cuisine bien préparée et fraîche. Bon service. Les végétariens pourront se régaler de généreuses salades bien fraîches et croquantes à souhait, ou de l'excellent *vegetarian platter.*

À voir dans les environs

Shangana Cultural Village : à 5 km, sur la route de Graskop (la R 535). ☎ 013-737-58-04. • shangana.co.za • Tlj 9h-17h (départ du dernier tour à 16h). Tarif : 200 R/pers. Tout sur la culture shangana à travers un village traditionnel reconstitué. Tours guidés (environ 1h ou 1h30 au choix), danses folkloriques et possibilité de *lunch* copieux *(sur résa la veille : env 425 R).* Entrée du marché artisanal gratuite (en outre, choix et prix intéressants). *Evening festival* de 17h à 20h *(sur résa, compter 645 R/pers).* On est accueilli par le chef en grande tenue de cérémonie. Chants et danses rituels de qualité et somptueux dîner. L'ensemble est très touristique, mais mérite le coup d'œil.

Elephant Sanctuary : à env 6 km en direction de Sabie par la R 536, tourner à gauche au niveau du Casa do Sol et suivre les panneaux. ☎ 013-737-66-09. • elephantsanctuary.co.za • Tours organisés seulement, tlj à 8h, 10h, 13h et 15h. Tarifs : 675-855 R ; ½ tarif enfant. Une petite balade très pédagogique et intéressante dans la forêt, avec moult explications (en anglais) pour tout savoir sur les éléphants. Les visiteurs sont invités à les toucher, des pattes à la queue, sans oublier la langue... Et avec un peu de chance, vous aurez droit à un méga-bisou pachydermique ! Sympa pour un baptême, assez cher cependant.

SABIE

9 150 hab.

À 61 km au nord de Nelspruit, Sabie est la plus grosse ville du Nord-Mpumalanga. Elle fut longtemps l'une des plus importantes mines d'or de la région. La *Glynn's Lydenburg Gold Mining Co* fut exploitée activement pendant un demi-siècle avant de fermer en 1950. Sabie s'est depuis reconverti dans « l'or vert » en devenant la capitale du bois, au centre de la plus grande forêt artificielle du pays. La ville n'a, certes, pas grand-chose à proposer mais elle n'est pas désagréable pour autant.

UNE RECHERCHE CIBLÉE !

En 1895, un nommé Glynn et quelques autres joyeux prospecteurs en goguette firent escale sur la route de Pilgrim's Rest. Après un pique-nique bien arrosé, ils prirent pour cible un rocher et s'aperçurent vite que chaque impact de balle révélait un éclat doré. Dans les minutes qui suivirent, ils commencèrent à prospecter. Incroyable époque !

Infos utiles

- ***Tourist Information & Reservation :*** *Green View Sq. ☎ 013-590-54-52. • sabie.co.za • Tlj 9h-16h (14h sam, 12h dim). Bon accueil.* Plan, brochures et infos pratiques sur la ville et la région.
- ***Hôpital de Sabie :*** *☎ 013-764-12-22.*
- ***Poste*** et ***banque*** avec guichet automatique dans le centre commercial *Market Square*, au centre.

LE TRANSVAAL

Où dormir ?

Chic (1 000-1 800 R / env 66,70-120 €)

🏠 ***Hillwatering Country House :*** *50, Marula St. Du centre, prendre la R 37 en direction de Lydenburg. Bien indiqué sur la droite, à env 1 km.* ☎ *013-764-14-21.* ● *hillwatering.co.za* ● *Doubles env 1 420-1 540 R, petit déj compris.* Dans un quartier résidentiel et paisible, une jolie maison tenue par Riana et Ane, un couple charmant et accueillant. Lui ressemble à l'acteur Sean Connery ! Propose 4 chambres coquettes et douillettes, à la déco fraîche. Toutes disposent d'un ventilateur et d'une petite terrasse avec très jolie vue sur la nature et le jardin.

🏠 ***Sabie Townhouse :*** *tt au bout de Power St (la dernière rue à droite en partant vers Graskop).* ☎ *013-764-22-92.* 📱 *082-556-78-95.* ● *sabie townhouse.co.za* ● *Doubles env 1 070-1 590 R, petit déj inclus. Parking privé.* À l'écart de la ville, cette maison cossue, aux murs en brique et pierre, offre une demi-douzaine de chambres confortables (dont 3 très spacieuses *family rooms*). Déco soignée et nette. Petite piscine et terrasse embrassant une jolie vue champêtre. Un havre de paix en somme, tenu par un couple charmant.

Où dormir dans les environs ?

🏠 ***Porcupine Ridge Guest House :*** *5, Vanaxe Estate, Hazyview Rd.* 📱 *082-818-02-77 ou 073-611-63-49.* ● *porcupineridge.co.za* ● *Situé à 7 km de Sabie, par la R 536 vers Hazyview. Doubles standard 1 260-1 460 R, petit déj inclus.* À 40 mn du parc Kruger, cette maison en pleine nature peut être une bonne escale pour rayonner. On est reçu par Janet (ex-designer) et John Wills (ancien ingénieur), un couple accueillant et attentionné. Chambres impeccables (avec ventilo et douche/w-c), déco sobre, et vue superbe sur le jardin et la campagne.

Où manger ?

Bon marché (150-400 R / env 10-26,70 €)

🍽 ***The Wild Fig Tree :*** *au croisement de Main St et Louis Trichardt St.* ☎ *013-764-22-39. Tlj 8h30-21h (20h dim). Plats 60-155 R.* Le meilleur resto de la ville. Dans cette maison de style colonial, on cuisine à toutes les sauces la spécialité du coin : la truite. Avec ail et citron, fourrée aux noix de macadamia, aux amandes... Quelques viandes également pour les carnivores, un excellent carpaccio de koudou, et même du crocodile. À expérimenter en salle ou sous la véranda, éclairée à la lampe à huile. Fait aussi petite épicerie fine et boutique d'artisanat.

🍽 ***Petena Pancakes :*** *à l'angle de Main St et de Louis Trichardt St.* ☎ *013-764-15-41. Tlj 9h-17h. Plats 40-80 R.* En contrebas de Sabie, au bord d'un parking. Bon endroit pour prendre un petit déjeuner, manger des sandwichs, des salades ou des toasts. On y sert d'excellents pancakes. Salle simple et agréable avec vue dégagée sur la vallée. Addition légère, produits frais et service jovial.

🍽 ***The Woodsman Restaurant :*** *94, Main St.* ☎ *013-764-20-15. Tlj 7h-21h. Plats 85-175 R.* Au cœur du village, bon resto tenu par des Grecs, avec un grand bar, un sol dallé, la déco rustique un peu chic, et une terrasse claire et calme. Sert une cuisine mêlant le goût de la Méditerranée aux saveurs sud-africaines. Elle est fraîche et variée avec la spécialité de la maison : le *stifadho,* ragoût de bœuf avec du riz et des oignons. Et aussi : salades (grecque entre autres), moussaka, truite, viandes, poulet, filet d'autruche.

À voir. À faire

Komatiland Forest Industry Museum *(musée de l'Exploitation forestière)* *: à l'angle de Tenth St et Ford. ☎ 013-764-10-58. Lun-ven 8h-13h et 14h-16h30, sam 8h-12h. Entrée : 5 R ; réduc.* Devant le musée, d'antiques machines à vapeur. Des salles consacrées à l'histoire du bois et de la pâte à papier. Comment se font les plantations, techniques, environnement, protection contre le feu, applications, etc. Présentation claire et pédagogique.

➢ La route Sabie-Mashising (ex-Lydenburg) est l'une des plus jolies du nord du pays. 2 points forts : d'abord, la ***Long Tom Pass*** qui fut le théâtre d'âpres batailles entre Boers et Anglais. En 1900, les Boers défendaient le col à l'aide de canons baptisés Long Tom. De part et d'autre du col, amples paysages verdoyants. Puis, vers Lydenburg, le plus haut col routier de la région, à 2 150 m.

Les cascades aux environs de Sabie : les ***Bridal Veil Falls*** sont situées à 6 km au nord-ouest de Sabie. Accès par l'*old Lydenburg road,* puis, à la hauteur de GFP Sawmill, sentier de 15 mn (à peine 1 km) à pied. Elles doivent leur nom au brouillard d'eau en suspension évoquant un « voile de mariée ». Les ***Lone Creek Falls*** sont plus à l'ouest (5 km par une piste) et 200 m de marche. Elles tombent de 68 m. Fort plaisant but de pique-nique. *Compter 10-20 R/pers pour chacune d'elles.*

LE TRANSVAAL

NELSPRUIT (MBOMBELA)

59 000 hab.

• Plan *p. 169*

À 355 km à l'est de Johannesburg (minimum 5h de route), Nelspruit (rebaptisée Mbombela) est la capitale du Mpumalanga. Située dans la vallée du Crocodile, elle fut fondée en 1895 par les frères Nel, des pionniers boers. C'est une grosse métropole économique, traversée par des voies rapides, avec des *shopping centres* et des secteurs résidentiels verdoyants étendus sur une ligne de collines. La région jouit d'un climat subtropical. Elle est la 2e productrice d'agrumes du pays, en particulier les oranges. Nelspruit est une bonne base pour une excursion dans la partie sud du parc Kruger, et un important carrefour pour le Mozambique.

– ***L'entrée du parc Kruger*** la plus proche est la ***Malelane Gate*** située à 67 km à l'est. Accès par l'autoroute N 4 (en direction de Komatipoort et de la frontière avec le Mozambique).

Arriver – Quitter

En bus

La gare routière se situe face à l'hôtel *Promenade,* sur Samora Machel Drive *(plan B1).* Les minibus partent eux du bout de Andrew Street *(plan B1).*

➢ ***Jo'burg :*** avec *Greyhound (☎ 013-753-21-00).* Un bus/j. le mat au départ de Johannesburg. Durée : 6h. Arrêt à Pretoria. Avec *Citybug (☎ 0861-33-44-33 ; • citybug.co.za •)* : 2 bus/j. au départ de l'aéroport international O. R. Tambo (Johannesburg), depuis le coach terminal Kiosk nº 3. Arrêt à Nelspruit Sonpark BP Garage. Durée : 6h.

➢ ***Barberton :*** avec les transports locaux (minibus).

– Les bus *Inter-City,* quant à eux, partent à l'angle Bester-Petroleum.

En avion

✈ ***Kruger Mpumalanga International Airport :*** *à 26 km au nord-est de Nelspruit, accessible par la N 4 et la R 538. ☎ 013-753-75-00. • kmiairport.co.za •* Distributeurs d'argent, bureau de change, agences de location de véhicules *(Avis, Hertz, Europcar...).* Agences de tourisme proposant des transferts *(shuttle)* vers le parc Kruger et les principaux sites de la région. Service de minibus *Citybug* pour le centre-ville de Nelspruit.

➢ Liaisons tlj avec *South African Airways* de/pour ***Johannesburg, Durban*** et ***Cape Town.***

En train

➢ ***Jo'burg*** et ***Komatipoort :*** trains tlj. Très long, pas vraiment conseillé.

Adresses utiles

ℹ ***Office de tourisme*** *(plan A1) : KLCBT House, dans le complexe commercial Crossing, sur la R 40 (vers White River). ☎ 013-755-19-88. • lowveldtourism.com • Lun-ven 7h-18h, sam 8h-13h30.* Documentation de base et nombreuses brochures.

■ On trouve une ***banque*** et un ***bureau de change*** dans le même complexe commercial.

Où dormir ?

De bon marché à prix moyens (150-1 000 R / env 10-66,70 €)

⛺ ⌂ ***Nelspruit Backpackers*** *(plan A-B2,* ***11****) : 9, Andries Pretorius St. ☎ 013-741-22-37. 📱 081-457-42-27. • nelback.co.za • En dortoir, compter 180 R/pers ; double 480 R. Camping 120 R. Parking privé.* Le plus central des *backpackers.* Dans une maison toute simple et accueillante, on est accueilli par le jovial Paul. Il propose 1 chambre (3 lits), 1 chambre quadruple et 4 dortoirs de 6 lits. Ambiance familiale et conviviale. Possibilité de camper (fournissent même la tente aux étourdis). Petite cuisine équipée, salle commune avec bibliothèque, billard et bar. Petite piscine dans le jardin et terrasse surplombant un joli coin de nature. Possibilité d'excursions dans les environs et au parc Kruger à des prix raisonnables. Également nombreuses infos sur le Mozambique et le Swaziland.

⌂ ***Old Vic Traveller's Inn*** *(plan B2,* ***13****) : 12, Impala St. Attention : il y a 2 numéros « 12 » dans cette rue ! Il faut descendre env 500 m, la maison est sur la gauche. ☎ 013-744-09-93. 📱 082-340-15-08. • krugerandmore.co.za • Dortoir 195 R/pers ; doubles à partir de 480 R ; en suite (avec clim) 660 R. Excellent dîner sur commande.* À env 2,5 km du centre-ville, un excellent *hostel* installé dans une maison accueillante et bien tenue, à l'ambiance routarde. Salle commune chaleureuse avec son petit coin bar, cuisine et barbecue à disposition. Au choix, 6 chambres doubles (dont 2 avec douche/w-c privatifs), simples mais proprettes. Et aussi un petit chalet pour 2, 2 cottages pour 4 (cuisine équipée) et 2 dortoirs (3 et 10 lits). Petite piscine entourée de verdure. Transfert gratuit pour la ville (dans la journée). Propose également des excursions via leur propre agence *(****Kruger Flexi Tours*** *; compter env 1 650 R/j. et par pers pour le Kruger, par exemple).*

⌂ ***Auberge Guest Lodge*** *(plan A2,* ***15****) : 3, De Villiers St. À côté du Nelspruit Sun Lodge. ☎ 013-741-28-66. • aubergeguestlodge.com • Double 970 R, petit déj inclus. Parking*

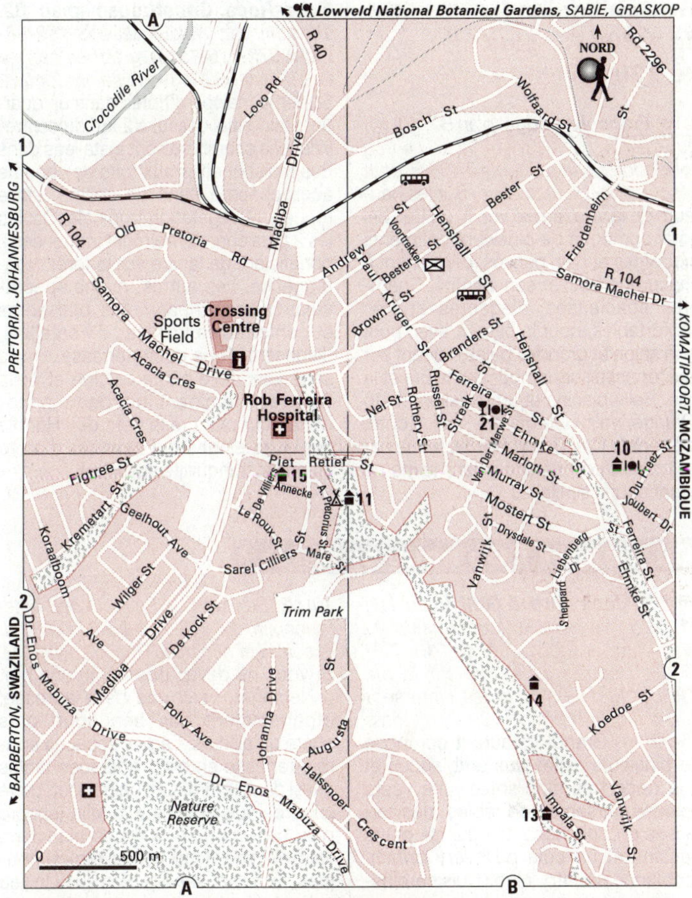

NELSPRUIT

■ Adresse utile	14 La Roca Guesthouse (B2)
Office de tourisme (A1)	15 Auberge Guest Lodge (A2)
Où dormir ?	**Où manger ? Où boire un verre ?**
10 Francolin Lodge (B2)	10 Orange Restaurant (B2)
11 Nelspruit Backpackers (A-B2)	21 Jock Pub & Grill (B1)
13 Old Vic Traveller's Inn (B2)	

sécurisé. Bien située, proche du centre animé (restos, bars), cette *guesthouse* jaune poussin s'organise en U autour d'un jardin et de sa piscine. Une personne aimable à la réception. Belles chambres propres et confortables (clim, minibar, TV satellite) avec carrelage au sol et déco plutôt soignée. Elles donnent sur le jardin (donc calmes).

Très chic (plus de 1 800 R / plus de 120 €)

Francolin Lodge (plan B2, **10**) : 4, Du Preez St. ☎ 013-744-12-51. • francolinlodge.co.za • Double 2 400 R, petit déj compris. Parking privé. Sur les hauteurs de la ville (quelle vue !), un très bel hôtel composé de plusieurs bâtiments modernes et bien pensés, permettant à chacun de trouver son intimité. Chambres spacieuses, élégantes et très confortables, pour la plupart avec petit coin salon et grandes baies ouvrant sur une terrasse surplombant la nature et la ville. Belle piscine et un excellent resto (*Orange*, voir « Où manger ? »). À côté, la ***Loerie's Call Guest House*** tenue par les mêmes propriétaires, dans le même esprit et prix similaires.

La Roca Guesthouse (plan B2, **14**) : 56, Van Wijk St. ☎ 013-752-66-28. 072-776-10-44. • laroca.co.za • Doubles 1 560-2 390 R selon confort. Superbe maison d'hôtes dans un quartier résidentiel cossu, à 2 km du centre-ville. Les chambres sont installées dans des maisonnettes aux toits de chaume accrochées à flanc de colline, entre rochers et végétation tropicale. Seules les 2 plus chères (vraiment immenses !) bénéficient de la vue sur la forêt montagneuse. Les autres, moins spectaculaires mais néanmoins plaisantes et confortables (minibar, TV satellite), disposent d'une petite terrasse... mais sans vue. Jolie petite piscine et belle terrasse dominant un beau panorama pour prendre le petit déj. Hormis quelques singes qui cavalent d'arbre en arbre, tranquillité assurée !

Où manger ? Où boire un verre ?

Jock Pub & Grill (plan B1, **21**) : 23, Ferreira St (au croisement avec Van der Merwe St). ☎ 013-755-49-69. L'entrée se trouve sur la rue Van der Merwe à 50 m avt l'intersection avec Ferreira. Tlj 8h-21h. Plats 65-220 R. Grand restaurant composé de plusieurs salles aux ambiances et à la déco très différentes, une vaste pelouse parsemée de tables, des terrasses en bois séparées par de petits bassins et un coin pub *very british*. Ambiance country-club. Cuisine classique correcte avec les sempiternels *T-bone* taille XXL, les steaks, les grosses salades composées, et toutes sortes de snacks aux inspirations cosmopolites.

Orange Restaurant (plan B2, **10**) : 2, Du Preez St. Le resto de l'hôtel Francolin. ☎ 013-744-95-07. Tlj midi et soir, sauf dim midi. Repas env 300 R. Si vous ne devez passer qu'une nuit à Nelspruit, voici une belle adresse, étonnamment pas beaucoup plus chère qu'ailleurs. Larges espaces épurés, terrasse en bois, quelques tables aussi dans le jardin. Et de partout, cette superbe vue dominant la ville (encore plus beau la nuit). Nappes blanches, vaisselle fine, fleurs sur les tables, bougies, excellent service bien sûr. Un lieu chic et superbe, comme une page de magazine. Carte assez restreinte – souvent bon signe – de plats classiques mais préparés avec soin et joliment mis en scène dans les assiettes. Parfait pour un dîner en amoureux !

À voir

Lowveld National Botanical Gardens (hors plan par A1) : sur la R 40, à 4 km env, vers White River. ☎ 013-752-55-31. Tlj 8h-17h (18h sept-mars). Entrée : 35 R ; réduc. Un bel aperçu de la flore sud-africaine, à découvrir au long de sentiers odorants, ponts suspendus et pilotis s'enfonçant dans la forêt dense. Près de 600 variétés d'arbres, arbustes, plantes (dont un large secteur réservé aux médicinales), quelque 250 espèces d'oiseaux, sans oublier les lézards, grenouilles, araignées, insectes et reptiles de toutes sortes. En contrebas, le *Riverside Trail*, un chemin escarpé noyé dans la végétation, conduit à la rivière. Attention, ça glisse fort quand il pleut, et l'eau est contaminée par la bilharziose. Donc ne pas faire trempette, même pas une main ! Au passage, les plus beaux spécimens de la forêt tropicale, comme le cyca, ce palmier qui remonte à plusieurs millions d'années. En prime, quelques gentils points de vue, de belles cascades, un café et des coins sympa pour un pique-nique.

DANS LES ENVIRONS DE NELSPRUIT

Chimp Eden Sanctuary *(carte Le Mpumalanga)* **:** *à 15 km par la R 40, en direction de Barberton. 079-777-15-14. • chimpeden.com • Tlj 8h-16h. Tours organisés seulement, tlj à 10h, 12h et 14h. Entrée : 210 R ; réduc.* La belle route qui traverse la réserve Umhloti, entre la sortie de la R 40 et l'entrée du parc, vaudrait presque à elle seule la balade. Ce sanctuaire est géré par l'association Jane Goodall Institute of South Africa et abrite une colonie de chimpanzés recueillis dans plusieurs pays africains après avoir été blessés ou maltraités. Des propriétaires qui s'amusaient à les faire boire ou fumer, par exemple... Ils mènent leur nouvelle vie dans des enclos répartis sur 1 000 ha, bichonnés par une équipe dévouée.

Sudwala Caves *(carte Le Mpumalanga)* **:** *à env 30 km au nord-ouest de Nelspruit. 083-446-02-28 ou 079-205-16-88. • sudwalacaves.com • Prendre la N 4 vers Jo'burg, puis à droite la R 539 et suivre les indications. Tlj 8h30-16h30. Entrée : 100 R ; réduc. Visite guidée obligatoire ttes les heures (durée env 1h).* Parmi les plus vieilles et les plus larges grottes du monde (plus de 200 millions d'années, dit-on). Pour les amoureux de stalagmites et autres -tites, à découvrir en s'enfonçant jusqu'à 600 m sous terre. Elles servirent de refuge à un roi swazi contre les Zoulous. Une fois par mois *(sur résa, le 1er sam du mois ou par groupes de 5 pers min ; 450 R)* est proposé un *Crystal Tour* de 4h à travers d'invraisemblables passages (pas nécessairement difficiles, mais étroits et souvent glissants). Brrr... Claustrophobes, s'abstenir ! Prévoir de bonnes chaussures, des vêtements usés et une lampe frontale *(on peut en louer sur place).*

Barberton *(carte Le Mpumalanga)* **:** *à 43 km au sud de Nelspruit par la R 40.* Là aussi, l'un des hauts lieux de la ruée vers l'or. En 1884, Fred et Henry Barber y découvrirent de l'or. Aujourd'hui, c'est une petite ville-musée endormie, noyée sous les arbres au pied de monts verdoyants, avec de petits mais intéressants musées dans le centre. Au départ de l'office de tourisme *(73, De Villiers St 082-959-66-70 ; • barberton.co.za • ; lun-ven 7h30-17h, sam 9h-13h)* et son agréable *tea garden* sous kiosque, un parcours piéton balisé, l'*Heritage Walk,* relie tous les sites à visiter. On passe devant les vestiges de l'ancienne chambre de commerce, la 1re du Transvaal, bâtie en 1887. Puis on découvre, la *Stopforth House* (angle Bowness et President), demeure typique de la *middle class* de la 1re moitié du XXe s, et la *Belhaven House* (angle Bowness et Lee), une superbe maison victorienne de la haute société, dont le cadre et l'atmosphère n'ont guère changé depuis un siècle. Visites guidées obligatoires et payantes *(20 R pour les 2 maisons ; tlj à 10h, 11h, 12h, 14h et 15h).* Enfin, à l'écart, le très modeste *Musée principal* (gratuit) évoque la géologie, l'histoire de la mine et du village, etc. De là, départ du *bird trail,* un sentier s'enfonçant sur 2 km dans la forêt. Se faire accompagner par l'un des *Tourism Safety Monitors* qui patientent au musée. Gare aux serpents !

LE SWAZILAND (eSWATINI)

• Carte *p. 175*

ABC du Swaziland (eSwatini)

- ***Nom du pays :*** officiellement appelé eSwatini depuis le 19 avril 2018 (mais on va encore utiliser le nom Swaziland pendant un certain temps...).
- ***Population :*** 1,4 million d'habitants.
- ***Superficie :*** 17 364 km² (soit à peu près une demi-Belgique !).
- ***Capitale :*** Mbabane.
- ***Régime :*** monarchie absolue.
- ***Chef de l'État :*** depuis 1986, le roi Mswati III, surnommé « le Lion ».
- ***Monnaie :*** le lilangeni. 1 lilangeni = env 0,07 €. 1 euro = env 14 emalangeni (c'est le pluriel). Cette monnaie est indexée sur le rand sud-africain, qui est accepté partout.
- ***Langues officielles :*** le swazi et l'anglais.
- ***Espérance de vie :*** 52 ans (le sida est la 1re cause de mortalité).
- ***Pour téléphoner de France vers le Swaziland :*** 00 + 268 + n° du correspondant.

Le Swaziland ! Non, ce n'est pas un parc d'attractions ni un royaume d'opérette. Voilà un des pays les plus méconnus du monde, mais aussi un des plus secrets. Ses traditions préservées sont parmi les plus remarquables et colorées du continent africain, même si elles ne sautent pas aux yeux du visiteur de passage. Traverser trop vite le royaume du roi Mswati III serait une erreur, voire un « crime de lèse-majesté ». Tous les routards et les randonneurs vous le diront.

Ce royaume paisible, qui vient de retrouver son nom d'avant la colonisation, eSwatini, souvent comparé à une Suisse noire pour ses paysages d'une grande sérénité, alternant montagnes et vallées verdoyantes, séduit par son métissage. Plaines fertiles, collines ondulantes couvertes de forêts, rivières et cascades, voici quelques-unes des cartes postales que propose ce pays attachant. Le Swaziland abrite également plusieurs réserves qui méritent d'être explorées, même si les *Big Five* y sont peu ou pas présents. Avantage : dans certaines on peut descendre de voiture et se balader à pied ou à vélo sans danger, car il n'y a pas de carnassiers (bien vérifier quand même !).

Autre point positif, la population est d'une grande douceur, particulièrement accueillante et souriante. On se sent rapidement comme chez soi, loin des tensions sociales de l'Afrique du Sud, et ce n'est pas le moindre des bonheurs qu'offre ce minuscule confetti africain.
Enfin, si le cours de la monnaie est aligné sur celui de l'Afrique du Sud (on y accepte partout les rands), le coût de la vie y est un peu moins élevé.
Ces aspects riants ne doivent pas masquer toutefois un sombre tableau : 63 % de la population vit sous le seuil national de pauvreté, et le sida fait des ravages, avec près de 35 % de la population touchée (chiffre officieux mais bien réel) et une espérance de vie qui a chuté à 52 ans depuis l'explosion de l'épidémie. De plus, selon Reporters sans frontières, le Swaziland est un des pays les plus liberticides en matière d'information. Il y est particulièrement risqué de diffuser toute information négative sur le gouvernement.

UN PEU D'HISTOIRE

Issue des clans bantous, la famille régnante s'est établie dans l'actuel Swaziland au milieu du XVIIIe s. La poussée des Zoulous ayant été contenue par le roi Sobhuza Ier au sud de la rivière Pongola, la nation swazi parvint à prendre forme, sous le règne de Ngwane III. Les Blancs arrivèrent à partir de 1840, ce qui n'empêcha pas Mswati II (1845-1865) d'étendre son influence vers l'ouest et le nord. Mais son successeur, Mbandzeni (1875-1889), accorda de trop nombreuses concessions aux commerçants anglais, fermiers boers et mineurs. Il dilua ainsi son autorité, et son prestige diminua.
À l'issue de la guerre avec les Boers en 1902, les Anglais vainqueurs imposèrent un protectorat sur le territoire actuel. Après une régence de 22 ans, sous la férule de la reine, Gwamile, Sobhuza II monta sur le trône. La Grande-Bretagne ne reconnut en lui qu'un chef coutumier jusqu'à l'indépendance accordée en 1968. Après la dissolution du Parlement et l'interdiction des partis politiques en 1973, le règne le plus long de l'histoire (61 ans) se termina en 1982. Durant 2 ans, la régence fut assurée par l'une des 70 femmes du roi défunt. Elle assura la transition de la Couronne avant l'installation d'un double pouvoir monarchique, assuré à la fois par la reine mère Ntombi Tfwala et Mswati III. Celui-ci, né en 1968, est le roi du Swaziland depuis 1986.

EXIT LE SWAZILAND ! VIVE LE PAYS DES SWAZIS !

eSwatini : c'est ainsi que le Swaziland a été renommé, sur décision du roi Mswati, le 19 avril 2018, à l'occasion du 50e anniversaire de l'indépendance du pays, fêté en grande pompe. Ce qui pourrait ressembler à l'une des dernières facéties de ce monarque absolu est en fait une décision assez logique, dont on comprend mal qu'elle vienne aussi tardivement. eSwatini, littéralement le « pays des Swazis », était en effet le nom porté par cette contrée avant la colonisation britannique. Les Anglais l'avaient appelé Swaziland, curieux mélange de langue swati et d'anglais. Nul doute qu'au-delà de l'effet d'annonce, le nom Swaziland perdurera encore quelques années avant que le nouveau ne s'impose.

AU ROYAUME DE L'INSOLITE

Combien d'anecdotes curieuses racontées dans la presse ont contribué à donner une image insolite à ce royaume ? Le roi Mswati III est polygame (une quinzaine d'épouses). En 2003, il a épousé une jeune fille de 18 ans, pour en faire sa 10e épouse. Elle fut kidnappée selon la tradition, mais contre l'avis de la mère, qui porta plainte contre le souverain. Une 1re dans cette monarchie absolue. Ajoutons à cela l'achat par le roi d'un avion privé de 36 millions d'euros, l'équivalent du budget annuel de la Santé. En 2014, le Parlement a accordé 61 millions de dollars au roi au titre de la liste civile, pour ses dépenses perso et celles de la maison royale...

GÉOGRAPHIE

Le pays est partagé en 3 secteurs climatiques distincts. Dans la partie sud-est, le Bas-Veld s'étend de 120 à 500 m d'altitude. Il y fait chaud et sec et on y cultive la canne à sucre. Le Veld moyen (de 500 à 1 200 m) correspond à la partie centrale, la plus agréable à vivre toute l'année. Là se trouvent la vallée d'Ezulwini, de Malkerns et sa plaine d'ananas. Enfin, dernier secteur, le Haut-Veld, étagé de 1 200 à 1 862 m, qui couvre la partie montagneuse du Nord-Ouest autour de Pigg's Peak. Cette région est la plus arrosée du Swaziland.

INFOS UTILES

– ***Formalités douanières :*** pour entrer et circuler dans le pays, un passeport valide au moins 6 moins après la date de votre sortie du Swaziland, avec 2 pages vierges, est nécessaire. Pas de visa nécessaire pour un séjour de moins de 30 jours. Un coup de tampon à la frontière suffit.
Pour le véhicule, une taxe de 50 R minimum (elle dépend du type de véhicule) est exigée à l'entrée sur le territoire ; garder le justificatif pendant tout le séjour. Paiement en espèces (rands acceptés).
Pour entrer au Swaziland, 13 postes-frontières au total (dont 11 avec l'Afrique du Sud, les 2 autres avec le Mozambique). Ils ouvrent généralement de 7h à 20h. Certains ferment à 22h, d'autres à 18h (voire 16h). Voici les plus importants : Matsamo/Jeppes Reef et Mahamba (7h-20h) ; Josefdal/Belembu (8h-16h) ; Ngwenya/Oshoek et Lomahasha/Namaasha (7h-minuit) ; Sandlane/Nerston, Sicunusa/Hondkop et Salitja/Onverwacht (8h-18h) ; Mhlumehi/Goba (Mozambique, 24h/24).
– ***Monnaie, banque, change :*** la monnaie locale est le *lilangeni* (pluriel *emalangeni*), indexé sur le rand, ce qui fait que les billets sud-africains sont acceptés partout (mais pas les pièces). On trouve de très nombreux distributeurs à Mbabane, la capitale (dans les 2 grands centres commerciaux notamment), ainsi que dans la rue principale de Manzini (la 2e ville). Mais si on peut éviter de rentrer en ville, ce n'est pas plus mal (rien à y faire). En revanche, peu de lieux pour changer de l'argent.
– ***Affaires consulaires :*** en cas de problème, attention, le Swaziland relève de la circonscription consulaire de l'ambassade de France au Mozambique : ☎ *(258) 21-48-46-00.* Permanence consulaire : 📱 *(258) 82-30-70-020.* ● *mz-ambafrance.org* ●

MBABANE

95 000 hab.

À 1 200 m d'altitude, la capitale du Swaziland est une petite ville sans véritable charme, de taille provinciale. Du temps du protectorat (qui dura 67 ans), les Britanniques en firent la ville principale du pays, préférant la fraîcheur et

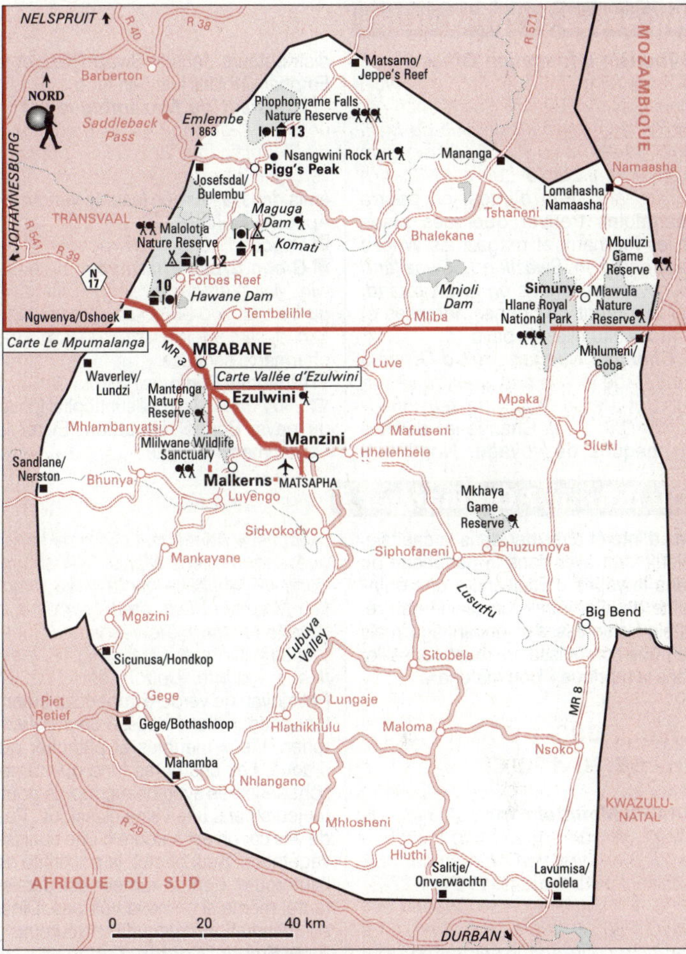

LE SWAZILAND

Où dormir ?	**11** Maguga Lodge
Où manger ?	**12** Malolotja Restcamp and Lodge
10 Hawane Resort	**13** Phophonyane Falls Ecolodge

l'humidité à la touffeur de Bremersdorp (aujourd'hui Manzini). C'est une ville ouverte et aérée, cernée de collines et de forêts, pas du tout oppressante (il y a même un golf en son centre). Sur le plan touristique, difficile d'y trouver un monument ou quoi que ce soit de bien original. La ville est essentiellement constituée de *malls* (centres commerciaux) dans sa partie basse et de 2 rues sans grand intérêt dans sa partie haute. On ne s'y attardera donc pas.

Adresses et infos utiles

Tourism Information Office : *dans le* Emphalwini Mall *(en face du Swazi Plaza), sur Dr Sishayi Rd. L'office est sur le flanc extérieur gauche du Mall. ☎ 2404-96-93 ou 96-75. • thekingdomofeswatini.com • Lun-sam 8h-17h (9h le sam).* Peu d'infos, on pourra néanmoins trouver quelques plans et les journaux et magazines *What's happening in Swaziland, Swaziland Discovery* et *What's on in Swaziland,* qui regorgent de bonnes adresses et d'infos culturelles du pays.

■ **Change :** **Nedbank Head Office** *à l'entrée de la ville basse, entre la station Total et le Mall. Lun-sam 8h30-15h30 (12h sam).* Change les devises et chèques de voyage. Nombreux distributeurs dans le *Swazi Plaza* et le *Emphalwini Mall* juste en face.

■ **Consulat du Mozambique :** *Princess Dr, Highlands View. À proximité du* Mountain Inn. *☎ 2404-37-00. Lun-ven 8h-13h et lun-jeu 14h-16h.* Visa émis dans la journée (sauf le vendredi). Apporter 2 photos.

■ **Police :** *☎ 999 (n° d'urgence).*

■ **Green Cross Pharmacy :** Emphalwini Mall*, à droite de l'entrée principale du Mall. ☎ 2404-34-50. Lun-ven 8h30-17h30, sam 9h-14h, dim 10h-13h.* Une pharmacie sérieuse.

■ **Mbabane Clinic :** *sur St Michael's Rd. ☎ 2404-24-23.* Le meilleur hôpital (privé) du pays. Bonne réputation. Éviter le Government Hospital.

Où dormir ? Où manger ?

Pas d'intérêt à résider dans la capitale, mieux vaut aller dans la périphérie ou dans la vallée d'Ezulwini, à une quinzaine de kilomètres, en pleine nature. Quelques adresses en dépannage, mais rien que l'on puisse vraiment conseiller dans la rubrique « Bon marché ».

Chic (1 000-1 800 R / env 66,70-120 €)

Mountain Inn : *à 3 km du centre, 1re sortie (Mountain View) sur la MR 3 en direction de Manzini, puis bien fléché sur la droite. ☎ 2404-27-81 et 73. • mountaininn.sz • Doubles env 1 410-1 660 R selon orientation, petit déj inclus.* Un établissement surtout fréquenté par les groupes et hommes d'affaires de passage, mais le touriste individuel y trouve sa place. Une adresse élégante et classe, avec généreuse piscine entourée de pelouse et transats. Vue imprenable sur la vallée d'Ezulwini. La terrasse du petit déjeuner est divine. Chambres confortables et parfaitement équipées. Demander la *south wing* si vous voulez la vue (les plus chères). À noter encore, le bon resto tout en baies vitrées à l'allure chic et un bar avec billard. Service au top.

Eden Guest House : *à 1,5 km du centre-ville. ☎ 2404-63-17. • eden@swazi.net • Attention, l'accès ne se fait que dans le sens Manzini-Mbabane. Sortir de Mbabane par la MR 3 direction Manzini et faire demi-tour dans la cuvette en suivant le fléchage « Guesthouse ». On sort à gauche puis c'est fléché à droite. Double env 1 030 R.* Petit joyau de verdure impeccablement tenu autour d'une bâtisse de style victorien. Vieux meubles et plancher qui craque. Les chambres (une quinzaine) sont décorées avec beaucoup de goût, toujours dans une veine classique. Pas de vue car on est entouré d'une épaisse végétation. Seul bémol, la proximité de l'autoroute, dont la rumeur est persistante, même si on ne la voit pas. Dîner sur réservation et accueil chaleureux.

Emafini Country Lodge : *à 2 km du centre-ville. ☎ 2404-12-84. • emafini.co.sz • Attention, l'accès ne se fait que dans le sens Manzini-Mbabane. Sortir de Mbabane par la MR 3 direction Manzini et l'hôtel est indiqué. Double env 1 000 R, petit déj compris.* Avantage : des prix corrects, une vue dégagée, un calme total (une colline sépare l'hôtel de l'autoroute), une pelouse pour se relaxer et une petite piscine pour se rafraîchir. Inconvénient : des chambres situées dans 2 blocs sans charme, plutôt petites, mais malgré tout bien équipées. Dommage, pas de terrasse. Le resto a le mérite d'exister.

Où dormir ? Où manger dans les environs ?

Foresters Arms : *à 27 km au sud-ouest de Mbabane. ☎ 2467-41-77. • forestersarms.co.za • Quitter la capitale par la MR 3 en direction de la frontière (Oshoek) et prendre la MR 19 à la sortie n° 12, puis suivre la route (un peu défoncée sur les derniers km). Double env 1 400 R, petit déj compris.* Une adresse de charme dont les chambres sont distribuées autour d'une vaste clairière donnant sur la piscine. Confortables, colorées et assez spacieuses, elles dégagent toutes un certain charme. Certaines avec une romantique cheminée qui n'attend qu'un coup d'allumette. Autre point positif, la table. On sert ici une cuisine de qualité, que l'on peut qualifier de gastronomique. Le menu n'a rien de particulièrement swazi, mais il est différent chaque jour et comporte plusieurs choix. L'assiette est aussi bien présentée qu'elle est savoureuse et raffinée. Des touches originales, des saveurs mélangées... Pain et glaces maison. Tant mieux, car on est loin de tout. Sur place, possibilité de balades à cheval ou à VTT. Sauna.

À voir dans les environs

Sibebe Rock : à 7 km vers le nord de Mbabane se trouve ce spectaculaire monolithe de granit, considéré comme le 2e plus grand au monde. Ne pas tenter de le gravir seul. Des accidents dus à l'imprudence se sont produits. Renseignements auprès de *Swazi Trails Adventure* (voir plus loin « Adresses et infos utiles » dans les vallées d'Ezulwini et de Malkerns).

DE MBABANE À PIGG'S PEAK ET VERS LA FRONTIÈRE NORD

Cette route de 210 km est très empruntée par ceux qui relient le parc Kruger au KwaZulu-Natal, et inversement. La MR 1 *(Main Road 1)* commence à 13 km de la capitale, en quittant la MR 3, passe ensuite par ***Pigg's Peak,*** bon gros village-carrefour, pour aboutir au poste-frontière de Matsamo-Jeppes Reef (rappel : ouvert 7h-20h). La région livre de beaux paysages de montagne avec une alternance de savane herbeuse et de forêts de conifères. Certaines zones ont souffert d'un incendie en 2007, d'autres d'une déforestation importante. Aujourd'hui, c'est l'industrie forestière qui a pris le pas sur l'activité minière. Des collines à perte de vue sont plantées de pins et d'eucalyptus à tous les stades de croissance. Prudence : sur la route, des camions chargés de grumes (bois) circulent en permanence. Au détour du lac poissonneux du barrage de Maguga, la ***Malolotja Nature Reserve*** offre une pause nature sympathique pour profiter de l'air pur et des vastes espaces et observer les animaux (pas de *Big Five* cependant, on peut musarder sans risque). Les amateurs de randos seront comblés avec de belles balades à faire, entre autres autour du *mont Emlembe,* le plus haut sommet du Swaziland qui culmine à 1 863 m. On peut aussi se contenter d'y passer la nuit, on ne le regrettera pas car l'endroit est superbe et les paysages riants.

Infos utiles

- Le ***poste-frontière*** de Jeppe's Reef/Matsamo est ouvert de 7h à 20h. Vous trouverez une ***pompe à essence*** dans le village de *Pigg's Peak,* puis une autre juste avant de passer la frontière. Il y a également un distributeur automatique.

Où dormir ? Où manger ?

De prix moyens à chic (400-1 800 R / env 26,70-120 €)

■ |●| ***Hawane Resort*** *(carte Swaziland,* ***10****) : à 21 km de Mbabane et 14 km avt la réserve de Malolotja, prendre une piste sur env 1 km. ☎ 2444-17-44. 📱 7627-67-14. • hawaneresort.com • Dortoir 120 R/pers. Doubles en chalet env 750-1 000 R selon saison. Plats 140-200 R.* Ce *resort,* le plus proche logement de la réserve, est une belle découverte ! Un petit village de chalets cosy aux toits de chaume, de même qu'une partie des murs. Une architecture originale, vraiment sympa, dans un jardin paysagé aux pelouses impeccables, avec un petit cours d'eau. Confortables, les chambres se distinguent par leur personnalité et leur conception (toutes avec salle de bains et ventilo). Un ensemble impeccable et accueillant, avec un bout de piscine qui s'ouvre sur la campagne, spa et centre équestre. Une partie des écuries a été aménagée en vaste dortoir d'une cinquantaine de lits, avec cuisine et salles de bains communes à l'extrémité (pudiques s'abstenir, pas vraiment d'intimité). Chaque box (demi-murs et demi-porte, comme pour les chevaux !), est devenu une chambre originale ou un dortoir, et accueille entre 2 et 5 personnes. Quant à la table, dans un grand *rondavel* africano-chic avec cheminée centrale, elle réserve de bonnes surprises. Carte africano-asiatique, avec quelques grillades et des solutions végétariennes. Organisation de visites de villages et balades à cheval.

⛺ ■ |●| ***Maguga Lodge*** *(carte Swaziland,* ***11****) : sur le bord du lac de Maguga, 20 km après la réserve en venant de Mbabane. Ne pas manquer l'embranchement de la route « Pigg's Peak via Maguga Dam » qui contourne le lac. ☎ 2437-39-75/76. • magugalodge.com • Emplacement de camping 170 R/pers (avoir sa tente). Double env 1 250 R, petit déj inclus.* De confortables *rondavels* en dur (clim, moustiquaire, terrasse), répartis dans un jardin en pente, surplombant les eaux du barrage de Maguga. Superbe panorama depuis les baies vitrées. Possibilité de camper pour les moins fortunés (bloc sanitaire à disposition). Resto sous une vaste paillote avec cheminée centrale et terrasse circulaire fort agréable pour profiter de la vue. À la carte, on trouve les fameux poissons du lac. Sinon, c'est du classique (burgers, salades, pâtes...). Piscine (mais sans transats).

⛺ ■ |●| ***Malolotja Restcamp and Lodge*** *(carte Swaziland,* ***12****) : à l'intérieur de la réserve de Malolotja Nature Reserve, à env 800 m après l'entrée (voir « À voir. À faire »), située à 35 km au nord de Mbabane, direction Pigg's Peak. Bien fléchée. ☎ 2444-32-41. 📱 7660-67-55. • malolotjares@sntc.org.sz • Camping 100 R/pers (à env 1 km). Chalet (4-5 lits) en self-catering 300-400 R/pers. Resto près des chalets, tlj 8h-16h.* Si vous devez dormir dans le coin, voici le site le plus charmant qui soit ! Hébergement en chalets en rondins de bois, situés dans un environnement de toute beauté. Panorama extra sur les plaines grasses. L'intérieur des chalets ne dégage pas de charme particulier, mais ils sont bien équipés, avec cuisine, cheminée de style swazi, 2 chambres et sanitaires. Prévoyez votre nourriture (l'épicerie la plus proche est à Pigg's Peak !). Sinon, resto sur place (plats simples), mais ne sert pas le soir. Pour les campeurs, l'espace qui leur est dédié se situe à environ 1 km, dans les collines, sur une étendue herbeuse mais peu ombragée. Sanitaires corrects. Dernière chose : l'hiver, ne vous laissez pas surprendre, il peut givrer la nuit ! La réserve possède plusieurs autres sites pour camper, en bord de rivière, mais aucune installation (pas de toilettes ni douche). On se lave à l'ancienne, dans la rivière.

■ |●| ***Phophonyane Falls Ecolodge*** *(carte Swaziland,* ***13****) : ☎ 2431-34-29. • phophonyane.squarespace.com • Safari tents 700-800 R/pers selon confort ; cottage 2-5 pers avec cuisine 1020 R/pers et 2 swasi huts env 1 100 R.* Un lieu étonnant et superbe, qui se mérite. Au bout d'une piste cahotique, on entre dans une merveilleuse forêt où coule une rivière. Sur ses rives, des hébergements plein de charme, chic et sauvage, tous avec salle de bains, ventilo et chauffage (si nécessaire). Seules quelques *safari tents* ont les sanitaires à l'extérieur. Cottages particulièrement raffinés, posés sur des plateformes devant la rivière. Toit de chaume et à l'intérieur, du bois, une cuisine équipée et moustiquaire. Beaucoup de goût. La salle à manger n'est pas en reste, tout comme la table, internationale mais réalisée avec soin. Et en attendant qu'on vous serve, la petite piscine vous fera sans doute de l'œil. Chouette terrasse également pour l'heure de l'apéro, avec une percée sur la vallée. Accueil pro.

À voir. À faire

Malolotja Nature Reserve (carte Swaziland) **:** *située à 35 km au nord de Mbabane, direction Pigg's Peak. ☎ 2444-32-41. 7660-67-55. • sntc.org.sz/reserves/malolotja.asp • Ouv 6h-18h30 (18h en hiver). Accès à la journée : env 30 R ; réduc. Visite guidée à pied possible (infos au* Malolotja Restcamp and Lodge*).*
Cette réserve naturelle de 18 000 ha reste un endroit peu visité. C'est pourtant un paradis pour les randonneurs qui pourront profiter de ses 200 km de sentiers sur les douces collines, offrant des panoramas grandioses. Les itinéraires proposés vont de quelques heures à une semaine (!). Au passage, on appréciera d'anciennes mines et d'impressionnantes cascades dominées par le *mont Ngwenya* (1 829 m) au sud et *Silotfwane* (1 680 m), au nord. Les ornithologues partiront à la recherche des 250 espèces d'oiseaux répertoriées, dont certaines sont très rares. La flore y est riche et les papillons nombreux (demander un fascicule recensant les différentes espèces). Au cœur des paysages vallonnés gambadent des animaux sauvages, principalement des antilopes, comme le rare damalisque, mais aussi des gnous et de nombreux zèbres. On y aurait aussi vu des servals. Le *Malolotja Tree Top Canopy Tour* propose d'emprunter 10 tyroliennes et 1 pont suspendu *(compter 695 R/pers).* Réservation à la réception du *Malolotja Restcamp.*
À flanc de colline, à proximité de l'entrée, agréables et spacieux chalets (voir « Où dormir ? *Malolotja Restcamp and Lodge* »).

Maguga Dam (barrage et lac de Maguga ; carte Swaziland) **:** *à 20 km après la réserve quand on vient de Mbabane, prendre l'embranchement « Pigg Peak's via Maguga Dam ». Accès aux rives : 10 R/voiture, 5 R/pers.* Majestueux lac artificiel retenu par un barrage électrique impressionnant, au cœur d'un paysage de moyenne montagne et un peu rocailleux. Un lieu de randonnée pas désagréable mais peu d'indications pour emprunter les chemins. Le lac est réputé pour la pêche. Possibilité de faire un tour sur le lac avec le *Maguga Lodge,* surplombant le lac (voir « Où dormir ? » plus haut). Pour info, baignade interdite. Les hippopotames et crocodiles n'invitent pas à partager leur trempette ! Au niveau de l'accès aux rives, modeste *Maguga View Point Restaurant* (tlj 8h-17h). Dispose d'une petite terrasse agréable. Salades et quelques currys. Point d'infos à côté.

Nsangwini Rock Art (carte Swaziland) **:** *à 10 km du barrage en direction de Pigg's Peak, prendre une piste sur la droite sur 7 km env. Plus ou moins bien fléché. Tlj 7h-16h. Visite guidée : 50 R/pers.* Un guide vous attend dans une petite cahute de terre et branchage. Il vous conduira en 15 mn de marche vers une grotte en contrebas pour voir de modestes peintures rupestres datant de 450 ans av. J.-C. montrant des scènes de chasse attribuées aux *Bushmen de Nsangwini.* Au-delà de cette visite, gérée par une petite communauté locale, c'est l'occasion d'une jolie balade dans les montagnes swazies.

⚲⚲⚲ ***Phophonyane Falls Nature Reserve*** (carte Swaziland) **:** *à 8 km après Pigg's Peak en allant vers la frontière, c'est fléché sur la gauche (faire encore env 4 km). Dans la réserve privée du* Phophonyane Ecolodge *(voir « Où dormir ? »). ☎ 2431-34-29. Accès au sentier de randonnée pour les cascades et aux autres sentiers : 40 R/pers. Tlj 8h-16h30.* Voici une réserve privée de 600 ha qui abrite d'impressionnantes chutes d'eau de 80 m de hauteur, au cœur d'une forêt subtropicale escarpée et superbe. Plusieurs sentiers de randonnée bien fléchés (de 1h à 2h30 avec les variantes) permettent d'explorer la forêt. L'un d'eux mène aux chutes en 10 mn à peine (facile !). Végétation luxuriante et plus de 230 espèces d'oiseaux égaient le secteur. On peut bien sûr se contenter d'y randonner, mais on peut aussi prendre un verre à l'hôtel, y déjeuner ou encore mieux, y dormir.

LES VALLÉES D'EZULWINI ET DE MALKERNS

• Carte *p. 181*

Dans cette partie nord-ouest du Swaziland, la moyenne montagne *(Haut-Veld)* offre aussi de belles possibilités de randonnée au départ de la vallée d'Ezulwini (à une vingtaine de kilomètres au sud-est de Mbabane). Les paysages somptueux, la légendaire gentillesse des habitants, l'absence de problèmes de sécurité : 3 bonnes raisons de s'y rendre !
Alors bien sûr, le secteur se développe à grande vitesse sur une petite partie de la MR 103. On dit que le roi voit bien trop grand, et les habitants râlent : centres commerciaux, ambassades, centre de conférences grandiloquent, hôtels-casinos... Mais il suffit pourtant de pousser jusqu'au cœur battant de la vallée (quelques km plus loin) pour parvenir à ce qui reste sans conteste le point fort de la région, la remarquable réserve du *Mlilwane Wildlife Sanctuary.* Paysages d'une grande douceur, comme dessinés par un peintre bienveillant, qui abrite une faune abondante et accessible à tous. La réserve dispose de 3 établissements aux logements originaux et à tous les prix, mais il y a de nombreux hébergements aux alentours, notamment d'agréables *guesthouses.* Idéal aussi bien pour les routards à petits budgets que pour les plus fortunés. Et parfait pour 1 ou 2 journées d'excursion. Les randonnées durent un ou plusieurs jours. Il est possible de marcher seul, mais, de préférence, partez avec un guide.

Adresses et infos utiles

■ Au cœur de la vallée, le long de la MR 103, le centre commercial ***The Gables*** *(plan,* ***1****)* regroupe de nombreux commerces, un supermarché *Pick'n Pay,* une station-service et plusieurs banques avec distributeur automatique accessible 24h/24.

■ ***Swazi Trails Adventure*** *(plan,* ***2****)* **:** *dans le* Mantenga Life Style Craft Center, *sur le chemin du* Mantenga Lodge, *à* ***Ezulwini.*** *☎ 2416-21-80. • swazitrails.co.sz • Tlj 8h-17h. Loc de VTT env 300 R/j.* Une agence sérieuse tenue par des guides locaux, proposant de nombreuses excursions pour mettre en valeur le patrimoine naturel et culturel du pays. Rafting, spéléo, visites de villages, safaris dans les réserves... La liste est longue ! La plupart des activités sont proposées à la demi-journée ou à la journée (minimum 2 personnes), quand elles sont assez éloignées.

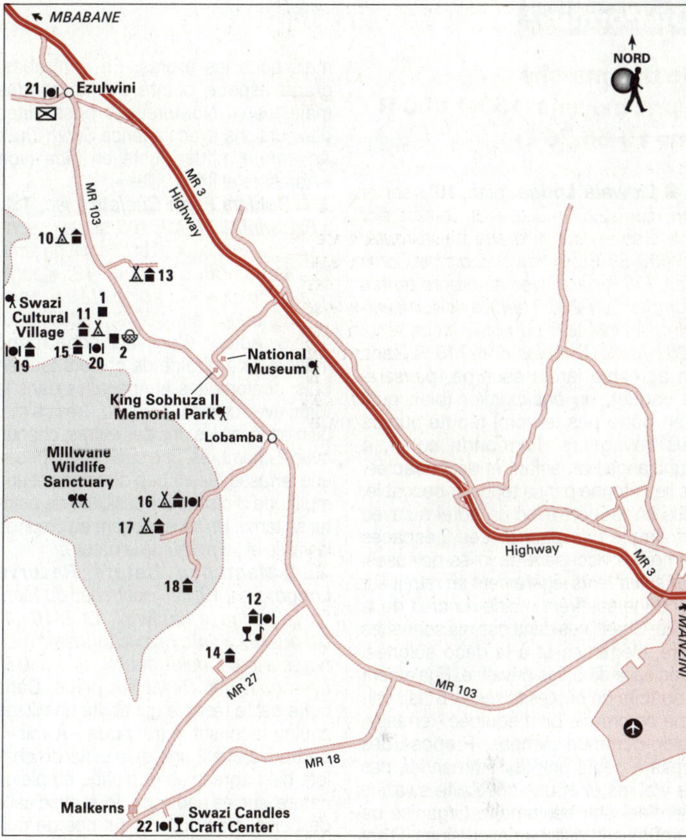

LA VALLÉE D'EZULWINI

Adresses utiles

1 The Gables
2 Swazi Trails Adventure
17 Mlilwane Rest Camp (réservations d'activités)

Où dormir ?

10 Lidwala Lodge
11 Legends Backpacker Lodge
12 Malandela's B & B
13 Buhleni Farm Chalets
14 Willows Lodge
15 Mantenga Lodge
16 Sondzela Backpackers
17 Mlilwane Rest Camp
18 Reilly's Rock Hilltop Lodge
19 Mantenga Nature Reserve Lodge

Où manger ?
Où sortir ?

12 Malandela's Restaurant et House on Fire
20 Pizzeria Vesuvio et Smoke and Grill
21 The Calabash Restaurant
22 Sambane Coffee Shoppe

Achats

2 Mantenga Craft & Lifestyle Centre

Où dormir ?

De bon marché à prix moyens (150-1 000 R / env 10-66,70 €)

⛺ 🏠 **Lidwala Lodge** (plan, **10**) : *sur la MR 103, à 2,5 km du centre commercial The Gables, sur la droite de la route.* 📱 *7690-58-65.* • *lidwala.co.sz* • *Camping 130 R/pers (avec sa propre tente). Compter 200-220 R le lit en dortoir (sanitaires à l'intérieur ou non) ; safari tents 200 R/pers. Doubles 550-715 R.* Dans un agréable jardin escarpé, paysagé et coquet, un *backpacker* (bien qu'il n'en porte pas le nom) réputé auprès des voyageurs du monde entier, à l'ambiance bon enfant et décontractée. Le lieu étonne par sa tenue impeccable, plus en rapport avec un hôtel qu'avec un simple *backpacker.* Les 2 espaces campings occupent de jolies pelouses. Les *safari tents* légèrement en retrait sur la colline souffrent moins du bruit de la route. Chambres dans des maisonnettes ocre, élégantes et à la déco soignée, avec salle de bains privative. Également 4 dortoirs de petites tailles (4-6 lits), cuisine commune bien équipée, terrasse, salon commun sympa... Propose des repas à petits prix (à commander, pas de vrai resto) et une spécialité swazi le mercredi soir seulement. Organise de nombreuses visites et excursions. C'est aussi un bon point de départ de rando.

⛺ 🏠 **Legends Backpacker Lodge** (plan, **11**) : *Mantenga Falls Rd, **Ezulwini.*** ☎ *2416-18-70.* • *swazi.travel/Legends_Backpackers_Lodge* • *Presqu'en face du Mantenga Craft & Lifestyle Centre, un peu avt le Mantenga Lodge. Camping env 105 R/pers. Lit en dortoir 200 R/pers (sdb commune) ; double avec sdb privée 550 R.* Assez basique il faut le dire, souffrant d'un léger laisser-aller général, voici pourtant une classique halte pour les routards, grâce notamment à un accueil très décontracté. 3 dortoirs de 5 à 10 lits superposés et 6 chambres aux murs colorés, avec moustiquaire, dans un bâtiment annexe. Cuisine et salle commune autour d'une courette pour les feux de camp nocturnes. Dans la partie camping, assez peu d'espace, mais sous les arbres. En contrebas, grand espace planté de jacarandas majestueux. Nombreuses possibilités d'excursions avec l'agence *Swazi Trails Adventure,* située juste en face (voir « Adresses et infos utiles »).

⛺ 🏠 **Buhleni Farm Chalets** (plan, **13**) : *à **Ezulwini,** sur la MR 103, sur la gauche de la route, au bout d'un chemin de terre.* ☎ *2416-35-08.* 📱 *7602-47-12.* • *buhlenifarm.co.sz* • *Camping 140 R/pers. Chalets pour 2 env 900 R, 1 500 R pour 4 pers.* Autour d'une ancienne ferme fruitière, une dizaine de chalets tout en bois, confortables et éparpillés dans la forêt, avec cuisine et ventilo. Très calme, bien espacés les uns des autres, chacun avec 2 chambres, une cuisine équipée et une terrasse. Beaucoup de singes et une multitude d'oiseaux. Possibilité de planter sa tente. Un lieu reposant au cœur de la vallée et au milieu de la nature.

🏠 🍽 ***Mantenga Nature Reserve* Lodge** (plan, **19**) : *en contrebas du Mantenga Lodge, à **Ezulwini.*** ☎ *2416-11-01 ou 78.* • *sntc.org.sz/tourism/mantenga.asp* • *Chalet pour 2, env 850 R, avec petit déj. Resto sur place.* Dans cette petite réserve qui abrite un village zoulou reconstitué (rubrique « À voir »), on trouve aussi une quinzaine de chalets bien agréables et nichés en pleine nature, sur les hauteurs. Tous avec salle de bains, électricité, mais pas de cuisine. Superbe panorama sur la vallée. Quand on dort sur place, on ne paie pas le droit d'entrée à la réserve.

Chic (1 000-1 800 R / env 66,70-120 €)

🏠 ***Malandela's* B & B** (plan, **12**) : *à 8 km d'Ezulwini, sur la MR 27 vers Malkerns.* ☎ *2528-33-39.* 📱 *7605-25-98.* • *malandelas.squarespace.com* • *Arrêt du Baz Bus. Double env 1 050 R avec petit déj.* Jolies maisons coquettes et très colorées dans un petit complexe. Une poignée de chambres soignées (avec ventilo) de style « afro-chic », dans 3 maisons dispersées dans le jardin. Elles sont toutes différentes, certaines en duplex. Très agréable piscine.

LE SWAZILAND

C'est également un excellent resto et bar, s'ouvrant sur les champs de canne à sucre. Un lieu sympa.

🏠 ***Willows Lodge*** *(plan, **14**) : sur la MR 27 vers Malkerns, 1 km après* Malandela's *(on prend un chemin sur la droite sur env 200 m (fléché). 📱 7602-12-84. • swaziwillows.com • Double avec cuisine env 915 R ; double avec petit déj env 1 020 R.* Entre des champs d'ananas et de canne à sucre, chalets confortables de style très moderne et élégant, dans un jardin tout en longueur. La plupart avec clim, ventilo et TV, coin salon. Cuisine pour certains. Différents tarifs selon le choix de la formule en *B & B* ou en *self-catering.* Vaste espace commun avec un grand barbecue, une minuscule piscine et le *Willi's Bar* à l'étage, pour des soirées fléchettes. Terrasse s'ouvrant sur les champs.

🏠 ***Mantenga Lodge*** *(plan, **15**) : Mantenga Falls Rd, **Ezulwini.** ☎ 2416-10-49. 📱 7602-52-66. • mantengalodge.com • Doubles 960-1 060 R ; chalet 1 225 R ; petit déj compris.* Plaisants chalets d'excellent confort, disséminés dans la végétation. Tous avec parquet et balcon-terrasse. Les chambres les moins chères donnent sur le parking (moins glamour). D'autres s'ouvrent sur la végétation. Certaines, plus impersonnelles, se situent dans des bâtiments genre motel. Toutes avec clim. Calme total et superbe vue sur les montagnes depuis la terrasse du resto-bar. Demander la spécialité, l'*Iyasha Inyama* (« viande au feu » seule spécialité swazi de la carte), surprise garantie ! En contrebas, belle piscine dans la verdure.

Où manger ? Où boire un verre ?

Prix moyens (150-400 R / env 10-26,70 €)

🍽 ***Pizzeria Vesuvio*** *(plan, **20**) : dans le* Mantenga Life Style Craft Center, *sur le chemin du* Mantenga Lodge, *à **Ezulwini.** 📱 7637-74-45. Tlj 7h-22h. Pizzas et pâtes 40-90 R.* Dans l'agréable courette ombragée, un Vénitien a garé sa gondole en double file et n'est pas reparti ! Alors il a dressé son four à bois et concocte de belles pizzas, mais aussi des pâtes et gnocchi à toutes les sauces. Sert aussi les petits déj et de super jus naturels.

🍽 À côté, dans la même cour, le ***Smoke and Grill*** *(tlj 10h-22h ; plats 110-150 R)* propose de superbes viandes fumées ou grillées, comme son nom l'indique. Copieux et délicieux.

🍽 🍸 ***Malandela's Restaurant*** *(plan, **12**) : à 8 km d'Ezulwini, sur la route de Malkerns. ☎ 2528-31-15. Ouv midi et soir jusqu'à 21h30. Plats 70-120 R.* Terrasse avec vue imprenable sur la campagne et salle intérieure cosy avec cheminée. Cuisine simple et copieuse. Spécialités de grillades, *swazi mixed grill, spare ribs,* saucisses de porc, *spinach stuffed trout,* mais aussi quiches, salades diverses, etc. Bon accueil et ambiance détendue. Bien à toute heure, même à l'heure du goûter (excellents gâteaux !). Au fait, info importante : l'ancien président des États-Unis Jimmy Carter a utilisé l'urinoir (voir la plaque) ! Nous aussi.

🍽 🍸 ⛱ ***Sambane Coffee Shoppe*** *(plan, **22**) : à **Malkerns,** sur la MR 18, à env 1,5 km de l'embranchement avec la MR 103, dans la courette du* Swazi Candles Craft Center. *Tlj 8h-16h30. Plats 75-120 R.* Terrasse extérieure agréable et ombragée, au milieu des modestes étals de tissus. Cuisine d'Afrique du Sud pur jus : sandwichs pita, poulet thaïlandais, *shakshuka* (œufs à l'israélienne) et quelques grillades... Formules petit déj très complètes. Si on ne fait pas le détour exprès, on s'y attable sans déplaisir après la visite des petites boutiques.

🍽 ***The Calabash Restaurant*** *(plan, **21**) : ☎ 2416-11-87. Venant de Mbabane, à droite à l'entrée de la vallée d'Ezulwini, face à la poste (fléché). Tlj midi et soir jusqu'à 22h30. Plats 150-250 R.* Cadre confortable et raffiné, atmosphère tamisée et bourgeoise (mobilier de bois clair, nappes rouges), service élégant et efficace pour une cuisine depuis longtemps de très grande réputation. En revanche, pas de terrasse ni partie extérieure. L'adresse favorite des Sud-Africains huppés dans la région. Carte totalement éclectique proposant plats suisses, allemands, autrichiens (röstis, *eisbein, Wiener schnitzel, goulash*)... Idéal pour un repas romantique à défaut d'être d'une grande finesse.

Où boire un verre ? Où écouter de la musique ?

♩ ***House on Fire*** *(plan,* ***12****) : à côté du Malandela's. ☎ 2528-21-10. • house-on-fire.com* • Un lieu en extérieur, dont le mur d'enceinte évoque les travaux délirants du Facteur Cheval et de Antoni Gaudí réunis. Organise chaque année le dernier week-end de mai, le *MTN Bushfire Festival* sur une scène extérieure. Un Woodstock swazi ! Dommage, très peu ouvert le reste du temps.

Achats

Les vallées d'Ezulwini et de Malkerns offrent un large choix en matière d'artisanat. De la babiole bon marché en bois aux étoffes brodées, il y en a pour toutes les bourses.

Mantenga Craft & Lifestyle Centre *(plan,* ***2****) : Mantenga Falls Rd, sur le chemin du Mantenga Lodge, à* ***Ezulwini.*** *Tlj 8h-17h.* Un regroupement de boutiques-ateliers autour d'une courette, notamment de tissus et de vannerie.

Gone rural : *intégré au complexe Malandela's, route de Malkerns. ☎ 2528-32-55. • goneruralswazi.com • Lun-ven 7h30-16h45 (pour l'atelier) et magasin tlj 9h-17h.* Atelier de teinture où l'on travaille une sorte de lin. La fibre est teinte suivant des techniques artisanales et renvoyée ensuite dans les villages pour être travaillée par les artisans en vannerie. L'artisanat est vendu à la boutique. Paniers, corbeilles, sets de table...

Swazi Candles Craft Center : *à* ***Malkerns,*** *sur la MR 18, à env 1,5 km de l'embranchement avec la MR 103. Tlj 8h-17h.* Dans une courette ouverte, un regroupement de plusieurs boutiques d'artisanat : batiks, tissus, vêtements, sacs et bougies assez étonnantes. La boutique *Swazi Candles* propose d'originales bougies de toutes formes et couleurs, toutes réalisées à la main. Superbe. Dans le fond, faire un tour à la *Bag Shop* (sacs pochettes, poupées), dont les produits sont réalisés par des femmes dans les villages. Belle boutique de batiks et d'étoles tissées. Marché de babioles également et café-resto en terrasse (voir « Où manger ? »). De nombreux cars de touristes s'y arrêtent.

À voir. À faire

Mantenga Nature Reserve & Swazi Cultural Village : *en contrebas du Mantenga Lodge, à* ***Ezulwini.*** *☎ 2416-11-01 ou 78. • sntc.org.sz/tourism/mantenga.asp • Tlj 8h-18h (resto jusqu'à 22h). Entrée : env 100 R (réduc) ; incluant visite guidée du petit village zoulou, spectacle de danse et balade dans la réserve (à faire seul). Cascade seule : 50 R.* Un village zoulou reconstitué (*kraal* d'une quinzaine de huttes traditionnelles) comme on en trouve beaucoup dans le Zoulouland en Afrique du Sud. Ce sont des huttes toutes simples, à la conception superbe, tout en rondeur et en fibres, structurées par de fines baguettes qui lient l'ensemble. Étonnante fraîcheur à l'intérieur. Après la petite visite commentée où sont passées en revue l'organisation de l'habitat et les coutumes ancestrales, on assiste à une danse *sibhaca* de 30-40 mn (à 11h15 et 15h15). Touristique évidemment, mais s'il n'y a pas de groupe lors de votre passage, vous serez vraiment tout seul. 2 randos dans la petite réserve s'avèrent aussi intéressantes. Demander le plan à l'entrée.

Un des treks balisés vous mènera durant env 2h30 dans les montagnes au départ de la cascade. Certains se contenteront d'aller à la cascade à pied en 15-20 mn env. Sympa également. Espace pique-nique en bordure de rivière. On rappelle qu'il est possible de loger dans la réserve (rubrique « Où dormir ? »).

DANS LES ENVIRONS D'EZULWINI

MLILWANE WILDLIFE SANCTUARY (plan)

➢ *À* ***Malkerns,*** *env 10 km au sud de la MR 103, qui traverse la vallée d'Ezulwini.* ☎ *2528-39-43/44.* • *biggameparks.org/mlilwane* • *Tlj 6h30-17h30. Visite soit avec sa propre voiture, soit guidée en 4x4. Entrée : 65 R/pers (on ne paie pas pour la voiture) ; réduc. À la réception du parc, petite expo sur l'écosystème du pays et la protection des animaux.*

– ***Activités dans la réserve :*** de nombreuses activités sont proposées. Mais que vous séjourniez dans l'un des hébergements du parc ou que vous veniez à la journée, toutes les activités ci-dessous sont à réserver directement à la réception du *Mlilwane Rest Camp* (voir « Où dormir ? »), véritable plaque tournante : safaris de 1h30-2h (notamment *Sunset* ou *Sunrise Drives*) 390 R/pers ; balades guidées à cheval 1 020 R/pers pour 3-4h. Également d'intéressantes balades à pied et à VTT (de 2 à 6h). Balade à pied guidée dans la réserve (175 R/pers pour 1h). Location de VTT (200 R/pers pour 1h), incluant un guide.

LE SWAZILAND

🎯🎯 ***Mlilwane Wildlife Sanctuary*** est une réserve naturelle composée de délicieuses plaines et d'harmonieuses collines, sur fond de montagnes, sans prédateur (aucun carnassier), mais avec pas mal d'animaux quand même. De ce fait, elle ne présente aucun danger et on peut s'y balader à pied (ou à vélo) en toute liberté et sortir de la voiture quand on veut. C'est son point fort. Et c'est un ravissement, surtout tôt le matin et en fin d'après-midi.
On pourra y observer antilopes, impalas, damalisques à front blanc (qu'on ne trouve pas dans le Kruger), phacochères, zèbres, gnous, hippos, beaucoup d'oiseaux (le rare *red bishop,* le touraco porphyre, le *purpled crested lorie,* etc.), quelques crocos (mais ils restent dans un secteur délimité)... Pas de lions ni de guépards par ici, pas de girafes ni buffles. Si la rando tranquille prévaut dans la partie sud, la partie nord est plus montagneuse et s'adresse davantage aux amateurs de trekking. Pour les lions, on ira plutôt dans le parc de Hlane et pour les rhinos, dans celui de Mkhaya.

Où dormir ? Où manger ?

3 hébergements dans la réserve, à proximité de l'entrée principale, d'un excellent rapport qualité-prix. Wifi en général seulement autour de la réception (liaison faible et parfois payant).

De bon marché à prix moyens (150-1 000 R / env 10-66,70 €)

⛺ 🏠 ***Mlilwane Rest Camp*** *(plan, 17) :* ☎ *2528-39-44.* • *biggameparks.org/mlilwane* • *Propose divers logements, des* rest camps huts *et* beehives villages *(huttes traditionnelles dans 3 kraals, nos préférées ; env 940-1 040 R pour 2), en passant par* 1 family cottage *(525 R/pers, pour 2) ou encore les* rondavels *(1 120 R pour 2) ; quelques-uns avec sdb, ventilo, frigo ou cuisine équipée. Pour le camping, compter 135 R/pers. Petit déj en plus. Repas env 200 R/pers.* Vous avez ici un vaste choix de logements qui bénéficient tous d'un environnement remarquable et sont bien tenus dans l'ensemble. Cottages et *rondavels* disposent tous d'une salle de bains, ventilo et cuisinette. Pas de cuisine dans les huttes et les *kraals*. Resto délicieusement situé sur une terrasse donnant sur une grande mare. Sympathique piscine avec transats, pelouse et chouette vue sur la vallée. C'est d'ailleurs la piscine commune aux 3 hébergements de la réserve. Grands BBQ communs. Le week-end, les familles débarquent. Belle ambiance. On rappelle également que c'est de là qu'on peut réserver toutes les activités et excursions de la réserve. Centre équestre, location de vélos, petite boutique, etc. Là encore, super accueil !

Sondzela Backpackers *(plan, 16)* **:** *dans le parc de Mlilwane, après le rest camp. ☎ 2528-31-17. • biggameparks.org/sondzela • Camping 125 R/pers, dortoir 150 R/pers, double env 480 R et rondavels (sans ou avec sdb privée) pour 2 pers env 540-720 R. Dîner env 90 R/pers.* L'une des plus belles AJ du pays ! Au crépuscule, il n'est pas rare que phacochères et impalas viennent dire bonsoir, dans un paysage de carte postale. Une poignée de chambres correctes, 2 grands dortoirs au 1er étage (6 et 12 lits), mais on préférera le plus petit, au rez-de-chaussée, face à la grande pelouse avec piscine. Pour plus de tranquillité encore, une quinzaine de *rondavels*, la plupart avec salle de bains collective dans un champ à côté, et de belles étendues herbeuses pour planter la tente. Cuisine équipée, resto pour le soir et le petit déj, bar, salle de jeux, laverie...

Beaucoup plus chic (plus de 2 000 R / plus de 133,40 €)

Reilly's Rock Hilltop Lodge *(plan, 18)* **:** *en haut d'une colline dominant la réserve (panorama unique), à 4 km de l'entrée. ☎ 2528-39-43. • biggameparks.org/reilly • Selon confort, doubles env 2 590-2 790 R, dîner et petit déj inclus.* Ancien relais de chasse transformé en *guesthouse* de luxe, où le dîner est toujours compris. Superbe salon rempli de souvenirs d'une autre époque, délicieuse terrasse d'où l'on embrasse une belle vue sur la vallée depuis la percée dans la verdure. Environnement plein de grâce, peuplé d'animaux et d'arbres majestueux, à l'image de ce jacaranda à l'entrée (et de ces quelques crânes de bestiaux qui vous accueillent avec le sourire). Partout le charme opère. Dans la salle à manger avec ses meubles en acajou, dans les chambres où le luxe discret n'a rien d'écrasant. Elles sont réparties entre la maison principale, une autre attenante, tout aussi délicieuse, et un tranquille cottage en contrebas, parfait pour les familles ou les petits groupes. Petit déj très complet, que l'on prend en terrasse, entouré de flamboyants et bougainvillées. Le soir, si la météo le permet, on s'installera à l'extérieur, autour d'un feu central pour déguster un buffet simple et savoureux. Accueil tout en sourire !

À VOIR ENCORE DANS LES ENVIRONS D'EZULWINI

National Museum **:** *à* ***Lobamba*** *; à env 10 km au sud d'Ezulwini en direction de Manzini, sur la MR 103 (fléché). Lun-ven 8h-16h30 ; w-e 10h-16h. Entrée : 80 R ; visite couplée avec le* ***King Sobhuza II Memorial Park,*** *tt proche : 120 R.* Situé dans un des hauts lieux de la vie politique, culturelle et sportive du pays (le Parlement, le National Stadium...). Cela reste très cher pour un modeste musée un peu bricolé, qui permet cependant d'avoir un petit aperçu de l'histoire du Swaziland. Section géologique (bof), poteries, boucliers en peau de vache, tenues traditionnelles, quelques bijoux, billets de banque et objets domestiques, vannerie, instruments de musique, etc. À l'extérieur, reconstitution de 4 *kraals,* huttes swazi. À 200 m de là, on trouve le ***King Sobhuza II Memorial Park*** *(lun-ven 8h-16h30, sam-dim 10h-16h).* Vaste parc un peu vide et bien trop grand, où l'on trouve statue, mausolée et petit musée en l'honneur du roi qui eut l'un des plus longs règnes de toute l'histoire (1899 à 1982). Des photos noir et blanc montrent le parcours du souverain et 3 voitures des années 1950-1960 (2 Buick et une Cadillac Fleetwood) témoignent du bon goût royal en matière automobile. Bon, pas incontournable.

MANZINI

85 000 hab.

En plein cœur du Swaziland, à une cinquantaine de kilomètres de Mbabane. Manzini, la plus grande ville du pays, est la seule qui donne un véritable sentiment d'animation. Elle se niche dans une jolie vallée verdoyante. C'est « la porte du Mozambique », bien que la frontière de ce pays se trouve à environ 80 km à l'est. Produits et foules se mélangent au marché du jeudi. Mais c'est l'unique intérêt du lieu ! On s'y arrêtera surtout pour faire le plein d'essence et de liquidité à l'un des nombreux distributeurs de la rue principale.

Où dormir ? Où manger ? Où boire un verre ?

Dans le cas où vous seriez coincé à Manzini, voici quelques adresses honorables.

Prix moyens (400-1 000 R / env 26,70-66,70 €)

Asante Guest House : *lot. 693, angle Southern Distributor et Lugagane Rd, à 1,5 km du centre. ☎ 2505-35-56. 7673-57-18. • asanteswazi.com • Doubles 800-850 R, petit déj compris.* Une dizaine de chambres d'excellent confort (clim, literie de qualité, frigo) et tranquilles, dans cette demeure de charme de style Cape dutch, à l'écart de l'animation du centre-ville. Elles sont toutes à l'étage, spacieuses, certaines avec balcon. Jardinet bienvenu et toute petite piscine. Super accueil. Le midi ou le soir, on s'attable avec plaisir au resto **Marimba,** au rez-de-chaussée de la maison. Excellente cuisine où domine la cuisine vraiment africaine (pour une fois !) : on hésite entre le *Mama's lekker oxtail* (plat d'Afrique du Sud) et le *delle* (plat zambien), mais les 2 sont savoureux. Bien bonne adresse, simple et typique, dans un cadre presque bourgeois.

Gil Vicente Restaurant : *Ngwane St, Makhaya Center, petit centre commercial juste avt le George Hotel du même côté (et face à la station Galp). Le resto se situe sur le flanc gauche du centre, au fond du parking. ☎ 2505-38-74. Tlj sauf lun 9h-22h (service continu). Plats env 120-170 R.* Une bonne surprise que ce resto, tenu par des Portugais d'origine (la maman parle le français). Sur la carte, la *feijoada* et le *bacalhau* grillé (morue) sont en bonne place. Onctueuse soupe maison.

Le resto ***Marimba*** de l'*Asante Guest House* accueille les gens de l'extérieur (voir plus haut).

Plus chic (plus de 1 500 R / plus de 100 €)

The George Hotel : *en remontant Ngwane St, la rue principale (sens unique), à gauche. ☎ 2505-22-60. • tgh.co.sz • Double standard env 1 600 R, petit déj compris.* Le type même d'établissement sans risque, mais bien trop cher. C'est de fait l'unique « vrai » hôtel de la ville. Autour d'une belle piscine, des chambres confortables mais impersonnelles, réparties dans plusieurs édifices. Les plus agréables sont celles s'ouvrant sur la piscine (éviter les chambres sans fenêtre ou celles de l'aile la plus récente donnant sur le parking ou sur un mur). Une halte pour les acheteurs internationaux de produits fruitiers, groupes de touristes de passage et locaux fortunés. Au resto, une nourriture internationale banale. Bar sympa autour de la piscine.

À voir. À faire

– ***Les fêtes traditionnelles :*** elles sont souvent époustouflantes, comme la fête de Incwala (une cérémonie des 1ers fruits) ou la danse des Roseaux. Ces fêtes n'ont malheureusement (ou heureusement !) pas de date fixe.

DE MANZINI À SIMUNYE

À 70 km à l'est de Manzini vers la frontière mozambicaine, ne pas manquer de visiter le *Hlane Royal National Park,* la plus attachante réserve du pays pour ses paysages remarquables de savane, son atmosphère particulière et ses lions, les seuls du Swaziland ! D'autres réserves, privées celles-ci, se développent aux alentours pour un séjour nature. De bons logements dans chacune d'entre elles et à proximité, le village de ***Simunye,*** pour le ravitaillement. Pour y accéder, on passera par de belles vallées fruitières (ananas, orange, raisin...). Un détour que nous recommandons pour 1 ou 2 jours de repos.

Adresse utile

■ ***Simunye Plaza :*** *7 km après le Hlane Royal National Park, sur la MR 3.* On y trouve un distributeur automatique à la ***Nedbank,*** une ***station-service,*** une ***laverie*** et même un ***supermarché.*** Bien pratique !

Où dormir ? Où manger ?

Simunye Country Lodge : *7 km après la réserve, dans l'enceinte du Lotosi Village. ☎ 2313-47-58. • simunyeclub.com • Selon confort et j. de la sem, doubles env 750-1 020 R, petit déj compris. Ajouter 15 % en hte saison. Buffet 155 R.* Agréable complexe touristique dans un grand parc paysager avec piscine, tennis, golf, fitness, billards et nombreux jeux pour enfants (trampoline...). Le choix est large entre les chambres cosy autour d'une vaste clairière et les cottages familiaux (jusqu'à 6 personnes) dans un jardin luxuriant. Tous ont du charme, offrent un bon confort avec cuisine, salon et clim pour les plus chers. Resto un brin chic proposant un riche buffet et un grand choix à la carte, pour toutes les bourses. On appréciera d'y déjeuner en terrasse. Pour les lecteurs qui résident ailleurs, vente de plats à emporter. Une bonne adresse à prix raisonnables, idéale pour les familles qui désirent se poser un peu, car les enfants y trouveront toujours de quoi s'occuper !

À voir. À faire

Hlane Royal National Park : *à env 70 km de Manzini et 4 km avt Simunye, sur la gauche. ☎ 2528-39-43. • biggameparks.org/hlane • Ouv 6h-18h. Entrée : 65 R.* À l'écart des axes principaux, donc peu fréquenté et paisible. Espace dédié à la réintroduction de 25 lions au Swaziland. Rhinos, girafes, éléphants, léopards et guépards batifolent dans cette réserve à l'atmosphère étrange, due aux nombreux arbres morts encore debout. Cette ancienne réserve royale de chasse dispose de bons logements au *Ndlovu Camp,* avec un resto sympa où hippos, éléphants et rhinos viennent s'abreuver le soir... assez magique ! Camping ombragé, où gambadent des autruches, avec sanitaires corrects *(env 135 R/pers),* charmants *rondavels* à l'écart, autour d'une étendue herbeuse *(1 040 R pour 2)* ou cottages familiaux en duplex *(à partir* *de 1 100 R pour 2).* Également 6 lodges spacieux et bien aménagés, avec 2 chambres, salon et cuisine, surplombant une rivière au *Bhubesi Camp,* à 12 km au nord du parc, pour une « robinsonade » en forêt *(1 120 R pour 2).* Attention, la réserve n'a pas d'électricité, ce qui la rend d'autant plus attachante et romantique le soir avec ses lampes à pétrole. Nombreuses activités proposées : pour voir les lions, le seul moyen est de faire un safari guidé en 4x4, mais on pourra aussi faire des randonnées accompagnées de 2h30 ou encore des balades à VTT.

Mbuluzi Game Reserve : *9 km après Simunye, sur la droite. ☎ 2383-88-61. • mbuluzi.com • Ouv 6h-18h. Entrée : 45 R/pers et autant pour le véhicule.* L'intérêt de cette réserve privée réside dans ses paysages diversifiés où alternent savane ouverte, zones boisées et crêtes rocheuses. Sur 60 000 ha traversés par une rivière, c'est une invitation à la randonnée et aux balades à VTT. Girafes, nyalas, impalas, koudous, zèbres et quelques crocos vivent dans la réserve, mais pas de *Big Five* en vue. On pourra donc gambader et pêcher tranquillement. Les ornithologues amateurs s'y donneront à cœur joie avec plus de 300 espèces recensées. La réserve est coupée par la route en 2 zones, chaque partie étant traversée par une rivière : la *Mbuluzi* dans la partie nord, sur les bords de laquelle un camping sympathique est installé *(env 130 R/pers et 25 R/véhicule)* ; la rivière *Mlawula* côté sud, le long de laquelle sont établis de très luxueux lodges pour 4-8 personnes, avec piscine pour la plupart et une belle tente safari. Tous avec cuisine et barbecue sur la terrasse pour faire griller son poisson le soir... *(compter env 660 R/pers et 30 R/véhicule).* Un bel endroit pour profiter pleinement de la nature !

Mlawula Nature Reserve : *3,5 km après la Mbuluzi Game Reserve, sur la droite. ☎ 2383-88-85. • sntc.org.sz/reserves/mlawula.asp • Ouv 6h-18h. Entrée : 30 R/pers ; réduc.* Autour des monts Lebombo, une réserve pour randonneurs de moyenne montagne. Rien à craindre, on ne croisera que quelques antilopes, en revanche les oiseaux y nichent en nombre (350 espèces !). Quelques grottes à débusquer et une belle cascade enrichissent les 10 sentiers de rando allant de 1 à 9h de marche (demander le descriptif et la carte à l'entrée). Les pêcheurs devraient également y trouver un bon terrain de jeu. Concernant le logement, rien de bien reluisant, la réserve est comme à l'abandon. Les campeurs trouveront refuge au *Siphiso Campsite* pour 100 R/pers. 2 autres hébergements : la *Magadzavane Lodge* (40 lits) et le *Maphelephele Cottage* (8 lits). On ressortira du parc à proximité de la ville de Siteki, dernière ville avant la frontière du Mozambique (beaucoup de contrôles de police dans ce secteur).

DE MANZINI À LA FRONTIÈRE SUD

La partie sud-est du pays est traversée par une route monotone qui va de Manzini à Big Bend, la MR 8. En chemin, la réserve naturelle de Mkhaya *(Mkhaya Game Reserve).* De Big Bend, il y a 71 km jusqu'à Lavumisa, dernière ville avant la frontière de l'Afrique du Sud (poste-frontière de Golela). De Golela, il reste encore 10 km de route avant de rejoindre la grande route nationale du KwaZulu-Natal. Pour ceux qui traversent le Swaziland et se dirigent vers le nord du Maputaland et du Zoulouland, c'est la route à suivre.

Infos utiles

- Le ***poste-frontière*** de Golela-Lavumisa est ouvert de 7h à 22h. La dernière ***station-service*** est située à Big Bend, à 63 km. Un ***distributeur*** automatique se trouve à proximité de la frontière (côté Swaziland aussi).

Où dormir ?

Prix moyens (400-1 000 R / env 26,70-66,70 €)

🏠 ***The Lebombo Villa B & B :*** *à Big Bend.* ☎ *2363-60-81.* ● *swazilive.com/thelebombovilla.htm* ● *Au bout d'une ruelle, perpendiculaire à la rue principale de la ville, de l'autre côté du chenal. Double env 900 R.* Family room *1 200 R.* Une alternative pour passer une nuit et couper la route, une drôle de villa moderne aux allures coloniales, avec colonnades et piscine donnant sur un jardin fleuri. Plusieurs chambres de taille et confort différents, pourtant au même prix. Mieux vaut en visiter plusieurs, car elles varient de la chambre luxueuse avec terrasse à celle aveugle et sans fenêtre ! Possibilité de dîner sur place (réserver).

À voir

Mkhaya Game Reserve : *à env 50 km au sud-est de Manzini, et 25 km avt Big Bend ; 5 km après Siphofaneni, vous verrez un panneau sur votre gauche.* ☎ *2528-39-44 (à Malkerns).* ● *biggameparks.org/mkhaya* ● *Attention, visite de 10h à 16h sur résa seulement et sur rdv au meeting point de Phuzumoya. Visite guidée seulement : 890 R, repas inclus.* Rustique par excellence, sans fioritures ni esbroufe. Même les vieilles Land Rover fatiguées participent à ce décor de bush éternel. On vient là pour les rhinocéros, noirs et blancs, et les antilopes rares (rouannes et hippotragues noires). Et on est bien servi. Pas de félins dans cet écrin sauvage, ce qui permet d'approcher au plus près les troupeaux de buffles et d'éléphants.

🏠 ***Hébergement :*** mieux vaut passer une nuit sur place dans l'un des coquets pavillons en pierre du *Stone Camp,* ouverts sur la brousse. Ce n'est pas donné, mais les prix comprennent la demi-pension et le safari *(7 060 R pour 2 pers).*

AFRIQUE DU SUD : LE KWAZULU-NATAL

• Carte *p. 193*

Avec plus de 11 millions d'habitants, le KwaZulu-Natal est la 2e province la plus peuplée d'Afrique du Sud. Elle doit la 2de partie de son nom à Vasco de Gama et ses matelots qui accostèrent le jour de Noël de l'an 1497 et qui, en bons chrétiens, la baptisèrent « Natal ». Mais l'âme de cette région, c'est le peuple zoulou, dont elle est le berceau. Après l'abolition de l'apartheid, la province fut donc renommée KwaZulu, soit le « pays des Zoulous ». Logique, puisque 80 % de la population a l'isiZulu comme langue maternelle.

Le KwaZulu-Natal (« KZN », pour les intimes) est un bon résumé de la variété des paysages sud-africains. Au nord, le parc de la zone humide d'iSimangaliso, classé au Patrimoine mondial de l'Unesco, s'étend jusqu'à la frontière du Mozambique. À l'intérieur, des parcs riches en faune et en flore : *Hluhluwe-iMfolozi,* avec ses fameux rhinocéros, et le parc aux éléphants de *Tembe* en sont des points d'orgue, sans oublier la superbe petite réserve privée d'*Ithala,* aux portes du Swaziland. Au centre, battant comme un cœur, le *Zululand,* épicentre historique et culturel de la nation zouloue, avec ses villages traditionnels et ses cérémonies (mariage, initiation, fêtes), auxquelles on peut parfois assister. Ce paysage ondulant de collines herbeuses et de pâturages à perte de vue est aussi la région des *Battlefields,* où de sanglantes batailles y opposèrent au XIXe s Boers, Zoulous et Anglais.

Puis, vers l'ouest de la province, tout change. La région verdoyante des *Midlands* s'offre telle une Normandie australe. On atteint les sommets du *Drakensberg* qui culminent à plus de 3 000 m. C'est ici qu'on vient se ressourcer, randonner, apprécier la beauté unique de cette impressionnante barrière naturelle, derrière laquelle se cache le petit royaume du Lesotho.

Le KwaZulu-Natal est décidément une province envoûtante qui résonne des chants des sorciers zoulous. De grandes figures s'y sont croisées sans se rencontrer. De l'héritier de Napoléon III venu mourir ici, à Churchill, alors jeune lieutenant de l'armée britannique, en passant par Gandhi qui y expérimenta son idéal de « résistance pacifique » et, bien sûr, Nelson Mandela qui choisit le lycée Ohlange à Inanda (dans les environs de Durban) pour voter la 1re fois en 1994.

LA RÉGION DE DURBAN

DURBAN (ETHEKWINI)

595 000 hab. (Metropolitan Municipality : env 3 700 000 hab.)

• Centre (plan I) *p. 196-197* • Morningside (plan II) *p. 199*

Durban est le plus grand port d'Afrique – et l'un des 1ers ports sucriers au monde, avec des kyrielles de cargos et de porte-conteneurs en instance d'appareillage. Depuis le XVe s, la baie de l'ancien Port-Natal a vu transiter des marins portugais, suivis au XIXe s par des pionniers boers et des colons anglais. Durban est passé, en 150 ans, du stade de petit comptoir maritime à celui de 2e ville d'Afrique du Sud (après Johannesburg) en termes de population et de puissance économique. Une ville tracée au cordeau dont le centre, hérissé de hautes tours, vibrionne le jour et se vide la nuit à la limite du désert urbain.

Durban est une vaste métropole aux avenues interminables, aux airs peu engageants et à la réputation de délinquance pas forcément usurpée (n'est-elle pas jumelée à Chicago ?). Le soir, on s'y déplace en voiture ou en taxi. Mais c'est aussi l'une des 1res stations balnéaires du pays, assise sur l'océan Indien, avec des kilomètres de plages de sable. Son front de mer, bien réaménagé dans sa partie nord, jouit d'un climat exceptionnel toute l'année, tout comme son littoral du côté de Ballito encore plus au nord. Baigneurs et surfeurs s'en donnent à cœur joie, malgré les courants très forts. Quant aux requins, une barrière naturelle et des filets en mailles d'acier les éloignent du littoral... On en retrouve quelques spécimens dans le très bel aquarium d'*Ushaka Marine World,* qui vous surprendra par son écrin et ses dimensions.

UN PEU D'HISTOIRE

En route pour les Indes, Vasco de Gama est le 1er Européen à découvrir cette vaste baie bien abritée entre des collines et une longue péninsule. C'est le jour de Noël de l'an 1497. Elle faillit s'appeler « Rio de Natal » mais se nommera finalement Natal.

Bien plus tard, en 1824, les Européens y fondent un établissement qu'ils nomment Port-Natal. Finalement, ce sera Durban, en 1835, en souvenir de *Benjamin d'Urban,* gouverneur de Cape Town. Le port se développe tout au long du XIXe s. Dès 1855, on y voit débarquer en masse les immigrés indiens pour travailler dans les plantations de canne à sucre, une des principales richesses agricoles du Natal.

Gandhi y passa quelques années, à partir de 1893. Le jeune avocat y élabora sa philosophie de « résistance passive et non violente », avant de fonder sa communauté idéale de Phoenix, à Inanda, dans les faubourgs de Durban. Aujourd'hui, la diaspora indienne, prospère et active, représente 24 % de la population totale de Durban (c'est la plus grande ville « indienne » du monde en dehors de l'Inde !), tandis que l'on compte environ 15 % d'Européens et une courte majorité d'Africains, principalement zoulous.

Arriver – Quitter

En bus

■ ***Baz Bus :*** ☎ *021-422-52-02. Résas tlj 8h-21h (20h w-e). ● bazbus.com ●* Ce service de minibus est bien adapté aux routards séjournant en AJ (voir le chapitre « Afrique du Sud utile », rubrique « Transports »).

➢ ***Port Elizabeth :*** départs de Durban lun, mar, jeu et sam, retours mar, mer, ven et dim. S'arrête à Port Shepstone, puis Umtata d'où partent des correspondances vers Port Saint John's et Coffee Bay. De Port Elizabeth à ***Cape Town*** tlj dans les 2 sens avec arrêt dans toutes les villes dignes d'intérêt.

➢ ***Johannesburg et Pretoria :*** départs les mar, jeu, sam et dim, retours lun, mer, ven et dim. Arrêts à Pietermaritzburg et dans le Drakensberg (nord et sud).

🚌 ***Terminal des bus*** *(plan I, B1) : New Durban Station. Au nord de la ville, accessible par Masabala Yengwa Ave, à l'arrière de la gare ferroviaire.*

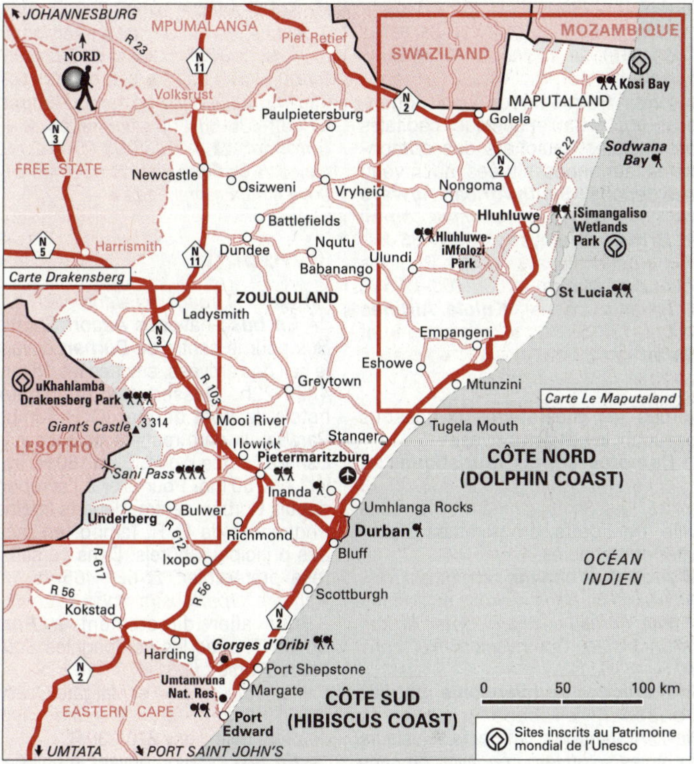

KWAZULU-NATAL

– ***Principales compagnies :***

■ ***Eldo Coaches :*** *086-113-53-67.* • *eldocoaches.co.za* •

■ ***Greyhound :*** ☎ *011-611-80-00.* *087-352-03-52.* • *greyhound.co.za* •

■ ***Intercape Bus :*** ☎ *021-380-44-00.* • *intercape.co.za* •

■ ***Translux :*** ☎ *031-361-76-70.* *086-158-92-82.* • *res.prasa.com* • Cela dit, ce n'est pas la plus pro... En dépannage.

➢ ***Johannesburg :*** une vingtaine de bus/j., ttes compagnies confondues. Trajet : env 7-8h pour les bus les plus rapides, jusqu'à 12h pour les autres.

➢ ***Pietermaritzburg :*** desservi par ts les bus de Johannesburg. Trajet : env 1h.

➢ ***Cape Town :*** env 6 bus/j., ttes compagnies confondues. Trajet : 22-27h (dur !).

En train

Gare ferroviaire *(plan I, B1)* **:** *222, Umgeni Rd. Infos et résas :* ☎ *031-361-82-27 ou 034-328-72-07.* • *shosholozameyl.co.za* •

➢ ***De/vers Johannesburg :*** 2 liaisons/sem, en principe ven et dim dans les 2 sens, via Pietermaritzburg. Compter 14h30 de trajet.

En avion

✈ ***King Shaka International Airport*** *(hors plan I par C1)* **:** *à* ***La Mercy,*** *à env*

35 km au nord-est de la ville. Comptoir d'informations : ☎ *032-436-65-85 (tlj 6h30-21h).* • *kingshakainternational.co.za* •

➢ Vols fréquents de/vers Johannesburg, Le Cap et quelques capitales provinciales. Guichets des compagnies aériennes situées au niveau des départs : ***South African Airways*** *(☎ 0861-606-606 ; • flysaa.com •)* et ***British Airways*** *(☎ 032-436-64-48 ; • britishairways.com •).* Pour les *low-cost* : ***Mango*** *(📱 086-100-12-34 ; • flymango.com •),* ***Kulula Airlines*** *(📱 086-158-58-52 ; • kulula.com •)* et ***Safair*** *(📱 087-135-13-51 ; • flysafair.co.za •).*

– Tous les prestataires ci-dessous occupent le hall des arrivées :

i ***Comptoir d'infos touristiques :*** *à gauche en sortant.* ☎ *032-436-00-13 ou 35. Ouv 8h (9h dim)-21h.* Plan de la ville, transports, programmes d'activités et brochures.

■ ***Argent et change :*** *nombreux distributeurs de billets à droite en sortant. À côté, bureau de change* ***Inter Africa,*** *tlj 5h-21h30. Commission fixe d'env 90 R + 3 %.*

■ ***Boutiques de téléphonie mobile :*** ***Vodacom,*** • *vodacom.co.za* • *Tlj 5h-22h.* Vente de *sim cards.* Plusieurs formules selon la durée, avec ou sans accès Internet. Possibilité de louer également. La boutique *MTN* voisine est moins chère mais la couverture est médiocre...

■ ***Location de véhicules :*** *agences de loc sur le parking extérieur en sortant à gauche. Au retour, station-service en face de l'aéroport.* ***Avis,*** ☎ *032-436-84-00, • avis.co.za • ;* ***Hertz,*** ☎ *032-436-03-00, • hertz.co.za • ;* ***Budget,*** ☎ *032-436-84-00, • budget.co.za • ;* ***Europcar,*** ☎ *032-436-95-00, • europcar.co.za • ;* ***First-Sixt,*** ☎ *032-436-01-00, • firstcarrental.co.za •*

Transports

On rejoint Durban par l'autoroute N 2.

➢ ***En bus :*** navettes *Airport Shuttle Bus* pour le centre de **Durban** devant le hall des arrivées, env ttes les 45 mn, 4h30-22h. Dessert les principaux hôtels, le front de mer (O. R. Tambo Parade), la gare routière ou encore le *Ushaka Marine World.* Billet : 80 R. Trajet : env 30 mn. Pour aller à l'aéroport depuis Durban-centre, départs (même fréquence) de O. R. Tambo, en face des principaux hôtels. Dans ce sens, résa préférable : ☎ *031-465-16-60.* • *shuttle.airportbustransport.co.za* •

– Pour aller directement à **Port Edward** : avec les compagnies *Southern Shuttle (📱 081-475-75-75 ; • southernshuttle.co.za •)* et *Margate Coach (☎ 039-312-14-06 ; • margatecoach.co.za •).* Billet : env 210-230 R.

➢ ***En taxi :*** station devant le hall des arrivées. Ils marchent ts au compteur. Compter env 400-500 R pour le centre-ville. Citons notamment *Eagle (☎ 031-337-83-33)* et *Mozzie Cabs (📱 086-066-99-43).*

Conseils

– ***Quartiers à éviter :*** le ***Red Light District,*** secteur délimité par Florence Nzama (ex-Prince Alfred) Street et Victoria Park au nord, Monty Naicker (ex-Pine) Street à l'ouest, O. R. Tambo (ex-Marine) Parade à l'est et les docks du port au sud. Prudence habituelle en journée mais c'est surtout la nuit que le secteur devient le royaume des marginaux (délinquants, dealers, prostituées). Les risques d'agression contre des Européens y sont alors plus élevés qu'ailleurs. Prendre obligatoirement un taxi.

En revanche, la partie nord d'O. R. Tambo (ex-Marine) Parade est bien éclairée de nuit et fréquentable à toute heure. Éviter ***la partie sud du front de mer*** à partir du *Balmoral Hotel,* c'est un peu la zone le soir.

Enfin, ne traînez pas seul la nuit dans le ***quartier situé à l'ouest de Victoria Market*** (marché indien), du côté de West Street Cemetery, Botha Gardens, entre Albert Park, Che Guevara (ex-Moore) Street, Julius Nyerere (ex-Warwick) Avenue et l'autoroute M 13. Beaucoup moins de souci à se faire en journée.

Adresses utiles

Informations touristiques

Offices de tourisme de la ville : *Florida Rd, 90 (plan II, A-B2). ☎ 031-322-41-64. Lun-ven 8h-16h30. Un autre bureau en bord de mer (North Beach), au bout de K. E. Masinga (plan I, D1). ☎ 031-322-24-05. Également un bureau à Ushaka Marine World (hors plan I par D3) : ☎ 031-332-28-58. • durbanexperience.co.za • Ces 2 derniers, tlj 8h-16h30.* Bien pourvus en documentation.

■ ***City Walking Tours :*** *☎ 031-322-41-73 ou 031-322-24-05. Résa indispensable. Billets : 100 R. Lun-ven à 9h30 et 13h30, sam 9h30.* Sous la conduite d'un guide anglophone, balades culturelles à pied dans les rues de Durban, depuis l'office de tourisme de *Tourist Junction.* 2 itinéraires *(historical walk-about, oriental walk-about).*

■ ***Ricksha Bus :*** *bureau à côté de l'office de tourisme du front de mer, North Beach (plan I, D1). ☎ 031-322-42-09. Départ tlj à 9h et 13h. Compter env 100 R/pers.* Bus à impériale qui permet de faire en 3h le tour des principaux centres d'intérêt de Durban.

Banque, change

■ Distributeurs d'argent un peu partout dans le centre-ville, notamment ceux de la ***First National Bank*** *(plan I, B3,* ***1****)* et de la ***Standard Bank*** *(plan I, B3,* ***1****),* tt près l'une de l'autre. Retirer de l'argent en journée et non le soir.

■ ***Inter Africa*** *(hors plan II par A2,* ***2****) :* *Musgrave Center, Musgrave Rd. ☎ 031-201-44-78. Lun-ven 9h-16h45. Commission fixe d'env 90 R + 3 %.*

Urgences

■ ***Police :*** *☎ 10-111.*

■ ***Ambulance :*** *☎ 10-177.*

✚ ***Hôpitaux*** *(hors plan I par A2) :* ***hôpital Entabeni*** *(☎ 031-204-13-00) ;* ***hôpital Saint Augustines*** *(☎ 031-268-50-00), ts les 2 dans le quartier de Berea.*

Agence

■ ***Tekweni Ecotours :*** *58, Coedmore Ave (Durban South). 📱 082-303-91-12. • tekweniecotours.co.za •* Organise des excursions dans le KwaZulu-Natal avec une démarche écologique et interculturelle. Visite de villages zoulous, cérémonies traditionnelles et hébergement dans une communauté. Et aussi : découverte de parcs nationaux et réserves, randonnées au Lesotho, dans le Drakensberg, sorties en mer...

Transports, taxis

🚌 ***Durban People Mover :*** un bus ttes les 15 mn, 5h-22h. *Full day pass :* 16 R (sinon, à l'unité : 5,50 R). Prendre un plan des 3 lignes à l'office de tourisme. Elles couvrent les zones touristiques du centre : *Beach Line,* du stade

■ **Adresses utiles**
- Offices de tourisme (D1 et hors plan par D3)
- **1** First National Bank et Standard Bank (B3)
- **3** Librairie Adams (B3)

Où dormir ?
- **11** Curiocity Durban (C2)
- **14** The Happy Hippo (hors plan par D3)
- **16** The Waterfront Hotel & Spa (hors plan par D3)
- **17** Beach Belle B & B (hors plan par A3)
- **18** Ridgeview Lodge (hors plan par A3)

Où manger ?
- **31** Wilson's Wharf (A3)
- **32** Snacks indiens (A2)
- **33** Afro's Chicken Shop (D3)
- **34** Ocean Basket (D2)

Où boire un verre ?
Où sortir ?
- **40** Circus Circus Beach Café (D1)
- **42** Joe Cool's (D2)
- **43** Moyo (hors plan par D3)
- **44** BAT Centre (C3)

Achats
- **32** Victoria Street Market (A2)
- **44** BAT Centre (C3)

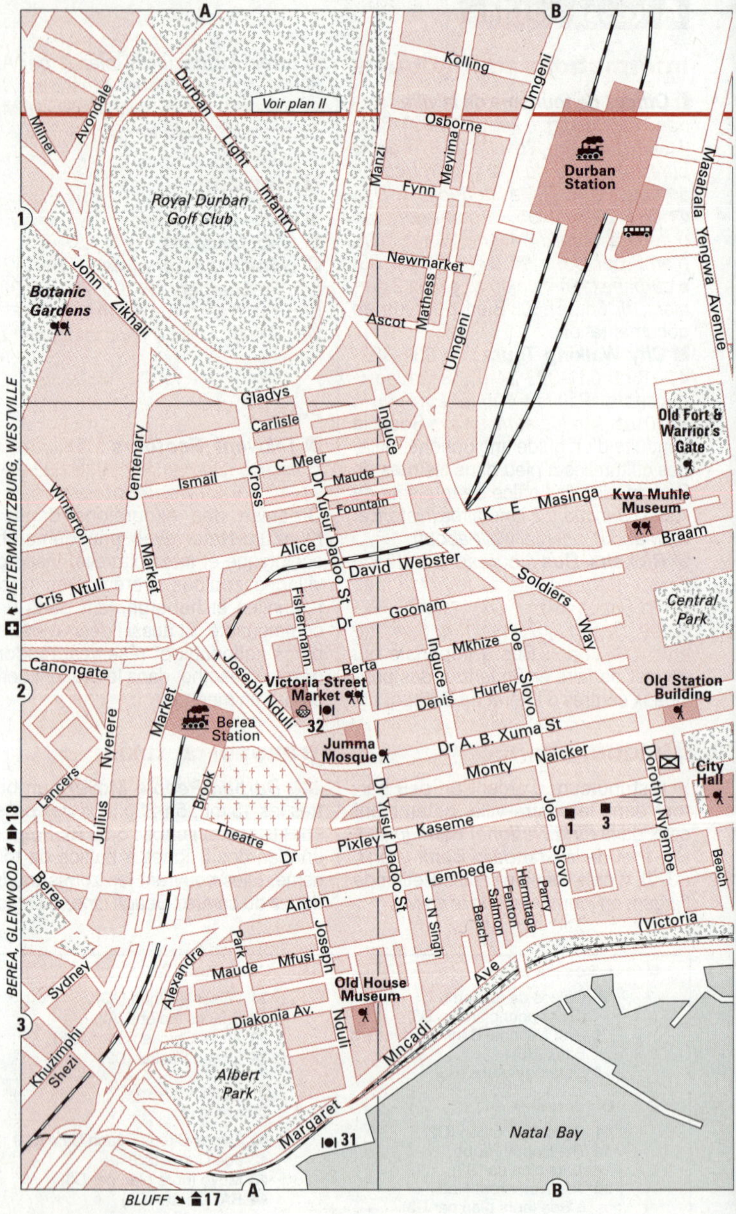
A
B
1
2
3
Voir plan II
Royal Durban Golf Club
Botanic Gardens
Durban Station
Old Fort & Warrior's Gate
Kwa Muhle Museum
Central Park
Old Station Building
City Hall
Victoria Street Market
32
Berea Station
Jumma Mosque
Old House Museum
Albert Park
Natal Bay
31
1
3
Durban Light Infantry
Milner
Avondale
John Zikhali
Kolling
Osborne
Umgeni
Manzi
Meyima
Fynn
Newmarket
Mathess
Ascot
Masabala Yengwa Avenue
Gladys
Carlisle
Centenary
Ismail
Cross
C Meer
Dr Yusuf Dadoo St
Maude
Fountain
Inguce
K E Masinga
Braam
Winterton
Market
Alice
David Webster
Soldiers Way
Cris Ntuli
Fishermann
Dr
Goonam
Joe Slovo
Mkhize
Canongate
Joseph Nduli
Berta
Hurley
Denis
Dr A. B. Xuma St
Naicker
Monty
Dorothy Nyembe
Nyerere
Lancers
Julius
Brook
Theatre
Dr
Pixley
Kaseme
Beach
Lembede
Hermitage
Parry
Fenton
Salmon
J N Singh
Anton
(Victoria
Berea
Park
Maude
Mfusi
Alexandra
Sydney
Diakonia Av.
Ave
Mncadi
Khuzimphi Shezi
Margaret
PIETERMARITZBURG, WESTVILLE
BEREA, GLENWOOD 18
BLUFF 17

DURBAN – Centre (Plan I)

de foot à *Ushaka Marine World* ; *Circle Line* tout autour du centre, via le port et le marché indien ; *City Line* bouclant le centre-ville, entre Anton Lembede (ex-Smith) et Dr Pixley Kaseme St.

– ***Stationnement :*** *payant dans tt le centre-ville, lun-sam 8h-17h (13h sam).* On paie aux horodateurs, ce qui ne dispense pas de donner quelques pièces au gardien... à la fin, sinon il part avec.

Compagnies de taxis : Eagle *(☎ 031-337-83-33),* ***Mozzie Cabs*** *(📱 086-066-99-43)* ou encore ***Zippy Cabs*** *(☎ 031-202-70-67).*

Représentations diplomatiques

■ ***Consulat honoraire de France :*** *52, Saint Andrews House (suite n° 3). ☎ 031-573-15-54. Lun-ven 9h-12h.*

■ ***Consulat de Suisse :*** *111, Helen Joseph Rd, Glenwood. ☎ 031-201-71-13.*

■ ***Consulat de Belgique :*** *20, Stranack Rd, Glenwood. ☎ 031-822-15-68. Lun-ven 9h-13h.*

Divers

■ ***Alliance française*** *(plan II, B1, **4**) : 22, Sutton Crescent, Morningside. ☎ 031-312-95-82. • alliance.org.za/durban • À l'angle avec Ngoyi (ex-Windermere). Lun-ven 9h-17h30.* Cours de français, portugais et zoulou, bibliothèque, événements culturels, ciné-club. *Le Fusion French Cafe (lun-ven 8h30-17h30, sam 8h-14h30)* est un bon endroit pour rencontrer des Sud-Africains francophones.

■ ***Librairie Adams*** *(plan I, B3, **3**) : 341, Dr Pixley Kaseme (ex-West) St. 📱 086-134-13-41. Lun-sam 8h-17h (13h sam).* Grand choix de livres sur l'Afrique du Sud (en anglais) et quelques cartes détaillées de la région (routières et topographiques).

■ ***Laverie : Avonmore Laundromat*** *(plan II, A2, **36**), dans le petit centre commercial* Avonmore Center, *9th Ave, à Morningside. Lun-ven 7h-17h30, w-e 8h-16h (13h dim).*

Où dormir ?

Dans le quartier de Morningside

C'est le quartier le plus animé de Durban. On y trouve toutes les bonnes petites adresses que peut attendre un voyageur : des AJ de bonne qualité, de petits hôtels ou *B & B* à l'avenant, et toute la panoplie pour se restaurer et sortir le soir.

De bon marché à prix moyens (150-1 000 R / env 10-66,70 €)

Tekweni Backpackers Hostel *(plan II, A2, **12**) : 169, 9th Ave. ☎ 031-303-14-33. • tekwenibackpackers.co.za • Arrêt du Baz Bus. Dortoir env 200 R/pers ; double 720 R, sans petit déj. Parking fermé.* L'adresse est envahie de jeunes routards, ce qui en fait une adresse assez festive (amateurs de calme, passez votre chemin !). L'ensemble est simple, voire un peu *roots,* mais l'ambiance compense. Bâtiments disposés autour d'un jardin intérieur et d'une petite piscine. Dortoirs équipés de 4 à 10 lits et de ventilos, correctement tenus. Douches et w-c sur le palier. Il y a aussi 14 chambres privées pour 2, 3 ou 4 personnes, dont les plus calmes sont situées à l'arrière, dans une annexe. Nombreux services : bar, salon TV, pas moins de 4 cuisines, et même une petite agence de voyages. Soirées barbecue plusieurs fois par semaine.

Gibela Backpackers Lodge *(plan II, A2, **13**) : 119, 9th Ave. ☎ 031-303-62-91. • gibelatravellerslodge.co.za • Arrêt du Baz Bus (sur demande) et de la navette depuis l'aéroport. Dortoir 300-500 R/pers, doubles 825-1 100 R, petit déj inclus. Plus cher pour les fêtes de fin d'année. Enfants de moins de 12 ans non admis (à cause de la piscine). Parking.* Une AJ de charme pour ceux qui aspirent au calme et à l'intimité (25 lits

LE KWAZULU-NATAL

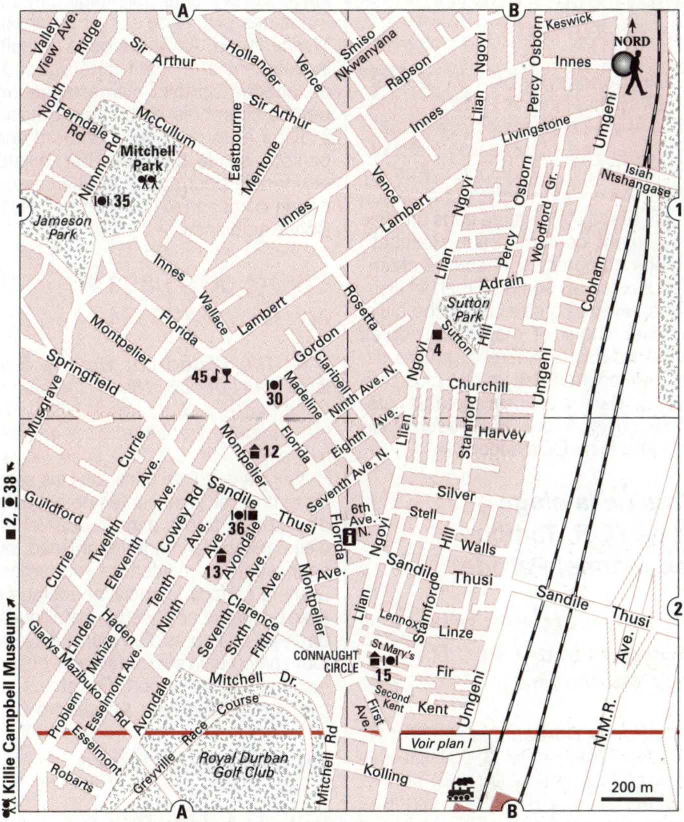

DURBAN – Morningside (Plan II)

Adresses utiles	**Où manger ?**
i Office de tourisme (A-B2)	15 Freedom Café (B2)
2 Inter Africa (hors plan par A2)	30 Falafel Fundi (A1)
4 Alliance française (B1)	35 Blue Zoo Restaurant (A1)
36 Laverie (A2)	36 9th Avenue Bistro (A2)
Où dormir ?	38 Amaravathi Palki (hors plan par A2)
12 Tekweni Backpackers Hostel (A2)	**Où boire un verre ? Où sortir ?**
13 Gibela Backpackers Lodge (A2)	45 Dropkick Murphys (A1)
15 The Concierge (B2)	

au total). Cadre et déco très soignés, du jardin aux pièces communes en passant par les chambres et les salles de bains, au style contemporain réussi. Dortoirs non mixtes de 6 lits avec ventilos partout et coffres individuels. Le tout d'une propreté remarquable ! Cuisine à dispo et courette avec petite piscine.

Chic (1 000-1 800 R / env 66,70-120 €)

🏨 ***The Concierge*** *(plan II, B2,* ***15****) : 37-43, Saint Mary's Ave. ☎ 031-309-44-53. • the-concierge.co.za • Possibilité de transfert vers l'aéroport. Double env 1 650 R, petit déj inclus. Parking gardé.* Cet endroit, naguère une maison de plaisirs, a été restauré dans un style résolument contemporain. Résultat : 4 blocs comprenant chacun 3 chambres aux teintes sombres mais chaleureuses, avec baignoire ou douche-pluie, mobilier choisi et matériaux nobles (boiseries, pierre naturelle...). Cela dit, l'accueil pourrait être un rien plus chaleureux. Dans la cour, un agréable café-snack ouvert à tous, le *Freedom Café* (voir plus loin « Où manger ? »).

Près de la plage et de O. R. Tambo (ex-Marine) Parade

De bon marché à prix moyens (150-1 000 R / env 10-66,70 €)

🏨 ***Curiocity Durban*** *(plan I, C2,* ***11****) : 55, Monty Naicker Rd. ☎ 031-286-00-25. • curiocity.africa/dbn • En dortoir, compter 255-290 R et 835 R pour une double standard avec sdb commune : plus cher pour une premium avec sdb.* Installée au 1er étage d'un bâtiment en brique des années 1930 joliment rénové (l'*Ambassador House*), cette nouvelle génération d'auberges de jeunesse est l'adresse sœur de l'AJ de Jo'burg. Des dortoirs (4 à 8 lits, certains mixtes, d'autres réservés aux filles) aux chambres doubles, tout est très propre et bien entretenu. Cuisine commune. Bon petit déj. Excellente ambiance (staff dynamique). Nombreuses activités : yoga, projection de films, etc.

🏨 ***The Happy Hippo*** *(hors plan I par D3,* ***14****) : 222, Mahatma Gandhi (ex-Point) Rd. ☎ 031-368-71-81. • happyhippodurban.co.za • Dortoir env 200-215 R/pers ; doubles 600-800 R sans ou avec sdb.* Situé dans un quartier en perpétuel remaniement, voilà un *hostel* qui présente l'avantage d'être à 2 pas des plages de surf et d'*Ushaka Marine World.* Ancienne boîte de nuit, le bâtiment a un petit côté entrepôt désaffecté. Dortoirs bien arrangés et petites chambres coquettes. Cuisine à dispo et terrasse surmontée d'une paillote, sur le toit, avec bar, billard et une télé pour suivre les matchs en bonne compagnie. Location de vélos. Bonne ambiance.

Chic (1 000-1 800 R / env 66,70-120 €)

🏨 🍽 ***The Waterfront Hotel & Spa*** *(hors plan I par D3,* ***16****) : 40, Mahatma Gandhi (ex-Point) Rd. ☎ 031-332-81-90. • thewaterfronthotel.co.za • Doubles env 1 500-1 700 R, petit déj inclus. Parking.* À la pointe dans tous les sens du terme, cet hôtel contemporain doté d'un spa se trouve dans le quartier en pleine réhabilitation de Point Road, où fleurissent les résidences modernes. Derrière sa façade ancienne restaurée avec briques et colonnettes métalliques, de belles chambres d'un branché avéré, tout confort bien sûr, certaines avec terrasse et vue sur le port. Également un bon resto au diapason. Accueil pro.

En dehors du centre

Chic (1 000-1 800 R / env 66,70-120 €)

🏨 ***Ridgeview Lodge*** *(hors plan I par A3,* ***18****) : 17, Loudoun Rd, à* ***Berea.*** *☎ 031-202-97-77. • ridgeview.co.za • Suivre King Dinuzulu (ex-Berea) Rd ; tourner à gauche dans Mazisi Kunene (ex-South Ridge) Rd. Tt en haut, face à l'hôpital Entabeni, prendre Loudoun Rd. Double env 1 200 R, petit déj-buffet inclus. Parking fermé.* Sur les hauteurs d'un quartier résidentiel. Grande maison cossue à flanc de colline, entourée d'un jardin fleuri avec une jolie piscine et une vue imprenable sur Durban et son port éclairés la nuit. 8 chambres climatisées dans un style « anglais sous les tropiques » et une atmosphère très cosy. Le bar, le salon, les tapis, les meubles, tout est harmonieux. Le volubile Gary et sa discrète épouse Tosca sont très accueillants. Excellent petit déj. Une adresse de charme !

🏠 ***Beach Belle B & B*** *(hors plan I par A3,* ***17****) : 33, Sloane Rd, à* ***Bluff.*** *☎ 031-466-33-63. 📱 082-779-00-09. • beachbelle.co.za • À 12 km au sud ; prendre la M 4 direction South Coast ; 5 km plus loin, suivre la M 7 et sortir vers Bluff Rd ; rejoindre Marine Dr et tourner à droite vers Garvie's Beach. Doubles env 1 000-1 100 R, en* B & B *ou self-catering. Parking fermé.* Pour ceux qui veulent éviter le centre-ville sans en être très loin, voici une jolie petite adresse en bord de mer. Elle appartient à Glenn Flanagan, une ex-prof de français qui vit principalement à Pietermaritzburg. 4 chambres d'hôtes toutes simples avec accès au salon et à la cuisine. On a une préférence pour le *Seagull Loft,* plus grand avec balcon, et pour la *Seashore Suite.* Les autres sont plus petites. Superbe vue sur la mer et la plage.

Où manger ?

Dans le centre

Bon marché (moins de 150 R / moins de 10 €)

🍴 Pas grand-chose à se mettre sous la dent dans le quartier de Victoria Street Market, excepté les ***snacks indiens*** *(plan I, A2,* ***32****)* typiques et populaires, proposant une variété de petits plats bon marché et quelques pâtisseries bien sucrées. À choisir selon la propreté des lieux et la solidité de son estomac !

À Morningside

Voilà bien le quartier le plus agréable pour sortir le soir à Durban : sûr et offrant quelques bonnes adresses pour toutes les bourses.

Bon marché (moins de 150 R / moins de 10 €)

🍴 ***Falafel Fundi*** *(plan II, A1,* ***30****) : 161, Gordon Rd. 📱 083-783-61-72. Tlj sauf dim 9h-19h. Plat env 70 R.* On accède par un café Internet à ce petit resto de falafels tenu par un patron volubile. Excellente *Mediterranean platter* composée, on s'en doute, de falafels (délicieux et croquants), accompagnés de houmous et de quelques petits pots de salades, sans oublier la pita bien fraîche. À déguster dans la courette intérieure, à l'arrière. Un bon plan !

🍴 ***Amaravathi Palki*** *(hors plan II par A2,* ***38****) : Tinsley House Building, 225, Musgrave Rd. ☎ 031-201-00-19. Tlj 12h-15h, 18h-22h30. Plats env 70-135 R.* Dans la plus grande ville indienne hors d'Inde, voici le meilleur de leur cuisine, sans esbroufe, dans une salle aux tons rouge et noir, classique mais chaleureuse. En route pour les subtiles saveurs du sous-continent, de la cuisine végétarienne du sud (et son thali) aux plats de viande en sauce du nord de l'Inde, sans oublier le poulet tandoori et les biryanis. L'équipe nationale indienne de cricket, qui ne s'y trompe pas, en a fait sa cantine annuelle... Un régal !

🍴 ***Freedom Café*** *(plan II, B2,* ***15****) : 37-43, Saint Mary's Ave. ☎ 031-309-44-53. Tlj sauf lun 7h-16h (la cuisine ferme à 15h30). Plats env 70-150 R.* Un petit havre de paix bienvenu dans cette ville usante. Container branché (à l'image de l'hôtel mitoyen ; voir *The Concierge* dans « Où dormir ? »), avec une petite terrasse devant. On y vient pour déjeuner (sandwichs, burgers, *wraps* et belles salades) de bons plats maison à base de produits soigneusement sélectionnés. Également des jus détox.

Prix moyens (150-400 R / env 10-26,70 €)

🍴 ***9th Avenue Bistro*** *(plan II, A2,* ***36****) : 2, Avonmore Centre (Super Spar),*

9th Ave. ☎ 031-312-91-34. Tlj sauf lun midi, sam midi et dim, 12h-14h30, 18h-21h30. Plats env 180-235 R. Malgré le cadre de centre commercial, l'une des meilleures tables du centre-ville. Le décor contemporain (des parapluies sur un fond gris et noir !) invite à prendre son temps pour déguster la cuisine du chef. Spécialités de grillades (notamment le juteux filet d'autruche), mais aussi le poisson du jour et le canard croustillant *(crispy duck).* Savoir-faire, créativité, produits de qualité, sens de l'accueil : tout y est !

Vers O. R. Tambo (ex-Marine) Parade

De bon marché à prix moyens (moins de 150-400 R / env 10,50-28 €)

🍴 ***Afro's Chicken Shop*** *(plan I, D3,* ***33****) : O. R. Tambo (ex-Marine) Parade. Tlj 7h-17h. Snacks env 40-50 R.* Un container jaune visible de loin, pratique pour avaler un morceau en se baladant en journée sur ce bout du front de mer (à éviter le soir). Bons *wraps* et burgers de poulet pas chers, servis par une équipe jeune et sympa.

🍴 ***Ocean Basket*** *(plan I, D2,* ***34****) : Malington P., 243, O. R. Tambo (ex-Marine) Parade. ☎ 031-337-78-65. Tlj 9h-21h. Plats env 70-200 R.* Une belle salle illuminée en surplomb du front de mer. L'endroit idéal pour avaler des fronts, pardon, des fruits de mer ou un bon *fish & chips,* le tout servi copieusement (et même « halaal »). C'est une chaîne, mais le rapport qualité-prix est fort honnête et le lieu très animé en fin de semaine.

Au sud du centre, sur le port et Victoria Embankment

Prix moyens (150-400 R / 10-26,70 €)

🍴 ***Wilson's Wharf*** *(plan I, A3,* ***31****) : 14, Boatsman Rd. Entrer dans la zone portuaire à l'arrière de la ligne de chemin de fer, comme pour aller au Musée maritime, mais tourner à droite au rond-point. Tlj.* Face au port, cet endroit est l'un des rendez-vous de la jeune bourgeoisie urbaine. Un énorme bâtiment bleu où sont alignés une bonne dizaine de restaurants. Au bout de la passerelle, plusieurs fast-foods pour toutes les bourses comme la chaîne *John Dory's.* Quelques restos plus chers, avec poisson et fruits de mer, souvent congelés et importés du Cap ou d'ailleurs.

Au nord de la ville, dans Mitchell Park

🍴 ***Blue Zoo Restaurant*** *(plan II, A1,* ***35****) : 6, Nimmo Rd. ☎ 031-303-35-68. À l'entrée de Mitchell Park (voir plus loin « À voir encore »). Tlj 8h-16h30. Snacks et sandwichs env 40-85 R, plats 70-150 R.* Cadre coquet à souhait pour ce resto-salon de thé fréquenté par les classes aisées de la ville. Très prisé des familles le week-end. Après la visite du petit zoo, les enfants jouent pendant que papa et maman avalent un bon petit déj, un sandwich, une salade ou un plat du jour. Pour le *tea time,* desserts et gâteaux maison à accompagner de crème glacée, servis sous les parasols face au jardin en fleurs.

Où boire un verre ? Où sortir ?

Sur le port et autour de O. R. Tambo (ex-Marine) Parade

🍸 **Moyo** *(hors plan I par D3,* ***43****) : sur la plage de l'*Ushaka Marine World, *face au resto* The Cargo Hold. *Tlj 11h (10h w-e)-21h.* Tout au bout de la jetée, ce bar-resto qui ressemble à une grosse cabane de pêcheur moderne, est l'endroit idéal pour siroter l'apéro après la visite de l'*Ushaka Marine World.* On vous conseille même le coucher du soleil, histoire d'admirer les variations de lumière sur la *skyline* de Durban.

🍷 ***Circus Circus Beach Café*** *(plan I, D1, **40**) : Snell Parade, face à la plage. Tlj 6h-18h.* Agréable petite terrasse pour se relaxer après la plage ou au cours d'une promenade le long de la « Croisette » durbanienne.

🍷 ***Joe Cool's*** *(plan I, D2, **42**) : 137, Lower O. R. Tambo (ex-Marine) Parade. Ouv tlj jusqu'à 22h pour la cuisine. DJ le w-e, 20h30-3h ; entrée : 30-50 R.* Son principal avantage est d'être perché en surplomb de la plage, pratique pour boire un verre face à l'océan Indien. Un lieu qui pousse les décibels en fin de semaine, dès la tombée de la nuit. Pour le reste, le décor est banal et le resto à éviter.

🍷 ♩ ***BAT Centre*** *(plan I, C3, **44**) : 45, Maritime Pl. ☎ 031-332-04-51. • batcentre.co.za •* Ce lieu artistique abrite également un café produisant des petits concerts de jazz *(ts les dim, 15h-19h)* et une salle de spectacle proposant théâtre, poésie, plus hip-hop le dernier samedi du mois *(consulter leur page Facebook).*

À Morningside

La portion de Florida Road où se trouve le bar suivant concentre à elle seule l'animation du quartier. Vous y trouverez donc d'autres bars qui changent au gré des modes...

🍷 ♩ ***Dropkick Murphys*** *(plan II, A1, **45**) : 219, Florida Rd. Tlj midi-1h (2h w-e).* L'un des bars les plus vibrants de la rue (donc de la ville !). Un bon vieux pub irlandais installé dans une demeure en brique, avec une vaste terrasse et colonnes à dentelles. On appréciera l'ambiance bruyante et bon enfant, assurée par une clientèle totalement décontractée.

Achats

Victoria Street Market *(marché indien ; plan I, A2, **32**) : lire plus loin la rubrique « À voir. À faire ».*

BAT Centre *(plan I, C3, **44**) : lire plus loin la rubrique « À voir ».*

À voir. À faire

Dans le centre-ville

City Hall *(plan I, B2-3) : Church St. ☎ 031-300-62-12.* Construit en 1910 par l'architecte Stanley Hudson, qui s'inspira de l'hôtel de ville de Belfast (Irlande). Le pavage de l'esplanade est formé de dalles en damier, portant les noms des personnages engagés dans la lutte contre la ségrégation raciale : Nelson Mandela, Oliver Tambo, King Dinuzulu, Princess Magogo, Myriam Makeba... Outre les bureaux de l'administration municipale de Durban, le City Hall abrite le musée des Sciences naturelles, la *Durban Art Gallery* et, en face, une *salle de concert* du XIXe s, où se produit le *KZN Philharmonic Orchestra.*

Natural Science Museum *(plan I, B2-3) : au 1er étage du City Hall, accès par Anton Lembede (ex-Smith), face aux théâtres. ☎ 031-311-22-56. Tlj 8h30 (11h dim et j. fériés)-16h. GRATUIT.* Dioramas très bien réalisés, présentant les principaux animaux d'Afrique du Sud dans leur milieu : mammifères, reptiles, poissons, oiseaux. S'ils sont revenus de restauration, ne manquez pas le squelette du fameux dodo, un oiseau endémique de l'île Maurice, disparu à la fin du XVIIe s à cause de l'appétit des marins hollandais, ni la momie égyptienne (insolite ici !)...

Durban Art Gallery *(plan I, B2-3) : au 2e étage du City Hall, même accès que le musée précédent. Tlj 8h30 (11h dim)-16h. GRATUIT.* Entre 2 jolies expos temporaires, on a parfois la chance d'admirer quelques tableaux de l'époque victorienne, des bronzes de Rodin et une collection de verrerie Art nouveau. Également une expo permanente d'objets en perles, *The Secret of Beads.*

Old Court House Museum (plan I, C2-3) : *77, Samora Machel (ex-Aliwal) St ; entre Dr Pixley Kaseme (ex-West) et Anton Lembede (ex-Smith) St. ☎ 031-311-22-29. Lun-ven 8h30-16h, sam 8h30-12h30. Fermé dim et j. fériés. GRATUIT.* Cet ancien bâtiment de la Cour suprême du Natal datant de 1863 vibra des 1res plaidoiries du jeune avocat Gandhi. Il abrite à présent un minuscule musée d'Histoire qui abrite surtout des expos temporaires. À l'étage, galerie des personnalités de la ville, une ancienne pharmacie et quelques maquettes de bateaux. On s'intéressera donc plutôt à l'expo temporaire...

Kwa Muhle Museum (plan I, B2) : *130, Bram Fischer Rd. ☎ 031-311-22-37. Lun-ven 8h30-16h, sam 8h30-12h30. GRATUIT.* Le musée de l'Apartheid de Durban est beaucoup plus modeste que celui de Jo'burg. C'est néanmoins un lieu symbolique, puisqu'il abrita longtemps les bureaux du *Native Administration Department.* Des documents et photos montrent la froideur et l'inhumanité des lois ségrégationnistes : séparation entre les Blancs et les Noirs (en ville, dans les magasins, les hôpitaux, les bus, les trains, sur les bancs publics et jusqu'au fond des lits...), séparation entre les hommes et les femmes, obligation pour les gens de couleur de posséder un *pass* et un permis de travail. *The Durban System,* système d'oppression basé sur les distinctions entre races, fonctionna jusqu'à l'abolition de l'apartheid au début des années 1990.

Old Fort et Warrior's Gate (plan I, B-C1-2) : *à l'intersection de Walnut St, de Old Fort St et de Masabala Yengwa Ave.* Vestiges d'un vieux fort où les Boers assiégèrent en 1842 les soldats britanniques. Une aile abrite un petit musée.

Victoria Street Market (marché indien ; plan I, A2) : *Berta Mkhize (ex-Victoria) St ; à l'angle de Joseph Nduli (ex-Russell) St. Tlj 6h-17h (8h30-15h dim).* S'il y a un marché à voir dans le quartier, c'est celui-là, ne serait-ce que pour ses odeurs et ses couleurs. Répartis entre plusieurs bâtiments, une centaine d'échoppes y proposent : épices, herbes, objets en laiton, vêtements, jouets, centaines de breloques pour touristes, artisanat africain mais aussi bijoux et pierres précieuses. Pour les amateurs de musique africaine, rendez-vous chez *Music World,* à l'étage du bâtiment à l'arrière du *Fish and Meat market.* Non loin, autour de Warwick Junction, des stands tenus par les *sangomas,* guérisseurs zoulous traditionnels.

Jumma Mosque (Mosquée du Vendredi ; plan I, A2) : *à l'angle de Dr Yusuf Dadoo (ex-Grey) St et de Denis Hurley (ex-Queen) St. Pour la visite (guidée et gratuite), s'adresser à la boutique* IPCI Books, *124, Denis Hurley St. Tlj sauf dim 8h-12h (11h ven).* Sur la dizaine de mosquées que compte Durban, celle-ci, coiffée de 2 minarets, est la plus connue et la plus centrale. Elle fut même, jusque dans les années 1970, la plus grande mosquée, non seulement du pays, mais de tout l'hémisphère sud. Elle peut aujourd'hui accueillir 7 000 fidèles. En fait, rien d'extraordinaire, elle a été largement modernisée depuis sa fondation.

Old House Museum (plan I, A3) : *31, Diakonia Ave. ☎ 031-311-22-61. Lun-ven 8h30-16h. GRATUIT.* Une vieille maison bourgeoise, naguère habitée par l'illustre famille Robinson. Un descendant, John Robinson, fut le 1er *Prime Minister* du Natal. Pour avoir une petite idée de la vie des colons sud-africains blancs au XIXe s. Mobilier d'époque et jardin avec charrettes.

Dans le quartier du port et de O. R. Tambo (ex-Marine) Parade

Ushaka Marine World (hors plan I par D3) : *1, King Shaka Ave. ☎ 031-328-80-00. ● ushakamarineworld.co.za ●* Ce vaste complexe marin à ciel ouvert peut paraître un peu bateau au 1er babord, pardon abord... Sauf que son aquarium est logé dans la véritable carcasse d'un cargo des années 1920 ! De plus, les énormes aquariums sont très impressionnants ! En revanche, on ne cautionne pas les spectacles de dauphins façon *Sea World,* donc on ne vous en parle pas. Les « experiences » sont quant à elles décevantes et chères payées. Dans la même enceinte, mais d'accès indépendant, *Wet'n Wild* est un *aqualand* pour les bambins.

– ***L'aquarium :*** *possibilité de payer seulement l'accès à l'aquarium, tlj 16h30-19h30 ; env 55 R. Sinon, il faut payer plein pot le droit d'entrée à Sea World (187 R)...* La mise en scène de cet aquarium superbement aménagé dans un vieux cargo est quasiment hollywoodienne : bruitage du ressac, cabines inondées peuplées de poissons multicolores, et surtout ces gigantesques aquariums avec épaves de bateau ou d'avion dans lesquels défilent de sacrés bestiaux. Requins *(nourris à certaines heures),* raies gracieuses, inquiétantes murènes... C'est aussi l'occasion de découvrir le *galjoen,* le « poisson national » en danger d'extinction. Le pont supérieur abrite un bar et surtout un resto chic et cher où l'on voit passer et repasser les mastodontes...

– ***Wet'n Wild :*** *tlj 9h-18h en hte saison ; mer-ven 10h-17h et w-e 9h-17h hors saison. Entrée : 179 R ; 139 R pour les 3-12 ans.* C'est une sorte de *water park* avec piscines, toboggans, rivière artificielle, plage aménagée, jeux d'eau et grosses bouées...

Maritime Museum *(plan I, C3) : entrer dans la zone portuaire, prendre à gauche sur 300 m la rue coincée entre le chemin de fer et le port. Évitez le tunnel piéton devant le musée (sale et craignos). ☎ 031-922-95-98. Tlj 8h30 (11h dim)-16h. Entrée : env 10 R ; réduc.* On peut y voir et même grimper à bord de vieux navires de guerre d'un autre temps : *Sas Durban,* un chercheur de mines, *The Ulundi,* un bateau à vapeur, ou encore le *JR More* et le *SS Ovington Court.* Au fond, dans le hangar, petite expo sur le développement du port... que l'on peut observer à loisir sur le quai. Devant le café-guichet, une statue de Perla Siedle Gibson, surnommée *The Durban's lady in White* parce qu'elle vint chaque jour entre avril 1940 et août 1945 chanter pour les soldats, y compris le jour où elle apprit la mort de son fils...

BAT Centre *(plan I, C3,* ***44****) : 45, Maritime Pl. ☎ 031-332-04-51. • batcentre.co.za • Juste derrière le Musée maritime. Tlj 8h (11h w-e)-17h30, mais plus animé en sem que le w-e.* Une petite institution de la culture black sud-africaine, qui abrite dans la cour intérieure un atelier d'artistes : le *Visual Art Studio.* Sculpteurs, peintres, dessinateurs y façonnent des œuvres originales, exposées et vendues sur place. Lire également la rubrique « Où boire un verre ? Où sortir ? ».

À voir en dehors du centre-ville

Killie Campbell Museum *(hors plan II par A2) : 220, Gladys Mazibuko Rd. ☎ 031-260-17-20. Lun-ven 8h30-16h30 ; visite guidée de 30-45 mn ; de préférence sur rdv. Entrée : env 20 R ; réduc.* Cette belle et grande maison coloniale de 1914 dominant le quartier de Morningside fut celle de Marshall Campbell, riche sucrier et politicien, puis de son fils William. Élégant mobilier victorien, mais ce n'est pas le plus beau. Killie Campbell, l'épouse de ce dernier, rémunéra son amie Barbara Tyrrell, une anthropologue douée d'un vrai talent d'artiste, afin qu'elle réalise la merveilleuse collection de dessins et portraits de Zoulous que l'on peut admirer ici. Remarquable ! Finalement, Killie fit don de la maison à l'université du Natal, à condition que celle-ci en fasse un petit musée consacré au Zoulouland. Et avant de mourir à l'âge de 103 ans, en 2015, Barbara Tyrell offrit à son tour ses dessins. Également de belles vitrines d'objets provenant des groupes ethniques du pays. À notre avis, le musée le plus intéressant de la ville !

🎞🎞 ***Botanic Garden*** *(plan I, A1)* **:** *J. Zikhali Rd, à Musgrave. ☎ 031-322-40-21. Tlj 7h30-17h15 (17h45 mi-sept à mi-avr). GRATUIT.* Datant de 1849, il abrite de beaux jardins arborés avec pelouse à l'anglaise égayés de sculptures contemporaines et de nombreuses espèces végétales africaines et subtropicales. Ne pas manquer les kapoks et ficus de 1934, les pachypodiums de Madagascar, les jacquiers et frangipaniers ou encore la collection d'orchidées. Les pelouses centrales attirent toute une colonie d'oiseaux exotiques, ibis, aigrettes et canards. Petit café.

🎞 ***Mitchell Park*** *(plan II, A1)* **:** *Nimmo Rd.* Après le jardin botanique, cap sur ce jardin à fleurs fréquenté par la classe aisée, qui abrite également un petit zoo cosmopolite *(tlj 8h-16h ; entrée : env 12 R).* Grandes volières (ibis rouges, calaos), tortues géantes des Seychelles et petits mammifères (tamarins et marmousets d'Amérique du sud, etc.). Également un agréable salon de thé-resto (voir « Où manger ? »).

🎞🎞 ***Natal Sharks Board*** *(hors plan I par C1)* **:** *1A, Herrwood Dr, Umhlanga Rocks. ☎ 031-566-04-00. • shark.co.za • À 15 km au nord-est de Durban par la M 4 : sortie « Lighthouse Rd », à gauche et 1er rond-point à droite. La visite ne vaut que pour le film de 30 mn : mar-jeu à 9h et 14h piles, plus le 1er dim du mois à 14h. Entrée : 50 R. Le petit musée est GRATUIT mais vite vu.*

Les bureaux du *Natal Sharks Board* (fondé en 1964) abritent un hall d'exposition avec une série de panneaux instructifs, quelques planches de surf bouffées par des squales et surtout une salle de ciné diffusant un film en anglais (très compréhensible) de 30 mn. On y découvre le travail de cet organisme et les requins les plus menaçants, soit le grand requin blanc (espèce protégée), le requin tigre, le requin Zambezi (ou requin-bouledogue) et, un peu moins dangereux, le requin taureau (appelé ici *ragged-tooth shark* en raison de sa dentition totalement bordélique !). Le film est suivi d'une dissection de requin (dans un anglais pas toujours très fluide, cela dit), pendant laquelle on découvre les 2 foies du bestiau, son cœur à 2 chambres et ses rangées de dentition.

Il y en a tant dans les eaux territoriales que le gouvernement a fini par mettre en place des protections. Au début, ça a payé : de 1990 à 2000, 9 personnes seulement ont succombé à une attaque de requin. Toutefois, comme le risque zéro n'existe pas et que la côte ne peut être protégée dans sa totalité, les accidents arrivent encore : on dénombre pas moins de 16 morts depuis 2009, principalement sur les plages de l'Eastern et du Western Cape et seulement 2 au KwaZulu-Natal, la 1re région à avoir installé des filets protecteurs dès 1952. Pour retenir les squales, de grands filets métalliques ont donc été immergés au large de Durban sur 27,5 km. Une quarantaine d'installations similaires ont été déployées entre Port Edward et Richards Bay. La contrepartie de la quiétude des baigneurs est que certains requins ou dauphins meurent parfois, piégés par les mailles. Des agents surveillent chaque jour en bateau l'état des filets. On peut assister à ces tournées *(📱 082-403-92-06 ; résa obligatoire 1-2 j. avt ; départ lun-ven à 6h30 de Wilson Wharf ; compter 350 R/pers ; min 6 pers).* Avec un peu de chance, c'est l'occasion de voir des dauphins ou des baleines. Les requins naviguent plus profond. Notez qu'en juin et juillet, les filets sont enlevés pour laisser passer les bancs de sardines, donc la baignade est formellement déconseillée !

DANS LES ENVIRONS DE DURBAN

INANDA

🎞 ***Phoenix Settlement*** *(maison de Gandhi)* **:** *Main Rd. ☎ 031-322-28-56. • enanda.co.za • À env 20 km au nord-est. Prendre la N 2 vers le nord, puis la M 25 en direction de Kwamashu et Avoca. On risque facilement de se perdre dans les townships d'Inanda, mieux vaut passer par une agence de Durban.*

Phoenix Settlement est le nom actuel du site choisi par Gandhi (1869-1948) pour fonder la *Tolstoy Farm,* lieu d'une communauté humaine idéale : un ashram. Il y lutta 10 ans (de 35 à 45 ans), avec ténacité mais sans violence, contre toute forme de racisme et d'injustice. C'est ici qu'il élabora et expérimenta son idéal de résistance passive et non violente, avant de rentrer en Inde pour l'appliquer dans un autre combat : l'indépendance de son pays. Les règles de vie de l'ashram (qui signifie « vie collective et maison de prières ») étaient monacales. Chaque membre de la communauté devait participer à égalité aux travaux agricoles, moudre la farine, nettoyer les latrines (travail réservé aux intouchables en Inde)... Il devait pratiquer le renoncement corporel et spirituel, et, bien sûr, être végétarien.
Ironie de l'histoire, cette maison de la non-violence fut détruite en 1985 lors de violents affrontements entre Africains et Indiens. Reconstruite à l'identique en 2000, classée maintenant au Patrimoine national, elle abrite des documents et des photos sur Gandhi, avec quelques explications en anglais. Mais les meubles originaux ont été pillés par les émeutiers des townships. À côté de la maison, on visite l'imprimerie du journal *Indian Opinion,* créé par Gandhi en 1904 et perpétué par un de ses fils, Manilal Gandhi, jusqu'en août 1961.

The Ohlange Institute *(le lycée Ohlange)* **:** ☎ *031-322-28-57. À quelques km au nord de Phoenix Settlement, sur la droite de la route principale, une petite route monte sur le flanc d'une colline.* Les maisonnettes des townships (« les boîtes d'allumettes », comme on les surnomme en raison de leur petite taille) en couvrent les versants à perte de vue. Là se tient le lycée d'Ohlange, un haut lieu dans l'histoire de la lutte contre le racisme et pour la démocratie en Afrique du Sud. John L. Dube (1871-1946) y fonda la toute 1re école noire puis, dès 1912, l'*African National Congress* (ANC). On peut la visiter, accompagné par un guide attitré. Au-delà de la porte grillagée, dans un univers d'élèves en uniforme (tradition oblige), un petit musée présente quelques documents et des photos pour honorer la mémoire de John L. Dube. Il fut à la fois éducateur, politicien, éditeur de journal, mais aussi ministre et visionnaire. Son tombeau familial se trouve juste derrière le musée, sur une butte de terre.

TOUT COMMENCE SUR LES BANCS DE L'ÉCOLE...

Afin de rendre hommage à John L. Dube, le président Nelson Mandela a choisi le bureau de l'école d'Ohlange à Inanda pour voter lors des 1res élections démocratiques d'Afrique du Sud, le 27 avril 1994. Dans ses Mémoires, Mandela écrit : « Ce patriote africain avait participé à la fondation de l'organisation en 1912, et j'ai déposé mon bulletin dans l'urne près de sa tombe, fermant ainsi le cycle historique, car la mission qu'il avait entamée 82 ans plus tôt était sur le point de s'achever. »

PIETERMARITZBURG (MSUNDUZI)

223 500 hab.

Pietermaritzburg – couramment appelée « Maritzburg » ou « PMB », fut l'éphémère capitale de la république boer Natalia avant de devenir celle du Natal en 1843 puis, aujourd'hui, celle du KwaZulu-Natal. Elle s'enorgueillit d'avoir accueilli en 1879 le prince Louis-Napoléon, fils de Napoléon III, exilé en Angleterre et engagé volontaire au service de la Reine dans la guerre anglo-zouloue. Moins glorieux, c'est en gare de PMB que Gandhi fut expulsé d'un wagon de 1re classe quelques années plus tard... même si désormais une statue lui rend hommage. Malgré des abords peu réjouissants, la ville abrite de

beaux bâtiments victoriens, mais aussi un quartier universitaire et résidentiel avec, des maisons dotées de petits jardins et des rues bordées de jacarandas multicolores. Une ambiance provinciale, un cadre reposant, une flopée de petits musées et une inattendue galerie d'art : l'étape s'impose.

Arriver – Quitter

En voiture

Pietermaritzburg se situe sur la N 3, autoroute payante qui relie Durban (80 km) à Johannesburg (500 km).

En bus

– Toutes les grandes compagnies s'arrêtent à proximité du *McDo,* à l'angle de... Burger Street (fallait oser !) et de Chief Albert Luthuli (ex-Commercial), où elles ont leur bureau.

■ ***Greyhound :*** *☎ 011-611-80-00. 📱 087-352-03-52. • greyhound.co.za •*
■ ***Intercape :*** *☎ 021-380-44-00. • intercape.co.za •*

➢ ***Durban :*** une douzaine de bus/j., ttes compagnies confondues. Trajet : 1h à 1h30.

➢ ***Johannesburg :*** une vingtaine de bus/j., ttes compagnies confondues. Trajet : env 6-7h pour les plus rapides.

➢ ***Drakensberg central :*** avec *Greyhound,* 1 bus/j. pour Mooi River et 4 bus/j. pour Estcourt, portes d'entrée du Drakensberg central.

➢ ***Cape Town :*** env 1 bus/j., avec *Greyhound* et *Transcape,* par Port Elizabeth ou Bloemfontein. Trajet : 18-25h.

En train

➢ ***Durban et Johannesburg :*** chaque ven et dim, train pour Durban à 6h30 du mat. Trajet : env 2h45. Les mêmes jours, dans l'autre sens, départ de Durban à 19h15, arrivée à PMB à 21h43 et départ 10 mn plus tard pour Johannesburg. Arrivée le lendemain vers 9h35 (trajet en *sleeper*).

Adresses utiles

ℹ ***Pietermaritzburg Tourism :*** *Publicity House, 177, Chief Albert Luthuli St (ex-Commercial). ☎ 033-345-13-48. • pmbtourism.co.za • Lun-sam 8h-17h (13h sam).*

■ ***Standard Bank :*** *en plein centre-ville, à l'angle de Langalibalele (ex-Longmarket) et Buchanan St. Lun-sam 9h-15h30 (11h sam).* Distributeurs de billets.

Où dormir ? Où manger ?

🏠 🍴 ***Heritage Guesthouse :*** *45, Miller St. ☎ 033-394-43-64. • heritagehouse3201@gmail.com • Au sud du centre-ville, non loin du croisement entre Chief Albert Luthuli et Prince Alfred. Double env 900 R, petit déj inclus. Snacks env 60-75 R à midi, plats 140-185 R le soir.* Notre adresse préférée à PMB, située juste en face du vieux cimetière bucolique des Voortrekkers. Maisonnettes en brique autour d'un jardin (avec une petite piscine), abritant des chambres très *british,* impeccables et pas chères. Toutes équipées d'une ancienne cheminée et tout confort. La cerise sur le gâteau, c'est le resto mitoyen, *Mo-g's (tlj sauf dim)*, qui sert de bons plats midi et soir. Excellent accueil.

🏠 🍴 ***Imperial Hotel :*** *224, Jabu Ndlovu St. ☎ 033-342-65-51. • imperialhotel.co.za • Double env 1 500 R, petit déj inclus. Buffet le soir env 180 R ou plats 100-160 R. Parking à l'arrière.* Malgré sa rénovation, cet hôtel chic construit en 1878, un an avant l'arrivée du prince impérial de France, Louis Napoléon, a gardé un peu de son style victorien (la façade, le patio). À l'arrivée, des chambres tout confort mais sans charme. Vaste patio intérieur (très sonore !) où le bar-restaurant sert une cuisine sans relief.

Café Tatham : *au 1er étage de la Tatham Gallery. ☎ 033-342-83-27. Mar-dim 9h-16h.* Une petite salle lovée dans la galerie d'art, offrant une cuisine fraîche et de qualité. Plats du jour, salades, sandwichs et pâtisseries maison. Parfait pour déjeuner ou prendre un café après la visite.

À voir

City Hall *(hôtel de ville) : à l'angle de Church et de Chief Albert Luthuli St.* Avec la galerie d'art Tatham (juste en face), il représente le style architectural de la ville. Construit en 1900, tout en brique rouge dans le plus pur style victorien, il se distingue par sa tour de l'horloge (47 m de hauteur). Ne pas hésiter à visiter la salle de concert au rez-de-chaussée, en bois de style Art déco, avec son orgue monumental. Un lieu qui vit certains dimanches dès 12h aux rythmes d'une messe gospel.

Tatham Art Gallery : *Chief Albert Luthuli St, face à la mairie. ☎ 033-392-28-01. • tatham.org.za • Mar-dim 9h-17h. GRATUIT.* Installée dans l'ancienne cour suprême datant de 1864. La galerie fut inaugurée en 1903 pour accueillir de riches collections acquises grâce à l'entregent Mrs Ada Tatham. Les salles abritent une très belle collection des XIXe et XXe s, avec des œuvres anglaises et sud-africaines, plus 72 tableaux d'artistes français : Boudin, Degas, Matisse, Bonnard, Chagall... Mais aussi des œuvres de Picasso (dessins), Sisley *(Étude d'arbres en fleurs),* Miró et Hockney. Également des céramiques et une belle collection d'art contemporain, signée par des artistes sud-africains de qualité.

Msunduzi Museum *(musée des Voortrekkers) : 351, Langalibalele St. ☎ 033-394-68-34. • msunduzimuseum.org.za • Lun-sam 9h-16h (13h sam et j. fériés). Entrée : 10 R.* Un des hauts lieux de la mémoire collective des Afrikaners. Le musée est établi sur les fondations de la *Church of the Vow* (église du Vœu), construite en 1840 par les Voortrekkers en souvenir d'un vœu de délivrance qu'ils avaient formulé la veille de la bataille de Blood River (1838). Il abrite de nombreux souvenirs relatant le Grand Trek des Boers à travers les plateaux du Natal au XIXe s. Au rez-de-chaussée, roulottes de Boers et histoire de la ville depuis les guerres avec les zoulous jusqu'à l'abolition de l'Apartheid. À l'étage, petit exposé sur le mode de vie zoulou et la communauté hindoue et des vitrines consacrées à l'histoire du prince impérial Louis Napoléon (1856-1879). Voir aussi le fusil du naturaliste français Adulphe Delegorgue, un des 1ers voyageurs européens à séjourner au Zoulouland, de 1838 à 1844. Observateur scrupuleux, explorateur passionné, il est l'auteur de *Voyage en Afrique australe.*
Voir enfin la *Communal Church* de 1956, la *Andres Pretorius House,* reconstruite en 1970 et consacrée au chef de guerre de la bataille de Blood River, ainsi que la *E. G. Jansen Exhibition* sur le mode de vie des Voortrekkers (roulotte de 1924). Et, bien sûr, la *Church of the Vow,* soit la plus ancienne église de la ville.
Au fond de la cour, les statues de Piet Retief et Gert Maritz, les fondateurs de Pietermaritzburg.

Natal Museum : *237, Jabu Ndlovu St. ☎ 033-345-14-04. • nmsa.org.za • Lun-ven 8h15-16h30, sam 9h-16h, dim 10h-15h. Entrée : 10 R ; réduc enfant.* Beau bâtiment victorien, à la façade ornée d'insectes géants très réalistes, et consacré à des collections naturalistes et ethnographiques sur le KwaZulu-Natal. Assez éclectique. Les salles du rez-de-chaussée abritent des dioramas bien faits et instructifs pour les gamins, mettant en scène des animaux d'Afrique naturalisés présentés par grandes familles (oiseaux, primates, cervidés, reptiles, insectes, etc.), avec des espèces éteintes tels le moa de Nouvelle-Zélande (une autruche maousse) et le dodo (disparu au XVIIe s). Le 1er étage accueille des expos à thème :

en vrac, les dinosaures, le monde marin, la vie des *Bushmen,* la musique africaine, la conquête maritime portugaise, l'introduction des techniques agricoles européennes, l'histoire politique du pays (avec des affiches et T-shirts électoraux des 1res élections post-apartheid)... Quelques vidéos intéressantes, notamment celle des discours de Gandhi et celle évoquant les *rock art paintings.*

La gare ferroviaire *(plan A3)* **:** jolie, toute en brique. Mais on y vient surtout pour la plaque du hall d'entrée qui rappelle l'affront subi par Gandhi en partie à l'origine de son destin exceptionnel (voir l'encadré ci-contre).

Allard House et Saint Mary's Chapel : *80, Jabu Ndlovu St. ☎ 033-394-69-51. Seulement sur rdv.* Cette grande maison appartient à l'ordre des oblats de Marie Immaculée, fondé au XIXe s par l'évêque de Marseille. Elle abrite la Saint Mary's Chapel, 1re église catholique construite au Natal (en 1852). Le corps du prince impérial Louis Napoléon y fut exposé en 1879 avant d'être rapatrié et enterré en Grande-Bretagne. À noter, en face, l'église catholique ***Saint Mary's Parish Church,*** construite avec l'aide financière de l'impératrice Eugénie (épouse de Napoléon III).

DE LA LUTTE DES CLASSES...

En juin 1893, Mohandas Gandhi, jeune avocat de 24 ans, se rendait en train à Pretoria pour plaider. À Pietermaritzburg, un passager se plaignit au contrôleur de voir un Indien en 1re classe. Malgré un titre de transport en règle, le contrôleur intima l'ordre à Ghandi de gagner la 3e classe. Refus du jeune homme qui se fit expulser et finit la nuit dans la gare. Gandhi évoqua cet incident comme une des expériences cruciales qui lui fit prendre conscience de l'injustice du racisme. Ce fut le début pour lui de la résistance passive par la non-violence.

Kwazulu-Natal Botanical Gardens : *Mayor's Walk. ☎ 033-344-35-85. Accès à droite au bout de Victoria St (fléché). Mai-sept, tlj 8h-17h30 ; oct-avr 8h-18h. Entrée : 27 R ; réduc.* Superbe allée centrale composée de vieux platanes et précédée d'une cloche de 1935 provenant d'un navire anglais. Nombreuses espèces exotiques protégées. Une centaine de variétés d'oiseaux y ont élu domicile, autour du petit plan d'eau, des ficus et des eucalyptus géants. Serre tropicale et jardin botanique. Un endroit très agréable. S'y déroule également le *farmer's market (sam 6h-10h).*

À faire

➢ ***Visites guidées :*** l'office de tourisme organise des visites guidées à pied (ou en voiture) de Pietermaritzburg et des proches environs. Chaque balade dure en moyenne 2h, commentée en anglais, sur divers thèmes : culture, histoire, nature, etc.

➢ ***La route du prince impérial Louis-Napoléon :*** *contact et infos auprès de Glenn Flanagan (francophone). ☎ 033-342-45-99. 📱 082-677-99-97. • gflanagan@webafrica.org.za •* Une brochure (en français ou en anglais), intitulée *Présence Française à Pietermaritzburg,* est en principe

LA MORT DE NAPOLEON IV

Fils unique de Napoléon III et de l'impératrice Eugénie, Louis-Napoléon, exilé en Angleterre après la chute du 2[d] Empire, pensait redorer le blason familial en s'engageant dans la guerre entre Anglais et Zoulous, au grand dam de sa mère et de l'opinion française. Débarqué à Pietermaritzburg en 1879, lors d'une mission de reconnaissance, sa patrouille fut surprise par des guerriers zoulous. Le jeune prince fut transpercé de 17 coups de sagaies. Plus tard, les guerriers dirent qu'il s'était battu comme un lion.

disponible à l'office de tourisme. Elle présente un itinéraire de découverte de la ville à travers les lieux historiques par lesquels passa le prince impérial Louis-Napoléon. Ainsi que le pèlerinage suivi en 1880 par sa mère l'impératrice Eugénie. On peut suivre ce trajet, mais le mieux est de se faire guider par Glenn Flanagan, francophile passionnée par son sujet *(faire un don à son ONG « Amis-Siyakhula »)*. Cet itinéraire part de Pietermaritzburg et vous mènera jusqu'au monument funéraire situé dans la vallée de Jojosini, près de Uqweqwe où le prince trouva la mort le 1er juin 1879, à 1h30 de route au sud de la ville de Dundee.

LE MAPUTALAND

• Carte *p. 213*

C'est la région au nord-est du KwaZulu-Natal, frontalière avec le Mozambique et le Swaziland. Le Maputaland fait partie du Zoulouland mais s'en distingue par ses paysages. Très montagneux à l'ouest, aux contreforts du Swaziland, il s'aplanit à mesure que l'on va vers la mer. Les montagnes et les collines disparaissent au profit des plaines couvertes d'une brousse tropicale classique, sorte de savane sud-africaine. Depuis l'immense *iSimangaliso Wetland Park* jusqu'aux « petites » réserves du nord, en passant par celle de *Hluhluwe-iMfolozi* (la plus riche en faune), toute cette côte est appelée *Elephant Coast.*

ST LUCIA

1 100 hab.

• Plan *p. 215*

En 1554, alors qu'il naviguait de Lisbonne à Goa (Inde), le navire portugais *São Bento* fit naufrage au large de la côte. Les survivants, l'âme sans doute reconnaissante, nommèrent ce lieu *Rio de Areaias de Ouro,* la « rivière aux sables d'or ». Le 13 décembre 1575, jour de la Sainte-Lucie, un Portugais rebaptisa l'estuaire de la rivière Tugela en St Lucia. Aujourd'hui, ce village aux maisons éparpillées dans la verdure, le long de rues bien tracées, procure une impression d'espace et de détente. Du temps de l'apartheid, c'était une cité exclusivement « blanche ». Désormais, St Lucia attire des visiteurs de tous horizons dans un cosmopolitisme de bon aloi et une ambiance relax. Mais la grande attraction du village, dès la nuit tombée, ce sont les hippopotames qui s'aventurent dans les rues du centre pour brouter les pelouses. Certains vont même faire trempette dans les piscines d'hôtels ! Il va de soi que la plus grande prudence s'impose : évitez toujours de les approcher de trop près, les hippos ont un sale caractère, surtout s'ils sont en famille.

Que vous soyez routard sac à dos ou voyageur plus aisé, St Lucia est une bonne étape sur la route d'*Elephant Coast* et une excellente base pour rayonner dans la région. L'*iSimangaliso Wetland Park* (Cape Vidal) n'est qu'à une trentaine de kilomètres, et le parc de Hluhluwe-iMfolozi à une cinquantaine de kilomètres. On peut donc facilement partir en safari dans la journée et revenir dormir à St Lucia, d'autant plus qu'il n'y a qu'un hôtel-restaurant dans le parc iMfolozi de Hluhluwe et aucun à Cape Vidal, à moins de se faire la cuisine dans l'un des lodges et chalets loués en *self-catering.*

Adresses et infos utiles

Tous les services s'alignent le long de la rue principale, McKenzie Street. Pas d'office de tourisme à St Lucia, mais votre hébergement et les agences citées plus bas vous fourniront toutes les infos nécessaires.

■ ***Distributeurs d'argent : First National Bank*** *(plan A1, **1**). McKenzie St, à côté du Spar. Lun-ven 9h-15h.* Distributeur automatique à l'extérieur, accessible 24h/24. ***Autres distributeurs*** près de la station-service et dans le centre commercial *Wimpy*.

■ ***Bureau de change*** *(plan A1, **2**) :* The Stationery Shop, *McKenzie St, juste à gauche du* Wimpy. *Lun-ven 8h-17h, sam 8h-15h, dim 9h-13h.* Logé au fond d'une boutique, un petit bureau de change au taux de change correct.

■ ***Pharmacie : Wimpy Center,*** *Shop 3, 120, McKenzie St. ☎ 035-590-16-12. Lun-sam 8h-17h30 (14h sam), dim 9h-13h.*

Agences de voyages

■ ***Shakabarker Tours :*** *Hornbill St. ☎ 035-590-11-62. • shakabarker.co.za •* Excursions en canoë sur l'estuaire, randonnées ornithologiques à VTT, safaris, sorties pour voir hippos, crocos, tortues et baleines, randonnées pédestres dans la région protégée autour de St Lucia. Très sérieux.

■ ***Veyane Cultural Tours :*** *contacter Philip Mkhwanazi : 📱 072-588-82-90 ou 072-712-60-98. • veyane.co.za •* Philip est le chef de la communauté zouloue de Khula Dukuduku, fondée au XIXe s sur des terres données par le roi Cetshwayo au chef guerrier Veyane Mkhwanazi (vainqueur de la bataille de Isandlwana, remportée en 1879 sur les troupes britanniques de lord Chelmsford). Il organise des visites du village (maisons traditionnelles, artisans, musiciens, spectacles de danse), avec des retombées pour les familles zouloues. Les tours se font en minibus, en groupes de 4 à 10 personnes. À réserver à l'avance.

Où dormir ?

De bon marché à prix moyens (150-1 000 R / env 10-66,70 €)

⛺ ***Sugarloaf Camp & Eden Park Camp*** *(plan B1 et A2, **10** et **11**) : sur le chemin d'Estuary Beach, au sud-est de la ville. Campings gérés par* KZN Wildlife, *qui a ses bureaux dans McKenzie St. ☎ 035-590-13-40. • kznwildlife.com • Compter 110-420 R/pers pour planter sa tente (sur la base de 3 pers min en hte saison).* En bordure de l'estuaire, le camping *Sugarloaf* offre une centaine d'emplacements ombragés et une piscine. L'*Eden Park,* plus intime (20 places) et doté d'électricité, est situé en pleine forêt… mais gare aux singes !

🏠 ⛺ ***Monzi Backpackers*** *(plan A1, **12**) : 81, McKenzie St. 📱 082-562-47-62. • budgetbackpackers.co.za • Lit sous tente env 220 R/pers ; double privée 600 R selon confort ; remise de 20 % hors saison.* AJ tenue par l'agence *Monzi* qui a développé un concept amusant puisque les dortoirs ont été remplacés par des tentes igloos montées sur un *roof deck* (sanitaires au rez-de-chaussée). Les chambres privées sont équipées d'une bonne literie et se partagent les sanitaires. Parties communes conviviales, vaste séjour, cuisine à dispo, et surtout un grand jardin ombragé où il fait bon buller sans complexe autour des 2 piscines. Également des *luxury tents (env 1 120 R pour 2).* Très bonne adresse.

Chic (1 000-1 800 R / env 66,70-120 €)

🏠 ***St Lucia Wetlands Guest House*** *(plan B1, **14**) : 20, Kingfisher St. ☎ 035-590-10-98. • stluciawetlands.com • Double 1 500 R, petit déj inclus. Réduc de 10 % sur présentation de ce guide (résas en direct seulement).* Les propriétaires, d'anciens diplomates

LE MAPUTALAND

à la retraite, ont passé le relais à leur fils Colin, qui parle quelques mots de français et s'avère très accueillant. Les voyageurs se plaisent généralement dans cette grande maison coloniale qui abrite 7 chambres donnant sur le jardin et la petite piscine. Elles sont spacieuses, avec salle de bains, ventilo et une élégante décoration d'inspiration africaine (lits à baldaquin pour certaines). Le petit déj, très copieux, se prend sous la véranda. Colin saura vous fournir toutes les infos sur la ville et la réserve.

Santa Lucia Guest House *(plan A1, 15)* **:** *30, Pelikaan St. ☎ 035-590-11-51.* • *santalucia.co.za* • *Doubles env 1 464-1 610 R, copieux petit déj-buffet inclus.* Vaste maison rose, moderne et bien rénovée, entourée d'un beau petit jardin tropical avec piscine. Les 6 chambres coquettes possèdent frigo, clim et ventilo, coffre-fort, terrasse privative et plein de charmantes attentions. La nº 6, avec cuisine, est la plus grande. Quand vient le matin, c'est un bonheur de déguster le buffet de petit déj préparé par vos hôtes. Rika et François, dont l'ancêtre est un huguenot français, sont toujours aux petits soins pour leur clientèle et représentent une mine d'infos sur la région.

Igwalagwala Guest House (plan A1, **13**) : 91, Pelikaan St. ☎ 035-590-10-69. • igwalagwala.com • Double 1 650 R, petit déj inclus. Au rez-de-chaussée et à l'étage, 8 chambres à la déco contemporaine (presque trop pour le coin !), spacieuses et d'une propreté exemplaire, avec salle de bains et clim. Jardin tropical où une grande piscine vous attend. Excellent petit déj. Mère et fille, adorables, vous donneront toutes les infos sur les environs et les diverses excursions à faire.

Lidiko Lodge (plan A1, **16**) : 95, McKenzie St. ☎ 035-590-15-81. • lidikolodge.co.za • Double 1 750 R, petit déj inclus. Parking à l'arrière. Dans la rue principale, une petite *guesthouse* de luxe à taille humaine. Une douzaine de chambres avec chacune son bout de terrasse donnant sur le petit jardin avec piscine, le tout assez intime. Bon petit déj ou possibilité de l'emporter façon *box* si on part tôt en excursion. Bon accueil, très pro, et bonnes infos sur la région.

Où manger ?

Bon marché (moins de 150 R / moins de 10 €)

Thyme Square (plan A1, **30**) : McKenzie St. ☎ 035-590-16-92. Juste à droite du bar Key West, en contrebas de la chaussée. Tlj sauf dim 9h-16h. Plats env 30-80 R. Un petit *coffee-shop* au décor de bonbonnière, ambiance *english* dînette, avec un patio ombragé tout indiqué pour un bon petit déj (délicieux cappuccino, croissants, fruits, muesli...), un lunch léger (salades, sandwichs, pâtes) ou un quatre-heures gourmand (gâteaux, *cupcakes*, gaufres...). Un lieu paisible et pas cher.

Prix moyens (150-400 R / env 10-26,70 €)

Fisherman's (plan A1, **31**) : 61, McKenzie St, à côté de la station-service. ☎ 035-590-12-57. Tlj midi et soir jusque tard. Plats env 80-190 R (plateaux de fruits de mer plus chers). C'est le pub d'un club de pêche, hyper local et très populaire, avec son décor composé de filets, de drapeaux du monde entier et de vilains poissons empaillés qui vous regardent d'un œil louche. Certains soirs, on y croise des pêcheurs au gros (voire de gros pêcheurs !) de plus en plus imbibés à mesure que la soirée avance, encouragés par une ambiance musicale digne de l'*Oktoberfest* : ça rit, ça chante, ça picole et ça fume... Le poisson est certes congelé (il faut bien conserver de telles quantités), mais au moins il ne vient pas du Cap ! Cuisine de pub sans prétention. Attention, le service de 10 % est facturé d'office. Fast-food à l'entrée moins cher pour un repas à emporter.

Ocean Basket (plan A1, **32**) : 73, McKenzie St, à côté du Braza (mêmes proprios et horaires). ☎ 035-590-12-41. Tlj 10h-22h. Plats env 70-200 R. Une chaîne spécialisée dans les poissons et fruits de mer, au cadre forcément marin. Assiettes bien garnies, au dressage calibré, mêlant calamars, gambas, moules et poissons. Les amateurs de sushis ne seront pas en reste... Grande terrasse. Service impeccable.

Braza (plan A1, **32**) : 73, McKenzie St ; à l'étage du Georgiou Center. ☎ 035-590-12-41. Service en continu tlj jusqu'à 21h30 (22h sam). Plats env 90-170 R. Le resto appartient au même groupe que l'*Ocean Basket* voisin. Mais ici, comme son nom l'indique, la spécialité c'est la viande, servie grillée, en brochette ou alors cuisinée comme au Mozambique, ou en Angola. Cuisine solide, que l'on déguste dans un cadre un peu sombre le soir mais élégant, axé sur le bois et les *azulejos*.

St Lucia Ski Boat Club (plan B1, **33**) : en bordure d'estuaire. ☎ 035-590-13-76. Cuisine 12h-20h30 ; bar ouv jusque tard. Plats env 70-220 R. Lieu original en soirée, pour un dîner simple face aux eaux calmes de l'estuaire. Avec de la chance, on aperçoit crocos et hippos depuis la terrasse. Dans l'assiette, des grillades, des pizzas, des burgers (et même

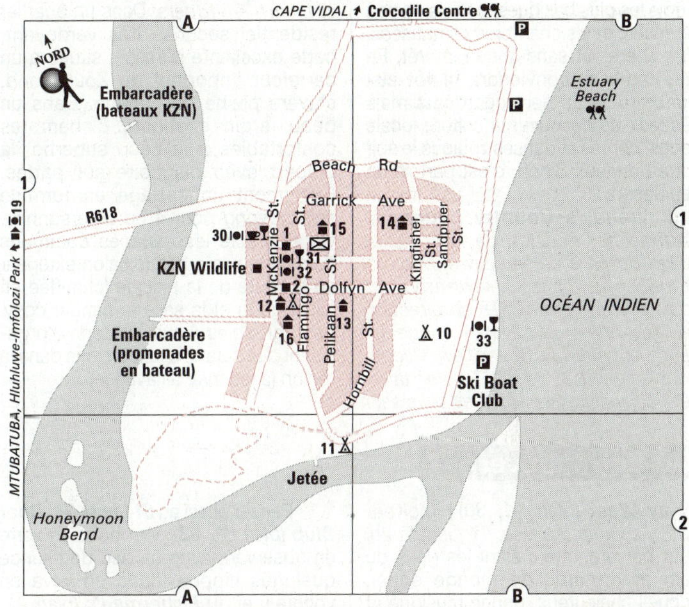

ST LUCIA

Adresses utiles

1 First National Bank (A1)
2 Bureau de change (A1)
19 Veyane International Backpackers (hors plan par A1)

Où dormir ?

10 Sugarloaf Camp (B1)
11 Eden Park Camp (A2)
12 Monzi Backpackers (A1)
13 Igwalagwala Guest House (A1)
14 St Lucia Wetlands Guest House (B1)
15 Santa Lucia Guest House (A1)
16 Lidiko Lodge (A1)

Où manger ?

30 Thyme Square (A1)
31 Fisherman's (A1)
32 Ocean Basket et Braza (A1)
33 St Lucia Ski Boat Club (B1)

Où boire un verre ?

30 Key West (A1)
31 Fisherman's (A1)
33 St Lucia Ski Boat Club (B1)

du poisson, mais pas toujours bien réalisé). Attention : le soir, ne pas s'y rendre ni en revenir à pied, c'est hyper dangereux à cause des hippos qui fréquentent volontiers cette route !

Où dormir ? Où manger dans les environs ?

Veyane International Backpackers *(hors plan par A1,* ***19****)* **:** ***Khula Village,*** *à 5 km du centre-ville, en direction de Mtubatuba. 072-712-60-98. • veyane.co.za • Compter env 150-250 R/pers, sans ou avec sdb et ventilo. Petit déj env 85 R. Repas 110 R.* Au sein d'une communauté zouloue (voir plus haut « Adresses utiles. Agences de voyages »), reconstitution d'un petit village composé d'une vingtaine de huttes (pour 2 à 4 personnes) avec sanitaires et ventilo. Gare à votre tête, elles sont basses ! Évitez tout de même les plus basiques, parfois un peu miteuses, et les chambres climatisées, plus chères et sans aucun intérêt. En fait, l'adresse conviendra plutôt aux jeunes routards peu regardants mais désireux de découvrir la culture locale (repas, contes et danses zoulous le soir autour du feu). Sinon, c'est parfois un peu désert...

Wendy's Country Lodge : *à **Mtubatuba,** à 25 km de St Lucia et 30 km du parc de Hluhluwe-iMfolozi. ☎ 035-550-04-07. • wendybnb.co.za • Prendre la R 618 en direction de « RiverView » sur 2 km, le lodge est dans l'enceinte du RiverView Village. Doubles env 1 380-1 700 R selon taille, petit déj inclus. Repas (ts les soirs sauf dim) env 270 R/pers.* Dans un quartier résidentiel sécurisé très verdoyant, cette excellente adresse, située à un carrefour important du Zoulouland, s'avère pleine de charme. Dans un beau jardin exotique, 8 chambres confortables à la déco superbe, la plupart avec baignoire sur pattes. Également un cottage en formule *self-catering* pour 4 ou 6 personnes. On apprécie les espaces communs comme le vaste bar, le salon extérieur en bordure de la piscine (chauffée en juillet-août) et la salle à manger cosy. Les agréables Gavin et Jenny, organisent des safaris et excursions dans la région (à réserver à l'avance).

Où boire un verre ?

***Key West** (plan A1, **30**) : McKenzie St, sous la terrasse. Tlj jusqu'à 2h.* Petit bar branché mêlant les gens du coin et routards du monde entier. Accueil chaleureux, bonne musique et écran géant pour voir de vieux clips des années 1980 ou des retransmissions sportives. Très couru en fin de semaine.

Penser aussi au ***St Lucia Ski Boat Club*** *(plan B1, **33**)* pour boire un verre en observant avec un peu de chance quelques hippos (donc on y va en voiture !) et au ***Fisherman's*** *(plan A1, **31**)* pour mater un match dans une ambiance de pub populo.

À voir. À faire

La plage de St Lucia : *au nord-est du village, accessible en voiture (2 parkings surveillés) ou à pied (env 1,5 km du centre).* Baignade possible, mais bien faire attention aux vagues et aux forts courants. Les requins sont nombreux mais restent au large. Ils s'approchent éventuellement des côtes pour chasser, tôt le matin ou la nuit, quand la température de l'eau s'est rafraîchie. Raison de plus pour ne pas se laisser entraîner par les courants ! On peut observer des tortues de novembre à février *(certaines agences organisent des excursions nocturnes mais assez chères).*

Estuary Beach : *à l'est de St Lucia, sur le littoral de l'océan Indien.* Jolie balade d'un kilomètre au départ de l'entrée du camping *Sugarloaf Camp.* On empruntera la passerelle sur la droite pour observer au passage, avec un peu de chance, les hippopotames qui se rafraîchissent dans l'estuaire. Ne pas quitter les traverses, on peut toujours tomber sur un croco ! Le chemin débouche sur la baie d'*Estuary Beach,* ses dunes et son immense plage (mer très agitée, baignade interdite). Le paysage est superbe !

Excursions en bateau sur l'océan Indien : le littoral est un site privilégié d'observation des baleines en période de reproduction, de juin à novembre. Pour les voir, il est nécessaire de s'inscrire à une excursion d'observation *(whale watching)* conduite par un guide compétent. *À réserver à l'avance auprès de l'agence **Advantage Tours & Charters** (bureau au 1, McKenzie St) : ☎ 035-590-12-59. • advantagetours.co.za • Compter tt de même 1 150 R/pers pour 2h d'excursion (remboursé à 40 % si vous ne voyez pas la queue d'une baleine à bosse !).* Le reste de l'année, l'agence propose la même chose que les autres : des excursions dans l'estuaire de St Lucia pour voir crocos et hippos.

Excursions en bateau dans l'estuaire St Lucia : *3 départs/j. de l'embarcadère principal de St Lucia. Durée : 2h ; dernier départ à 16h. Compter env 220-300 R/pers. Plusieurs compagnies assurent cette excursion :* ***Heritage Tours & Safaris*** *(50, McKenzie St, ☎ 035-590-15-55. ● heritagetoursandsafaris.com ●), à bord de son bateau Shoreline, mais aussi* ***Advantage*** *(voir précédemment), ou encore* ***Shakabarker*** *(voir plus haut « Adresses utiles »).* ***KZN Wildlife*** *(☎ 035-590-13-40) en organise aussi certains j. pour 180 R/pers, au départ du pont d'accès à la ville, mais sur de plus gros bateaux.* Les balades se font sur l'estuaire, en amont de la ville de St Lucia et vers le lac St Lucia, plus au nord. Le clou de la balade est la rencontre avec des hippopotames et des crocodiles, ainsi que les nombreux oiseaux qui peuplent la mangrove.

Crocodile Centre *(hors plan par B1)* **:** *à 2 km sur la route de Cape Vidal, juste avt le guichet d'entrée du parc KZN. ☎ 035-590-13-86. Lun-ven 8h-16h30, sam 8h30-17h, dim et j. fériés 9h-16h. Adulte : lun-ven env 60 R, sam-dim 75 R ; réduc.* C'est à la fois un petit musée et un zoo. On peut y voir 4 espèces de crocodiles, dont celui du Nil et l'alligator. Possibilité d'assister à leur repas le samedi à 15h et le dimanche à 11h30. *Coffee-shop* et boutique d'artisanat sur place.

CAPE VIDAL ET iSIMANGALISO WETLAND PARK

« Le parc en zone humide de l'iSimangaliso doit être le seul endroit au monde où les plus vieux mammifères terrestres (rhinocéros) et les plus grands mammifères terrestres (éléphants) partagent le même écosystème que les plus vieux poissons de la création (le cœlacanthe) et les plus gros mammifères marins (la baleine). »

Nelson Mandela

Cette déclaration de l'ancien président résume bien la richesse naturelle de la faune de l'*iSimangaliso Wetland Park.* Pour s'en apercevoir, il faut poser son sac quelques jours au village de St Lucia et ne pas faire qu'y passer. L'autre solution consiste à rallier en voiture Cape Vidal, à 36 km au nord du village de St Lucia, un site lové dans une échancrure de la Côte Sauvage. Pas de village, juste quelques bungalows en bois gérés par KZN, à l'abri d'un long cordon dunaire, parallèle sur des kilomètres à une merveilleuse plage de sable. En 1822, la région fut explorée par une expédition britannique conduite par le lieutenant Vidal, capitaine du navire *H.M.S. Leven,* d'où le nom du site de Cape Vidal et de la pointe Leven *(Leven Point).* Voilà un endroit où l'empreinte de l'homme sur la nature sauvage s'est faite avec bienveillance. À l'ombre des arbres, on écoute le ressac des vagues de l'océan Indien dès le lever du soleil, comme aux 1ers matins du monde.

UN PARC MARIN ET LACUSTRE REMARQUABLE

Situé au nord-est du KwaZulu-Natal, en plein royaume zoulou, cette immense zone basse et humide, entre terre et mer, couvre 280 km de côtes, sur une superficie de 328 000 ha. Au sud, le parc englobe l'estuaire de St Lucia, au centre la région de Sodwana Bay et se termine au nord à la frontière du Mozambique, dans la baie de Kosi *(Kosi Bay).* Côté paysages, ce ne sont que plages de sable et dunes interminables, recouvertes de pins et de filaos, étangs et lacs d'eau douce, mangroves, marécages et marais que traversent d'étroits canaux, où évoluent près d'un millier d'espèces d'oiseaux et de poissons.

Orientation

On peut distinguer ***5 grands secteurs.*** À l'est, l'écosystème marin ***(Marine System).*** Sur terre, les rives de l'Est ***(Eastern Shores),*** une plaine basse et humide séparée de l'océan Indien par un long cordon dunaire boisé, considéré comme l'une des plus belles dunes du monde. C'est dans cette partie qu'on trouve le plus d'animaux : antilopes, zèbres, phacochères, quelques guépards... 3e grand secteur, le ***lac de St Lucia,*** très peu profond (un mètre en moyenne, donc sujet à des baisses de niveau en période de sécheresse) et peuplé de plus d'un millier de crocos et d'hippos. Au nord du lac, les marécages de uMkuze ***(uMkhuze Swamps).*** À l'ouest s'étend une terre plus aride, plantée de savane africaine et de brousse, appelée les rivages de l'Ouest ***(Western Shores).*** Les paysages sont moins jolis que sur l'autre rive, mais on peut espérer y voir girafes, rhinos et éléphants.

Comment y aller ?

➢ ***Section est (Eastern Shores) :*** en entrant à St Lucia, prendre à gauche au carrefour en T, puis continuer tout droit jusqu'au poste de péage. Ensuite, une route bitumée vous mène au Cape Vidal, à 35 km au nord, avec en cours de route plusieurs boucles passant par des belvédères et points d'eau. C'est la zone la plus visitée et la plus aménagée. Vitesse limitée à 50 km/h.

➢ ***Section ouest (Western Shores) :*** entrée au poste de Dukuduku, env 3 km avant le pont qui marque l'entrée de St Lucia. Une bonne piste monte ensuite jusqu'à Charters Creek, une baie appréciée des pêcheurs. Vitesse limitée à 40 km/h.

– ***Attention : une fois qu'on est dans l'un des 2 secteurs, les 2 rives ne sont reliées par aucune route.*** Si l'on veut visiter les 2 sections, il faut repasser par St Lucia et repayer une entrée !

Adresses et infos utiles

– ***Entrée du parc :*** *le **péage** de la partie ouest se trouve à 2 km au nord de la ville de St Lucia, au niveau du Crocodile Centre. Celui de la partie est se trouve à Dukuduku (voir plus haut). Tlj : 5h-19h en été (nov-mars), 6h-18h en hiver (avr-oct). Billet : env 56 R/adulte. Compter en sus 61 R/véhicule.*

Informations : ***bureau KZN Wildlife,*** *plage de Cape Vidal. ☎ 035-590-16-33. Urgences : 060-838-72-78. • kznwildlife.com • isimangaliso.com • Sur la gauche de la route, env 250 m avt d'arriver à la plage de Cape Vidal. Bureaux ouv tlj 7h-18h (17h hors saison).*

■ ***Épicerie :*** *à la boutique face au camping (mêmes horaires que les bureaux).* Chips, biscuits, glaces, boissons, mais rien de solide à manger ! Prévoir l'achat de victuailles à St Lucia.

■ ***Pompe à essence :*** *à Cape Vidal, juste avt la plage. Tlj 7h-17h (16h hors saison).*

– ***Paludisme :*** le parc est situé dans la zone dite « III », il est donc vivement recommandé de prendre un traitement préventif si vous y séjournez.

Urgences : *082-797-79-44 (24h/24).*

Où dormir ?

– ***Informations et réservations :*** *auprès du bureau du **KZN Wildlife** de Cape Vidal (adresse plus haut) : ☎ 033-845-1000 (central de résas) ou 035-590-90-12* (last minute) *; possibilité de réserver son hébergement pour le j. même ou 24h à l'avance (max). Sinon, résas auprès des bureaux* KZN *de St Lucia. À noter : beaucoup de monde pdt les vac (déc, janv et juil).*

– Plusieurs formules d'hébergement sont proposées, du camping au lodge de brousse *(bush lodge)*. Il faut réserver auprès du parc et apporter ses victuailles pour les repas.
– ***Tarifs*** *(haute saison) : camping env 840 R/pers pour 4 pers min ; fishing cabins (au* Bhangazi Complex*) 2 400 R pour 8-9 pers ; log cabin 2 400 R sur la base de 3 pers min. Enfin, le* Bhangazi Bush lodge *à 5 100 R, sur la base de 6 pers min. CB acceptées.*
– ***Camping :*** une cinquantaine d'emplacements pour les campeurs, sous les pins près du cordon dunaire et de la plage.
– ***Fishing cabins*** *(chalets de pêche) :* il y a 2 chalets de pêche un brin vieillots et pas très bien entretenus, situés sur les rives du lac Bhangazi. Capacité de 14 à 20 lits. Ils sont équipés de cuisine, de douche et de w-c.
– ***Log cabins*** *(chalets en rondins) :* une vingtaine de petits chalets pour 5 personnes avec salle de douche, w-c, cuisine tout équipée et salon-salle à manger. Les chalets sont à l'ombre d'un bois de grands pins, au pied d'un cordon dunaire longeant la plage. Le ménage est fait chaque matin.
– ***Bhangazi Bush lodge*** *(lodge de brousse) : situé à 10 km du bureau du parc de Cape Vidal, sur la rive occidentale du lac Bhangazi.* Accessible par une piste, il permet à ses occupants de séjourner dans un endroit calme et sauvage. 8 personnes peuvent y dormir. C'est un cuisinier du parc qui prépare les repas (il faut apporter sa nourriture).

À voir. À faire

Mission Rocks : *à 10 km de l'entrée du parc, tourner à droite et à 1 km se garer sur l'aire aménagée kuMziki.* En haut d'une volée de marches, au sommet du *Mount Tabor,* à 130 m au-dessus de la mer, beau panorama à 360° sur l'ensemble de la réserve et de la côte. 3 km plus loin, aire de pique-nique à proximité de la « plage », en fait une côte rocheuse où la baignade est dangereuse !

Catalina Bay : *après Mission Rocks en reprenant la route principale pour Cape Vidal, à gauche.* Coin pique-nique en bordure du lac St Lucia et bon point d'observation ornithologique.

Lake St Lucia : en forme d'enclume, il mesure 80 km de long du nord au sud et 23 km dans sa plus grande largeur, du moins quand ses dimensions ne sont pas réduites par la sécheresse comme en 2016. *False Bay Park,* sur la rive nord-ouest du lac, à 92 km, accessible par Hluhluwe Village, est un endroit de rêve pour admirer le lac, loin de l'agitation du monde. Si vous aimez les coins isolés et les paysages vierges, votre place est ici. Activités proposées : 3 randonnées pédestres (de 3h à 6h de marche), balades en bateau, observation des oiseaux, pêche.

Lake Bhangazi : situé entre le grand lac St Lucia et la mer, tout près du site de Cape Vidal, il est beaucoup plus petit que son voisin. Si le lac est assez profond, on peut y observer des crocodiles et des hippopotames et, sur les rives, des gazelles et des zèbres. Des guépards ont été réintroduits.

Cape Vidal Beach : magnifique, propre, sûre et globalement propice à la baignade. Mais attention aux courants forts : renseignez-vous tout de même sur les meilleurs secteurs auprès du bureau d'information.

Randonnées guidées : *avec les agences de St Lucia.* Elles durent 2 ou 4h en moyenne. Il est bien sûr interdit de randonner seul à cause des animaux sauvages.

Observation des baleines *(whale watching) :* depuis la plage de Cape Vidal, de mi-mai à novembre, avec des jumelles.

HLUHLUWE-iMFOLOZI PARK

• Plan p. 221

Prononcer « chlouchlouwé ». Fondé en 1895, c'est le plus ancien parc animalier d'Afrique du Sud, et le plus riche du KwaZulu-Natal. Il semble immense avec ses 960 km² et ses 2 entités réunies (Hluhluwe et iMfolozi), mais il s'avère en fait 20 fois plus petit que le parc Kruger. Dans ces fantastiques paysages de collines couvertes de savane, cohabitent les fameux *Big Five* (buffle, éléphant, rhinocéros, lion et léopard), sachant toutefois que les 2 derniers sont un peu plus difficiles à apercevoir.

LE BERCEAU DU RHINOCÉROS BLANC

Depuis sa création, les autorités du parc d'iMfolozi ont entrepris de sauvegarder le rhinocéros blanc, plus précisément le rhinocéros blanc du Sud. Avant le XIXe s, il vivait en toute liberté dans ces grands espaces jusqu'à ce que la chasse intensive ne menace la survie de l'espèce (il n'en restait plus qu'une cinquantaine au début du XXe s, tous dans la réserve d'iMfolozi !). Dans les années 1950-1960, un projet de sauvegarde l'a réintroduit avec succès. Si bien qu'aujourd'hui le rhinocéros blanc cohabite avec le rhinocéros noir, dont la concentration par kilomètre carré est une des plus élevées au monde. Leur nombre est d'ailleurs si important qu'il faut organiser des ventes chaque année pour éviter la surpopulation. À partir de 1961, des milliers de rhinos ont ainsi été vendus à d'autres réserves, parcs (et zoos) à travers le monde. Toutefois, les braconniers *(poachers)* s'y intéressent de nouveau, les années récentes ayant vu une augmentation très préoccupante des cas de braconnage.

On circule librement en voiture de tourisme, sur des routes étroites, dont les principales sont bitumées. La partie la plus sauvage et la plus grandiose, où l'on croisera le plus d'animaux aussi, se situe à l'ouest d'iMfolozi, en direction de la *Cengeni Gate.* N'oubliez pas vos jumelles, et si vous ne logez pas sur place, surveillez les horaires d'ouverture et de fermeture des portes du parc.

Comment y aller ?

➢ ***De St Lucia :*** pour l'entrée sud-est du parc (Nyalazi Gate) : par la R 618 via Mtubatuba et Somkhele. Trajet : 75 km (env 1h15). Entrée nord (Memorial Gate) : par la R 618 puis la N 2 vers le nord et tourner à gauche au niveau du croisement pour la petite ville de Hluhluwe. Trajet : 90 km (2h).

➢ ***Du nord-ouest*** *(réserve d'Ithala)* **:** 157 km. Trajet : env 3h. Par la R 69 en direction des réserves d'Uphongolo et d'uMkhuze, puis la N 2 vers le sud, jusqu'à Hluhluwe. De là, tourner à droite vers Memorial Gate (entrée nord du parc), à env 15 km.

➢ ***De Sodwana Bay :*** 106 km. Trajet : env 2h. Par la R 22 jusqu'à Hluhluwe, puis la route menant à Memorial Gate (entrée nord).

➢ ***De Dundee*** *(Battlefields)* **:** env 3h30 (225 km). Par la R 68 en direction de Nqutu et Emakhosini Valley, ou la R 33 en direction de Vryheid, puis la R 34 et la R 66 jusqu'à Ulundi. Une petite route mène à la porte ouest, Cengeni Gate, à env 30 km.

➢ ***De Kosi Bay :*** compter env 3h30 (293 km). Rejoindre la ville de Hluhluwe (par la R 22), puis continuer jusqu'à l'entrée nord du parc, Memorial Gate, à 14 km plus à l'ouest.

➢ ***De Durban :*** 247 km. Trajet : env 4h. Suivre la N 2 vers le nord. À 3 km après la sortie de Mtubatuba, sortir sur la gauche et suivre la R 618 en direction de l'entrée sud-est du parc (Nyalazi Gate) 30 km plus loin.

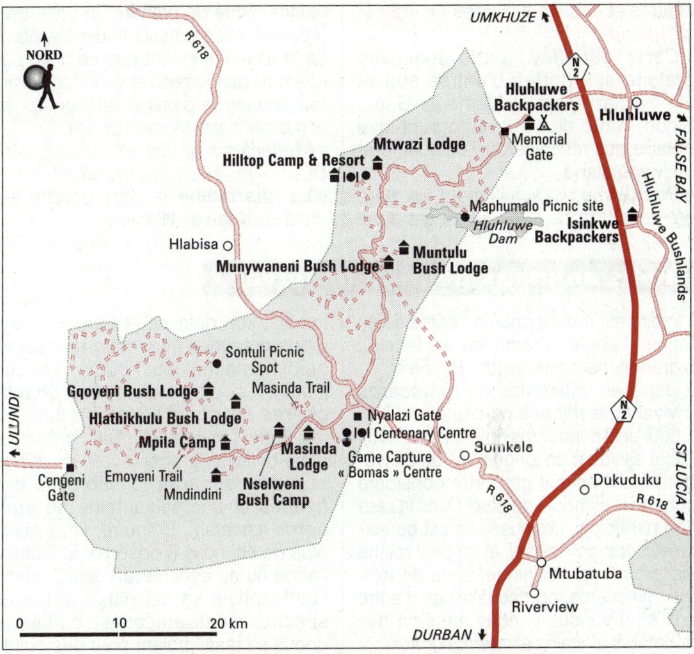

HLUHLUWE-iMFOLOZI PARK

Adresses utiles

■ ***Informations et réservations :*** *auprès de* ***KZN Wildlife.*** *Infos générales : ☎ 033-845-19-99. Résas : ☎ 033-845-10-00. • kznwildlife.com •* Central de réservations pour les hébergements, les safaris, excursions et randonnées guidées, informations sur la faune et la flore du parc...

■ ***Isinkwe Safaris :*** *083-338-34-94. • isinkwe.co.za • Résa conseillée, au plus tard la veille à 18h. Env 1 800 R/pers l'excursion à la journée (min 2 pers), petit déj, déj et boissons inclus.* C'est l'agence qui dépend de l'*Isinkwe Backpackers* (voir plus loin « Où dormir à Hluhluwe et dans les environs ? »). Très bonne adresse pour les routards désireux de partir en excursion guidée dans le parc de Hluhluwe-iMfolozi.

Infos utiles

– ***Horaires d'ouverture :*** *nov-fév, tlj 5h-19h ; mars-oct, tlj 6h-18h.*

– ***Tarif d'entrée :*** *droit d'entrée (valable 1 j.) pour ts les visiteurs, y compris ceux séjournant dans le parc : 240 R ; 120 R 3-12 ans. CB acceptées.*

– ***Règles de conduite :*** vitesse limitée à 40 km/h. Il est strictement interdit de sortir de sa voiture hors des aires de stationnement, de pique-nique et de points de vue signalés sur la route.

– ***Essence :*** *2 stations-service (à Mpila Camp, à iMfolozi ainsi qu'à Hilltop Camp, à Hluhluwe).*

– ***Électricité :*** dans les camps, électricité (solaire essentiellement), donc eau

chaude et lumière assurées *(9h-12h et 17h-22h).*
– ***Carte détaillée :*** carte sommaire gratuite aux portes d'entrée sud et est (Nyalazi Gate et Memorial Gate). Sinon, vente du livret cartographique détaillé des réserves du Zoulouland et du Maputaland.
– ***Paludisme :*** officiellement, le parc est dans la zone dite « III », il est donc recommandé de prendre un traitement préventif. Mais la majorité des habitants de la région affirment que ce n'est pas une zone dangereuse et qu'il s'agit avant tout de bien se protéger (utiliser répulsif et moustiquaire). À vous de voir...
– ***Médecins :*** ☎ *035-562-01-62, 035-562-00-16 et 035-562-00-32.*
– La ***pharmacie*** la plus proche est dans le village de Hluhluwe.

Quels animaux peut-on observer ?

Le parc est réputé pour la variété de sa faune. Il abrite notamment les fameux 5 grands mammifères *(the Big Five).*
2 espèces différentes de ***rhinocéros*** y vivent : le rhinocéros blanc (environ 1 600) et le rhinocéros noir (environ 400). Objet assidu d'un long travail de sauvegarde, cet animal peut être considéré comme le symbole du parc. Dans la section d'iMfolozi, un musée lui est consacré *(Centenary Centre),* et on peut même visiter un endroit unique, sorte de foire aux rhinocéros, où des dizaines d'entre eux sont vendus chaque année à des acheteurs africains et internationaux.
On peut aussi admirer des ***buffles,*** des ***zèbres*** et des ***girafes*** vraiment pas farouches. Réintroduits dans le parc en 1985, les ***éléphants*** sont moins nombreux, mais leur population augmente vite (environ 300). Les ***antilopes*** et ***gazelles*** de toutes sortes abondent : impala, kob defassa *(waterbuck),* kob des montagnes *(mountain reedbuck),* guib harnaché *(bushbuck),* koudou *(kudu).* On croise aussi des ***phacochères*** *(warthog).* Côté prédateurs, les ***lions*** (environ 80) sont présents, mais difficiles à apercevoir, de même que des ***léopards*** (environ 50), des ***hyènes*** et une soixantaine de ***guépards*** *(cheetah).* En outre, vous aurez plus de chances d'observer la faune à l'aube ou au coucher du soleil, quand l'atmosphère se fait plus fraîche. Le spectacle des antilopes, buffles et gnous se rassemblant près des points d'eau en fin de journée vous assure de belles émotions. D'ailleurs, vous ne serez peut-être pas le seul observateur, car le moment est aussi propice aux félins pour chasser leurs proies... Côté faune à plumes, on compte environ 300 espèces d'***oiseaux*** différentes.

Où dormir ?

– ***À savoir :*** quasiment tous les hébergements du parc sont gérés par le *KZN Wildlife* (voir « Adresses utiles »), qui centralise les réservations. Un seul lodge privé, assez chic, vient leur faire de la concurrence *(Rhino Ridge Safari Lodge).* Les 2 lodges principaux de *KZN* (*Camp* et *Mpila Camp*) gèrent tous les chalets et pavillons mentionnés à leur suite un peu plus loin. Ces derniers peuvent loger jusqu'à 8-10 personnes et fonctionnent en *self-catering* : les draps sont fournis mais il faut apporter ses propres victuailles. Le niveau de confort est souvent appréciable, avec, dans certains cas, une grande cuisine, un salon TV, une terrasse, etc., même si l'entretien laisse parfois un peu à désirer. En prime, un ranger reste sur place et un cuisinier se charge de préparer les repas. Cette solution permet de séjourner dans un environnement sauvage et d'observer la faune aux « heures clés », à l'aube et au coucher du soleil, en dehors des heures d'ouverture du parc.
Les logements ne ferment pas à clé mais disposent parfois d'un coffre pour laisser ses objets de valeur.
Une autre solution : aller dormir à proximité d'une entrée du parc comme aux abords du village de Hluhluwe, au nord-est, à Mtubatuba ou dans l'une des adresses de St Lucia (voir ce chapitre plus loin), petite ville agréable située à un peu plus de 1h de voiture de l'entrée sud-est de la réserve.

Dans la section de Hluhluwe

Pour toute réservation de logement, il faut se faire enregistrer à l'arrivée au *Hilltop Camp* (tlj 7h-19h). Logements disponibles à partir de 14h et à libérer le matin à 10h.

Hilltop Camp & Resort : *situé dans la partie nord du parc, à 14 km env de Memorial Gate (l'entrée nord du parc). Résas : ☎ 033-845-10-00. Last minute : ☎ 035-562-08-48 (sur place). Pour 2 pers,* rondavels *basiques env 720-870 R sans petit déj, chalets 1 350-1 650 R, petit déj inclus. Buffet env 250 R.* Cet hôtel-restaurant est situé au sommet d'une colline dominant un vaste paysage de brousse africaine. Plusieurs types d'hébergement : des pavillons *(rondavels)* somme toute basiques (un peu trop à notre goût !) avec salle de bains et cuisine communes ou des chalets équipés (en *self-catering* ou non), désuets mais bien plus confortables. Vaste restaurant, bar, véranda et terrasse avec vue panoramique, piscine. Comptoir d'informations sur les activités et les safaris dans le parc. À la réception, un panneau indique au jour le jour les animaux observés par les visiteurs, et l'endroit où ils ont été vus.

Le *Hilltop Camp* gère également les hébergements suivants, avec les services d'un ranger et d'un cuisinier (apporter ses provisions) inclus dans le tarif :

Mtwazi Lodge : *non loin du* Hilltop. *Env 5 400-6 480 R la nuitée jusqu'à 6 pers, env 540 R/pers supplémentaire.* Ce vaste lodge d'une capacité de 8 personnes abrite 2 chambres possédant chacune une salle de douche avec w-c, plus une petite annexe pour 2 personnes. Cuisine, salon TV avec cheminée et salle à manger. Un endroit très confortable.

Munywaneni Bush Lodge : *à 1,5 km de la route principale, sur l'une des rives sauvages et vierges de la merveilleuse rivière Hluhluwe, au niveau de sa confluence avec la Munyaweni (Munyaweni Stream). Nuitée 5 010-6 000 R sur la base de 6 pers min.* Capacité de 8 personnes. De jolis pavillons en bois sous les arbres, reliés par des passerelles sur pilotis et prolongés par une véranda en bois. Grande cuisine et salon très agréable en fin de journée. Chambres confortables avec douche et w-c.

Muntulu Bush Lodge : *à 1,6 km de la route principale, en pleine nature, 2 pavillons côte à côte, coiffés de chaume et dotés d'une véranda avec vue sur la rivière Hluhluwe. Nuitée 5 010-6 000 R sur la base de 8 pers.* Sauf rénovation surprise, c'est le moins bien entretenu. 4 chambres doubles avec salle de bains.

Dans la section d'iMfolozi

Vous devez vous faire enregistrer à l'arrivée au *Mpila Camp. Check in* à partir de 13h et *check-out* à 10h.

Mpila Camp : *résas au ☎ 033-845-10-00. Last minute : ☎ 035-550-84-76/77 (sur place). Réception 7h-18h. Nuitée env 1 060-1 460 R pour 2. Pas de resto.* On y trouve des cottages (jusqu'à 5 personnes) qui ressemblent aux autres pavillons du parc, mais aussi des chalets un peu désuets et d'originales *safari tents.* Ces dernières, sur pilotis, font très « brousse africaine ». Le camping 4 étoiles en somme, avec un lit confortable et une belle terrasse ! Attention : il faut faire sa cuisine soi-même et penser à apporter des provisions.

Le *Mpila Camp* gère également les hébergements suivants, avec les services d'un ranger et d'un cuisinier (apporter ses provisions) inclus dans le tarif :

Nselweni Bush Camp : *nuitée env 1 410-2 230 R pour 2.* Petit regroupement de 10 lodges pour 2 personnes dont certains (les nos 9 et 10) surplombent la rivière ou lui font face (les nos 4 et 5). Originale *safari tent* encadrée par une structure en dur, avec baie vitrée, cuisine et salle de bains de part et d'autre. Pas mal d'animaux dans le coin. Idéal donc, pour une calme retraite en amoureux, dans un cadre superbe.

Gqoyeni Bush Lodge : *sur une butte plantée d'arbres, surplombant le confluent de la rivière Black Mfolozi et du Gqoyeni Stream. Compter 5 940-8 220 R la nuit pour 8 pers.*

Ce sont 4 bungalows sur pilotis, coiffés de chaume, abritant chacun 2 lits et 1 salle de bains. Une passerelle les relie au pavillon principal, avec salon et cuisine.

Hlathikhulu Bush Lodge : *compter 5 100-6 090 R la nuit pour 8 (min 6 pers).* Situé en plein cœur du parc, dans un environnement superbe, un beau lodge abritant un agréable salon avec vue panoramique sur la rivière Black Mfolozi, une grande cuisine et une salle à manger. 4 chambres doubles avec douche et w-c, réparties dans des bungalows individuels, reliés les uns aux autres par une passerelle en bois. Nombreux sentiers dans ce secteur.

Masinda Lodge : *env 3 600-4 980 R pour 6 pers (capacité de 8 pers).* Un lodge spacieux, dans un beau secteur du parc, mais moyennement bien entretenu. Immense salon TV, cuisine et salle à manger. Terrasse avec vue dégagée. 3 chambres doubles avec chacune sa salle de bains. Pas notre préféré néanmoins.

Où manger ?

Si vous optez pour la solution *self-catering,* prévoyez de faire vos courses au village de Hluhluwe ou à Ulundi avant d'entrer dans le parc. Les supérettes du *Lodge Hilltop Camp* et du *Mpila Camp* ne proposent que des boissons, chips et biscuits !

Sites de pique-nique : *nombreux et aménagés dans différents endroits du parc.* Signalés sur la carte détaillée du parc par des panneaux indicatifs. Une très bonne occasion de pique-niquer dans des sites sûrs (entendre « clôturés et peu fréquentés par les félins »...) et équipés de facilités (point d'eau et barbecue, parfois aussi des toilettes).

Buvette-snack du Centenary Centre : *juste à côté de l'entrée du musée et du petit marché d'artisanat.* Sandwichs, salades, burgers, frites et boissons fraîches à petits prix. À manger sur place (quelques tables en terrasse) ou à emporter.

Restaurant du Hilltop Camp : *à l'intérieur de l'hôtel du même nom (voir « Où dormir ? »). Ouv pour le petit déj 7h-9h30, puis 12h (12h30 dim)-14h30, 18h30-21h30. Résa obligatoire le soir. Formule buffet au dîner env 250 R/pers.* Accessible aux clients de l'hôtel comme aux visiteurs de passage. Buffet sud-africain classique, à prix raisonnables. Cadre soigné dans le style safari, avec une jolie vue panoramique sur la vallée.

LE KWAZULU-NATAL

À voir. À faire

Centenary Centre : *à 4 km à l'ouest de Nyalazi Gate. Tlj 8h-16h. GRATUIT. Visite guidée possible (env 30 R/adulte ; réduc).* Ce centre est une étape indispensable pour ceux qui s'intéressent à la sauvegarde des rhinocéros blancs. Une présentation pédagogique (en anglais) relate l'histoire de leur réintroduction. Une belle aventure, étalée sur des années, d'où se dégagent quelques noms de pionniers, aujourd'hui considérés comme les « pères » de Hluhluwe-iMfolozi : Ian Player ou John Page. Boutiques d'artisanat et coin pique-nique sur place.

Game Capture « Bomas » Centre : *situé à 250 m derrière le musée, accessible à pied. Infos : ☎ 035-550-94-16. Ouv au public avr-juin, 8h-14h. Projection audiovisuelle avt la visite.* Il s'agit d'une sorte de foire aux bestiaux à l'intérieur même du parc. Mais ici, au lieu de vendre des vaches charolaises, des cochons bretons ou des chevaux normands, on négocie les prix des girafes, des rhinocéros et des zèbres. Pour équilibrer la population animale du parc et éviter la surpopulation, chaque année en juin, des dizaines d'animaux sont vendus ici (plusieurs milliers d'euros) à des professionnels. L'argent collecté est réinvesti dans l'entretien et la gestion du parc. Une initiative qui permet de financer d'autres projets internes. L'enceinte du centre se visite à condition d'être accompagné d'un guide du musée.

Randonnées, excursions

➢ ***Game drives*** *(safaris) : résa auprès du* Hilltop Camp *et du* Mpila Camp. *Départ tlj 6h-9h (5h-8h sept-mars), 19h-22h. Compter env 360 R/adulte, ½ tarif 3-12 ans.* À noter, de nombreux établissements autour du parc et les agences de St Lucia proposent également des excursions en 4x4 dans la réserve : la meilleure solution quand on n'est pas motorisé.

➢ ***Randonnées guidées :*** il en existe plusieurs types organisées par le *KZN Wildlife,* accessibles à tous (sauf aux enfants de moins de 13 ans), sous la conduite de rangers compétents et armés. Nourriture et boisson fournies. *Compter 300 R/pers (min 2h de marche).*
– De mi-février à mi-novembre, le parc organise les ***wilderness trails,*** randonnées guidées de 3 à 5 jours (2-4 nuits) avec étapes dans le *camp de Mndindini* ou dans un camp plus rustique *(rustic tented camp).* Les plus accessibles ont lieu du vendredi (début d'après-midi) au dimanche, avec seulement une pleine journée de marche. Les sacs et l'équipement sont portés par des ânes, la nourriture est incluse dans le tarif. Enfants de moins de 16 ans non acceptés. *Compter env 2 805-4 615 R.*

➢ ***Excursions en bateau :*** en principe, 2 fois par jour sur la rivière Hluhluwe. Toutefois, elles peuvent être annulées en cas de sécheresse, si le lit de la rivière est trop bas. *Infos et résas au bureau du parc du* Hilltop Camp.

HLUHLUWE

3 800 hab.

La petite ville de Hluhluwe, à 4 km à l'est de la N 2, s'atteint par la R 22 à l'opposé de l'entrée nord-est pour le Hluhluwe-iMfolozi Park. La région, très agricole, fournit environ 90 % de la production nationale d'ananas et de sisal (dont la fibre sert entre autres à la fabrication de cordes).
Il n'y a rien à y faire, mais c'est une bonne base quand on ne trouve pas de quoi dormir à l'intérieur du parc. Bon choix d'hébergements, répartis entre *Hluhluwe Bushlands,* une piste en pleine savane, parallèle à la N 2, et *Hluhluwe Resorts,* en direction du lac de *False Bay.*

Où dormir ? Où manger à Hluhluwe et dans les environs ?

De bon marché à prix moyens (150-1 000 R / env 10-66,70 €)

☗ ***Vakasha B & B :*** *71, Nyala St, à Hluhluwe Village.* ☎ *072-104-80-31.* • *vakasha@lantic.net* • *Juste à gauche de l'Amazulu Guesthouse. Doubles env 600-800 R, petit déj anglais en plus (100 R).* Dirigée par la sympathique Sibongile, enfin une adresse tenue par une famille zouloue ! Autour d'une courette agrémentée d'un tracteur et d'une case traditionnelle, la maison en dur abrite des chambres simples, avec douche chaude, ventilo ou la clim. Entretien parfois un peu juste mais correct. Possibilité d'utiliser la cuisine. Très local.

De prix moyens à chic (400-1 800 R / env 26,70-120 €)

☗ ⛺ 🍴 ***Isinkwe Backpackers :*** *Hluhluwe Bushlands.* ☎ *083-338-34-94.* • *isinkwe.co.za* • *Transfert depuis Durban (payant) ou navette (gratuite) depuis la petite ville de Hluhluwe. En* *venant du sud par la N 2, sortir à Bushlands, soit env 37 km après le village de Mtubatuba et 15 km avt la sortie pour Hluhluwe-iMfolozi (panneaux). En ½ pens, camping env 340 R/pers et dortoir 400 R/pers ; doubles 1 000-1 200 R sans ou avec sdb. Enlever 200 R pour le* room only rate. *Également un chalet pour 4 pers en self-catering (400 R/pers, ½ tarif enfant), avec possibilité de ½ pens.* Une des meilleures adresses de la région pour les routards à budget serré. En plein bush, on dort, soit dans les 2 dortoirs de 5 et 10 lits (propres et bien tenus, mais de vrais saunas en journée !), soit dans de petits chalets pour 2 ou 3 ; ceux en bois ont notre préférence. Sanitaires collectifs (douches chaudes) à l'extérieur, sauf pour les chambres les plus chères. Agréable chalet pour les familles ou les groupes. Repas servis autour de la piscine, dans une ambiance chaleureuse. Également une cuisine collective. Sans oublier les indispensables « 3 B » : bar, barbecue, billard... Côtés activités, les sympathiques propriétaires tiennent aussi une agence d'écotourisme (voir plus haut « Adresses utiles », en intro de la réserve de Hluhluwe-iMfolozi).

Hluhluwe Guest House & Safaris : *à l'arrière du* A-New Hotel, *à Hluhluwe Village. ☎ 035-562-08-38. 079-477-95-20. • hluguest@iafrica.com • Suivre les panneaux depuis Main Rd, au niveau de la station-service* Engen. *Compter 960 R pour 2, petit déj inclus. Possibilité de ½ pens (dîner-buffet 160 R/pers).* Une bonne alternative pour loger à côté de la réserve (à environ 15 km), dans un cadre modeste et à moindres frais. En retrait de la route principale, une petite adresse tranquille disposant de 13 chambres dont 4 familiales, coquettes et tout confort, réparties autour d'un beau jardin avec piscine. Terrasse et salon-bar remplis d'animaux naturalisés (hum !), avec billard. Petite salle de resto agréable, où prendre le copieux petit déj (dîner à la demande). 2 cuisines à disposition *(payant).* Accueil charmant de Gerrie. Diverses possibilités d'excursions et de safaris là aussi.

A-New Hotel : *104, Main Rd, à Hluhluwe Village. ☎ 035-562-40-00. • anewhotels.com • Doubles env 1 600-1 900 R, petit déj inclus ; suites et familiales. Possibilité de ½ pens. Dîner-buffet ouv aux non-résidents env 215 R.* Un gros hôtel récent, doté d'un bon standing et qui accueille volontiers les groupes. Beaux espaces communs (petit parc, fontaine, photos d'animaux en noir et blanc). Chambres conventionnelles mais très confortables. Lounge, piscine avec *pool bar*. Pour ceux qui ne dorment pas là, possibilité de fréquenter l'excellent buffet du restaurant. Service pro.

The Fig Tree Cafe & Deli : *dans le centre artisanal* Ilala Weavers, *Ngweni Rd, Hluhluwe Village. 082-045-1647. Suivre les panneaux indiquant False Bay et Sodwana, puis continuer tt droit en direction de Ngweni ; après 500 m à gauche sur une piste en terre, c'est indiqué. Lun-ven 8h30-16h, w-e 9h-15h. Petit déj jusqu'à 11h. Plats env 60-120 R.* Terrasse agréable, dans un jardin ombragé par un immense figuier. La cuisine est basique (salades, sandwichs, burgers, currys, grillades...), mais c'est l'un des rares restos du coin, si l'on excepte ceux des lodges.

Achats

Ilala Weavers : *Ngweni Rd, à Hluhluwe Village. Lun-ven 8h-16h30, 9h-16h w-e. CB acceptées.* Il y a d'abord le joli petit « musée » *(GRATUIT)* présentant une collection d'objets du quotidien zoulou (ornements, armes, ustensiles de cuisine, sans oublier les amusants *penis covers* !). Et puis, il y a la boutique d'artisanat traditionnel qui vaut vraiment la visite : superbes paniers tressés à base d'*ilala* (palmier), fabriqués sur place par les femmes de la coopérative. Également des nappes et dessus-de-lit, bijoux et objets en perles multicolores. Prix intéressants. Sur place, un agréable resto-bar *(voir plus haut le* Fig Tree *dans « Où dormir ? Où manger à Hluhluwe et dans les environs ? »).*

uMKHUZE GAME RESERVE

Fondée en 1912, l'énorme réserve de uMkhuze, d'une superficie de 40 000 ha, est rattachée à l'*iSimangaliso Wetland Park.* Moins spectaculaire que Hluhluwe, sa voisine, elle abrite surtout près de 130 rhinocéros blancs et noirs (cependant menacés comme à Hluhluwe par les braconniers), plus environ 80 éléphants, une quarantaine de léopards, quelques rares couples de lions (récemment réintroduits) et la flopée habituelle d'impalas, nyalas, zèbres... Soyons honnête, elle est essentiellement connue pour ses 400 espèces d'oiseaux. Pour l'observation, 6 affûts ont été répartis dans la réserve : on recommande ceux situés en bordure du lac de *Nsumo Pan,* au sud, où les oiseaux se retrouvent par milliers en fin de journée, parmi les hippopotames et les crocodiles du Nil... Autre attraction : la *Fig Forest Walk,* une marche de 2h sur des ponts suspendus, accompagnée d'un ranger armé. On pourra également visiter le *Kwajoba Cultural Village,* un village traditionnel zoulou, situé tout au nord.

Infos utiles

■ ***Renseignements et réservations :*** *auprès de* ***KZN Wildlife.*** *☎ 033-845-10-00 (résas) et 035-573-90-04. • kzn wildlife.com • isimangaliso.com •*

– ***Accès au parc :*** *entrée tlj 5h-19h (6h-18h avr-fin oct).* Depuis Hluhluwe, suivre la N 2 sur 50 km vers le nord puis à droite vers l'Emshope Gate sur 18 km. Autre accès au nord-est par la R 22, la route reliant Sodwana Bay à Hluhluwe, puis à gauche par la D 820 via une piste de 16 km jusqu'à Ophansi Gate (prudence en cas de fortes pluies !).

– ***Prix d'entrée :*** *env 51 R/adulte + 5 R/pers de taxe ; ajouter env 61 R/ véhicule.*

– ***Numéro d'urgence :*** *📱 082-797-79-44.*

– ***Essence :*** *station-service au* Mantuma Camp.

– ***Électricité :*** *l'électricité est arrivée jusqu'au* Mantuma Camp *; sinon, c'est du solaire (fonctionne 5h-8h et 17h-22h30).*

– ***Paludisme :*** le parc est dans la zone dite « III », il est donc vivement recommandé de prendre un traitement préventif.

– Possibilité de découvrir la réserve avec son propre véhicule ou de réserver sur place des ***safaris*** avec ranger en 4x4 *(compter 360 R/pers),* de faire une ***excursion à pied*** guidée *(300 R/ pers)* ou la ***Fig Forest Walk*** *(300 R/ pers ; ½ tarif moins de 12 ans).*

Où dormir ?

Dans la réserve

Mantuma Camp : *au nord de la réserve, à env 9 km de piste des 2 portes d'entrée. Réception 8h-16h30 (16h dim). Pour 2 pers, huttes env 600-750 R ;* safari tents *800-960 R ; chalets ou cottages 990-1 200 R pour 2 pers à 2 200-2 570 R pour 4 pers.* Les *safari tents* offrent le meilleur rapport qualité-prix. Dissimulées dans le bush, à proximité d'une piscine, elles disposent de 2 à 4 lits, sanitaires privés, d'une cuisine équipée et d'une belle terrasse pour profiter de la quiétude des lieux. Les *rest huts,* simples, dans une clairière, avec moustiquaire, ventilo, lavabo, frigo et TV, sont un peu les unes sur les autres et partagent les douches (peu nombreuses). Les chalets et les cottages en toit de chaume, pour 2 à 4 personnes, offrent plus de confort, malgré un mobilier un brin daté. L'ensemble, vieillissant, aura peut-être été rénové quand vous arriverez...

Nhlonhlela Bush Lodge : *à env 4 km du camp central. Compter env 3 600 R (min 6 pers).* La rénovation prévue devrait redonner un peu de lustre à ce lodge. En principe, vous devriez y trouver quelques cabanes avec salle de bains privée et une belle terrasse surplombant la rivière. Reliées par une passerelle en bois, elles partagent une cabane-salle à manger commune très agréable, idéale pour un séjour entre amis. Un ranger et un cuisinier vous assistent pendant la durée du séjour. Apportez vos provisions.

À l'entrée ouest de la réserve également, l'***Emshopi Campsite*** dispose d'une trentaine d'emplacements pour 300-360 R (sur la base de 3 personnes en haute saison), avec sanitaires corrects et eau chaude.

SODWANA BAY

À 350 km de Durban et 80 km au nord-est de la N 2 (route Durban-Johannesburg), à mi-chemin entre le parc de Hluhluwe-iMfolozi et Kosi Bay, on comprend vite pourquoi le parc national de Sodwana Bay fait partie intégrante de l'immense *iSimangaliso Wetland Park.* Avec ses dizaines de kilomètres de plage de sable, bordée par un cordon dunaire boisé, il constitue un beau morceau de littoral préservé et sauvage. Attention toutefois, le site est inaccessible sans 4x4, indispensable pour sillonner les pistes. En outre la baignade y est dangereuse, car les vagues et les courants sont forts, mais on pourra trouver quelques petites baies dans la réserve pour faire du snorkeling à marée basse. D'autre part, il n'y a pas vraiment de village ou de ville à Sodwana Bay. En fait, le secteur est surtout un spot de plongée et de pêche en mer. Mais cet espace sauvage ravira aussi les amateurs de nature vierge. Les mois de décembre et janvier sont les meilleures périodes pour voir les tortues qui viennent pondre sur la plage.

Comment y aller ?

➢ Depuis Hluhluwe ou la réserve de uMkhuze (de l'Ophansi Gate, au nord, prendre la D 820), suivre la R 22 jusqu'à Mbazwane puis la route bitumée à droite (13 km) jusqu'à la baie de Sodwana via le *Sodwana Bay Lodge* (voir « Où dormir ? Où manger ? »).

Adresse et infos utiles

Bureau du tourisme : KZN Wildlife. *☎ 033-845-10-00. • kznwildlife.com • isimangaliso.com • Près du grand parking de la baie de Sodwana. Lun-jeu 8h-16h30, ven-sam 7h-16h30, dim 7h-15h.* Informations sur l'hébergement, la plongée sous-marine, les excursions à cheval et l'environnement (les tortues).

– ***Accès au parc :*** *tlj 5h-19h (6h-18h avr-oct). Env 55 R/adulte. Véhicule : env 60 R. Paiement d'une 2e taxe à la 2e porte d'entrée (env 5 R/pers).*

– À l'entrée du parc, grand parking entouré de bâtiments administratifs, d'une station d'essence, d'une boutique (épicerie, souvenirs, matériel de pêche) et d'un centre médical pour les plongeurs *(Dive Medical Centre).*

– ***Numéro d'urgence :*** *082-797-79-44.*

Où dormir ? Où manger ? Où boire un verre ?

De bon marché à prix moyens (150-1 000 R / 10-66,70 €)

⛺ 🏠 ***Sodwana Camp :*** *dans le Sodwana Bay National Park. ☎ 035-571-00-51. Rens auprès du bureau du tourisme (voir plus haut). • kznwildlife.com • En camping, env 230-260 R/pers (pour 2 pers) ; pour les cabins, env 800-1 800 R sur la base de 2-3 pers et 1 200-2 400 R pour 3-4 pers.* Une vingtaine de huttes en bois pouvant accueillir 4 à 6 personnes, équipées de salle de bains, cuisine, salon-salle à manger et barbecue. Vaste camping de près de 400 emplacements pour tentes et caravanes. Sanitaires et douches chaudes communs, laverie... Une petite section d'une soixantaine d'emplacements dispose de davantage de confort (barbecue, électricité, etc.).

🏠 🍽 ***Coral Divers :*** *à 1 km de la 2e gate, dans le Sodwana Bay National Park. ☎ 033-345-65-31 (résas) et 035-571-02-90 (resort). • coraldivers.co.za • Selon saison, compter env 205-285 R/pers en safari tent ; 325-975 R/pers en cabin sans ou avec sdb privée. Possibilité de ½ pens. Également des forfaits de 3 nuits et 5 plongées. Resto ouv aux non-résidents ; petit déj-buffet 170 R et dîner 235 R.* Situé dans la réserve, ce centre de plongée expérimenté propose des séjours (nuits, repas et prestations) à des prix intéressants. Il est nécessaire de réserver à l'avance. Quel que soit votre niveau, débutant ou plongeur confirmé, les instructeurs qualifiés s'occuperont de vous. Avantage : on peut dormir et manger sur place. Les chalets les moins chers sont simples mais propres, avec sanitaires à partager avec les tentes safaris, en fait, de simples igloos, le tout dans une ambiance très camping. Les chalets plus chers sont confortables (douche ouverte) et disposés autour d'une vaste étendue herbeuse. Resto et petite piscine sur place. Navette pour la plage (à 2 km) et service de *pick-up* avec Hluhluwe. Bonne ambiance.

Chic (1 000-1 800 R / env 66,70-120 €)

🏠 🍽 ***Sodwana Bay Lodge :*** *à la sortie de Mbazwane, sur la route de Sodwana Bay. ☎ 035-571-91-01 ou 13. • sodwanabaylodge.co.za • Bungalows doubles env 1 880-2 120 R, incluant la ½ pens mais pas l'entrée à la réserve marine. Nombreuses formules comprenant les plongées, mais pas la loc du matériel !* À 5 km du bord de mer, une vingtaine de bungalows à toits de chaume éparpillés dans la végétation tropicale, sur les flancs d'une colline. Dans chacun, salle de bains (douche et w-c) et clim, certains en formules *self-catering.* Également des maisons privées. Fait aussi resto et bar. Piscine. Centre de plongée bien équipé, tenu par des personnes compétentes, il propose des sorties en mer, à la carte selon le temps et le budget des intéressés (formules *Dive Package,* de 2 nuits et 3 plongées à 5 nuits et 7 plongées).

🏠 🍽 ***Mseni Lodge :*** *à 700 m de la station-service et de la gate, par la piste de gauche. ☎ 033-345-65-31 ; 📱 087-803-58-78. 5-571-02-84. • mseni.co.za • Doubles env 795-895 R/pers, petit déj inclus. Chalet et maison avec vue sur la mer en self-catering pour 4-10 pers : 3 360-5 730 R/j.* Repris récemment, ce lodge propose des chalets neufs et modernes avec clim (et cuisine pour les plus grands), posés dans un environnement boisé. Accès direct à la plage et à la piscine. Pas donné mais très correct.

🍽 🍸 ***Ngunis Pub & Restaurant :*** *à l'entrée du village sur la droite. 📱 083-684-39-80. Tlj sauf mar 7h-19h (21h ven-sam). Plats env 90-220 R.* C'est quasiment le seul resto du bled, un petit pub sympathique servant une honnête cuisine à base de salades, burgers, poulet grillé, *fish & chips,* currys et poisson. Bien aussi pour boire un verre. Bon service.

À faire

Plage : suivez les conseils (et la navette) de votre hébergement, baignez-vous à Main Beach. Les autres secteurs sont sujets à de forts courants et ne sont pas surveillés.

Plongée : la clarté des eaux de l'océan Indien, l'abondance et la variété des poissons (près de 1 200 espèces), la beauté des récifs coralliens font du site de la baie de Sodwana l'un des plus beaux du littoral pour la plongée sous-marine. Plusieurs centres de plongée sont implantés sur la plage à longueur d'année. Chaque compagnie possède sa concession (location d'un emplacement sur le sable), sa propre tente et ses équipements (masques, tubas, bouteilles, combinaisons).

■ Vous pouvez contacter les clubs très compétents de ***Coral Divers*** et ***Sodwana Bay Lodge*** (voir « Où dormir ? Où manger ? »), tous 2 certifiés Padi 5 étoiles. Les plongées se font à la carte, selon les besoins et le temps du client. Une plongée dure environ 1h. Les plongeurs descendent de 12 à 20 m en moyenne, et jusqu'à 40 m maximum. Les sites de plongée les plus réputés se suivent et portent des numéros : le plus beau est celui de *Two Mile Reef,* suivi par *Five Mile Reef, Seven Mile Reef, Eight Mile Reef* et *Nine Mile Reef.*

– **Pêche :** le parc de Sodwana est aussi très prisé des amateurs de pêche au gros en pleine mer. Toutes les infos sur le site de *KZN Wildlife* (voir « Adresse et infos utiles ») ou auprès des hébergements du parc et des environs.

KOSI BAY

La baie de Kosi se situe au sud la frontière du Mozambique, dans l'une des échancrures de la côte, entre terre ferme et océan Indien, entre eau douce et eau salée. Elle appartient à l'*iSimangaliso Wetland Park,* cet ensemble beaucoup plus vaste, constitué de zones humides et sableuse, classé au Patrimoine mondial de l'humanité. Grâce à cela, plus d'une centaine de kilomètres de littoral se trouve à l'abri des diables du progrès. Cette réserve est une sorte de sanctuaire de la nature. Rien que quelques lodges paumés ou version *Out of Africa,* merveilleusement enfouis dans la végétation dense bordant les plages. Ils ne sont accessibles que par des pistes de terre et de sable. Autant vous dire que cet endroit dégage un petit parfum d'aventure.

Même si l'océan Indien est là, puissant et mystérieux, avec ses kilomètres de plages de sable et ses lourdes vagues, on ne vient pas vraiment à Kosi Bay pour faire du surf, ni pour plonger (bien que cela soit possible), et rarement pour se baigner. Car attention, ici, il n'existe aucune barrière anti-requins dans la mer pour protéger les baigneurs. Alors, pourquoi venir jusqu'à ce bout du monde ? Pour une sensation unique rappelant certains films d'aventure, pour découvrir ces paysages exceptionnels nés de l'alliance de la terre et de la mer. À l'arrière d'un grand cordon dunaire, de nombreux étangs et 4 lacs formés au fil des siècles servent de refuge naturel à quantité d'oiseaux, notamment aux aigles pêcheurs. Ils sont aussi le refuge naturel d'hippopotames et crocodiles. Ils communiquent avec la mer par des bras étroits mais praticables. Il est possible d'y naviguer en bateau à moteur ou en canoë, à condition toujours d'avoir un guide.

Comment y aller ?

➢ ***De Durban :*** env 420 km, compter 4-5h de route. Suivre la N 2 vers le nord. Au niveau de la *Pongola Game Reserve,* quitter la N 2 et prendre la direction de Jozini. Traverser Jozini et passer au-dessus du barrage, puis suivre la direction Manguzi (Kwangwanase) sur 100 km. L'entrée de la réserve est située à 13 km après Manguzi mais n'est pas très bien indiquée.

➢ ***De Johannesburg :*** environ 600 km, compter 6-7h de route. De Jo'burg, suivre la N 2 jusqu'à la réserve de Pongola, au niveau de la ville de Mkhuze. Puis suivre une route à 2 voies (bitumée) qui passe par Jozini. Faire env 100 km, jusqu'au village de Manguzi, situé sur la route qui conduit au Mozambique.

Infos utiles

■ ***Renseignements et réservations :*** *auprès du **KZN Wildlife.** ☎ 033-845-10 00 ou 035-592-02-36. • kznwildlife.com • isimangaliso.com •*
– ***Accès à la réserve :*** *tlj 5h-19h (6h-18h avr-oct). Entrée : env 70 R/pers + 5 R de taxe et env 70 R/véhicule ; gratuit si on loge dans la réserve.* Véhicule 4x4 fortement recommandé, voire indispensable pour atteindre Kosi Mouth (sol sablonneux).
– ***Paludisme :*** le parc est situé dans la zone dite « III », il est donc indispensable de prendre un traitement préventif.
– ***Ravitaillement :*** à 13 km, la ville de Manguzi possède 2 stations-service et un distributeur automatique, ainsi qu'une supérette *Spar.*

Où dormir ? Où manger ?

De bon marché à prix moyens (150-1 000 R / env 10-66,70 €)

⛺ 🏠 🍽 ***Thobeka Backpackers Lodge :*** *à 6 km de Manguzi, sur la droite avt le* Kosi Bay Lodge*. 📱 072-446-15-25. • kosi.co.za • Compter 120-150 R/pers en camping, 200 R/pers en hutte-dortoir ; doubles en hutte ou en chambre avec sdb env 450-500 R. Également une maison pour 6 pers.* Une adresse routarde comme on les aime, avec un grand choix de logements pour tous budgets, et une ambiance très familiale. Dans un jardin escarpé, 2 petits dortoirs de 3 et 6 lits, des huttes ou des chambres avec ou sans sanitaires privés, le tout desservi par un labyrinthe de passerelles en bois. Les familles pourront opter pour un bungalow ou une maison avec 2 chambres. Plusieurs coins détente, dont un face à la piscine commune. Cuisine et barbecue à dispo et repas possibles sur résa. L'adorable proprio propose de nombreuses sorties dans les alentours à des tarifs très abordables (visites en 4x4 de la réserve de Kosi Bay, de la *Raphia Palm Forest,* balade en canoë, snorkeling...). Bref, on adore !

🏠 🍽 ***Kosi Moon B & B :*** *même accès que le* Kosi Bay Lodge *mais une fois sur la piste de sable, prendre à gauche à la patte-d'oie. 📱 083-294-56-17. • kosimoon.co.za • Doubles env 600-760 R selon saison en self-catering. Petit déj et dîner sur résa.* Une maison très simple, plutôt rustique, avec vue sur le lac, la *sand forest* et le bush environnant. 7 chambres, dont 5 dans la maison et 2 indépendantes avec coin cuisine. Possibilité de profiter du salon, de la grande cuisine et de la petite piscine. En fait, l'adresse tient beaucoup à la gentille personnalité de Ray qui vous proposera de nombreuses balades : sur le lac, à Kosi Bay Mouth, observation des oiseaux et des hippos, découverte des palmiers raphia, snorkeling, visite d'un marché à la frontière mozambicaine...

🏠 🍽 ***Kosi Bay Lodge :*** *à 6 km de Manguzi sur la route de Kosi Bay, par un chemin sablonneux de 2,5 km accessible en véhicule standard (difficile de nuit et après de fortes pluies).*

☎ *035-592-95-61.* • *kosibaylodge.co.za* • *Pour 2 pers, env 560 R en safari tent, 600 R en chambre et 760-1 600 R en chalet self-catering. ½ pens possible.* Dans un parc à la végétation luxuriante, un complexe avec piscine, resto, bar et un grand choix de logements pour presque toutes les bourses. On aime bien les tentes safaris un brin à l'écart, autour d'une autre piscine. Quelques chambres d'hôtel modernes dans des bungalows. Bien sûr, les chalets, très espacés, sont bien plus confortables, les plus chers avec piscine privée ! Passerelle en bois pour une vue sur le lac Kulhange. Bon accueil et une foule d'activités proposées.

Très chic (plus de 1 800 R / plus de 120 €)

Kosi Forest Lodge : ☎ *035-474-14-73 ou 90.* • *kosiforestlodge.co.za* • *Accès par une piste de 9 km praticable seulement en 4x4. Transfert à 12h ou 16h depuis la station Total de Manguzi, d'où vous irez garer votre véhicule dans un lieu sécurisé. Compter env 4 720-6 240 R pour 2 en pens complète, certaines balades et transferts inclus.* L'accès au lodge à travers le bush, via un réseau de pistes sablonneuses, donne déjà une idée du site. Les bungalows, plantés dans le sable, sont en effet nichés dans la *sand forest* qui borde le littoral. On ne voit pas l'océan, mais on loge à côté d'un lac, accessible rapidement. Chaque bungalow enfoui sous les arbres possède sa véranda, des lampes à pétrole (groupe électrogène coupé à 22h) et une salle de bains doublée d'une douche sous les étoiles et d'une baignoire enterrée dans le sable. Les repas, excellents, se prennent dans le pavillon principal. Également une petite piscine sur un promontoire, avec vue sur le lac où se rafraichissent souvent des hippos... Dans la journée, possibilité d'excursions pédestres dans la mangrove, la forêt de palmiers raphia, ou bien balades en canoë, le tout inclus dans le prix. En revanche, les excursions en bateau et en 4x4 à Kosi Mouth sont en supplément. Bref, ce luxueux lodge, romantique en diable, à l'accueil très pro, est un de nos coups de cœur mais bien sûr, à un prix très élevé !

À voir. À faire

Canoë sur les étangs de la réserve : les hébergements cités plus haut organisent des excursions en canoë sur les étangs d'eau douce à l'intérieur de la baie, en suivant les bras de mer qui les séparent de l'océan Indien. En une demi-journée, on se fait une bonne idée des lieux. Avec des jumelles, on peut observer l'aigle pêcheur *(Pel's Fishing Owl)*, qui ne se nourrit que de poissons, ou le vautour végétarien *(Palm-nut Vulture)*. Adepte de la philosophie de Gandhi, cette espèce de vautour très rare se nourrit exclusivement de fruits, de graines, de noix et de petites gousses qu'elle arrache aux plantes et aux arbres de la forêt, en particulier aux palmiers dits « raphia ».

Raphia Palm Forest *(forêt de palmiers raphia)* **:** c'est le clou de la réserve de Kosi Bay. Il s'agit d'une forêt de palmiers quasi unique en Afrique (il en existe une autre à Mtunzini, plus au sud), située au bord d'un étang, sur un sol sableux, comme toute la région. On y accède en 4x4 avec un guide. On passe par de petits sentiers en sous-bois et par des champs humides. Superbe balade qui permet de découvrir cet arbre original, recherché par les vautours végétariens.

UN GÉANT VÉGÉTAL

La particularité du palmier raphia, nom d'origine malgache, est de produire d'énormes feuilles, pouvant atteindre jusqu'à... 25 m de long et 4 m de large. Quant aux épines de ses feuilles, elles peuvent mesurer 1,50 m ! Un record, qui fait entrer le raphia dans le club très fermé des géants de la flore mondiale.

La fibre souple et résistante, qui en est extraite, est utilisée dans l'horticulture et dans la viticulture. Les locaux s'en servent pour confectionner des objets en vannerie et des nattes. Le bois de l'arbre sert à faire des poutres.

TEMBE ELEPHANT PARK

Tout à fait au nord du Maputaland, touchant la frontière du Mozambique, le parc de Tembe occupe un territoire d'environ 300 km². Un chiffre fétiche ici, puisque cette réserve privée abrite environ... 300 éléphants, l'animal emblématique du parc et de cette fameuse *Elephant Coast.* Également de nombreux oiseaux, des zèbres, des girafes, des buffles et des rhinos, des hippopotames, des antilopes, des hyènes mais aussi des lions (une soixantaine) et des léopards. Pas de collines ici, la région est une plaine plate et sablonneuse, couverte d'une brousse africaine composée de buissons d'épineux et d'arbustes tropicaux.

DES ÉLÉPHANTS MIGRATEURS

Il y a toujours eu des migrations saisonnières d'éléphants entre l'Afrique du Sud et le Mozambique. Mais lors de la guerre civile qui frappa ce pays (dans les années 1980), de nombreuses familles d'éléphants passèrent en Afrique du Sud. Pas de frontières administratives pour ces pachydermes, nul besoin de visa. Certains animaux étaient même devenus agressifs et dangereux pour la population locale (l'ethnie Tembe). C'est pour protéger à la fois ces éléphants et satisfaire les demandes des populations locales que ce parc a été créé en 1983 et ouvert au public en 1991.
Un accord a été signé entre la communauté des villageois et les propriétaires du parc, facilitant le relogement des villageois dans de nouvelles maisons en bordure de la réserve. En échange, ceux-ci ont le droit de venir y récolter des plantes ou chercher des matériaux naturels nécessaires à leur vie traditionnelle et à leur habitat. Le parc verse une partie de ses revenus touristiques à la communauté locale et fournit des emplois.

Comment y aller ?

➢ ***De Durban :*** compter 4h de route (420 km). Au niveau de la *Pongola Game Reserve,* quitter la N 2 et prendre la direction de Jozini. On se retrouve alors sur une route bitumée à 2 voies qui mène jusqu'à la réserve de Kosi Bay. De la N 2 à l'entrée du parc de Tembe, compter 1h15 pour env 100 km. Faites le plein mais au cas où, il y a 3 stations-service entre Mkhuze et Tembe.

Adresse et infos utiles

■ ***Renseignements et réservations :*** ***Tembe Elephant Park,*** *☎ 031-267-01-44.* • *tembe.co.za* • Également auprès de *KZN Wildlife* (voir plus haut le chapitre « Ithala Game Reserve »).
– ***Accès au parc :*** *tlj 6h-18h. Entrée : env 75 R/pers et 110 R pour le 4x4.* En raison du sol sablonneux, seuls les 4x4 peuvent pénétrer dans le parc. Si vous n'en avez pas, garez votre jolie berline à l'entrée et optez pour une visite en 4x4 avec un guide du parc.
– ***Paludisme :*** le parc est situé dans la zone dite « III », il est donc vivement recommandé de prendre un traitement préventif.

Où dormir ? Où manger ?

Tembe Elephant Lodge : *à 1 km de l'entrée. 082-651-28-68. • tembe.co.za • Résa indispensable. Selon saison, env 1 550-2 200 R/j. et par pers, tt compris (chambre, 3 repas + 2 safaris dans la journée).* Composé de luxueux bungalows en bois éparpillés dans la brousse. La chambre est recouverte par une toile de tente, ce qui donne l'impression de camper sans camper. C'est original et très joliment décoré. À l'intérieur de chaque bungalow, 1 ou 2 grands lits, douche et w-c. Agréable resto-bar sous les arbres, ouvert aux non-résidents à midi (le soir, sur résa). Beaucoup de charme mais tout de même très cher !

On pourra aussi loger au ***Ndumu River Lodge,*** à 14 km, à proximité de l'embranchement pour la réserve Ndumo *(voir plus haut « Où dormir ? Où manger ? » dans la Ndumo Game Reserve).*

NDUMO GAME RESERVE

À 16 km de la route principale, cette petite réserve située entre le *Tembe Elephant Park* et la frontière du Swaziland est surtout connue pour les 460 espèces d'oiseaux qu'elle abrite. Mais on peut y voir aussi des buffles, des antilopes, des hippopotames et des crocodiles, sans oublier quelques girafes.

Adresse et infos utiles

■ ***Renseignements et réservations :*** *KZN Wildlife. ☎ 033-845-10-00 et 034-983-25-40. • kznwildlife.com •*

– ***Accès au parc :*** *tlj 5h-19h (6h-18h avr-oct).*

– ***Prix d'entrée :*** *env 75 R/adulte, 40 R/enfant, 50 R/véhicule.*

– ***Paludisme :*** le parc est situé dans la zone dite « III », il est donc vivement recommandé de prendre un traitement préventif.

– Possibilité de découvrir la réserve avec son propre véhicule, de réserver sur place des ***safaris*** avec ranger en 4x4 *(compter 270 R/pers),* de faire une *excursion à pied* seul ou accompagné d'un spécialiste d'ornithologie *(170 R/pers). Résas : 060-878-50-14.*

Où dormir ? Où manger ?

Ndumo Camp : *à 6 km de l'entrée du parc. 060-878-50-14. En camping, compter 140-170 R/adulte ; en hutte, 1 000 R pour 2. CB refusées.* Le *Camp* se résume à une poignée de huttes propres mais sommaires avec lavabo, une table, un frigo, un micro-ondes, une terrasse et quelques chaises. Ah si, il y a tout de même l'air conditionné et une moustiquaire ! Également un camping, avec 14 emplacements ombragés et l'électricité. Barbecue et eau froide à disposition. Sanitaires communs avec eau chaude, cuisine et salle à manger à partager. Petite piscine. Apportez vos provisions, pour le prix un cuisinier assure les repas.

Ndumu River Lodge : *à 15 km de Tembe Elephant Park et à 2 km avt l'embranchement pour la réserve Ndumo. ☎ 035-592-80-00. • ndumu.com • Chambres ou chalets env 1 550-1 800 R avec petit déj. Dîner env 250 R.* Une poignée de chalets luxueux avec salon, cuisine et chambre en duplex dans un joli parc en bordure de rivière. Les bâtiments rouges abritent aussi de belles chambres soignées. Grande piscine. Le resto, au décor conventionnel, sert midi et soir une cuisine de bonne tenue. Service pas du genre pressé... Sinon, sandwichs, salades et burgers.

SUR LA ROUTE D'ITHALA

De Ndumo, compter 190 km pour 4h30 de route. Rouler d'abord 50 km jusqu'à Jozini puis rejoindre la N 2 en jetant un œil aux berges du lac Pongola et son impressionnant barrage. Une fois sur la N 2, cap au nord sur 50 km jusqu'à Pongola (en ignorant la R 69 afin d'éviter la partie difficilement carrossable de cette route ; on n'y perd que 25 km au final). De Pongola, direction le sud via la R 66 sur 25 km puis tourner à droite sur la R 69 et rouler 50 km jusqu'à Louwsburg. De là, une petite route en lacets de 7 km mène à Ithala. La route est belle du début à la fin : forêts d'eucalyptus (fabrication de la pâte à papier), champs de cannes à sucre, paysages désertiques, douces collines avec des villages de huttes éparpillées et le clou du spectacle : les montagnes du Swaziland en arrière-plan.

Pongola est une ville sans charme particulier. Beaucoup de services, cela dit : supermarchés, banques et stations-services, denrées rares dans cette partie du Maputaland !

Pongola Country Lodge : *14, Jan Mielie St, à* ***Pongola.*** *☎ 034-413-13-52. • pongolacountrylodge.co.za • Doubles env 910-1 260 R, petit déj inclus. Repas env 150-180 R. Parking gardé.* Petit complexe touristique avec toits de chaume en plein centre-ville. Plusieurs options, du fonctionnel autour d'une cour sans charme à des chambres confortables et luxueuses, dans un jardin tropical avec piscine. L'ensemble est très propre, avec un resto chic proposant une grande variété de plats à prix raisonnables. Pratique pour faire une pause sur la route, pour un repas ou une nuit.

ITHALA GAME RESERVE

Sur la route R 69, à 55 km à l'est de Vryheid et 75 km au sud-ouest de la ville de Pongola (frontière entre l'Afrique du Sud et le Swaziland), la réserve d'Ithala est accessible par le village de Louwsburg ; c'est très bien indiqué. Enclavée dans les collines rocheuses et arides, elle offre de superbes paysages au relief accidenté, qui rappellent parfois l'Ouest américain... Sur 30 000 ha, cohabitent environ 170 éléphants, 90 rhinocéros (surtout des blancs, qui ne sont pas blancs, comme vous le savez), des antilopes, des zèbres, des buffles et beaucoup de girafes (emblèmes de la réserve). Officiellement, elle abrite aussi une cinquantaine de léopards, mais ils restent assez difficiles à voir. Bon, c'est certainement l'une des plus belles réserves du Pays zoulou. Située très à l'ouest de la région, elle est injustement écartée des circuits touristiques. Pourtant, ceux qui feront le détour ne seront pas déçus par ses paysages grandioses et ses animaux. C'est même un de nos coups de cœur !

Adresse et infos utiles

■ ***Renseignements et réservations :*** ***KZN Wildlife.*** *☎ 033-845-10-00 et 034-983-25-40. • kznwildlife.com •*

– ***Accès au parc :*** *tlj 5h-19h (6h-18h mars-oct).* ***Attention,*** *en cas d'arrivée tardive au lodge, il vous faudra débourser 500 R pour qu'un ranger vienne vous ouvrir...* Depuis Hluhluwe ou Kosi Bay, rejoindre la N 2 et rouler jusqu'à Pongola puis prendre la R 66 jusqu'à Magudu et enfin la R 69.

– ***Prix d'entrée :*** *env 140 R/adulte, 70 R/enfant.*

■ ***Numéros d'urgence :*** *☎ 034-907-53-77 et 034-980-91-51. 📱 079-139-36-76.*

– ***Ravitaillement :*** le village de Louwsburg, à 7 km, possède une station-service et un distributeur automatique dans la supérette *Spar*, par ailleurs bien approvisionnée. On pourra aussi faire le plein d'essence à l'entrée de la réserve.

– Possibilité de découvrir la réserve avec son propre véhicule mais certains chemins sont assez escarpés et nécessitent un SUV ou un 4x4. Sinon, possibilité de faire un ***safari*** avec ranger en 4x4 *(compter 1 200 R/ 4 pers ; moins de 12 ans refusés)* ou une ***excursion à pied*** accompagné d'un ranger *(300 R/pers, snacks et boisson inclus)*. Également la possibilité de partir seul sur plusieurs sentiers au cœur du parc (rassurez-vous, pas de fauves en vue, mais soyez toutefois vigilant !). 5 balades partent du *Ntshondwe Lodge*, de 10 mn à 2h30 de marche, le *Bushbuck Trail* offrant un superbe point de vue à 1 446 m d'altitude (départ de la piscine du lodge). Toutes les infos auprès du campement principal.

Où dormir ?

À l'intérieur de la réserve, 3 *bushcamps* et le confortable *Ntshondwe Lodge*.

☗ |●| ***Ntshondwe Lodge :*** *à 8 km de l'entrée du parc.* ☎ *034-983-25-40.* • *ntshondwe.resort@kznwildlife.com* • *Réception 7h-19h. Env 1 050 R pour 2 en bungalow sans ou avec cuisine, 2 800-3 750 R pour le lodge 6 pers.* Établi au sommet d'une falaise, avec panorama spectaculaire sur les plaines environnantes. Une soixantaine de bungalows avec terrasse, salon et cheminée pour 2 à 4 personnes, disséminés dans un grand parc. Décoration un peu désuète, certes, mais c'est confortable et vous êtes au cœur de la réserve. Piscine. Resto pas très folichon mais ça reste correct.

☗ Au cœur de la réserve également, un ***camping de 20 places*** *(175 R/pers)*, ainsi que 3 ***bushcamps,*** plus rustiques mais bénéficiant d'un environnement superbe *(env 1 650-3 850 R pour 3 à 7 pers)*.

LE KWAZULU-NATAL

SUR LA ROUTE DU DRAKENSBERG

Une longue route sépare la réserve d'Ithala du Drakensberg. De Louwsburg à Bergville (nord du Drakensberg), il y a 270 km, soit 4h30 de route en ligne droite. Prendre la R 69 jusqu'à Vryheid puis la R 33 jusqu'à Dundee puis encore la R 602 jusqu'à rejoindre la N 11, Ladysmith et enfin Bergville. Ouf ! La route est longue, certes, mais elle est belle et tranquille, à travers de vastes plateaux herbeux soufflés par les vents.

Si vous êtes curieux et pas trop pressé, possibilité de faire étape vers Dundee (banques, supermarchés) dans la ***région des Battlefields,*** célèbre terrain de bataille des Anglais, Voortrekkers, Boers et Zoulous, de 1838 à 1906. Procurez-vous la carte de la *Battlefields Route* (ou consultez le site • *battlefieldsroute.co.za* •), elle répertorie très précisément tous les sites « guerre par guerre » si l'on ose dire. Par exemple, le *Prince Imperial Memorial* à l'est de Dundee (en hommage au fils de Napoléon III, mort dans la région) ou encore la colline de *la bataille de Spioenkop* (1900) à laquelle prirent part 2 futurs géants du XXe s : Churchill, en tant que lieutenant de cavalerie, et Gandhi, en tant que brancardier !

⛺ ☗ |●| ***Battlefields Country Lodge & Sports Resort :*** *sur la R 33, 7 km au nord de* ***Dundee.*** ☎ *034-218-16-41.* • *battlefieldslodge.co.za* • *Camping env 100 R/pers, dortoir 200 R/pers, doubles 400-900 R (petit déj inclus). Dîner env 210 R.* Pour une étape d'une nuit, un lieu multiforme et presque insolite au milieu de la campagne. Vaste propriété de 100 ha (où vivent autruches, zèbres et springboks), dotée d'un terrain de rugby et d'une piste d'atterrissage pour les coucous privés... Accueille aussi des évènements (festivals, mariages, etc.). On peut camper sur l'immense pelouse et dormir en dortoir ou en chambre double ou familiale, que ce soit dans les cottages et les « silos » ou dans de gros bâtiments au charme certes plus standard. Fait aussi resto.

LE DRAKENSBERG

• Carte *p. 239*

En néerlandais, « Drakensberg » associe les mots « dragon » et « montagne ». Mais il y a bien longtemps, le peuple amaHlubi l'appellait *uKhahlamba*, soit le « mur de sagaies ». Succession impressionnante de sommets déchiquetés, crêtes enneigées et vallées encaissées, le Drakensberg forme une redoutable et superbe muraille rocheuse qui borde la frontière est du petit royaume du Lesotho, enclave haut perchée au cœur de l'Afrique du Sud. Sur près de 200 km, un seul passage relie ces 2 pays : le col de Sani *(Sani Pass)*. Et pour cause ! On compte au moins 26 sommets, dont le mont Thabana Ntlenyana (au Lesotho), plus haut sommet d'Afrique australe avco ses 3 482 m. Bienvenue dans les magnifiques paysages des Alpes de l'Afrique du Sud !

LE DRAKENSBERG NORD

Cette partie du Drakensberg est superbe et encore un peu sauvage, mais aussi plus fréquentée que la partie sud. Montagnes enneigées se découpant comme des lames dans le ciel bleu de l'Afrique. Vallées profondes passant du jaune au brun, et au gris puis au vert selon le niveau d'humidité. Au bout du chemin, quelques mythiques cimes jouent le rôle de personnages principaux : le Giant's Castle (3 314 m), le Champagne Castle (3 377 m) et le Cathedral Peak (3 004 m). Plus au nord, le magnifique Amphitheatre est un incroyable cirque de roches, dominé par le Mont-aux-Sources à pas moins de 3 282 m.

Toute la région est englobée dans le parc d'*uKhahlamba Drakensberg*. D'une surface de 243 000 ha, celui-ci a été inscrit au Patrimoine mondial de l'humanité en 2000. Il rassemble à la fois des critères naturels (montagnes, faune et flore) et culturels. Les amateurs d'histoire s'intéresseront à la bonne centaine de sites rupestres des San (*Bushmen* en anglais). Quant aux randonneurs et aux amoureux de la montagne, ils s'en donneront à cœur joie !

– ***Cartes topographiques :*** des cartes au 1/50 000 sont en vente dans toutes les boutiques des parcs nationaux ainsi que dans certains offices de tourisme. Vivement conseillées pour les randonnées en haute montagne.

DISPARUS *SAN* LAISSER D'ADRESSE

Les San (Bushmen), 1ers habitants du Drakensberg, étaient aussi le dernier peuple autochtone du pays. Ils furent victimes des guerres entre Boers, Anglais et Zoulous à la fin du XIXe s ou ont fui vers le désert du Kalahari. Ils ont laissé les peintures rupestres (inscrites à l'Unesco) les mieux préservées de toute l'Afrique subsaharienne. Réalisées à base de fiente d'oiseau (couleur blanche), de sang de bête (rouge) et d'œuf d'autruche (jaune), elles dépeignent de nombreux animaux, dont l'éland, intermédiaire cosmique du chaman, mais aussi les soldats à l'origine de leur propre disparition.

MONT-AUX-SOURCES VALLEY

Au bout d'une route égayée de pâturages à bétail, de champs de soja et de maïs, on découvre dans la dernière ligne droite l'*Amphitheatre,* un cirque rocheux absolument magnifique ! À ne pas rater... Au 1er chef, le *Sentinel,* avec ses falaises hautes de 1 000 m et le non moins dramatique *Mont-aux-Sources* qui doit son nom à des missionnaires français débarqués en 1836. Quelques superbes cascades et petits bouts du monde à découvrir dans le Royal Natal National Park.

Où dormir ? Où manger ?
Où boire un verre dans le coin ?

De bon marché à prix moyens (150-1 000 R / env 10-66,70 €)

Amphitheatre Backpackers *(plan Le Drakensberg, A1,* ***10****) : sur la R 74, à 21 km au nord-ouest de Bergville.* *082-855-97-67. • amphi backpackers.com • Arrêt du Baz Bus. Camping 110 R/pers, dortoir 220 R/pers, doubles 480-990 R. Safari tent env 490 R pour 2. Dîner env 160 (veg)-180 R.* En rase campagne, une ancienne ferme rénovée dotée d'une vaste pelouse pour camper avec une superbe vue sur la montagne. Hébergement à tiroirs, plein de coins, recoins et bonnes surprises. Piaules très mignonnes, décorées de façon ethnique. Avec un grain de folie, on roupille dans un ancien silo à grains transformé en dortoir. Côté loisirs, petite piscine, jacuzzi, sauna, billard, bar... Ambiance très cool. En prime, un tas d'activités de plein air et des randonnées.

Mahai Campsite & Thendele Lodge *(hors plan Le Drakensberg par A1,* ***11****) : dans le* ***Royal Natal National Park.*** *033-845-10-00. • kznwildlife.com • Après la porte d'accès au parc, tourner à gauche et descendre la petite route jusqu'à Thendele. En bas, tt droit pour le camping et à droite par le chemin d'accès interdit (sauf résidents) pour le lodge. Camping env 130-420 R/pers selon confort et saison. Chalets et cottages 870-1 185 R pour 2 et 1 740-4 450 R pour 4-6 pers.* Situation idéale pour ce camping et ce lodge gérés par *KZN,* au pied de l'Amphitheatre. On retrouve le confort habituel des chalets et des cottages *KZN,* tantôt rénovés assez récemment (plutôt dans l'*Upper Camp*), tantôt un rien désuets *(Lower Camp).* Le tout avec un entretien moyen et un service limité, mais quel emplacement ! Possibilité de balade vers des cascades le long de la rivière, côté camping.

Adresses utiles

- 1 Central Drakensberg Information Center (A-B2)
- 2 Office de tourisme d'Underberg (A4)

Où dormir ? Où manger ?
Où boire un verre ?
Où acheter de bons produits ?

- 10 Amphitheatre Backpackers (A1)
- 11 Mahai Campsite & Thendele Lodge (hors plan par A1)
- 12 Berghouse & Cottages (A1)
- 13 The Coffee Patch (A1)
- 14 Didima Camp (A2)
- 15 Cathedral Peak Hotel (A2)
- 16 Inkosana Lodge (A2)
- 17 Valley Bakery (A2)
- 18 Inkunzi Cave & Zulu Hut (A2)
- 19 Treks, Trips & Trails (A2)
- 20 Giant's Castle Camp (A2-3)
- 21 Antbear Lodge (B2)
- 22 Sani Lodge Backpackers (A3)
- 23 Khotso Lodge & Horse Trails (A4)
- 24 Tumble In B & B et Cedar Garden B & B (A-B4)
- 25 Yellowood Cottage (A-B4)
- 26 The Olde Duck (A4)
- 27 Ashtonvale Guest Far (B4)
- 28 Lemon Tree Bistro (A4)

À faire

- 23 Khotso Lodge & Horse Trails (A4)

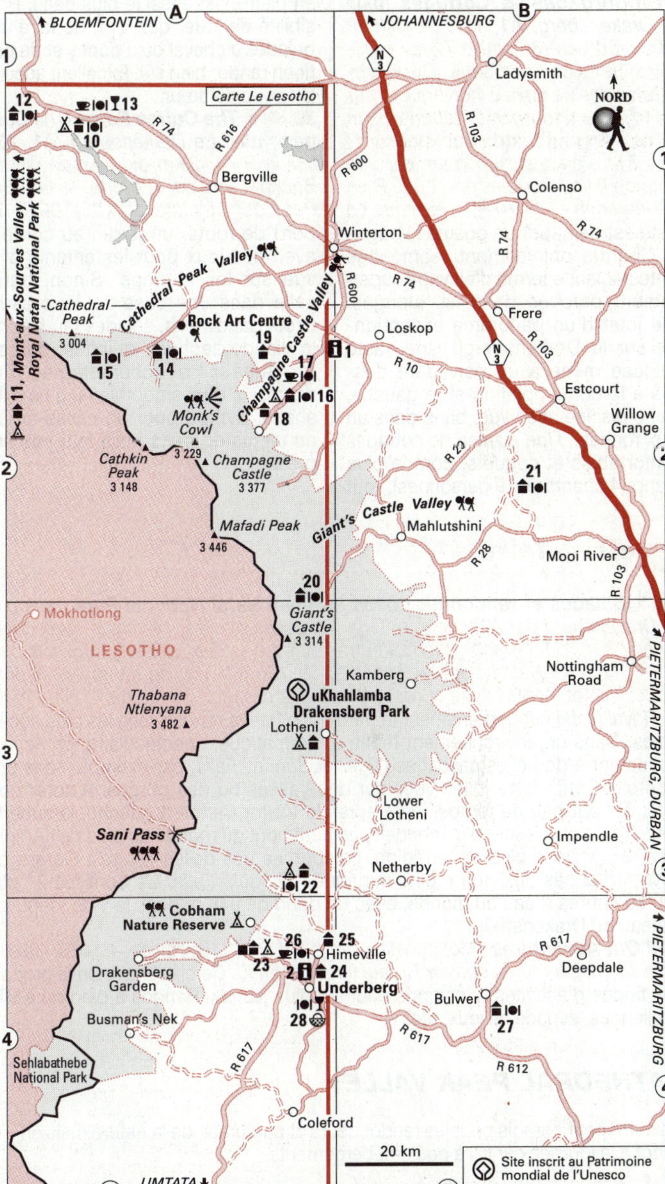

LE DRAKENSBERG

Berghouse & Cottages *(plan Le Drakensberg, A1,* ***12****) : Langkloof. 082-804-87-84 ou 072-274-76-28. • berghouse.co.za • De Bergville, rouler 25 km au nord-ouest sur la R 74 puis tourner à gauche 5 km après l'*Amphitheatre Backpackers *; faire 3 km, c'est sur la droite, par une piste de 3 km. Doubles env 1 090 R en* self-catering *et 1 870 R en ½ pens.* La piste est déjà tout un poème ! Vaughn et Chantal ont joliment réaménagé cette ancienne ferme d'élevage superbement perchée dans les alpages. Elle jouit d'un panorama exceptionnel sur le Drakensberg ! Une vaste pelouse mène à un belvédère destiné à la contemplation et, à gauche, à une piscine avec vue, bâtie dans un faux rocher... Une dizaine de cottages confortables et coquets, dont le plus grand (4 chambres, 9 personnes), tout en pierre, est aussi le plus beau. Possibilité de louer des VTT, de faire des balades à cheval ou à poney et de partir en rando, bien sûr. Excellent accueil. Un coup de cœur.

The Coffee Patch *(The Outspan ; plan Le Drakensberg, A1,* ***13****) : sur la R 74, 2 km avt l'*Amphitheatre Backpackers *sur la droite. Tlj 8h-16h). Petit déj et plats env 35-100 R.* En bord de route, un jardin au cordeau avec des jeux pour les enfants et la vue sur les champs. Sinon, petite salle dans une case zouloue aseptisée. Sandwichs, salades (au *biltong,* la viande séchée), quiches, burgers et gâteaux, à accompagner d'un *espresso,* d'un smoothie ou d'un milk-shake. Sympa pour un casse-croûte ou un jus de fruits mais faut pas être pressé...

À voir. À faire

Balades et randonnées dans le Royal Natal National Park *(hors plan Le Drakensberg par A1) : depuis Bergville, accès par la R 74 vers le nord-ouest, sur env 30 km. Tourner à gauche, l'entrée du parc est à env 15 km. Infos : ☎ 036-438-63-10. • royalnatal.info • Accès tlj 5h-19h (6h-18h en hiver) ; 70 R/pers, réduc.* Visitor Centre *juste après la porte d'accès, sur la gauche (tlj 8h-16h30).* Le *Royal Natal* est certainement le parc qui offre les randonnées les plus accessibles. Dans un environnement théâtral, dramatique, spectaculaire, on accède facilement à de belles cascades (*Tiger* et *Sunday Falls,* par exemple), des promontoires offrant de jolies vues sur des vallées ou des gorges. À noter pour ceux qui ont peu de temps, juste après le *Visitor Centre* à gauche, la superbe petite route qui descend à Thendele, un petit bout du monde au pied de l'Amphithéâtre... Mais le clou de la région, ce sont les très belles *Thugela Gorges* qui ouvrent l'accès aux non moins mirifiques *Thugela Falls.* Ce sont les 2es plus hautes chutes d'eau au monde, avec un bond de 948 m dans le vide, depuis le plateau du Drakensberg...

– ***All Out Adventures :*** *Moeggestap Farm, Off D 119,* ***Bergville.*** *☎ 036-438-62-42. • alloutadventures.co.za • Tlj sauf lun, 9h-16h30.* Ce prestataire privé propose une flopée d'activités, y compris pour les plus jeunes. Randos à pied ou à VTT, tyroliennes, espace de jeux, etc.

CATHEDRAL PEAK VALLEY

Un autre petit paradis pour les randonneurs et amoureux de la nature mais on y va plutôt à la journée car il y a peu d'hébergements.

Où dormir ? Où manger dans le coin ?

Pour les petits budgets, voir plus haut l'*Amphitheatre Backpackers* (rubrique « Où dormir ? » de Mont-aux-Sources Valley).

De chic à très chic (de 1 000-1 800 R / env 66,70-120 €)

Didima Camp (plan Le Drakensberg, A2, **14**) : *au bout de la route pour Cathedral Peak,* **Winterton** *3340.* ☎ *036-488-13-32.* • *didima.info* • *Doubles env 1 180-1 600 R, petit déj inclus.* Vue magnifique sur la montagne pour ces chalets aux toits de chaume et aux formes originales. Chacun d'entre eux peut accueillir 2, 4 ou 6 personnes. Possibilité de se faire la cuisine en *self-catering.* Sinon, resto sur place. Renseignez-vous sur la possibilité de camper. C'est aussi le bon camp de base pour préparer ses randos (et s'enregistrer avant de partir)

Cathedral Peak Hotel (plan Le Drakensberg, A2, **15**) : **Winterton.** ☎ *036-488-18-88.* • *cathedralpeak.co.za* • *Dans le parc, suivre la route jusqu'au bout. Doubles standard env 1 720-2 000 R/pers en ½ pens (obligatoire), avec collation matinale et* afternoon tea *inclus.* Hôtel chic pour routards chics, posé au creux de la vallée dans un superbe décor naturel ! Environnement soigné avec allées, terrasses et piscine bordées de prairies « verdissimes » et surmontées du Cathedral Peak *himself,* sans oublier le plus haut golf de la région. On en oublierait presque le tarif élevé pour des chambres et des prestations générales somme toute assez standard... Mais quel site !

À voir. À faire

Randonnées : *à 45 km à l'ouest de Winterton. Infos :* ☎ *036-488-80-00.* • *kznwildlife.com* • *Attention, accès tlj 8h-16h seulement et il faut remplir le Mountain* Rescue Book *au camp de base* Didima *; 70 R/pers.* Le parc offre un bon choix de sentiers bien balisés. Carte simplifiée remise à l'entrée. Pour les randonnées un peu longues, on peut acheter une carte topographique au 1/50 000 à la boutique du camp *Didima.* Le best-of du lieu, ce sont les *Rainbow Gorges (compter 4h A/R)* et les *Doreen Falls (2h A/R).* Avec plus de temps, on pourra partir en pèlerinage sur les pentes du *Cathedral Peak (9h A/R).*

GARE AU BABOUIN !

« Feed'm, we kill'm », *autrement dit : « Nourrissez-les, nous les tuerons ! » Tel est l'avertissement très sévère des autorités des parcs. Les babouins sont des animaux sauvages, doit-on le rappeler. Attirés par l'homme, source de nourriture facile, ils utilisent leur agilité pour pratiquer le vol à l'arraché.*

Rock Art Centre (plan Le Drakensberg, A2) : *sur la route menant au camp de base* Didima. *Tlj 8h-13h, 14h-16h. Show ttes les heures 9h-12h et à 15h. GRATUIT.* Voici un musée (et non une authentique grotte) qui explique les tenants et aboutissants des peintures laissées par le peuple san. Cela dit, depuis que le show audiovisuel ne fonctionne plus, le musée a pas mal perdu de son intérêt...

CHAMPAGNE CASTLE VALLEY

Connue aussi sous son ancien nom de *Cathkin Valley,* c'est la plus courue des touristes et la plus dense en infrastructures. Avec même quelques hébergements assez originaux. Le parc national situé à l'extrémité de la route (R 600) propose de belles randos, bien sûr. Côté loisirs, mentionnons le *Drakensberg Boys Choir (☎ 036-468-10-12.* • *facebook.com/dbchoir* •*),* un chœur de jeunes voix mâles qui se produit sur place chaque mercredi.

– **Accès :** *depuis le nord et Winterton, suivre la R 600. Depuis le sud et Estcourt, suivre la R 10 puis la R 600.*

Central Drakensberg Information Center *(plan Le Drakensberg, A-B2, **1**) : Thokozisa Centre, sur la R 600, à 500 m du croisement avec la R 10. ☎ 036-488-12-07. • cdic.co.za • Tlj 9h-17h. Fermé 25-26 déc et 1er janv.* Office de tourisme privé monté par Chris et Magda, qui vous donneront toutes les informations sur la région et une carte simplifiée. Vente de prestations touristiques et de cartes de rando des parcs nationaux du coin au 1/50 000.

Où dormir ? Où manger dans le coin ?

De bon marché à prix moyens (150-1 000 R / env 10-66,70 €)

Inkosana Lodge *(plan Le Drakensberg, A2, **16**) : R 600, Champagne Valley, **Winterton**. ☎ 036-468-12-02. • inkosana.co.za • À env 25 km au sud de Winterton. Bien signalé depuis la R 600. Tente env 150 R/pers, dortoir 250-275 R/pers, doubles env 900-1 100 R sans ou avec sdb privative ; remise en hiver. Petit déj en plus. Dîner sur résa.* Le lieu a été repris récemment, mais il devrait demeurer dans l'esprit, en tout cas souhaitons-le car routards, randonneurs et cyclotouristes se retrouvent ici depuis belle lurette... Jolie maison posée sur une vaste pelouse, avec un jardin aromatique et une grande piscine écolo avec vue. Chambres mignonnes, dans le lodge ou dans des *rondavels* séparés. 2 cuisines. Service de laverie. Déjeuner et dîner servis dans la grande salle à manger conviviale. Infos sur les excursions et nombreuses activités.

Valley Bakery *(plan Le Drakensberg, A2, **17**) : sur la R 600. ☎ 036-468-12-57. Du croisement de l'office de tourisme, prendre la R 600 vers le fond de vallée, c'est à droite entre Scrumpy Jack's et Ardmore Guest Farm. Tlj sauf dim 8h-17h (sam 14h). Petit déj, snacks et plats env 55-100 R.* Un grand *coffee-shop* au bout d'une allée forestière. Un monde fou le week-end, surtout des familles qui viennent s'attabler dans un décor de salon de thé anglais. Les *eggs benedict* du petit déj sont excellents, tout comme les scones, le fromage blanc aux fruits frais, les gaufres et la *melk tert* (la tarte au lait). Pour le déjeuner, sandwichs, salades, quiches et pizzas. Possibilité de commander une *lunch box* pour partir en rando.

Chic (1 000-1 800 R / env 66,70-120 €)

Inkunzi Cave & Zulu Hut *(plan Le Drakensberg, A2, **18**) : R 600, Champagne Valley. 📱 082-422-28-46. • inkunzicave.co.za • Sur la R 600 vers Champagne Castle, passer l'accès au Boys Choir ; c'est 300 m plus loin à droite au n° 8 du lotissement Highland (pas de panneau !). Mieux vaut tél avt de venir. Doubles env 800-1 450 R selon saison, en self-catering. CB refusées.* Le propriétaire a bâti, de ses mains une sorte de hutte zouloue, une caverne en rocher factice et un *squatter shack* (un peu moins réussi). Un ensemble délirant, décoré avec beaucoup de savoir-faire, fausses peintures san à l'appui. Ajoutons un très agréable jardin, une piscine en forme de roche creusée, une belle vue et le son du *Boys Choir* voisin les jours de répétition. Une adresse d'artiste. Pour le petit déj et le dîner, prévoyez des provisions, tous possèdent leur propre cuisine.

Treks, Trips & Trails *(plan Le Drakensberg, A2, **19**) : Plot 17, Bergvlei Farm, Champagne Valley. 📱 083-301-84-12. • twendesafari@webmail.co.za • Seulement sur résa. S'adresser à Chris et Magda à l'office de tourisme privé (voir plus haut). Cottages 4-6 pers env 1 500-1 800 R, en self-catering.* Si vous êtes en famille ou en bande et que vous cherchez un logement original dans un beau site, vous l'avez trouvé. Le *Bahati Tree Lodge* est une superbe maison en bois, hyper confortable, avec une terrasse et la vue sur un lac. Également un lodge plus conventionnel (mais

LE KWAZULU-NATAL

confortable), le *Bergvlei Cottage*. Franchement, ne ratez pas le *Tree Lodge*... Bon accueil de Magda et Chris, originaires du Kenya. Ils vous renseigneront sur la région, c'est même leur métier !

À faire

Monk's Cowl (plan Le Drakensberg, A2) **:** *à 36 km de Winterton, au bout de la R 600. ☎ 036-468-11-03. • kznwildlife.com • Oct-mars, tlj 6h-19h ; avr-sept, tlj 6h-18h. Entrée : env 70 R/pers ; réduc enfant. Possibilité de camper à l'entrée du parc.* Pléiade de sentiers bien balisés sur fond de géants : Champagne Castle, 2e sommet d'Afrique du Sud, et Cathkin Peak, Monk's Cowl étant une montagnette de 3 229 m qui relie les 2. Faune assez abondante et jolies cascades à découvrir entre 2 panoramas à couper la chique. Si vous avez peu de temps, la balade de *Sterk Pruit Falls* est sympa et prend 1h aller-retour. Maillot de bain conseillé. Départ par le sentier qui plonge à droite peu après le guichet d'entrée. Attention, on ne se baigne pas sous les chutes mais dans les petits bassins (pools) vers la gauche.

GIANT'S CASTLE VALLEY

Restée en retrait des grands flux touristiques, c'est une de nos vallées favorites. Le parc du même nom se niche dans les replis du terrain, à l'issue d'une longue route qui serpente dans un cadre de piémont, parsemé de petits villages zoulous.
– ***Accès :*** depuis l'est, Mooi River (sur la N 3), suivre la R 28 pendant 60 km. Depuis Estcourt, au nord, 68 km via la R 29. Depuis le Drakensberg sud, voir plus loin « Arriver – Quitter » à Underberg.

■ ***Giant's Castle Park :*** *☎ 036-353-37-18. • kznwildlife.com • Tlj, oct-mars, 5h (6h avr-sept)-22h. Entrée : 70 R/pers ; réduc enfant.*

Où dormir ? Où manger dans le coin ?

De chic à très chic (1 000 R et plus / plus de 66,70 €)

Giant's Castle Camp (plan Le Drakensberg, A2-3, **20**) **:** *à 7,5 km à l'intérieur du parc. ☎ 036-353-37-18. • kznwildlife.com • Chalets 2-6 pers env 975-3 600 R.* Un site superbe ! On vous brosse le tableau : les chalets, bien équipés, sont plantés dans le jardin ou, mieux, face à la montagne. Le soir, soit on fait la popote (apporter ses provisions), soit on dîne au resto du camp (très correct). Et le matin, on s'éveille face au spectacle : les premiers rayons du soleil qui chatouillent le Giant's Castle, lui-même. Féerie que l'on peut voir depuis son lit pour les chalets les mieux placés. Malgré un service un peu en dents de scie, un coup de cœur.

Antbear Lodge (plan Le Drakensberg, B2, **21**) **:** *P171 Moor Park-Giantle Castle Rd,* ***Estcourt.*** *076-441-23-62. • antbear.co.za • À 50 km à l'est de Giant's Castle. Depuis Mooi River, suivre la R 28 sur 14 km ; tourner à droite (panneau) sur une bonne piste ; 5 km plus loin, au croisement, prendre la piste à droite puis, 300 m plus loin, encore à droite ; c'est à 2 km. Doubles env 2 700-3 900 R en ½ pens, en rondavel ou suite de luxe.* Dans un paysage à la *Out of Africa,* voici une chambre d'hôtes originale. Cony et Andrew sont des voyageurs dans l'âme et vous accueillent comme des invités. Ils ont aménagé leurs chambres avec goût et confort, avec des meubles maison. On prend le repas avec nos hôtes dans une salle à manger au diapason. Une belle adresse.

À voir. À faire

Peintures rupestres : *du Giant's Castle Camp, il y a 2,2 km de marche, donc partir 40 mn avt l'heure de visite. Visite ttes les heures pile, 9h-15h. Tour guidé : env 50 R ; réduc.* Visite guidée (en anglais) très explicative sur les origines du peuple san, le mystère de ses longues migrations jusqu'au Kalahari, et bien sûr la signification des peintures très bien conservées qui impriment les murs de cette caverne en plein air.

Randonnées : le parc compte des sentiers pour tous les mollets, faciles d'accès depuis le camp de base. Balade de 2h ou randonnée de plusieurs jours avec bivouac, les paysages y sont somptueux, offrant de superbes panoramas sur toute la chaîne du Drakensberg (*World's View* par exemple, 4h30 aller-retour). On y croise nombre de rapaces, dont le rare gypaète barbu, des antilopes, des dassies... Pour les courageux qui partent à l'assaut des plus hautes montagnes (*Langalibalele* ou *Bannerman Pass,* 8h aller-retour), munissez-vous du passeport : on passe au Lesotho plus vite qu'il n'y paraît !

LE DRAKENSBERG SUD

Au sud des hautes montagnes du Drakensberg s'étend une région de piémont, d'altitude moyenne (1 500 m), mélange verdoyant et fertile de collines ondulantes, de prairies à vaches, de fermes prospères nichées autour de gros bosquets d'arbres. Le tout est entrecoupé de rivières à truites et d'étangs poissonneux. Prenez une histoire africaine dans un paysage de western, mettez-y des noms anglais et boers, vous obtenez ce mélange de nature sauvage et de travail de l'homme qui en fait assurément une région des plus charmantes. Sur le plan archéologique, près de 150 sites d'art rupestre *san (bushmen paintings)* ont été répertoriés dans les montagnes du Drakensberg sud. Des peintures réalisées sur des parois de pierre, il y a des milliers d'années. Des sentiers de randonnée permettent d'en explorer quelques-unes, à condition d'embaucher un guide local.
Comme l'ensemble du Drakensberg, randonnées pédestres et équestres, escalade, canyoning, observation des oiseaux, pêche à la mouche, VTT, sans oublier les balades en 4x4 font de ce coin le paradis des amateurs d'activités de plein air.
– ***Meilleures saisons :*** mars-avril-mai (automne) et octobre-novembre (début de l'été austral).

UNDERBERG

2 700 hab.

À 130 km à l'ouest de Pietermaritzburg, le bourg d'Underberg se niche au cœur d'un vert pays fait de collines arrondies qui ondulent à l'infini, rehaussées de vénérables arbres, avec ses fermes isolées, ses prés à moutons et ses prairies à vaches... Les rivières tombées des montagnes voisines sont recherchées pour les truites, et les lacs pour les perches. À l'arrière-plan, des montagnes aux formes torturées et aux sommets enneigés. Climat délicieux et douceur de vivre. « Pas de crimes, pas de malaria, pas de grosses chaleurs. » Voilà en gros ce que disent les gens d'ici pour nous transmettre leur amour du pays.

Arriver – Quitter

Par la route

➢ ***Pietermaritzburg :*** compter env 2h30 pour 130 km de petite route habitée. De PTM, prendre la N 3 vers Harrismith, sortir vers Howick et prendre la R 617 vers Underberg sur env 110 km, via Bulwer.
➢ ***Lesotho :*** *poste de douane sud-africain 8 km avt le col de Sani (Sani Pass). Tlj 6h-18h. Passeport nécessaire. Au-delà du poste, véhicule* ***4x4 obligatoire.*** *Poste de douane du Lesotho au sommet du col (mêmes horaires).* Des agences proposent des excursions au Sani Pass (voir plus loin la rubrique « Randonnées guidées »).
➢ ***Drakensberg central***
– Le 1er itinéraire, plus accessible, consiste à rejoindre l'autoroute N 3 à Howick (env 2h de route), puis à remonter au nord jusqu'à la petite ville de Mooi River, aux portes du Drakensberg central.
– Le 2d itinéraire, bien plus aventureux mais splendide, permet de rallier Mooi River par un réseau de bonnes pistes (par temps de pluie, véhicule 4x4 conseillé). L'itinéraire est le suivant : depuis Underberg, gagner Himeville au nord puis continuer la piste tout droit jusqu'à Lower Lotheni ; là, prendre à droite en direction de Nottingham Road (en délaissant la réserve de Lotheni à gauche). À l'intersection avec la route de la réserve de Kamberg, prendre encore à droite ; la piste redevient une route bitumée jusqu'à Nottingham Road, puis Rosetta et Mooi River.

Adresses utiles

ℹ ***Office de tourisme*** *(plan Le Drakensberg, A4,* ***2****) : Clock Tower ; à l'angle de Main St et de la route de Himeville. ☎ 033-701-14-71. • drakensberg.org • Lun-ven 8h-16h, w-e 9h-13h.* Plutôt bien documenté. Brochure avec hébergements et activités sportives.
■ ***Distributeurs d'argent : First National Bank,*** *face à la station Shell.* Également un distributeur de l'***ABSA Bank*** dans le Village Mall (route d'Himeville) et à la ***Standard Bank.***

Où dormir à Underberg et dans les environs ?

Campings

⛺ ***Sani Lodge :*** *voir coordonnées et infos dans la rubrique suivante.*
⛺ ***Cobham Nature Reserve*** *(plan Le Drakensberg, A4) : à env 20 km d'Underberg, piste de 14 km depuis l'entrée de Himeville. Résa obligatoire : ☎ 033-702-08-31. Compter 80 R/pers.* Environnement brut pour ce camping destiné aux tentes et aux caravanes. Juste quelques douches et un point d'eau.
⛺ 🏠 ***Lotheni*** *(plan Le Drakensberg, A3) : à 50 km au nord d'Underberg. Résas : ☎ 033-702-05-40. • bookings@kznwildlife.com • Emplacement pour les tentes env 90-220 R/adulte selon saison ; chalets et cottages à 560-1 720 R pour 2 selon confort et saison.* Camping équipé d'un bloc sanitaire, dans la réserve naturelle de Lotheni, à 2 km du camp de base. Au cœur d'un paysage de montagnes, de forêts et de rivières à truites. Pour ceux qui aiment l'isolement et les balades.

De bon marché à prix moyens (150-1 000 R / env 10-66,70 €)

⛺ 🏠 🍽 ***Sani Lodge Backpackers*** *(plan Le Drakensberg, A3,* ***22****) : Underberg. ☎ 033-702-03-30. 📱 083-987-30-71. • sanilodge.co.za • À 14 km de Himeville, sur la route en direction du Sani Pass. Camping env 100 R/pers,* *dortoir 180 R/pers, double avec sdb commune 530 R,* rondavel *avec sdb privée 680 R et cottage 4 pers en* self-catering *1 400-1 680 R. Petit déj 100 R. Dîner (menu unique) 155 R.* Situé au pied de la montagne. Accueil chaleureux de Simone et Russell (auteur d'un guide du Lesotho pour les voyageurs sac à dos). Agréable véranda, coin salon avec une cheminée en hiver. Les dortoirs et chambres donnent sur une coursive et un petit jardin, tandis que les *rondavels* se perdent dans un champ à l'arrière. Piscine. On peut dîner sur place le soir, en groupe. Nombreuses activités : équitation, randonnée, peintures rupestres, rafting, excursions en 4x4 (Sani Pass et Lesotho). Une super adresse !

Khotso Lodge & Horse Trails *(plan Le Drakensberg, A4,* ***23****) : Underberg.* *082-412-55-40. • khotso.co.za • À env 12 km au sud d'Underberg. Par la R 617 en direction de Kokstad, puis la Drakensberg Garden Rd. Camping 130 R/pers, dortoir 180 R/pers, doubles avec sdb commune ou privée 560-690 R, rondavel 890 R.* Une authentique ferme en pleine campagne avec dortoirs et chambres doubles ou des *rondavels* tout équipés (salle de bains, cuisine, petit salon), agréablement isolés. Confort simple et rustique. Surtout, la ferme élève une centaine de chevaux qui ne demandent qu'à vous emmener sur les traces des *Bushmen,* à travers de superbes paysages... Possibilité de repas et de barbecue entre cow-boys. Un beau programme en perspective !

Tumble In B & B *(plan Le Drakensberg, A-B4,* ***24****) : 60, Sani Rd, Underberg.* ☎ *033-701-15-66. • tumble-in.co.za • À 1,8 km d'Underberg, à droite de la route vers Himeville. Double env 820 R avec sdb, petit déj inclus.* Repris récemment, ce *B & B* s'avère très simple, propre et très bon marché. Les chambres occupent un bâtiment en retrait de la route, sur une colline verdoyante avec une jolie vue. Elles sont désuètes, certes, mais spacieuses et équipées (micro-ondes, bouilloire, thé et café).

Chic (1 000-1 800 R / env 66,70-120 €)

Cedar Garden B & B *(plan Le Drakensberg, A-B4,* ***24****) : 1, Polo Way, Underberg.* ☎ *033-701-11-53.* *083-648-41-11. • cedargarden.co.za • En retrait du carrefour principal, au début de la route d'Himeville sur la gauche. Doubles env 1 040-1 240 R en* self-catering *ou avec petit déj inclus.* Dans un joli jardin, où trône le cèdre du nom mais aussi quelques jolis grenadiers *(pomegranate).* Une douzaine de chambres coquettes, confortables (douche/w-c, frigo, micro-ondes, bouilloire, TV), très bien tenues. Excellent petit déj et très bon accueil de Monica et Helga, qui renseignent les clients et leur organisent même des excursions.

Yellowwood Cottage *(plan Le Drakensberg, A-B4,* ***25****) : 8, Mackenzie St, à* ***Himeville.*** ☎ *033-702-10-65.* *082-574-02-48. • rays@tiscali.co.za • À 6 km d'Underberg. Double env 900 R, petit déj inclus. Dîner sur résa.* Dans la commune voisine, une maison d'hôtes tenue par la sympathique Elsa et son mari Derryl. Dans leur cottage agrémenté d'un joli jardin, 4 chambres indépendantes avec salle de bains, TV, thé et café à dispo. La nº 4 donne sur le jardin. Cuisine commune. Salon TV avec poêle. Sympa et tranquille.

Sani Mountain Lodge **:** *voir la rubrique « Où dormir ? » du chapitre Sani Pass au Lesotho.*

Où dormir sur la route de Pietermaritzburg ?

Ashtonvale Guest Farm *(plan Le Drakensberg, B4,* ***27****) :* ***Bulwer.*** ☎ *039-832-00-53.* *082-923-96-49. • ashtonvaleguestfarm.co.za • À 35 km à l'est d'Underberg et 2,5 km avt Bulwer, sur la droite de la R 617 en allant vers Pietermaritzburg. Doubles en* B & B *680-890 R selon saison et j. de la sem ; ½ pens ou pens complète possibles.* Cette ancienne ferme isolée (quelques animaux pour amuser les bambins) domine un superbe paysage de vallées et de montagnes. Les chambres, dans des annexes aux toits de chaume, donnent sur le grand jardin et la piscine (avec vue !). Elles sont simples, propres et calmes. La cuisine maison (menu unique) est généreuse. Terrain de boules (en bois), jeux enfants, salon TV, billard. Activités : balades à cheval, pêche à la truite, VTT. Bref, on se sent bien au chaud dans cette authentique ferme, où les hivers sont venteux et froids. Bon accueil de Carol et Russell.

Où manger ? Où boire un verre ? Où acheter de bons produits ?

Prix moyens (150-400 R / env 10-26,70 €)

Lemon Tree Bistro *(plan Le Drakensberg, A4,* ***28****)* **:** *Clock Tower Centre, Main St. ☎ 033-701-15-89. À gauche de l'office de tourisme. Tlj 8h-17h et jusqu'à 21h mar-sam (dernière commande à 20h). Plats env 60-160 R.* La meilleure adresse du secteur ! Petit café-resto-salon de thé très cosy, avec une minuscule terrasse à l'arrière. Idéal pour un *espresso,* une bonne bière du pays, une salade, un *fish & chips,* une délicieuse truite et même du savoureux gibier comme le koudou. Dans l'arrière-boutique, vente de produits locaux (pâtés de crocodile, d'autruche, sauce *peri-peri,* miel, vin). Service nickel. Le top !

The Olde Duck *(plan Le Drakensberg, A4,* ***26****)* **:** *R 617 direction Kokstad sur 5 km puis à droite par la Drakensberg Garden Rd ; c'est à gauche (panneau Vanilla Rose). ☎ 033-141-31-53. Tlj 8h-16h. Compter env 60-160 R.* En pleine campagne, un *coffee-shop* charmant, avec des jeux pour les enfants, des lamas, des ânes et des chèvres. Cerise sur le gâteau, on y mange très bien, du petit déj au goûter. Excellent cappuccino et savoureux gâteaux. Le midi, salades, burgers, pâtes et petits plats du jour de très bonne facture. Le lieu est également un bon départ de balades (panneaux à l'entrée).

À voir. À faire

Himeville Museum *(plan Le Drakensberg, A4)* **:** *à* ***Himeville,*** *à 6 km au nord d'Underberg, par la R 626. ☎ 033-702-11-84. Au centre du village (Arbuckle St). Mar-dim 9h-15h (12h30 dim). Donation souhaitée.* Un sympathique musée de campagne, créé en 1899. Expos sur l'histoire des pionniers, la faune et la flore du Drakensberg.

Cobham Nature Reserve *(plan Le Drakensberg, A4)* **:** *au nord d'Underberg, piste à gauche en entrant dans Himeville et faire 14 km. Infos : ☎ 033-702-08-31. • kznwildlife.com • Site tlj 5h-19h oct-mars, 6h-18h le reste de l'année. Bureau d'accueil tlj 8h-16h. Entrée : 70 R.* Vaste réserve naturelle, très populaire pour ses sentiers de randonnée et ses rivières à truites. *Pholela River Trail* (15 km), assez facile, longe le cours de la rivière Pholela, avec une multitude de bassins naturels propices à la baignade. *Emerald Stream Trail* (20 km), plus ardu, grimpe jusqu'au Pinnacle Rock, situé sur un plateau herbeux, avec là aussi de nombreuses occasions de se rafraîchir en cours de route. Également la possibilité de randonnées guidées avec étape nocturne dans une des grottes du coin. Belles balades de 3 à 5h (groupes de 12 personnes maximum).

Sani Pass *(le col de Sani ; plan Le Drakensberg, A3)* **:** à 40 km au nord d'Underberg, ce col constitue une formidable brèche naturelle dans les parois rocheuses et abruptes du Drakensberg sud. Il culmine à 2 874 m et marque la frontière naturelle entre l'Afrique du Sud et le Lesotho. Autrefois, seuls les troupeaux, les pasteurs à dos d'âne et les marchands ambulants à cheval pouvaient emprunter cette piste inhospitalière. Aujourd'hui, c'est encore l'aventure, même pour les véhicules à moteur. Depuis Underberg, passer Himeville (6 km au nord) puis continuer la route sur 3 km. Prendre à gauche. Après 25 km de piste plutôt bonne, en fond de vallée, on atteint le poste-frontière sud-africain *(tlj 6h-18h – passeport nécessaire).* Au-delà, véhicule 4x4 obligatoire en toute saison (sinon, à pied, on atteint le sommet en 2-3h de marche). Le chemin se durcit et gravit la montagne sur 8 km en décrivant de nombreux lacets. C'est la partie du trajet la plus pentue, cahoteuse, mais aussi la plus belle. Proprement vertigineux ! Arrivé au col, on a une vue époustouflante : paysages de haute montagne, crêtes, prés arides aux herbes rases, champs de cailloux, masures habitées par des Sothos emmitouflés dans des couvertures et coiffés d'un bonnet pour se protéger du froid. Pour entrer au Lesotho, le poste-frontière est juste après le col *(tlj 6h-18h – passeport nécessaire).*

Giant's Cup Trail : sentier de randonnée très renommé dans la région du Drakensberg sud. Un itinéraire de près de 60 km au départ du Sani Pass jusqu'à Bushman's Nek, au sud. Il se parcourt en 5 jours, par étape de 12 km. Ce n'est pas obligatoire mais il est conseillé de partir accompagné d'un guide du *KZN Wildlife* (voir ci-dessous « Randonnées guidées »).

LE VOL ROMANTIQUE DU VEUF À LONGUE QUEUE

Au hasard d'un champ ou d'une piste, vous croiserez forcément le vol d'un oiseau orné d'une tâche rouge et doté d'une très longue queue noire. Il semble toujours voler avec beaucoup de difficultés, comme une veuve se précipitant au bal tout empêtrée dans sa robe longue... Pourtant, l'euplecte à longue queue (long-tailed widow bird, *en anglais) est un mâle. Polygame, son but est d'attirer le plus possible de femelles dans son nid savamment confectionné dans les herbes hautes. En fait, ce grand danseur est un dragueur éternellement veuf !*

LE KWAZULU-NATAL

Randonnées guidées

– Toutes les infos et le détail des sentiers sont disponibles auprès du ***KZN Wildlife. À Pietermaritzburg :*** *☎ 033-845-10-00. • kznwildlife.com •*

■ ***Sani Lodge Backpackers :*** *Underberg. ☎ 033-702-03-30. • sanilodge.co.za •* Ce lodge (voir plus haut) organise des randonnées guidées dans les montagnes du Drakensberg sud et au royaume du Lesotho. Ils vendent une carte très détaillée au 1/250 000, la meilleure concernant le Lesotho.

■ ***Sani Pass Tours :*** *Shop n° 22 dans* le Trout Walk Centre, *à la sortie d'Underberg sur la route de Himeville. ☎ 033-701-10-64. • sanipass tours.com •* Excursions guidées de 1 à 4 jours dans le Drakensberg et au Lesotho. Également des sorties d'observation de la faune, de la flore, des peintures san et de la géologie.

■ ***Birds & Beyond (Stuart McLean) :*** *📱 082-742-69-81. • birdsandbeyond.co.za •* Stuart organise de belles balades à la découverte des peintures san *(bushmen paintings)* ainsi que des randos ornithologiques pour les passionnés du *bird watching.*

Balades à cheval

■ ***Khotso Lodge & Horse Trails*** *(plan Le Drakensberg, A4,* ***23****) : 📱 082-412-55-40. • khotso.co.za • Compter env 210 R pour 1h jusqu'à 680 R la journée entière.* Excursions à cheval pour tout niveau, de quelques heures à plusieurs jours, jusqu'aux frontières du Lesotho. Voir plus haut « Où dormir ? Bon marché ».

LE LESOTHO

• Carte *p. 251*

ABC du Lesotho

- ***Population :*** env 2,2 millions d'habitants.
- ***Superficie :*** 30 355 km^2.
- ***Capitale :*** Maseru.
- ***Chef de l'État :*** le roi Letsie III.
- ***1er ministre :*** Pakalitha Mosisili, depuis 2015.
- ***Monnaie :*** le loti (pluriel : maloti, symbole : M), à parité avec le rand sud-africain (accepté au Lesotho).
- ***Religion :*** 90 % des habitants sont chrétiens (45 % de catholiques, 45 % de protestants et anglicans).
- ***Espérance de vie :*** 50 ans.
- ***Pour téléphoner de France au Lesotho :*** 00 + 266 + n° du correspondant.

Presque aussi grand que la Belgique, le Lesotho est le seul État au monde dont l'ensemble du territoire culmine au-dessus de 1 400 m d'altitude (et même au-dessus de 1 800 m pour 80 % du pays). Cette introduction suffit à établir la nature montagneuse du royaume, culminant à 3 482 m. Les hivers sont rudes, avec les hautes terres longtemps sous la neige, alors que les étés sont égayés de formidables orages, dont la violence est à l'origine de l'érosion (avec le surpâturage) partout visible. L'air est pur, les paysages grandioses et intacts, et les 2 millions d'habitants sont charmants et très hospitaliers. À des années-lumière de sa moderne voisine sud-africaine, le Lesotho cultive l'authenticité. Car si l'Afrique du Sud est en grande partie « blanche » dans son mode de vie, son organisation, ses infrastructures, le petit royaume est, lui, un véritable bout d'Afrique profonde : traditions à fleur de peau, pâtres et troupeaux, patelins perdus loin de tout, sans électricité, sans téléphone, sans Internet, parfois accessibles au prix de pistes corsées.

Pas de ligne haute tension pour perturber les superbes panoramas de montagne. Pas de lumière parasite pour gâter la pureté du ciel étoilé la nuit. Pas de circulation automobile pour déranger les troupeaux de chèvres mohair sur le bord du sentier : c'est vous qui devrez leur céder le passage. Avec ces atouts, le « royaume dans les nuages » est un petit paradis, à la fois facile d'accès et très dépaysant.

UN PEU D'HISTOIRE

Peuple migrant d'origine n'guni, les Sothos arrivèrent dans ces contrées montagneuses au XVIe s. Vers 1800, les Blancs nommèrent « Basutoland » cette région où ils faisaient du commerce. Au XIXe s, le roi Moshoeshoe Ier unifia les clans sothos et parvint à contenir la poussée zouloue aux portes de ce pays de montagnes. Il dirigea aussi ses troupes contre les prétentions territoriales des Boers (1840-1868). En 1868, le même souverain Moshoeshoe demanda l'aide des Anglais, qui établirent un protectorat sur le pays. Une fois l'indépendance octroyée en 1966, le nom *Lesotho* fut définitivement adopté. Suivirent 25 années mouvementées, marquées par des coups d'État, l'exil du roi Moshoeshoe II (en 1990) et les frasques de Leabua Jonathan, qui fut un temps 1er ministre. En 1996, le roi Letsie III succéda à son père revenu au pouvoir mais qui disparut dans un accident de voiture. Les troubles civils de 1998, nés d'un problème électoral, dégénérèrent en actes de pillage dans la capitale. Cette crise provoqua une intervention conjointe des armées d'Afrique du Sud et du Botswana, qui n'eut guère d'effet. En 2014, une tentative de coup d'État a échoué.

LES SOTHOS TIRENT LA COUVERTURE À EUX

Au début, les Sothos s'habillaient de peaux de bêtes. Pas très bien vu pour les soirées chez l'ambassadeur ! Donc, de fil en aiguille, les Blancs ont « occidentalisé » la tenue des Sothos... Et comme l'industrie produisait alors des couvertures en mohair, ils s'en sont parés. Un vêtement devenu traditionnel et désormais fortement ancré dans les usages. C'est ainsi que le roi lui-même se pare d'une couverture par-dessus ses habits occidentaux lors de cérémonies officielles.

Infos utiles

– ***Formalités douanières :*** pour entrer et circuler dans le pays, un passeport valide au moins 30 mois après la date de votre sortie du Lesotho, avec 2 pages vierges, est nécessaire. À l'entrée, on déclare la durée du séjour : pour un séjour de moins de 14 jours, un visa provisoire est délivré. Les grands postes de douane sont ouverts 24h/24. Les postes secondaires, généralement de 8h à 16h (22h pour Caledonspoort). Taxe de 30 M/véhicule à payer au poste-frontière.

– ***Change :*** le rand a cours partout dans le pays. 1 rand = 1 loti.

– ***Circulation :*** le réseau routier est correct au nord (de Maseru à Butha Buthe, ainsi que vers le Katse Dam). Idem à l'ouest (vers Mafeteng) et à l'est (de Butha Buthe à Mokhotlong), mais en dehors de ces grands axes, le voyageur passe beaucoup de temps sur des pistes. Véhicule 4x4 alors vivement conseillé, voire indispensable. Avec un véhicule de location loué en Afrique du Sud, penser à déclarer votre intention de vous rendre au Lesotho. Côté essence, faites le plein chaque fois que possible : peu de stations en dehors des grandes villes.

– ***Hébergements :*** le choix est très limité. La plupart des hébergements sont détenus par des Sud-Africains qui ne résident pas toujours sur place. En outre, les tarifs sont plutôt élevés pour des prestations parfois moyennes.

– ***Restauration :*** très difficile de trouver de quoi caler un petit creux. Gargotes et restos sont désespérément absents des villes et des campagnes. Il faut donc envisager votre balade dans le pays avec un bon repas à l'étape du soir (toutes nos adresses

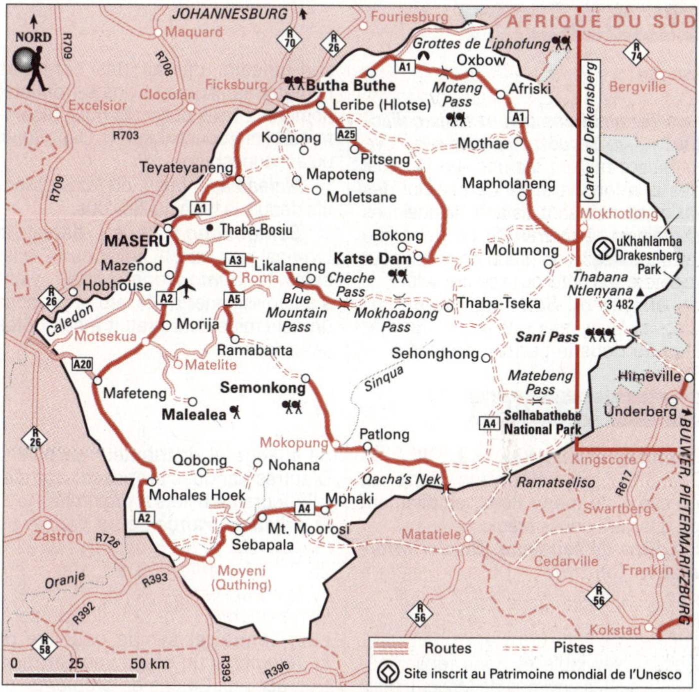

LE LESOTHO

proposent le couvert) et, souvent, un pique-nique le midi. Allez, face aux splendides paysages offerts, ce n'est pas si déplaisant ! Au fait, si vous voyez un drapeau blanc flotter à proximité d'une maison, cela signifie qu'on peut y consommer de la bière locale (de sorgho).

– Sécurité : consulter les « conseils aux voyageurs » sur ● *diplomatie.gouv.fr* ●

MASERU

250 000 hab.

La capitale est une interminable agglomération à la croissance non maîtrisée, classique des pays du tiers-monde. Hormis son centre, où la présence des colons du début du XXe s a laissé de rares traces architecturales (bâtiments en grès, dont la cathédrale), seul le besoin de faire le change dans l'une des banques du centre-ville vous retiendra à Maseru. C'est presque le seul endroit du pays où cela est possible. Pensez-y !

– Difficile de s'égarer tant la partie intéressant les touristes est limitée : disons, 300 m sur Kingsway où se regroupent la plupart des services...

– On évitera de s'y balader seul la nuit, les mauvaises rencontres n'étant pas exclues.

Arriver – Quitter

En bus

Terminal des bus et taxis collectifs : *à 2 km à l'ouest du centre-ville, noyé dans le grouillant marché.* Le terminal des bus longue distance et celui des taxis collectifs sont distants de quelques centaines de mètres. Si on débarque ici, on conseille de prendre un taxi pour rejoindre son hôtel ou le centre-ville.

➢ **Afrique du Sud :** *prendre un taxi jusqu'à la frontière (à 8 km).* Formalités de douane parfois longues côté sud-africain, du fait des contrôles migratoires. Après le poste-frontière, nombreux taxis collectifs pour Bloemfontein (interconnexion vers Cape Town ou Johannesburg).

➢ **Malealea :** 1 bus/j. ou taxis collectifs depuis le terminal des bus.

➢ **Semonkong :** 2 bus/j. depuis le terminal des bus. À noter que 2 fois/sem, le *Semonkong Lodge* vient s'approvisionner à Maseru et propose un acheminement gratuit à ses hôtes (les appeler).

Adresses utiles

■ **Immigration :** *Kingsway. ☎ 223-173-39.* L'administration dans ce qu'elle a de merveilleux, empilement de dossiers poussiéreux.

Office de tourisme (Border Information Centre) : *au poste-frontière à 8 km (depuis que le bureau de Kingsway a brûlé). ☎ 223-124-27. • touristinfo@ltdc.org.ls • Lun-sam 8h-17h (13h sam).* Accueil serviable et bons renseignements sur les environs de Maseru, mais également le reste du pays.

■ **Standard Bank :** *Kingsway. Lun-sam 8h30-15h30 (12h sam).* Bureau de change et distributeur de billets. D'autres banques proposent des distributeurs de billets à proximité.

■ **Alliance française :** *à l'angle de Pioneer Rd et de Kingsway. ☎ 223-257-22. • alliancefrancaise@leo.co.ls • Lun-ven 9h-18h30 (17h ven), sam seulement 9h-13h.* Îlot de sérénité, central et sympa pour lire ou se réfugier si un orage vous attrape. Bon accueil. En cas de problème, on y trouve aussi l'agence consulaire (M. Rémi Beghin).

Où dormir ? Où manger ?

Chic (1 000-1 800 M / env 66,70-120 €)

Lancer's Inn : *Kingsway. ☎ 223-121-14. • lancersinn.co.ls • Derrière l'Alliance française. Doubles env 1 050-1 425 M, petit déj inclus. Resto tlj midi et soir. Plats env 60-140 M.* Hôtel sans grande originalité (bâtisse classique en grès), de bon confort avec piscine à l'arrière. Le resto propose de grands standards calqués sur l'Afrique du Sud, dans une salle chaleureuse où les murs rouge et ocre sont ornés d'objets africains typiques. Accueil indolent mais serviable, Bon rapport qualité-prix.

Avani Lesotho Hotel : *12, Orpen Rd. ☎ 223-124-34. • avanihotels.com • Depuis Kingsway, suivre la direction Leribe ; au rond-point de la cathédrale, direction Pioneer Rd, puis c'est fléché. Doubles à partir de 1 500 M.* Perché sur son rocher qui domine la ville, l'hôtel de classe internationale, qui abrite un casino, une belle piscine et près de 200 grandes chambres confortables. Restaurants.

DANS LES ENVIRONS DE MASERU

Thaba-Bosiu (la montagne de la Nuit) **:** *à 25 km à l'est de Maseru. De la capitale, direction l'aéroport ; 7 km plus loin, vers Roma ; tourner à gauche au* *panneau indiquant Thaba-Bosiu (10 km). Prendre un guide à l'entrée (rens à l'office de tourisme situé au bord de la route, au pied du site).* La « montagne de la Nuit » est le plateau tabulaire à droite de la route. Il servit de forteresse naturelle aux partisans du roi Moshoeshoe qui y bâtirent quelques maisonnées dont les traces sont encore visibles. La petite ascension n'est ni difficile ni très longue, mais la vue depuis le sommet est saisissante, avec ce promontoire, dans la plaine, en forme de chapeau sotho. C'est aussi un lieu sacré qui renferme les sépultures de rois et d'anciens chefs.

MALEALEA

À une centaine de kilomètres au sud de Maseru. On passe les « portes du paradis » pour y aller. Dans des paysages infinis et des horizons à perte de vue, voici sûrement le coin le plus réputé du Lesotho. On y vient même de Jo'burg pour des balades à dos de *poneys sothos* (ne vous y fiez pas, ils sont grands comme des chevaux), faire de la randonnée ou se ressourcer. On peut y admirer de très anciennes peintures rupestres *bushmen,* ainsi que la très belle cascade *Botsoela.*

Arriver – Quitter

➢ ***En voiture :*** *depuis Maseru, prendre la route de l'aéroport (direction Mafeteng). À Motsekua (60 km plus au sud), tourner à gauche après le pont en direction de Matelile. 11 km plus loin, tourner à droite à la fourche et parcourir 15 km avt de tourner à gauche pour 8 km de piste (fléché à partir de là).*

➢ ***En bus :*** 1 bus/j. depuis le terminal des bus de Maseru.

Où dormir ? Où manger ?

⛺ 🏠 🍽 ***Malealea Lodge :*** *☎ (00-266) 5840-78-16. 📱 (00-27) 82-552-42-15 (en Afrique du Sud). • malealea.com • Bien indiqué depuis Malealea. Camping 135 M/pers.* Forest et basotho huts *420-480 M ; doubles 740-880 M selon confort. Petit déj env 100 M ; déj ou dîner 120-160 M.* Un vieux poste commercial d'époque coloniale, avec de nombreux types d'hébergement : chalets cosy, dortoirs, *basotho huts* (salle de bains commune), *forest huts* (draps non fournis), *rondavels* ou camping. Cuisine collective équipée. Les soirées débutent par des animations de villageois (chorales, groupes ethniques...). Ensuite, repas à la bonne franquette. Puis c'est l'heure des défis aux autres routards qui peuplent le lieu : billard, babyfoot et ping-pong. Des excursions et randonnées *(poney treks, mountain bikes)* sont organisées dans la région : ne pas rater la *Botsoela Waterfall* à 14 km, accessible à pied ou en 4x4. Bon accueil.

SEMONKONG

Un site qui se mérite ! Après avoir passé des cols et sillonné de vastes paysages de landes, on découvre une nature intacte, sauvage et d'une grande tranquillité. Parfois, un épais brouillard renforce le caractère

désolé du lieu. Des villages isolés ou de simples bergeries ponctuent le paysage. Et la piste serpente tranquillement de pâtres en moutons et de baudets en taurillons. Nous sommes ici au cœur du pays. Les *chutes Maletsunyane* (196 m) laissent sans voix, tellement on est captivé par sa beauté naturelle. Le plateau est aussi un des meilleurs endroits au monde pour l'observation des ibis chauves.

Arriver – Quitter

➢ ***Depuis Maseru :*** *compter 113 km. Direction l'aéroport ; 7 km plus loin, direction Roma puis Ramabanta.* On peut aussi s'y rendre depuis le poste-frontière de Qacha's Nek (nouvelle route goudronnée).

➢ ***En bus :*** 2 bus/j. depuis le terminal des bus de Maseru. En outre, le *Semonkong Lodge* se rend 2 fois/sem à Maseru et transporte gracieusement ses hôtes (téléphoner avant).

Où dormir ? Où manger ?

Semonkong Lodge : *1, Riverside Rd. ☎ 270-060-37. 620-210-21. ● semonkonglodge.com ● Dans le village de Semonkong, à droite, on redescend jusqu'à la rivière qu'on traverse (piste pénible). Camping 150 M/pers ; lit en dortoir 250 M ; double env 1 370 M. Petit déj en plus.* Excellent accueil de Jonathan et Armelle (qui parle très bien le français). Ils multiplient les marques d'attention. *Rondavels* douillets, chambres et dortoirs 6 et 8 lits pour les routards, situés sur une butte au-dessus du bâtiment principal. Bar et resto sur place où l'on mange très bien, au rythme d'un très agréable service, avant de bavasser ou de jouer au billard. Cuisine commune équipée à disposition. On peut aussi camper, sur la colline ou au bord de la rivière. Point de départ de plusieurs randonnées, de balades à cheval, à la journée ou sur plusieurs jours et de pêche à la truite, descente en rappel... Notre coup de cœur au Lesotho.

DANS LES ENVIRONS DE SEMONKONG

Les chutes de Maletsunyane : le meilleur point de vue est atteignable en voiture. Depuis le pont avant Semonkong, suivre la rivière (panneau très discret). On parcourt 8 km d'une piste panoramique avec quelques beaux points de vue sur la cassure des gorges qui se découvre peu à peu à gauche. Et puis, récompense ultime, les chutes apparaissent. On arrive pile-poil en face ! Alors, on imagine l'émoi du missionnaire français Le Bihan, 1er « découvreur » de ce site en 1881.

– Pour les plus sportifs, Jonathan (du *Semonkong Lodge,* voir « Où dormir ? ») organise une ***descente en rappel*** au bord de la chute. Un rappel figurant dans le *Guinness Book* comme le plus long au monde. *Compter 1 350 M pour 204 m d'un seul bond et 30 mn de fun ! (Le prix inclut l'entraînement, le trajet et le... certificat ainsi que les photos !)*

Randonnées dans les gorges : pour atteindre le fond de cette superbe cassure taillée au rasoir dans le plateau gréseux, on peut descendre juste à côté des chutes. Toutefois le sentier est réputé dangereux (surtout s'il a plu). Le *Semonkong Lodge* saura vous conseiller et vous proposer un guide local pour un tarif modique. Pour prolonger le plaisir, ce même lodge propose des randos de plusieurs jours à la découverte du canyon, avec bivouac et logement chez l'habitant.

KATSE DAM

À Leribe, la platitude des paysages ne prépare en rien à ce bout de périple mémorable. Et puis on s'enfonce dans une plaine qui se resserre, cernée de hautes murailles rouge sombre d'où jaillissent pléthore de cascades diaphanes. Seule la superbe *Mafika Lisiu Pass* permet de franchir ces falaises aux formes de grandes orgues. Encore quelques kilomètres et l'on découvre alors cette sorte d'immense fjord d'altitude, le *Katse Dam,* qui lance d'innombrables tentacules d'eau dans les recreux pentus des hauts plateaux. Il s'étend sur une quarantaine de kilomètres, du nord au sud, jusqu'aux parois abruptes de béton du barrage de Katse qui l'emprisonne. Il sert à alimenter l'Afrique du Sud en eau. Plus au sud, vers Taba Tseka, c'est l'aventure au cœur d'un pays rude et d'accès difficile.

Où dormir ? Où manger ?

De prix moyens à plus chic (400-1 800 M / env 26,70-120 €)

⛺ 🏠 🍽 ***Aloes Guest House :** Pitseng.* ☎ *270-056-26.* 📱 *580-656-22.* ● *aloesguesthouse@gmail.com* ● *À 26 km de Leribe (vers le Katse Dam). Camping env 120 M/pers ; dortoir 210 M/pers. Double avec sdb 790 M, petit déj inclus.* Bungalows en dur, alignés comme à la parade, étagés sur un terrain en pente. Doubles confortables. Également des dortoirs et emplacements de camping. Comble du luxe, il y a même une piscine. Les résidents peuvent déjeuner ou dîner sur place *(sur résa).*

🏠 🍽 ***Orion Katse Dam Lodge :** Katse Village.* ☎ *229-102-02.* ● *katse-accommodation.com* ● *Double env 1 400 M, petit déj compris. Repas 160 M.* La seule option à Katse. On envisage donc d'y séjourner par obligation plus que pour son accès hyper sécurisé, son accueil standardisé et ses chambres propres mais chères pour ce qu'elles sont (demandez-en une avec vue sur le lac, c'est le même prix). Également des dortoirs (10 lits) dans un bâtiment voisin. Côté resto, on apprécie principalement la vue dominante sur les flots bleus.

À voir

*** ***Mafikia Lisiu Pass :*** un paysage exceptionnel de contreforts rocheux avec cascades, falaises et, tout au sommet, un panorama à couper le souffle sur la vallée qu'on vient de parcourir.

** ***Katse Dam*** *(barrage de Katse) :* ☎ *229-103-77.* ● *lhda.org.ls* ● *Visite lun-ven à 9h et 14h ainsi que le w-e à 9h et 11h (compter 1h). Tarif : 10 M.* Pour dresser le décor, la visite commence par une descente en convoi (avec sa propre voiture), au pied du barrage. Impressionnant

VOYAGE EN EAUX TROUBLES

Pays de montagne copieusement arrosé, le Lesotho dispose de belles ressources hydrographiques. Or, les projets de barrages destinés à irriguer le grand voisin sud-africain ont suscité d'autres types d'arrosage... En 2002, la justice du Lesotho a condamné une société canadienne pour corruption active. Ne noyons pas le poisson, des compagnies françaises trempaient aussi dans l'affaire. Des pots-de-vin dans une affaire d'eau, sur fond d'argent de la Banque mondiale...

d'imaginer être sous 2,5 millions de m³ de béton et 950 millions de m³ d'eau... Puis on remonte 185 m plus haut et on parcourt les 710 m de l'arrête supérieure du barrage. Cet ouvrage est issu d'un accord datant de 1986 entre l'Afrique du Sud (gouvernement d'apartheid alors) et le royaume du Lesotho. Il faisait partie d'un immense projet qui consistait à noyer de nombreuses vallées du centre du pays pour alimenter le grand voisin en eau. Les autres barrages sont encore dans les cartons. Mais Katse est un projet totalement achevé, avec ses immenses tunnels d'acheminement, dont un de 22 km, qui charrient leurs eaux sous les monts et les rivières.

LA RÉGION DE BUTHA BUTHE

La région qui s'étend au sud-est de Butha Buthe marque la transition entre les plateaux du nord et les hautes montagnes centrales. Ici, toutes les richesses sont à fleur de roche. Son histoire, sous forme de peintures sothos datant de Mathusalem. Sa nature torturée, qui tend ses magnifiques gorges et ses cols à l'assaut des monts enneigés. Ses mines, qui transforment de bruts rochers en rivières de diamants. Et enfin, ses activités de plein air, quand la neige transforme les pentes pierreuses en station de ski.

Où dormir ? Où manger ?

Mamohase B & B : *☎ 590-470-42. À env 25 km à l'est de Butha Buthe, sur la route de Mokhotlong. Panneau indicateur sur la route puis 1,5 km de piste (pénible sur la fin). Double env 500 M, petit déj inclus. Dîner env 90 M/pers.* Voilà ce qu'on appelle dormir chez l'habitant ! Une fratrie de 3 jeunes gars font partager aux touristes de passage le mode de vie familial. La ferme occupe un flanc de vallon où court une rivière, colonisé par des champs de maïs et vergers de pêchers. On dort dans un *rondavel* ou une chambre, décorés de fresques traditionnelles et meublés avec beaucoup d'attention pour les hôtes. Pas de salle de bains : on utilise des bassines avec des baquets d'eau chaude et froide. En guise de w-c, une cabane au fond du jardin. On vous rassure, c'est rustique mais très clean. Pas d'électricité : on s'éclaire à la lampe à pétrole. Quant au dîner, il se prend en l'agréable compagnie des frères qui vous narrent leur hobby : le ski ! Au menu, maman cuisine la *papa* (la purée de sorgho !) et des plats simples et locaux.

À voir. À faire dans les environs

Les grottes de Liphofung : *☎ 224-607-23. Tlj 8h30 (9h w-e)-16h30. À env 40 km à l'est de Butha Buthe, sur la route de Mokhotlong (bien indiqué). Tarif : 40 M ; réduc.* Bel ensemble de peintures rupestres du peuple san et, plus tard, des Basothos. Sur un mur, accessible par un platelage en bois, des scènes de vie et de chasse griffent la roche jaune, protégées par un rocher en surplomb. Ensemble très bien conservé.

Moteng Pass : *à env 60 km au sud-est de Butha Buthe, sur la route de Mokhotlong.* Venant du sud, on s'est habitué à un paysage de piémont. Le passage de ce col (2 820 m) permet de pénétrer dans la partie centrale du pays : la plus montagneuse, la plus sauvage aussi. La route se tord et se retord en moult lacets, pour une vertigineuse montée vers les portes du sud avec ses hauts sommets enneigés et ses plateaux désolés. Merveilleux !

Afriski : *☎ 0861-23-747-54 (central d'infos et résas ; lun-ven 8h-16h30).* *• afriski.net • À env 90 km au sud-est de Butha Buthe, sur la route de Mokhotlong.* En piste, les juilletistes ! - 4 °C en juin et - 11 °C en juillet, vous ne rêvez pas, vous êtes bien en Afrique. Ici, rien de plus simple que de tâter une bonne poudreuse du bout des skis : car *Afriski* est LA station du pays. Activité rarissime en Afrique. Faire passer son Flocon au petit dernier au Lesotho, c'est d'un chic !

LES HAUTES VALLÉES DU CENTRE ET DU SUD

Voilà bien la partie la plus sauvage du Lesotho. Un ensemble de vallées d'altitude joignables par avion seulement jusqu'à la fin des années 1990. On les parcourt désormais en véhicule 4x4 et avec une bonne maîtrise de la conduite sur des pistes souvent très retorses. Mais la récompense est là : des rivières dans de superbes gorges, des bergers revêtus de leur couverture, traditionnel bonnet vissé sur la tête ; de petits hameaux aux *rondavels* décorés de fresques, coiffés d'une tignasse de chaume ; des cavaliers surgis de nulle part et allant on ne sait où. Les pistes et cols entre Thaba-Tseka, Sehonghong et Sehlabathebe, tout au sud, réservent des moments forts. Le superbe parc national de Sehlabathebe est un site unique : isolé, hors du temps. Avec le ciel étoilé le plus somptueux qui soit, offrant des randonnées dans une nature pur jus, à la découverte des *Tsoelikane Falls,* d'une grotte d'ermite ou de quelques très belles arches naturelles.

– ***Avertissements :*** pas de restaurants et peu d'hébergements ; ni électricité, ni téléphone, ni station d'essence (sauf à Thaba-Tseka), ni panneau indicateur ; autant dire que c'est l'aventure : comme on tient à vous, on conseille d'intégrer un groupe guidé (voir « Randonnées guidées » à Underberg). Pour les téméraires qui veulent s'y lancer seuls, sachez qu'il faut des jours pour se sortir d'un pépin dans ces coins paumés (le temps d'aller chercher du secours à la ville la plus proche... à dos d'âne !). Cela peut donc s'avérer très risqué.

– ***Accès à Sehlabathebe :*** un 4x4 est nécessaire. Depuis le nord, la piste entre Sehonghong et Sehlabathebe est médiocre, parfois impraticable. Depuis le sud, on peut franchir la frontière depuis l'Afrique du Sud à Qacha's Nek ou Ramatseliso *(tlj 8h-16h).* La ville la plus proche en Afrique du Sud est Matatiele, 68 km à l'ouest de Kokstad (N 2).

SANI PASS (LE COL DE SANI)

Ce col d'altitude marque la frontière entre le Lesotho et l'Afrique du Sud. C'est le seul passage possible entre ces 2 pays, au travers des montagnes du Drakensberg, à l'est du Lesotho. La ville sud-africaine la plus proche est Himeville, située à une quarantaine de kilomètres environ dans la vallée, près d'Underberg. La route du col de Sani est accessible uniquement aux randonneurs et aux véhicules tout-terrain.

– ***Postes de douane :*** *tlj 8h-16h en haut du col côté Lesotho, 8 km plus bas dans la vallée, côté Afrique du Sud.*

Où dormir ? Où manger ?

De bon marché à prix moyens (150-1 000 M / env 10-66,70 €)

⛺ 🏠 🍽 ***Sani Mountain Lodge :*** *Sani Top, Lesotho, PO Box 232,* ***Himeville*** *3265.* 📱 *078-634-74-96 (en Afrique du Sud).* • *sanimountain.co.za* • *À 43 km au nord d'Underberg, sur le territoire du Lesotho (passeport nécessaire). Dortoir 415-450 M/pers avec petit déj, camping 165 M/pers (ajouter 140 M pour le petit déj). Rondavels env 1 420-1 520 M/pers en ½ pens.* On peut s'y rendre par ses propres moyens, avec le service de navette du lodge ou en intégrant une excursion depuis Underberg. On dit que c'est le plus haut lodge pour routards d'Afrique ! C'est vrai qu'à 2 874 m on y a la tête dans les nuages et les pieds posés sur le sol âpre et rocailleux du haut Drakensberg. Les sommets les plus proches se dressent à 3 256 m (Hodgson's Peak) et 3 482 m (Thabana Ntlenyana). Les dortoirs sont équipés de douches chaudes et d'une cheminée, car les nuits sont très fraîches. Prévoir d'ailleurs un vêtement chaud et une couverture supplémentaire. On peut aussi dormir dans des chambres doubles, confortables et joliment décorées. Les repas, avec des plats maison, sont servis dans la salle à manger, dans une chaude ambiance routarde. Le pub est tout aussi convivial.

⛺ 🏠 🍽 ***Molumong Lodge :*** ☎ *539-998-43 ou 270-098-43.* • *molumong ecolodge.wordpress.com* • *Depuis le Sani Pass, faire 45 km sur la route vers Mokhotlong, puis tourner à gauche vers Thaba-Tseka ; continuer encore 8 km et on trouve le lodge sur la droite de la route (300 derniers mètres pénibles en véhicule de tourisme). Dortoir 180 M/pers, doubles env 300-450 M. Possibilité de camper pour 100 M/pers. Petit déj 50 M. Lunch dinner 65-105 M.* À 2 450 m d'altitude, en bordure d'un village traditionnel, ce lodge pour routards sac à dos est à la croisée des chemins entre la route du nord-est et celle qui s'enfonce dans les vallées centrales. Il est installé dans un vieux poste commercial d'époque coloniale (1926). Mais les chambres du bâtiment principal sont moins agréables que les *rondavels* dominant la vallée. Un générateur fournit l'électricité (en été de 18h à 22h, en automne et en hiver de 17h30 à 22h). Les soirées se passent au coin du feu, dans une ambiance de refuge du Club alpin. On peut faire des randonnées à cheval. Petite boutique d'artisanat. Pour admirer le ciel étoilé, rien de tel que cette auberge pour poètes errants.

AFRIQUE DU SUD : LA PROVINCE DU CAP

LA PÉNINSULE DU CAP DE BONNE-ESPÉRANCE

• Carte *p. 261*

« C'est le plus grand et le plus périlleux cap qui soit au monde. »
Pigafetta, chroniqueur du voyage de Magellan

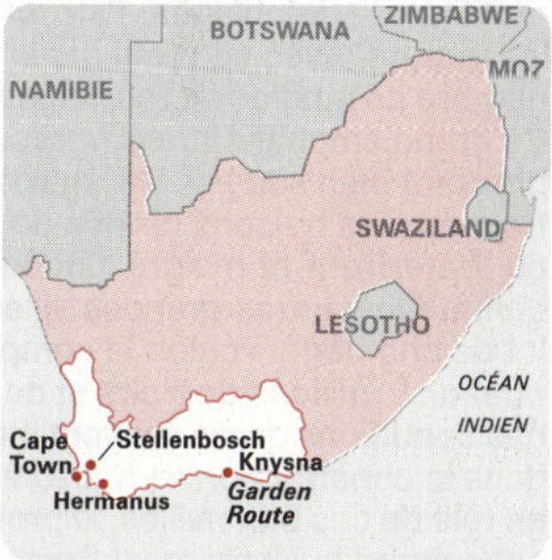

Cap de Bonne-Espérance ! Un nom de légende ! Ce cap n'a jamais été facile à franchir et demandait parfois aux navigateurs des semaines d'attente sur une mer mauvaise avant que le vent ne soit favorable. Des caravelles de Vasco de Gama à celles de Magellan, de Bougainville à James Cook, combien de marins, combien de capitaines ont lutté contre cette nature magnifique mais terrible ! Il fallait bien s'abriter, se protéger, se ravitailler, ainsi fut découverte la baie du Cap, un site exceptionnel.
Plus que dans toute autre ville en Afrique du Sud, Cape Town (Le Cap) a conservé tous les petits cailloux qui jalonnent son histoire depuis le 1er passage de l'homme blanc jusqu'à la fin de l'apartheid. Et c'est sans doute cela qui la rend profondément attachante : le passage des Portugais, l'installation des Hollandais, les 1ers colons, l'esclavage, puis l'apartheid, qui a pris ici des dimensions symboliques (avec le fameux *District Six*), puis l'emprisonnement sur la petite Robben Island du plus célèbre prisonnier de la planète, Nelson Mandela.
Quand le visiteur a fait le tour des attractions culturelles et historiques, c'est la sublime nature autour de Cape Town qui prend le relais : les plages, les randonnées sur *Table Mountain,* la péninsule du cap de Bonne-Espérance, l'incroyable jardin botanique de Kirstenbosch, le domaine viticole de Groot Constantia (ces 2 sites pouvant aisément se visiter dans la foulée) ou encore le village de Hout Bay avec sa colonie d'otaries du Cap. Sans oublier la route côtière qui mène à Simon's Town (avec sa colonie de manchots) et qui se prolonge avec le magnifique parc national de la péninsule du Cap.

CAPE TOWN (KAAPSTAD / LE CAP)

434 000 hab. (le Grand Cape Town : env 4 millions d'hab.)

• Plan d'ensemble (plan I) *p. 262-263* • Centre-ville (plan II) *p. 266-267*
• Sea Point et Clifton Bay (plan III) *p. 269* • Observatory (plan IV) *p. 271*

Une situation géographique de rêve, un lieu unique. Une vaste plaine qui avance vers le nord telle une proue de navire dans l'océan, qui s'élève doucement vers le sud, et qui se ferme par une étrange montagne complètement plate, la célèbre *Table Mountain.* Surplombant brutalement la baie, elle s'élève à 1 000 m au-dessus du niveau de la mer. Belle et déconcertante, voilà une ville du bout du monde qui cherche à développer l'idée d'un cosmopolitisme bon teint, un mélange des genres, des styles et des couleurs presque paisibles. On ne sait pas vraiment si l'on est en Europe, en Amérique, ou pourquoi pas en Afrique. Une Afrique créée par des Blancs, en tout cas. Cape Town cultive au maximum ses airs cool, son ambiance *healthy,* sportive et (presque) décontractée, mêlant le plus harmonieusement possible le business, le tourisme et la nature. Même les terribles antagonismes politiques et humains prennent ici des allures, disons... moins violentes, enfin, au 1er abord. Les établissements bio et les restos gastronomiques ont fleuri ces dernières années tandis que Cape Town est devenu la capitale africaine *gay friendly* !
C'est ici qu'on trouve la quintessence de l'histoire du pays. Le mélange humain le plus diversifié, une architecture ambitieuse, de longues avenues rectilignes, des plages, l'air marin... Tout cela adoucit sans doute un peu les mœurs. Avec ce profil quasi idyllique, pas étonnant que la ville accueille nombre de studios de tournage de films ou de publicité.
Ce grand amphithéâtre ouvert sur l'océan, avec ses airs de Californie, cache pourtant bien son jeu. Car derrière les immeubles aux vitres fumées du centre, sous les balcons ciselés de *Long Street,* au-delà du quartier touristique du Waterfront et malgré l'indéniable sentiment de douceur et d'harmonie, comme les autres grandes villes d'Afrique du Sud, Cape Town charrie son lot de chômage. Vouloir la comprendre, c'est aussi passer de l'autre côté du rideau : 2 millions de Noirs et de *coloured* habitent dans les townships, dans des conditions de vie souvent misérables. Même si le gouvernement a investi dans la construction de maisonnettes décentes pour remplacer les cabanes en tôle de ces bidonvilles, le processus enclenché au début des années 2000 est aujourd'hui largement freiné par l'énorme corruption et les intérêts particuliers des éminences politiques.
Cape Town n'est pas à l'abri de ses permanentes contradictions, mais une chose est sûre : elle sait séduire. Et si des Européens continuent de s'y installer, elle attire également une forte immigration venant d'autres pays africains. À l'image du pays, la ville est un diamant à multiples facettes, aussi diverses et lumineuses les unes que les autres mais qui se tournent encore le dos.

UN PEU D'HISTOIRE

Les 1ers Européens ne font que passer

On ne sait pas qui explora le 1er les côtes africaines. On est certain en revanche que la 1re véritable « étape » faite à proximité du Cap par les Européens date de 1485. Les Portugais menés par ***Diego Cão*** font alors escale sur les côtes namibiennes. Puis ***Bartholomeu Diaz*** parvient à contourner la pointe sud de l'Afrique et débarque à Mossel Bay en février 1488. Fin 1497, c'est au tour de ***Vasco de Gama*** de confirmer cette voie vers l'est.

SOYONS POSITIF

Barthomeleu Diaz, qui avait été quelque peu secoué en contournant la pointe de l'Afrique, avait tout d'abord nommé « cap des Tempêtes » la pointe de la péninsule du Cap. Le roi Jean II du Portugal pensa que cela manquait d'attractivité et décida de le renommer cap de Bonne-Espérance !

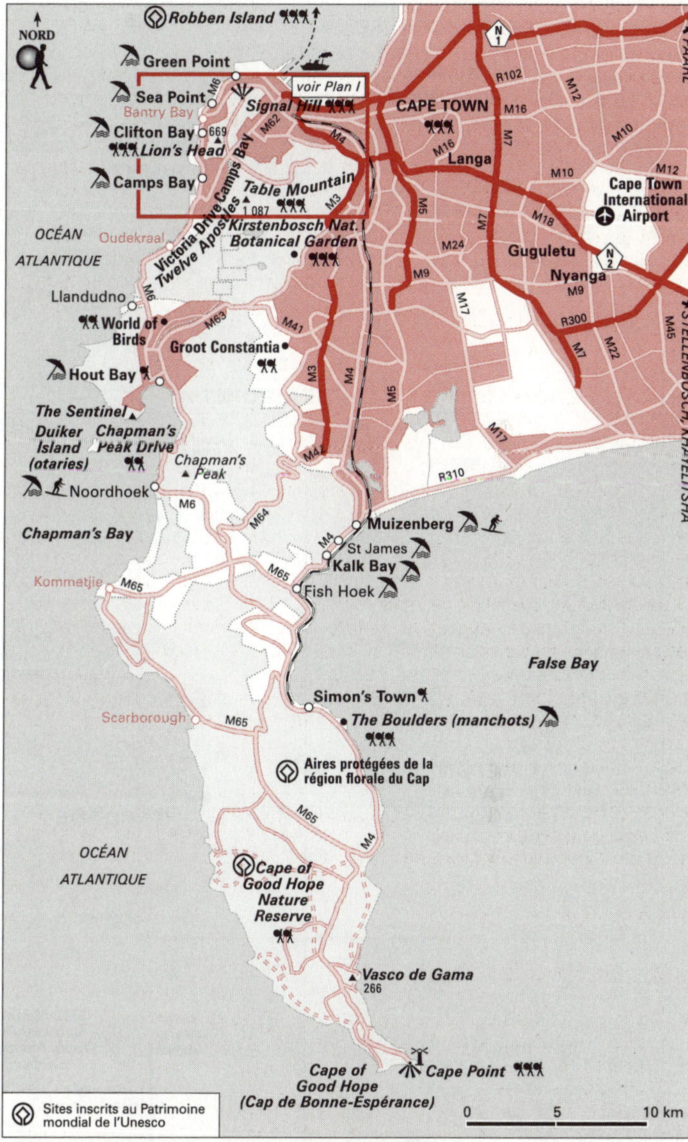

LA PÉNINSULE DU CAP DE BONNE-ESPÉRANCE

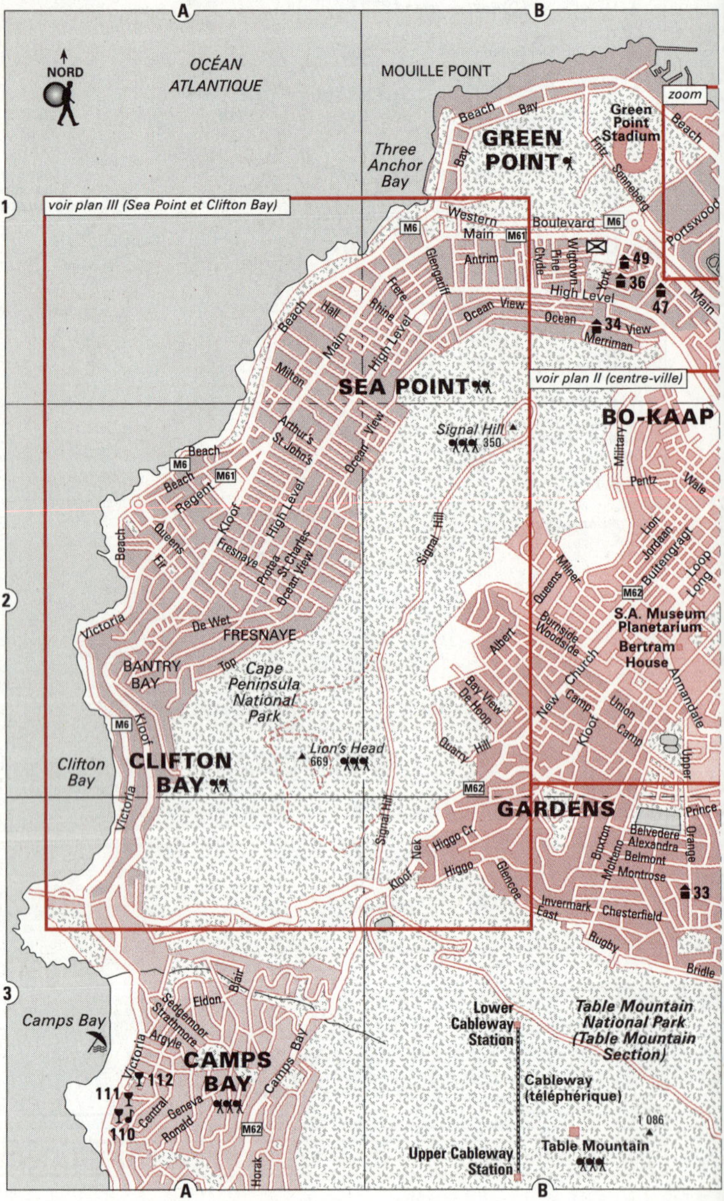
A
B
NORD
OCÉAN
ATLANTIQUE
MOUILLE POINT
Three
Anchor
Bay
GREEN
POINT
Green
Point
Stadium
zoom
voir plan III (Sea Point et Clifton Bay)
voir plan II (centre-ville)
Beach
Bay
Fritz
Sonneberg
Portswood
Western
Boulevard
Main
M6
M61
Antrim
Glengariff
Clyde
Pine
Wigtown
York
49
36
47
High Level
Ocean View
Ocean
34
View
Merriman
Main
Frere
Rhine
High Level
Hall
Main
Beach
Milton
SEA POINT
Arthur's
St John's
Ocean View
Signal Hill
350
BO-KAAP
Military
Pentz
Wale
Beach
M6
Beach
M61
Regent
Kloof
High Level
Fresnaye
Protea
St Charles
Ocean View
Queens
Elf
Beach
Signal Hill
Lion
Jordaan
Buitengragt
Loop
Long
Milner
Queens
M62
S.A. Museum
Planetarium
Bertram
House
Burnside
Woodside
Church
Albert
Victoria
De Wet
FRESNAYE
BANTRY
BAY
Top
Cape
Peninsula
National
Park
Bay View
De Hoop
New
Camp
Kloof
Union
Camp
Annandale
M6
Kloof
Clifton
Bay
CLIFTON
BAY
Lion's Head
669
Quarry
Hill
Upper
Victoria
M62
GARDENS
Prince
Signal Hill
Nek
Higgo Cr.
Higgo
Glencoe
Buxton
Molteno
Belvedere
Alexandra
Belmont
Montrose
Orange
33
Kloof
Invermark
East
Chesterfield
Rugby
Bridle
3
Camps Bay
Blair
Eldon
Sedgemoor
Strathmore
Argyle
Victoria
CAMPS
BAY
Camps Bay
Lower
Cableway
Station
Table Mountain
National Park
(Table Mountain
Section)
112
111
110
Central
Geneva
Ronald
M62
Horak
Cableway
(téléphérique)
1 086
Table Mountain
Upper Cableway
Station
1
2

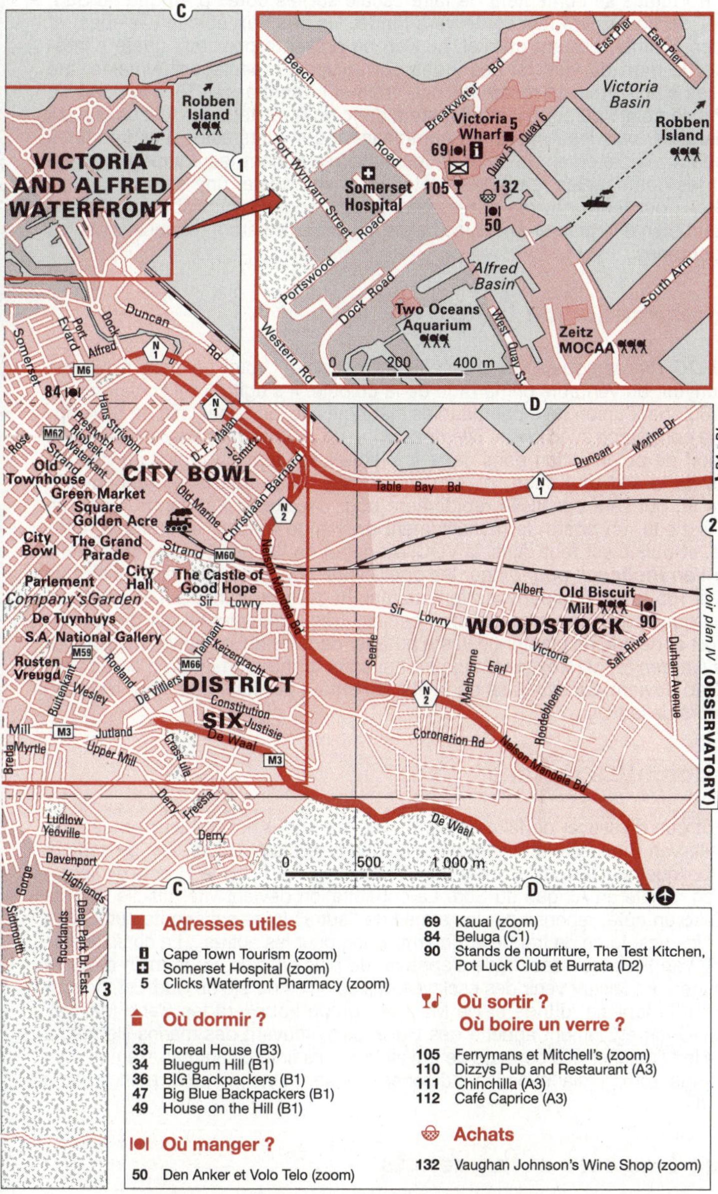

Adresses utiles

- Cape Town Tourism (zoom)
- Somerset Hospital (zoom)
- 5 Clicks Waterfront Pharmacy (zoom)

Où dormir ?

- 33 Floreal House (B3)
- 34 Bluegum Hill (B1)
- 36 BIG Backpackers (B1)
- 47 Big Blue Backpackers (B1)
- 49 House on the Hill (B1)

Où manger ?

- 50 Den Anker et Volo Telo (zoom)
- 69 Kauai (zoom)
- 84 Beluga (C1)
- 90 Stands de nourriture, The Test Kitchen, Pot Luck Club et Burrata (D2)

Où sortir ? Où boire un verre ?

- 105 Ferrymans et Mitchell's (zoom)
- 110 Dizzys Pub and Restaurant (A3)
- 111 Chinchilla (A3)
- 112 Café Caprice (A3)

Achats

- 132 Vaughan Johnson's Wine Shop (zoom)

CAPE TOWN – Ensemble (Plan I)

Les Portugais se contentent de faire escale sur les côtes d'Afrique du Sud, avant de poursuivre leur route vers l'Inde, les îles aux épices (Célèbes) et Macao (Chine). En tant que tel, Le Cap ne présente pour eux guère d'intérêt, et la mort du vice-roi des Indes portugaises, Francisco d'Almeida, tué par les Khoi-Khoi, ne réchauffe pas vraiment l'ambiance. Tout au long du XVIe s, la pointe du continent ne restera donc qu'une étape jusqu'à ce que les Hollandais, puis les Anglais, ne commencent à s'y intéresser. Les tempêtes frappant régulièrement le secteur, les maladies minant les équipages poussent les compagnies maritimes à établir un vrai poste, une étape « confortable » pour leurs navires et les marins. Les Anglais, au début du XVIIe s, tentent bien d'implanter quelques bagnards, mais ils seront repoussés par les autochtones.

L'implantation de la VOC

La ***VOC*** *(Vereenigde Oost-Indische Compagnie),* voici un nom à retenir, synonyme du véritable démarrage de la colonie. Il s'agit d'une société créée en 1602 par l'union de 8 compagnies maritimes hollandaises afin de développer le commerce avec l'Asie. Elle développe un 1er vrai comptoir au Cap. Point de soif de colonisation dans cette implantation – tout du moins au début – mais de la soif tout court, puisqu'une source d'eau fraîche est découverte juste là, qui sera canalisée rapidement pour désaltérer les marins. Donc un point d'eau, un poste de ravitaillement en viande fraîche, en fruits et légumes, et puis c'est tout. Ainsi la VOC, au début de l'année 1652, envoie-t-elle ***Jan Van Riebeeck*** pour diriger les opérations. 100 jours de mer plus tard, le 6 avril 1652, son équipage, sa femme (une huguenote française) et lui-même débarquent sur ces terres encore hostiles. Très rapidement il fait dresser un 1er fort et décide de planter un vaste potager dans ce qui deviendra le *Company's Garden* (encore existant aujourd'hui sous forme d'un jardin d'agrément). Le Cap devient donc la base de ravitaillement en produits frais pour les navigateurs de la VOC.

La colonie s'installe

Plutôt que d'essayer de faire ami-ami avec les Khoi-Khoi (qui leur vendent du bétail), Van Riebeeck fait planter une longue haie d'amandiers, afin de séparer symboliquement les colons de la population indigène. C'est le 1er acte de ségrégation raciale en Afrique du Sud. La cohabitation devient vite difficile : vol de bétail d'un côté, réponse par les armes de l'autre ; large supériorité numérique pour les uns, force de frappe et détermination pour les autres... La confiance se perd. Van Riebeeck décide de s'appuyer de plus en plus sur la main-d'œuvre étrangère en faisant venir des esclaves des colonies d'Asie du Sud-Est, notamment d'Indonésie, d'Inde et de Malaisie (qu'on appellera les *Cape Malays*). La VOC fait également appel à des Hollandais, souvent des marins illettrés, à qui elle fait signer des contrats de travail très durs (interdisant par exemple tout échange commercial avec les indigènes). Ils sont ainsi pieds et poings liés à la VOC.

Free burghers et huguenots

Au fil du temps, le paiement des salaires devient lourd pour les activités moins rentables, et la compagnie se trouve contrainte de « libérer » ses propres employés pour alléger les comptes. Ces 1ers citoyens libres (les *free burghers*) se mettent immédiatement à cultiver la terre et à participer à l'économie de la

colonie, même s'ils doivent obtenir l'autorisation de la VOC pour vendre leurs récoltes aux bateaux faisant escale ici. Le droit d'acheter des esclaves leur est aussi accordé.
Van Riebeeck sait que la terre et le climat sont favorables à la culture de la vigne. Son successeur van der Stel pense à faire venir des huguenots. Après la révocation de l'édit de Nantes en 1685, les protestants français ont le choix entre abjurer leur foi et redevenir catholiques ou être dépouillés de leurs biens et envoyés aux galères. Ils sont nombreux à s'enfuir en Allemagne, en Suisse et en Hollande, justement.
En 1688, 175 de ces huguenots débarquent au Cap, où on leur donne des terres et de l'outillage. 2 conditions leur sont imposées : ils doivent jurer fidélité à la Compagnie et aux princes de Hollande, et s'engager à rester au moins 5 ans sur place. Ils viennent souvent de Provence, de Bourgogne, d'Aquitaine.

L'esclavage comme moteur économique

Durant le XVIIIe s, une bonne partie de l'économie repose sur l'utilisation des esclaves. En 1713, la population khoi-khoi subit le coup de grâce avec une

■ **Adresses utiles**

- i Cape Town Tourism (C1)
- **1** Consulat de France (B2)
- **2** Consulat de Belgique et consulat de Suisse (C1)
- **4** Alliance française *(zoom)*

Où dormir ?

- **20** Ashanti Lodge Gardens (B3)
- **21** Cat and Moose Backpackers Lodge *(zoom)*
- **22** Long Street Backpackers *(zoom)*
- **23** Bergzicht Guesthouse (A2)
- **24** The Backpack (A2)
- **25** Zebra Crossing (A2)
- **27** Ashanti Guesthouses (A3)
- **28** La Rose B & B et Rose Lodge (B1)
- **29** Daddy Long Legs Art Hotel (B2)
- **30** Nine Flowers Guest House (B3)
- **31** Protea Hotel Fire and Ice (B2)
- **32** La Grenadine (A2)
- **35** Grand Daddy (C1)
- **37** N° 5 Guest House (B3)
- **38** Cactusberry Lodge (B3)
- **39** Tudor Hotel (C2)
- **41** De Waterkant Lodge (B1)
- **42** Tintagel Guest House (A2)
- **43** The Cape Diamond Hotel (C2)

Où manger ?

- **51** R Caffé (zoom)
- **52** Mozart on Church (B2)
- **53** Rick's Café Américain (A-B2)
- **54** The Company's Garden (zoom)
- **55** Bombay Bicycle Club (A3)
- **56** Societi Bistro (B2)
- **58** Eastern Food Bazaar (C2)
- **59** Long Street Café *(zoom)*
- **61** Mama Africa *(zoom)*
- **62** Arnold's (A3)
- **63** La Frasca Ristorante & Pizzeria (B3)
- **64** Royale Eatery *(zoom)*
- **65** Biesmiellah (B1)
- **66** Clarke's Bar & Dining (B1)
- **68** La Parada (B1)
- **70** Cafe Paradiso (A3)
- **71** Kloof Street House (B2)
- **73** Lucy Ethiopian Restaurant *(zoom)*
- **74** Knead Bakery (A-B2-3)
- **75** Manna Epicure (A3)
- **80** Hudson's Burger Joint (A-B3)
- **81** 95 Keerom *(zoom)*
- **82** Carne *(zoom)*
- **83** The Africa Café (B1)
- **85** Sea Breeze Fish and Shell *(zoom)*
- **87** Aubergine (B3)
- **88** Alforno (B1)
- **89** La Petite Tarte (B1)

Où boire un verre ? Où sortir ?

- **59** The Dubliner at Kennedy's *(zoom)*
- **64** The Waiting Room *(zoom)*
- **89** Café Manhattan (B1)
- **100** Stones *(zoom)*
- **101** Bob's Long Street *(zoom)*
- **102** The Beer House *(zoom)*
- **103** The Gin Bar (B2)
- **104** Perseverance Tavern (C3)
- **107** The Piano Bar (hors plan par B1)
- **122** The Shack (C3)

Achats

- **130** Pan African Market et Tribal Collections (C1)
- **131** Ekasi Craft Market (B2)
- **133** Mabu Vinyl (B2)
- **134** Atlas Trading Company (B1)

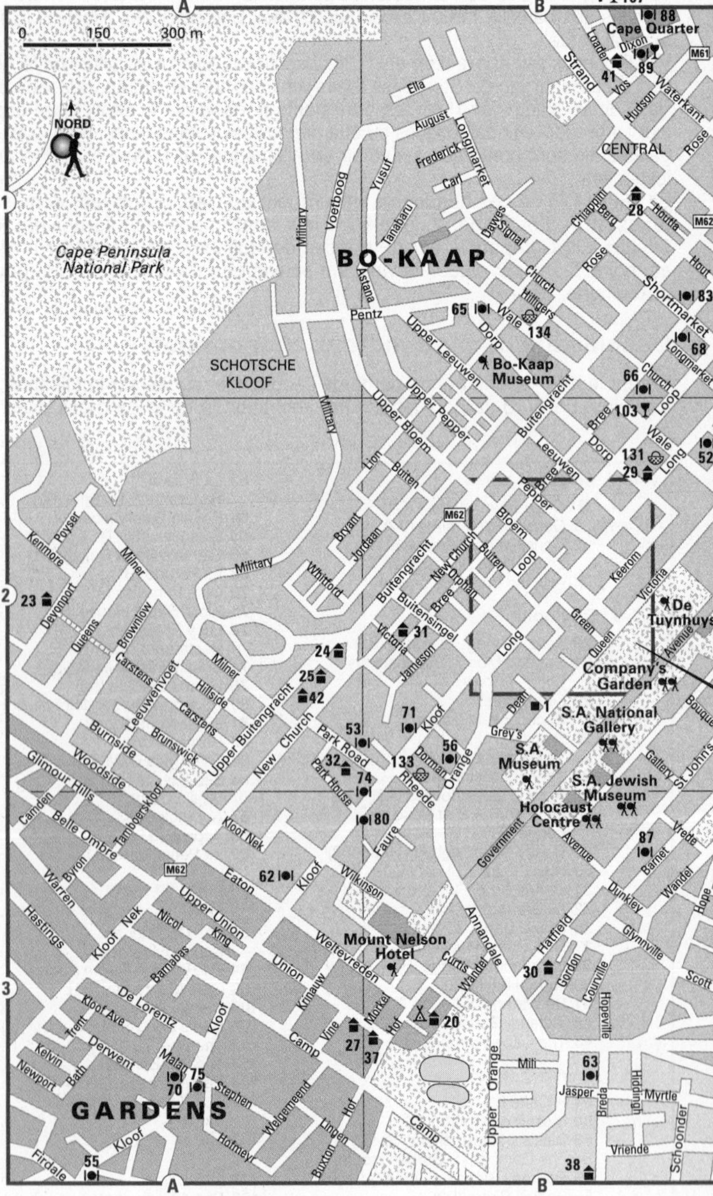
A
B
0
150
300 m
NORD
1
2
3
Cape Peninsula National Park
SCHOTSCHE KLOOF
BO-KAAP
CENTRAL
GARDENS
Cape Quarter
107
88
89
41
28
83
68
66
103
52
131
29
65
134
Bo-Kaap Museum
De Tuynhuys
Company's Garden
S.A. National Gallery
S.A. Museum
S.A. Jewish Museum
Holocaust Centre
Mount Nelson Hotel
1
23
24
25
42
31
71
53
56
32
74
133
80
62
87
30
20
27
37
63
38
75
70
55
M61
M62
Strand
Loader
Dixon
Vos
Hudson
Waterkant
Rose
Ella
August
Frederick
Carl
Longmarket
Yusuf
Voetboog
Military
Tanabaru
Dawes
Signal
Chiappini
Berg
Houtla
Hout
Shortmarket
Church
Hilligers
Wale
Dorp
Pentz
Astana
Upper Leeuwen
Upper Pepper
Upper Bloem
Buitengracht
Leeuwen
Bree
Loop
Long
Lion
Buiten
Pepper
Bloem
Bryant
Jordaan
Whitford
New Church
Orphan
Buitensingel
Victoria
Jameson
Keerom
Green
Queen
Avenue
Bouquet
Dean
Grey's
Gallery
St John's
Vrede
Government
Poyser
Kenmore
Milner
Devonport
Queens
Brownlow
Carstens
Leeuwenvoet
Hillside
Brunswick
Burnside
Woodside
Upper Buitengracht
Park Road
Park House
Kloof
Dorman
Rheede
Orange
Glimour Hills
Camden
Belle Ombre
Tamboerskloof
Kloof Nek
Faure
Eaton
Byron
Warren
Wilkinson
Hastings
Nicol
Upper Union
King
Barnabas
Union
Weltevreden
Curtis
Wandel
Annandale
Hatfield
Gordon
Courville
Hopeville
Dunkley
Barnet
Glynnville
Hope
Scott
De Lorentz
Kloof Ave
Trent
Derwent
Kelvin
Newport
Bath
Malan
Stephen
Krinauw
Vine
Morkel
Hof
Camp
Welgemeend
Linden
Buxton
Hofmeyr
Firdale
Upper Orange
Mill
Jasper
Breda
Hiddingh
Myrtle
Vriende
Schoonder

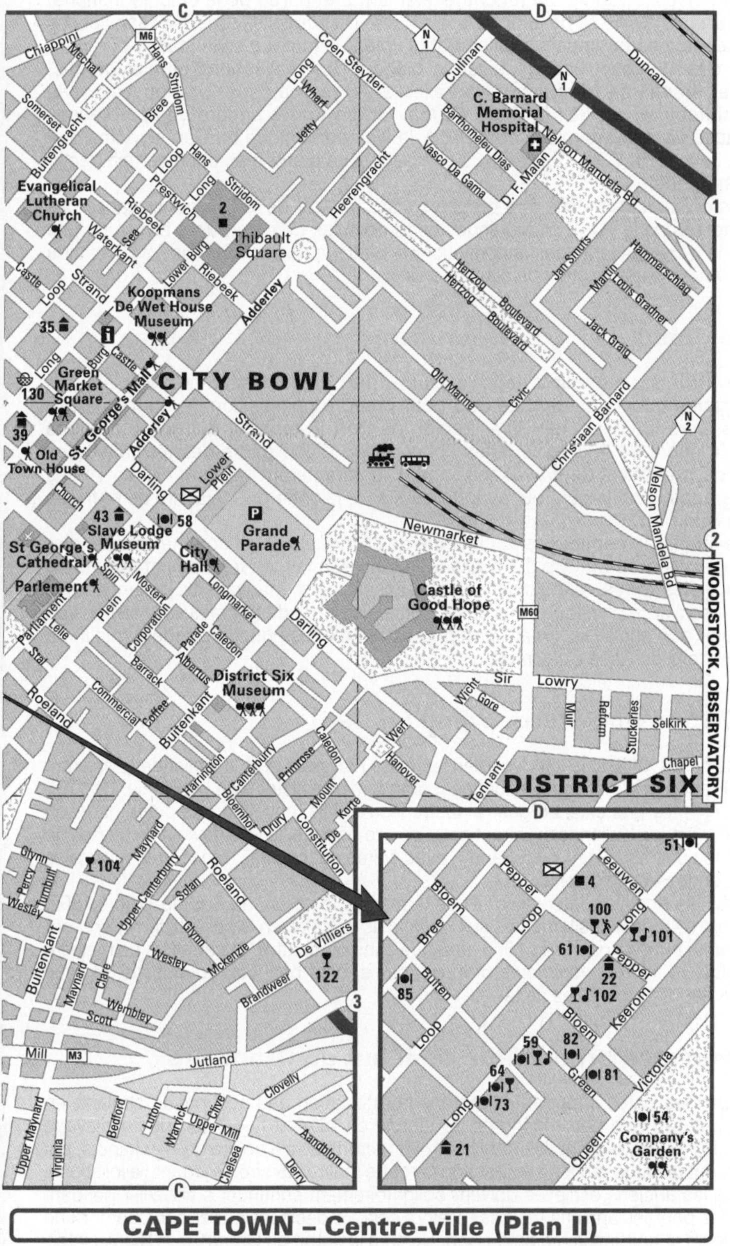

CAPE TOWN – Centre-ville (Plan II)

épidémie de variole qui touche également une partie de la colonie blanche. Pourtant, la ville se développe à vue d'œil. De nouvelles rues sont sans cesse tracées, des bâtiments administratifs voient le jour. Le style massif et défensif des 1res constructions laisse la place à des réalisations plus élégantes, avec travail de ferronnerie, tourelles et larges balcons. Un nouveau style architectural est né : le ***Cape Dutch.*** On en trouve encore de nombreuses traces en ville. Au milieu du XVIIIe s, la vie économique du Cap se démarque de celle de la VOC. D'ailleurs, la compagnie va plutôt mal, et un certain déclin s'annonce.
Les revendications des *free burghers* s'accumulent devant l'intransigeance des autorités de la VOC : plus grande liberté de culte, de commerce, baisse du prix des loyers des fermages, autorisation de battre leurs esclaves (sic !) sans avoir à obtenir une autorisation préalable (re-sic !)...

Le début de l'expansionnisme

Le XVIIIe s se termine dans le plus grand mécontentement. Par ailleurs certains colons quittent Le Cap pour prendre possession de nouvelles terres, vers la Great Fish River (région de Port Elizabeth), qui constitue alors la frontière de la colonie. Mais l'occupation d'une partie des territoires des Xhosas entraîne de graves tensions. Elles donneront lieu en 1779 au 1er des 9 grands conflits qui, tout au long du XIXe s, jalonneront l'histoire de l'Afrique du Sud.
De fait, imperceptiblement, l'histoire de l'Afrique du Sud commence à se dissocier de celle du Cap. La population khoi-san fait les frais de cet appétit de nouvelles terres : expulsion violente, assassinats, mauvais traitements, mise en esclavage physique mais aussi sexuel. Nombre de femmes sont forcées de s'unir aux esclaves, créant une population métisse que l'apartheid qualifiera plus tard de *Cape Coloureds.*

1795 : l'Angleterre prend Le Cap

À la fin du XVIIIe s, le jeu des alliances entre l'Angleterre et la Hollande, puis entre la France et la Hollande, influencent grandement l'histoire de la colonie. De 1781 à 1784, les Français, en guerre contre les Anglais, envoient une petite garnison défendre les Hollandais. Durant cette courte période, la ville devient en un rien de temps une sorte de « petit Paris », avec soirées dansantes, rencontres musicales et rendez-vous coquins...
Mais les Anglais s'intéressent à ces terres et s'installent au Cap de 1795 à 1802, avant de rendre ces territoires aux Hollandais (c'était bien la peine !). Ils reviendront peu de temps après, dès 1806, presque sans combattre, et cette fois de manière définitive. Ils font venir leurs propres colons, dont beaucoup d'artisans. Et avec eux, les 1ers problèmes de taille.

Mainmise britannique et début du Grand Trek

Parmi les dates importantes, notons la ratification de l'occupation anglaise en Afrique du Sud par le congrès de Vienne en 1814 et l'abolition de l'esclavage en 1834. Sur ce point, les Anglais provoqueront la vive colère des Afrikaners, qui tiraient un large profit de l'utilisation de cette main-d'œuvre. Pourtant, la loi stipule que les anciens esclaves doivent obligatoirement continuer à travailler pendant 4 ans pour les anciens maîtres ! Malgré cela, ils décident d'aller chercher fortune ailleurs et quittent la région du Cap. Ce sera le début du Grand Trek (1835), l'interminable voyage des Boers fuyant l'emprise de la Grande- Bretagne. À leur tête, Piet Retief, un descendant de huguenots français. Mystiques, fervents lecteurs de

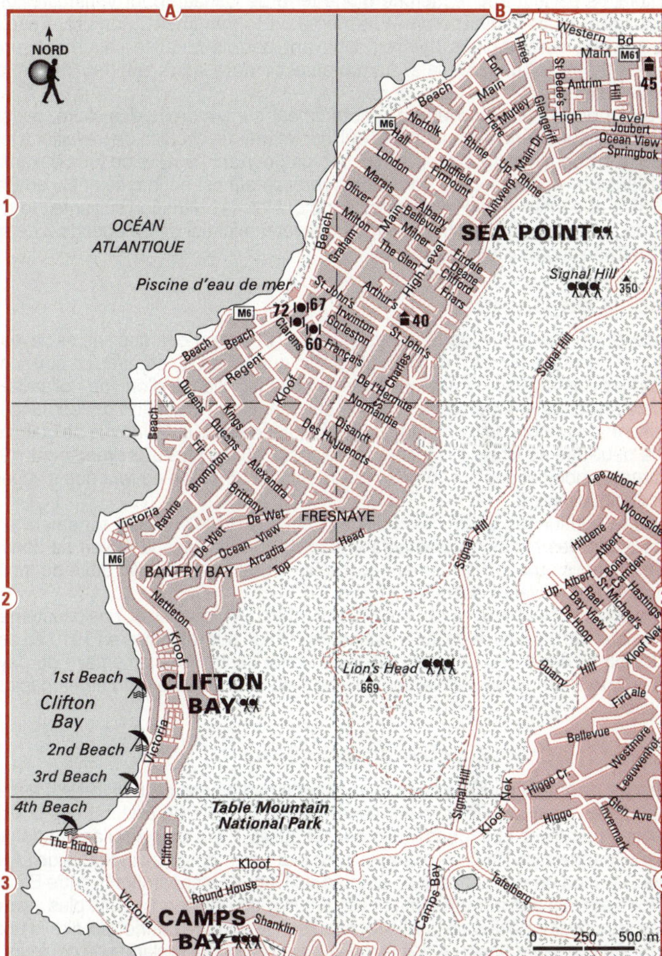

CAPE TOWN – Sea Point et Clifton Bay (Plan III)

Où dormir ?	Où manger ?
40 The Villa Rosa (B1)	**60** Atlantic Express (A1)
45 A Sunflower Stop (B1)	**67** La Perla (A1)
	72 Mojo Market (A1)

la Bible, ils partent à la recherche d'une terre de Canaan pour y instaurer une république qu'ils gouverneront eux-mêmes. Étonnamment, nombre d'esclaves suivent leurs anciens maîtres, trouvant parfois plus de sécurité auprès d'eux qu'auprès des Anglais. La colonie compte alors un peu moins de 20 000 résidents.

De prétendues lois « d'ouverture », notamment sur les droits des Noirs, constituent de fait une série de restrictions qui leur interdit de circuler, de travailler à leur guise. L'ordonnance 50, par exemple, prévoit pourtant l'égalité de tous devant la loi, Blancs et « colorés ». Un Parlement représentatif est enfin créé et élu au Cap en 1852, et donne un peu la parole au peuple. Avec la restriction suivante : tout le monde peut voter, à condition d'avoir un revenu minimal de 50 pounds... ce qui exclut toute la population de couleur.

Déclin de Cape Town

Le développement du Cap se poursuit, mais l'abandon des anciens esclaves à leur sort constitue le début d'une ségrégation qui ne fera qu'empirer. La puissante mainmise anglaise sur le pays développe chez les Blancs d'origine hollandaise un fort ressentiment, notamment en ce qui concerne l'utilisation de leur langue, l'afrikaans, symbole de leur liberté. L'Anglais est devenu la 1re langue obligatoire ! De là peut-être se situe le creusement du fossé qui ne fera que grandir entre les différentes populations aux intérêts divergents. Leur exode ne fera que s'accentuer au fil du temps.

La perte d'influence de la ville dans la 2de moitié du XIXe s tient fortement à la découverte des mines de diamants et des filons d'or dans la région de Johannesburg, mais aussi au percement du canal de Suez. Cape Town attire de moins en moins les nouveaux arrivants.

Les guerres anglo-boers (surtout la 2de, 1899-1902) ne toucheront pas directement la ville du Cap. À la suite de la formation de l'Union sud-africaine en 1910 au sein du Commonwealth, Le Cap est désigné comme capitale parlementaire du pays, tandis que Pretoria devient la capitale de l'exécutif et Bloemfontein la capitale judiciaire.

1948 : instauration de l'apartheid

L'histoire de la ville au XXe s se fond en grande partie avec celle du pays. La mise en place en 1948 des 1res lois sur l'apartheid a, ici comme ailleurs, des conséquences humaines et économiques désastreuses. Il y a bien sûr l'arrestation de Nelson Mandela en 1962, emprisonné avec d'autres membres dirigeants de l'ANC dans la prison de Robben Island, au large du Cap. La « séparation » entre Blancs et Noirs arrive à son comble avec l'évacuation d'un des quartiers les plus vivants et les plus cosmopolites de la ville, connu sous le nom de District Six (lire le texte qui lui est consacré dans « À voir »), où vivait un étonnant mélange de couleurs et de religions.

Les autorités y voient un dangereux défi à leurs iniques lois raciales et en ordonnent l'évacuation totale, qui s'étalera de 1966 à 1983. Plus de 60 000 personnes sont ainsi méthodiquement déplacées, chaque communauté soigneusement séparée et envoyée à plusieurs dizaines de kilomètres du centre, dans d'affreuses banlieues, dans des conditions de vie honteuses. Émeutes, manifestations, assassinats, emprisonnements : l'arbitraire tient lieu de loi durant ces années les plus sombres de l'histoire du pays. En tout, en l'espace de quelques années, plus d'un million de personnes sont déplacées dans ce qu'on appellera les *Cape Flats*.

Nelson Mandela à Cape Town

Détenu sur Robben Island de 1964 à 1982, puis au pénitencier de Pollsmoor dans les environs du Cap de 1982 à 1988, ***Nelson Mandela*** passera les

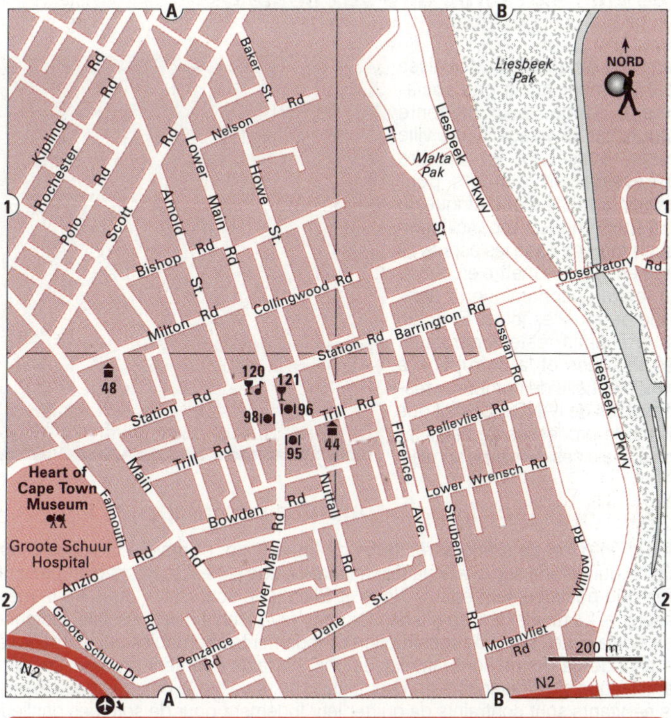

CAPE TOWN – Observatory (Plan IV)

Où dormir ?

44 33 South Backpackers (A-B2)
48 The Green Elephant Backpackers (A2)

Où manger ?

95 Café Ganesh et 1890 House Sushi (A2)
96 Mimi (A2)
98 Pancho's (A2)

Où boire un verre ?
Où écouter de la musique ?

120 Obviouzly Armchair (A2)
121 Stones (A2)

14 derniers mois de sa captivité dans une résidence spéciale (une cage dorée) à la prison Victor Verster (à 65 km au nord-est de Cape Town). Dès sa sortie de prison, le 11 février 1990, il offre son 1er discours depuis le balcon de l'hôtel de ville du Cap, cette cité qui a tant combattu pour l'abolition de l'apartheid.

LE ROI DE L'ÉVASION

Si Nelson Mandela reste la figure emblématique de Robben Island, l'histoire a oublié David Stuurman (1773-1830), le dernier grand chef khoi-khoi qui fut surtout le 1er prisonnier à s'évader de l'île en 1809 avec une poignée d'acolytes. À nouveau arrêté en 1819, il s'échappa une 2e fois de l'île sur un baleinier à la suite d'une mutinerie ! Repris une 3e fois, il fut envoyé en... Australie pour, cette fois-ci, ne jamais en partir.

Une ville extraordinaire aux couleurs de la nouvelle Afrique du Sud

Dans une Afrique du Sud apaisée politiquement (mais pas socialement), Cape Town présente aujourd'hui le visage d'une ville calme, possédant un nombre impressionnant d'atouts pour devenir la vitrine d'une Afrique du Sud moderne. La réconciliation est en marche dans les esprits ; il reste encore à la mettre en œuvre sur le plan économique et dans la vie de tous les jours. Et là, un sacré chemin reste à parcourir. Les frasques et la corruption à grande échelle de nombreux responsables de l'ANC n'ont fait que ralentir le processus de pacification sociale ces dernières années.

AVEC OU SANS EAU

Cape Town est sans doute la 1re grande métropole mondiale à subir de plein fouet un manque d'eau chronique. La sécheresse des dernières années a épuisé les nappes phréatiques à un tel point que pour la 1re fois en 2018, des limitations d'utilisation de l'eau courante ont été mises en place. Outre les interdictions classiques (arrosage des jardins, lavage de voiture, piscines...), la population a dû se restreindre à 50 l d'eau par personne et par jour. Cela dit, une bonne partie de la population des townships n'a même pas autant par semaine, et pour toute la famille !

Plus d'apartheid, mais toujours pas d'appart !

Plus d'un quart de siècle après la fin de l'apartheid, et malgré la vague d'optimisme qui déferla sur la ville, la discrimination sociale est toujours bien présente. Bien que politiquement égaux, Noirs et Blancs ne sont pas « logés » à la même enseigne. La mairie du Cap n'a rien fait pour favoriser la mixité sociale, facteur de paix sociale. Les plans de construction de logements abordables qui permettraient de changer la donne sont faméliques. Pis, certains quartiers proches du centre dans lesquels réside encore une population noire voient le prix du m² exploser, et les habitants sont contraints de quitter leur logement pour de sordides banlieues situées trop loin pour leur permettre de conserver leur emploi en ville.
Or la mixité sociale dans l'habitat est une des pierres angulaires du vivre ensemble et du respect mutuel. Mais les Blancs la craignent encore, comme au pire moment de l'apartheid. Des associations comme *Reclaim the City* militent pour le développement de programme de logements abordables pour les petits revenus. Mais les choses évoluent lentement (euphémisme) et les résidents privilégiés voient encore d'un mauvais œil la cohabitation dans les quartiers chics !

Sécurité

Est-ce une ville dangereuse ? Comparativement à la plupart des grandes villes d'Afrique du Sud, Cape Town connaît moins d'insécurité. Toutefois le centre se vide étrangement dès la sortie des bureaux. Bon, il ne faudra pas se balader seul(e) dans *Downtown,* autour de la gare des trains et des bus dès la nuit tombante (d'autant plus qu'il n'y a rien à y faire). Après 17h, le coin commence à craindre sérieusement. ***Les risques d'agression et de vols deviennent très importants.*** Vous voilà prévenus. Ajoutons que des vols et agressions visant des touristes ont été signalés dans Woodstock, Observatory et même Bo-Kaap.
Sinon, comme partout dans les villes d'importance de ce pays, le soir venu, les voitures des compagnies de sécurité sillonnent les rues résidentielles et les quartiers chics de long en large, afin d'assurer la tranquillité de leurs abonnés.
– ***Voiture :*** si vous êtes véhiculé, même dans la journée mais plus particulièrement le soir, il y a toujours quelqu'un qui vous proposera de la surveiller.

En général, les gardiens de voitures du centre-ville portent un gilet fluo. Compter 5 à 10 R selon la durée (on peut aussi donner plus). Dans la journée, il s'agit de gardiens officiels, qui vous délivreront un ticket (compter env 18 R/h). Votre véhicule sera en sécurité, et ce job permet à une population déshéritée de faire manger la famille. Dans tous les cas, ne pas laisser d'objet de valeur dans les voitures ni rien de visible.

- ***Taxis :*** ne prendre que les taxis officiels (avec l'enseigne « taxi » sur le toit). Ne jamais prendre de taxis informels.
- ***Distributeurs :*** le soir, éviter de retirer de l'argent dans les distributeurs situés dans la rue. Risques d'agressions ou de tours de passe-passe bien rôdés. Retirer plutôt de jour et privilégier les ATM situés à l'intérieur des petits centres commerciaux (ou à l'intérieur des banques) toujours gardés.

Topographie de la ville

Cape Town se divise en plusieurs quartiers clairement distincts qui suivent la géographie du terrain.

- ***City Bowl :*** le « bol », c'est en fait le centre-ville que l'on peut aisément visiter à pied. On l'appelle ainsi car il se situe au creux des différentes montagnes et collines qui l'enveloppent, à savoir Signal Hill au nord-ouest, Lion's Head au sud-ouest et Table Mountain au sud. Il tient dans un large rectangle délimité au nord par Strand Street. L'axe le plus touristique est Long Street, une rue très commerçante dans sa partie nord, plus occupée par les restos dans sa partie sud. C'est dans le *Bowl* qu'on trouve la plupart des musées et des demeures historiques de la ville ainsi que Company's Garden, le jardin de la VOC et poumon vert du Cap centre. Ne pas manquer la partie nord-ouest, ***Bo-Kaap,*** le quartier musulman aux célèbres façades colorées. La partie nord-est, *Downtown,* est un quartier d'affaires très américanisé, complètement déserté à partir de 17h et sans intérêt, même de jour.
- ***Gardens et Kloof Street :*** au sud-ouest du centre, au pied de Lion's Head et de Table Mountain s'élève doucement un quartier verdoyant et *trendy,* bien au calme, mais où bat l'un des cœurs de Cape Town le long de Kloof Street. On y trouve un gros bouquet de restos branchés, fréquentés par le tout Cape Town. Quelques *B & B* assez chics s'y sont installés.
- ***Victoria and Alfred Waterfront :*** située au nord du City Bowl, il s'agit de l'ancienne zone portuaire. Vaste ensemble de docks et d'entrepôts, complètement réhabilité en 1998 et dédié au tourisme et au commerce. C'est devenu un quartier à part entière, véritable lieu de vie sociale très protégé. Tout d'abord essentiellement fréquenté par les touristes, ce site accueille aujourd'hui une clientèle de plus en plus mixte, qui y vient dîner, lécher une glace, faire du shopping...
- ***Au nord et à l'ouest*** de Signal Hill, on trouve les différents quartiers qui longent la côte atlantique : ***Green Point,*** bordé d'un large boulevard et de l'immanquable stade créé pour la coupe du monde de foot, fait le tampon entre la ville et les quartiers cossus. Puis vient le quartier résidentiel de ***Sea Point,*** qui a sa propre vie (commerces, hôtels, restos...). À 2 pas, le micro quartier de ***Waterkant*** (mais qui fait partie de Sea Point). Autour de la rue du même nom, voici un coin qui monte, grâce à la communauté gay : boutiques de déco, restos tendance, bars mode. Plus au sud, ***Clifton Bay,*** avec sa série de plages et de belles demeures perchées sur les collines. On se croirait en Californie, tant par le climat que par le style de vie de ces quartiers balnéaires. Enfin, ***Camps Bay,*** avec l'unique vraie grande plage de la ville, où se réunit la jeunesse dorée le soir et le week-end. Plein de bars très hype dans ce secteur.
- ***Table Mountain, Lion's Head et Signal Hill :*** ce sont les collines et montagnes qui limitent et séparent la ville tout à la fois. Elles font déjà partie du Cape Peninsula National Park. Signal Hill, accessible en voiture, est

LE lieu où il faut être pour observer le coucher du soleil (aucun problème de sécurité).

– *À l'est* du City Bowl, ***Woodstock,*** un ancien quartier d'entrepôts le long d'Albert Road. Délaissé et paupérisé, Woodstock a connu une vraie renaissance. Des dizaines de boutiques et restos dernier cri dans *The Old Biscuit Mill*. Un lieu assez incroyable ! Puis ***Observatory,*** que tout le monde appelle *Obz,* quartier étudiant assez éloigné, mais où il règne une agréable atmosphère bohème. À fréquenter le soir pour ses bars et ses petits restos alternatifs.

– ***Les townships :*** on en parle dans les rubriques « Où dormir ? » et « À voir ». Ces quartiers pauvres (chaque township porte un nom, le secteur dans son ensemble est appelé ***Cape Flats***) où l'on parqua la population *coloured* durant l'apartheid s'étirent sur 30 km environ à l'est de la ville. Plus de 2 millions de personnes y résident. Contrairement aux idées reçues, les townships ne sont pas forcément des zones de non-droit, ils font même partie intégrante de la vie sociale, politique et économique de la ville. La visite d'un township, pour des raisons évidentes de sécurité, doit se faire par le biais d'une agence spécialisée.

Arrivée à l'aéroport

✈ ***Aéroport international :*** *situé à env 21 km du centre-ville.* ☎ *021-937-12-00.* ● *capetown-airport.co.za* ●

ℹ ***Cape Town Tourism :*** *dans le hall d'arrivée.* ☎ *021-934-19-49. Tlj 6h-21h (w-e 8h-20h). Rens départs et arrivées :* ☎ *021-937-12-00.* Pas mal de doc et plan de la ville en vente (pas cher).

■ ***Achat de cartes téléphoniques :*** *à la boutique **VODACOM** (automate à l'extérieur), dans le hall d'arrivée.* Achat possible de carte SIM. Voir plus loin les explications « SIM card » dans « Adresses utiles ».

■ ***Distributeurs d'argent (ATM) :*** *plusieurs dans le hall d'arrivée.*

■ ***Bureau de change :*** *plusieurs bureaux de change dans le hall d'arrivée. Tlj de 5h au dernier vol.* Commission et frais fixes très élevés. Mieux vaut changer en ville ou retirer au distributeur. Dans tous les cas, se contenter d'y changer une petite somme.

■ ***Loueurs de voitures :*** on trouve tous les grands loueurs de voitures de l'autre côté du tunnel, à l'extérieur du terminal des arrivées *(Hertz, Avis, Alamo, Budget, Europcar...).*

Liaisons depuis/vers l'aéroport

– ***MyCiti Bus :*** le réseau de bus publics vient jusqu'à l'aéroport. Bus ttes les 30 mn, 5h30-21h30 (pas de service de nuit). Ils vont jusqu'au centre-ville *(civic centre).* Service fiable. Système de carte rechargeable en ville et *single-trip-card* pour le centre depuis l'aéroport 100 R. ☎ *0800-65-64-63.* ● *myciti.org.za* ●

– ***Transfert avec une AJ :*** la plupart des routards sac à dos *(backpackers)* ont généralement réservé leur séjour au Cap dans l'une des AJ de la ville. Quand c'est le cas, l'auberge propose un transfert, pour un prix variable en fonction du nombre de personnes qu'elle vient chercher. 📱 *082-809-91-85.* ● *backpackerbus.co.za* ● *Pour un transfert aéroport-centre de Cape Town, compter 250 R pour la 1re pers, 370 R pour 2, puis 430 R pour 3, etc.*

– ***Shuttle Bus :*** 2 compagnies possèdent un kiosque dans le hall d'arrivée (bien visibles). Il s'agit de *Sport Shuttle* *(☎ 021-447-44-44 ;* ● *sport24hrs.co.za* ●*)* et *Centurion Tours* *(📱 086-111-53-88 ;* ● *centuriontours.co.za* ●*).* Les minibus de ces 2 compagnies peuvent vous déposer où vous voulez dans le centre ou dans les quartiers alentour. Fonctionnent tlj de 7h à 23h. *Prix pour la 1re pers autour de 250-280 R (selon destination), puis env 30 R/pers supplémentaire. Tarifs variables selon votre destination.* Pratique et rentable quand on est au moins 3.

– ***Taxis :*** *devant l'aéroport. Compter autour de 250 R selon l'endroit où vous vous rendez (prix pour la voiture, 4 pers max).* À 2, prix comparables à celui des

Shuttle Bus. Ne prendre que les voitures dont les chauffeurs portent un gilet jaune. Veillez bien à ce qu'ils mettent le compteur.

Adresses utiles

Informations touristiques

Cape Town Tourism *(plan II, C1) : The Pinnacle Building, à l'angle de Burg et de Castle St.* ☎ *086-132-22-23 (call center, 8h-21h).* • *capetown.travel* • *Oct-mars : lun-ven 8h-18h, sam 8h30-14h, dim 9h-13h. Avr-sept : en sem 8h-17h, sam-dim 8h30-13h (dim 9h).* Office de tourisme bien documenté. Infos sur la ville et sur la région du *Western Cape.* Service de réservations hôtelières gratuit pour les hébergements qui sont membres (AJ, appartements, *B & B,* hôtels...). Internet, boutique. Kiosque d'infos sur les parcs nationaux *(lun-ven 8h-16h30, sam 8h-13h, fermé dim).* Personnel compétent et aimable.

@ **Cape Town Tourism** *(plan I, zoom) : dans le Victoria and Alfred Waterfront.* ☎ *021-408-76-00.* • *capetown.travel* • *Tlj 9h-21h.* Là encore, office très compétent : infos complètes sur la ville et organisation d'excursions.

Représentations diplomatiques

■ **Consulat de France** *(plan II, B2,* ***1****) : 78, Queen Victoria St (Gardens).* ☎ *021-423-15-75.* • *lecap.consulfrance.org* • *Lun-ven 9h-12h30. Permanence urgences seulement : 083-460-43-60.*

■ **Consulat de Belgique** *(plan II, C1,* ***2****) : 1, Thibault Sq, 19e étage.* ☎ *021-419-46-90. Urgences seulement : 073-772-45-59.* • *southafrica.diplomatie.belgium.be* • *Lun-ven 9h-13h.*

■ **Consulat de Suisse** *(plan II, C1,* ***2****) : 1, Thibault Sq (angle Long et Hans Strijdom St), 26e étage.* ☎ *021-400-75-00.* • *eda.admin.ch/capetown* • *Lun-ven 9h-12h.*

■ **Alliance française** *(plan II, zoom,* ***4****) : 155, Loop St.* ☎ *021-423-56-99.* • *alliance.org.za/capetown* • *Lun-ven 10h-12h30, 13h30-17h30 (13h ven), plus sam mat pour la bibliothèque.* Bibliothèque et ciné-club gratuit.

Argent, change

Aucun problème pour changer de l'argent au Cap, ou pour en retirer dans les distributeurs de la ville. On le rappelle, évitez de tirer de l'argent dans les distributeurs donnant sur la rue en fin d'après-midi ou le soir (sauf dans le *Victoria & Albert Waterfront*). Préférez ceux situés dans les centres commerciaux ou à l'intérieur des banques.

– La plupart des ***AJ*** *(hostels)* pour *backpackers* font le change sans commission, à un taux équivalent à celui des banques. Bien pratique, ça évite les queues et les formulaires à remplir. De plus, ils n'ont pas d'horaires limités.

– ***Banques, distributeurs et bureaux de change :*** très nombreux sur les principales artères du centre. *Horaires : lun-ven 9h-17h (15h ven), sam 8h-13h env.* Les plus pratiques se situent le long de ***Saint George's Mall.*** On en trouve plusieurs aux angles de Saint George's Mall et de Longmarket Street *(plan II, C2).* Toutes les banques possèdent un distributeur, mais qui n'est accessible parfois que de 7h à 17h (question de sécurité).

On trouve aussi des *bureaux de change* dans le ***Victoria & Albert Waterfront*** et quelques-uns sur ***Long Street.*** Certains ne prennent pas de commission.

Urgences, santé

■ ***N° d'urgence :*** ☎ *112 (si appel depuis un portable) et 107 (si appel depuis une ligne fixe).*

■ ***N° d'urgence Police :*** ☎ *086-00-10-111.*

■ ***Clicks Waterfront Pharmacy*** *(plan I, zoom,* ***5****) : Shop 7113, Victoria Wharf, Dock Rd.* ☎ *021-418-38-00. Tlj 9h-21h.* D'autres *Clicks Pharmacy* en ville (ce sont parmi les plus fiables), dont ***Clicks Long Street Pharmacy*** :

à l'angle de Long St et Hans Strijdom Ave. Lun-ven 7h30-17h30, sam 9h-13h. Fermé le dim.

Hôpital privé *(plan II, D1) : 25, D. F. Malan St, quartier Foreshore. ☎ 021-441-00-00. Service d'urgence 24h/24.* Avoir son passeport et sa carte de crédit en main. Assurez-vous que vous l'êtes (assuré !).

Hôpital public *(plan I, zoom) :* **Somerset Hospital,** *Beach Rd (Green Point).* Soyons clairs, on déconseille. Attente interminable.

Hôpital pour enfants : Red Cross Hospital, *Klipfontein Rd. ☎ 021-658-51-11. Dans le quartier de Rondebosch, au sud-est de la ville.*

Location de voitures et de vélos

Toutes les grandes compagnies internationales sont présentes, mais aussi quelques compagnies locales fiables. N'hésitez pas à comparer les prix auprès des loueurs évidemment, mais aussi auprès des logements pour *backpackers,* qui possèdent pour la plupart une agence de voyages intégrée. Ils proposent parfois des tarifs intéressants négociés auprès des agences.

■ **Rent a Cheapie :** *30, Marine Dr, Paarden Eiland, au nord-est de la ville. ☎ 021-510-28-08. • rentacheapie.co.za • Lun-ven 7h-18h, sam-dim 8h-17h.* Un des loueurs les moins chers du marché. Seul inconvénient, ne livre pas la voiture. Il faut aller la chercher à leur bureau (y aller en taxi).

■ **Hertz :** *à l'aéroport (☎ 021-935-30-00) et aussi en ville, au 40, Loop St. ☎ 021-410-68-00. Lun-ven 7h-18h, sam-dim 8h-16h. Hotline : 📱 086-160-01-36. • hertz.co.za •*

■ **Avis :** *à l'aéroport. ☎ 021-927-88-00 et en ville, au 123, Strand St (angle Chiappini St). ☎ 021-424-11-77. • avis.co.za • Tlj 7h-19h, w-e 8h-15h.*

■ **Budget :** *à l'aéroport. ☎ 021-927-88-00 et en ville, au 123, Strand St. ☎ 021-424-11-77. • budget.co.za • Tlj 7h-18h, w-e 8h-15h.*

■ **Comfort Car Hire :** *à l'aéroport. ☎ 021-385-02-77. Également en ville à l'angle de Wale St et Buitengracht St. • comfortcarhire.co.za •*

■ **Atlantic Car Hire :** *compagnie locale située non loin de l'aéroport, mais on peut venir vous livrer la voiture à l'aéroport ou en ville. ☎ 021-385-01-78. • atlanticcarhire.co.za •*

■ **Up Cycles:** *50, Waterkant St (au Breakway Café). 📱 076-135-22-23. • upcycles.co.za • Tlj 8h (ou 8h30)-17h30 (jusqu'à 20h selon saison), sam-dim 8h-17h.* 3 autres points de location en ville (Camps Bay, Sea Point et Victoria Front). Loueur fiable et sérieux.

Informations sur la ville

Plusieurs brochures ou documents gratuits sont disponibles en ville, soit dans les offices de tourisme, soit dans les AJ et certains *B & B,* en particulier :

– ***Cape Town Free Official Visitor's Guide :*** brochure qui répertorie les lieux où dormir, où manger, la culture... Gratuit mais plein de pubs.

Transports en ville

Cape Town est une fausse petite ville. Les différents quartiers sont en fait assez éclatés, et les collines de Lion's Head et de Signal Hill ne sont pas vraiment accessibles à pied. Le centre proprement dit se parcourt à pied ; de là, on peut également gagner le secteur touristique de Victoria and Alfred Waterfront (même si ça fait une trotte !). En revanche, pour Table Mountain, Signal Hill, Clifton Bay et Camps Bay, il faut être véhiculé.

– ***MyCiti Bus :*** *• myciti.org.za •* Le réseau de bus publics est bien implanté en ville et ses banlieues, jusque dans la péninsule du Cap (Hout Bay), Big Bay au nord et l'aéroport à l'est. Il faut acheter une carte rechargeable *MyCiti* (environ 35 R), que l'on alimente au fur et à mesure chez des distributeurs agréés (on vous fournit un code pin). Possibilité aussi d'acheter une *single-trip-card* (trajet unique) pour 30 R. ***Impossible de monter dans le bus et d'acheter son billet en payant avec des espèces :*** il faut la carte. Arrêts rouge et bleu facilement reconnaissables. Service fiable, abordable et pas mal utilisé par les touristes. Rien à voir avec les minibus blancs qui circulent dans toute la ville, jusque dans les plus éloignés des townships. Sans faire de parano excessive, ils ne sont vraiment pas sûrs.

– ***Rikki's :*** *☎ 021-447-35-59. 📱 086-174-55-47. • rikkis.co.za •* Une bonne solution pour se déplacer en ville. Une petite compagnie façon taxis collectifs. Prix fixe et par personne pour un trajet donné. On partage le véhicule avec d'autres personnes allant dans la même direction.

– ***Taxis :*** on en trouve partout, autour des grands hôtels et dans les quartiers touristiques (Waterfront, Long Street, Camps Bay...). Voitures sûres et chauffeurs qui mettent le compteur sans problème. Compter environ 10 R/km de jour comme de nuit. Ne jamais prendre de taxis informels (sans compteur).

– On recommande ***Cie Unicab*** : *☎ 021-486-16-00. • unicab.co.za •* ; ***Excite Taxis*** : *☎ 021-448-44-44. • excitetaxis.co.za •* ; sans oublier l'application ***Uber***.

Où dormir ?

Il existe des centaines de *B & B* en ville et des dizaines d'auberges de jeunesse *(backpackers)*. Ces dernières offrent des lits en dortoirs mais aussi des chambres doubles, avec ou sans salle de bains privée. L'association, *The Portfolio Collection,* a répertorié dans tout le pays (donc également au Cap) les plus sélects des *B & B*. *• portfoliocollection.com •* On trouve leur guide gratuitement dans les offices de tourisme.

Bon à savoir : la plupart des hébergements pas chers disposent de leur propre agence de voyages. Ils proposent toutes sortes d'excursions aux alentours de Cape Town, la péninsule et la région des vins. Ils possèdent une billetterie pour les transports (certains sont agents *Baz Bus*) et sauront judicieusement vous conseiller. Super efficace.

Dans le City Bowl

Les hébergements situés sur Long Street *(plan II, zoom)* sont au cœur de l'animation. Ils conviendront surtout aux couche-tard, la musique des boîtes et le brouhaha des beuveries dans la rue s'invitant dans le sommeil des plus sages. Les autres iront plutôt chercher du côté de New Church Street et Kloof Street, à peine plus loin, mais beaucoup plus calmes.

AUBERGES DE JEUNESSE

De bon marché à prix moyens (150-1 000 R / env 10-66,70 €)

⛺ 🏠 ***Ashanti Lodge Gardens*** *(plan II, B3, **20**) : 11, Hof St (Gardens). ☎ 021-423-87-21. • ashanti.co.za •* *Arrêt du Baz Bus. Réception ouv 24h/24. En dortoir de 6-8 lits 280-350 R/pers ; doubles sans ou avec sdb 840-1 200 R. Petit déj inclus (basique). Possibilité de camper également, 170-200 R/pers.* L'une des meilleures auberges pour routards de la ville, et ce depuis de nombreuses années. Jolie maison de la fin du XIXe s, avec un beau morceau de pelouse sur le devant, et plusieurs possibilités de logement. L'équipe de ce lodge est vraiment accueillante, et l'ensemble fort bien tenu. Chouettes dortoirs (un seul avec sanitaires privés) avec lampe perso, casier et une belle hauteur sous plafond. Abrite de petites chambres agréables (la plupart avec salle de bains commune) autour de la petite piscine. Bar avec terrasse, coin barbecue, grande cuisine (thé et café gratuits), salon TV... Déco colorée et bonne ambiance le soir venu. À la réception, change, vente de carte SIM, billets de transport, excursions à la

LA PROVINCE DU CAP

journée, transfert aéroport... Et puis, une initiative intéressante, on peut donner des vêtements à la population pauvre des townships.

Cat and Moose Backpackers Lodge *(plan II, zoom,* ***21****) : 305, Long St. ☎ 021-423-76-38. • catandmoose.co.za • Dortoirs (5-7 lits) env 150-190 R/pers selon saison. Quelques doubles 450-490 R, sans petit déj.* Demeure de 1792 peinte en jaune, donnant sur la rue des bars. Le dortoir donne sur le beau balcon, où sont installées quelques tables. On aime bien l'atmosphère de ce lieu sommaire, mais propre et central. Un coin de patio pour la tranquillité, un bassin-fontaine pour se tremper les pieds, un salon à l'africaine et une poignée de chambre très correctes (sanitaires communs). Cuisine spacieuse à l'étage, lounge et lave-linge.

Long Street Backpackers *(plan II, zoom,* ***22****) : 209, Long St, à l'étage. ☎ 021-423-06-15. • longstreetbackpackers.com • Pour 3 nuits et 2 pers (ou 4 nuits et 1 pers), transfert remboursé depuis l'aéroport en conservant et présentant le ticket de* MyCiti Bus *à votre arrivée à l'auberge. Dortoirs de 2-10 lits à partir de 150 R/pers. Doubles à partir de 400 R.* Au cœur de l'animation de Long Street, une AJ bien tenue par des jeunes fort aimables. Dortoirs simples (avec *lockers*), chambres modestes mais suffisantes, sanitaires collectifs propres, cuisine commune, salon avec billard, 2 petites salles à manger à l'étage couvertes de graffitis, terrasse et large balcon donnant sur la rue, parfait pour boire un verre. Le vendredi soir, chacun apporte sa viande et c'est BBQ commun !

Zebra Crossing *(plan II, A2,* ***25****) : 82, New Church St, Tamboerskloof. ☎ 021-422-12-65. • zebra-crossing.co.za • Dortoir env 230 R/pers et double env 820 R. Quelques triples et quadruples. CB refusées.* Une entrée discrète, les murs portent des rayures de zèbre ! 2 petites maisons séparées par un couloir. Dortoirs (3-8 lits) et petites chambres doubles (sans sanitaires) propres et simples. Ambiance bon enfant. Cuisine à disposition et BBQ, 2 grands *lounges*, courette ombragée bien agréable, *traveller-café-snack*, avec terrasse.

Et enfin une dernière adresse qui, bien que sortant des prix habituels des AJ, en est bien une :

The Backpack *(plan II, A2,* ***24****) : 74, New Church St. ☎ 021-423-45-30. 📱 063-792-36-11. • backpackers.co.za • Plusieurs dortoirs de 4-8 lits sans ou avec sdb 450-600 R/pers. Doubles sans ou avec sdb 1 350-1 800 R. Petit déj compris. Parking gardé.* AJ de charme pour routards exigeants. Un de nos coups de cœur au Cap ! Accueil remarquable. La grande enceinte grisâtre, protégée par des caméras et des grilles, augure mal de ce qu'on va trouver à l'intérieur. Voici pourtant un ensemble de petites maisons reliées par un labyrinthe de couloirs, de courettes et de salons décorés de photos en noir et blanc, rafraîchi par une piscine miniature et aéré par un grand patio sur l'arrière. Beaucoup de charme, propreté indiscutable et grande variété d'hébergements. Dortoirs impeccables décorés avec soin, chambres privatives (2 ou 3 lits), 1 *bed-tent* (1 000 R) et 1 studio équipé pour 3 pers *(self-catering)*... ATM sur place.

HÔTELS ET B & B

De prix moyens à chic (400-1 800 R / env 26,70-120 €)

La Rose B & B *(plan II, B1,* ***28****) : 32, Rose St. ☎ 021-422-58-83. • larosecapetown.com • Doubles 1 100-1 500 R avec petit déj.* Au début du quartier tout en couleurs de Bo-Kaap, cette jolie maison jaune est tenue par Yoann, un Breton qui adore son quartier, et Adheera, son épouse sud-africaine. Ce couple accueillant propose des chambres petites certes, mais bien équipées (avec clim et ventilo) à la déco soignée. Elles se répartissent dans 2 édifices attenants. Certaines donnent sur la rue (double vitrage) et d'autres à l'arrière. À l'aube, on entend le chant de la mosquée du quartier... Miniterrasse sur le toit.

Ashanti Guesthouses *(plan II, A3,* ***27****) : Union St ; contact à l'AJ du même nom (voir les coordonnées* *plus haut). Chambres 1 100-1 320 R pour 2 selon confort, petit déj-buffet compris.* L'auberge *Ashanti* possède également ce beau *B & B,* offrant une dizaine de jolies chambres spacieuses dans 2 petites maisons de charme couleur miel, arrangées avec soin. Cuisine commune et patio. Si vous voulez séjourner ici plutôt que dans la maison principale, plus routarde, précisez-le bien lors de votre réservation.

🏠 ***Rose Lodge*** *(plan II, B1,* ***28****) : 28, Rose St. ☎ 021-424-3813. 📱 073-073-61-39. ● rosestreet28.co.za ● Compter 1 100-1 500 R pour 2 selon confort.* Bruce, un Canadien (francophone) jovial et sa femme tiennent cette jolie maison abritant 3 chambres doubles à la déco résolument contemporaine et colorée. Beaux tissus, lits *queen size,* clim et salle de bains. Thé à dispo, coffre, service de laverie, etc. On peut prendre son petit déj (humm les muffins !) sur la miniterrasse qui surplombe la rue ou dans le petit patio à l'arrière. Ils proposent également 3 autres chambres au 22, dans la même rue, et 3 dans Wale St, à 5 mn à pied.

🏠 ***Bergzicht Guesthouse*** *(plan II, A2,* ***23****) : 5, Devonport Rd. ☎ 021-423-85-13. ● bergzichtguesthouse.co.za ● Doubles 1 300-1 555 R, petit déj compris (résa impérative). Familiales.* Sur les hauteurs du City Bowl, cette maison blanche aux toits de tuiles offre calme et fraîcheur grâce à son jardinet fleuri, sa petite piscine et surtout sa vue époustouflante sur Lion's Head et Table Mountain. Excellent accueil. Chaque chambre a son charme, et de jolies touches de déco africaine. Il flotte ici une ambiance sereine et un brin bohème qui n'est pas pour nous déplaire.

🏠 ***Daddy Long Legs Art Hotel*** *(plan II, B2,* ***29****) : 134, Long St. ☎ 021-422-30-74. ● daddylonglegs.co.za ● Compter env 850-1 450 R la chambre, sans petit déj (pas servi).* Curieux nom pour un curieux hôtel ! Un hôtel original et unique sur 3 étages, conçu par de vrais inspirés. Le propriétaire a laissé libre cours à 13 artistes sud-africains qui ont laissé travailler leur imagination. Résultat : des chambres petites mais osées, qui ont pour nom *Do not disturb,* une pièce insonorisée où des micros pendent du plafond, tandis que l'*Emergency room* toute rouge, évoque la chirurgie (porte-perfusion, instruments chirurgicaux) et fait un clin d'œil à la relation docteur/infirmière. Ajoutons, l'*Open room* (poster de coucher de soleil), *You are here* (pleine de cartes), etc. Malgré un léger laisser-aller, une adresse pas comme les autres.

🏠 ***Nine Flowers Guest House*** *(plan II, B3,* ***30****) : 133-135, Hatfield St. ☎ 021-462-14-30. ● nineflowers.com ● Doubles 1 380-2 080 R, petit déj-buffet compris.* À 2 pas du centre et 10 mn de Long Street, un lodge spacieux, tranquille et plein de charme. Rue sur le devant pas trop passante. Intérieur chic et élégamment arrangé. Déco en blanc, crème et gris, beaux volumes, mobilier moderne, verre et bois. La plupart des chambres (avec clim) donnent sur le gentil patio ombragé à l'arrière.

🏠 ***Cactusberry Lodge*** *(plan II, B3,* ***38****) : 30, Breda St. ☎ 021-461-97-87. ● cactusberrylodge.com ● Doubles 1 600-1 800 R, petit déj compris.* Dans un quartier résidentiel, vert et calme, une belle maison avec des pièces décorées de grandes photos noir et blanc, que l'on doit au propriétaire. Belles chambres modernes, bien tenues et décorées avec soin avec des touches africaines très design. L'ensemble est spacieux et lumineux. Charmant petit jardin. Les 6 chambres sont souvent prises d'assaut.

🏠 ***Tintagel Guest House*** *(plan II, A2,* ***42****) : 90, New Church St. ☎ 021-422-53-66. ● tintagel.co.za ● Double 1 650 R, petit déj inclus. Possibilité de parking privé.* Attention, la réception n'est pas ouverte 24h/24. Téléphoner avant pour donner votre heure d'arrivée. Bien situé, dans un quartier tranquille à 2 pas de l'animation de Long Street. Voici une très aristocratique demeure de style victorien, datant de 1881. Intérieur de style. Seulement une poignée de chambres (toutes avec salle de bains), vraiment adorables et de grand confort (clim, beau parquet, mobilier de bois verni). Plusieurs courettes et patios verdoyants, parfait pour se détendre. Très classe.

🏠 ***The Cape Diamond Hotel*** *(plan II, C2,* ***43****) : angle Longmarket et Parliament. ☎ 021-461-25-19.*

• capediamondhotel.com • Doubles env 900-1 800 R selon confort, petit déj compris. Bien placé dans une rue commerçante entre le Parlement et l'hôtel de ville. Hôtel de petit luxe avec une soixantaine de chambres confortables (clim, frigo, coffre) au cadre moderne et élégant. Déco bien dans la tendance, épurée, dans les tons bruns et crème. Improbable petit bout de terrasse sur le toit, avec fausse pelouse et transats. Accueil personnalisé et service impeccable.

Tudor Hotel *(plan II, C2,* ***39****) : 153, Longmarket St. ☎ 021-424-13-35. • tudorhotel.co.za • Doubles 1 250-1 750 R selon confort, petit déj compris.* Une petite trentaine de chambres dans ce bel édifice de style Tudor, qui, avec une telle architecture, ne peut que garantir de bonnes nuits ! Architecture classique en façade, intérieur résolument moderne et épuré avec canapés de velours et tons grège et gris. Chambres soignées et bien équipées (clim, coffre, coin salon pour certaines...). Bel établissement pour des tarifs encore assez doux, surtout que l'on est au cœur du centre-ville.

Très chic (plus de 1 800 R / plus de 120 €)

Floreal House *(plan I, B3,* ***33****) : 26, Upper Orange St. ☎ 021-465-62-59. • florealhouse.com • Doubles 1 800-2 700 R, avec petit déj (copieux buffet).* Située dans la partie haute du quartier de Gardens (vert et résidentiel) cette grande demeure est entourée d'un beau jardin. La douzaine de chambres (avec ou sans clim) se divise en 2 styles : les classiques et les modernes, plus épurées. Certaines regardent le jardin. Décoration réussie, vieux meubles dans le salon commun et confort d'un hôtel 3 étoiles. Accueil pro. À l'extérieur, au centre d'un carré de pelouse, une jolie piscine et quelques transats. Parfait pour un moment relax en fin d'après-midi. Vue superbe sur la Table Mountain.

Protea Hotel Fire and Ice *(plan II, B2,* ***31****) : New Church St. ☎ 021-488-25-55. • protea.marriott.com • Doubles 1 350-2 700 R, sans petit déj.* Chaîne au credo assez original : l'hôtel moderne de bon standing. Pour résumer, c'est classe et très tendance. Mobilier design avec quelques touches classiques, immense bar rectangulaire, avec des petits salons façon *lounge,* installés à l'extérieur. Restaurant avec cuisine ouverte, lustres design. Chambres confortables, toutes avec clim. Pour bénéficier de meilleurs prix, passez par Internet.

La Grenadine *(plan II, A2,* ***32****) : 15, Park Rd. ☎ 021-424-13-58. 📱 076-240-60-02 et 082-815-48-85. • lagrenadine.co.za • Doubles 1 850-2 790 R selon confort, petit déj compris.* Un jardin avec de vénérables grenadiers, quelle aubaine ! « La campagne à la ville », telle pourrait être la maxime de cette *guesthouse* hors du temps, une ancienne ferme du XIXᵉ s retapée par Mélodie et Maxime, un adorable couple d'artistes français. Un univers résolument créatif, dans un quartier qui ne l'est pas moins, entre charme de l'ancien et vintage décalé. Les 5 chambres ont toutes leur personnalité et sont particulièrement soignées, comme en témoignent ces draps brodés à la main. Toutes avec baignoire et douche à l'italienne. Les 2 chambres à l'étage (plus chères) disposent d'une terrasse privée avec vue sur la Table Mountain. Le rafraîchissant jardin invite au farniente, tandis que l'on apprécie la *French touch* au petit déj (confiture maison, croissants...). Une harmonieuse mélodie du bonheur semble imprégner ces murs, d'autant que 1 % des revenus de la maison est reversé à des ONG.

Nº 5 Guest House *(plan II, B3,* ***37****) : 5, Union St, Gardens. ☎ 021-422-26-45. 📱 072-069-66-57. • number5-guesthouse.co.za • Tte l'année. Doubles standard 1 490-1 990 R, de luxe 1 700-2 610 R, petit déj compris.* *Guesthouse* de charme, une maison de 1929, dont de nombreux éléments ont pu être conservés dans le respect de l'histoire du bâtiment sans sacrifier pour autant au confort moderne. Belle déco, aussi bien dans les parties communes que les chambres. Objets choisis et souci du détail. Excellent petit déjeuner servi dans la petite courette à l'arrière et petit carré de pelouse sur le devant. Patricia, la propriétaire française, est de bon conseil.

Grand Daddy (plan II, C1, **35**) : *38, Long St. ☎ 021-424-72-47. • grand daddy.co.za • Résa bien à l'avance. Doubles standard env 2 000-2 900 R, petit déj inclus.* En plein cœur de Downtown, voici une des institutions chics du Cap avec sa façade de style georgien. Une bonne trentaine de chambres. Certaines sont vraiment luxueuses, comme les 2 suites. Et pour les plus bohèmes fortunés, 7 caravanes *Airstream* en alu, à la déco farfelue, posées directement sur le toit. C'est petit mais vraiment charmant. On y trouve aussi un minicinéma et un petit bar-resto. Ici et là plusieurs espaces conviviaux. Accueil professionnel.

Vers Green Point et Sea Point

AUBERGES DE JEUNESSE

De bon marché à prix moyens (150-1 000 R / env 10-66,70 €)

A Sunflower Stop (plan III, B1, **45**) : *179, Main Rd, Green Point. ☎ 021-434-65-35. • sunflowerstop.co.za • Dortoirs env 270-330 R/pers ; doubles 830-1 500 R sans ou avec sdb, petit déj (léger) inclus.* Modeste AJ intime très bien tenue, avec petit jardin et mini-piscine. Bon accueil jovial. Dortoirs impeccables (6 à 10 lits) avec *lockers* et ventilo. Chambres privées à la déco soignée, avec ventilo et salle de bains commune (ou privée). Bon confort : cuisine à dispo, laverie, coffre, thé ou café en libre-service... Bonnes infos et organise aussi des excursions. Seul bémol : le bruit de la route qui passe juste devant.

Big Blue Backpackers (plan I, B1, **47**) : *7, Vesperdene Rd, Green Point. ☎ 021-439-08-07. • bigblue.za.net • Dortoir (6-10 lits) 300-350 R. Doubles 650-990 R avec sanitaires communs ou privés ; petit déj inclus.* Installé dans une maison bleue, grande demeure victorienne de plus d'un siècle. Vaste escalier et une rénovation qui n'a pas tué le caractère gentiment vieillot des lieux. Bon confort, accueillant, et chambres sans reproches (avec ventilo). Surtout, tout est fait pour vous mettre à l'aise : thé et café gratuit, bar sympa avec billard, ping-pong, petite piscine pour se rafraîchir, barbecue, cuisine aménagée (vaste et fort bien équipée)...

Un peu plus chic (1 200-1 600 R / env 80-106,70 €)

BIG Backpackers (plan I, B1, **36**) : *18, Thornhill Rd. ☎ 021-434-06-88. • bigbackpackers.co.za • Lits en dortoir (4-5 lits) 420-455 R/pers. Doubles 1 450-1 600 R avec sdb et petit déj compris.* On a du mal à ranger cette adresse dans la bonne case. C'est en effet un *backpacker,* mais dans sa version chic, d'où les tarifs. Compte tenu de la bonne tenue du lieu, pas intérêt à laisser traîner ses chaussettes ! Les dortoirs offrent des lits confortables et la clim. L'un d'eux donne même sur une petite terrasse avec pelouse artificielle. Les doubles sont dignes d'un bon petit hôtel. 2 salons cosy, et dans la courette, un bout de piscine entourée de transats et de végétation. Grande cuisine claire et super équipée.

BED & BREAKFAST

Prix moyens (400-1 000 R / env 26,70-66,70 €)

House on the Hill (plan I, B1, **49**) : *5, Norman Rd, angle avec Ashstead Rd, Green Point. ☎ 021-439-39-02. 📱 073-217-34-28. • houseonthehillct.co.za • Doubles en B & B 825-890 R ; également des familiales. CB acceptées à partir de 3 000 R.* Dans un quartier résidentiel tranquille. 2 jolies maisons aux murs chaulés réunies : d'un côté des chambres traditionnelles de bon confort (TV, bouilloire, minicoin cuisine, ventilo), de l'autre des chambres de même confort, mais moins chères (et sans petit déj). Les choisir de préférence. Cuisine commune et agréable salon commun. Petit appartement à louer également. L'ensemble, de style africain, coloré à souhait, est bien tenu. Accueil discret. Petit patio avec barbecue.

Très chic (plus de 1 800 R / plus de 120 €)

De Waterkant Lodge *(plan II, B1, **41**) : 35, Dixon St (angle de Loader St). ☎ 021-419-24-76. • dewaterkantplace.com • Doubles 1 050-1 650 R, avec petit déj.* Joli *B & B* de charme, dans une agréable maison de ville, au cœur de ce quartier particulièrement animé. Les chambres sont réparties en 3 édifices : 5 à l'étage de la maison principale (avec terrasse commune) et 5 autres dans les 2 édifices voisins, avec cuisine à dispo. Chambres cosy, aux couleurs douces. On s'y sent vite comme chez soi. Bon accueil et plein de restos et bars dans le secteur.

The Villa Rosa *(plan III, B1, **40**) : 277, High Level Rd. ☎ 021-434-27-68. • villa-rosa.com • À l'angle d'Arthur's Rd. Doubles env 1 300-2 200 R selon confort, petit déj inclus.* Superbe maison de style victorien à la façade rose tirant sur l'orangé avec ses larges fenêtres à entourage de pierre et sa petite loggia à colonnades. En léger retrait de la route (assez passante), mais la rumeur de la route est bien présente. Petit bout de pelouse sur le devant. Accueil attentionné. Vastes chambres à la décoration raffinée, larges fauteuils, belles armoires et des couleurs douces partout (avec minicoffre, ventilo, chauffage...). Beau petit déjeuner.

Bluegum Hill *(plan I, B1, **34**) : 13, Merriman Rd, Green Point Upper. ☎ 021-439-87-64. • bluegumhill.co.za • Doubles 1 820-2 380 R, avec petit déj. Parking fermé et gratuit.* Mieux vaut être véhiculé (mais le Victoria and Alfred Waterfront est accessible à pied) pour séjourner dans cette *guesthouse* à la conception moderne, mais à l'intérieur plutôt classique. Adossée à Signal Hill, voici un emplacement idéal, avec une vue remarquable sur la baie (on voit jusqu'à Robben Island !). 6 chambres tout confort (avec clim) joliment aménagées. L'une donne sur une courette, une autre sur la piscine en terrasse sur laquelle on prend le petit déj. Aissa et Ughetta louent également un appartement dans la maison d'à côté, dans le même esprit.

Dans le quartier d'Observatory

Assez excentré, l'« OBZ », comme on l'appelle familièrement, est une petite enclave au sud-est de la ville, présentant un charme décalé, avec son calme inattendu en journée et ses demeures style « Cape Town », évoquant La Nouvelle-Orléans. Bien qu'il soit assez à l'écart des points touristiques, certains lecteurs souhaiteront peut-être habiter dans ce quartier mixte, artiste et bohème, rappelant un peu les « quartiers gris » du temps de l'apartheid où musiciens et artistes noirs cohabitaient avec les intellos progressistes blancs et les militants de toutes les causes... L'université n'est pas loin, alors beaucoup d'étudiants logent par ici, d'autant que les tarifs sont nettement plus raisonnables qu'en centre-ville.

AUBERGES DE JEUNESSE

Bon marché (150-400 R / env 10-26,70 €)

33 South Backpackers *(plan IV, A-B2, **44**) : 48, Trill Rd. ☎ 021-447-24-23. • 33southbackpackers.com • Arrêt du Baz Bus. Dortoirs env 220-260 R/pers ; doubles 710-810 R avec sdb commune ou privée. Petit déj inclus.* AJ moderne et confortable avec des dortoirs de 4 à 8 lits et des doubles, propres, dans une rue bien tranquille. Les chambres portent des noms de quartiers populaires ou de townships *(District 6, Khayelitsha...)*. Elles sont joliment décorées, offrant différents styles, avec de pimpantes couleurs. Même les lits superposés sont larges. Petit bar extérieur, avec coin coussins, parfait pour buller. Bon accueil, soirée *braai, happy hours* et bonne ambiance.

The Green Elephant Backpackers *(plan IV, A2, **48**) : 57, Milton Rd.*

LA PROVINCE DU CAP

☎ 021-448-63-59. • greenelephant. co.za • Transfert aéroport. Dortoir 6 lits env 230 R/pers ; doubles env 650-750 R avec sdb commune ou privée. Petit déj léger inclus. Parking privé (6 places seulement). 5 bâtiments, dont la maison-mère, une grande demeure toute grise, dans une rue tranquille. En dortoir ou en chambre, bon confort et pas mal d'espace. Jardin ombragé (gentil laisser-aller) avec bar. Propre, excellent confort : draps fournis, coffre, TV câblée, cuisine équipée. Piscine (toute petite). Barbecue à dispo.

Dans le township de Khayelitsha

Khayelitsha (« Our New Home »), le plus grand township du Cap, est situé à une vingtaine de kilomètres du centre et à 10 mn de l'aéroport. Pour les partisans d'un authentique bain social et culturel dans la réalité sud-africaine, nous avons sélectionné cette belle adresse, profondément insérée dans son quartier. L'occasion, entre autres, de descendre une *castle* ou de faire une partie de *pool* dans un *shebeen* (bistrot de quartier), d'assister à un match de *street foot,* de visiter les petits marchés locaux d'artisanat, de vous faire une belle coupe chez l'un des innombrables pittoresques coiffeurs et plein d'autres choses... Une expérience à ne pas manquer donc. Réservation obligatoire bien entendu. Si vous prévenez de votre arrivée, on viendra vous chercher à l'aéroport.

➢ ***En taxi :*** *compter env 200 R la course.*

🏠 🍽 ***Kopanong B & B :*** *C-329, Velani Crescent, Khayelitsha 7784. ☎ 021-361-20-84. 📱 082-476-12-78. • kopa nong-township.co.za • ♿ Dans Mew Way, tourner à gauche sur Pama, puis de suite sur Kusas, puis Velani. Double env 1 200 R, petit déj compris. Dîner traditionnel sur résa 170 R. CB refusées.* Thope Lekau a été la 1re à créer un *B & B* dans ce township et n'a de cesse de former d'autres femmes à monter leur propre business pour conjurer le mauvais sort et vaincre la misère. Titulaire de plusieurs distinctions et prix pour ses activités, elle est aussi guide agréée (elle possède un minibus). Assistée de Mpho, son adorable et dynamique fille, elle sait mieux que quiconque transmettre sa passion et son enthousiasme pour sa ville. Maison modeste mais chaleureuse et hyper bien tenue, offrant 3 chambres, dont 2 avec salle de bains privée. Gros petit déjeuner et merveilleux repas africain si vous prévenez. Organisation d'intéressants tours de ville et transferts assurés sur résa.

Où manger ?

Dans le City Bowl et le quartier de Gardens

Bon marché (jusqu'à 150 R / env 10 €)

🍽 ***Royale Eatery*** *(plan II, zoom,* ***64****)* **:** *273, Long St. ☎ 021-422-45-36. Lun-sam 12h-23h30 (cuisine). Burgers (2 tailles) et pizzas 70-165 R. THE place* pour déguster d'excellents burgers aux garnitures très variées et parfois originales. On distinguera les *Royale classics* des *Something a little different,* pour des burgers plus originaux. On a bien aimé le BopBop et le Burgerac. Tout est préparé avec des produits frais. Autre spécialité de la maison, les *double thick shakes.* Également une bonne bière artisanale. À l'étage, un bar intimiste, *The Waiting Room,* avec toit-terrasse, à l'ambiance un brin new-yorkaise. Concerts live *(mar-sam vers 21h).*

🍽 ***Clarke's Bar & Dining*** *(plan II, B1,* ***66****)* **:** *133, Bree St. ☎ 021-424-76-48. Lun-ven 7h jusque tard, w-e 8h-minuit (15h dim). Plats 60-125 R.* En plein centre du City Bowl, c'est l'adresse idéale pour manger léger (mais bien) à l'heure du déjeuner. Tout est simple, frais et goûteux, préparé dans une cuisine ouverte. On peut être modeste et travailler comme un grand pro ! Le pain est fait maison. Sandwichs bien garnis, burgers remarquables et salades copieuses, voilà toute la carte. Mais elle suffit bien pour un déjeuner sur le pouce. Quelques tables en terrasse. Bien aussi pour le petit déjeuner.

Eastern Food Bazaar *(plan II, C2, **58**)* **:** *96, Longmarket St (entre Plein et Parliament). ☎ 021-461-24-58. Tlj 9h-22h. Plats 40-65 R.* À ne pas rater si vous aimez la cuisine indienne et que votre porte-monnaie est un peu dégarni ! Tout le long d'un passage entre 2 rues, voici une dizaine d'éventaires (mais c'est le même restaurant), dont quelques-uns de cuisine indienne (Punjab, Madras, Bombay, *thalis, tandoori...*). Également cuisine chinoise et d'Istanbul. L'occasion de tester des spécialités très variées des différentes régions de l'Inde, dans une atmosphère animée, à des prix défiant toute concurrence. On paie d'abord et on va ensuite chercher ses plats au comptoir. Tout est aussi à emporter. Copieux et fort bon *rogan gosh* (agneau au curry), *chicken tikka, garlic naan, sweet lassi, samosas,* etc. Pas d'alcool.

Lucy Ethiopian Restaurant *(plan II, zoom, **73**)* **:** *281, Long St. ☎ 021-422-17-97. Tlj sauf dim 12h-23h. Plats 100-150 R,* combination platter *155-170 R.* Il faut gravir une volée de marches pour trouver cette discrète petite adresse. Une salle coquette, orange et blanche, avec de curieuses petites tables en fibres tressées. On y dépose un plateau rond, couvert d'une grande crêpe de riz, sur laquelle de petites préparations sont apportées. Un rituel culinaire comme en Ethiopie. On déguste avec les mains et on se régale ! On termine par un café éthiopien.

Long Street Café *(plan II, zoom, **59**)* **:** *259, Long St. ☎ 021-424-24-64. Tlj 10h-minuit pour la cuisine, 1h pour le bar. Plats chauds env 70-150 R.* Un grand café cosmopolite à la clientèle mixte *(black & white)* avec terrasse animée, dans une superbe bâtisse au balcon ouvragé. *Easy food,* à savoir burgers, *nachos, pasta,* pizzas et sandwichs honnêtement exécutés. Service rapide. Grands écrans pour le sport, et un coin salon plus confortable avec des banquettes en skaï. Bonne ambiance, musique bien choisie.

Mozart on Church *(plan II, B2, **52**)* **:** *37, Church St. ☎ 021-422-17-65. Lun-sam 8h30-16h. Fermé dim. Compter 85-100 R la grosse salade et les sandwichs.* Dans un tronçon de rue piétonne, de galeries et de boutiques d'artisanat, en plein centre, un petit resto aux allures de salon de thé, avec quelques tables posées dans la rue piétonne. Une bonne halte pour le midi, dans ce coin au calme, pour profiter d'une *moroccan salad,* d'un *ostrich burger* ou d'un *beef prego.* Une honnête cuisine à tendance méditerranéenne.

R Caffé *(plan II, zoom, **51**)* **:** *138, Long St. ☎ 021-424-11-24. Lun-ven 6h-17h, sam 8h30-15h30. Fermé dim. Plats env 85-150 R.* Salle haute de plafond, murs lie de vin, quelques cravates sur un fil et des raquettes de tennis décrivant un soleil, le tout baigné d'une douce musique. Voici la déco et l'atmosphère hétéroclite de ce *coffee-shop* à la californienne. Le petit déj y est servi toute la journée, tout comme les jolies salades et les quiches. Et en vitrine, plein de gâteaux gourmands.

Prix moyens (150-400 R / env 10-26,70 €)

Comme en maints endroits d'Afrique du Sud, ce n'est pas le montant de l'addition (souvent très raisonnable) qui détermine cette catégorie, mais le standing et l'atmosphère de l'établissement.

The Company's Garden *(plan II, zoom, **54**)* **:** *au cœur de Company's Garden. ☎ 021-423-29-19. Tlj 7h-18h. Petits déj 55-125 R et plats env 90-180 R.* Voici une sympathique terrasse au calme pour déjeuner en paix, entouré de hauts arbres. Parfait après la visite des jardins et des musées environnants. Salades, *Cape seafood linguine, Cape town lamb curry* ou encore *chicken burger.* Quelques bons gâteaux pour ceux qui viendraient au moment du goûter.

Societi Bistro *(plan II, B2, **56**)* **:** *50, Orange St, Gardens. ☎ 021-424-21-00. Tlj sauf dim 12h-23h. Résa conseillée. Plats 95-280 R.* Charmante vieille demeure dans le style Cape Dutch avec un intérieur soigné et

LA PROVINCE DU CAP

accueillant. Savoureuse cuisine créative mijotée par un chef inspiré par son pays mais aussi par la Méditerranée. Une adresse à la mode et très fréquentée, ce qui n'altère en rien la qualité des plats. Petite carte, mais tout est frais. *Pasta,* risotto, poissons du Cap, viandes exquises et desserts de choix. Le midi, ça cogne fort sur la terrasse.

|●| *95 Keerom* *(plan II, zoom,* ***81****)* **:** *95, Keerom St. ☎ 021-422-07-65. Ouv le midi seulement jeu-ven et ts les soirs sauf dim. Résa impérative. Plats 140-300 R.* Peut-être le meilleur resto italien du Cap, dans l'un des bâtiments les plus anciens de la ville. Datant de 1682, il abritait les écuries et le quartier des esclaves de la *Company's Garden.* Certains vénérables murs de brique patinée du resto datent de cette époque... Combinés à l'élégant et lumineux décor contemporain, ça donne une vraie personnalité à l'ensemble. On découvre ici une cuisine inspirée, concoctée à partir de fort beaux produits (carpaccio divin et osso bucco irréprochable). Tout est frais, sélectionné avec rigueur et passion.

|●| *Carne* *(plan II, zoom,* ***82****)* **:** *70, Keerom St. ☎ 021-424-34-60. Ts les soirs sauf dim 18h-22h.* Même maison – mais un peu plus cher – que le *95 Keerom.* Un temple dédié à la viande en général et au bœuf sud-africain en particulier ! Grand espace sur 2 niveaux, cadre contemporain d'une certaine sobriété, avec bois et métal. Quelques vedettes de la carte : le *T-bone* de 1,2 kg (pour 2) et le mixte d'animaux sauvages (koudou, gnou, springbok, autruche...). Délicieux agneau mariné de Karoo. Une bonne carte italienne classique complète ce panorama culinaire de haute volée.

|●| *The Africa Café* *(plan II, B1,* ***83****)* **:** *108, Shortmarket St. ☎ 021-422-02-21. Dans le bloc de l'Heritage Sq. Ouv lun-sam le soir seulement 18h-23h. Menu fixe et unique 360 R.* Dans une grande demeure ancienne aux couleurs de l'Afrique. Plusieurs salles au long des étages décorées dans le style africain (xhosa, zoulou, Gambie, jungle...), mais aussi aux couleurs égyptiennes... Service en costumes traditionnels. Ici, vous dégusterez une vaste sélection des plats les plus typiques de différents pays africains, tous servis à volonté *(Soweto spicy chicken, Botswana masala, Cape Malay roti and curry...).* Idéal pour avoir un bon aperçu de la richesse de la gastronomie du continent. Prévoir de jeûner le midi !

|●| *Beluga* *(plan I, C1,* ***84****)* **:** *70, Prestwich St, Greenpoint. Entrée par le Foundry Courtyard. ☎ 021-418-29-48. Tlj 12h-22h, en continu. Menu fixe le midi 200 R et le soir 245 R. Plats env 150-250 R.* Installé dans une ancienne fonderie en brique à la belle architecture industrielle, avec un intéressant décor contemporain, un des restos chouchou de la clientèle *trendy,* pourtant fort abordable. Service jeune et alerte. Cuisine assez élaborée et variée. Sushis, *dim sum, wontons,* et autres délicatesses « japonaises » (considéré comme l'un des tops de la ville sur ce terrain). Moins japonais, les gnocchis. Bar prisé par les dynamiques *executive women* (superbe carte de cocktails et whiskeys). Terrasse protégée sur cour, fort recherchée.

|●| ⛱ *Sea Breeze Fish and Shell* *(plan II, zoom,* ***85****)* **:** *213, Bree St. 📱 074-793-93-49. Lun-sam 12h-22h. Fermé dim. Plats 150-200 R.* Avec un nom pareil, on ne s'étonne pas que la carte pointe vers la mer. Poissons et coquillages sont d'une fraîcheur exemplaire, et les préparations, simples et précises, mettent bien en valeur les produits, préparés à la manière méditerranéenne. La carte tourne au rythme du marché, mais c'est toujours réussi, sur le frit comme sur le grillé. Terrasse sur rue ou salle dans les bleu et blanc.

|●| *La Frasca Ristorante & Pizzeria* *(plan II, B3,* ***63****)* **:** *8, Breda St. 📱 072-083-56-76. Tlj sauf lun 17h-22h30. Plats 70-170 R ; pizzas 100-120 R.* Ce resto à la façade rouge chianti est tenu par un adorable couple d'Italiens. On retrouve le cadre, l'ambiance et la cuisine des trattorias transalpines, avec une clientèle jeune et branchée. Cuisine goûteuse : *pasta, papardelle,* viandes, pizzas cuites dans un four à bois (une trentaine à la carte)... Et bien sûr, huile d'olive sur les tables.

|●| ⛱ *La Parada* *(plan II, B1,* ***68****)* **:** *107, Bree St. ☎ 021-426-03-30. Tlj jusque tard. Tapas 65-120 R, et quelques plats beaucoup plus chers.* Très large salle ouverte sur 2 rues, genre vieille taverne modernisée où l'on se presse le soir pour déguster quelques tapas à l'espagnol entre copains. Longues tablées conviviales, et pas mal de monde le week-end.

|●| ***Mama Africa*** *(plan II, zoom,* ***61****) : 178, Long St.* ☎ *021-426-10-17. Ouv le midi mar-ven 12h-15h et ts les soirs sauf dim 18h30-23h pour la cuisine. Résa conseillée. Plats 110-190 R.* Grande maison colorée à la déco ethnique, à la manière d'une hutte. Malgré son côté un rien attrape-touriste, *Mama Africa* reste un incontournable du quartier. On y va autant pour la cuisine (sud-africaine classique) que pour la musique. Parmi les classiques de la carte : *Karoo lamb shop, mama's bobotie, Zimbabwe dovi... Live music* africaine certains soirs.

Plus chic (plus de 400 R / env 26,70 €)

|●| ***Aubergine*** *(plan II, B3,* ***87****) : 39, Barnet St.* ☎ *021-465-49-09. Attention aux horaires : le midi en été (oct-avr), seulement mer-ven 12h-14h ; le soir, tte l'année, lun-sam 18h-22h. Fermé dim et 2 lun/mois. Résa ultra-conseillée. Lunch menu env 470 R. Pour le dîner, menus à partir de 665 R. Tenue correcte, pas de shorts ni T-shirts le soir.* Resto installé dans une bâtisse de 1830, ancienne demeure du *chief justice.* Grand volume, salles sur plusieurs niveaux, tables bien séparées, petite terrasse intérieure par beau temps... Décor contemporain respectant le caractère de la maison traditionnelle du Cap. Harald Bresselschmidt est devenu l'un des grands chefs d'Afrique du Sud, cet artiste de la gastronomie invente sans cesse de nouveaux plats à partir des produits les plus frais et d'odorantes épices. Menu dégustation ou carte. Sur celle-ci, une page est consacrée à ses innovations, une autre aux plats d'inspiration sud-africaine et enfin aux menus (3, 4 ou 5 plats, accompagnés d'un verre de vin). Dans l'assiette, des influences européennes et d'excellents produits locaux. Prix finalement assez modérés pour ce qui reste l'un des meilleurs restaurants du Cap.

Dans le quartier de Gardens

Un quartier *trendy* où se concentrent les créateurs artistiques du moment et qui connaît un développement grandissant. Les restos et les bars branchés de Kloof Street, notamment, attirent une clientèle plutôt yuppie (jeunes citadins branchés).

Bon marché (jusqu'à 150 R / env 10 €)

|●| ***Knead Bakery*** *(plan II, A-B2-3,* ***74****) : 50, Kloof St.* ☎ *021-424-16-66. Tlj 7h-21h (17h dim). Plats 65-105 R.* Boulangerie-café-resto nouvelle mode, sous des arcades en surplomb de la rue. Ici, on joue sur le style, rustico-industriel, un peu bobo, avec une déco de bois. Plusieurs copieuses formules petit déj et appétissants plats de snack : *bruschette,* pizzas, tacos, salades, sandwichs...

|●| ***Hudson's Burger Joint*** *(plan II, A-B3,* ***80****) : 69a, Kloof St.* ☎ *021-426-59-74. Tlj 12h-23h. Plats 60-120 R.* L'adresse pratique pour le déjeuner. Spécialité de burgers savoureux, à base de bœuf ou d'autruche, ou spéciale végétariens. Mais aussi des salades et quelques plats sur le grill (plus chers). Plats à emporter également.

Prix moyens (150-400 R / env 10-26,70 €)

|●| 🍸 ***Rick's Café Américain*** *(plan II, A-B2,* ***53****) : 2, Park Rd.* ☎ *021-424-11-00. Tlj sauf dim. Plats env 100-235 R.* Rick's fait référence au bar américain tenu par Humphrey Bogart amoureux d'Ingrid Bergman dans le film culte *Casablanca.* Déco coloniale, bar à cocktails, comme dans le film (avec piano, ça va de soi), et cuisine d'inspiration méditerranéenne : tajines, falafels, *mezze,* belles viandes, tapas, produits de la mer. On aime l'atmosphère décontractée et chaleureuse, les différents salons assez intimes, les cheminées, la belle terrasse à l'étage donnant sur Table Mountain...

|●| ***Arnold's*** *(plan II, A3,* ***62****) : 60, Kloof St.* ☎ *021-424-43-44. Tlj 6h45*

(8h w-e)-21h. Plats 90-190 R. Une des adresses les plus populaires du quartier pour son super petit déj et ses plats exotiques. Clientèle jeune, ravie des prix très modérés et de la qualité de la cuisine. Cuisine classique ou franchement exotique (crocodile, autruche), bon choix de gibier sauvage (filet de springbok, *ribs* de phacochères, etc.) et pour les carnivores affamés, un super *game platter* (4 viandes). Cadre plaisant, grande terrasse, grosses tables en bois.

Cafe Paradiso *(plan II, A3,* ***70****) : 110, Kloof St. ☎ 021-423-86-53. Lun-sam 9h-22h, dim 10h-22h. Plats 110-165 R ; également des pâtes 90-125 R.* Beaucoup y viennent pour son adorable jardin sur le devant (pour y avoir une table, la résa est indispensable et la chance souhaitable). À l'intérieur, on n'est pas mal non plus à admirer le ballet bien chorégraphié des serveurs, à la fois décontractés et très pro. Pour le lunch, des plats meilleur marché et des sandwichs. Le soir, cuisine plus élaborée (porc au parmesan, bœuf à la truffe), pas plus onéreux qu'ailleurs. Une bonne adresse.

Manna Epicure *(plan II, A3,* ***75****) : 151, Kloof St. ☎ 021-426-24-13. Tlj midi et soir. Plats 95-195 R. Propositions* early bird *entre 17h et 19h (2 plats pour 150 R).* En haut de cette Kloof Street qui ne manque pas de bonnes adresses, ce restaurant à la sobre déco contemporaine s'est vite fait sa place au soleil, sous la houlette d'Agnès, originaire de Corse, et de Jonny, Sud-Africain. Bonne cuisine qui mélange avec bonheur les influences. Poissons frais tous les jours ! La salle n'étant pas bien grande, la terrasse non plus, réserver. Ouvert également pour le petit déjeuner (servi toute la journée).

Kloof Street House *(plan II, B2,* ***71****) : 30, Kloof St. ☎ 021-423-44-13. Tlj sauf lun midi. Résa conseillée. Plats 125-195 R.* On pénètre tout d'abord par un adorable petit jardin ombragé (on peut y manger) qui borde cette demeure victorienne remarquable abritant une belle et bonne table. Décoration intelligente, mélange de vintage et de baroque, avec salons victoriens, cheminées, lustres, bibliothèque, photos noir et blanc. Un cadre chic pour des dîners aux chandelles, un sympathique *jazz lunch* le dimanche ou simplement un verre. Cuisine d'inspiration méditerranéenne, avec de savoureux poissons du jour, des *antipasti* à l'italienne et même une bouillabaisse. Un coup de cœur pour cette *Kloof* !

Bombay Bicycle Club *(plan II, A3,* ***55****) : 158, Kloof St. ☎ 021-423-68-05. Tlj sauf dim 16h-23h (repas à partir de 18h). Résa conseillée, surtout le soir. Plats 100-235 R.* La déco originale (chouettes, des balançoires !) tient autant du bazar que de la brocante style bobo. Le patron a accroché tout ce qu'il a pu dénicher d'hétéroclite avec pas mal d'humour et de décalage. On y trouve de tout et on se retrouve entre amis. La carte est courte mais les plats d'inspiration sud-africaine, insulaire et italienne sont soignés autant qu'hétéroclites... Quelques tables dehors sur la rue. Cuisine tendance fusion. Parfait aussi pour un simple verre.

Dans le quartier de Bo-Kaap

Bon marché (jusqu'à 150 R / env 10 €)

Biesmiellah *(plan II, B1,* ***65****) : angle de Wale et Pentz St. ☎ 021-423-08-50. Lun-ven 12h-22h (sam 23h), fermé dim. Plats 85-150 R.* Un bon rendez-vous dans le quartier, pour sa cuisine cap-malaise, évidemment. Accueil aimable qui compense le côté un peu glauque de la salle (le néon vert ne donne pas bonne mine !). Petits plats modérément épicés et bien servis : les traditionnels « starters », samoussas, *chillie bites...* Tous les currys imaginables (poissons, viandes) et les spécialités comme le *denning vleis,* un goûteux ragoût de côtelettes d'agneau ou le *bobotie.* Cuisine du nord de l'Inde également. Juste à côté, même plats, mais à emporter.

Autour de la rue Waterkant

Bon marché (jusqu'à 150 R / env 10 €)

|●| *Alforno* (*plan II, B1,* ***88***) : *shop nº 8, Cape Quarter (angle Jarvis et Napier St). ☎ 021-419-95-55. Lun-sam 10h-22h, dim 17h-22h. Pizzas et pâtes 80-130 R.* Dans son resto industrielo-coloré, le patron mauricien offre ici de bien bonnes pizzas au feu de bois et des pâtes à toutes les sauces. Large terrasse extérieure sur rue. Et pour ceux qui connaissent Maurice (l'île, pas notre cousin !), on y retrouve un bon curry de crevettes au lait de coco.

|●| *La Petite Tarte* (*plan II, B1,* ***89***) : *11A, Dixon St. ☎ 021-425-90-77. Tlj 8h-22h. Petits plats 70-120 R.* On aime bien cette petite adresse ouverte en terrasse sur le trottoir. Déco éclectique, tout comme la carte qui invite au brunch léger, à croquer dans quelques croques, ou à dévorer des salades originales. Un lieu cool et mode, à l'image du quartier.

Au Victoria and Alfred Waterfront

Plein de restos dans cet ensemble d'entrepôts réhabilités, quartier très populaire et touristique à la fois. On y trouve des adresses dans toute la gamme de prix.

Bon marché (jusqu'à 150 R / env 10 €)

|●| *Kauai* (*plan I, zoom,* ***69***) : *dans le V & A Market on the Wharf, hall principal. Lun-sam 9h-21h, dim 9h-20h. Plats 50-85 R.* Oui, c'est une chaîne de fast-foods sud-africains, mais elle propose une nourriture de qualité, fraîche et légère, comme ces bons *wraps* et ces salades bien garnies. Petit déj et smoothies vitaminés... Pour manger rapide mais *healthy* !

|●| ⛱ *Volo Telo* (*plan I, zoom,* ***50***) : *33, Pierhead, au cœur du Waterfront. ☎ 021-418-37-50. Tlj 7h30-21h. Sandwichs et plats 50-115 R.* Au Waterfront, avec tous ces fast-food, on passerait presqu'à côté des adresses qui marquent leur différence. En voici une, qui ressemble fort à une boulangerie améliorée, car elle ratisse large : paninis, pissaladières, *bagels,* salades et *pasta* sont préparés avec sérieux. À déguster en terrasse, un rayon de soleil dans l'œil.

Prix moyens (150-400 R / env 10-26,70 €)

|●| *Den Anker* (*plan I, zoom,* ***50***) : *Pierhead V & A. ☎ 021-419-02-49. Tlj 11h-22h30 (cuisine). Plats 140-245 R.* Dans une grande et lumineuse salle vitrée, voici un recommandable resto belge, avec un bateau renversé au-dessus du bar. Un bon choix pour déguster de superbes fruits de mer, une carbonade flamande ou un simple *fish & chips* pas gras du tout. À noter aussi le *seafood platter,* la soupe de poissons normande et toutes sortes de viandes goûteuses et tendres (springbok, steak chateaubriand, etc.).

À Green Point et Sea Point

Nombreux restos de tous styles dans ce secteur, la plupart concentrés sur la grande artère principale, mais aussi autour de Waterkant St. Atmosphère cool en semaine, bien déjantée le week-end.

Bon marché (jusqu'à 150 R / env 10 €)

|●| *Mojo Market* (*plan III, A1,* ***72***) : *30, Regent Rd, angle Clarens Rd, à Sea Point. Tlj 10h-22h (ou 23h). Plats 50-150 R.* Voici *Mojo Market* ou comment transformer une sorte de grand dépôt en *food court,* où l'on trouve une vingtaine de kiosques proposant chacun une cuisine différente, fraîche, préparée à la minute et pas chère. En vrac, sushis, pizzas, burgers, *shawarmas,* tortillas, *wraps,* gâteaux, salades thaïes et on en passe. Un vrai tour du monde culinaire bien sympathique. Petite scène avec concerts certains soirs et grand bar central.

Prix moyens (150-400 R / env 10-26,70 €)

|●| *Atlantic Express* *(plan III, A1,* ***60****) : 1B, Regent Rd, à Sea Point. ☎ 021-439-30-38. Tlj sauf ven midi et lun 8h30-23h30 (minuit w-e). Plats 60-180 R.* Original : un vénérable wagon vintage transformé en resto. Confortables petits box pour une cuisine halal correcte... Y venir pour le petit déjeuner bien sûr, mais aussi pour des salades (grecque, niçoise ou saumon fumé...), burgers et autres plats traditionnels (poissons, agneau de Karoo) en journée. Également de gros *platters* de viandes à partager.

Plus chic (plus de 400 R / plus de 26,70 €)

|●| *La Perla* *(plan III, A1,* ***67****) : Beach Rd (à l'angle de Church Rd), à Sea Point. ☎ 021-439-95-38. Tlj 11h-23h. Résa conseillée. Pâtes 110-240 R ; repas à partir de 350 R.* On vient de loin pour goûter la cuisine italienne et les spécialités de la mer de cette petite perle cachée à Sea Point. C'est un des meilleurs italiens du Cap, avec une carte proposant le meilleur de la péninsule. Clientèle chic et choc, en majorité des habitants du quartier. Belles terrasses en étage offrant une très belle vue sur la promenade. Une adresse gastronomique à la déco résolument design. Délicieux steak aux girolles. C'est aussi un bar *trendy*.

À Woodstock (plan I, D2)

Un must absolu le samedi matin. Cette zone d'entrepôts est devenu le nouveau quartier ultra-branché du Cap avec boutiques et restos renommés en nombre, notamment dans l'*Old Biscuit Mill* (375, Albert Rd), une ancienne minoterie relookée par les meilleurs architectes. À découvrir en priorité le samedi avec des milliers d'autres badauds, jour du marché (9h-14h), le *Neighbourgoods Market* (qui en fait n'a rien d'un marché). Tout le monde se retrouve surtout autour des dizaines de petits stands de nourriture (voir plus loin). Consulter également la partie « À voir ».

Bon marché (jusqu'à 150 R / env 10 €)

|●| *Les stands de nourriture* *(plan I, D2,* ***90****) : dans le Old Biscuit Mill. Sam mat seulement, 9h-15h. Plats et repas 50-150 R.* Une halte incontournable le samedi matin à l'un des petits comptoirs (plusieurs dizaines !) à touche-touche sous un grand hangar. Coréen, japonais, huîtres, crêpes, *dim sum*, salades, pizzas, sandwichs au roast-beef... Il y en a pour tout le monde et tous les goûts. Super ambiance, du monde partout, avec toujours de la musique qui flotte dans l'air. On prend place aux grandes tables communes, et s'il n'y a plus de place, on s'assoit par terre !

|●| *Burrata* *(plan I, D2,* ***90****) : dans le Old Biscuit Mill. ☎ 021-447-65-05. Mar-sam, midi et soir, plus lun soir. Plats et pizzas 90-180 R.* Encore un chef doué au piano. Son solfège s'inspire des tapas et de la cuisine italienne, dans une déco post-industrielle. *Antipasti*, pizzas au feu de bois, pâtes, risotto.

Prix moyens (150-400 R / env 10-26,70 €)

|●| ⋞ *Pot Luck Club* *(plan I, D2,* ***90****) : Old Biscuit Mill, au 6e étage. ☎ 021-447-08-04. Tlj midi et soir. Brunch dim 11h-14h. Tapas env 60-160 R la part (2 à 4 pièces chacun).* Carte de tapas contemporaines, appelées ici *sharing style*, ça fait plus chic. On les choisit parmi 5 familles de saveurs *(salty, sweet, sour, bitter, umami)*. Le tout servi dans un cadre industriel et design, au dernier étage du complexe. Super panorama sur la ville ! C'est le chef de *The Test Kitchen* qui a ouvert cette adresse, bien plus abordable.

Coup de folie

|●| *The Test Kitchen* *(plan I, D2,* ***90****) : dans le Old Biscuit Mill. ☎ 021-447-23-37. ● reservations@thetestkitchen.co.za ● Tlj, le soir seulement,* *sauf dim-lun. Plusieurs menus 2 050-2 950 R. Le plus abordable est végétarien, le plus cher avec vins associés.* Réserver bien à l'avance, c'est indispensable sinon on ne peut compter que sur des désistements de dernière minute. La résa elle-même est une vraie loterie : elle est ouverte 3 mois à l'avance et il faut être dans les starting-blocks le 1er jour du mois, à 8h (heure d'Afrique du Sud). 40 convives par soirée, autant dire qu'on se sent comme un « élu » quand on a décroché son ticket d'entrée ! Après un passage par la *dark room,* sorte d'antichambre où commence la cérémonie (cocktails et bouchées), passage, pour le repas proprement dit, dans la *light room*, avec ambiance à l'américaine, grande cuisine ouverte, animation au plus haut et une carte vraiment imaginative, du chef Luke Dale Roberts. Superbe moment culinaire. Rien d'étonnant à ce que l'adresse ait été élue meilleur restaurant d'Afrique du Sud 6 années de suite et de toute l'Afrique en 2016 !

Dans le quartier d'Observatory (plan IV)

Attention, on ne vient pas dans ce quartier spécialement pour manger. Mais ceux qui auraient décidé d'y passer la soirée pour écumer les bars dans une chouette ambiance estudiantine feraient bien d'y grignoter quelque chose.

Bon marché (jusqu'à 150 R / env 10 €)

I●I Café Ganesh (plan IV, A2, **95**) : *38B, Trill Rd. ☎ 021-448-34-35. Ouv de 11h jusque tard (la cuisine ferme à 23h30) et en journée en saison. Fermé dim. Plats env 55-110 R. Lunch vraiment pas cher.* Une ambiance un rien new age, des tables en bois et une cuisine au fond, qui donne l'impression de se trouver dans une grande salle de ferme, avec ses mammas imperturbables qui régalent de plats simples et copieux une jolie jeunesse mixte pour une fois (entendez noire et blanche), gentiment turbulente : *pap, grilled springbok,* soupes, falafels... Les fumeurs seront ravis, ils peuvent peaufiner leur toux dans la 1re salle.

I●I *1890 House Sushi* *(plan IV, A2,* **95***) : 40, Trill Rd. ☎ 021-447-14-50. Lun-sam 12h-15h, 17h-22h30. Plats 50-80 R ; assiettes de sushis-sashimis env 20-40 R.* Une jolie petite adresse. Dans la 1re salle, on s'installe au comptoir où un tapis roulant propose des petites assiettes de sushis et sashimis. Prix selon la couleur de la coupelle. Tout est délicieux puisque préparé minute. Également plusieurs petits menus, thaïs et chinois et quelques *rice and noodles* pas chers. Bonne adresse.

I●I *Mimi* *(plan IV, A2,* **96***) : 78, Lower Main Rd. ☎ 021-447-67-47. Lun-ven 7h-22h, sam-dim 8h-17h. Large choix de plats 55-155 R.* Mignonne salle proprette dans ce bout de rue en arcades où se déroule toute l'activité nocturne de l'OBZ. En journée c'est calme, extra pour le petit déj en tout cas. Super café ! Cuisine bio, locale, saine... dans une ambiance café-resto un peu bobo pour de savoureux sandwichs, salades, burgers et pâtes.

I●I *Pancho's* *(plan IV, A2,* **98***) : 127, Lower Main Rd. ☎ 021-447-48-54. Ouv mar-sam 17h30-22h (23h pour le bar). Plats 80-100 R.* Le plus vieux resto du quartier. Petites salles colorées, quelques bougies, de grands chapeaux mexicains et une réputation méritée depuis de nombreuses années auprès de la jeunesse estudiantine. Carte mexicaine à mort, avec *frijoles, chili con queso, fajitas, enchiladas, nachos...*

Où boire un verre ? Où sortir ?

Dans le City Bowl et à proximité

🍸 ♪ *The Dubliner at Kennedy's* *(plan II, zoom,* **59***) : 251, Long St. ☎ 021-424-12-12. Tlj 11h-4h du mat. Cover charge le soir ven-sam.* 2 bars, en fait. Au rez-de-chaussée, le ***Dubliner*** qui reçoit presque tous les soirs à partir de 22h des groupes de qualité. Le ***Kennedy's,*** au 1er étage,

LA PROVINCE DU CAP

ouvert jeudi-samedi, est un *lounge* confortable, aux profonds canapés, qui accueille des DJs. Clientèle entre 2 âges au rez-de-chaussée, aussi bien noire que blanche.

Stones *(plan II, zoom,* ***100****) : 166A, Long St. En étage. ☎ 021-424-04-18. Ouv ts les soirs jusqu'à 4h (2h dim). Petit droit d'entrée ven-sam. DJ mer-sam.* Vaste salle disposant d'une dizaine de billards américains, tapis dans la pénombre. Au fond, petite piste de danse. Balcon agréable pour prendre le frais. Parfait pour un début de soirée.

Bob's Long Street *(plan II, zoom,* ***101****) : 187, Long St. ☎ 021-424-35-84. Tlj mais pas de cuisine dim. Sert la tambouille jusqu'à env 21h, mais le bar continue à abreuver tt le monde jusqu'à 1h ou 2h.* Bar de nuit fréquenté par les habitués du quartier. Clientèle mixte et bigarrée, billard, bière et musique (soirées animées par un DJ).

The Beer House *(plan II, zoom,* ***102****) : 223, Long St, au 1er étage. ☎ 021-424-33-70. Tlj 11h-2h.* Jolie façade victorienne avec ses balcons travaillés et des tables extérieures. Au bar, on propose 35 sortes de bières à la pression (la plupart sont d'Afrique du Sud) et une centaine de bières en bouteille. Le lieu porte bien son nom ! Ambiance jeune et bon service. Le week-end, DJ et on y danse.

The Waiting Room *(plan II, zoom,* ***64****) : 273, Long St. ☎ 021-422-45-36. Mar-sam à partir de 19h.* Musique tendance hip-hop et techno et bar intimiste. Voir *Royale Eatery* dans « Où manger ? ».

The Gin Bar *(plan II, B2,* ***103****) : 64A, Wale St. 071-241-22-77. Lun-jeu 17h-1h, ven-sam 15h-1h.* Ce bar est plus connu sous le nom de *The secret gin bar.* Normal, il n'y a pas d'enseigne et il faut passer par le *Honest Chocolate Café* pour atteindre, tout au fond, ce minuscule espace spécialisé dans le gin. Derrière l'étroit bar en bois se cachent pourtant plus de 80 sortes de ce breuvage transparent, que les amateurs viennent goûter ici comme un philtre d'immortalité. Amateurs de gin, découvrez-vous !

Perseverance Tavern *(plan II, C3,* ***104****) : 83, Buitenkant St. ☎ 021-461-24-40. Tlj sauf dim 12h-22h30 pour le bar. Petits plats de pub pas chers. Musique live le ven (11h-23h).* Vous êtes dans la plus ancienne taverne de la ville (1808). Aujourd'hui, elle a des allures de pub assez anodin aux longues tables conviviales et plein de télés pour le sport. Il se prolonge par une courette. Si on est dans le coin, on peut y faire une halte pour une bière au soleil.

Au Victoria and Alfred Waterfront

L'***amphithéâtre*** du Waterfront accueille de nombreux concerts gratuits tous les jours vers 17h en saison, ainsi qu'à 15h en décembre et janvier. Ambiance cosmopolite et musiques variées. Un excellent moment à partager entre *Capetonians* et routards de passage. Programme disponible à l'office de tourisme voisin.

Ferrymans et Mitchell's *(plan I, zoom,* ***105****) : ☎ 021-419-77-48. Tlj jusqu'à 2h30-2h.* 2 pubs l'un à côté de l'autre, noirs de monde les week-ends et les soirs d'événements sportifs. Chez *Mitchell's,* on brasse la bière du même nom (mais pas sur place). On y sert aussi des petits plats sur le pouce (burgers, quiches, pizzas). On passe de l'un à l'autre sans distinction.

À Green Point : autour de Somerset Road, Main Road et Waterkant

Green Point se décline plutôt en rose : c'est le quartier gay de la ville et, plus généralement, celui qui bouge le plus le soir. Cape Town prend parfois des allures de San Francisco. C'est vrai que la ville, avec ses collines, l'omniprésence de l'océan et sa relative nonchalance, peut faire penser à la côte californienne. Plein de bars branchés, *wine bars* et restos très mode le long de Somerset Road et dans les quelques rues sur l'arrière. Fréquentés par des personnes de tous sexes... et de plus en plus mixte (entendre Noirs et Blancs). On vient là pour être vu et partager des préoccupations qui ne sont pas forcément celles de l'Afrique du Sud « d'en bas »... Se procurer la *Pink Map* qui répertorie tous les lieux branchés dans ce quartier du Marais version sud-africaine ou dans la région.

Café Manhattan (plan II, B1, **89**) : 74, Waterkant St. ☎ 021-421-66-66. Lun-dim 12h-23h (lun-mer à partir de 16h). L'étroite terrasse et les quelques palmiers de cette sympathique maison vous tendent les bras pour une mousse de début de soirée ou un des 60 super cocktails. Salle bien remplie en fin de semaine car c'est un lieu de rendez-vous classique du quartier. Burgers et steaks pour mettre un peu de solide dans le liquide.

The Piano Bar (hors plan II par B1, **107**) : 47, Napier St, Waterkant. ☎ 021-418-10-96. • thepianobar.co.za • Tlj, 12h30... jusqu'à très tard. Happy hours 16h-18h puis 19h30-22h30. Live music dès 19h30. Un piano bar bien dans sa peau, toujours une valeur sûre dans le quartier. Intérieur dans les tons noirs et chics avec banquettes en galerie à l'extérieur dans un joyeux mix new-yorkais et africain. Des groupes afro-jazz tous les soirs et piano 3 fois par semaine. Pour grignoter, la carte est bien fournie.

À Camps Bay

Sur la route qui longe la plage, c'est bien simple, il n'y a que des bars et des restos ! *The Promenade* et *Victoria Road* concentrent ceux qui attirent une clientèle top branchée. Voici quelques adresses qu'on aime bien, mais le mieux est vraiment de suivre votre feeling, car les engouements pour les lieux changent à grande vitesse. Un coin un peu « ghetto », surtout fréquenté par les riches noctambules ! Cela dit, la baie est magnifique et la balade sur les rochers en bas du *Bungalow Restaurant* vraiment super !

Dizzys Pub and Restaurant (plan I, A3, **110**) : 39-41, The Drive. ☎ 021-438-26-86. Tt au bout de Camps Bay, juste derrière la rue qui longe la mer. Tlj 11h-1h30. Vendredi soir, à partir de 21h30-22h, groupe live jouant les grands standards du rock et pop surtout. Petite *cover charge* pour les musicos. Karaoké le mardi et *pizza special* le mercredi. Le samedi, place aux sports sur grands écrans. Bien bonnes pizzas au feu de bois pour éponger les bières.

Chinchilla (plan I, A3, **111**) : Shop 120, à l'étage, Victoria Rd. Tlj 12h-22h. DJ ven-dim 17h-20h. Depuis la superbe terrasse, on embrasse un panorama extraordinaire sur la plage de Camps Bay. Installé confortablement sur les canapés design et élégant, les oreilles baignées d'une musique boum-boum juste comme il faut, on profitera d'un délicieux moment au milieu d'une faune calibrée au cm et néanmoins mixte. *Trendy* en diable, les prix sont pourtant abordables et le service adorable.

Café Caprice (plan I, A3, **112**) : 37, Victoria Rd. Tlj 9h-2h du mat. Ce large bar ouvert sur la rue fait le plein le soir venu. Il n'a rien de bien extraordinaire, mais c'est pourtant l'un des grands rendez-vous au moment du coucher du soleil... et bien plus tard pour les « belles » personnes qui entrechoquent leurs coupettes millésimées. Le *beach-bar-chic* dans toute sa splendeur, avec des *beach people* propres sur eux et de la *beach music*. Allez, nous on retourne à la *beach*.

Dans le quartier d'Observatory

Quartier universitaire, éloigné du centre-ville, Observatory se résume à un bout de rue, Lower Main Road, sur laquelle se concentrent plusieurs petits lieux alternatifs. On est loin de la folie branchée de Camps Bay ! Observatory est à explorer le soir essentiellement. Se reporter aussi à la rubrique « À voir ».

Obviouzly Armchair (plan IV, A2, **120**) : 135, Lower Main Rd. Tlj jusqu'à 2h. Concert gratuit ou 20-50 R. Happy hours 17h-19h, 20h-23h. Différents groupes live le week-end, et *stand-up comedy* mercredi et samedi (21h) ! Un lieu mythique pour le quartier, véritable centre névralgique et alternatif de l'OBZ, bourré d'étudiants qui ne le sont pas moins ! On finit toujours par s'y retrouver à une heure ou une autre de la nuit. Possibilité de se restaurer (snack).

🍸 **Stones** (*plan IV, A2,* ***121***) **:** *94, Lower Main Rd. À l'étage. ☎ 021-448-94-61. Tlj jusqu'à 4h.* Dans un genre bien différent des autres, voici un immense bar à billard à l'ambiance américaine, un rien rock'n'roll ! Ça change un peu. Entre 2 parties, on prend l'air sur le balcon ouvert sur la rue. Puis on roule sa bille ailleurs, on poursuit sa tournée vers d'autres lieux.

Un peu à l'est du centre

Une adresse pour la fin de soirée.

🍸 ***The Shack*** (*plan II, C3,* ***122***) **:** *45, De Villiers St. ☎ 021-461-58-92. Ouv jusqu'à 4h du mat, voire au-delà !* C'est le soir tard que l'on vient par ici. Pourquoi ? Parce que c'est l'un des bars qui ferment le plus tard de toute la ville. On vient donc échouer ici quand tout est fermé et que les paupières ne se ferment pas. Plusieurs niveaux de bars, terrasses et patios. *Pool table,* bar sombre et bruyant. Excellente musique.

Achats

Bonne nouvelle : les boutiques sélectionnées sont à proximité de Green Market Square. Long Street abrite aussi de nombreuses boutiques, parfois sur plusieurs étages.

Green Market Square (*plan II, C1-2*) **:** *en plein centre-ville, une sorte de grand marché artisanal qui se tient tlj, 9h-17h (16h le dim).* Plein de petites choses venant de toute l'Afrique. Bonne ambiance et pas mal de pacotille. Voir le texte consacré au marché dans la rubrique « À voir. À faire. City Bowl ».

Pan African Market (*plan II, C1,* ***130***) **:** *76, Long St, croisement Long Market. ☎ 021-426-44-78. Lun-sam 9h30-17h30 (15h30 sam).* Sur plusieurs étages, voici un grand marché artisanal. Des tas de miniboutiques aux objets extrêmement variés occupent des petites pièces : statuettes, masques, bijoux, travail en fil de fer, en boîte de conserve, étoffes... Beaucoup de jolies choses mais négociation indispensable. On trouve même un coiffeur africain !

Tribal Collections (*plan II, C1,* ***130***) **:** *80, Long St, croisement Long Market. ☎ 021-423-80-08. Lun-sam 9h-17h30 (14h30 sam).* Remarquable sélection d'objets. C'est cher évidemment, mais pour le plaisir des yeux au moins.

Ekasi Craft Market (*plan II, B2,* ***131***) **:** *134, Long St. 📱 072-821-32-27. Tlj 9h-21h.* Boutique d'art et *crafts.* Chemises et sacs (l'atelier de couture est au fond), masques et instruments de percussion. Un peu de tout, mais pas si cher.

Vaughan Johnson's Wine Shop (*plan I, zoom,* ***132***) **:** *au Waterfront, juste en face des pubs Ferrymans et Mitchell's. ☎ 021-419-21-21. Tlj 9h-18h (17h w-e).* Large sélection de nombreux vins du pays, du petit blanc aux vins de garde les plus capiteux. Le proprio est un véritable passionné, qui connaît son affaire.

Musique, disques, CD

Mabu Vinyl (*plan II, B2,* ***133***) **:** *2, Rheede St, Gardens. ☎ 021-423-76-35. • mabuvinyl.wordpress.com • Lun-sam 9h-19h (18h sam) et dim 11h-15h.* Stupéfiante caverne d'Ali Baba, ce magasin vend des disques (vieux vinyles 45 et 33 tours), des CD, DVD, comics, livres... Il renferme aussi une belle histoire, un conte de fées moderne. Stephen « Sugar » Segerman, le propriétaire, est à l'origine de la recherche pour retrouver Sixto Rodriguez, alias *Sugar Man*, star nº 1 et best-seller musical en Afrique du Sud durant les années d'apartheid. En 1998, le journaliste C. B. Strydom le retrouve à Detroit menant une vie de miséreux. Le musicien oublié vient en Afrique du Sud où – miracle ! – il fait un triomphe. Cette incroyable histoire de gloire, de mort et de résurrection est racontée dans l'excellent film *Sugar Man* et dans le livre écrit par Segerman et Strydom.

À voir. À faire

On peut visiter le centre-ville à pied et en une journée. L'essentiel des traces de l'histoire se concentre sur une petite surface. On peut aussi choisir de faire une visite guidée du centre.

■ ***Cape Town and Bo-Kaap on Foot :*** *☎ 021-422-10-90. • wanderlust.co.za • Visite à pied. Durée : 2h30. Départ lun, mer et ven à 11h. Prix : 350 R/adulte ; gratuit moins de 14 ans. Départ de Huguenot House, 66 Loop St, à l'angle de Hout St (plan II, C1). CB refusées.* L'agence *Wanderlust City Walking Tour* propose d'intéressantes balades, instructives et très complètes, en anglais et en allemand seulement.

■ ***Footsteps to Freedom :*** *📱 083-452-11-12. • footstepstofreedom.co.za • Tour complet des principales attractions du centre-ville. Départ de Robert Gray Memorial (Saint Georges Mall), près de Green Market Sq. Départ à 9h30 ou 14h. Durée : 2h30. Prix : 1 970 R pour 4 mn (et 419 R/pers en plus) Plus cher 15 déc-15 janv.* Propose également un autre circuit basé sur Mandela ainsi qu'un tour dans le township de Langa.

Ceux qui souhaitent faire un tour d'horizon des différents quartiers de la ville et qui ne sont pas véhiculés peuvent utiliser les services suivants :

■ ***City Sightseeing :*** il s'agit de bus à impériale qui parcourent la ville en suivant un circuit déterminé. Il existe plusieurs lignes (voir le détail sur leur site). Le parcours rouge *(Red City Tour)* fait halte en 11 points stratégiques (Waterfront, Clock Tower, S.A. Museum, Castle of Good Hope, départ du téléphérique de la Table Mountain, Camps Bay, Sea Point...). Le parcours *Blue Mini Peninsula Tour* propose un circuit sur le même principe, avec 14 arrêts et se dirige vers Hout Bay en passant par Kirstenbosch et Constantia Nek. Un minicircuit *(Yellow Downtown Tour)* se concentre sur le centre-ville (7 arrêts). Il est possible de combiner ces circuits ou de les compléter (par exemple, à Constantia Nek, le *Purple Wine Tour* prend le relais pour la visite de Groot Constantia). *À noter* : le ticket de 2 jours donne accès au bus qui monte (puis redescend) à Signal Hill pour le coucher du soleil. *☎ 021-511-60-00. • citysightseeing.co.za • On achète un billet pour la journée, puis on descend et on remonte à sa guise (cela s'appelle « hop-on / hop-off »). Pour 200 R, on peut prendre les bus sur une journée, pour 300 R durant 2 j. Réduc de 20 R sur Internet. Départ du Waterfront ttes les 15-20 mn (selon saison) 8h-18h05 (en hte saison, et un peu plus tôt en basse saison).* Bien vérifier les heures de passage car elles sont précises, ce qui permet d'organiser un parcours à la journée.

CITY BOWL (plan II)

C'est le cœur de la ville, la partie la plus animée et la plus intéressante dans la journée. Dès 17h, quand les boutiques ferment, le quartier se désertifie. Rien à y faire jusqu'à 20h, moment où les restos et bars de Long Street prennent le relais.

👬👬 ***Green Market Square*** *(plan II, C2) : quadrilatère situé sur Burg St, entre Shortmarket et Longmarket St. Marché quotidien 8h-16h30 env (remballe un peu plus tôt le sam).*
C'est le centre du centre ! Cette place accueille un marché d'artisanat provenant pour la grande majorité d'autres pays africains. On y retrouve les éternelles boîtes de conserve recyclées, masques « authentiques », œufs d'autruche peints, objets en fil de fer, bijoux, étoffes... Et puis beaucoup de babioles... On aime bien l'atmosphère bon enfant de ce marché où l'on parle l'anglais, un peu l'afrikaans, mais aussi le français, puisque quelques vendeurs viennent d'anciennes colonies françaises ou belges.

Tout autour de la place ombragée, en levant les yeux, on découvre quelques édifices de la fin du XIXe et du début du XXe s, aux styles très variés, certains aux influences Art déco, d'autres néo-Renaissance ou plus modernes.

The Old Town House – The Michaelis Collection *(plan II, C2)* **:** *149, Longmarket St, sur Green Market Sq. FERMÉ À LA VISITE EN 2018.* Voici le monument le plus intéressant de la place. Cet immeuble fut élevé en 1755 dans le style dit « Cape Rococo », avec une élégante avancée à arcades en rez-de-chaussée et un étage surmonté d'un clocheton. La 1re bâtisse édifiée ici servait de maison des gardes et de tour de guet pour la prévention des feux, véritable fléau en ville (la plupart des maisons étaient en bois). Il était même interdit de fumer dans la rue, tant le risque était grand. Au XVIIIe s c'était l'hôtel de ville du Cap.

Metropolitan Methodist Church *(plan II, C1-2)* **:** *à l'angle de Longmarket et de Burg St.* Cette église néogothique revêt un intérêt plus historique et symbolique qu'architectural. C'est en effet là que le pasteur Barnabas Shaw introduisit le culte méthodiste en Afrique du Sud où il débarqua en 1816. Intérieur néo donc, avec tout de même une belle nef en coque de navire renversée. À l'entrée, un grand miroir affirme « *You are beautiful* » (ça, on savait déjà !), puis « *... and so is your enemy* » (zut, on le savait moins).

Saint George's Mall *(plan II, C1-2)* **:** longue rue piétonne et ombragée, artère commerciale aérée, bordée de hauts édifices du XIXe s et de buildings de verre et d'acier. Tout le long, sur le trottoir, petits stands de vendeurs de tout et de rien et des petites grappes de déshérités.

Adderley Street *(plan II, C1-2)* **:** pas la plus intéressante des rues de la ville, mais l'une des plus passantes. Quelques édifices typiques du développement industriel et financier du XIXe s, comme la massive ***Standard Bank*** à l'angle de Darling Street, avec son imposant portique et son dôme pompeux. En levant le nez, on découvre quelques autres édifices du même acabit. Un peu plus bas, à l'angle de Bureau Street, la ***Groote Kerk*** (la grande église), reconstruite dans un style austère au milieu du XIXe s. C'est là que s'éleva la toute 1re église construite en Afrique du Sud (1678). À noter encore l'orgue, placé ici dans les années 1950 et comportant près de 6 000 tuyaux.

Slave Lodge Museum *(plan II, C2)* **:** *à l'angle d'Adderley et de Wale St. ☎ 021-467-72-29. ● iziko.org.za/museums/slave-lodge ● Lun-sam 9h-17h. Entrée : 30 R ; réduc.*

C'est sur cet emplacement que se dressait le long édifice où logeaient, dans des conditions déplorables, les esclaves qui travaillaient dans les jardins de la Compagnie, juste à côté. Ici vivaient de 500 à 1 000 esclaves en plus des indigènes. L'élégante bâtisse actuelle fut édifiée au début du XIXe s et transformée en cour de justice après l'abolition de l'esclavage.

– Au rez-de-chaussée, expo pédagogique sur l'esclavage et sur l'histoire de cet édifice. Dans le hall, panneaux historiques sur l'esclavage. Parmi les documents, le célèbre et sinistre plan de « remplissage » des bateaux négriers (reconstitution d'un bout de cale). Sur 400 esclaves embarqués, de 130 à 200 mouraient en cours de route ! Colonne de la mémoire, en hommage à tous les esclaves qui transitèrent dans le lodge. Intéressant schéma des flux

À QUEL SAINT SE VOUER ?

Les enfants d'esclaves nés dans le lodge étaient généralement baptisés et pouvaient même, plus tard, fréquenter son école. Or les propriétaires ne pouvaient pas en principe revendre d'esclaves baptisés. Aussi évitaient-ils soigneusement qu'ils embrassent la religion chrétienne. Mais, de fait, de nombreux esclaves, en particulier ceux du Cap, se convertirent à l'islam par opposition radicale au christianisme... la religion des maîtres !

d'esclaves passant par Le Cap et de leur provenance. Gravures, listes d'esclaves et insolites petites annonces signalant ceux qui étaient en fuite...
Plus loin, maquette du lodge et une intéressante expo d'objets d'art et outils provenant de différents pays de l'océan Indien. Ces objets démontrent leur riche diversité culturelle.
– À l'étage, nombre de beaux objets dans les couloirs (bijoux, montres, pendules, médailles franc-maçonnes). Salle de l'argenterie, salle des armes *(weapons gallery)* et salle des céramiques africaine, surtout du XXe s. Réplique d'une pharmacie du XIXe s. Expo *Singing freedom,* sur l'apartheid exprimé en musique et chansons à travers les décennies. Émouvant, une radio diffuse quelques fameuses *protest songs.*
– Devant le musée, statue du général Jan Smuts, qui fut 1er ministre du pays de 1919 à 1924, puis de 1939 à 1948.

🍴 ***Saint George's Cathedral*** *(plan II, C2)* **:** *sur Wale St.* Assez austère, une cathédrale anglicane édifiée au début du XXe s dans un style néogothique ! Rien de bien transcendant non plus à l'intérieur. Reste qu'elle revêt une grande importance politique. Durant l'apartheid, ce fut l'un des seuls lieux de culte à continuer à accueillir Blancs, Noirs et *coloured people.* C'est ici que le 1er archevêque noir fut ordonné en 1986, un certain ***Desmond Tutu.***

🍴🍴🍴 ***District Six Museum*** *(plan II, C2)* **:** *25A, Buitenkant St.* ☎ *021-466-72-00.* • *districtsix.co.za* • *À l'angle d'Albertus St. Lun-sam 9h-16h. Entrée : 45 R ; réduc. Visite guidée : 60 R. Tour d'env 45 mn. Départ chaque heure 10h-14h. Pour les routards anglophones, la visite guidée avec un ancien résident du quartier s'avère très intéressante. Sinon, pour mieux comprendre ce musée, il peut être utile de lire avt notre texte sur les townships plus loin, afin de découvrir l'histoire de ce District Six.*
Ce musée résume de manière pédagogique, minutieuse, intelligente et touchante l'histoire du District Six. À noter que l'idée de ce musée, qui occupe une ancienne église méthodiste, est venue d'un groupe d'anciens habitants du District qui n'ont pas voulu laisser mourir la mémoire de ce quartier. Le musée raconte les conséquences de l'apartheid au jour le jour sur des centaines de milliers de familles.
Au XIXe s, des musulmans vinrent s'installer dans ce quartier, situé juste à l'est du centre-ville, tout comme de nombreux anciens esclaves noirs et indiens, des juifs d'Europe du Nord, des Asiatiques. Tous se côtoyaient dans une atmosphère de tolérance réciproque. Une riche vie de quartier se développa dans ce qui devint, en 1867, le 6e district électoral. Au début du XXe s y résidaient 10 % de la population de la ville. Après la 2de Guerre mondiale, plus de 60 000 personnes y vivaient, travaillaient et s'amusaient ici dans un esprit de connivence et d'entraide que le régime de l'apartheid chercha à briser.
Ce quartier fut proprement liquidé entre 1966 et 1983. Les autorités l'avaient déclaré officiellement *White area,* « zone blanche ». Tout fut rasé, et les gravats jetés à la mer ! La population juive dut déguerpir comme tout le monde, mais on l'autorisa à s'installer dans le quartier de Sea Point, que la communauté habite toujours.
Aujourd'hui, on peut encore voir quelques bouts de rues ravagées (Horstley et Richmond Streets) et, autour, les 2 églises et la mosquée que les habitants défendirent bec et ongles. Les autorités durent reculer devant l'opiniâtreté de la population à sauver leur lieu de culte, symbole de leur unité au travers de leurs différences.
Aujourd'hui, un programme de restitution a été mis en place et l'ex-population du District a eu la possibilité de récupérer ses terres et de faire construire sur plan de nouvelles maisons. Environ 3 000 postulants adhérèrent à ce programme de « Restitution ». Pour les autres, chaque famille reçut à partir de 1994 une somme de 17 500 R. Aujourd'hui, l'indemnité tourne autour de 80 000 R.
Au sol, on a reconstitué le plan du quartier, où les anciens habitants signent leur nom pour indiquer leur lieu de résidence d'autrefois. Observez les *Pass Books* (à

droite quand on entre), sur lesquels était indiquée la couleur de chacun. Explication du *Migrant Labour System,* panneaux sur la formation du quartier, section décrivant les mouvements de résistance qui prirent forme, la destruction successive des différents pâtés de maisons (articles de journaux, photos). Long drap brodé de paroles simples des anciens habitants du District. Ce qui est important ici, ce sont les nombreux témoignages individuels des habitants. Des mots personnels et simples pour décrire un drame collectif. Passionnantes infos sur la mixité sociale, raciale et économique du District Six avant sa destruction. Photos poignantes sur la destruction des maisons, où l'on découvre la sombre perversité de l'apartheid.
Quelques objets symboliques : les anciennes plaques de rues du quartier (qui furent conservées par la personne chargée de les retirer), un banc réservé aux Blancs. Portraits d'habitants du District qui devinrent des personnalités en ville. Reconstitution d'un petit intérieur d'autrefois, simple et impeccable. À l'étage, nombreuses photos sur la vie de tous les jours dans le District, avant sa destruction. Élément d'un salon de coiffure local, des lieux musicaux et de la *wash house* (laverie communautaire), etc. *Place of work* offre un témoignage des nombreux petits artisans qui travaillaient là. Et puis une section *Restitution* où l'on explique comment plusieurs milliers de personnes ont demandé après l'abolition de l'apartheid à récupérer leurs terrains afin de se faire rebâtir une modeste maison. Juste retour des choses. Enfin, au fond, une agréable petite cafétéria dont on remarquera l'émouvant « plancher des écrivains ».

AUTOUR DU CASTLE OF GOOD HOPE (plan II, C1-2)

★ *The Strand* *(plan II, B-C-D1-2)* **:** le Strand (le bord de plage) est une artère se situant exactement à l'emplacement où se trouvait la mer autrefois. C'est là en 1652 qu'accosta le bateau de Jan Van Riebeeck, fondateur et 1er commandant du comptoir du Cap. C'est aujourd'hui une des artères commerciales les plus importantes de la ville.

★ *Grand Parade* *(plan II, C2)* **:** juste devant le City Hall (l'ancienne mairie) s'étend ce vaste espace aujourd'hui transformé en parking, où s'élevait autrefois le 1er fort de la ville. Tout au long du XVIIIe s et jusque dans les années 1820, on y organisait de vastes parades militaires. On y punissait les esclaves en public, on les y enterrait également. Le mercredi matin, une partie de la place se transforme en grand marché aux fripes. Sans conteste le meilleur moment pour se balader sur Grand Parade.

★ *City Hall* *(plan II, C2)* **:** *Darling St, juste devant Grand Parade.* C'était la mairie jusqu'à la fin des années 1970. Il abrite toujours des services administratifs de la ville, ainsi que le palais de justice. Très large façade datant de 1905, conçue dans un mélange de style néo-Renaissance italienne et néoclassique. C'est du balcon du City Hall que Nelson Mandela fit son 1er discours après sa libération, le 11 février 1990, devant une foule immense et émue. Salle de style baroque allemand de belle facture, où vibrent des orgues exceptionnelles composées de plus de 3 100 tuyaux.

★★★ *Castle of Good Hope* *(plan II, C-D2)* **:** *entrée près de l'angle de Buitenkant et de Darling St. ☎ 021-787-12-49. • castleofgoodhope.co.za • Tlj 9h-17h (dernier billet à 16h30). Entrée : 50 R ; réduc. Visites guidées incluses dans le prix, tlj, chaque heure, à 11h, 12h, 14h, 15h et 16h. Durée : 45 mn (en anglais). Tirs de canon lun-sam 10h, 11h et 12h.*
Le « château » de Bonne-Espérance est en fait une forteresse militaire. Il faut bien considérer cet édifice comme fondateur de la cité et pivot de l'implantation de la VOC sur le sol d'Afrique du Sud au XVIIe s. Pour sa construction, on utilisa du bois provenant de la forêt de Hout Bay, une belle pierre jaune importée de Hollande et le

calcaire provenant de coquillages trouvés sur Robben Island. Sur le portail central, la couronne et le lion symbole des Pays-Bas. Le lion tient 7 flèches représentant les provinces unies.
Le château fut le véritable centre administratif, civil, judiciaire et militaire de la colonie naissante durant tout le XVIIIe s et une partie du XIXe s. Toutes les décisions étaient prises ici, tout nouveau colon y passait obligatoirement. Les gouverneurs y résidaient, la puissance de feu de la colonie s'y concentrait, et les échanges commerciaux y étaient signés. Une conception à la Vauban, avec une forme en pentagone, dotée de 5 grands bastions en avancée, témoigne de l'esprit éminemment défensif de l'ouvrage. Le nom de chaque bastion provient des différents titres du prince Guillaume d'Orange (Buren, Orange, Leerdam, Katzelenbogen, Nassau). Le château n'a pas complètement perdu sa vocation militaire, puisqu'il héberge toujours une petite garnison. S'y trouvent également plusieurs petits musées tout à fait dignes d'intérêt, retraçant l'histoire de l'arrivée des colons au Cap.

LES PLUS VIEILLES PIERRES DE LA NATION

Le château de Bonne-Espérance fut édifié en bord de mer par la VOC (union de 8 compagnies maritimes hollandaises) à partir de 1666, soit 14 ans après le débarquement des 1ers colons. Ce qui en fait le plus ancien édifice encore debout du pays colonial.

Visite de la forteresse

Après avoir passé la modeste douve, on accède à l'entrée principale, surmontée d'un clocheton abritant une cloche fondue à Amsterdam à la fin du XVIIe s. Au fronton, dans l'architrave, les armes des principales villes hollandaises où la VOC avait ses bureaux.
À l'intérieur, ce qui frappe tout d'abord, c'est le long bâtiment central qui sépare le fort en 2 sur toute la longueur et sur lequel sont venues s'inscrire les résidences des gouverneurs. Là encore, il s'agit d'un ouvrage de défense à l'intérieur même du fort. Il est toujours amusant de voir comment les colons avaient eux-mêmes la trouille d'être envahis.

– ***De Kat Balcony et la collection William Fehr :*** face à vous, joli balcon en fer forgé avec double escalier, dessiné par le Français Louis Thibault et surmonté d'un élégant portique à colonnes. Édifié dès les 1res années du fort, il fut remanié à la fin du XVIIIe s dans le style de l'époque (assez pompeux). C'est de là que les déclarations aux soldats étaient faites, que les informations aux habitants du Cap étaient données et que les jugements du tribunal étaient lus. C'est dans cette demeure sise au centre du château que résidait le vice-gouverneur du Cap. On y retrouve l'organisation de l'habitation traditionnelle Cape Dutch. Transformée en musée (la visite comprend également les pièces à gauche du porche), elle abrite une collection de mobilier et toiles du XVIIIe et XIXe s : lourdes armoires hollandaises en bois précieux, vaisseliers très travaillés, vitrine de porcelaines au chiffre de la VOC provenant des colonies d'Asie du Sud-Est, portraits de Van Riebeeck. Nombreuses toiles représentant Le Cap au début de la colonisation : un gros village ! Autant de témoignages montrant l'évolution de la ville au fur et à mesure de l'implantation des colons. Quelques toiles témoignent de la présence des ethnies locales. À l'étage, immense salle coupée en 2 par la table où se tenaient les réunions de la VOC. Aux murs, nombreuses marines.

– Sur la gauche du musée *De Kat Balcony,* un autre petit musée, ***The Secunde's House,*** reconstitution de l'intérieur de la maison du vice-gouverneur. 4 pièces en rez-de-chaussée où l'on verra un riche mobilier (armoires, coffre, lit alcôve, cuisine et même une chaise à porteurs).

– Sur certaines façades des murs d'enceinte du fort, on peut encore voir les *cadrans solaires* qui indiquaient l'heure officielle à toute la colonie.

– ***Military Museum*** *(Musée militaire) :* entrée sur la gauche, dans la 1re cour. Noter dans la salle en longueur le costume de mousquetaire hollandais du XVIIe s.

2 maquettes du fort où l'on visualise bien sa situation en bord de mer. Intéressantes gravures. Collection d'uniformes militaires des différentes époques de la colonisation, de décorations et d'armes blanches et à feu. Maquette de navire de l'époque. Sur la gauche, hommage au régiment du Cap : costumes traditionnels des *Cape Town highlanders* d'origine écossaise. Médailles et costumes. À l'étage, évocation des guerres anglo-boers et anglo-zoulou.
– En passant sous l'arche (à gauche du *Kat Balcony*), on remarque que le pavement du sol est composé de pavés de bois qui permettaient d'atténuer le bruit du pas des chevaux, pour préserver le sommeil des autorités et notamment du gouverneur.
– Possibilité de grimper sur le *chemin de ronde* pour une vue d'ensemble.
🍸 Après la visite, petite cafétéria pour boire un verre sous les arcades.

Koopmans De Wet House Museum *(plan II, C1)* **:** *35, Strand St. ☎ 021-481-39-35. • iziko.org.za/museums/koopmans-de-wet-house • Lun-ven 9h-16h. Entrée : 20 R ; réduc.*
Voici un exemple typique de demeure bourgeoise du Cap au XVIIIe s. Édifiée en 1699 sur ce qui était autrefois l'artère la plus vivante de la ville naissante, la *De Wet House* fut surélevée durant la 2de moitié du XVIIIe s, puis rénovée par l'un des plus célèbres architectes de l'époque, le Français Louis Thibault. C'est d'ailleurs le classicisme qui prédomine sur la façade à la française, avec son pignon triangulaire et ses pilastres. Dans cette grande maison bourgeoise, les Koopmans De Wet recevaient ici tout le gratin politique, diplomatique et culturel de la ville.
Transformée en musée, la maison fut remeublée dans le style Cape Dutch propre à la fin du XVIIIe s. Au rez-de-chaussée, salle à manger, salon à l'ancienne, cuisine très équipée pour l'époque. Belles chambres à l'étage. Outre le superbe mobilier (commodes, armoires, lits à baldaquin, bibliothèque...), c'est l'organisation des pièces et l'atmosphère particulière de cette demeure bourgeoise qui la rendent intéressante.

Evangelical Lutheran Church *(plan II, C1)* **:** *à gauche du 96, Strand St. Lun-ven 10h-14h.* Une importante église luthérienne, la plus ancienne du genre dans le pays. Jusqu'en 1779 le culte luthérien ne fut pas autorisé, malgré le nombre de personnes immigrantes qui le pratiquaient. La seule confession alors permise était celle de l'*Église réformée hollandaise,* puisqu'un principe indéfectible gérait la « liberté » de culte au Cap : une foi unique ! Des offices furent malgré tout célébrés ici, dans cette église déguisée en étable. De lourdes pressions furent exercées par l'homme d'affaires Martin Melck sur le gouverneur, dont il avait gagné l'estime, ainsi que sur la VOC pour que soit autorisé le culte luthérien. On continua à appeler l'église *Barn Church* (l'église de l'Étable). À l'intérieur, bel autel-chaire, rangée de bancs fermés et pupitre baroque.

COMPANY'S GARDEN (plan II, B2)

Queen Victoria St. Tlj 7h-19h. Éviter de fréquenter la Government Ave à la nuit tombante.
Ces quelques hectares de jardin constituent tout ce qui subsiste du vaste jardin potager qui fut planté par Jan Van Riebeeck en 1652, avec l'objectif de ravitailler en fruits et légumes les navires faisant escale au Cap. L'urbanisation de la cité a réduit la taille du jardin au fil des siècles. Il fut finalement transformé en jardin d'agrément avec pelouses et essences rares, très fréquenté dans la journée et traversé par une large artère piétonne, la *Government Avenue,* ombragée par de superbes chênes et bordée par de nombreux édifices officiels (qu'on vous décrit plus loin). À l'extrémité sud, on trouve 2 grands musées de la ville (National Gallery et South African Museum).

Balade agréable dans cet espace vert rafraîchissant et policé, auquel les Anglais ont su conserver un certain naturel. Belles essences, indigènes ou pas (superbes palmiers), grandes pelouses aérées, zones ombragées et écureuils... Le rêve pour les familles ! Au centre du jardin, vous irez rendre hommage au poirier, vieux de 350 ans, planté dès la création du jardin par Jan Van Riebeeck, protégé par des grilles et soutenu par des étais. C'est de fait le plus vieil arbre de la ville.
On verra encore la statue de Cecil John Rhodes (1853-1902), homme d'affaires et politicien extrêmement ambitieux, propriétaire de la *De Beers Consolidated Mines,* bâtisseur d'un incroyable empire, sur le dos d'une main-d'œuvre bon marché travaillant dans une promiscuité digne de l'esclavage. Rhodes épousait les ambitions les plus folles de l'Angleterre, rêvant d'un empire sur lequel le soleil ne se coucherait jamais. Il fut 1er ministre de la colonie du Cap de 1890 à 1896. On le voit ici, fier comme bar-tabac, le bras levé. Il dut renoncer à sa carrière politique à cause de son attitude d'ingérence envers le président du Transvaal, un certain Paul Kruger. Il parvint à faire donner son nom à 2 pays, la Rhodésie du Sud (actuel Zimbabwe) et la Rhodésie du Nord (devenue la Zambie).
Devant cette statue, cadran solaire réalisé par des ingénieurs français lors de leur passage, à la fin du XVIIIe s, quand la France était alliée au gouvernement hollandais.

***Parlement** (plan II, C2) : c'est le 1er bâtiment sur la gauche.* Un long édifice à portique, très classique (fronton triangulaire, colonnade et pilastres aux chapiteaux à feuilles d'acanthe), élevé à la fin du XIXe s. Siège de la 1re assemblée législative de la colonie du Cap, il devint au début du XXe s le Parlement du nouveau pays. En 2016, un débat s'est ouvert dans la classe politique pour savoir s'il fallait garder le Parlement au Cap. Des députés proposent de l'installer à Johannesburg. Dans un coin du jardin, côté Spin Street, se dresse une statue de la reine Victoria (1837-1901) tenant le symbole de l'Empire britannique dans sa main gauche et le sceptre royal dans l'autre main.

***De Tuynhuys (Garden House** ; plan II, B2) : à côté du Parlement.* Reconstruite au tout début du XVIIIe s, cette belle maison au fond du jardin (pas visitable) fut la demeure du gouverneur du Cap, puis l'une des résidences du président du nouvel État sud-africain. On y recevait autrefois les hôtes de marque qui venaient en visite dans le pays à l'invitation de la VOC. On les installait là pour éviter de les loger au château de Bonne-Espérance, où la compagnie conservait tous ses secrets.

***South African National Gallery** (plan II, B2) : un peu après De Tuynhuys, toujours sur Government Ave. ☎ 021-481-39-70. • iziko.org.za/museums/south-african-national-gallery • Tlj 9h-17h. Entrée : 30 R ; réduc.* Dans un édifice des années 1930, ce musée abrite uniquement des collections temporaires d'art sud-africain contemporain. On y découvre des travaux d'une grande audace, traitant souvent avec vigueur des problèmes et des contradictions de l'après-apartheid. Toutes les nouvelles tendances sont représentées. Il est intéressant d'y découvrir que l'Afrique du Sud, au-delà des défis humains à relever, est aussi un pays qui crée, qui s'interroge sur son art, et cherche en permanence à avancer. Une seule salle présente des œuvres permanentes : facile à trouver, elle abrite en son centre une intrigante sculpture de Jane Alexander, *Butcher Boys,* composée de 3 personnages humains (ou plutôt inhumains) grisâtres, à tête de mutants. Tout autour, une dizaine de toiles équestres classiques.

***Delville Wood Memorial Garden** : juste à la sortie sud de* Company's Garden. Cette massive statue équestre qui met en scène un cheval vigoureux encadré de Castor et Pollux n'aurait, outre sa bonne facture, rien qui mérite qu'on y fasse une halte prolongée. Sauf qu'elle a été élevée pour rendre hommage aux 3 000 soldats sud-africains qui allèrent combattre en France lors de la 1re Guerre mondiale (1916), à la bataille de Delville, village proche de Longueval dans la Somme. La sculpture originale se trouve en France, précisément dans le village de Delville.

Dans le parc, une autre statue honore le général sir Henry Timson Lukin, commandant en chef des forces militaires du pays à cette fameuse bataille du bois Delville. Voir aussi à Johannesburg le *South African National Museum of Military History.*

South African Museum *(plan II, B2)* **:** *25, Queen Victoria St. ☎ 021-481-38-00. • iziko.org.za/museums/south-african-museum • Tlj 9h-17h. Entrée : 30 R ; réduc.* Vaste musée qui abrite des collections très diverses sur l'histoire naturelle du pays : large section d'animaux empaillés ou reconstitués, terrestres ou marins (immense squelette de baleine de plus de 30 m, coquillages, section requins...). Au rez-de-chaussée, dans la section *rock art,* remarquables peintures rupestres (animaux au dessin particulièrement élaboré, insolites danses de transe). Quelques belles météorites aussi, tombées dans la région du Karoo au fil des siècles. Partie consacrée aux végétaux et minéraux. Également un planetarium. Expos temporaires.

South African Jewish Museum *(plan II, B2)* **:** *88, Hatfield St (parfois appelée Saint John's St). ☎ 021-465-15-46. • sajewishmuseum.org.za • Lun-jeu et dim 10h-17h, ven 10h-14h. Fermé sam et pdt les fêtes religieuses juives. Entrée : 65 R ; réduc. Audioguide 20 R. Pièce d'identité nécessaire.* Musée installé dans l'enceinte de l'ancienne synagogue édifiée en 1863, la plus vieille du pays. Toute l'histoire de la communauté juive qui immigra en Afrique du Sud est racontée dans des espaces modernes et aérés, intelligemment agencés, avec un puits de lumière au centre, symbole d'espoir. Dans la grande salle, expo des objets cultuels traditionnels (dont une belle torah en argent ciselé) et une maquette de synagogue. Chronologie de l'implantation de la communauté juive à l'aide de documents, écrans tactiles, reconstitution d'un bout de village juif du XIXe s (le *schtetl*), nombreuses photos. Beaucoup de documents sur l'évolution de la ville et de la communauté juive à la fin du XIXe s. En 1880, la communauté comptait environ 4 000 personnes. Puis vinrent les grandes vagues d'immigration (surtout lituaniennes, les Litvaks) après les pogroms de 1881 dans l'Empire russe. Beaucoup habitèrent *District Six* dans des conditions bien chiches. D'autres devinrent colporteurs dans les campagnes (voir la reconstitution de la carriole d'un *trader*). Beaucoup de ces pionniers réussirent à se faire une place en moins de 2 générations, parfois dans les mines d'or et d'argent. Évocation des personnages les plus importants de la communauté, qui ont fait l'Afrique du Sud et interviews de certaines personnalités, diffusées en boucle. Parmi les militants juifs anti-apartheid : le milliardaire Harry Oppenheimer (qui se convertit à l'anglicanisme) et Helen Suzman qui rendit plusieurs fois visite à Mandela en prison. Citons aussi l'écrivain Nadine Gordimer et Joe Slovo, l'avocat de l'ANC... Jeter un œil à la petite section *Isaac Kaplan Netsuke Gallery.* Cet amateur d'art japonais constitua une intéressante petite collection d'ivoires ciselés, parures d'épées, délicats petits bronzes... Juste à côté, la synagogue moderne.

Holocaust Centre *(plan II, B3)* **:** *juste à côté du Jewish Museum, dans la même enceinte. Au 1er étage du building. ☎ 021-462-55-53. • ctholocaust.co.za • Tlj sauf sam 10h-17h (14h ven). GRATUIT.* Complément indispensable du musée précédent. Photos, extraits de films, affiches et documents. Pudique et didactique, émouvant et pédagogique, ce centre reprend toutes les étapes historiques qui mèneront à la solution finale : montée du nazisme, ségrégation, Hitler au pouvoir, la jeunesse hitlérienne, départ face à la menace, persécutions, la Nuit de cristal, formation des ghettos, les camps, exécutions de masse... Évocation des autres minorités ayant subit les mêmes horreurs. On termine par des témoignages de survivants, d'une grande dignité. Terrible regard sur l'histoire humaine.

Mount Nelson Hotel *(plan II, B3)* **:** *76, Orange St, Gardens.* Une belle allée de palmiers conduit au *Mount Nelson Hotel,* le plus vieil hôtel-palace 5 étoiles de la ville, bordé par un charmant jardin. Construit en 1899, ce fut le 1er palace d'Afrique du Sud à disposer de l'eau chaude. Il servit de QG aux officiers anglais durant la 2de guerre anglo-boer (1899-1902). Jeune correspondant du *Morning*

Post, Winston Churchill y résida en 1899. En 1925, Conan Doyle y séjourna. Si vous êtes correctement habillé, allez boire un verre au bar et asseyez-vous dans ***une des chaises hautes à l'effigie de l'amiral Nelson.***

LE QUARTIER DE BO-KAAP *(plan II, B1)*

Voici le quartier musulman de la ville, dont les habitants sont appelés les *Cape Malays.* Bo-Kaap est un quartier assez étonnant, d'une grande tranquillité, adossé sur les flancs de la colline de Signal Hill. Il est constitué de maisons basses dont la plupart ont des façades aux couleurs vives et audacieuses. Grosso modo, Bo-Kaap s'insère dans le quadrilatère formé par Castle et Wale Streets d'une part, Rose et Chiappini Streets d'autre part. Longmarket et Wale en forment les axes principaux.

MAIS D'OÙ VIENNENT LES CAPE MALAYS ?

Lorsque l'on dit Cape Malays, il s'agit d'une réduction sémantique puisque les habitants de Bo-Kaap ne sont pas tous, loin de là, originaires de Malaisie mais de différents pays d'Asie (Indonésie, Sri Lanka...). Les colons, qui ne faisaient pas dans le détail, leur donnèrent à tous ce nom « générique », par ignorance.

À part le petit musée, il n'y a rien de particulier à voir ici sinon admirer les ribambelles de maisons multicolores. Voici bel et bien le quartier musulman arc-en-ciel de Cape Town ! C'est évidemment le samedi matin qu'il faut explorer Bo-Kaap, jour de congé des musulmans, lorsque tous les habitants sont dans la rue, sur leur pas-de-porte, prenant le soleil sur leur modeste terrasse devant leur maison. On sent l'esprit de communauté qui lie la population. Sur Longmarket Street, voir la jolie mosquée avec son élégant minaret. On est à 2 pas de l'animation du centre-ville et, pourtant, on se sent vraiment dans un quartier à part.

Un peu d'histoire

L'histoire commence avec l'arrivée d'une main-d'œuvre importée du Sri Lanka, d'Indonésie, d'Inde et de Malaisie par la VOC, vers la fin du XVIIe s. Cette main-d'œuvre était composée en grande partie d'esclaves, mais on trouvait aussi de nombreux exilés volontaires, ainsi que des prisonniers politiques qu'on coupait de leurs racines.
Tout d'abord occupées par les employés de la VOC, les maisons de ce quartier furent petit à petit abandonnées lorsque les Anglais annexèrent Le Cap en 1806. Après l'abolition de l'esclavage en 1834, les nouveaux affranchis venant d'Asie s'installèrent ici, dans ce quartier « au-dessus du Cap » (Bo-Kaap). Ils rebâtirent des maisons et recréèrent une communauté autour de leur religion commune, l'islam. Grâce à leurs talents d'artisans, ils parvinrent à se faire une place honorable et respectée dans un Cap se développant rapidement et où leur savoir-faire s'avérait très recherché.
L'islam se fit donc petit à petit une place en ville, et le quartier affirma son caractère musulman. Durant l'apartheid, les *Cape Malays* parvinrent à résister et ne furent pas déplacés. Des fêtes musulmanes y sont d'ailleurs toujours célébrées avec ferveur.

Bo-Kaap Museum *(plan II, B1)* ***:*** *71, Wale St. ☎ 021-481-39-38. ● iziko.org.za/museums/bo-kaap-museum ● Lun-sam 9h-16h. Entrée : 20 R ; réduc.* Dans l'une des plus anciennes maisons du quartier (2de moitié du XVIIIe s). Modeste musée proposant quelques panneaux d'informations sur le quartier et une petite expo temporaire. En 1950, avant d'être expulsés aux confins de la ville, une majorité de travailleurs habitaient à l'époque à 15 mn du centre.

Atlas Trading Company *(plan II, B1,* ***134****)* **:** *104, Wale St.* ☎ *021-423-43-61. Lun-jeu 8h45-17h15, ven 8h15-12h et 14h-17h15, sam 8h30-13h.* Une boutique assez symbolique du quartier puisqu'on y trouve toutes les épices, riz, lentilles, thé vert, sauces, etc. Bref, tout pour préparer votre prochain *braai* avec les copains-copines.

En redescendant par ***Church Street,*** entre Burg et Long Streets, concentration d'antiquaires. Dans ce morceau de rue piétonne, petite brocante *(lun-ven jusqu'à 16h env, et sam mat).*

VICTORIA AND ALFRED WATERFRONT *(plan I, C1 et zoom)*

C'est en 1860 que furent creusés ces bassins et ce port qui devait permettre aux navires et bateaux de tout tonnage de s'abriter des colères de l'océan. La reine Victoria accola son nom à celui d'un de ses fils quand il fallut agrandir l'ensemble de ce qui constituait déjà à l'époque des docks particulièrement modernes. Comme tout secteur portuaire, la présence toujours plus grande de navires de marchandises de tous horizons et d'une population un rien interlope fit du Waterfront un lieu particulièrement malfamé.
Aussi, à la fin des années 1980, une réhabilitation totale du secteur fut décidée. On eut l'intelligence de conserver au Waterfront une vraie vie portuaire, tout en transformant les docks les plus anciens en hôtels, restaurants, bars, pubs, clubs de jazz, boutiques et galeries d'art. De vastes hangars vides se sont métamorphosés en *malls* de luxe, dont le gigantesque ***Victoria Wharf,*** qui par son style mélange la 5th Avenue à New York et la rue du Faubourg-Saint-Honoré à Paris avec ses centaines de boutiques.
Le Waterfront est devenu en quelques années très à la mode, au point d'être un véritable nouveau quartier de la ville, surnommé le « V & A », sûr et très fréquenté par tous. Le succès esthétique de cette transformation est indéniable et, avec le temps, tous les *Capetonians,* noirs ou blancs, ont adopté ce quartier : familles venues déguster une glace, amoureux en balade, touristes en goguette... Même les amateurs y trouveront leur compte, grâce à un superbe musée, le *Zeitz MOCAA* !

Zeitz MOCAA **(Museum of Contemporary Art Africa** *; plan I, zoom)* **:** *dans le Victoria and Albert Waterfront, Silo district (fléché).* 📱 *087-350-47-77.* • *zeitzmocaa.museum* • *Tlj 10h-18h. Jusqu'à 21h le 1er ven du mois (entrée à moitié prix à partir de 16h ce jour-là). Entrée : 190 R (gratuit moins de 18 ans). Audioguide gratuit sur plusieurs sujets (le bâtiment lui-même, les collections en cours...). Au 6e étage,* café-resto Zeitz Mocaa Food *(mêmes horaires que le musée). Parking payant au sous-sol.* Voici ce que l'on peut considérer comme le plus grand musée d'Art contemporain du continent africain, rien que ça ! Sur plus de 6 000 m² d'espace d'exposition, et sur 6 étages, dans des anciens silos à grains du port, hauts de 57 m, le musée, riche de 80 galeries, permet d'admirer les impressionnantes collections rassemblées par Jochen Zeitz, homme d'affaires allemand très investi en Afrique, qui finance le fonctionnement du musée. Zeitz collectionne depuis des années des œuvres d'art africain, mais aussi d'œuvres d'artistes de la diaspora.
Mais la 1re œuvre d'art est sans aucun doute l'édifice lui-même, un énorme silo à grains en béton, transfiguré en musée, mais aussi en hôtel super luxe et tendance (mais hyper cher !) dans les parties hautes (et entièrement vitrées). Une réussite. Le vaste hall d'accueil du musée englobe tout le bâtiment, dont chaque cylindre a été découpé pour offrir une vision des alvéoles par en-dessous, à la manière d'une nef de cathédrale. Une structure ouverte aux allures post-modernes, que l'on explore avec jubilation et sans tabous. Les 6 niveaux et les

LA PROVINCE DU CAP

dizaines de salles accueillent essentiellement des expos temporaires, généralement organisées par artiste. Toutes les tendances de l'art moderne sont là : peintures flashy, photos retravaillées, collages extravagants, installations rigolotes, vidéos dérangeantes, dessins sensibles, travaux sur la couleur... Toutes les formes artistiques sont présentes, sans retenue et souvent avec une bonne dose d'humour. On découvre la richesse encore méconnue des artistes africains contemporains. Certaines œuvres émeuvent, d'autres interpellent, quelques-unes dérangent. Mais n'est-ce pas le propre de l'art (vous avez 2h pour rendre votre copie) ?
On conseille de débuter la visite par le haut, puis de descendre tranquillement. Les seules collections – à peu près – permanentes se situent aux 1er et 2e étages. Peu importe d'ailleurs, car les œuvres tournent régulièrement, même si certains artistes figureront toujours sur les murs. Parmi ceux-ci (et sans vouloir vous assommer avec des noms encore méconnus mais déjà reconnus), il faut mentionner les travaux de Léonce Raphael Agbodjelou (Bénin), Mary Sibande (Afrique du Sud), Mishek Masamvu (Zimbabwe), Joël Andrianomearisoa (Madagascar), Mohau Modisakent (Soweto), Ghada Amer (Égypte), Wangetdu Mutu (Kenya), et encore Athrpatra Ruga (Afrique du Sud), El Anatsui (Ghana)... et bien d'autres créateurs incroyables.
🍷 Et quand vous aurez fait le plein d'images, vous aurez bien mérité un moment de détente au ***Zeitz Mocaa Food*** (6e étage), pour un café ou pour grignoter un petit quelque chose (carte de snack). Ambiance lounge et vue incroyable sur la ville depuis les immenses baies vitrées.

➢ ***Balade sur les docks :*** la promenade peut constituer en soi un agréable moment. Passer par la ***tour de l'Horloge,*** mignonne comme tout et facilement reconnaissable. Elle date de 1882. Et repérer les 4 statues à taille humaine des principales chevilles ouvrières de la liberté en Afrique du Sud : Albert Luthuli, Desmond Tutu, Nelson Mandela et F. W. De Klerk.

– ***Le quai 5*** *(plan I, zoom)* ***:*** on y trouve plusieurs compagnies qui proposent des tours en bateau dans la baie (de 30 mn à 1h30). Pléthore de restos pas trop chers aussi. Petit amphithéâtre où se déroulent des concerts de temps en temps.

★★★ 👪 ***Two Oceans Aquarium*** *(plan I, zoom)* ***:*** *juste à côté du* Maritime Centre. ☎ *021-418-38-23. • aquarium.co.za • Tlj 9h30-18h. Entrée : 175 R (pour les résas en ligne) ; réduc 4-13 ans et 14-17 ans. Billet valable pour la journée entière. Pour info, on nourrit les prédateurs tlj, en général à 11h, 14h et 14h30.*
Sont réunis ici tous les poissons et formes vivantes des 2 océans. Malgré son prix élevé, visite intéressante, bassins lumineux et très bien entretenus. Au rez-de-chaussée, plusieurs petits aquariums et bassins en forme de colonnes présentent d'étonnants spécimens : poissons-clowns, anémones, hippocampes, algues géantes, sublimes méduses sous la lumière noire... Voir aussi le poisson-pierre à la piqûre mortelle. On ne pourra manquer les araignées absolument géantes, le superbe poisson-scorpion, les impressionnantes murènes et le *pufferfish* (le célèbre *fugu* dont raffolent les Japonais dans leur assiette).
Puis on aborde les gros morceaux : immense ***bassin circulaire*** où tournoient les thons et surtout ***quelques magnifiques requins*** *(ragged-tooth sharks),* mais aussi l'intrigant *sunfish,* le vilain *musselcracker fish* (qui donne des coups de nez !). Tout ce petit monde que l'on pourra observer de très près grâce au tunnel de verre. À l'étage, espace réservé aux petits pingouins africains (dont ceux du Cap) et les curieux *rock hopper* (avec leur coupe punk).

LES QUARTIERS DE LA CÔTE OUEST ET SUD-OUEST

★ ***Green Point*** *(plan I, B1)* ***:*** *vaste étendue verdoyante, juste à l'est de Victoria and Alfred Waterfront.* On y trouve notamment le *Green Point Stadium,* un stade de 68 000 places entièrement reconstruit pour la Coupe du monde de football 2010 (il a même un toit rétractable).

STADE DE NON-RETOUR

Admirez le stade majestueux et élégant qui domine le quartier de Green Point depuis la Coupe du monde de 2010. Célèbre pour les pots-de-vin qui ont accompagné sa construction, à hauteur de plusieurs milliards de rands. Procès contre les entreprises de BTP et scandale national ont conduit les habitants du Cap à détester ce gouffre à fric qui a fait exploser leurs impôts. Même l'équipe de foot locale rechigne parfois à fouler sa pelouse. On parle régulièrement de le démonter, c'est dire !

Sea Point *(plan III, B1)* **:** *quartier résidentiel tt en longueur, coincé entre le bord de mer et Signal Hill,* composé de hauts buildings dans le style années 1950. Pas vraiment de plage, mais les habitants aiment s'y promener, y courir ou balader leur chien. C'est un quartier plutôt bourgeois, qui vit de manière autonome par rapport au centre-ville, avec des dizaines de restos, bars et immeubles résidentiels. C'est là notamment que la communauté juive s'est regroupée durant les années de l'apartheid. On y trouve une immense et étonnante ***piscine municipale d'eau de mer*** en plein air, sur le front de mer, avec plusieurs bassins *(tlj 7h-19h).* Bondée le week-end (les familles viennent y pique-niquer), nettement plus calme le matin en semaine. Un moment de partage extra, car on y trouve une population mixte et une chouette ambiance.

Clifton Bay *(plan III, A2)* **:** *dans la continuité de Sea Point, vers le sud.* Une étroite bande de terre qui s'élève en corniche, entre la mer et Lion's Head. Beau panorama. Un quartier très résidentiel, où s'alignent des villas modernes, dans le style californien, avec de grandes baies vitrées, des avancées géométriques, et des tendances Art déco... Pas de commerces ici, rien que des maisons à flanc de colline. Clifton Bay est surtout réputée pour ses jolies plages. Il y en a 4, séparées par des bandes rocheuses. Petites, adorables mais bondées le week-end. Leur succès est dû au fait qu'elles sont pratiquement toujours à l'abri du vent, véritable fléau au Cap à certaines périodes de l'année.

First Beach : *la plus au nord.* Population jeune et jolie, quelques « m'as-tu-vu » et pas mal de « me-voilà ». Tous les lundis soir d'été, la plage est le rendez-vous d'une soirée percussion endiablée. Ambiance du tonnerre.

Second Beach : assez jeune, plutôt pour les sportifs. On y joue au volley, c'est dire. Frisbee et *bat and ball* (c'est un jeu).

Third Beach : rendez-vous de la communauté gay.

Fourth Beach : on y trouve un peu tout le monde, notamment des familles et des gens âgés (car très facile d'accès).

Camps Bay *(plan I, A3)* **:** une grande plage de sable blanc, sans doute la plus belle de la ville. Quartier très fréquenté le soir. Un petit côté Miami Beach avec son lot de bars branchés. Reste que l'eau est vraiment froide et qu'elle est infréquentable lorsque souffle le vent du sud-est. Ces jours-là, tout le monde file à Clifton Bay. Attention aussi aux courants croisés, qui rendent la baignade dangereuse. Renseignez-vous bien auprès des locaux avant d'enfiler votre string. On peut toujours faire bronzette sur le sable ou sur le gazon. Pas beaucoup de Blacks dans le secteur, il faut bien le constater, sauf le week-end, où les familles viennent y pique-niquer avec la glacière. À propos, depuis 2001, il est interdit de boire de l'alcool sur la plage, même si les jeunes le font en douce. Certains, après avoir bien picolé sur la plage, allaient ensuite se baigner... et se noyaient. Après le coucher du soleil, Camps Bay continue à vivre sa vie. Le week-end, les bars et les boîtes ne désemplissent pas jusque tard dans la nuit.

LES COLLINES ET MONTAGNES AUTOUR DE LA VILLE

Il y a 3 sommets qui enveloppent le centre-ville et séparent celui-ci des quartiers bordant l'océan. Tous sont visibles quasiment de partout et servent d'excellents points de repère au touriste égaré. *Table Mountain* (plus de 1 000 m) avec son toit extra-plat, *Signal Hill,* élégante colline au téton rocheux avec ses modestes 350 m d'altitude, et *Lion's Head* (Tête de Lion), sur l'arrière, qui culmine à 670 m et ferme la ville au sud-ouest.

LA TABLE DE LA LIBERTÉ

La montagne de la Table (Table Mountain) au-dessus de Cape Town se voit bien depuis Robben Island. De leur sinistre prison Mandela et ses compagnons de l'ANC regardaient cette superbe montagne comme le symbole de la liberté. À leur libération, les prisonniers n'avaient qu'un désir une fois débarqués au Cap : monter au sommet de Table Mountain ! L'objet inaccessible de leur enfermement devint la montagne de la liberté retrouvée !

Table Mountain *(plan I, B3)* **:** *accès à la station inférieure de téléphérique par Kloof Nek. De là, soit on monte à pied (courage ! voir plus loin « Randonnées »), soit on prend le* ***téléphérique.*** *☎ 021-424-81-81. • tablemountain.net • Fonctionne tte l'année : mi-déc à mi-janv 8h-20h30 (1re quinzaine de déc et 2de quinzaine de jan 8h-19h30) ; fév-mars 8h-19h ; avr 8h-18h30 ; mai-août 8h30-17h ; sept-oct 8h30-18h ; nov 8h30-19h ; du 1er déc à mi-déc 8h-19h30. Si le temps est trop mauvais, s'il y a trop de vent, le téléphérique reste à l'arrêt. Départ ttes les 5 à 15 mn. Prix de l'A/R : 330 R le mat ; 290 R à partir de 13h. Réduc (notamment sur Internet). Fermé pour maintenance une douzaine de j. fin juil-début août.*

La plus célèbre des montagnes, qui s'invite quasiment aux portes du centre-ville, donne son nom au *Table Mountain National Park* (autrefois dénommé *Cape Peninsula National Park*). La « montagne de la Table » porte bien son nom. Elle s'élève brutalement jusqu'à 1 085 m d'altitude et est coiffée d'un sommet complètement plat. Un effet particulièrement saisissant, surtout quand cette table est couverte par une nappe nuageuse (*tablecloth,* nappe) qui vient littéralement se coller sur le sommet. Cette montagne de grès repose sur un bloc de schiste argileux formé il y a plus de 360 millions d'années.

Quant au téléphérique, mis en fonction en 1929, il a été rénové à la fin du XXe s et a déjà transporté plus de 27 millions de personnes. Ultramoderne, il mène au sommet en quelques petites minutes : son plateau tournant permet d'offrir à tous un panorama à 360°. Essayez tout de même de vous mettre près d'une vitre. Au sommet, panorama incroyable depuis les différents balcons aménagés. Là-haut, on trouve un point d'info, une cafétéria *Cable Way Catering Self Service Restaurant* (snacks et petits déj pas trop chers), une boutique et même un *wifi lounge.*

Bon à savoir : plus de 95 % des visiteurs restent dans une zone de quelques centaines de mètres autour du point d'arrivée du téléphérique. Donc, si vous voulez un peu de tranquillité, faites quelques pas supplémentaires. N'oubliez pas que vous êtes dans un parc national et que celui-ci s'étend vers le sud sur plusieurs dizaines de kilomètres. Les règles sont strictes : pas de cueillette, pas de cigarette, interdit de quitter les sentiers.

– Au sommet, juste à côté de l'arrivée, le kiosque *Twelve Apostles Terrace* propose des balades guidées de 30 mn gratuites. Départ chaque heure 9h-15h.

➢ ***Randonnées :*** les marcheurs seront aux anges. Des ***dizaines de chemins*** parcourent ce remarquable massif rocailleux, parsemé de centaines de plantes endémiques et protégées, notamment de nombreuses variétés de fynbos. Une journée de rando sur Table Mountain est une belle expérience. Il est important de se munir d'une bonne carte (que l'on trouve au *Visitor's center* à la gare de départ).

Pour gagner le sommet à pied, il existe de nombreuses possibilités mais dans tous les cas, ne pas oublier qu'on gravit une montagne, on n'est plus en ville ! Pensez donc aux bonnes chaussures, à la crème solaire et à l'eau. L'*Upper Contour Path* débute à la station inférieure du téléphérique. Il passe par *Platterklip Gorge* et rejoint le sommet par *Fountain Peak* avant de gagner la station supérieure du téléphérique. Compter **autour de 3h30** pour cette montée très physique et seulement ***2h à la descente.*** On peut alléger son effort en se garant à Platterklip Gorge (1 km après la station inférieure), il ne reste alors « que » 1h30-2h de marche. À noter qu'on peut aussi entreprendre l'ascension à partir des jardins de Kirstenbosch, en passant par *Skeleton Gorge* puis par *Maclear Beacon,* le point le plus haut de la montagne (1 085 m). Certainement une des plus belles randonnées de ce secteur puisqu'elle passe par le cœur du parc. Compter autour de 8h aller-retour, prévoir de l'eau, un casse-croûte et une bonne carte. *Maclear Beacon* peut aussi être atteint depuis l'arrivée du téléphérique en une boucle de 1h30.

Signal Hill *(plan III, B1)* **:** si ce n'est pas la plus impressionnante des collines, cette élégante montagnette, couverte de pins et dénudée au sommet, offre le point de vue le plus stupéfiant et surtout le plus proche de la ville. Aucun transport en commun ne permet d'accéder au sommet (et à pied, ça fait une sacrée trotte...).
Le mieux est d'appeler un taxi comme ceux de la Cie *Rikki's* (voir plus haut la rubrique « Transports en ville »). Le sommet est accessible en permanence (pas de barrière ni de droit d'entrée). Là-haut, petit parking. Du centre-ville, on est là-haut en 10 mn à peine. C'est le rendez-vous favori des habitants (et le nôtre) pour le coucher de soleil. Une pelouse, quelques bancs... et un panorama à l'infini sur l'océan. Ne pas venir trop tard, car le parking se remplit vite.

UN P'TIT CANON SUR LES COUPS DE MIDI ?

Le nom de Signal Hill provient du Noon Gun, vieux canon mis en place sur la colline à la fin du XIXe s et qui devait servir à protéger le port en donnant un signal en cas de danger. Il ne fut en fait utilisé que pour sonner... l'heure de midi, tous les jours. Et c'est encore le cas aujourd'hui.

Lion's Head *(plan III, B2)* **:** avancée rocheuse qui surplombe Clifton Bay au sud de la ville et dont la forme est censée rappeler une tête d'un lion. Cette montagne est tout le contraire de Signal Hill. Aucune route pour y grimper ! Seul un sentier permet aux marcheurs d'accéder au sommet. Et, de fait, ce sommet est bien moins fréquenté que son voisin.
➢ Pour y grimper, prendre la route vers Signal Hill (voir ci-dessus) ; à environ 500 m après le carrefour, sur la gauche (panneau) démarre un sentier pédestre qui permet de gagner le sommet en 1h30 de marche environ. À signaler tout de même, 2 ou 3 passages difficiles (murs à grimper) avec des échelles qui facilitent la progression en un point donné.

WOODSTOCK

Cet ancien quartier d'entrepôt, à l'est de la ville, connaît une gentrification à grande vitesse. Les marginaux et clochards sont chassés par une rénovation sans précédent. Les boutiques branchées et restos à la mode se succèdent désormais le long d'Albert Road, ainsi que les boutiques d'antiquités. Voici un lieu assez incroyable à découvrir en priorité le samedi matin.

The Old Biscuit Mill *(plan I, D2)* **:** *375, Albert Rd.* ☎ *021-447-81-94.* • *theoldbiscuitmill.co.za* • *Fermé dim. Venir de préférence sam mat.* Imaginez une ancienne minoterie composée d'une dizaine de bâtiments en brique, magnifiquement restaurés par des architectes de génie. Aujourd'hui, une cinquantaine de boutiques, des fringues pour petits et grands, des gadgets rigolos, des ateliers et galeries d'artistes, des artisans d'art, des cafés et d'excellents restos... Le tout au goût très sûr. Le samedi matin, c'est le grand jour pour l'*Old Biscuit Mill*. Indéniablement *THE place to be* ! Entre 9h et 15h, tout le monde se retrouve autour de dizaines de petits stands de nourriture (voir « Où manger ? »), dans une ambiance absolument incroyable. Au centre, grandes tables où l'on discute à la bonne franquette. L'Afrique du Sud branchée et bourgeoise s'y retrouve, ainsi que les touristes. Un inconvénient : l'apartheid économique est flagrant (peu de Noirs, sauf les employés !).

OBSERVATORY

Le quartier d'Observatory abrite une bonne partie de la jeunesse estudiantine de la ville. Il est situé au sud-est du centre, et évidemment on y trouve l'université. Observatory, c'est principalement un bout de rue, Lower Main Road (et sa perpendiculaire Trill Rd), sur laquelle se concentrent quelques bars et restos à l'ambiance bien décalée, un rien déjantée. Plein de petits lieux alternatifs où l'on découvre une face cachée de Cape Town, loin de l'atmosphère un peu glauque du centre et de la folie branchée de Camps Bay. Le problème, c'est pour s'y rendre. Seules solutions : partager un taxi à plusieurs, prendre le train ou le bus. Observatory est à explorer le soir essentiellement. Dans la journée, il ne s'y passe à peu près rien.
L'Obz, comme on l'appelle ici, organise aussi son propre festival, l'*Obz Festival*, le 1er week-end de décembre. Toute la journée et la nuit, grande fête dans les rues principales du quartier. Marché, *live bands*... grande éclate, ambiance du tonnerre !

UN CŒUR DE BATTANT

Le cœur sous toutes ses coutures fut bien le leitmotiv de Chris Barnard, y compris dans sa vie privée. La célèbre 1re greffe ne réussit pas à sa 1re femme qui ne résista pas plus de 6 mois au déferlement médiatique. Quelques mois plus tard, le désormais célèbre chirurgien prit la pose sur une plage du Cap avec une petite admiratrice de 6 ans... Il l'épousa en 3e noce 13 ans plus tard ! Différence d'âge : 46 ans ! Ce fumeur invétéré mourut seul à Chypre, le cœur brisé mais en parfait état d'après l'autopsie.

Heart of Cape Town Museum *(plan IV, A2)* **:** *Old Main Building, Groote Schuur Hospital, Main Rd, Observatory. ☎ 021-404-19-67. • heartofcapetown.co.za • Accès avec le bus City Sightseeing depuis le centre-ville, sinon bus de ville (réseau MyCiti Bus) ou compter env 150 R en taxi (bien indiquer Groote Schuur Hospital sinon on vous amène ailleurs, à la clinique Barnard !). Tlj, visite libre 9h-17h. Visite guidée (en anglais) à 9h, 11h, 13h et 15h. Même prix pour les 2 formules : 350 R (très cher !) ; réduc étudiant. Déconseillé aux moins de 10 ans. Durée : env 2h.*
Un musée privé en plein cœur de l'hôpital public d'Observatory : on le doit à un mécène qui a racheté le bâtiment où le cardiologue Christiaan Barnard (1922-2001) réalisa pour la 1re fois au monde une greffe de cœur, le 3 décembre 1967. La visite guidée (en anglais), haletante et fourmillant d'anecdotes, restitue toutes les facettes humaines et technologiques de cet exploit médical, s'appuyant sur des films, de nombreux documents, témoignages, photos et surtout plusieurs salles d'opération d'origine (classées Monuments nationaux), figées dans le temps mais comme ranimées par des mannequins plus vrais que nature. Voir aussi l'impressionnant *B2 theater* : reconstitution de la salle d'opération où la transplantation eut lieu (impressionnant). Dernière pièce, la

recovery room. On peut y voir 6 cœurs humains dans le formol et en vitrine. Hommage émouvant à l'équipe médicale, une trentaine de personnes, dont un jardinier autodidacte ! Rassurez-vous, il n'a jamais opéré d'humains, seulement des chiens.

On évoque aussi longuement la donneuse de 19 ans, Denise Darvall et le receveur, Louis Washkansky qui ne survécut que 18 jours. Tous 2 blancs bien sûr, le régime d'apartheid n'aurait pas toléré autre chose ! On découvre comment un incroyable concours de circonstances permit au chirurgien de 45 ans de damner le pion à ses pairs américains, qui l'avaient pourtant formé, et de connaître ainsi une célébrité mondiale immédiate. On s'intéresse à la personnalité complexe de cet homme génial, que l'on croise (mannequin), assis à son bureau. Fervent opposant à l'apartheid, séduisant et grand séducteur, il s'accommodait fort bien de sa notoriété. Voir cette déroutante photo du 2e greffé, Philip Blaiberg, le 1er homme à tenir son propre cœur dans sa main !

Enfin, dans l'auditorium, film de 26 mn (4 fois/j. à 9h, 11h, 13h et 15h), sur la vie de Barnard et sa fameuse opération.

Une visite vraiment palpitante, à l'émotion encore très palpable (de nombreux descendants des protagonistes vivent toujours à Cape Town), pour ceux qui ont les moyens de se l'offrir.

ROBBEN ISLAND

Infos : *☎ 021-413-42-20/21. • robben-island.org.za • Résa* ***très conseillée, souvent plusieurs j. à l'avance,*** *sur leur site web.*

– ***Départ des bateaux*** *depuis le Victoria and Alfred Waterfront, près de la tour de l'Horloge (Clock Tower), tlj à l'heure pile : 9h, 11h, 13h et 15h ; en très hte saison, bateaux dès 8h et jusqu'à 17h ; en hiver, le dernier à 13h.* ***Petit conseil :*** *être là assez tôt car l'embarquement se termine souvent 10 mn avt le départ (et si vous loupez votre bateau, vous devez racheter un autre billet !). Pas de liaison en cas de mauvais temps. Prix (incluant le bateau, l'entrée sur le site et la visite guidée – 4h en tt) : 360 R ; 200 R moins de 18 ans. Trajet en 30-45 mn.* À noter qu'à l'étage du petit bâtiment où se prennent les billets des bateaux se trouve un tout petit musée sur l'apartheid (gratuit).

Également un autre petit musée de l'autre côté du port, au *Jetty 1* *(tlj 7h30-17h30 ; GRATUIT).* C'est de là que les prisonniers partaient pour Robben Island.

Robben Island est une des îles-prisons les plus célèbres de la terre, puisque c'est là que Nelson Mandela passa 18 des 27 années que dura son emprisonnement. C'est un petit morceau de terre plate (environ 5 km^2, environ 2 x 3 km), fréquenté par des phoques (*robben* en afrikaans), que les 1ers colons utilisèrent en tant que prison dès leur arrivée. On y mit à l'écart tous les rebelles politiques, sociaux et mentaux : révoltés des colonies (Indonésie, Sri Lanka) qui combattaient les Hollandais puis les Anglais, prisonniers de droit commun, leaders africains, quelques Khoi-Khoi récalcitrants et, dès le début du XXe s, les membres actifs de l'ANC. Entre-temps, l'île abrita une léproserie, un asile, ainsi que quelques prisonniers de Vichy. Le nombre de détenus appartenant à l'ANC grimpa fortement avec la mise en place, en 1948, de l'apartheid. C'est durant la 2de partie du XXe s que les conditions de détention furent d'ailleurs les plus terribles.

La visite

Elle est toujours conduite par un ***ancien détenu politique,*** la plupart du temps un membre de l'ANC.

– ***La 1re partie de la visite,*** dès la descente du bateau, les visiteurs embarquent dans un bus. Il y a souvent un guide à l'intérieur qui donne des explications en roulant. Le bus passe devant les 1res maisons, l'église de l'ancienne léproserie et son cimetière, le phare, l'embryon de village qui fut créé pour les militaires, l'école, la célèbre carrière où travaillèrent les prisonniers de 1964 à 1977... Le labeur des prisonniers était de casser des cailloux sous le cagnard, 8h par jour, 5 jours sur 7. Le travail et surtout la forte luminosité de la carrière provoquèrent d'importantes maladies oculaires (c'est pourquoi Mandela plissera les yeux le restant de sa vie) ou pulmonaires. On passe devant la baraque de Robert Sobukwe, compagnon de route de Mandela, transféré en 1963. S'il ne fut pas médiatisé comme Nelson, il écopa de 3 ans de prison, mais une loi spéciale fut votée pour prolonger son séjour de... 6 ans ! Placé à l'isolement total, il n'eut droit à aucune visite et surtout à aucun échange verbal avec les autres prisonniers qu'il apercevait parfois. Il mourut d'un cancer en 1978 alors qu'il était encore en résidence surveillée. Un arrêt en bord de mer, près de la boutique tenue par Christo Brand, l'ex-gardien de Mandela, permet d'embrasser un point de vue panoramique remarquable sur Cape Town. D'une manière similaire, le gardien James Gregory commença par haïr Mandela, avant de le respecter, puis de devenir une sorte d'ami au sein de la prison. Comme Christo Brand, Gregory a écrit un livre, *Good Bye Bafana (Le Regard de l'antilope),* qui est devenu un film réalisé par Bille August (2007).

L'ADMIRABLE NELSON

C'est en 1964 que Mandela rejoignit ses acolytes de l'ANC à Robben Island, et c'est ici même, dans les années 1970, qu'il écrivit sa biographie. Grâce à un système de caches creusées dans le jardin, un de ses codétenus parvint à faire sortir le document. Non sans humour, quand il fut élu président de la République, Mandela nomma son ex-coursier ministre des Transports.

– ***Dans la 2e partie de la visite,*** les visiteurs quittent le bus et découvrent la prison. Durée : environ 1h. Ils parcourent quelques bâtiments des 8 sections où furent confinés les détenus politiques. Arrêt dans la tristement célèbre ***section B,*** encore appelée *the Maximum Security Prison,* où l'on isolait une trentaine de prisonniers le long d'un profond couloir. La pièce la plus remarquée est évidemment la minuscule cellule de Nelson Mandela.

Dans les 1res années de l'apartheid, les autorités mélangèrent en effet les prisonniers politiques avec les prisonniers de droit commun, afin de minimiser leur importance. On finit pourtant par les séparer, car les membres de l'ANC formaient intellectuellement les détenus de droit commun apolitiques, qui finirent par sympathiser avec le mouvement.

Dans cette *section B,* les prisonniers politiques dormaient à même le sol, sur une sorte de couverture d'une saleté affligeante. Dans les années 1960, chaque détenu disposait d'une seule cuvette pour faire ses besoins, se laver et laver ses affaires. Il devait manger avec les mains (pas de couverts). Une des punitions favorites des matons consistait à enterrer les prisonniers jusqu'à la tête. Nombre de prisonniers déprimaient et étaient tentés de se faire la belle. Comme ceux qui essayaient de s'évader étaient abattus, les prisonniers politiques s'interdirent l'évasion. Leurs rapports avec l'extérieur étaient quasiment réduits à zéro. Chaque détenu avait droit à une visite tous les 6 mois, d'une durée de 30 mn, une lettre tous les 6 mois (reçue et envoyée), de 120 mots maximum. En 1986, nouvelle amélioration : on passa à une visite et une lettre par mois.

À force de combats menés par l'ANC à l'extérieur de la prison et de l'intervention d'associations internationales, les conditions de détention s'améliorèrent un peu dans la *section B.* À la fin des années 1970, les lits apparurent enfin dans les cellules, et quelques activités furent organisées. C'est à cette période que Robben Island compta jusqu'à 4 000 prisonniers, en grande majorité politiques. Mandela quitta l'île en 1982 pour être enfermé au pénitencier de Pollsmoor jusqu'en 1988, puis dans la « cage dorée » de la prison de Paarl (jusqu'à sa libération en 1990).

Peu après l'abolition de l'apartheid, Robben Island cessa d'être une prison (1991) et l'île s'ouvrit à la visite en 1999, après avoir été déclarée *World Heritage Site.* La plupart des prisonniers de l'ANC sont devenus de fervents acteurs de la réconciliation, et certains travaillent ici afin de témoigner de leur vécu. Et c'est sans doute là qu'on mesure, avec la visite des townships, l'incroyable chemin psychologique et philosophique parcouru par ces gens extraordinaires qui vous parlent avec une sérénité déconcertante de main tendue, de pardon et de réconciliation, après toutes les humiliations et tous les mauvais traitements subis. On se sent d'un seul coup tout petit.

UN SYMBOLE DE LA RÉCONCILIATION

Christo Brand fut le gardien de Mandela de 1978 à sa libération en 1990. Il rendit alors de nombreux services à Mandela, qui auraient pu lui coûter son poste (courrier clandestin, nourriture, objets interdits, etc.). Mandela n'oublia pas son gardien après sa libération : il lui rendit visite, accorda une bourse scolaire à ses enfants et, en 2010, pour le 20e anniversaire de sa libération, Brand fut invité au dîner officiel. Aujourd'hui, il est gérant d'une petite boutique de souvenirs sur l'île et a publié en 2014 un livre sur cette relation unique avec Mandela.

LES TOWNSHIPS

Presque toute la ville est entourée d'une zone d'une vingtaine de kilomètres de townships, où la politique de l'apartheid a parqué des millions de Noirs. Ils prennent ici le nom de *Cape Flats,* indiquant des espaces plats et poussiéreux. Sans parler des conditions de vie mêmes, la situation géographique des townships est l'une des pires qui soient, notamment à cause du vent qui peut souffler très fort et couvrir de poussière des dizaines de kilomètres carrés.

TOUT ÇA... POUR ÇA !

Le pouvoir blanc avait prévu de construire sur les ruines du District Six de belles demeures pour nantis. Mais les expulsés considéraient leur ancien quartier comme un symbole du combat contre l'apartheid, si bien que les Blancs se mirent à avoir peur du District Six et, de fait, jamais rien ne fut construit sur ces terres « libérées ». En résumé, on détruisit sans vergogne pour créer... un terrain vague.

Parmi les grands townships de Cape Town, citons : *Langa* (52 000 hab.), *Nyanga* (58 000 hab.), *Gugulethu* (100 000 hab.) et *Khayelitsha* (400 000 hab.).

Visites guidées : *compter env 585-650 R/pers la ½ journée. Certaines agences proposent également un evening tour avec dîner, un* Gospel tour, *etc.* Il existe plusieurs compagnies proposant depuis quelques années des visites guidées d'une demi-journée dans les townships du Cap. Pour obtenir leur liste, s'adresser à l'office de tourisme. Sinon, toutes les AJ revendent également le tour. La qualité d'un tour est souvent due à la qualité du guide lui-même. Capacité à expliquer l'histoire, à remettre les éléments en perspective, à raconter la vie de tous les jours. Bien demander si la personne qui fait le tour réside dans un township. Loin du voyeurisme ou du misérabilisme de circonstance, une visite des townships nous semble indispensable pour qui veut essayer de comprendre l'histoire, le présent et surtout le futur de ce pays. Elle est passionnante et particulièrement instructive. Il est d'ailleurs étonnant que peu de touristes en visite au Cap s'intéressent à ce qui se passe dans les townships...

■ ***Camissa Township tours :*** *☎ 021-510-26-46. • gocamissa.co.za •*

■ ***Sam's Cultural tours :*** *📱 082-970-05-64. • samsculturaltours.co.za •*

■ ***Township Tours :*** ☎ *021-824-89-76.* ● *imzutours.co.za* ●

■ ***Springbok Atlas :*** ☎ *021-460-47-00.* ● *springbokatlas.com* ●

En général, on vient vous chercher à votre logement et on vous y raccompagne. La balade comprend plusieurs arrêts dans certains townships, dont *Langa,* où sont développés des projets intéressants, des initiatives personnelles, des programmes particuliers afin de sortir certains quartiers de leur misère noire. On s'aperçoit que ce sont souvent des femmes qui relèvent les 1res leurs manches pour préparer des dossiers afin d'obtenir des aides et qui se confrontent à l'administration pour faire changer les choses.
Les visites étant pour la grande majorité en anglais, voici quelques informations qui pourront aider nos lecteurs à la compréhension de la visite s'ils maîtrisent peu cette langue.
La grande majorité des gens de couleur (soit plus ou moins 1,2 million d'habitants) furent déplacés du milieu des années 1960 jusqu'au milieu des années 1980. Plus de la moitié de la population est soit noire, soit issue du métissage. Le quartier le plus symbolique de l'apartheid à Cape Town est le tristement célèbre District Six (*plan II, D2* ; voir plus haut le texte qui est consacré aux District Six Museum).
Les visites comprennent souvent un arrêt au musée de ce fameux District Six. S'il n'est pas inclus dans le tour, visitez-le tout de même par vous-même. Puis on fait halte dans différents townships. On est informé de la vie au quotidien, on s'arrête dans une école, on rencontre des habitants qui montent des projets de soutien aux enfants, aux femmes seules, aux petits orphelins, bref, des gens souvent extraordinaires qui cherchent à faire sortir leur quartier de la misère, avec beaucoup de courage. ***Langa,*** immense township, est peut-être l'un des plus symboliques. S'y côtoient des baraques de carton et plastique, des structures de bois, mais aussi de petits ensembles planifiés en dur, où les occupants, qui disposent de l'eau courante et de l'électricité, paient un petit loyer. Une visite dérangeante, poignante et bouleversante à la fois, sans jamais tomber dans un facile pathos.
Aujourd'hui, un programme de restitution a été mis en place et l'ex-population du District a eu la possibilité de récupérer ses terres et de faire construire sur plan de nouvelles maisons. Environ 2 000 postulants adhérèrent à ce programme de « Restitution ». Pour les autres, chaque famille reçut une somme de 17 500 R.

Fêtes et manifestations

De très nombreuses manifestations sont organisées tout au long de l'année en ville, mais aussi partout dans la péninsule. Voici celles qui, à notre avis, sont les plus symboliques. Pour plus de détails, consulter le site très complet de l'office de tourisme ● *tourismcapetown.co.za* ● ou le site ● *capetowntoday.co.za* ●
– ***Cape Town Minstrel Carnival :*** *le 2 janv, dans les rues du centre.* Grand carnaval de rues où défilent des groupes musicaux portant des costumes colorés. Les *minstrels* sont ces joyeux musiciens, toujours vêtus de costumes à paillettes aux cols satinés, aux couleurs criardes et aux chaussures bicolores. Des personnages hauts en couleur, qui chantent fort et qui dansent cool. Ce carnaval rappelle en musique et dans la bonne humeur la terrible condition des esclaves qui n'avaient pas le droit de festoyer le 1er de l'An, mais à qui on avait accordé... le 2 janvier. Ainsi prirent-ils l'habitude de célébrer le Nouvel An autour de cette date, en se parant de superbes costumes. Cette tradition prit rapidement une certaine dimension auprès des *Cape Malays,* la population métisse, au point que les fêtes organisées début janvier, notamment le carnaval, damaient souvent le pion à celles de la population blanche du Nouvel An, bien plus guindées. Ce carnaval exubérant, où les populations noire et métisse avaient l'autorisation de s'éclater, prit rapidement une portée symbolique.
Procession, marches, défilés musicaux... Depuis la fin de l'apartheid, le *Minstrel Carnival* est devenu une référence : joie de la liberté retrouvée, certes, mais aussi souvenir des temps difficiles et pied de nez à l'oppresseur.

– ***Cape Town Jazz Festival*** *(Festival international de jazz)* **:** ● *capetownjazzfest.com* ● *3e w-e d'avr (peut changer).* Ce festival qui ne fait que grandir avec le temps est en passe de devenir l'un des grands rendez-vous mondiaux du jazz. Le jazz africain bien sûr, mais aussi toutes les grandes tendances actuelles y sont représentées. Concerts chics en salle, mais aussi nombreux concerts gratuits en plein air.

– ***Red Bull King of the Air*** **:** *2 sem fin janv-début fév. À Kite Beach, Blouberg (18 km au nord de Cape Town).* ● *redbullkingoftheair.com* ● L'événement phare dans le monde acrobatique du kitesurf ! Cette compétition extrême réunit le gratin des *riders* et offre un spectacle décoiffant ! Planche aux pieds, harnachés pour manier au mieux leur voile, ces poissons volants défient les vents les plus redoutables et enchaînent les figures entre ciel et mer.

QUITTER CAPE TOWN

En bus

3 compagnies privées se dégagent nettement, pour leur fiabilité et leur longévité. Il s'agit d'*Intercape, Greyhound* et *Translux.* La 1re est considérée comme la plus régulière en qualité de service. Leurs bureaux à toutes se trouvent dans la gare ferroviaire *(plan II, D2).* Tous leurs bus en partent. On peut également acheter ses billets de bus dans les magasins *Checkers* et dans les offices de tourisme.

Voici quelques infos et fréquences, mais avant de vous décider, bien lire également plus loin les infos concernant le *Baz Bus.*

Les prix indiqués sont variables selon la période et la compagnie.

➢ ***Durban*** **:** compter env 26-27h de trajet. Billet : env 800-1 000 R.

➢ ***Jo'burg*** **:** compter env 18-19h de route. Billet : env 550-600 R. Ajouter env 1h de trajet pour rallier Pretoria (c'est la même ligne).

➢ ***Port Elizabeth*** **:** compter env 12-13h de route. Billet : env 460-650 R.

Les 3 compagnies empruntent les mêmes grands axes et s'arrêtent dans toutes les villes, grandes et moyennes, sur le chemin. Dans les petites bourgades, bien souvent le bus ne pénètre pas dans la ville, mais dépose et prend ses clients à une station-service ou un garage sur la route principale, à 3 ou 4 km du centre-ville. Pas toujours bien pratique.

– Les 3 compagnies partent du même endroit : au centre-ville, sur *Old Marine Drive,* dans la gare.

■ ***Intercape*** **:** ☎ *021-380-44-00.* ● *intercape.co.za* ● Dessert toutes les grandes villes du pays (et les villes intermédiaires) ainsi que les pays alentour (Mozambique, Botswana, Namibie...). Réduc famille, enfants et étudiants. *Intercape* possède un service de bus *Luxury,* un peu plus cher mais beaucoup plus confortable.

➢ ***Jo'burg et Pretoria*** **:** 3 bus/j. (1 le mat et 2 dans l'ap-m).

➢ ***Port Elizabeth*** **:** 2 bus/j. (un de jour, l'autre de nuit).

■ ***Greyhound*** **:** *Old Marine Dr.* ☎ *011-611-80-00 ou* 📱 *087-352-03-52.* ● *greyhound.co.za* ●

➢ Liaisons régulières avec Jo'burg, Durban, Port Elizabeth et East London, mais aussi le ***Mozambique*** et le ***Zimbabwe.***

➢ ***Jo'burg et Pretoria*** **:** par Bloemfontein, 1 bus/j. Par Kimberley, 2 bus/j.

➢ ***Durban*** *(via Port Elizabeth ou par Bloemfontein)* **:** 1 départ/j. en fin d'ap-m pour chaque route.

➢ ***Port Elizabeth et East London*** **:** 1 départ/j. (même bus que pour Durban).

■ ***Translux*** **:** ☎ *021-449-62-09.* ● *translux.co.za* ●

➢ ***Jo'burg*** **:** 1 liaison/j.

➢ ***Durban*** **:** 2 bus/j.

■ ***Baz Bus*** **:** *32, Burg St.* ☎ *021-422-52-02.* ● *bazbus.com* ● Le *Baz Bus* est bien plus cher que les lignes « traditionnelles » mais permet de s'arrêter et de repartir où l'on veut, quand on veut. Très utilisé par les routards sac à dos. Voir la présentation qui en est faite dans « Afrique du Sud utile », rubrique « Transports ». La route longe la côte jusqu'à Durban, puis part vers le Drakensberg.

En covoiturage

■ Voici un site de covoiturage sérieux, très utilisé par les voyageurs. ● *jumpinrides.co.za* ●

En train

Gare ferroviaire *(plan II, D2)* : *3 lignes de train depuis Le Cap. Infos : ● prasa.com ●* Bon à savoir, le train est un moyen de transport très long, pas pratique et pas vraiment bon marché non plus. Dans les faits, rares sont les touristes qui le prennent !

En train pour des destinations proches

Cape Town possède un réseau de trains de banlieue qu'on appelle ici **Metrorail.** *Infos : ☎ 021-449-64-78. ● metrorail.co.za ●* Ils desservent de nombreuses destinations dans un rayon d'environ 50 km autour du Cap. Malheureusement les conditions de sécurité sur ces lignes ne sont vraiment pas bonnes. Pas un coupe-gorge non, mais pas mal de vols et de petites agressions. On déconseille.

En avion

✈ Pour se rendre à l'aéroport, la plupart des AJ *(hostels)* assurent le transfert pour leurs clients. Payant mais intéressant si l'on est plusieurs. Se renseigner la veille. Sinon, prendre le *MyCiti Bus* (voir la rubrique « Arrivée à l'aéroport »).

■ ***South African Airways :*** *☎ 011-978-11-11 (6h-22h). ● flysaa.com ●* Nombreux vols quotidiens pour les 3 grandes villes du pays : Jo'burg, Durban et Port Elizabeth.

■ ***Comair :*** regroupe ***British Airways*** *(☎ 010-344-01-30)* et la compagnie *low-cost* ***Kulula Airlines*** *(📱 086-158-58-52 ; ● kulula.com ●).*

■ ***Mango :*** *📱 086-100-12-34. ● flymango.com ●* Autre compagnie *low-cost,* qui dessert notamment Jo'burg, Le Cap, Durban et Port Elizabeth.

■ ***Air Link :*** *📱 011-451-73-00. ● flyairlink.com ●* Vols domestiques et vers les pays limitrophes.

■ ***FlySafair :*** *📱 087-135-13-51. ● flysafair.co.za ●* Vols pour Jo'burg, Durban, Port Elizabeth et George.

LES ENVIRONS PROCHES DE CAPE TOWN

Les excursions autour du Cap, extrêmement variées, toucheront les amoureux de la nature et des animaux autant que les amateurs de bons vins, les marcheurs mais aussi les contemplatifs. N'hésitez pas à consacrer quelques vraies journées à ces différentes balades ; nombre de touristes bâclent en 2 petites journées l'ensemble de la région du Cap. C'est à notre avis le temps minimum qu'il faut pour arpenter la péninsule du Cap, en passant au moins 1 nuit dans un des villages de la côte. Pour explorer les 2 attractions que sont les jardins de Kirstenbosch et le domaine de Groot Constantia, une journée permet d'éviter de courir.

➢ Si vous avez une voiture, *no problem* ! Sinon, toutes les AJ sont en liaison avec de petites agences de voyages qui organisent toutes les excursions possibles et imaginables, soit à la demi-journée, soit à la journée. Sinon, les bus *City Sightseeing* desservent *Kirstenbosch National Botanical Garden* et *Groot Constantia.* Quant aux bus *MyCiti,* ils vont jusqu'à Hout Bay (terminus), en passant par Kloof Nek et Camps Bay : c'est la ligne n° 108.

KIRSTENBOSCH NATIONAL BOTANICAL GARDEN

Au sud du Cap, sur les flancs est de Table Mountain. Parmi les plus beaux jardins botaniques du monde. Ce vaste jardin paysager, qui s'étale sur 36 ha, fait partie d'un ensemble protégé qui couvre 528 ha en remontant sur les pentes douces de Table Mountain. De nombreux chemins goudronnés et des sentiers sillonnent des espaces agencés avec intelligence, où sont distillées des ambiances différentes, toujours très personnalisées. Ici, de vastes pelouses verdoyantes sous des arbres séculaires ; là, des collines touffues composées de buissons et de bosquets...

UN PEU D'HISTOIRE

L'histoire du jardin est ancienne : un colon s'installa dans le secteur vers 1657 et, 3 ans plus tard, Van Riebeeck décida de dresser une longue haie d'amandiers, dans l'unique but de tracer une sorte de frontière vis-à-vis des Khoi-Khoi, ce qui leur déplut, on le comprend. Une partie de cette haie est toujours visible aujourd'hui.

Les Anglais développèrent le jardin, jusqu'à ce que le milliardaire britannique ***Cecil John Rhodes*** l'achète en 1895, dans le but d'empêcher le développement immobilier dans ce secteur. À sa mort, il légua l'ensemble de ces terres au pays, à la condition express qu'il soit conservé en état, ce qui fut fait. En 1913, le *Kirstenbosch National Botanical Garden* que l'on connaît aujourd'hui fut créé. Aujourd'hui, il constitue un admirable conservatoire de la riche flore d'Afrique australe.

UN ROYAUME DE FLEURS

Sur les 20 000 espèces végétales recensées en Afrique du Sud (soit 5 % de la flore mondiale), 9 000 prospèrent dans cette partie occidentale de l'Afrique australe baptisée « royaume floral du Cap » (dont 300 espèces endémiques). Sous un climat méditerranéen souvent balayé par les vents, on ne peut qu'admirer l'exubérance des parterres du jardin botanique. Parmi les vedettes du parc, aux côtés des emblématiques Protéas, *le* Strelitzia reginae, *plus couramment appelé « oiseau de paradis » à cause de la forme de ses fleurs.*

LA PROVINCE DU CAP

Comment y aller ?

➢ ***De Cape Town :*** à une dizaine de km du centre de Cape Town. Prendre la M 3 vers le sud, puis suivre les indications. Attention, la sortie par la M 3 se fait sur la droite. Entrée sur Rhodes Drive. Pour ceux qui ne sont pas véhiculés, le mieux est soit d'acheter l'excursion auprès de l'agence de voyages d'une AJ ou directement à l'office de tourisme, soit de prendre l'un des bus rouges de *City Sightseeing* (● *citysightseeing.co.za* ●) qui font halte ici (lire les infos sur ce système au Cap, au début de la rubrique « À voir »).

– Depuis le *Golden Acre Terminus* à Cape Town, lun-ven, 1 bus/j. à 12h35 avec *The Golden Arrow*. Durée : 1h10. Au retour, depuis Kirstenbosch, départ à 15h30. ☎ *0800-65-64-63.*

Infos pratiques

– ***3 entrées possibles :*** *gate 1* (la principale avec *Visitor Centre*), *gate 2* et *gate 3.* ☎ *021-799-87-83.* ● *sanbi.org/gardens/kirstenbosch* ● ♿ *Tlj 8h-19h*

(18h avr-août). Entrée : 70 R ; réduc ; possibilité d'acheter son billet en ligne.
– ***Visites guidées :*** *lun-ven 10h, 11h et 14h ; sam 10h. Départ de la porte 1 ; départ lun-sam à 10h45 de la porte 2. Durée : 90 mn. GRATUIT.*
– ***Tours en navette*** *(shuttle car tour) : ttes les heures 9h-15h. 80 R/pers.*
– ***Pour entreprendre une rando*** sur des sentiers qui grimpent jusqu'à Table Mountain (une des plus belles balades de la région ; voir plus haut), acheter la carte détaillée vendue à la boutique du jardin.
I●I Pour ceux qui n'auraient pas prévu de pique-nique, on trouve sur place restaurant *(Moyo),* salons de thé aux portes 1 et 2.
– ***N'hésitez pas à boire l'eau*** aux bornes-fontaines, elle est puisée à 60 m de profondeur, sans traitement ultérieur !
– Pour échapper aux bains de foule, évitez le dimanche sauf pour assister aux excellents ***concerts en plein air*** qui se déroulent chaque dimanche en été. Styles très variés : classique, jazz, rock... *Programme disponible à la caisse.*
– ***Boutiques :*** nombreuses plantes indigènes, souvenirs.

Visite du jardin

★★★ Un éblouissement pour les sens, voilà comment on pourrait résumer ce magnifique parc botanique qui en met plein les mirettes ! Un vert intense qui court jusque sur les flancs des montagnes, des parfums enchanteurs, notamment le long de l'impressionnante ***allée des camphriers*** dessinée par Cecil Rhodes, des points de vue saisissants sur cette nature encore prolifique... Le jardin est bluffant ! En fonction des saisons et de l'horaire, la lumière joue sur les couleurs, qui semblent irradier ce paysage sauvage où les zones cultivées ne représenteraient que 10 % du parc. Une végétation composée majoritairement de ***fynbos,*** ces buissons fins endémiques de cette partie de l'Afrique australe et qui font penser au maquis, où pousse la ***protéa,*** fleur emblématique du pays. Si la meilleure saison pour visiter le parc est le printemps austral (août à novembre), il reste magnifique quel que soit le mois.
Parmi les nombreuses sections, on déambule avec plaisir dans le ***Sculpture Garden*** où sont disséminées de belles sculptures contemporaines. Au ***Peninsula Garden,*** sont réunies les principales espèces de la péninsule du Cap. Voir également le ***Braille Trail,*** spécialement conçu pour les mal- et non-voyants. Au-dessus de l'entrée 1 et du *Visitor Centre,* le **Conservatory** (serre), présente les déserts arides et les forêts denses. Voir également les superbes *yellowwood trees,* arbres de belle amplitude dont une partie de la côte sud du pays était couverte avant que les colons en fassent... du petit bois. Et puis encore le ***Fragrance Garden*** où sont concentrées les plantes les plus odorantes et celles aux textures les plus curieuses, ***the Fynbos Walk*** (balade à travers les fynbos) et le superbe ***arboretum*** qui compte plus de 450 espèces d'arbres propres au sud de l'Afrique. Pour prendre un peu de hauteur, empruntez la ***Canopy Walkway,*** une superbe passerelle de 130 m de long dans la canopée à 12 m au-dessus du plancher des vaches. Vue magnifique !
The Dell, la partie la plus ancienne du parc, renferme dans un vallon ombragé des plantes menacées et la tombe de Pearson, 1er directeur de Kirstenbosch.
Apportez donc un pique-nique et étendez une nappe à carreaux sur l'une des généreuses pelouses ! Avec un verre de rouquin du secteur, un brin de sieste là-dessus, c'est rien que du bonheur !

★★ ***Randonnées :*** depuis les jardins, on peut rejoindre le sentier de *Skeleton Gorge* qui permet de gagner le sommet de Table Mountain, puisqu'on est là sur le flanc est de montagne. Prévoir tout de même 8h aller-retour en prenant son temps (les plus rapides ne mettront guère que 5h-5h30), uniquement par beau temps et seulement si vous êtes des randonneurs aguerris – il y a plusieurs passages d'échelles (voir plus haut « Infos pratiques » et « Table Mountain » à Cape Town). Nombreux sentiers de randonnées moins ambitieuses : *Yellowwood trail* (3 km), *Silvertree Trail* (8 km, compter 3h de marche)...

GROOT CONSTANTIA

Ce fameux domaine viticole (« Grand Constance » en français), le plus ancien d'Afrique du Sud, a été créé en 1685 par le gouverneur de l'époque, Simon Van der Stel. Grand spécialiste de géologie, il avait repéré dans la qualité du sol un riche potentiel viticole. À sa mort, le domaine fut divisé en 3 : Grande Constance (Groot Constantia), Petite Constance (Klein Constantia) et Bergvliet. En 1778, Hendrik Cloete racheta *Groot Constantia* et fit prospérer le domaine : artistes et têtes couronnées se gargarisaient de ses vins. Plus de 3 siècles plus tard, si le vin produit sur le domaine est indéniablement de qualité, les bâtiments et la demeure de *Groot Constantia* méritent aussi une visite sur le plan architectural et historique. C'est en effet l'un des plus beaux exemples d'architecture Cape Dutch qui soient, dans une région verdoyante de toute beauté.

LE DERNIER VERRE

Napoléon, pendant son exil à Sainte-Hélène, se fournissait en vin de Constantia, en fait un muscat. Il s'en faisait livrer 30 bouteilles par mois ! On dit qu'en 1821, juste avant de mourir, l'ex-empereur demanda à en boire un dernier verre.

Comment y aller ?

➢ ***De Cape Town :*** en voiture, prendre la M 3 ; ensuite, Groot Constantia est bien fléché.

➢ ***De Kirstenbosch :*** à la sortie de Kirstenbosch, prendre à droite et suivre la direction Constantia. Quelques km plus loin, à un rond-point, suivre encore le fléchage. Le domaine est à environ 3 km, indiqué sur la droite.

– Sinon, y aller en ***excursion*** en passant par les AJ ou par l'office de tourisme, soit prendre l'un des bus rouges de *City Sightseeing* (● citysightseeing.co.za ●) qui font halte ici (lire les infos sur ce système au Cap, au début de la rubrique « À voir »). Noter que les porteurs d'un billet *City Sightseeing* bénéficient d'une réduction sur la visite des caves et la dégustation.

Infos pratiques

Le domaine de *Groot Constantia* se compose de plusieurs édifices. *Manor House,* maison d'habitation principale ; *Jonkershuis,* long corps de bâtiment où résidait une partie de la famille du gouverneur. C'est aujourd'hui un resto. Sur l'arrière, le cellier a été transformé en petit *musée du Vin.* Pour commencer, on vous conseille de jeter un œil sur le petit *Orientation Centre* *(gratuit),* où des panneaux expliquent l'histoire du domaine. Mais le plus intéressant reste la visite des caves et la dégustation. *3 tours audioguidés gratuits sur le musée, les caves et le vignoble (gratuit, en anglais ; appli Voice map).*

*– **Visitors experience :** 105 R (inclut l'ensemble des visites : le musée, les caves, la dégustation de 5 vins et verre en souvenir).*

*– **Musée (Manor House)** seul : 30 R.*

*– **Dégustation vin et chocolat :** 140 R.*

Pour tte info : ☎ 021-794-51-28. ● grootconstantia.co.za ● L'ensemble du domaine est ouv tte la journée.

À voir. À faire

★★ ***Visite des caves :*** *visite guidée tlj, été comme hiver, ttes les heures 10h-16h. Compter 1h.* Excellente visite des caves en anglais, qui fait passer par l'ancienne cuverie (superbe fût de chêne yougoslave de 9 958 l exactement). Aujourd'hui, la majorité des fûts sont en chêne français. On passe ensuite par la cuverie moderne, puis par l'embouteillage (près de 500 000 bouteilles sortent d'ici chaque année). Explications sur le type de production, les cépages, les méthodes. Le domaine s'étend sur 100 ha, et les vendanges, réalisées entièrement à la main, s'étalent généralement de février à avril. L'accent est mis, comme dans d'autres domaines, sur le cépage *pinotage,* mixte de cinsault et de pinot noir, créé en 1925. On termine la visite par une dégustation de 5 vins.

★★ ***Groot Constantia Manor House :*** *tlj 10h-17h.* ☎ *021-795-51-40. Entrée : 30 R ; 15 R 6-18 ans ; réduc.*
Ce fut la résidence du gouverneur Van der Stel. Le grand architecte français, Louis-Michel Thibault (1750-1815), qui travaillait au service de la VOC, en relooka la façade. La forme de la maison et les pignons situés sur chacun des côtés et le fronton central retiennent l'attention. L'architecture Cape Dutch se caractérise par la forme des maisons, souvent en U ou en L et parfois en H, ainsi que par le travail des pignons justement, simples et raffinés à la fois, d'un style directement importé des Pays-Bas au Cap.
À l'intérieur, sur le sol de la pièce en entrant, noter l'étoile à 5 branches, symbole maçonnique. Il y en a 4 autres, on vous laisse les découvrir. Plusieurs pièces aménagées avec un très beau mobilier des XVIIIe et XIXe s : mélange dans les provenances (Cape Town, Hollande et Angleterre), mais unité de styles. S'il constitue un remarquable témoignage du mode de vie en ce temps-là, ce mobilier n'est pas d'origine : chambre à coucher impressionnante, vaisselier incrusté dans le mur, cuisine richement équipée (voir les grandes cuves qui permettaient de conserver l'eau fraîche et la viande). Noter encore l'espèce de presse, qui ne servait pas pour écraser le raisin, non, mais pour repasser le linge ! Dans l'une des chambres, remarquer la baignoire chinoise et le travail du bois de certains lits à baldaquin. À l'arrière de la maison, sous l'escalier, on peut déambuler dans les anciennes caves.

★ ***Wine Museum :*** *dans les anciens celliers (Cloete Cellar) à l'arrière de la maison principale. Mêmes horaires.* Sur le fronton sculpté de 1791, voir les chérubins... accompagnés d'une chérubine. Cruches, fûts, collection de verres ciselés, carafes, jarre italienne du XVIe s en majolique et quelques charrettes autrefois utilisées sur le domaine.
– *Wine tasting :* attenant à l'espace muséographique, un espace de vente et de dégustation (5 vins) *(tlj 10h-18h ; compter 90 R/pers).*
🍴 2 ***restos*** sur place : le *Jonkershuis (env 200-300 R)* et le *Simon's,* à l'arrière du manoir *(compter 150-250 R le repas)*, plus informel.

LA CÔTE OUEST DE LA PÉNINSULE

Cette partie de la côte s'explore facilement depuis Cape Town. On traverse d'abord les quartiers de Clifton Bay et Camps Baypuis, puis on file vers Llandudno, Hout Bay avec sa colonie d'otaries, la route en corniche de Chapman's Peak et Noordhoek. On peut alors poursuivre cette route ou basculer sur la côte est, pour rejoindre le village de Kalk Bay, puis descendre vers Fish Hoek et Simon's Town (voir plus loin « Le tour de la péninsule du Cap »). C'est le chemin que nous suivons.

HOUT BAY

60 000 hab.

• Plan *p. 321*

À 20 km de Cape Town, une petite ville au creux d'une grande baie et une belle masse rocheuse, dressée en à-pic et qui tombe dans la mer, *le Sentinel*. Grand port de pêche qui alimente les meilleurs restaurants de la région, encadré par 2 montagnes, Hout Bay profite d'une large échancrure qui abrite une plage tranquille et magnifique, toute de sable blanc vêtue. Au nord, on trouve le massif de Karbonkelberg, et au sud, le Chapman's Peak. C'est à Hout Bay que l'on vendait les légumes aux bateaux faisant halte ici. C'est également là que s'installèrent les 1ers *free burghers,* autorisés à acquérir de la terre et de la cultiver pour eux-mêmes.

Les touristes se pressent ici pour 2 excursions : une balade en bateau vers *Duiker Island,* qui abrite une importante colonie d'otaries du Cap, et puis une admirable route panoramique située au sud de la baie, qui sillonne à flanc de montagne et est dominée par le Chapman's Peak. Ils sont déjà moins nombreux à s'aventurer dans le township Imizamo Yethu (tours guidés), pourtant à taille nettement plus « humaine » que ceux de Cape Town. Curieuse sensation que ce quartier à flanc de colline, visible de loin, semblant s'écouler lentement dans la ville et bordant les villas de luxe !

DUR À VIVRE

Bouleversé par les conditions de vie des habitants du township de Hout Bay lors d'une visite en 2002, l'entrepreneur en bâtiments irlandais Niall Mellon créa le Niall Mellon Township Trust, *aujourd'hui le* Mellon Educate (• mellоneducate.com •)*. Désormais 1re ONG fournisseur de logements en dur dans les townships du pays, elle a mobilisé en 10 ans près de 22 000 bénévoles qui ont construit 25 000 maisons pour plus de 125 000 Sud-Africains défavorisés. Après l'incendie de 2017 à Imizamo Yethu, le township de Hout Bay, le tiers des foyers est parti en fumée dans la partie supérieure du township, la plus pauvre. Le projet de reconstruction traîne en longueur et 2 000 personnes vivent dans des cabanons de fortune, enattenant d'être relogées.*

Comment y aller ?

■ ***MyCiti Bus :*** ligne no 108. Départ du *Civic Centre* (Cape Town), terminus à Hangberg, un peu au-delà du port (le bus passe par l'autre côté de la baie, un peu avant le restaurant *Dunes Beach*).

Où dormir ?

De bon marché à prix moyens (150-1 000 R / env 10-66,70 €)

Hout Bay Backpackers *(plan A3, **11**) : croisement Harbour et North Shore Dr.* ☎ *021-790-04-27.* • *houtbaybackpackers.co.za* • *Lits en dortoir env 240-290 R. Double 950 R avec sdb, sans petit déj ; familiales.* Une maison bleu pastel posée dans le sable, face à la plage et au port. Belle situation, donc, et un bâtiment lumineux avec ses baies vitrées, à défaut de coquet. Dortoirs et chambres accueillants avec de belles salles de bains dans les familiales ; certaines chambres sont dignes des meilleurs *B & B*. Cuisine à disposition et plein de restos au port. Confortable salon commun, balcon couvert et accueil attentionné. Une option avantageuse dans le coin.

Luisa House (*plan A1,* **10**) *: 12, Luisa Way. ☎ 021-790-41-44. 083-308-30-01. • wheretostay.co.za/luisa • À env 2 km de la plage. Accès par Victoria Rd. Doubles 800-900 R, petit déj compris. CB refusées.* Superbe maison entourée d'un grand et paisible jardin. *B & B* d'excellent confort, avec 4 chambres fraîches et hyper calmes, avec salle de bains, terrasse ou balcon. L'une d'elles, la *backpackers room,* est un peu moins chère, car plus petite et avec vue sur l'arrière, côté jardin. Piscine. Une bonne alternative à la ville, à des prix attractifs. En prime, un accueil extrêmement chaleureux de Trish.

Très chic (plus de 1 800 R/ env 120 €)

Villa Montebello (*hors plan par A1,* **12**) *: 72, Mount Rhodes Dr. ☎ 021-790-77-41. • villamontebello.co.za • Doubles env 2 060-3 300 R, avec petit déj. Résa pour 2 nuits min.* Jolie villa moderne sur les hauteurs d'Hout Bay, tenue par un sympathique couple belge qui saura vous mettre immédiatement à l'aise. Ils proposent 4 chambres de belle taille, toutes avec entrée indépendante, parfaitement équipées et au calme. Les amoureux apprécieront le romantique cottage avec jardin privé. La suite *Rhodes,* avec douche et baignoire, est idéale pour les familles. La vue en contrebas sur Hout Bay est splendide, de même que le carré de jardin percé d'une piscine. Quelques transats confortables autour, parfait à l'heure de l'apéro. Petit déjeuner très complet et plein de bons produits.

Où manger ?

De bon marché à prix moyens (jusqu'à 150 R / env 10 €)

Bistro (*plan A3,* **21**) *: Mariner's Wharf, au rdc. ☎ 021-790-11-00. Tlj 10h-19h (17h30 en hiver). Env 75 R la part de poisson frais avec frites (et jusqu'à 375 R la part de homard !).* C'est le seul fast-food qu'on connaisse qui propose du homard servi dans une boîte en carton ! Quelques autres fritures à tous les prix, comme les calamars, les crevettes et les *fish &chips...* Bon, ça sent un peu le graillon à l'intérieur mais on mange dehors (sous des bâches les jours de pluie), sur de grosses tables et bancs avec vue sur la plage de sable blanc, face à la mer et la montagne.

Deli Delish (*plan B3,* **22**) *: 8, Beach Crescent, Beach Estate. ☎ 021-790-53-24. Petit déj et lunch tlj 8h-17h. Plats 80-100 R/pers.* Cette maison soignée aux allures de salon de thé propose une cuisine saine aux accents méditerranéens. Terrasse couverte sur le côté. Au petit déjeuner, un large choix d'options alléchantes et des plats qui surfent entre diététique et gourmandise. Burgers vegan, wraps sans gluten, *protein bowl*, salades, quiches, poisson et viande... C'est bon sans être très relevé, et il y en a pour tous les budgets.

Le week-end, pour grignoter sur le pouce, dirigez-vous vers le port au **Bay Harbour Market** (*plan A3,* **25**). Plein de gargotes pour festoyer sur des tables communes, en trinquant avec une bière artisanale. Ambiance festive comme on les aime !

De prix moyens à chic (150-400 R / env 10-26,70 €)

The Lookout Deck (*plan A3,* **27**) *: Quayside. ☎ 021-790-09-00. Tlj midi et soir. Plats 100-250 R.* Ambiance marine, raffinée mais pas prétentieuse. La terrasse du restaurant, très populaire, est construite sur pilotis et fait face aux bateaux et aux montagnes. Large éventail à la carte :

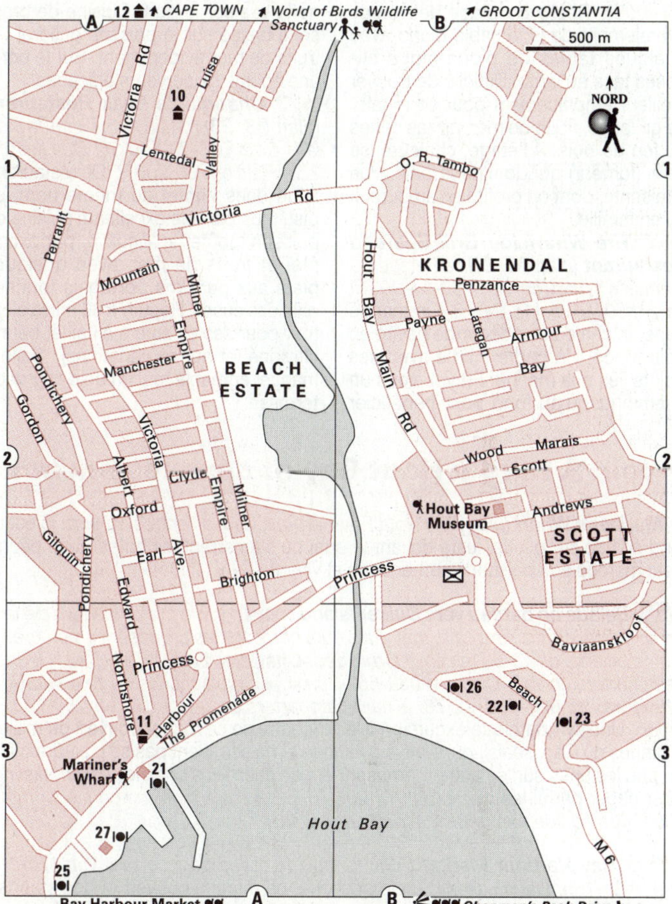

HOUT BAY

Où dormir ?

10 Luisa House (A1)
11 Hout Bay Backpackers (A3)
12 Villa Montebello (hors plan par A1)

Où manger ?

21 Bistro et The Wharfside Grill Seafood Restaurant (A3)
22 Deli Delish (B3)
23 Chapman's Peak Restaurant (B3)
25 Bay Harbour Market (A3)
26 Dunes Beach Restaurant & Bar (B3)
27 The Lookout Deck (A3)

cuisine de la mer avant tout, huîtres, pêche du jour *(catch of the day)* de toute fraîcheur et des viandes qui ne sont pas en reste. Également des sushis et des pizzas. Service efficace et ambiance animée, surtout les soirs de concert (vendredi et dimanche).

Dunes Beach Restaurant & Bar *(plan B3,* ***26****) : 1, Beach Rd.* *☎ 021-790-18-76. Tlj 9h-22h. Plats*

95-400 R. Resto de plage, les pieds littéralement dans le sable blanc avec quelques tables de pique-nique alignées face au large. Difficile de trouver meilleur emplacement pour se régaler de grillades, fruits de mer, pizzas cuites au feu de bois. À l'étage, chaleureuse salle (fumeur) qui domine la baie. Vue apaisante, dont on profite en amoureux ou en famille.

The Wharfside Grill Seafood Restaurant *(plan A3, **21**) : à l'étage du Mariner's Wharf. ☎ 021-790-11-00. Tlj 9h-23h30. Plats 115-245 R.* On mange dans un chaleureux décor de navire en bois foncé. Un cadre intime avec ses objets liés à la marine. Frayez-vous un chemin jusqu'au fond pour bénéficier de la vue sur le port. Cuisine de brasserie basée sur le poisson grillé et les fruits de mer évidemment. Sur le pont, une équipe de serveurs efficaces.

Chapman's Peak Restaurant *(plan B3, **23**) : Main Rd, à l'entrée de la M 6. ☎ 021-790-10-36. Ouv tlj 12h-22h. Plats env 80-200 R.* Ce restaurant, situé dans l'hôtel du même nom, se distingue par une excellente cuisine de poisson (goûter le *klingklip*, par exemple) et fruits de mer, avec quelques plats aux parfums portugais (bonnes grillades aussi). Réputé à 30 miles alentour pour ses calamars à l'ail et beurre citronné (et autres variations) ! Salle à manger agréable tout en bois et grande terrasse.

À voir. À faire à Hout Bay et dans les environs

Mariner's Wharf *(plan A3) : Hout Bay Harbour, juste à l'entrée du port.* C'est un long édifice sur pilotis, juste devant le quai où s'amarrent les bateaux de pêche. Petit marché aux poissons authentique et vivant *(tlj 9h-17h30).*

Balade en bateau vers Duiker Island *: départ sur le port. Plusieurs départs tte la journée, mais surtout le mat. Plusieurs compagnies proposent à peu près la même balade, de 40-50 mn env :* ***Drumbeat Charters,*** *☎ 021-791-44-41. • drumbeatcharters.co.za •* ***Circe,*** *082-552-29-04. • circelaunches.co.za •* ***Nauticat Charters,*** *☎ 021-790-72-78. • nauticatcharters.co.za • Prix : env 80-100 R ; réduc.* Une sympathique excursion à la rencontre de ce rocher couvert de milliers d'otaries du Cap *(seals)*, qui sont là à l'année et ne semblent pas se plaindre d'être un peu les unes sur les autres. Amusant et pas cher. Plus cher, le *seal snorkeling* : pour nager parmi les otaries. *072-296-91-32. • sealsnorkeling.com • Compter 900 R (3h, équipement fourni ; à partir de 10 ans).*

Bay Harbour Market *(A3) : au port. • bayharbour.co.za • Ven 17h-21h, w-e 9h30-16h.* Dans une ancienne pêcherie, un marché couvert et des stands à l'extérieur ; Les locaux s'y pressent en nombre dans une ambiance du tonnerre. On y achète des produits locaux (fruits et légumes, artisanat), on y mange et on y chante !

World of Birds Wildlife Sanctuary *(hors plan par A1) : Valley Rd. ☎ 021-790-27-30. • worldofbirds.org.za • Un peu à l'extérieur de la ville (fléché depuis Victoria Rd, continuer sur 2 km env en remontant Valley Rd). Tlj 9h-17h (dernière entrée à 16h). Entrée : 120 R ; réduc. Plan avec heures de nourrissage.* Une des plus grandes réserves ornithologiques que l'on connaisse, où sont présentés 3 000 spécimens en 400 espèces du monde entier. C'est également un centre de soin pour les oiseaux blessés et de reproduction des espèces en danger. La section appelée *Monkey Jungle (11h30-13h, 14h-15h30)* ravira les enfants avec ses singes-écureuils, alias sapajous. Cafétéria pour ceux qui y passeraient la journée (ou aire de pique-nique).

Hout Bay Museum *(plan B2) : 4, Andrews Rd. ☎ 021-790-32-70. Ouv lun-jeu 8h-16h30, ven 8h-16h. Entrée : 10 R.* Le musée, caché sous la végétation, présente l'histoire de cet ancien village de pêcheurs.

Chapman's Peak Drive (hors plan par B3) **:** *infos sur • chapmanspeakdrive.co.za • 47 R l'aller pour les voitures. Attention, la route peut être fermée en cas de mauvais temps (risque d'éboulis).*
Bon à savoir : Un day pass *(ou* picnic voucher*) permet d'emprunter gratuitement une partie de la route (sur 2,7 km) jusqu'aux points de vue et sentiers de randonnée, avant le* Day pass Control Point*, aux horaires suivants : oct-mars 6h-20h ; avr-sept 7h-18h30.*
Cette remarquable route en corniche d'une petite dizaine de kilomètres et 114 virages, située au sud de la ville, mérite à elle seule que l'on se déplace jusqu'ici. Énormes falaises de grès et de granit dans lesquelles la route a été creusée et qui offrent de remarquables vues sur la côte. Au départ de Hout Bay, noter le léopard de bronze, souvenir du dernier spécimen qu'on vit dans la région en 1930. La beauté du site est aussi son point faible : la route est régulièrement fermée pour cause d'éboulements...

La route redescend ensuite doucement vers ***Noordhoek,*** une immense plage vraiment remarquable, déserte, large et longue de plusieurs kilomètres. Peut-être une des plus sauvages de la côte ouest de la péninsule. Panorama époustouflant. Malgré la présence de patrouilles de vigiles, évitez cependant de vous y rendre à la tombée de la nuit...

LA CÔTE EST DE LA PÉNINSULE

La côte est de la péninsule forme une large baie, appelée *False Bay.* Bon à savoir : les plages de cette grande et « fausse » baie sur l'océan Indien sont globalement plus sympa pour la baignade que celles de la côte atlantique. L'eau y est un peu plus chaude et les vagues et courants souvent moins dangereux. Ce qui ne vous empêchera pas de vous renseigner auprès des locaux chaque fois que vous voudrez prendre un bain. Certains des villages qui bordent cette côte sont vraiment adorables. À explorer en prenant son temps. Pour des raisons bêtement pratiques, on préfère faire le tour de la péninsule en commençant par l'est. En effet, en voiture, vu qu'on roule à gauche, ça permet d'admirer les panoramas du bon côté de la route.

Transports

➢ ***En voiture :*** le meilleur moyen, de loin le plus facile.
➢ ***En train :*** *infos au ☎ 0800-65-64-63. • cttrains.co.za •* Il existe une ligne de train qui va de Cape Town jusqu'à Simon's Town (départs ttes les 40 mn-1h). La gare est à 10 mn à pied du centre de Simon's Town et à 3,5 km de Boulders (la plage des pingouins). De là, taxi possible avec *le shuttle service (📱 : 079-486-42-28).*
Le problème est que la ligne n'est pas sûre (nombreuses agressions).
➢ ***En Rikki's Taxi :*** avec *Rikki's* bien sûr – et c'est plus sûr ! *📱 086-174-55-47. • rikkis.co.za •* Permet aux routards non véhiculés de se rendre à Boulders ou au cap de Bonne-Espérance, par exemple. Tarifs avantageux.
➢ ***En tour organisé :*** une autre solution consiste à acheter l'excursion avec une agence à partir du Cap. Toutes les AJ proposent ou revendent cette excursion.

MUIZENBERG

37 000 hab.

Muizenberg (prononcer « miouzinbourg ») possède une plage populaire pour les surfeurs, même débutants (c'est d'ailleurs à Muizenberg que le surf

est né en Afrique du Sud), aussi bien que pour les nageurs. Il faut dire qu'elle s'étire sur plusieurs dizaines de kilomètres et que ses quelques cabanons en bois, vestiges bariolés des années 1920, ont un certain cachet. Cependant, la station balnéaire en vogue au XIXe s a perdu de son éclat et les buildings disgracieux se sont multipliés. En cherchant, on peut découvrir quelques demeures anciennes comme le *Rhodes Cottage* où vécut et mourut sir Cecil Rhodes ou encore la *Casa Labia,* aujourd'hui centre culturel, qui fut la résidence de l'ambassadeur d'Italie en Afrique du Sud. Le principal intérêt reste donc la baignade dans les eaux chaudes (ou presque) de False Bay, ainsi que le kitesurf et le surf. La voie ferrée de la ligne Cape Town-Simon's Town longe la mer.

Où dormir ?

■ ***Stoked Backpackers :*** *175, Main Rd. ☎ 021-709-0841. ● stokedbackpackers.com ● Les Baz Bus y font halte ; à côté de la gare. Lits en dortoir à partir 220 R. Double avec sdb env 950 R.* Arrêtez-vous devant le grand mur peint en bleu sur lequel court un surfeur, c'est là. Les spacieux dortoirs avec mezzanine (5 à 12 lits) et les chambres doubles gardent des touches colorées qui contrastent avec les couettes immaculées. Propreté impeccable, matelas confortables et bonne ambiance. Les chambres *deluxe,* dans les étages élevés, ont en bonus un balcon ouvert sur le large. Avec le lever de soleil en ligne de mire, c'est magique ! En haut, cuisine et terrasse qui toise la mer et les surfers. Sympa, le *Veggie Café* au rez-de-chaussée et les nombreuses activités et excursions organisés sur place (plongée, kite, surf...).

KALK BAY

Autrefois, important port de pêche baleinier, Kalk Bay est aujourd'hui un petit port de pêche posé à flanc de montagne (*yellowtail,* saumon du Cap, écrevisses du Cap) qui déploie ses maisons le long de la route principale (Main Road évidemment) qui longe la voie ferrée et le bord de mer. Atmosphère vivante, un rien alternative, un peu hippie hier, franchement bobo aujourd'hui qui constitue une halte sympa sur la route de Cape Point, notamment pour le déjeuner.

En général, les pêcheurs vendent leurs prises directement sur leurs bateaux, ce qui contribue à l'animation colorée. Le grand truc ici, c'est la saison du *snoek* (escolier), au cœur de l'hiver (juin-juillet). On le trouve alors aux tables de tous les restos.

Autre curiosité : aller voir, en fin d'après-midi, les pêcheurs à la ligne sur la digue menant au phare. Serrés les uns contre les autres, souvent en famille, coffre de la voiture ouvert avec casse-croûte et boissons...

Où dormir ?

De prix moyens à chic (400-1 800 R / env 26,70-120 €)

■ ***The Inn at Castle Hill :*** *37, Gatesville Rd. ☎ 021-788-25-54. 📱 082-655-22-65. ● innatcastlehill.co.za ● De la gare, faire 100 m vers le nord et grimper la petite Belmont Rd ; c'est au bout. Selon confort, compter 1 100-2 050 R sans petit déj (bouilloire et frigo dans chaque chambre).* Grande bâtisse bourgeoise de style edwardien, à l'ameublement chic. 6 chambres confortables, et toutes – sauf une – font face à la mer. Beaucoup de cachet dans les chambres de différentes tailles, avec plancher au sol et un large balcon qui fait le tour de la maison. Jolies salles de bains avec baignoire pattes de lion dans certaines. Vaste véranda avec de reposants fauteuils et salon accueillant.

Chartfield Guesthouse : *30, Gatesville Rd. À pied, accès par l'escalier Norman Weg (sur la droite, à 50 m de la gare). ☎ 021-788-37-93. 072-148-24-40. • chartfield.co.za • Doubles env 850-1 500 R selon standing, petit déj compris ; familiales.* Très central. Grosse villa au charme balnéaire dominant la baie et offrant des chambres modernes et de bon confort, parfois avec balcon ou terrasse. Panorama garanti. Petit déj servi sur la terrasse qui surplombe le jardin et la piscine.

Où manger ?

Kalk Bay est un village ayant une offre en restos particulièrement riche, pour tous les goûts et tous les budgets.

De bon marché à prix moyens (jusqu'à 150 R / jusqu'à 10 €)

Kalkys : *sur le port. ☎ 021-788-17-26. Tlj 10h-20h (20h30 j. fériés). Plats 65-160 R.* Dans le brouhaha du port, une adresse populaire et familiale pour un bon *fish & chips,* avec la pêche du jour *(hake, linefish).* Une véritable institution ! Assiettes en carton et bancs rugueux, l'atmosphère est bonne franquette et animée par le cri des mouettes, les interpellations des pêcheurs...

Olympia Café and Deli : *134, Main Rd. ☎ 021-788-63-96. Tlj 7h-21h (jusqu'à 15h dim). Plats 65-165 R et poisson autour de 135 R.* Face au port, une jolie adresse informelle, ouverte sur la rue et sur la cuisine, où les plats sont préparés devant les clients : soupes, salades, plats végétariens, poissons. La carte est variée. Des préparations simples mais fraîches, copieuses et réussies. On adore les moules et les pâtes aux fruits de mer. En prime, de délicieuses pâtisseries. Et le pain maison est une merveille ! Sympa aussi pour le petit déj, donc. Un vrai lieu alternatif et de qualité. Attention, la salle se remplit vite (et la maison ne prend pas les résas)...

De prix moyens à chic (150-400 R / env 10-26,70 €)

Brass Bell : *juste derrière la gare, face à la mer. ☎ 021-788-54-55. Pour y accéder, prendre le souterrain qui passe sous les voies de chemin de fer. Ouv tlj de 11h à tard le soir. Plats 100-200 R.* Un emplacement au top, littéralement les pieds dans l'eau ! Que le côté complexe de restauration ne vous rebute pas, l'ambiance est décontractée (voire festive) et la qualité constante. À vous de choisir le meilleur point de vue sur les flots, la carte reste la même d'un espace à l'autre. Au 1er étage, à l'*Oyster Deck,* on domine magnifiquement la baie. C'est l'endroit le plus calme avec des tables bien séparées. Au rez-de-chaussée, atmosphère plus populaire sur les grandes terrasses de bois au ras de l'eau. Impressionnant quand les vagues se fracassent sur les rochers ! Les enfants sont les bienvenus, il y a même une mini-plage pour eux. Bonnes pizzas au feu de bois, grillades, burgers, moules, huîtres, etc. Au bar, aussi vaste que bruyant, les cocktails coulent à flots en fin de semaine. Musique live le week-end.

Sur le port, un autre petit ensemble de restos, plus intimes (à côté du *Kalkys*), comprenant plusieurs établissements assez différents (mais même proprio). D'abord le populaire ***Lucky fish & chips,*** au rez-de-chaussée. Puis le ***Live Bait.*** Enfin, au 1er étage, le ***Harbour House*** (voir ci-après).

Harbour House : *sur le port, au 1er étage du petit complexe de restos. ☎ 021-788-41-33. Tlj midi et soir jusqu'à 22h. Plats 200-350 R.* L'adresse un peu chic du port, avec son cadre tout blanc qui semble s'extraire de l'agitation ambiante et ses serveurs en tablier bien repassé. Réserver une table près des grandes baies pour la vue extra. Cuisine de qualité : *harbour house platter,* spécialités de fruits de mer (oh, les belles langoustines !), et des suggestions du jour à l'ardoise...

Où boire un verre ?

Cape to Cuba : *Main Rd, à 100 m de la gare. Ouv tlj 11h-23h. ☎ 021-788-15-66.* Coincé entre la route et la voie ferrée, cet ancien entrepôt a été transformé en un lieu à la déco assez délirante et colorée. Lustres à pampilles, objets kitsch, fauteuils et canapés pour se prélasser les pieds dans le sable. Pour siroter un *mojito,* c'est vraiment l'un des coins les plus sympa de Kalk. Fait également resto.

Où se baigner ?

On trouve une petite ***plage*** dans le centre : pour y accéder, emprunter le passage sous les voies ferrées. Piscines d'eau de mer *(tidal pools)* battues par les vagues.

On peut aussi se baigner à ***Saint James*** *(à 2 km au nord)* dans une autre piscine d'eau de mer, baraques de plage multicolores en arrière-plan : un véritable décor de carte postale.

Fish Hoek : *à 2 km au sud.* Le village s'étend mollement sur les collines, pas grand-chose d'autre à faire pour le touriste de passage que de l'imiter sur la très belle plage de sable blanc de 1,5 km. Depuis des attaques (de requin, parfois fatales) entre 2010 et 2012, la sécurité en mer a été renforcée avec des essais de filets anti-requins et des drones. Bon, les familles continuent à venir en grand nombre, mais avant de faire trempette, jetez un œil aux drapeaux qui signalent l'éventuelle présence de requins.

FAUT PAS POUSSER LE BOUCHON !

Saviez-vous qu'il fut interdit de vendre de l'alcool à Fish Hoek, au sud de Kalk Bay, durant près de 2 siècles ? Cette loi fut décidée en 1818 pour respecter le vœu pas banal d'un fermier au moment de la vente de ses terres en différents lots. La loi ne fut abolie que dans les années... 1990. Aujourd'hui encore, on ne trouve de l'alcool que dans les bars et restaurants, mais pas dans les supermarchés !

SIMON'S TOWN

6 600 hab.

Ville plutôt pimpante et étirée sur plusieurs kilomètres avec comme point de repère dans le centre Jubilee Square, où se trouve l'office de tourisme. Simon's Town rend hommage à Simon Van der Stel, 2e gouverneur de la toute nouvelle colonie. C'est là, en effet, que les vaisseaux de la VOC venaient

mouiller l'hiver, fatigués de se faire secouer par les tempêtes de la côte atlantique. Ici, ils trouvaient un abri sûr. Les Anglais ne firent en fait que poursuivre le développement maritime de la ville, initié par les Hollandais, en y installant les quartiers de leur Royal Navy dans ce côté-ci du globe. Aujourd'hui, c'est toujours une base navale de l'armée sud-africaine. Mais pour les touristes, Simon's Town est surtout réputée pour sa colonie de manchots du Cap. On y vient d'ailleurs essentiellement pour cela.

UN HÉROS LOCAL

Avez-vous remarqué la sculpture du chien sur Jubilee Square, au centre-ville ? Il s'agit de Just Nuisance, un dogue allemand dont l'impressionnant gabarit lui valut ce drôle de nom. Il se prit d'affection pour les marins et s'illustra lors d'expéditions en train jusqu'à Cape Town, à 27 stations de Simon's Town. Débarqué par le contrôleur, il courait jusqu'à la station suivante pour remonter dans le train. Il fut repéré pour sa bravoure et son intelligence, et enrôlé dans la Royal Navy entre 1939 et 1944. À sa mort, le chien exceptionnel eut droit aux honneurs militaires !

Comment y aller ?

– ***En train :*** *de Cape Town. • metrorail.co.za • Tlj. Compter 1h10 de trajet. Trains ttes les 40mn env.* Le moyen le moins cher à défaut d'être le plus sûr. Préférez les heures de pointe pour circuler, c'est là qu'il y a le plus de monde.

Adresse utile

ℹ ***Office de tourisme :*** *111, Saint George's St. ☎ 021-786-84-40. • simonstown.com • En plein centre. Tlj 9h-17h (13h w-e et j. fériés).* Plan de ville à disposition. Peuvent aussi réserver des hébergements dans les parcs nationaux.

Où dormir dans le coin ?

Prix moyens (400-1 000 R / env 26,70-66,70 €)

Simon's Town Backpackers : *66, Saint George's St. ☎ 021-786-19-64. • capepax.co.za • À 500 m de Jubilee Sq, vers le nord. Accueil à l'étage de la maison. Une douzaine de chambres, sans ou avec sanitaires, env 730-880 R pour 2. Pas de petit déj mais café/thé à disposition. Navette pour l'aéroport 500 R.* Une large maison à colonnes qui distille une atmosphère familiale. Pas de dortoirs avec des lits empilés mais quelques chambres doubles pimpantes et d'autres qui peuvent loger jusqu'à 5 personnes. Joli parquet, frigo, entretien excellent. Cuisine commune et petit salon convivial autour du bar. Le large balcon sur lequel donnent quelques chambres est agréable, mais il donne sur la route. Si la circulation est très faible le soir, le trafic démarre tôt le matin. Sinon, d'autres chambres plus calmes mais sans vue. Au rez-de-chaussée, jolie brocante.

Froggy Pond Resort : *358, Main Rd. ☎ 021-786-12-81. • froggypondresort.co.za • Emplacement tente 200-245 R ; Bungalows (2-6 pers) 425-625 R pour 2. Draps inclus mais prévoir serviette de toilette et savon.* Sur un vaste terrain municipal à l'herbe rêche, quelques bungalows en enfilade, rustiques mais convenablement équipés : 3 chambres, coin cuisine, *braai* (barbecue) sur la terrasse. Les emplacements de camping, sur les terrasses du fond, surplombent l'océan. Piscine. On a connu plus charmant mais entre amis ou en famille, c'est un bon plan.

De chic à très chic (1 000 à plus de 1 800 R / env 66,70 à plus de 120 €)

Nombreux *B & B* en ville et dans les environs.

☗ ***Rocklands B & B :*** *25, Rocklands Rd. ☎ 021-786-31-58. • rocklandsbnb.com • À 3 km au sud de Simon's Town, sur la route de Cape Point, légèrement sur la falaise. Double env 1 700 R, sans ou avec le petit déj.* 4 chambres (dont 2 très grandes pour des familles) dans cette jolie maison haut perchée, offrant une vue vraiment extraordinaire sur l'océan. 1 chambre n'a pas de balcon mais sa situation en nid d'aigle en surplomb des flots compense largement ! Dans le jardin pentu, des plantes endémiques soigneusement entretenues. Calme total et excellent confort. Cela dit, vu la situation, on le conseille seulement aux routards motorisés.

☗ ***Moonglow Guesthouse, chez Gillian O'Leary :*** *7, Bennett Close, Glencairn. ☎ 021-786-59-02. • moonglow.co.za • En venant du Cap par la route principale, 3 km avt Simon's Town et juste après la gare de Glencairn, prendre la route qui monte sur la droite (juste après le resto* Dixies*) ; Bennett Close est en haut à droite. Doubles 1 400-1 700 R, petit déj compris.* Difficile d'accès (ça grimpe dur !) et à peine visible d'en bas, cette imposante bâtisse abrite 6 chambres dont 4 dotées d'une vue à couper le souffle sur False Bay (et les baleines en saison). La salle à manger commune donne elle aussi sur une large terrasse en accès libre. Déco de très bon goût, parties communes parsemées de jolies pièces d'art africain, accueil à la fois personnalisé, chaleureux et discret, *full english breakfast* à rassasier les appétits d'ogre.

☗ ***B & B Cheriton :*** *19, Belmont Rd, Seaforth. ☎ 021-786-39-33. • cheriton.co.za • À 1 km, dans une rue perpendiculaire à la route principale, quasi en face de l'embranchement pour Foxy Beach. Doubles env 1 660-1 900 R, avec petit déj.* Dans un quartier tranquille, une grande demeure datant de 1898 avec coins et recoins pour s'isoler. 5 chambres coquettes à la déco chargée mais très bien équipées (kitchenette). Sur le *deck* en bois de la belle terrasse, une paire de jumelles est pointée vers le large. Jardin luxuriant : il arrive de croiser ici des porcs-épics et des pintades sauvages. Piscine haricot. Original aussi : le pub *Just Nuisance* et toute la collection d'objets marins et d'anciens appareils photo. Accueil adorable.

☗ ***Simon's Town Quayside Hotel :*** *Jubilee Sq, Saint George's St. ☎ 021-786-38-38. • aha.co.za/quayside • Doubles 2 000-2 600 R en saison, petit déj inclus.* Un bel hôtel, en plein centre-ville. La plupart des chambres, de bonne ampleur, offrent une vue sympa sur le port, et les moins chères donnent sur la montagne. Elles sont élégantes et lumineuses, grâce à de généreuses baies vitrées, ouvrant sur un balcon pour certaines. Prestations de bon niveau (clim, vastes placards...). Salles de bains au diapason.

☗ ***Whale View Manor :*** *Main Rd, à 5 km du centre vers Cape Point. ☎ 021-786-32-91. • whaleviewmanor.co.za • Doubles env 2 200-2 500 R, petit déj inclus ; repas env 230 R.* Cette imposante villa blanche posée face à une plage paisible ne manque pas d'espace : salon et salle à manger volumineux et à l'étage, des chambres cossues, à la déco plus ou moins sobre. Si le goût est une affaire personnelle, pas de faille sur le confort (excellente literie ultra large, baignoire et douche...). On aime l'ambiance marine et colorée de la nº 3 qui donne sur la mer. Sans balcon mais vraiment spacieuse. Les chambres côté montagne sont un peu moins chères. Bonne cuisine et magnifique balade piétonne en surplomb des flots jusqu'à *Boulders Beach* et ses pingouins. Saluez ceux que vous croisez en chemin (gratuitement, profitez-en !). À moins que vous ne préfériez les approcher en kayak (location à la *guesthouse*).

Où manger ?

Sur le pouce

The Sweetest Thing : *82, Saint George's St. Ouv tlj 10h-17h. ☎ 021-786-42-00.* De quoi avoir les yeux plus gros que le ventre dans cette pâtisserie ! Viennoiseries, tartes et gâteaux tous plus alléchants les uns que les autres (mmmh, la délicieuse tarte aux noix !), biscuits, tartes salées divines... Le tout à emporter ou à consommer sur place.

De bon marché à prix moyens (moins de 150 R / moins de 10 €)

The Lighthouse Café : *90, Saint George's St. ☎ 021-786-90-00. Ouv tlj mar-sam 8h30-16h et jusqu'à 22h mer-sam. Plats 95-200 R. Pizzas 65-125 R.* Entre le port et le musée, 2 salles cosy avec plancher blanc cérusé et chaises de jardin. À midi, les mange-tôt croisent les lève-tard qui prolongent un fameux petit déjeuner. La carte variée contente aussi les végétariens et les appétits d'oiseaux qui picorent l'un des *light meals* (½ portion de moules marinière, *mezze* à partager, *focaccia* artisanale). Une adresse mignonne comme tout.

Salty Sea Dog : *2, Wharf St, Waterfront. ☎ 021-786-19-18. Ouv tlj 8h30-21h (16h30 dim). Plats env 70-150 R.* Sur le port, un *fish & chips* populaire situé dans l'ancien marché aux poissons. Le cadre est sans chichis, les tables recouvertes de plastique, et les assiettes copieuses. Pas de doute sur la fraîcheur des poissons et des calamars : de l'océan à l'assiette en passant par la poêle, il n'y a que 2 sauts.

Prix moyens (150-400 R / env 10-26,70 €)

Dixie's Restaurant : *134, Main Rd, Glencairn 7975. ☎ 021-786-21-05. Tlj midi et soir. À env 3 km du centre mais tt près de la* Moonglow Guesthouse *(voir « Où dormir ? »). Plats 100-200 R.* Un resto de bord de route à l'ambiance relax, avec terrasse face à la mer. Cadre tout en lambris et grosses tables de bois sur la terrasse devant la route. *Dixie's* satisfera les appétits les plus féroces, du petit déj au dîner. Quelle que soit l'heure, on y est reçu avec le sourire, et la carte décline salades, viandes grillées au feu de bois, poissons à des prix assez raisonnables compte tenu des portions présentées. Aussi des pizzas.

À voir. À faire

Boulders National Park : *un peu au sud du centre-ville, sur la route de Cape Point, bien fléché sur la gauche (Seaforth Rd). ☎ 021-786-23-29. Accessible tlj 8h-18h30 (7h-19h30 en déc-janv et 8h-17h avr-sept). Il existe 2 entrées et 2 parkings (Boulders Beach et Foxy Beach), distants de 1 km à peine. Entrée : 160 R ; réduc. En hte saison, la plage et le parking peuvent être fermés en cas de forte affluence.*

PAS SI MANCHOT !

Le manchot d'Afrique du Sud est assurément un drôle d'oiseau. Tout d'abord, il ne vole pas. Ses ailes se sont adaptées et transformées en nageoires. Résultat : il peut plonger jusqu'à 130 m de profondeur et rester sous l'eau pendant 2 mn 30. On trouve, le long des côtes sud-africaines, 3 colonies de ces « jackass penguins », *surnommés ainsi car ils braient comme des ânes !*

Ce minuscule parc abrite une importante colonie de manchots du Cap qui s'ébattent par centaines sur la petite plage de sable blanc de ***Foxy Beach,*** qui leur

est entièrement réservée. Menacée d'extinction à la fin du XXe s, la colonie est aujourd'hui bien protégée (un peu plus de 2 000 individus, alors qu'ils étaient juste... 2 en 1982, ce qui ne reflète pas l'évolution générale de la population de manchots en Afrique du Sud, qui, elle, est à la baisse). Une large passerelle en bois permet d'accéder au plus près de la bande de sable et permet d'observer les manchots dans de bonnes conditions. Assez rigolo de voir s'ébattre et s'agglutiner ces curieuses bestioles fort sympathiques. Beaucoup de monde en saison pour les voir. On se demande parfois qui est observé ! Un conseil, renseignez-vous sur les marées : on observe mieux les manchots à marée basse, quand la plage n'est pas recouverte d'eau.
Plus loin, à environ 1 km vers le sud, une autre plage, minuscule et encadrée de gros rochers granitiques, la célèbre ***Boulders Beach,*** fait également partie du parc national (même ticket d'entrée). Celle-ci est propice à la baignade. On nage parfois avec les manchots, mais il est interdit de les déranger. Il y a beaucoup moins de touristes, mais le week-end, elle est très prisée des locaux et des manchots qui viennent tous y pique-niquer (!).
À l'extérieur du parc, une passerelle en bois de 1 km *(Willis walk)* permet de se balader d'une plage à l'autre. Accès ***gratuit*** à cette passerelle avec l'assurance de voir des manchots peu farouches juste derrière la clôture, entre les arbustes.
Une 2de passerelle (*Burgher's walk,* gratuite également) part du parking de Boulders Beach, en direction du sud. Au nord, il n'est pas rare d'apercevoir des manchots sur la plage voisine de ***Seaforth Beach.*** Eau claire et baignade sans risque.

Simon's Town Museum : *en allant vers le sud, fléché sur la gauche, juste avt le port et le centre-ville. ☎ 021-786-30-46. Tlj sauf dim 10h-16h (13h sam). Donation souhaitée (10 R).* Situé dans l'ancien édifice de la magistrature. Toute l'histoire locale dans un amoncellement d'informations : reconstitution d'une taverne de marins, vitrines sur les visites royales, matériels militaires. La présentation date, mais certaines pièces sont très intéressantes.

Heritage Museum : *Amlay House, King's George Way. Dépasser le port et continuer vers le sud sur 200 m, c'est dans une petite rue à gauche. ☎ 021-786-23-02. Mar-sam 10h-15h (13h sam) en principe (mieux vaut appeler avant de passer). Entrée : 10 R.* Comme dans tant d'autres villes d'Afrique du Sud, à la fin des années 1960, le gouvernement d'apartheid décida de chasser les populations non blanches de Simon's Town, qui comptait une importante communauté musulmane (7 000 membres), laquelle fut priée d'aller voir ailleurs, de l'autre côté de la péninsule. Le musée rappelle cette histoire, autour de l'évocation des *Cape Malays.* C'est un membre de la famille Amlay, chassée comme les autres, qui a ouvert le musée dans la maison familiale quand, une fois la démocratie revenue, les habitants purent revenir – du moins ceux pour qui cela a été possible. Une visite émouvante.

South African Naval Museum : *à côté du Town Museum, avt d'entrer dans le centre-ville. ☎ 021-787-46-86. • navy.mil.za • Tlj sauf certains j. fériés 9h30-15h30. Entrée : donation appréciée.* C'est dans les chantiers navals déjà existants que la Royal Navy a déménagé de Cape Town à Simon's Town en 1810. Ensuite utilisés comme hangars à bateaux, ils abritent aujourd'hui tout un attirail militaire. Il faut dire que pendant la 2de Guerre mondiale, les navires alliés étaient réparés ici. Uniformes de marine, vieux scaphandres, maquettes et photos de bateaux, objets de bord. Et tout l'armement : canons, missiles, torpilles, radars, etc. Au sous-sol, il y a même un hélicoptère et la réplique d'un sous-marin. L'église est encore utilisée pour des mariages ! Un peu vieillot, mais la visite n'est pas désagréable.

Observation des baleines (whale watching) ***:*** *avec Boat Company, juin-nov. • boatcompany.co.za • Compter 990 R/adulte ; 660 R jusqu'à 12 ans.* Une

bonne option sans avoir à pousser jusqu'à Hermanus pour voir les baleines qui viennent se reposer dans les eaux abritées de la baie (jusqu'à Cape Point) en hiver.
– ***Autres activités :*** *shark diving,* kayak de mer pour approcher la colonie de pingouins.

CAPE OF GOOD HOPE NATURE RESERVE

L'entrée se situe à environ 10 km au sud de Simon's Town, par une jolie route offrant des vues sur des plages à l'eau verte et au sable blanc. La pointe sud de la péninsule constitue une réserve naturelle de 7 750 ha, traversée par une petite route qui mène jusqu'à la pointe du Cap, le célèbre *Cape Point.* L'ensemble s'inscrit dans le très grand *Table Mountain National Park* (anciennement *Cape Peninsula National Park*), constitué de plusieurs sections séparées. Certains sentiers suivent la côte et permettent d'embrasser des panoramas surprenants, chargés d'une grande puissance dramatique. Paysages superbes et délicats de lande rocheuse couverte de plusieurs variétés de fynbos. Ça rappelle un peu la lande bretonne ou les causses de Corrèze, avec une végétation plus diverse, le tout posé sur un plateau délicatement relevé aux extrémités. Les babouins sont ici légion et partagent parfois les parkings avec... des antilopes ou des autruches.

Informations utiles

– ***Informations pratiques :*** *• capepoint.co.za • Audiotour gratuit (en anglais) à télécharger.*
– ***Horaires :*** *oct-mars, tlj 6h-18h ; en hiver, 7h-17h. Il faut être sorti du parc avt le coucher du soleil.* Si vous aspirez à la solitude, venez tôt ou en fin d'après-midi, pour éviter la foule et la file de voitures aux guichets...
– ***Tarif :*** *320 R ; réduc.*

– ***Plan et distances :*** une carte est délivrée à l'entrée, avec indication des routes et des sentiers pédestres. Compter 7 km jusqu'au *Bufflesfontein Visitor's Centre,* puis encore 3 km jusqu'à un croisement : à droite le *Cape of Good Hope* en tant que tel (3 km), à gauche le *Cape Point lighthouse* avec son phare (2 km).

À voir. À faire

Buffelsfontein Visitor's Centre : *7 km après l'entrée du parc, sur la gauche. ☎ 021-780-92-04.* Point d'information avec expo sur la flore et la faune. On y apprend que 3 sortes de dauphins et 4 sortes de baleines se baladent dans le secteur l'hiver (de juin à décembre) et qu'il existe une douzaine d'espèces de tortues ainsi que plus de 1 000 espèces végétales. Vente de brochures sur les différents sentiers.

Cape Point Lighthouse : le panorama le plus impressionnant de la péninsule. Grand resto pratique avec vue panoramique, *The Two Oceans Restaurant* (qui ferme à 17h). À côté, point de vente de boissons et sandwichs. De là, on peut grimper par un sentier, en 10 mn, à l'ancien phare qui offre une vue à 360° (petit funiculaire, le *Flying Dutchman,* mais chérot pour 3 mn de trajet : 70 R le retour). Depuis le phare, vue plongeante sur le superbe éperon rocheux situé en contrebas, qui constitue le bout du bout de la pointe. Cette falaise extrême est d'ailleurs accessible à pied à partir du point de départ du funiculaire. Compter

45 mn de marche. Mais revenons au phare : il fut mis en service en 1860 et ne fonctionna que jusqu'en 1919. Placé trop haut (249 m d'altitude), il ne fut jamais efficace à cause du brouillard qui l'enveloppait souvent et qui ne lui permettait plus de jouer son rôle. Un autre phare fut donc mis en service en 1914, à une altitude moindre (87 m).

Une petite route un peu à l'ouest de Cape Point mène au ***Cape of Good Hope*** (fléché). Là, il ne s'agit plus d'une falaise, mais d'une plage caillouteuse. Moins spectaculaire, mais tout le monde se prend en photo devant la pancarte « Cape of Good Hope »... et vous ferez sans doute la même chose. On peut faire tout cela à pied bien entendu.

NE PAS SE TROMPER DE CAP

Comment se nomme l'extrémité sud du continent africain ? Le cap de Bonne-Espérance, répondrez-vous. Eh bien non ! La véritable pointe la plus au sud d'Afrique est le cap Agulhas, situé après Hermanus.

Sentiers de randonnée : ne pas hésiter à explorer les sentiers qui offrent des points de vue différents sur la pointe (brochures sur ces sentiers en vente au *Buffelsfontein Visitor's Centre*). Chouettes balades revigorantes, le visage rougi par le soleil, fouetté par le vent... La côte ouest du cap est plutôt plate, avec des échancrures rocheuses et caillouteuses, quelques plages et des vagues incroyables. Un sentier, le *Shipwreck hiking trail,* au départ d'Olifantsbos, permet de passer par des plages sauvages sur lesquelles on voit des débris de bateaux échoués (compter environ 2h à 3h de marche). Sur l'autre versant, on trouve plutôt des falaises et donc de merveilleux points de vue.

LA RÉGION DES VIGNOBLES

• Carte *p. 333*

À seulement 40 km de Cape Town débute cette superbe région des vignobles *(winelands),* qui s'étire sur une centaine de kilomètres. Un décor d'une rare harmonie, jalonné de grandes propriétés viticoles, parfois d'une opulence époustouflante. Les vastes demeures blanches de style Cape Dutch, souvent situées dans des sites remarquables, face à des massifs montagneux qui favorisent un microclimat idéal pour la vigne, complètent ce tableau idyllique. Inutile de préciser que la sueur sur laquelle se sont édifiés ces domaines était plus noire que blanche. Cette région, avec son côté *Autant en emporte le vent* (les Blacks dans les vignes et les Blancs qui font prospérer leurs affaires), raconte elle aussi, à sa manière, l'histoire du courage des pionniers, des 1ers colons, et notamment celle de ces 175 huguenots qui vinrent s'installer ici à partir de 1688. Elle dit aussi la misère, l'esclavage et l'injustice. Voici un concentré d'histoire, d'histoires humaines, que certains ont sublimées par le vin et que d'autres ont noyées dedans.

3 villes se dégagent : *Stellenbosch,* la plus intéressante de la région sur le plan historique, *Franschhoek,* grosse bourgade bien coquette au creux d'une belle vallée où se sont installés les huguenots français, et *Paarl,* bien plus grande et commerçante, et qui présente peu d'intérêt. On conseille de passer 1 nuit dans les 2 premières. Les plus grands domaines viticoles se concentrent dans un rayon de 30 à 40 km autour de ces villes. Il est donc facile, avec un véhicule, de sillonner la région.

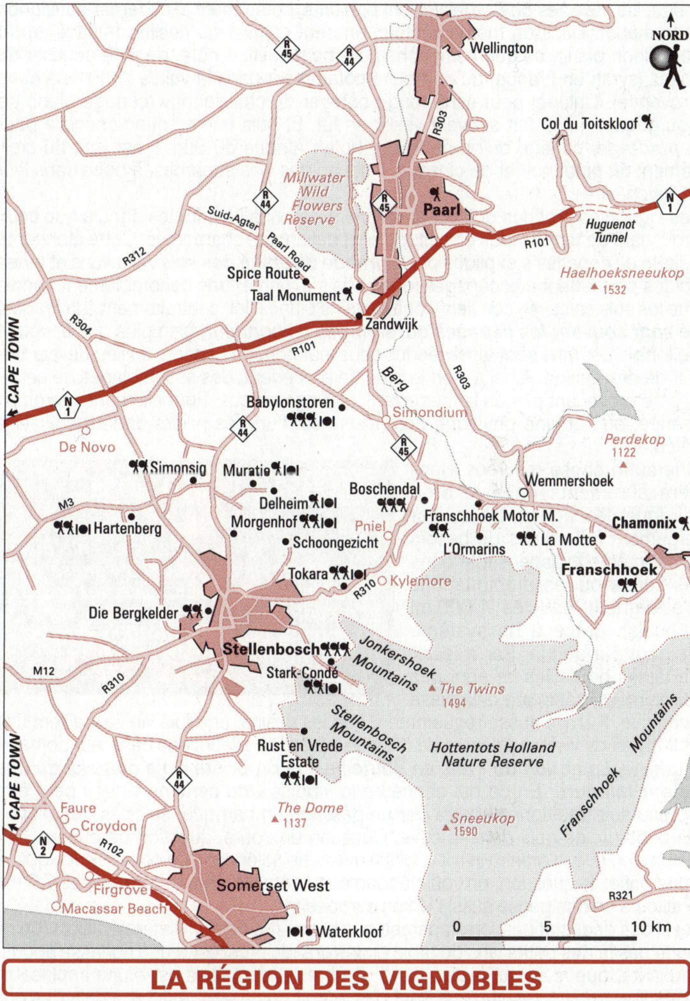

LA RÉGION DES VIGNOBLES

LES VINS

Les 1ers viticulteurs ayant développé de manière significative l'art de la vigne furent français. Mais les méthodes actuelles de travail de la terre, de vinification et surtout de classification des vins n'ont strictement rien à voir avec ce qu'on trouve en France. Pour ceux qui s'intéressent à ce domaine, la comparaison atteindra rapidement ses limites, et l'amateur aura à chaque visite mille raisons d'être étonné... Sans entrer dans trop de détails œnologiques, voici quelques infos : la 1re remarque est qu'on trouve sur une région finalement assez restreinte un ***grand nombre de cépages*** habituellement affectés à des terroirs très diversifiés en France. En rouge, les cépages du Bordelais sont présents, notamment le cabernet-sauvignon et le merlot. Dans un même secteur, on peut cultiver du riesling (Alsace) et du sauvignon blanc, ce qui n'empêche nullement, juste à côté, de faire pousser du shiraz (syrah en France, qu'on trouve notamment dans la vallée du Rhône et en Provence). Celui-ci peut sans rougir côtoyer du chardonnay (cépage blanc de Bourgogne) qu'on fait souvent vieillir en fût. Et puis une mention spéciale pour le ***pinotage,*** cépage qu'on ne trouve qu'en Afrique du Sud. Il est issu du croisement du pinot noir et du cinsault. Il donne des vins superbes, à boire dans leur 1re fraîcheur.

Les vignobles proches de l'océan donnent des vins plus fruités, tandis que ceux provenant de terroirs plus en altitude sont davantage charpentés. Cette étonnante palette de cépages s'explique par la ***grande diversité des sols*** : alluvions et terres acides permettent aux cépages rouges de s'exprimer très honorablement, tandis que les sols calcaires conviennent à certains blancs. Ici, contrairement à la France, ***ce sont souvent les cépages qui sont mis à l'honneur,*** bien plus que la notion de terroir. Les vins sont ainsi vendus sous leur nom de cépage, au lieu de leur terroir de production. Ainsi a-t-on le droit de procéder à des assemblages de cépages ne provenant pas de la même région géographique. Formellement interdit en France, où l'origine physique des raisins est l'un des piliers de l'organisation viticole.

Une autre chose qui vous étonnera sûrement : on a le droit d'irriguer les vignes. Ce qui est largement fait en cas de besoin (c'est même indispensable dans les zones où les précipitations n'atteignent pas les 1 000 ml annuels), grâce à un système de goutte-à-goutte. Par ailleurs, certaines bouteilles ne sont pas millésimées, sans que cela fasse scandale. Il arrive aussi fréquemment que les raisins, une fois vinifiés, aillent finir leur travail de vieillissement et de mise en bouteilles ailleurs que dans leur domaine d'origine. ***La notion de « mis en bouteille à la propriété » n'a donc ici qu'une valeur mineure.*** En ce qui concerne le « boisé » de certains vins, il peut être obtenu soit traditionnellement par un passage en barrique, soit par l'adjonction de copeaux de bois dans la cuve. Question de coûts, question de culture. Évidemment, aucun grand vin n'est vinifié avec une adjonction de copeaux. Ici, quand vous posez la question, on vous répond candidement : mais pourquoi pas ? C'est d'ailleurs ce que pense aussi l'Union européenne...

ALLONS VOIR SI LA ROSE...

Comme dans certains vignobles français, vous apercevrez souvent des rosiers plantés au bout des vignes : en effet, du fait de leur fragilité, les roses attrapent les maladies avant la vigne. C'est un signal d'alarme 100 % naturel pour le viticulteur.

Au fil des dégustations, on s'aperçoit que la gamme des vins intermédiaires (on ne parle pas là des petits vins de table ni des grands crus) est d'une richesse époustouflante, que le travail réalisé dans nombre de domaines est d'une implacable rigueur et que les résultats ne sont pas le fruit du hasard. Ajouter à cela des prix globalement presque 2 fois moins élevés qu'en France (à qualité équivalente), il ne faut pas s'étonner que le poids de l'Afrique du Sud dans le monde viticole ne cesse de grandir. Oui, beaucoup de viticulteurs font du sacré bon boulot ! Avec plus de 120 000 ha cultivés, le pays se hisse au 7e rang de la production mondiale.

Comment faire la visite des caves ?

On compte des centaines de propriétés viticoles dans la région. La plupart de ces domaines furent créés à la fin du XVIIe s. Ils sont généralement bien fléchés depuis la route et proposent des vins à déguster (payant). Certains organisent également des visites guidées de leurs caves, ce qui est souvent passionnant pour ceux qui s'intéressent à la question. Cela vire parfois au vrai gros business, mais d'autres pratiquent cette activité de manière plus simple et discrète. Et beaucoup possèdent également un restaurant gastronomique, dans un cadre privilégié, voire enchanteur, à des prix encore abordables, et/ou un *deli* plus accessible, où l'on déjeune de manière plus informelle. Pourquoi s'en priver ?

Il est indispensable de vous procurer des brochures sur la région disposant d'une carte. En effet, les propriétés sont très dispersées. Les offices de tourisme de Cape Town, Stellenbosch, Franschhoek et Paarl disposent de toutes les infos. Évitez de faire votre virée le dimanche et en fin d'après-midi le samedi, la plupart sont fermées.

Infos très complètes (même en français) sur la route des vins de Stellenbosch en consultant le site internet : • *wineroute.co.za* •

STELLENBOSCH

127 500 hab.

• Plan *p. 337*

Fondée en 1679 par le 2e gouverneur du Cap, Simon Van der Stel, la petite ville à laquelle il donna son nom conserve une partie des traces de la riche histoire du pays. Van der Stel cherchait des terres à cultiver afin de pouvoir nourrir sa colonie naissante. Il les trouva ici particulièrement fertiles, sises dans un décor de rêve. La présence de rivières, et donc d'eau en abondance, confirma le choix du gouverneur. Ainsi distribua-t-il des lots aux nouveaux *free burghers,* pour qu'ils les mettent en valeur. Animaux domestiques et matériel étaient gracieusement fournis aux nouveaux arrivants. Il décida également la plantation de chênes, anticipant les besoins grandissants de bois de construction. Le bois faisait tellement défaut que chaque famille devait en stocker des réserves chez elle. Au point que l'on conservait dans chaque maison un cercueil dans le grenier, histoire de ne pas être pris de court.

Le choix judicieux de Van der Stel, l'implantation d'une population pionnière et courageuse, il n'en fallut pas plus pour que Stellenbosch se développe bien vite. Elle a conservé de son histoire une forte tradition afrikaans, heureusement contrebalancée par une grande université (environ 30 000 étudiants) qui tente d'alimenter en idées progressistes une ville superbe et historique, mais à l'esprit toujours un rien étroit.

Du bon vin, des édifices historiques bichonnés, de bonnes adresses pour se loger et manger, des grappes de jeunes qui errent en quête d'un dernier bar, Stellenbosch est une vraie ville, qui a réussi à ne pas se laisser écraser par sa proximité avec Le Cap. Elle a su développer une atmosphère en propre, mélange savant de coups d'œil dans le rétroviseur de l'histoire et de dynamisme.

Arriver – Quitter

➢ ***En voiture :*** prendre la N 1 depuis le centre-ville du Cap ; env 20 km plus loin, prendre la sortie 39 (R 304) puis faire encore 13 km.

➢ ***En train*** *(gare, plan A1)* ***:*** liaisons permanentes (Metrorail) entre Le Cap et Stellenbosch de 5h à 19h env. Durée : 1h. *Infos : ☎ 0800-65-64-63.*

➢ ***En bus :*** tlj depuis Cape Town avec *Baz Bus.* Arrêt à Somerset West, à la station essence *BP,* à côté de l'hôtel *Lord Charles.*

Adresses utiles

Office de tourisme *(plan A1)* : *36, Market St.* ☎ *021-883-35-84.* • *stellenbosch.travel* • *Lun-ven 8h-17h (9h-17h mai-août) ; sam 9h-14h ; dim 9h-13h.* Réservations pour tous types d'hébergement, dont les nombreux *B & B* de la région (13 % de commission). Carte de tous les domaines viticoles et de la région. Très pratique. Un plan de la ville recense les (nombreuses) galeries d'art. Visite guidée de la ville (lire rubrique « À voir. À faire ») ou par ses propres moyens en demandant la brochure *Historical Stellenbosch on Foot* (10 R). Sur place, ***Ithemba,*** jolie boutique d'artisanat communautaire.

Visitor Center *(Stellenbosch Wine routes ; plan B1)* : *47, Church St.* ☎ *021-886-43-10.* • *wineroute.co.za* • *Lun-ven 9h-18h ; w-e 9h-15h.* Nombreuses infos sur la route des vins, dégustations organisées par des vignerons.

■ **Banques** : *change et distributeurs à l'**Absa Bank** (plan B1, **1**), Plein St, à l'angle de Ryneveld St. Également la **First National Bank** (plan B1, **3**), Plein St, angle Andringa St.*

■ **Alliance française** *(plan B1, **4**)* : *44, Ryneveld St.* ☎ *021-883-81-19.* • *alliance.org.za* • Cours d'anglais, activités culturelles, bibliothèque, films...

■ **Easy Rider Wine Tours** : ☎ *021-886-46-51.* • *winetour.co.za* • *Départ tlj à 10h15 (on vient vous chercher à votre hôtel à Stellenbosch) et retour vers 17h30. Compter 750 R tt compris.* Une agence qui propose un tour dans 4 domaines viticoles (dégustation et visite) à Stellenbosch, Franschhoek et Paarl. Déjeuner compris.

■ **Vine Hopper** : *infos à l'office de tourisme.* ☎ *021-882-81-12.* • *vinehopper.co.za* • *Tlj sauf dim 9h-17h. Départ de l'office de tourisme. Tarif : 350 R/pers.* Au choix, 3 routes viticoles desservant chacune 6 propriétés viticoles. Vous descendez et remontez dans le bus qui passe régulièrement toute la journée.

Location de vélos : *Adventure Shop, angle Market et Dorp St, dans le Black Horse Centre.* ☎ *021-882-81-12.* • *adventureshop.co.za* • *Fermé dim. Compter 300 R/j.* Également des circuits accompagnés dans le vignoble à la ½ journée (vélos classiques ou à assistance électrique). Durée : 4-5h.

– **Ride In** : *Konkershoek Rd. À 5 km de Stellenbosch, sur la droite entre Lanzerac Estate et Stark Condé.* ☎ *021-883-39-85.* • *ridein.co.za* • *Ouv tlj 7h30-16h30 (16h dim). Loc vélos 150-575 R/j. Compter 300 R pour un VTT.* Large choix de vélos (de ville, VTT, vélos de route, enfants). Bon matériel, atelier de réparation dans un cadre champêtre et un adorable café.

LA PROVINCE DU CAP

Où dormir ?

Pas mal d'adresses à tous les prix en ville, qui possèdent toutes ou presque un parking pour garer (gratuitement) sa voiture. Ceux qui préfèrent une atmosphère bucolique (et qui sont véhiculés) opteront pour un *B & B* dans la campagne, et pourquoi pas dans un domaine viticole. Il y en a des dizaines autour de Stellenbosch qui proposent de charmants cottages. L'office de tourisme en possède la liste et peut assurer les réservations en fonction de votre budget.

De bon marché à prix moyens (150-1 000 R / env 10-66,70 €)

Stumble Inn Backpackers Lodge *(plan A1, **11**)* : *12, Market St.* ☎ *021-887-40-49.* • *stumbleinnbackpackers.co.za* • *Le Baz Bus ne s'arrête pas à Stellenbosch, mais on vient vous chercher gratuitement à l'arrêt le mat et le soir à Somerset West (au* Lord Charles Hotel*). Camping dans le simili-jardin*

STELLENBOSCH

Adresses utiles

- Office de tourisme (A1)
- Visitor Center (B1)
- 1 Absa Bank (B1)
- 3 First National Bank (B1)
- 4 Alliance française (B1)

Où dormir ?

- 11 Stumble Inn Backpackers Lodge (A1)
- 12 Banghoek Place (hors plan par B1)
- 13 De Oude Meul Guest House (B1)
- 14 Bonne Esperance Guesthouse (B1)
- 15 The Stellenbosch Hotel (B1)
- 16 Twice Central Guest House (A1-2)
- 17 10 Alexander B & B (A1)
- 18 Eendracht Hotel (B1)
- 19 Roosenwijn Guest House (B1)

Où manger ?

- 20 Basic Bistro (B1)
- 21 Katjiepiering (B1)
- 22 Greengate (B1)
- 23 Wijnhuis (B1)
- 24 Hussar Grill (B1)
- 25 De Stomme Jonge (B1)
- 26 Java Bistro (B1)
- 27 De Warenmarkt (B1)
- 28 Fat Butcher (B1)

Où manger une bonne pâtisserie ?

- 22 The Birdcage (B1)

Où boire un verre ? Où sortir ?

- 30 De Akker (A1)
- 31 Bohemia (B1)
- 32 Craft Wheat & Hops (B1)
- 33 Nu'bar (B1)

pour 60 R/pers (5 tentes seulement). Dortoir 220 R/pers et double 550 R. Possibilité de packages pour 2 nuits et l'excursion dans les vignes. La maison au fronton stylé est plutôt mignonne, et les prix sont plancher, mais l'intérieur laisse à désirer. Dortoirs de 6 personnes (lits superposés) pas bien grands avec douche et w-c communs, pour routards pas trop exigeants. Jardin avec barbecue, et cuisine à disposition, billard et lave-linge. Ce sont eux qui tiennent l'agence *Easy Rider Wine Tours* (voir « Adresses utiles »).

Banghoek Place *(hors plan par B1,* ***12****) : 193, Banghoek St.*

☎ 021-887-00-48. • banghoek.co.za • Accès par Merriman St, puis à gauche dans Bosman et à droite dans Banghoek. Pour le Baz Bus, *même système qu'à l'AJ ci-dessus. Dortoir 200 R/pers, double env 700 R, petit déj compris. Packages avec dégustation de vin.* Proche de l'université, une grande maison en bois et béton avec des dortoirs mixtes (4 ou 6 personnes) et des chambres doubles basiques mais propres, prolongées d'une petite salle de bains. Plusieurs terrasses ainsi qu'un jardin avec piscine et *braai* (barbecue) contribuent au bon confort et à la convivialité. Cuisine à disposition. Seul hic : il faut marcher pour rejoindre le centre (15 à 20 mn), mais le quartier est très *safe*.

De chic à très chic (1 000 à plus de 1 800 R / env 66,70 à plus de 120 €)

De Oude Meul Guest House *(plan B1,* ***13****) : 10A, Mill St. ☎ 021-887-70-85. • deoudemeul.com • Double env 1 300 R, petit déj inclus.* Au seul étage d'un petit bâtiment en angle, une *guesthouse* à l'ambiance pension de famille... Si les chambres sont un peu défraîchies, elles restent confortables et bien tenues. Celles côté rue (passante) possèdent un balcon. Pour dormir sur ses 2 oreilles, préférer les chambres sur l'arrière.

Bonne Esperance Guesthouse *(plan B1,* ***14****) : angle Neethling et Van Riebeeck. ☎ 021-887-02-25. • bonneesperance.com • Doubles env 1 800-2 200 R, petit déj inclus.* En retrait de la rue, dans un jardin délicieusement fleuri, une romantique maison victorienne de 1905 qui appartenait autrefois à l'Université. Ornée de lambrequins ciselés, elle est aussi flanquée d'une tourelle dont la hauteur ne devait pas dépasser celle du clocher de l'église ! Le salon joliment meublé a du cachet, comme les chambres. Bon petit déj, servi sous la véranda, devant un rideau de verdure. Piscine. En face, des studios à la déco plus contemporaine, mais sans espace extérieur dégagé, sont à louer en *self catering.* Une adresse de charme.

The Stellenbosch Hotel *(plan B1,* ***15****) : au coin de Dorp et d'Andringa St. ☎ 021-887-36-44. • stellenboschhotel.co.za • Doubles env 1 500-2 400 R, petit déj inclus.* Une trentaine de chambres et quelques studios dans cette demeure historique du XVIIIe s. Chambres classiques et de bon confort, avec salles de bains modernes. Les plus agréables, avec petit balcon, donnent sur la cour. Les moins chères (plus petites aussi), situées sous les toits, sont éclairées par un velux. Au rez-de-chaussée, le *Stellenbosch Kitchen,* un bon resto (prix moyens). Une adresse centrale qui tient la route.

Twice Central Guest House *(plan A1-2,* ***16****) : 7, Hamman St. ☎ 021-887-78-89. • twicecentral.co.za • Doubles stylish env 1 800-2 800 R, petit déj compris.* Dans une rue tranquille très proche du centre, cette luxueuse demeure abrite 7 chambres contemporaines et lumineuses, à la déco étudiée. Toutes sont ravissantes, avec de beaux volumes, des tissus chatoyants et une literie au top. Les amoureux opteront pour celle située dans le beau jardin fleuri, tout proche de la piscine entourée de chaises longues. Par contre, c'est la plus chère... Une très belle adresse.

10 Alexander B & B *(plan A1,* ***17****) : 10, Alexander St. ☎ 021-887-44-14. • 10alexander.co.za • Double 1 800 R, petit déj inclus.* Sur cette large rue, on ne s'attendait pas à trouver le calme. Peu de passage le soir, et les chambres, simples et mignonnes comme tout, donnent sur l'arrière, côté jardin et piscine. Pratique, une cuisine pour les hôtes, pour s'épargner des frais et quelques enjambées jusqu'à l'hypercentre. Petit déjeuner copieux et pain maison. Accueil charmant.

Eendracht Hotel *(plan B1,* ***18****) : 161, Dorp St. ☎ 021-883-88-43. • eendracht-hotel.com • Doubles env 1 700-2 500 R, petit déj compris.* Dans la rue historique, 2 colonnes encadrent le porche de cette demeure à l'élégante architecture. Une douzaine de chambres plus ou moins spacieuses et de haut confort, mais sans charme superflu. Petite piscine pour se rafraîchir et prêt de vélos.

Roosenwijn Guest House *(plan B1, **19**) : 14, Van Riebeeck St. ☎ 021-883-33-38. • roosenwijn.co.za • Doubles standard et classic env 1 800-2 200 R, petit déj inclus.* Belle maison de style victorien, datant de 1904, avec des chambres au confort un peu daté. Vastes salles de bains à l'ancienne. La terrasse court autour de la maison. Petite piscine carrée.

Où manger ?

Bon marché (moins de 150 R / moins de 10 €)

De Stomme Jonge *(plan B1, **25**) : 3, Ryneveld St. 082-054-01-25. Tlj sauf dim. Petit déj autour de 50 R, salades et platters 50-100 R.* Une adresse pittoresque assez improbable dans cette ville rangée ! 2 minuscules salles avec vieux parquet au sol et une poignée de tables, un comptoir de poche, voilà pour le modeste décor. À la carte (en afrikaans), des classiques sud-africains, des *roosterkoeke* maison, aux noms amusants, des assiettes de fromages... Et une sélection de vins pour accompagner le tout, dans une ambiance rétro assez rigolote. Une adresse dans son jus !

Greengate *(plan B1, **22**) : De Wet Square (accès par Church St ou Bird St). Lun-sam 8h-17h. Fermé dim. ☎ 021-886-61-11. Tarif (très raisonnable) au poids.* On accède à cette placette piétonne cachée dans un pâté de maisons par un passage étroit entre Plein et Church St. *Greengate* est un rendez-vous *healthy* et accueillant où étudiants et habitués font halte entre 2 cours ou 2 boutiques. Rendez-vous autour du plantureux buffet pour piocher dans le bel assortiment de salades fraîches et colorées, tartes salées, gratins, viandes... Selon son appétit, on picore ou on dévore, attablé en terrasse devant l'animation de la place.

Basic Bistro *(plan B1, **20**) : 31, Church St. ☎ 021-883-36-29. Tlj midi et soir. Plats 75-150 R.* Les étudiants sont nombreux à fréquenter cette adresse populaire, connue pour ses excellents *gourmet burgers*. Également des salades, des wraps, des pâtes et des currys, et la carte s'allonge le soir. Grande ambiance en fin de journée, jusque dans la rue. Petite terrasse. Service diligent pour une adresse efficace.

Katjiepiering *(plan B1, **21**) : dans le jardin botanique. ☎ 021-808-30-25. Entrée par Van Riebeeeck St ou par Neethling St. Tlj 8h-17h.* Light meals *65-100 R, plats 90-160 R.* Au cœur de l'adorable jardin botanique, à l'ombre de parasols eux-mêmes dominés par de vénérables arbres, le « Gardénia » (*Katjiepiering* en v.f.) propose une cuisine sans chichis avec quelques plats typiques *(bobotie, bredie...)* et des *light meals* pour les petites faims. Fait aussi les petits déjeuners.

Java Bistro *(plan B1, **26**) : 8, Church St. ☎ 021-887-62-61. Tlj 8h-22h. Plats env 70-120 R.* Dans cette rue commerçante, une brasserie centrale où le va-et-vient est permanent, du petit déjeuner au dîner. La jeunesse branchée pavane en terrasse autour d'un cocktail ou d'un plat vite servi. Carte variée et consensuelle pour une cuisine sans surprise à prix light. Des burgers au traditionnel *bobotie* en passant par les pâtes et salades, le spectre est large. Atmosphère foisonnante.

Prix moyens (150-400 R / env 10-26,70 €)

Wijnhuis *(plan B1, **23**) : Andringa St. ☎ 021-887-58-44. Plats 80-260 R.* Très bien pour un déjeuner léger, en terrasse ou dans le patio intérieur, du moins quand il ne fait pas trop chaud. Salades, carpaccios (dont celui de koudou), *bruschette* pour se caler une petite faim sans trop dégarnir le portefeuille, mais également des plats plus consistants et des dégustations de vins. À l'étage, restaurant chic et stylé, avec des plats d'excellente facture. Mais on préfère les tables dans l'agréable patio, sous les parasols.

Hussar Grill *(plan B1, **24**) : 23, Plein St. ☎ 021-882-80-88. Tlj 10h-22h. Plats 135-260 R.* Lunch special *env 130 R (12h-17h).* Intérieur chaleureux façon pub avec banquettes et tonneaux pour ce bar à vins-resto très couru en fin de semaine. Les bouteilles servent de déco, du sol au plafond. Végétariens s'abstenir, ici la viande a la cote (de bœuf, mais pas seulement : *kudu*, autruche...) ! Quelques plats de poisson tout de même. Et mollo sur les vins au verre qui font grimper l'addition. Terrasse sur la rue piétonne, à l'arrière du resto.

De Warenmarkt *(plan B1,* ***27****) : 20, Rynveveld St, angle Van Viebeeck. ☎ 021-883-22-74. Ouv tlj sauf dim soir. Plats env 100-150 R.* Dans un beau bâtiment du XVIIIe s, un *food court* qui a de la gueule avec sa charpente apparente et sa brique au sol, son ambiance de marché (ce qu'il était autrefois), ses comptoirs alléchants et ses tables en bois rustique. Une cuisine de brasserie bien ficelée et un bar à huîtres enthousiasmant lui aussi, tout comme le comptoir à gaufres liégeoises et à crêpes ! Avis aux gros appétits : les plats sont peu copieux, on conseille d'en prendre plusieurs et de partager. Le bar attenant, *Simon*, cosy avec ses canapés et son ambiance tamisée le soir, est installé dans une ancienne demeure au toit de chaume. Du charme à revendre !

Chic (plus de 400 R / plus de 26,70€)

Fat Butcher *(plan B1,* ***28****) : 1, Van Riebeeck St. ☎ 021-882-87-05. Ouv tlj midi et soir. Plats 140-310 R. Burgers 90-130 R. Résa indispensable.* Appétits carnassiers, sortez les crocs ! Ici, la viande ultra tendre est cuite avec précision selon vos envies (toute une déclinaison de *blue* à *well done*), et accompagnée d'épaisses frites maison. Les grillades (sirloin, fillet, côte de bœuf) tiennent le haut du pavé (de bœuf évidemment). Aussi des *pork ribs,* agneau, salades et même quelques poissons. Les viandes maturées raviront les plus exigeants. Cadre chaleureux sur 2 niveaux, à la lueur des bougies le soir et service aux petits soins. Pas donné mais on peut limiter les frais, avec les burgers notamment.

LA PROVINCE DU CAP

Où manger dans les environs ?

Pour déjeuner, pensez aux domaines viticoles autour de Stellenbosch ! Certains ont des restos gastronomiques de haute volée. Pour ne pas casser sa tirelire, optez pour un ***pique-nique*** : attention, ce n'est pas vous qui apportez votre casse-dalle. On l'achète sur place après l'avoir réservé au moins 24h à l'avance. Voir un peu plus loin la rubrique « domaines viticoles autour de Stellenbosch ». Liste exhaustive à l'office de tourisme.

Prix moyens (150-400 R / env 10-26,70 €)

Postcard Cafe : *domaine viticole Stark-Condé, Jonkershoek Rd, env 5 km à l'est. ☎ 021-861-77-03. Dans la vallée de Jonkershoek. Prendre Dorp St, puis The Avenue et suivre les panneaux « Jonkershoek ». Tlj sauf lun-mar 9h-16h. Plats 70-180 R.* Non, vous n'êtes pas en Écosse, mais dans la superbe vallée de Jonkershoek qui s'étire entre forêts et montagnes arides. Entouré de pelouses tondues de près, on s'attable à une terrasse au cadre époustouflant, donnant sur un étang et une île ! Quelques touches asiatiques dans les plats comme pour ce « thaï prawn curry ». C'est sur cette île que vous vous rendrez par un ponton, pour déguster les vins de la propriété *(tlj 10h-16h).* Les fleurons de la maison : le cabernet et le shiraz qui bénéficient d'un terroir particulier.

Plus chic (plus de 400 R / plus de 26,70 €)

Waterkloof : *Sir Lowry's Pass Village Rd,* ***Somerset West*** *7129. ☎ 021-858-14-91 (restaurant) ou 12-92 (dégustation). À env 20 km au sud. Depuis Stellenbosh, accès par* *la R 44. Arrivé à des feux (avec l'hôtel* Lord Charles *sur la droite), tourner à gauche dans Somerset West Main Rd. Traverser un bout de la ville jusqu'à la Vergelegen Medi Clinic (sur la gauche). Pancartes pour la Sir Lowry's Pass Village Rd (reste env 3 km à faire jusqu'à l'entrée, puis encore 2 km à travers vignes). Resto tlj midi et soir sauf dim soir. Dégustation tlj 10h-16h30. Menus 850-10 500 R (4 et 7 plats ; menu dégustation 1 600 R !) ; pas de carte. Dégustation 50 R (6 vins).* Un cube de verre posé sur la montagne *Schapenberg* dominant False Bay, au milieu des vignes. L'architecture avant-gardiste s'intègre finalement bien au paysage. Réservation obligatoire, surtout si vous souhaitez une table auprès de l'immense baie panoramique. Découvrez ici la cuisine de haute volée de Gregory Czarnecki, un jeune chef venu de Beaune. Avec imagination, il met remarquablement en valeur les meilleurs produits de saison. Présentation particulièrement originale et un plaisir total... Le resto abrite également les cuves de fermentation ultramodernes et la salle de dégustation. Quant aux vins de la propriété, élevés en biodynamie, ils sont magnifiques et se dégustent autour du brasero en hiver !

Rust en Vrede Estate : *au sud-est de Stellenbosch. Par la R 44, puis tourner à gauche sur l'Annandale Rd. ☎ 021-881-37-57. Mar-sam à partir de 18h30 (moins de 12 ans non acceptés). Fermé dim-lun. Résa fortement recommandée. 2 formules : 4 plats à 725 R, et 6 plats 850-1 450 R, sans ou avec le vin. Au* Winemakers lunch*, déj 270 R.* Salle à manger abritée dans une très ancienne bâtisse, cave à vins historique de style Cape Dutch. Aux beaux jours, on prend l'apéritif face aux vignes, sous les grands arbres. Remarquable cuisine à l'influence française qui a propulsé l'établissement parmi les meilleurs en Afrique du Sud. Pour ne pas trop dégarnir son porte-monnaie, un déjeuner informel au *Winemakers lunch,* servi dans la salle de dégustation, permet de profiter du cadre. Inutile de tergiverser sur l'assiette : le menu propose 2 plats du jour au choix et un verre de vin.

Où manger une bonne pâtisserie ?

The Birdcage *(plan B1,* ***22****) : De Wet Square, 5 Plein St. ☎ 021-882-97-90. Ouv lun-ven 9h-17h, sam 9h-13h.* On en pince pour cette pâtisserie-salon de thé nichée sur une placette piétonne. Derrière les vitrines, brownies, cupcakes, tartes aux noix de pécan nous font de l'œil... Également des wraps, salades et soupes. Difficile de choisir, tout est aussi bon que beau ! À déguster sur place ou à emporter.

Où boire un verre ? Où sortir ?

Pas mal de bars sympa dans le centre, en particulier sur Church St et Andringa St. Selon leurs humeurs et le moment de l'année, les étudiants favorisent tel ou tel lieu pour leurs soirées. Même si c'est une ville étudiante, les nuits de Stellenbosch restent globalement sages.

De Akker *(plan A1,* ***30****) : à l'angle de Dorp et de Herte St. ☎ 021-883-35-12. Ouv 11h-1h env.* Une des adresses historiques de la ville. Tables de bois en terrasse, longues banquettes de moleskine rouge à l'intérieur, comptoir de bois sombre, tableaux, cuivres et une atmosphère de vieux pub des familles. Touristes et étudiants se mêlent harmonieusement. Calme en semaine, braillard au moment de la conclure (la semaine). À l'étage, groupe en général 3 fois par semaine.

Craft Wheat & Hops *(plan B1,* ***32****) : Andringa St. ☎ 021-882-80-69. Tlj 12h-23h. Pizzas et flammekueche env 100 R.* Happy hours *lun-jeu 12h-17h.* Tout indiqué pour sentir battre le pouls de la ville et se mêler à la vie étudiante. Une vingtaine de bières pression et des vins au verre pour arroser burgers, flammekueches ou pizzas cuites au feu de bois. Tables hautes en terrasse et joyeuse atmosphère, dedans comme dehors.

Bohemia (plan B1, **31**) : *Andringa St, à l'angle de Victoria. ☎ 021-882-83-75. Ouv jusqu'à 2h. Happy hours 19h-21h.* Un des plus anciens bâtiments de la ville. Lieu immense avec mezzanine. Longue terrasse couverte. Très en vogue auprès des étudiants qui y viennent en masse. Bonne atmosphère. Musique live certains soirs. Possibilité de se restaurer (pizzas, burgers...).

Nu'bar *(plan B1,* ***33****) : 51, Plein St. ☎ 021-886-89-98. Tlj sauf dim. Fermé 15 déc-15 janv. Ne pas venir avt 22h30-23h (c'est là que ça commence à se remplir).* Cadre contemporain plaisant, long comptoir, aquarium... Clientèle majoritairement étudiante et musique rock à tue-tête qui a vite fait de faire monter la température. Un des lieux les plus *hot* de la ville.

À voir. À faire

Stellenbosch est sans doute la ville qui conserve le plus de traces de l'histoire du pays. Parce que c'est la 2e plus vieille cité, mais aussi parce qu'elle a su sauvegarder de nombreux édifices de qualité, s'échelonnant sur les périodes les plus riches et les plus marquantes sur le plan architectural, malgré les incendies à répétition. Ainsi, même si le style Cape Dutch tient le haut du pavé, on rencontre des exemples de maisons georgiennes, Régence et même victoriennes.

– ***Visite guidée de la ville à pied :*** *pour une balade à la découverte des principaux édifices historiques tlj en sem à 11h et 15h, à 11h le w-e, rdv à l'office de tourisme. 084-479-72-62. • stellenboschonfoot.co.za • 140 R/pers. Durée : 1h30.*

The Village Museum *(plan B1) : 18, Ryneveld St. ☎ 021-887-29-37. • stelmus.co.za • Lun-sam 9h-17h (16h30 sam) ; dim 10h-16h (13h mai-août). Entrée : 45 R. Dépliant en français.*

Un ensemble de 4 maisons restaurées avec intelligence, qui constituent un excellent témoignage du mode de vie du début du XVIIIe s au milieu du XIXe s. Bien qu'il ne soit pas d'origine, tout le mobilier qui décore les différentes maisons est en accord avec leur période de construction. Et le personnel vous accueille en tenue d'époque ! Dans le hall d'entrée, une maquette du musée permet de se repérer.

– ***Maison 1 (Schreuderhuis) :*** en forme de T, elle date de 1709. La plus ancienne du pays. Toit de chaume, pièces simples. Noter la table basse pour le dîner et le jardin sur le devant, qui occupe une large place. Dans la 2e pièce, remarquer l'antique pompe à incendie. Elle se distingue par la grande modestie de son aménagement, malgré l'intérêt du mobilier d'époque présenté.

– ***Maison 2 (Blettermanhuis) :*** particulièrement typique du style Cape Dutch, caractérisée par l'harmonie de ses pignons et la forme de la maison, en H. Construite pour un magistrat en 1789. Très joliment meublée et vivante. Noter dans l'entrée le crachoir à tabac puis la cuisine et son immense cheminée, la porcelaine de Chine, les vastes chambres, les belles armoires, les lits à baldaquin, la superbe horloge marquetée et les salons d'une grande richesse. Elle appartenait à une famille bourgeoise allemande. Nettement un cran au-dessus de la 1re. Une salle est dédiée à l'esclavage. On y remarquera la surprenante petite annonce de la vente aux enchères et tout sur les révoltes, les punitions, l'émancipation... En 1834, 39 esclaves furent libérés sur une propriété, mais durent rester 4 ans de plus avec leur maître !

– ***Maison 3 (Grosvenor House) :*** située sur le trottoir d'en face. Plus classique (1803), avec sa large façade rythmée par des pilastres et son pignon triangulaire. On sent déjà l'influence du classicisme européen, notamment les styles Régence et georgien. À l'intérieur, noter les chauffe-pieds en bois, dans lesquels on plaçait des braises et ce piano mural à cordes verticales, l'un des 3 seuls au

monde. Remarquable cuisine avec son énorme cheminée. Salle à manger aux jolies gravures. Au fond, très beau jardin bien entretenu : prenez le temps de vous y balader ! D'autres chambres à l'étage. Immense palier où se déroulait toute la vie sociale de la famille. Détailler les tableaux en collages de feuilles racontant la vie villageoise.
- ***Maison 4 (O.M. Berghhuis) :*** on retraverse la rue, c'est le style victorien qui prime (1850). Salon de musique façon « chez ma grand-tante », hyper chargé. Piano à queue, bibelots bureau cossu, fauteuil *Chesterfield,* papiers peints d'enfer, portraits de famille (apparition des photos noir et blanc), trophées de chasse, sombre salle à manger un poil austère, avec chaise haute pour bébé. Tout le mobilier est anglais, ça se sent. Dans la chambre d'enfant à l'étage, jouets anciens. Dans celle des parents, clinquant lit en cuivre. Salle de bains parmi les 1res de l'époque, dotée d'un ingénieux système de douche.

🚶 ***The Braak*** *(plan A-B1)* **:** une grande étendue herbeuse, le cœur de la cité, autrefois utilisée pour les parades militaires (c'est le green à l'anglaise). On garda ces espaces libres au fil du temps, afin de pouvoir rapidement rassembler la population en cas d'urgence, et notamment en cas d'incendie. Le seul édifice implanté sur le Braak même est la petite ***Saint Mary's Cathedral,*** du milieu du XIXe s. La plupart des autres édifices historiques se sont élevés autour du Braak. À noter que la majorité des maisons de style Cape Dutch ont une forme qui rappelle une lettre de l'alphabet. On trouve communément les lettres H, L, T ou I.

🚶 ***VOC Kruithuis*** *(plan A1)* **:** *à l'angle de Market et de Bloom St. ☎ 021-887-29-37. • stelmus.co.za • Lun-ven 9h-16h30. Fermé les j. fériés et juin-août. Tarif adulte : 5 R.* Datant de 1777 et construit par la *Dutch East India Company,* ce minuscule édifice voûté, ressemblant à une chapelle était la poudrière de la colonie. Aujourd'hui, minimusée avec quelques armes anciennes. Intéressantes minutes d'un procès « pour duel », avec gravures pour l'illustrer. Au 1er étage, la poudrière avec sa lourde porte de bois. Souvenirs de la guerre anglo-boer.

🚶 ***Rhenish Complex*** *(plan A1)* **:** *c'est tt le pâté de maisons entre l'office de tourisme et le Braak.* Un ensemble d'édifices de style Cape Dutch qui subit au fil des siècles l'influence d'autres styles qui vinrent se superposer. On y trouve la 1re école pour filles du pays. À l'angle de la rue, une église de la 1re moitié du XIXe s. Elle servit d'école pour les enfants d'esclaves et métis. Pourquoi ce campanile à côté ? Les constructions de l'époque étant souvent réalisées en brique non cuite, on dut installer les lourdes cloches dans une structure séparée, à droite de l'église. À l'intérieur, chaire à prêcher au milieu. L'assistance se plaçait autour, quasiment en forme de croix.

🚶🚶 ***Toy and Miniature Museum*** *(plan A1)* **:** *42, Market St. ☎ 021-882-88-61. • stelmus.co.za • Lun-ven 9h-16h30 ; sam 9h-14h; fermé. Entrée adulte : 15 R.* 2 maisons (dont la plus ancienne est l'ancien presbytère du *Rhenish complex*) qui abritent d'étonnantes collections de jouets miniatures, anciens et nouveaux. Salle et vitrines de toutes sortes regroupant des collections extrêmement diverses où vos yeux d'enfant retrouvent la petite madeleine enfouie au creux de vous-même : incroyables collections de voitures, intérieurs miniatures d'époque, poupées de porcelaine, de chiffons ou autres, nounours de toutes les formes et dans tous les états, reconstitution sous forme de diorama des vignes de la région. Superbe maquette de train miniature avec tous les paysages de la région, montagnes, champs, fermes... Très bien fait.

🚶 ***Quartier de l'université*** *(plan B1)* **:** *à 5 mn du centre à pied, à l'angle de Ryneveld et Victoria St.* Le campus de la ville, fondé dans les années 1860, accueille environ 30 000 étudiants. Moderne, hyper propre, verdoyant. Au centre du campus, voir l'architecture de la bibliothèque qui s'enfonce en sous-sol.

🚶🚶 ***Botanical Park*** *(plan B1)* **:** *2 entrées, une sur Van Riebeeck, proche du centre, l'autre sur Neethling St, côté université. Tlj 8h-17h. Entrée : 10 R.* Petit mais magnifique, ce parc botanique dépendant de l'université est un véritable havre de fraîcheur : arbres tropicaux, fougères géantes, bonsaïs, jardin aquatique, de quoi se mettre au vert quand la chaleur pèse sur Stellenbosch.

Sur Ryneveld Street, en face du grand bâtiment universitaire en brique rouge, voir l'***Erfurthuis,*** élégante demeure du XIXe s avec son large balcon et ses fines colonnettes qui lui donnent fière et fragile allure à la fois. À droite de l'université, la ***synagogue*** (1932).

Moederkerk *(plan B1)* **:** *Drostdy St. Tlj sauf ven ap-m et sam 9h30-12h, 14h-16h.* Élégante église de style néogothique (1863). À l'intérieur, on notera la chaire centrale et les bancs en rond pour mieux voir et entendre le prédicateur. Belle lumière du matin donnant dans les vitraux modernes.

Dorp Street *(plan A-B1-2)* **:** elle concentre les plus intéressantes maisons de la ville, dans des styles variés. À l'angle de ***Drostdy Street,*** l'ancienne maison du ministre du Culte de 1753. Presque en face, on trouve le palais de justice, du début du XXe s. Du nº 102 au nº 110, série d'***élégantes demeures.*** Au nº 120, belle demeure avec auvent datant de 1866, ancien gymnasium préparant à la faculté de théologie. Au coin de Dorp et Ryneveld s'élève un ***chêne de 1812.*** En face, au nº 4, la ***Morkel House*** dont les fondations datent de 1693. Au nº 159, la ***Saxenhof*** (1704**),** avec sa dentelle de bois et son élégante avancée. Aux n°s 157, 153 et 149, une rangée de petites ***maisons de 1830.*** Au nº 160, le ***Stellenbosch Hotel*** date de 1876. Toit de chaume et façade élaborée. Au nº 156, demeure de l'an 1800. Façade joliment ornementée, élégante lucarne au-dessus et porte charretière sur le côté. Au nº 162, beau fronton à volutes et chromatisme rouge et blanc du plus bel effet. Au nº 170, imposante façade à colonnes du ***Kollege.*** La partie basse de Dorp Street fut reconstruite après les grands incendies. Vint alors l'époque où l'on élevait les maisons sur 2 étages. Au nº 95, belle demeure à l'élégant fronton datant de 1798.

Herte Street *(plan A1)* **:** *une rue qui part de Dorp St.* Elle est bordée par de petites maisons basses à l'identique, où vécurent d'anciens esclaves une fois qu'ils furent libérés (en 1838). Mais on les fit décamper au moment de l'apartheid. Allez, on reprend Dorp Street.

Rupert Museum *(plan A2)* **:** *Stellentia St, à 2 pas de la gare. ☎ 021-888-33-44. • rupertmuseum.org • Lun-sam 10h-13h, 14h-16h. Fermé dim. Entrée : 20 R ; réduc.* Installé dans d'anciennes cuveries, le musée abrite une collection de tableaux et sculptures classiques et modernes, léguée par un riche mécène qui en a fait la 1re collection privée d'Afrique du Sud. On peut y voir notamment les peintures murales de l'artiste sud-africain Jacob Pierneef réalisées pour la gare de Park Station à Johannesburg (1929-1932).

Visite de cave

Bergkelder-Fleur du Cap *(plan A1)* **:** *Plankenbrug Rd, à l'ouest du centre-ville. Résa (conseillée) : ☎ 021-809-80-25. • fleurdecap.co.za • Prendre Alexander St ; au bout, à droite la R 310, puis à gauche ; on traverse la voie ferrée et immédiatement sur la gauche ; c'est indiqué. Dégustations tlj sauf dim 9h-17h (14h sam). Visite guidée de la cuverie (env 1h) lun-ven à 10h, 11h, 14h et 15h, sam à 10h, 11h et 12h. Tarif : 65 R (dégustation de 6 vins incluse).* Domaine viticole dont les cuveries possèdent le gros avantage de se situer à 15 mn à pied du centre-ville. Ici, on achète des raisins à une bonne centaine de viticulteurs pour les vinifier sur place. On y trouve du vin du plus simple, *easy drinking wine,* jusqu'aux plus belles cuvées. Cuverie, cave, embouteillage d'une étonnante modernité et d'une hygiène remarquable. Bon accueil et travail pro.

DOMAINES VITICOLES AUTOUR DE STELLENBOSCH

• Carte La région des vignobles *p. 333*

On peut passer par une agence (voir plus haut « Comment faire la visite des caves » et « Adresses utiles »). Pour ceux qui préfèrent avoir leur indépendance et qui sont motorisés, voici notre petite sélection.

🍷🍷 |●| ***Rust en Vrede Estate :*** *à env 10 km au sud-est de Stellenbosch. ☎ 021-881-38-81. • rustenvrede.com • Par la R 44, puis tourner à gauche sur l'Annandale Rd. Après la barrière, continuer sur 1 km. Tlj 9h-17h (dim 10h-16h). Dégustation 60-150 R.* L'allée bordée d'agapanthes et d'hortensias est déjà un ravissement. En activité depuis plus de 3 siècles (1694), le domaine jouit d'un superbe environnement. Exclusivement des rouges (shiraz, cabernet, merlot). Vin choisi par le président Mandela pour le dîner de remise du prix Nobel de la paix à Oslo (en 1996). En 2000, 1er vin sud-africain à rentrer dans le top 100 des meilleurs vins du monde du *Wine Spectator* et, depuis, cette cave collectionne les prix, notamment pour ses shiraz. La dégustation se révèle un vrai bonheur. Restaurant ultra-réputé (voir plus haut « Où manger dans les environs. Plus chic ? » de Stellenbosch).

🍷🍷 |●| ***Tokara :*** *Helshoogte Rd, 7 km à l'est de Stellenbosch, sur la R 310. ☎ 021-808-59-00. Resto : ☎ 021-885-25-50. • tokara.com • Dégustation lun-ven 10h-17h30 : 75-100 R (3-4 vins). Resto fermé le soir dim- lun ; deli ouv tlj au petit déj et déj + le soir jeu-sam.* Créée en 1722, l'une des plus célèbres propriétés (300 ha quand même !), dans un fort bel environnement. Salle de dégustation avec vue plongeante sur les cuves, dans un bâtiment cubique à la sobre architecture contemporaine. Gamme de blancs très étendue, collectionnant les médailles. Connu aussi pour son excellente production d'huile d'olive. Restaurant réputé (mais pas donné) et offrant une des plus belles vues sur la vallée qu'on connaisse. On préfère le *Delicatessen,* qui déploie son immense terrasse en bois face aux vignes et aux sculptures en exposition jusque dans les jardins.

🍷🍷 |●| ***Stark-Condé :*** *Oude Nektar Farm, Jonkershoek Rd, à env 5 km au sud-est. ☎ 021-861-77-03. • stark-conde.co.za • Tlj 10h-16h. Dégustation 54-137 R pour 3 vins.* Cadre de rêve et terroir de montagne assez unique pour de savoureux vins rouges : les cabernet-sauvignon et shiraz sont les plus réputés. Voir *Postcard Cafe* dans « Où manger dans les environs ? » à Stellenbosch, plus haut.

🍷🍷 |●| ***Hartenberg :*** *Koelenhof, sur la M 3, à 10 km au nord-ouest de Stellenbosch, bien indiqué sur la gauche. ☎ 021-865-25-41. • hartenbergestate.com • Tlj 9h-17h (16h w-e). Visite des caves sur résa. Dégustation 50-150 R (5 vins). Tlj sauf lun, pique-nique sur résa (250 R) ou tasting menu au restaurant.* Une propriété d'une centaine d'hectares de vignes : sauvignon blanc, chardonnay, riesling, merlot, cabernet-sauvignon et shiraz. De belles découvertes à faire, notamment de beaux riesling et shiraz, à des tarifs raisonnables vu la qualité. Merveilleuse terrasse en hémicycle pour un repas intime. Choix limité, mais c'est bon, et le cadre est magnifique.

🍷 |●| ***Muratie :*** *Koelenhof, à une dizaine de km au nord-est de Stellenbosch par la R 44, puis c'est fléché sur la droite. ☎ 021-865-23-30/36. • muratie.co.za • Dégustation 45-80 R (5 vins) tlj 10h-17h. Visite de la cave possible sur résa. Resto ouv tlj sauf lun-mar.* Petite cave agréable, et même vraiment charmante avec tableaux aux murs. La propriété date de 1685 et ressemble plus à une ferme pittoresque qu'à un domaine bourgeois. On aime bien leur shiraz (ils produisent 85 % de vins rouges) et leur pétillant MCC (méthode Cap classique).

LA PROVINCE DU CAP

Delheim : sur la même route que Muratie, un peu plus loin. ☎ 021-888-46-00. • delheim.com • Dégustation tlj 9h-17h. Visite des caves tlj à 10h30 et 14h30. Dégustation : 65 R (5 vins). Resto ouv tlj au déj. Au bout d'une magnifique allée bordée de lauriers roses. Visite des cuveries, de la presse, de l'embouteillage... Excellent pinotage mais aussi du shiraz en rouge et du chardonnay, chenin blanc, gewurztraminer et sauvignon pour les blancs.

Morgenhof : Klapmuts Rd (R 44), à 4 km au nord de Stellenbosch. ☎ 021-889-55-10. • morgenhof.com • Dégustation lun-ven 9h-17h et w-e 10h-17h : 5 vins pour 40 R. Pique-nique 420 R pour 2, vin compris. Quelque 70 ha de vignes composent ce domaine du XVIIe s. Sous la salle de dégustation, on peut jeter un œil à l'atypique chai octogonal (inspiré de celui du château de Lafite Rothschild à Pauillac) où peuvent être stockées 2 000 barriques. Ensemble d'édifices anciens superbes, organisés autour d'un jardin à la française. Quelques beaux chênes sous lesquels on se relaxe pour goûter la production, pique-niquer, déjeuner ou même apprécier une part de gâteau maison sans se ruiner.

Simonsig : Kromme Rhee Rd, à 9,5 km au nord de Stellenbosch. ☎ 021-888-49-15. • simonsig.co.za • Dégustation lun-ven 8h30-16h30, sam 8h30-15h30 ; dim 11h-14h30. Compter 60-80 R (6 vins). Visite des caves tlj sauf dim 11h sur résa (gratuit). De beaux bâtiments de style Cape Dutch au pied de la montagne Simonsberg et entourés par 200 ha de vignes. La dégustation commentée permet de goûter blancs et rouges, mais surtout de découvrir le *Kaapse Vonkel* (Cap Classic), un pétillant qui a fait la réputation de ce domaine familial. Bon resto sur place.

FRANSCHHOEK

16 000 hab. IND. TÉL. : 021

• Plan *p. 349*

Beau village tranquille, superbe témoignage de la réussite d'une poignée de Français à l'origine de la tradition viticole de l'Afrique du Sud. Quand, en 1688, le gouverneur Van der Stel facilita la venue de 175 huguenots (9 familles au départ) persécutés après la révocation de l'édit de Nantes, ces derniers s'installèrent dans ce coin du Drakensberg qu'on appelait à l'époque Oliphantshoek (le coin des éléphants) et qui prit très vite le nom de Franschhoek, « le coin des Français » (prononcer « Franchouk »). Accueillis à bras ouverts, ils s'adaptèrent avec une étonnante rapidité à leur nouvelle vie. Ils plantèrent les pieds de vigne qu'ils avaient apportés de leur pays d'origine et débutèrent un important travail de viticulture. L'extraordinaire variété du terroir, le climat ensoleillé, les expositions diverses et la bonne adaptation des cépages apportés firent le reste. Plus de 3 siècles plus tard, la richesse et l'incroyable épanouissement de la région montrent la réussite de ce pari audacieux.

Le village se concentre autour de Main Street, où l'on trouve la plupart des services. Des

COCORICO

La grande majorité des domaines existant aujourd'hui sont issus de l'implantation des familles huguenotes et les noms des propriétés sont quasiment tous d'origine française. Les Dufour, Dupré, Du Plessis, Le Roux sont légion. Et les restos du village font des clins d'œil appuyés à la France, en particulier autour du 14 juillet, quand le Bastille Day Festival est fêté (concours de boules, commerçants portant le béret...). Par contre, la langue de Molière ne s'est pas perpétuée. Une génération après l'arrivée des 1ers colons, il n'y avait déjà plus de francophones.

collines et les montagnes du Drakenstein l'entourent dans une belle harmonie. En revanche, pas de bus ni de train pour s'y rendre depuis Cape Town.

Adresses utiles

Office de tourisme *(plan A2)* **:** *62, Huguenot Rd, au 1er étage.* ☎ *021-876-28-61.* • *franschhoek.org.za* • *Lun-ven 8h-18h (17h l'hiver), sam 9h-17h, dim 9h-16h.* Résa pour les hébergements. Plan gratuit répertoriant tous les domaines viticoles des environs. Carte des randonnées à pied et à vélo *(20 R)*.

Change **:** *plusieurs adresses dans Main St.* ***First National Bank*** *(plan B2,* ***1****)* **:** *22, Huguenot Rd.* ☎ *021-876-31-44. Lun-ven 9h-16h ; sam 8h30-12h.* Distributeur à l'extérieur.

Location de vélos et tours accompagnés **:** *chez* ***Franschhoek Cycles*** *(plan A1,* ***2****), 2, Main St.* ☎ *021-876-49-56. Ouv tlj 8h30-17h30. Location de vélos 250 R la ½ j. ou 350 R/j. Tours guidés 1 050 R/pers (durée : 4 à 5h).* Bon choix de vélos de route et VTT. Organisent aussi des itinéraires accompagnés *(guided tours)* comprenant 2 dégustations. Sympa pour faire la tournée des vignobles.

Où dormir ?

De bon marché à prix moyens (jusqu'à 150-1 000 R / env 10-66,70 €)

Franschhoek Traveller's Lodge *(plan B2,* ***14****)* **:** *15, Akademie St (au coin de Reservoir).* ☎ *021-876-25-37.* 📱 *084-941-43-35.* • *ftlodge.co.za* • *Dortoirs 4-6 pers 310-370 R/pers ; doubles 840-1 040 R. Pas de petit déj. Sdb communes.* Cette ancienne école à l'allure massive et précédée d'un jardin abrite aujourd'hui l'hébergement le moins cher de la ville (ici, aucune véritable AJ). C'est à 3 pas du centre, grand, calme, propre, simple et fonctionnel. Et il y a suffisamment de chambres pour que les routards n'aient pas à la partager avec d'autres pensionnaires. Cuisine commune et sanitaires nickel. Accueil bienveillant.

Chic (1 000-1 800 R / env 66,70-120 €)

Chez Addey et Alta Malherbe *(plan A2,* ***10****)* **:** *22, Van Wijk St.* ☎ *021-876-31-79.* • *stayinfranschhoek.co.za* • *Doubles env 1 150-1 450 R.* Derrière les frondaisons, une maison au charme indéniable dans laquelle on est accueilli comme à la maison. Lit *kig size,* plancher et affiches de cinéma dans la plus grande chambre. Cosy et de bon confort, les 3 autres donnent aussi sur une verdoyante tonnelle. Pas de petit déj, mais cuisine à disposition avec café et muffins.

The Coach House B & B *(plan B2,* ***12****)* **:** *5, Dirkie Uys St.* ☎ *021-876-29-77.* 📱 *072-537-10-15.* • *thecoachhouse.co.za* • *Doubles env 1 200-1 700 R, petit déj inclus.* Située au calme, cette belle maison centenaire devance un jardin fleuri. 8 chambres tout confort, dont 3 vraiment spacieuses dans de petits cottages donnant sur le jardin et sur une sympathique petite piscine. Les autres sont dans la maison, l'une d'elles étant dotée d'un balcon surplombant le jardin. Hôtesse adorable.

Très chic (plus de 1 800 R / plus de 120 €)

Chamonix Wine Farm *(hors plan par B1,* ***11****)* **:** *Uitkyk St, dans le domaine viticole du même nom, à 1 km du village.* ☎ *021-876-84-00.* • *chamonix.co.za* • *Doubles env 1 800-2 500 R, petit déj inclus.* Immense domaine sur les hauteurs avec des cottages répartis dans un environnement sauvage. Sur des étendues verdoyantes, on croise zèbres, antilopes, autruches, springbok en semi-liberté : un air de safari ! Également des chalets en forêt et dominant un lac ou encore un lodge luxueux faisant face à la vallée. Prix corrects, compte tenu du dépaysement et du niveau de prestations. Resto sur place (le *Racine,*) et dégustation de vins bien sûr *(tlj 9h30-16h ; à partir de 60 R ; visite de cave 30 R)*.

La Fontaine Boutique Hotel *(plan B2, **15**)* **:** *21, Dirkie Uys St. ☎ 021-876-21-12. • lafontainefranschhoek.co.za • Doubles 2 800-3 900 R, petit déj compris*. Un hôtel cossu qui affiche des couleurs exubérantes et une déco personnelle bien chaleureuse. Dans le salon, des tapis recouvrent le plancher, tableaux et trophées ornent les murs tandis que de larges canapés incitent à se prélasser. Même confort optimal dans les chambres où aucun détail n'est laissé au hasard : excellente literie *(king size),* têtes de lits chamarrées, peignoirs, machine à café, lourds rideaux et élégant mobilier, on est vernis. La plupart ont une terrasse et une salle de bains au top. Le petit déjeuner, servi dans le jardin, est un régal pour les yeux comme pour les papilles ! 2 agréables piscines pour barboter.

Mont d'Or Guesthouse *(plan A2, **13**)* **:** *32, van Wijk St. ☎ 021-876-22-93. • montdorfhk.co.za • Doubles env 2 600-2 900 R, petit déj compris (moins cher en hiver).* Un air de campagne à un pâté de maisons des restos du centre. Des chambres tout en élégance, dans les tons beiges, spacieuses et sobrement décorées. Salles de bains élégantes elles aussi avec leur carrelage en damier. À l'étage, loft familial. Le bonheur, c'est la large véranda ouverte sur le jardin et la piscine. Pergola, parasols et chaises longues complètent ce tableau idyllique. Évidemment, pas un coussin de travers ni un brin d'herbe qui dépasse de la pelouse. On apprécie la sérénité des lieux et l'accueil adorable.

Où manger ?

De bon marché à prix moyens (jusqu'à 400 R / jusqu'à 27 €)

Café des Arts *(plan B2, **25**)* **:** *7, Reservoir St West. ☎ 021-876-29-52. Ouv tlj sauf mar 9h-21h30. Plats env 120-200 R.* En retrait de la rue, un café qui déploie ses tables sur une charmante place piétonne, à l'ombre des arbres. On s'installe sous les feuillages ou dans la jolie salle avec son mobilier de bois clair. Des lampions suspendus par ici dans les branches, des sculptures par-là, l'ambiance est informelle, comme la cuisine. Autruche ou *springbok* pour les carnivores, salades, risotto et *light meals* pour les appétits légers. C'est bon, frais, et on ne se lasse pas du cadre bucolique...

Col'Cacchio *(plan A2, **20**)* **:** *66, Huguenot St. ☎ 021-876-42-22. Tlj midi-23h. Plats de pâtes 80-135 R, pizzas 100-175 R.* Un resto populaire, super avec des enfants qui foncent à l'aire de jeux en attendant leur plat. Possibilité de se restaurer à l'intérieur, en petite terrasse protégée ou sur de grosses tables de bois à la lueur des bougies. Vous y dégusterez des pizzas pâte fine et aux *toppings* fondants. Certaines (les *half & half*) permettent de mixer les saveurs. Très animé le week-end.

Taki's Pub and Restaurant *(plan B2, **24**)* **:** *32, Huguenot St. ☎ 021-876-41-61Tlj sauf lun 10h-21h. Plats 100-210 R.* Dans une atmosphère relax, salades, sandwichs, pizzas, petits plats encore pas trop chers *(chicken curry, Greek platter, marinated pork ribs)* à arroser d'un verre de vin ou d'une bière locale. Ce n'est pas de la grande gastronomie mais l'ensemble reste correct !

De prix moyens à chic (jusqu'à 400 R et plus / jusqu'à 26,70 € et plus)

The French Connection Bistro *(plan A2, **21**)* **:** *48, Huguenot St. ☎ 021-876-40-56. Tlj midi et soir jusqu'à 21h45. Résa conseillée (surtout le w-e).*

LA PROVINCE DU CAP

FRANSCHHOEK

Adresses utiles

- Office de tourisme (A2)
- 1 First National Bank (B2)
- 2 Franschhoek Cycles (A1)

Où dormir ?

- 10 Chez Addey et Alta Malherbe (A2)
- 11 Chamonix Cottages (hors plan par B1)
- 12 The Coach House B & B (B2)
- 13 Mont d'Or Guesthouse (A2)
- 14 Franschhoek Traveller's Lodge (B2)
- 15 La Fontaine Boutique Hotel (B2)
- 16 Basse Provence Guesthouse (hors plan par A1)
- 17 Goodings Grove Olive Farm (hors plan par A1)

Où manger ?

- 20 Col'Cacchio (A2)
- 21 The French Connection Bistro (A2)
- 22 Le Bon Vivant (B2)
- 23 Reuben's (B2)
- 24 Taki's Pub and Restaurant (B2)
- 25 Café des Arts (B2)
- 28 Haute Cabrière Cellar Restaurant (hors plan par B2)

Où boire un verre ?

- 30 Franschhoek Pub Station (hors plan par A1)
- 31 Elephant & Barrel (A2)
- 32 Tuk Tuk Microbrewery (B2)

Achats

- 40 Huguenot Fine Chocolates (A2)

Plats 160-230 R. Adorable maison le long de Main Street, avec son élégante véranda, sa dentelle de ferronnerie et ses nappes à carreaux. Au menu, moules-frites, viandes bien préparées (springbok, filet mignon, grillades), mais aussi des *light meals* au déjeuner. Assiettes joliment composées et atmosphère tamisée le soir. Belle carte des vins. L'été, on plébiscite la terrasse à l'arrière qui donne sur la placette mais en hiver, le feu qui crépite dans la cheminée a un charme fou.

Le Bon Vivant *(plan B2,* ***22****) : 22, Dirkie Uys St, angle avec Rochelle St. ☎ 021-876-27-17. Fermé mer. Plats 150-245 R. Menu surprise (4-6 plats) 460-655 R.* Le chef néerlandais, Pierre Hendricks, connaît son affaire et maîtrise parfaitement son art, en ne travaillant que de bons produits. La carte est donc courte mais on ne se plaint pas que la qualité soit privilégiée. Une cuisine appliquée, à accompagner de vins de cru. Service discret et efficace. Belle terrasse-jardin sous les arbres à l'écart du passage incessant de la rue principale.

Reuben's *(plan B2,* ***23****) : 2, Daniel Hugo St. ☎ 021-876-37-72. Ouv tlj midi et soir. Résa absolument indispensable. Compter min 300 R.* Une des bonnes tables de la région, réputées depuis pas mal d'années. Cadre design, élégant et moderne. Fine cuisine, concentrée dans une courte carte, jouant sur les mélanges de saveurs. Excellents desserts. Riche carte des vins.

Où dormir ? Où manger dans les environs ?

Si vous possédez un véhicule, quelques superbes adresses aux environs de Franschhoek, dans un rayon maximum de 15 km.

Basse Provence Guesthouse *(hors plan par A1,* ***16****) : Basse Provence. ☎ 021-876-29-94. • basseprovence.co.za • Le long de la R 45, à 3 km de Franschhoek, en direction de la N 1. Doubles env 1 600-2 500 R (jusqu'à 3 000 R au cottage), avec petit déj.* L'occasion de dormir dans une ancienne ferme de 1855, de style Cape Dutch (tardif) avec ses murs chaulés, ses toits de chaume et ses grosses poutres au plafond. Du charme et de la tranquillité, avec vue majestueuse sur le vignoble en prime. 10 chambres et suites spacieuses dans les différents corps de bâtiment du *manor* à la ferme en passant par le cottage. Ce dernier abrite 2 chambres très spacieuses avec cuisine à disposition. Surtout on adore l'environnement, au milieu des montagnes, alors qu'on est aux portes de la ville. Petite piscine.

Gooding's Groves Olive Farm *(hors plan par A1,* ***17****) : La Motte-Goederust, à 3 km env à l'ouest de Franschhoek, sur la R 45, à gauche quand on vient de Stellenbosch (suivre l'étroit chemin). ☎ 021-876-21-58. • goodingsgroves.co.za • Doubles env 2 200-3 000 R, petit déj compris.* Pour changer un peu, on n'est pas ici dans un domaine viticole mais au beau milieu d'une oliveraie. Chambres d'excellent standing et familiales avec kitchenette. Sympa, le four à pizza qui peut servir sur demande ! Jolie piscine entourée d'une terrasse en bois et de chaises longues. Petit déjeuner servi en terrasse.

Haute Cabrière Cellar Restaurant *(hors plan par B2,* ***28****) : à 2 km en direction de Franschhoek Pass, côté gauche. ☎ 021-876-36-88. Fermé dim soir. Formule 300 R ; menu 395 R. Dégustation (3-7 vins) 60-70 R.* Un resto original, creusé dans la montagne. Belle salle voûtée façon cave à vins (ça tombe bien, c'est aussi une propriété viticole). D'ailleurs, on vous recommande la dégustation en guise d'apéro ! Cuisine de qualité régulière et prix encore abordables. Quand le temps le permet, la terrasse face aux montagnes est la meilleure des mises en bouche !

Babylonstoren *(carte La région des vignobles) :* ***Klapmuts,*** *7670, Simondium Rd. ☎ 021-863-38-52. Voir aussi « À voir dans les environs ». À 18 km au nord-ouest, par la R 45, puis indiqué vers la gauche. Entrée au domaine : 10 R. Sandwichs et plats* (Greenhouse, *ouv tlj 10h-16h) env 100 R. Plats* (Babel *ouv ts les soirs et au déj mer-dim)*

165-300 R. Résa recommandée. Si vous passez par-là sur les coups de midi, ne manquez pas cette célèbre propriété produisant fruits et légumes (et vins bien sûr) où l'on trouve 2 restaurants : le *Greenhouse,* informel, installé sous les arbres, à côté d'une superbe serre du XIXe s où l'on se replie par mauvais temps, et *le Babel,* plus classe. Dans les 2 cas, des produits frais et de saison, en direct du jardin. Au *Greenhouse,* salades, sandwichs et plats simples... Au *Babel,* cuisine plus élaborée. Service efficace, gentil comme tout. Visite du potager géant pour digérer, dégustation de vins et boutique.

Où boire un verre ?

Tuk Tuk Microbrewery *(plan B2,* ***32****) : 14, Huguenot Rd. ☎ 021-492-22-07. Tlj 11h-23h.* De l'architecture Cape Dutch du bâtiment, il reste le fronton et les colonnes, qui servent d'armature. À travers les larges vitres de cette micro-brasserie, on aperçoit les cuves où est brassée la bière. Plusieurs sont servies à la pression, dont une qui change à chaque saison. Pour accompagner sa pinte, quelques grignotages tex-mex pas ruineux (tacos, guacamole, *fajitas*).

Elephant & Barrel *(plan A2,* ***31****) : 48, Huguenot St. ☎ 021-876-41-27. Tlj jusqu'à 2h.* Une petite allée à droite du *French Connection Bistro* conduit à une placette piétonne envahie par les tables de ce pub de village. Banquettes, cheminée, vénérable comptoir... rien ne manque, pas même les groupes de musique le vendredi soir et la petite carte de *pub grub.*

Franschhoek Pub Station *(hors plan par A1,* ***30****) : 4, Main Rd. ☎ 021-876-39-38. Tlj 8h-22h.* C'est l'ancienne gare transformée en café. D'ailleurs, la terrasse à l'arrière est installée sur les rails ! Bonne atmosphère et accueil sympa. Possibilité de grignoter quelques snacks.

Achats

Huguenot Fine Chocolates *(plan A2,* ***40****) : 62, Huguenot Rd. ☎ 021-876-40-96. • huguenotchocolates.com • Lun-sam 8h-17h30 ; dim 9h30-17h30. Dégustation à 11h et 15h (40 R ; 45 mn).* Le meilleur chocolatier de la ville, élève de l'école belge. Pas mal de petites douceurs aux saveurs sud-africaines, le *pinotage truffles,* le champagne *truffle, les cinnamon cups...* Plus classique, la noisette pralinée.

– Succession de boutiques d'art et artisanat (plus ou moins réussis !) tout le long de la rue principale.

À voir

Huguenot Memorial Museum *(plan B2-3) : Lambrecht St. ☎ 021-876-25-32. • museum.co.za • Tlj 9h-17h (14h-17h dim en hiver). Entrée couplée musée + monument : 80 R ; réduc. Brochure en français payante et vidéo en français gratuite (12 mn) ; à demander. Possibilité de pique-niquer dans le jardin.*

À 5 mn du centre, 2 maisons typiques du style qu'apportèrent les Français : le classicisme. Le bâtiment principal est la réplique de la maison du baron Van Reede, sur Kloof Street à Cape Town. Le musée rend hommage à cette poignée de protestants hexagonaux qui mirent pied sur cette terre du Drakenstein en 1688 et qui la firent prospérer comme on sait. La frise chronologique (en français) revient sur les événements clés qui les ont enracinés en Afrique du sud. On passe en revue les raisons du départ des huguenots (100 ans d'exil qui firent perdre tant de cerveaux au pays), tout sur l'édit de Nantes, la période de tolérance, cartes géographiques. Voir le 1er livre en français édité dans le pays. Jetez également un œil à la liste de noms des familles qui s'installèrent ici. Elles constituent la souche du demi-million de personnes qui portent aujourd'hui des patronymes à consonance française dans le pays ! Salle des livres anciens où l'on découvre de vénérables bibles des XVIIe et XVIIIe s. Celle de Pierre Joubert sortit de France dans une miche de pain ! Intéressante section qui démontre comment les Hollandais liquidèrent la culture et la langue françaises et intégrèrent les huguenots et leur langue en seulement 3 générations. Salle des noms où les descendants viennent consulter l'histoire des patronymes. À l'arrière du bâtiment principal, un ***musée du Parfum*** expose la collection privée du parfumeur Kamanov. Derrière des vitrines, flacons, miniatures, échantillons permettent de plonger dans l'histoire du parfum. La 2de maison (l'annexe, de l'autre côté de la rue) ressemble plus à un petit musée ethnographique, assez dense. Maquette de l'organisation d'une ferme du XVIIIe s, mobilier, portraits, photo de Van Daniel Hugo et ses enfants (12 sur 16). Quant à Johannes Petrus du Toit, il n'eut que 12 enfants... mais que des garçons ! En ce qui concerne la langue, nouvelle démonstration de ce que les autorités firent pour que les Français s'adaptent rapidement et s'intègrent à la colonie hollandaise. Évocation du développement de la ville au fil des siècles.

🏛 ***Huguenot Monument*** *(plan B3)* **:** *à côté du musée, immanquable. Accessible tlj 9h-17h. Entrée couplée musée + monument : 80 R. On peut parfaitement l'apercevoir depuis la rue.*
La grandeur de ce monument de 1948 et son côté solennel montrent, s'il le fallait, la fierté non dissimulée des descendants de ces huguenots qui se sont fait une place dans l'histoire du pays. Un grand jardin aux superbes allées de rosiers blancs, et au fond, une arcade en demi-cercle avec, au centre, une triple arche, simple et élancée. Sur le devant, une femme symbolise la liberté de culte. Dans sa main droite, une bible ; dans la gauche, les chaînes brisées évoquant la liberté retrouvée. Elle se tient debout sur un globe, au niveau de la France.
Derrière le monument, ne manquez pas le ***cimetière,*** abritant les ancêtres des actuels habitants. Les tombes les plus anciennes se trouvent au fond.

FRENCH TOUCH

Environ 500 000 Sud-Africains portent un nom français. Quelques-uns célèbres : l'actrice Charlize Theron (Therond), François Pinaar (Pinard), vainqueur de la Coupe du monde de rugby 1995, De Klerk (Le Clercq), Prix Nobel de la paix, Morne du Plessis, un des plus grands rugbymen sud-africains, ou encore Sailor Malan, héros de l'aviation anglaise (1940-1945) et un des plus rudes pourfendeurs de l'apartheid...

LA PROVINCE DU CAP

À faire

🏛🏛 ***Franschhoek Wine Tram*** *(plan B2)* **:** *kiosque dans le centre de Franschhoek, 32, Huguenot Rd. ☎ 021-300-03-38. • winetram.co.za • Tlj 9h15-18h (fermeture de la billetterie à 16h). Compter 240 R/pers. Possibilité de résa en ligne.* Du centre de Franschhoek, on vous emmène sur le site d'où part le tram, au nord-ouest du village. Le principe : 8 lignes desservent 27 domaines de la vallée. Système « *hop-on/hop-off* » avec explications en anglais. En réalité, on ne se déplace en tram que sur une courte section (sur le trajet Grande Provence-Ricketty Bridge), sur des rails parallèles à la R 45. Le reste se fait en minibus, lui-même ouvert sur les côtés. Le billet n'inclut pas les dégustations dans les propriétés viticoles partenaires.

■ ***Winelands Experience*** *(plan A1)* **:** *13, Main Rd, Lifestyle Centre. ☎ 021-876-40-42.* Tours organisés dans les vignobles, à la 1/2 journée ou à la journée. Bien seulement pour ceux qui n'ont pas de véhicule. Réserver à l'avance. Cher (on signale également *La Rochelle Tours & Transfers,* moins cher *(📱 083-301-67-74).* On rappelle que certains vignobles ne sont qu'à une vingtaine de minutes de marche depuis le centre du village.

■ ***Franschhoek Adventure Center*** *(plan A2) : 62, Huguenot Rd, à l'étage (même palier que l'office de tourisme). 072-999-85-81. • franschhoekadventurecenter.co.za • Env 1 000 R/pers pour un itinéraire à vélo guidé avec dégustation dans 3 domaines (compter 3-4h).* Organisent aussi des randos en montagne, des visites du township et des activités sportives autour de Franschhoek.

■ ***Tuk-tuk Franschhoek :*** *☎ 072-735-30-35. • tuktukfranschhoek.co.za • Résa en ligne ou par tél, à moins de les croiser dans la rue. Compter 220-380 R/pers.* À bord de tricycles motorisés typiques de la Thaïlande, des tours à la ½ journée ou à la journée à travers les vignobles. Fait aussi taxi (pratique pour aller dîner dans un domaine viticole).

DANS LES ENVIRONS DE FRANSCHHOEK

La Motte : *Main Rd (R45), Franschhoek. À 5 km du centre-ville en allant vers Stellenbosch. ☎ 021-876-88-50. • la-motte.com • Dégustations lun-sam 9h-17h ; compter 60 R pour 7 vins ; visite de la cave lun-ven à 10h sur résa (30 R). Musée ouv mar-dim 9h-17h. GRATUIT ; randonnées dans la propriété lun-sam 9h-14h (60 R/pers ou 120 R avec un guide, sur résa). Resto* Pierneef *ouv au déj tlj sauf lun. Menus 395-425 R.* Tout proche de Franschhoek, un magnifique domaine de la fin du XVIIe s. La longue allée entre les vignes mène aux bâtiments historiques de style Cape Dutch avec toit à pignon, au centre d'un élégant domaine viticole de 177 ha qui produit des vins rouges (cabernet-sauvignon, syrah, ainsi qu'un vin millenium issu d'un assemblage de merlot, cabernet franc, malbec et petit verdot) et des blancs (chardonnay, sauvignon). Outre la qualité des vins cultivés en agriculture biologique et les conseils donnés lors de la dégustation, la visite vaut le coup pour son musée. C'est l'occasion de découvrir la collection d'art d'Hanneli Rupert, propriétaire du domaine et musicienne. Notamment des tableaux du peintre sud-africain Pierneff qui a donné son nom au resto. On ne peut qu'apprécier l'harmonie des lieux où pas une herbe ne dépasse de la pelouse bordée d'agapanthes... Quel cadre magique pour une dégustation ou une balade ! Sur la terrasse verdoyante, au bord d'un petit étang, on touche de près le bonheur ! « Ô temps ! suspends ton vol... »

Babylonstoren : ***Klapmuts,*** *7670, Simondium Rd. ☎ 021-863-38-52. • babylonstoren.com • À 18 km au nord-ouest, par la R 45, puis indiqué vers la gauche. Tlj, sauf Noël, 9h-17h (18h en été). Entrée : 10 R en sem et 20 R le w-e et les j. fériés. Dégustation tlj 10h-18h (17h mai-août) : 30 R pour 3 vins ou 60 R pour 6 vins. Visite guidée gratuite du jardin tlj à 10h (limitée à 20 pers ; réserver). Visite payante du cellier : 35 ou 75 R avec dégustation (tlj 11h-15h).* Ne cherchez plus le paradis sur terre, nous l'avons trouvé ! On est sur l'un des plus beaux domaines viticoles qui produit aussi de l'huile d'olive. Sa singularité ? Un merveilleux jardin botanique, des vergers et potagers ordonnés qui produisent des fruits et légumes bio servis à la table des 2 restaurants. Après la dégustation (optionnelle) de vins sur une terrasse fermée par des baies vitrées (pour mieux apprécier les vignes parfaitement entretenues), on arpente les allées d'un potager géant, organisé par thèmes à moins de préférer profiter de l'ombre dans les vergers de pommes, oranges, goyaves, etc. Plein de recoins avec bancs et bassins. Ça sent bon, les couleurs sont parfois éclatantes et on cueillerait bien les fruits défendus. Quand on redescend de son petit nuage, c'est pour se diriger au fond du jardin vers la *Greenhouse,* la serre du XIXe s à côté de laquelle sont servis des repas sains, uniquement à base des produits du jardin, et à petits prix (voir « Où dormir ? Où manger dans les environs ? »). Nichée dans l'un des bâtiments historiques de style typiquement Cape Dutch, délicieuse boutique de produits régionaux à manger, à boire ou à admirer. Hôtel ultra-chic sur place avec spa.

Franschhoek Motor Museum : *sur la R 45, à env 12 km à l'ouest de Franschhoek, prendre à gauche (entrée du domaine de L'Ormarins). ☎ 021-874-90-00.*

• fmm.co.za • Déc-mars, tlj 10h-18h ; en hiver, tlj 10h-17h (16h le w-e). Dernière admission 1h avt fermeture. Entrée : 80 R ; réduc. Voici une expo époustouflante des plus belles voitures de sport du monde, présentées dans un cadre sublime ! Il s'agit de la collection d'Anthonij Rupert, reprise par son frère Johann, aujourd'hui à la tête de cette immense propriété. La bonne idée, c'était de donner corps à cette passion automobile en rassemblant 340 véhicules depuis les modèles historiques jusqu'aux plus récents. Tous sont en état de marche, dont de nombreux vintages. De la 1898 Beeston (une sorte de tricycle à moteur) à la Ferrari Enzo, en passant par des Maserati, MG, Aston Martin, Porsche, Formule 1, les bolides sont répartis dans 4 bâtiments, bichonnés, lustrés, ripolinés... Aux murs, noter la collection de grands bi et de draisiennes. Dans les 3e et 4e bâtiments, les voitures de sport quasi au complet, dans un joyeux festival de couleurs pétantes. Attention, toutes ne sont pas visibles en une seule visite : 80 seulement sont exposées (rotation tous les 6 mois).

DOMAINES VITICOLES AUTOUR DE FRANSCHHOEK

• Carte La région des vignobles *p. 333*

Boschendal *(hors plan Franschhoek par A1)* **:** *Pniel Rd, à env 18 km à l'ouest de Franschhoek sur la R 310 ; bien fléché. ☎ 021-870-42-10/11. • boschendal.com •*
Cet énorme domaine (254 ha) créé en 1685 jouit d'un environnement exceptionnel, au pied de fières montagnes, dans un cadre d'une grande élégance naturelle. Boschendal est un peu l'exemple type de l'histoire du colon pionnier qui a réussi. Un certain Jean le Long, le 1er propriétaire, vendit le domaine en 1715 à Abraham de Villiers, dont la famille exploita le terroir à merveille pour en faire aujourd'hui l'un des plus célèbres du secteur. Idéalement situé sur la route très touristique entre les 2 villes maîtresses de la région (tous les cars s'y arrêtent), Boschendal propose un ensemble très bien rodé d'attractions et de visites : à droite, direction les celliers et les visites du domaine ; à gauche, le manoir (remarquable demeure de maître de 1812, superbement conservée et témoignant merveilleusement de cette architecture Cape Dutch qui faisait un tabac à l'époque) et les restaurants.

– *Dégustation : tlj 10h-16h30. Prix : 55-200 R.* On déguste 5 vins au choix dans un cadre élégant, sous de superbes chênes. 2 lieux de dégustation, mais c'est sur la terrasse du *Manor House*, face au potager, qu'on est le mieux.

– *Tour des caves* (cellar tour) *: tlj a priori 13h30 et 15h. Sur résa. Compter 65 R (dégustation en sus).*

– *Tour des vignobles : seulement nov-avr sam à 10h30. Durée : 1h. Compter 150 R.*

Balades à vélo : *Rens au ☎ 021-001-94-01. Accès tlj 8h-17h. Entrée : 50 R/pers avec son propre vélo. Sinon, loc sur place. Compter 200-325 R la ½ j. ou 400 R/j.* 5 circuits balisés de 5 à 30 km à travers la propriété pour tous niveaux (plan à télécharger ou disponible sur place), de 60 à 1 000 m de dénivelée.

– ***Balades à cheval :*** *résas au ☎ 021-870-42-11. • reservations1@boschendal.co.za • Balades de 1h à 2h pour tous niveaux, à partir de 7 ans. 450 R/h.*

Possibilité de pique-niquer sous les arbres *(oct-avr seulement)*, autour d'un kiosque au *Werf Farm Picnics* ou au *Rose garden Picnics*, 1 km plus loin (parking à proximité), mais il est interdit d'apporter sa nourriture. *Compter respectivement 460-520 R le picnic basket pour 2 ; 105 R pour les 3-10 ans... Résa nécessaire ☎ 021-870-42-73 ou en ligne.* On préfère l'emplacement

bucolique du *Rose Garden Picnics* (près du *Rhone Restaurant*) où des tables sont installées à l'ombre des chênes, devant les parterres de roses.
– Il y a aussi 2 ***restos*** (*Werf* et *Rhone*) dans le domaine, pas donnés *(menus 450-650 R au Werf)*, mais excellents ! Activités enfants offertes pendant le repas des parents au *Werf*, sur résa ☎ *021-001-94-18.*

Pour séjourner sur place, une quarantaine de cottages cossus et bien équipés (salon, cuisine) pour 4 pers *(2 200-4 700 R/nuit).* ☎ *021-870-42-71.*

PAARL

112 000 hab.

À une trentaine de kilomètres au nord de Franschhoek. *Paarl* (« Perle ») doit son nom aux 3 dômes de granit dominant la ville, qui scintilleraient au soleil après la pluie. Malgré son importance dans le domaine du vin, cette grande ville commerçante fondée en 1690 ne possède ni le charme, ni la nonchalance, ni la situation de ses voisines. Moins chicos et moins surfaite que Franschhoek, elle n'a pas la cohérence historique de Stellenbosch. On y verra quelques belles bâtisses anciennes, noyées au milieu de bâtiments modernes. Paarl est historiquement un fief afrikaner : sur les hauteurs, un monument est dédié à l'afrikaans, l'une des 11 langues officielles du pays. Inutile de dire que durant l'apartheid, on ne trouva pas grand monde ici pour contester le système. C'est d'ailleurs dans les environs de Paarl, à la prison Victor Verster, que Nelson Mandela passa ses dernières semaines d'incarcération. Et c'est également ici qu'il esquissa ses 1ers pas d'homme libre le 11 février 1990, des images relayées dans le monde entier.

Arriver-quitter

➢ ***En bus :*** depuis Cape Town, tlj avec *Greyhound Intercity.* Arrêt à l'angle de Main Rd et South St, à 2 km au sud de l'office de tourisme (station essence *Caltex*).

➢ ***En train :*** *Metrorail* depuis Cape Town. Env 18 trains/j. Arrêt à Huguenot Station, à env 2 km au nord de la ville.

Adresse utile

ℹ ***Information Centre (Paarl Tourism) :*** *216, Main Rd, à l'angle d'Auret St.* ☎ *021-872-48-42.* • *paarlonline.com* • *Dans le centre-ville, sur la gauche quand on vient du sud. Lun-ven 8h30-17h, w-e 10h-13h.* Réservation possible pour les *B & B.* Infos sur la *Paarl Wine Route.* Appli gratuite à télécharger sur son téléphone : *Visit Paarl.*

Où dormir ? Où manger ?

Chic

Oak Tree Lodge : *32, Main St.* ☎ *021-863-26-31.* • *oaktreelodge.co.za* • *Doubles env 1 040-1 680 R, petit déj compris.* Un genre de motel avec la voiture garée sous sa fenêtre, peu attrayant de prime abord. Mais les chambres au décor classique sont spacieuses et bien agencées, même pour les *standard,* avec balcon. Ici aussi, préférer celles donnant sur le jardin, à côté des vignes. Familiales avec canapé-lit. Tout confort et belle piscine.

Noop : *127, Main St. ☎ 021-863-39-25. À l'entrée de la ville, à droite en venant du sud. Tlj sauf dim. Plats env 135-200 R.* Cette belle maison au look traditionnel afrikaner propose une cuisine locale raffinée pour tous les goûts et tous les budgets, réalisée à partir de produits frais. À l'ardoise, des plats qui changent tous les jours. Carte des vins bien étoffée, laissez-vous guider ! Terrasse.

Backs : *191, Main St. ☎ 021-872-06-97. Tlj 7h30-22h (15h dim). Plats 80-100 R.* Les 2 maisons de style Cape Dutch qui ont pignon sur rue communiquent entre elles et l'atmosphère campagne chic qui s'en dégage n'est pas pour nous déplaire. Coin épicerie au comptoir, avec des produits artisanaux (fromages de chèvre, vins de *Fairview*) et plusieurs salles au charme rustique pour s'attabler. Large éventail de plats et snacks d'une grande fraîcheur. À midi, on se contente d'un sandwich au poulet avalé fissa ou d'une belle salade, à moins de craquer pour une viande juteuse à la cuisson précise. Service sympathique.

Où manger et déguster du bon vin dans les environs ?

Spice Route : *Suider Agter Paarl Rd (qui relie la R 44 et la R 101). ☎ 021-863-52-00. • spiceroute.co.za • Dégustation de vins tlj 9h-17h, 50-75 R (5-7 vins). Autres dégustations (chocolat, cocktails, bière). Au resto Barley & Biltong (tlj 10h-17h), plats 99-169 R. Sinon pizzeria et tea-room.* On peut facilement passer ici la journée tant l'atmosphère est conviviale et reposante ! Plus qu'une exploitation viticole datant de 1692, dans un décor sublime avec panorama sur la vallée, il s'agit de tout un complexe autour de la dégustation des vins de la propriété avec le délicieux *chakalaka* en tête de gondole, un vin « arc-en-ciel » constitué de différents cépages combinés. Mais on trouve également une brasserie *(Cape Brewing Company)*, un atelier de souffleurs de verre *(Red Hot Glass)*, une fabrique de chocolat *(De Villiers)* et de glaces à l'italienne, une épicerie fine *(Brenda's deli)*, une *Grapperia* où déguster des cocktails, et de quoi se restaurer bien sûr : au choix, la vaste pelouse de la pizzeria-bar tapas où sont disséminées les tables à l'ombre des chênes tricentenaires ou bien les larges terrasses du restaurant *Barley & Biltong* pour contempler le paysage. Cuisine faisant honneur aux recettes cap-malaises, avec de fort beaux produits d'une fraîcheur absolue. Service stylé, dans une romantique atmosphère.

Où déguster de bons vins et visiter une cave ?

■ **Laborie :** *à l'entrée de la ville ; fléché sur la gauche quand on arrive de Franschhoek. ☎ 021-807-30-07. • laboriewines.co.za • Dégustation lun-sam 9h-16h30, dim 10h-15h ; compter 45 R pour 5 vins. Visite du domaine proposée, sur résa : 60 R.* Très important domaine racheté par la *KWV* (la grande coopérative de la région), mais qui continue à produire son vin dans ses propres cuveries, dont le remarquable pineau de Laborie. Très bel environnement avec vue sur les montagnes alors que l'on est encore en pleine ville. Restaurant sur place avec la même vue *(fermé dim).*

■ **Fairview :** *Suid Agter Paarl Rd (qui relie la R 44 et la R 101). ☎ 021-863-24-50. • fairview.co.za • À côté de Spice Route. Dégustation tlj 9h-17h, 40-80 R selon la dégustation.* De bons vins, mais cette exploitation est surtout réputée pour ses fromages de chèvre et ses dégustations vin-fromage dans un bel environnement. Boutique de produits locaux et restaurant (genre bistrot). Vous noterez au passage la pittoresque *goat tower* (tour aux chèvres).

À voir

Tout le long de Main Street, surnommée l'*Historic Mile,* se succèdent une trentaine d'édifices présentant une pittoresque architecture (églises, bâtiments publics, demeures bourgeoises, simples chaumières...). Pour les détailler, se procurer le plan *Heritage Trail* disponible gratuitement à l'*Information Center.*

Taal Museum : *Gideon Malherbe House, 11, Pastorie Ave. ☎ 021-872-34-41. ♿ Sur la place près de l'église principale. Lun-ven 8h30-16h30. Entrée : 30 R ; réduc.* Installé dans la grosse maison de ville d'un viticulteur et homme d'affaires (1860, style georgien tardif remarquable pour ses hauts plafonds et son intérieur somme toute assez sobre). Il combattit pour la reconnaissance de sa langue, l'afrikaans. Il fonda une puissante association pour en organiser sa défense. Ce musée présente cette lutte : documents, articles, etc. Pas mal de lecture au programme, mais l'approche est assez ludique et très instructive.

The Paarl Museum : *303, Main St. ☎ 021-872-26-51. Lun-sam 10h-16h30 (13h sam). Entrée : 10 R. Juste derrière l'église et à 50 m du musée précédent.* Toit de chaume et beaux pignons. Tout sur l'histoire de la ville dans un bel édifice de 1787 entouré d'un jardin. Mobilier, vaisselle, documents, photographies, etc. Surtout, une des plus belles collections d'armoires et une cuisine Cape Dutch traditionnelle. Petite section sur la résistance locale à l'apartheid.

Strooidak church *(église réformée néerlandaise de Paarl)* **:** *Main St. Lun-sam 9h-12h.* L'église fut créée pour permettre aux fidèles d'entendre le prêche en français, ce qui ne dura pas bien longtemps. Le bâtiment date de 1805 quand l'église originelle, située à Babylonstoren (voir « Dans les environs de Franschhoek »), fut déplacée à Paarl.

Paarl Mountain : *à 11 km de Paarl.* Accès gratuit en voiture, à pied ou à VTT jusqu'au sommet (route en terre). Ce bloc de granite de 500 millions d'années serait le plus gros du monde, après le monolithe australien Uluru. Superbe vue depuis le sommet, en particulier au crépuscule. Après l'entrée de la Paarl Mountain Nature Reserve, on accède au *Die Afrikaanse Taal Monument.*

Die Afrikaanse Taal Monument *(carte La région des vignobles)* **:** *à l'ouest de la ville, à quelques km, sur une colline. Fléché sur la gauche depuis l'entrée de la ville quand on vient du sud, puis 4 km à parcourir. ☎ 021-863-48-09. Tlj 8h-17h (20h déc-mars). Entrée : 30 R. Visites guidées gratuites 8h-11h30 et 14h30-16h45.* On le voit très bien de loin. Élégant monument, effilé, épuré pour les uns, sans grâce pour les autres, il est composé d'une flèche de béton reliée par un long mur à un ensemble qui évoque quelques dolmens. Il rend hommage à l'afrikaans, cette langue devenue officielle en 1925, et aux combats des pionniers afrikaners qui se battirent contre la prédominance de l'anglais. De là, vue panoramique sur la vallée et les montagnes. Arboretum. Pique-nique possible. Cafétéria.

DANS LES ENVIRONS DE PAARL

Le col Du Toitskloof : *à 12 km à l'est de Paarl.* Alors que la N 1 s'enfonce dans le *tunnel des Huguenots,* la R 101 part à l'ascension de majestueuses et imposantes montagnes. De là-haut, vue imprenable sur la plaine de Paarl.

VERS L'EST ET LE LITTLE KAROO

• Carte La région à l'est du Cap *p. 360-361*

HERMANUS

env 33 000 hab.

• Plan *p. 363*

Grosse bourgade avec ses rues quadrillées, à environ 120 km de Cape Town. Hermanus est au cœur de la région de l'Overberg, qui couvre la partie à l'extrême sud de l'Afrique du Sud. Pour s'y rendre depuis Le Cap, on longe une côte absolument superbe à partir de Gordon's Bay, à condition de quitter la N 2 après Somerset West (possible aussi de quitter la N 2 plus loin à Vredendal). La *Whale Route* fait le tour de la Kogelberg Nature Reserve.

Hermanus ne serait qu'une petite halte parmi tant d'autres s'il n'y avait le spectacle exceptionnel des baleines qui séjournent dans la baie durant plusieurs mois, en général de juillet à mi-décembre. Bien sûr, il n'y a pas qu'à Hermanus que les baleines batifolent. Toute la région à l'est de Cape Town partage ce privilège d'abriter plusieurs centaines de cétacés qui viennent se nourrir, s'accoupler et mettre bas dans ce coin riche en plancton. Bref, une vie de pacha, avant de retourner dans les eaux froides de l'Antarctique pour passer l'été. Mais c'est sans doute à Hermanus qu'on les voit le mieux et qu'on a la plus grande chance de les observer en nombre. Eh oui, les baleines s'aventurent parfois étonnamment près de la côte. De petits promontoires le long d'une balade aménagée (*Hermanus Cliff Path*) permettent ici de les admirer au plus près (parfois à peine à 5 m du bord), dans un cadre superbe. Voilà pourquoi Hermanus peut constituer, pendant l'hiver austral, une étape privilégiée pour un spectacle rare, avant de poursuivre la route.

LES SOUTHERN RIGHT WHALES

Les baleines se promènent, sortent une nageoire ou la queue, plongent, montrent leur tête, tournent sur le dos et parfois sautent... Esthétiquement, c'est un spectacle tout simplement merveilleux. Sur le plan scientifique, on ne sait pas avec certitude à quoi servent toutes leurs « gesticulations ». Parmi les 37 espèces de baleines et dauphins présents dans les eaux d'Afrique du Sud, c'est la *Southern right whale* (baleine franche australe) qui est la plus présente dans le secteur, suivie loin derrière par l'*humpback whale* (baleine à bosse), reconnaissable par sa petite nageoire dorsale. La « Southern » est une baleine à fanons de 12 à 15 m de long qui se caractérise par de grosses callosités peu gracieuses sur la tête. Ce sont en fait des excroissances de peau. Évidemment, ça fait l'affaire des scientifiques qui parviennent ainsi à identifier chaque individu de manière précise. Autre originalité, la forme carrée de leurs petites nageoires latérales. Elles se nourrissent de plancton et rejettent l'eau avalée à plus de 3 m de hauteur, grâce à une paire d'orifices situés au-dessus de leur tête. On estime que l'espérance de vie de la *Southern right whale* tourne autour de 50 ans. Dernière info marrante : le petit avale jusqu'à 600 l de lait par jour.

Grâce à des règles sévères de protection, la *Southern right whale* voit sa population doubler quasiment tous les 10 ans. Elle revient de loin : elle fut pratiquement exterminée à la fin du XVIIIe s et au début du XIXe, où plus de 12 000 baleines passèrent sous les harpons des baleiniers. On estime la population actuelle des baleines qui sillonnent les mers d'Afrique du Sud à environ 5 000 individus.

GARE AU GASPILLAGE !

Hermanus a eu une gare alors que la ville n'a jamais vu le moindre train. Il se trouve qu'un responsable des chemins de fer avait ses habitudes à Hermanus, où il venait pêcher. Quand il vit à quelle vitesse les villes de Muizenberg ou de Simon's Town avaient perdu leur tranquillité avec l'arrivée du train, il saborda le projet d'extension de la ligne vers Hermanus. Il y réussit mais entre-temps la gare, elle, avait déjà été construite ! Faute de train, l'office de tourisme s'y est installé.

Arriver – Quitter

– Pas de bus des grandes compagnies au départ du Cap (ni d'ailleurs). Le *Baz Bus* ne passe pas à Hermanus, mais il peut vous déposer à Botriver, à 30 km sur la N 2. Les AJ arrangent un transfert (payant).

➢ ***En voiture :*** depuis Cape Town, longer la côte par la R 44. Magnifique !

Adresses utiles

Hermanus Tourism Bureau (plan B1) **:** *à l'angle de Lord Roberts et de Mitchell St, dans l'ancienne gare. ☎ 028-312-26-29. • hermanustourism.info • Lun-ven 9h-17h, sam 9h-15h ; fermé dim.* Un autre petit bureau près des musées. Tout aussi efficace et ouvert le dimanche.

■ **Banques :** *autour de Main Rd, dans le centre.* Change et distributeurs.

■ **Pharmacies :** *MediRite, dans Checkers Centre (le centre commercial derrière l'office de tourisme). ☎ 028-312-31-82. Ou encore* **Hermanus Pharmacy,** *145, Main Rd, près du front de mer. ☎ 028-312-40-39.*

■ **Taxi :** *tuk-taxi ; 📱 0846-885-885. • hermanustaxi.com •*

■ **Hermanus Wine Hoppers** (plan B2) **:** *Village Market Stall 18 (sur le port). 📱 076-991-24-98. • hermanuswinehoppers.co.za • Départ tlj 9h (9h30 w-e)-12h, ttes les 30 mn. Dernier retour 16h30. Compter 300 R/pers ; 150 R moins de 18 ans.* Une formule de transport souple qui permet de visiter jusqu'à 6 vignobles dans la journée en empruntant les bus (formule *hop on, hop off*). Les dégustations de vins sont en sus.

Go Bike (plan B1, **1**) **:** *20, High St. ☎ 028-312-17-54. 📱 082-879-17-35. • gobikehermanus.com • Ouv lun-ven 9h-17h, sam 9h-13h ; fermé dim. Loc de vélo à partir de 180 R la ½ journée ; 280 R et jusqu'à 780 R/j pour un e-bike. Également des tours accompagnés 950 R/pers.* Location de vélos classiques mais aussi des *fat bikes* qui permettent de rouler dans le sable sans s'enliser (sympa sur la plage à marée basse), des vélos enfants et des e-vtt (à assistance électrique), tout indiqués pour jalonner la route des vins.

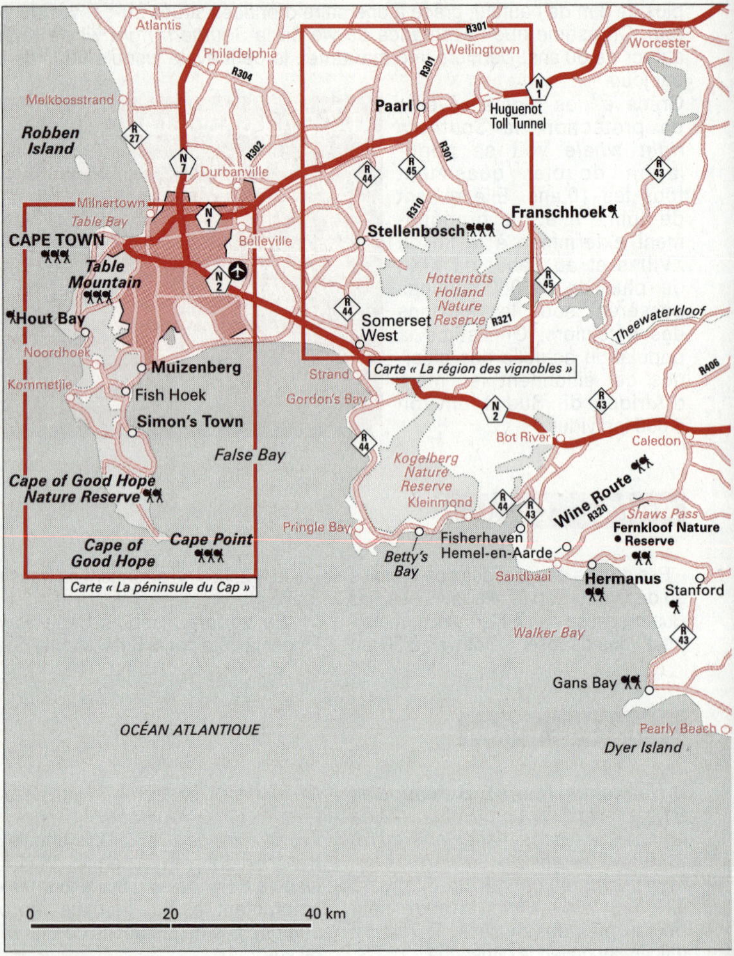

LA PROVINCE DU CAP

Où dormir ?

Dans le centre

De bon marché à prix moyens (150-1 000 R / env 10-66,70 €)

Hermanus Backpackers *(plan A1-2,* ***10****) : 26, Flower St. ☎ 028-312-42-93. 082-890-14-85. À 10 mn à pied du centre. Le Baz Bus s'arrête à Bot River (à 30 km) puis prévoir le taxi. Dortoir 6-7 lits env 200 R/pers ; doubles sans ou avec sdb env 530-585 R ; pas de petit déj. À l'arrière, autre maison avec des chambres plus confortables pour 2 ainsi que des familiales.* Une adresse propre et vitaminée. Canapés, petits salons colorés, meubles pimpants, cuisine tout

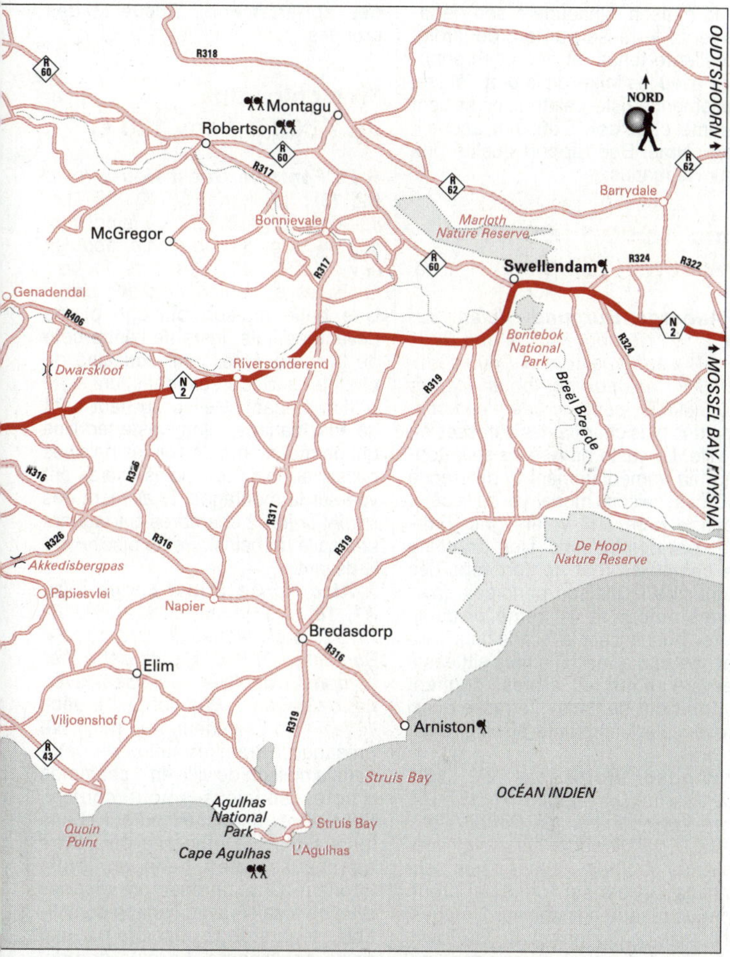

LA RÉGION À L'EST DU CAP

équipée et même un brin de piscine dans le jardin arrière. Une annexe dispose de chambres doubles et quelques familiales, avec salles de bains. Très appréciable : il y a de la place, on n'est pas serrés les uns sur les autres et un *braai* permet de fraterniser autour d'une bonne grillade. Atmosphère très relax et staff aimable. Proposent toutes les excursions possibles et imaginables dans le secteur.

Eastbury Cottage *(plan B1,* ***12****) : 36, Luyt St. ☎ 028-312-12-58. 082-658-49-45. • eastburycottage.co.za • Un peu à l'écart du centre. Doubles env 850-1 000 R. Petit déj en sus. Parking privé.* Dans un quartier résidentiel, une sympathique maison blanche entourée d'un jardin verdoyant et fleuri, ouverte et cosy, proposant 4 chambres avec cuisine, dont 2 communicantes à l'étage et 2 autres dans de petits cottages sur le côté de la maison. Chacune a son dégagement : terrasse ou bout de jardin. Excellente tenue, et déco personnalisée avec les toiles de la propriétaire, également artiste-peintre... on se sent comme chez soi. Excellent accueil. Très calme. Bon rapport qualité-prix pour Hermanus.

Chic (1 000-1 800 R / env 66,70-120 €)

Auberge Burgundy *(plan B2,* ***14****) : 16, Harbour Rd. ☎ 028-313-12-01. • auberge.co.za • Double env 2 000 R ; luxueux penthouse 4 pers env 3 800 R ; petit déj-buffet compris.* Une des plus charmantes adresses de la ville. La vaste bâtisse de style toscan fait immédiatement la différence avec les maisons modernes de la côte. Façade ocre aux volets gris, rythmée par des balcons. Une vingtaine de chambres tout confort réparties autour de la maison principale (certaines autour de la petite piscine). Celles donnant sur la façade principale ont vue sur la mer. D'autres situées à l'arrière, sous les arbres, donnent sur un bout de jardin. Terrasse quasi provençale, charmante piscine, déco soignée.

Windsor Hotel *(plan B2,* ***15****) : 49, Marine Dr. ☎ 028-312-37-27. • windsorhotel.co.za • Doubles env 1 400-2 000 R selon saison et vue, petit déj compris. Parking.* Très central, ce qui est son principal atout. Longue façade blanche sur 2 étages, ponctuée de pignons style Cap Town. Intérieur un peu à l'ancienne, qui vieillit doucement, mais l'ensemble reste encore bien tenu. Chambres classiques sans reproches mais aussi sans réel charme. Les plus chères ont vue sur l'océan. Également des appartements. Accueille des groupes.

Très chic (plus de 1 800 R / env 120 €)

La Fontaine Guest House *(plan B2,* ***13****) : 33, Marine Dr. ☎ 028-312-45-95. 📱 082-473-12-10. • lafontaine.co.za • Selon saison et vue, doubles env 2 150-2 840 R, petit déj inclus ; familiales également. Parking privé.* Une belle maison blanche posée devant les flots, juste de l'autre côté de la route. Une demi-douzaine de chambres décorées dans un style british élégant. Celles du haut sont gâtées : canapé salon, vaste terrasse qui permet même de voir les baleines passer au loin. Les moins chères ont vue sur la montagne. Également des *family units* (2 chambres partageant une salle de bains). Petite piscine sur le devant.

Aloe House Guest Lodge *(plan A1,* ***18****) : 53, Main Rd. ☎ 028-313-11-91. • aloe-guest-house.co.za • Double env 1 650 R, petit déj-buffet compris ; familiale également avec patio 3 200 R. Plus cher 15 déc-15 janv.* De l'extérieur, rien ne laisse présager la transformation de cette banale maison de ville en 6 chambres d'hôtes spacieuses tout confort. Elles sont disposées autour d'une longue piscine moderne qui rentre au chausse-pied dans un jardin intérieur. Chaque chambre dispose d'un coin salon avec canapé convertible, séparé de la chambre par une porte coulissante. La plus grande, une familiale, peut accueillir jusqu'à 6 personnes. Le proprio est intarissable sur les domaines viticoles du coin. Ça tombe bien, vous comptiez y aller...

Où manger ?

Prix moyens (150-400 R / env 10-26,70 €)

Lemon Butta *(plan B2,* ***25****) : Shop 24-25, Village Sq. ☎ 028-312-36-11. Tlj 11h30-22h (21h dim). Plats env 130-200 R. Résa recommandée pour avoir une table devant les flots.* Au 1er étage de cette galerie

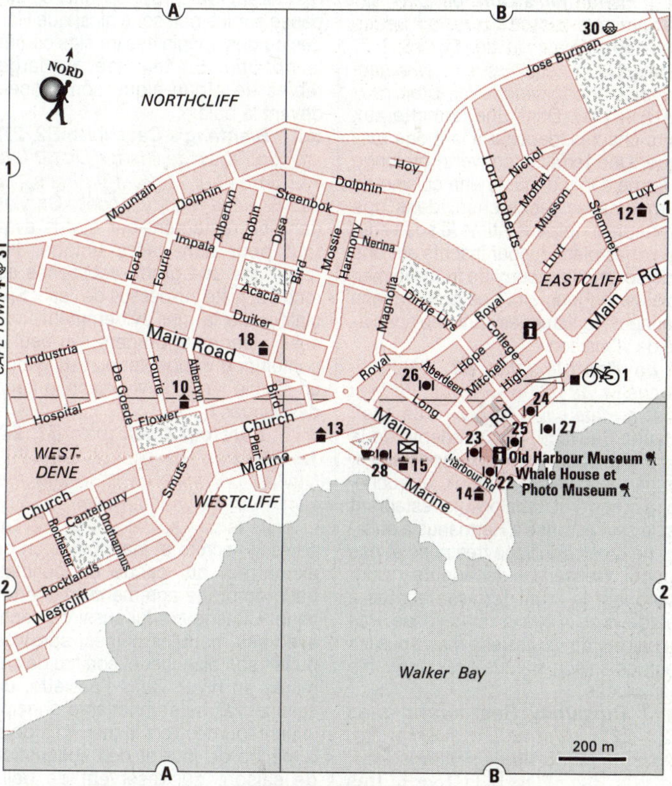

HERMANUS

■ **Adresse utile**

- ℹ Hermanus Tourism Bureau (B1)
- **1** Go Bike (B1)

Où dormir ?

- **10** Hermanus Backpackers (A1-2)
- **12** Eastbury Cottage (B1)
- **13** La Fontaine Guest House (B2)
- **14** Auberge Burgundy (B2)
- **15** Windsor Hotel (B2)
- **18** Aloe House Guest Lodge (A1)

Où manger ?

- **22** Burgundy Restaurant (B2)
- **23** Fisherman's Cottage (B2)
- **24** La Pentola (B2)
- **25** Lemon Butta (B2)
- **26** Barefoot Cook (B1)
- **27** Bientang's Cave (B2)

Où prendre un petit déjeuner ?

- **28** Just Pure Bistro (B2)

Achats

- **30** Hermanus Country Market (B1)
- **31** Wine Village (hors plan par A1)

commerçante, un resto qui se cache et cache bien son jeu. D'emblée, belle vue depuis les baies vitrées et ambiance décontractée. Parmi les meilleures spécialités de la mer proposées en ville : crevettes, saumon, thon curry. Également des sushis, délicieux.

Fisherman's Cottage (plan B2, **23**) : *presque adossé aux maisonnettes abritant la Whale House. ☎ 028-312-36-42. Ouv le soir lun-sam et à midi ven-sam. Fermé dim. Compter 100-200 R le plat.* Dans une fermette aux murs chaulés, décorée à la mode rustique. Une terrasse couverte prolonge la ferme. On y déguste une cuisine de la mer assez recherchée, dans une atmosphère relax et intime le soir venu. Quelques plats du jour inscrits sur une ardoise : moules, curry de fruits de mer, poisson du jour, etc. Les préparations marinées ou flambées sont une spécialité de la maison.

La Pentola (plan B2, **24**) : *87, Marine Dr. ☎ 028-313-16-85. Tlj midi et soir. Plats env 145-275 R.* Le chef, Shaune Sauvage, est un adepte de la *fusion cuisine.* Parmi les spécialités, les *game dishes* (springbok, autruche, voire croco !) et l'abalone (le restaurant est le seul autorisé à Hermanus à cuisiner ce gros coquillage très prisé et pas donné). Desserts « décadents » pour couronner le tout ! Terrasse abritée à l'étage, d'où la vue est magnifique. Pas de baleine dans l'assiette mais sous les yeux en saison si vous avez une table bien placée.

Burgundy Restaurant (plan B2, **22**) : *Marine Dr, Market Sq. ☎ 028-312-28-00. Tlj midi et soir jusqu'à 22h. Plats 135-185 R.* Très belle situation pour la terrasse de ce restaurant qui propose une cuisine basée sur les poissons ainsi que viandes ou des spécialités locales comme le *bobotie*. En terrasse, de larges tables de pique-nique sont posées devant la baie.

Bientang's Cave (plan B2, **27**) : *en contrebas de Marine Dr. ☎ 028-312-34-54. Tlj 11h30-16h. Plats 130-200 R. Résa recommandée.* On vient dans ce restaurant-bar à vins avant tout pour son cadre unique. Installé dans une grotte accrochée aux rochers, juste au-dessus de l'eau. Spécialités de la mer évidemment, mais aussi viandes et burgers. On peut se contenter d'y grignoter ou venir y boire un simple verre de vin, dans le fracas des vagues !

Barefoot Cook (plan B1, **26**) : *12, Aberdeen St. ☎ 028-312-46-81. Ouv au déj mar-ven et le soir mer-sam. Fermé dim-lun. Plats 115-205 R et plats légers au déj 75-125 R.* Une adresse secrète et inattendue, un poil excentrée, qui cache un délicieux patio ombragé agrémenté d'une fontaine. L'intérieur a lui aussi du cachet avec ses meubles chinés, son vieux buffet, son plancher et son feu de cheminée en hiver. Dans l'assiette, une cuisine fraîche et innovante principalement tournée vers la mer. À l'ardoise, la pêche du jour et des suggestions de saison, qui réservent de belles surprises !

Où prendre un petit déjeuner ?

Just Pure Bistro (plan B2, **28**) : *à l'angle de Marine Dr et Park Lane. ☎ 028-313-11-93. Tlj 8h30-16h30 (15h w-e). En saison touristique (sept-mars) ouv le soir jusqu'à 21h mer-ven. Plats 135-195 R.* Adresse idéale pour le petit déj, face à la mer, dans une délicieuse salle aux allures d'épicerie. Grand choix de formules pour commencer la journée. Bien pour un lunch léger également (plat du jour, quiche...).

Où dormir ? Où manger dans les environs ?

Sur la Whale Route

Pour les lecteurs qui en ont le temps, on conseille de rentrer au Cap par la côte, en empruntant la *Whale Route* et en profitant de superbes paysages sauvages. Le coin regorge de trucs à faire et à voir : surf, dunes géantes, randonnées, découverte de la faune et de la flore locales (une colonie de manchots du Cap crèche à Betty's Bay), superbes cascades et bons restos à *Pringle Bay...*

Fisherhaven Travellers Lodge : *20, China Marais Ave,* ***Fisherhaven*** *7200. 083-332-43-32. • ftlodgesa.co.za • À env 11 km, juste après Hawston (en venant d'Hermanus), village bien indiqué depuis la R 43 (c'est à 500 m). Double env 700 R ; familiales env 1 200-1 400 R (jusqu'à 6 pers). Parking.* Dans un village tranquille, une maison banale qui propose des chambres plutôt bon marché et fonctionnelles. Étonnante cheminée entourée de galets dédicacés par les clients du monde entier ! Accueil enjoué. Petite piscine intérieure, minisalle de gym, billard, joli jardinet et cuisine équipée. L'occasion d'aller saluer la colonie de pingouins de Betty's Bay, à une vingtaine de km.

Nomad's Land Backpackers : *2618, Clarence Dr Rd,* ***Betty's Bay.*** *028-272-90-44. • nomadsland.co.za • À env 50 km, sur la R 44 ; à droite avt la station-service BP. Dortoir 200 R/pers. Doubles env 400-550 R (sdb partagée). Camping 250 R pour 2 pers.* On aime bien cette AJ pour sa situation : isolée, bien en retrait de la route avec une vue privilégiée sur la baie, au pied de la montagne, dans un environnement sauvage auquel la maison moderne s'intègre. Des dortoirs de 6 personnes maximum, d'agréables chambres doubles et une spacieuse familiale pour 4 personnes, en plus de quelques emplacements pour les tentes dans le jardin. Conviviales salles communes, cuisine bien équipée pour faire sa tambouille à moins que vous n'optiez pour le buffet du soir accompagné de grillades *(braai).* Ensemble fort bien tenu. Accueil pro et sympa tout à la fois, super atmosphère. *Snooker,* minigolf, plaisante micro-piscine. Sans oublier une jolie plage de sable à 15 mn à pied et la colonie de manchots en point d'orgue !

Achats

Old Harbour Market *(plan B2) : à côté de la Whale House, en plein centre. Tlj 9h-17h env.* Très touristique, on y trouve un artisanat varié : tapis en peaux, bijoux, tissus, sacs, sculptures en perles, vêtements, plats en fil de téléphone récupéré...

Hermanus Country Market *(plan B1,* ***30****) : Fairways Rd, près de l'école Montessori. Infos : 072-883-38-94. Ts les sam 9h-13h et mer 17h-21h en été.* Les fermiers viennent de toutes les vallées environnantes vendre leur production de fruits et légumes. Également du miel, des confitures, objets d'artisanat divers, dans une atmosphère festive.

Wine Village *(hors plan par A1,* ***31****) :* ***Hemel-en-Aarde Village.*** *028-316-39-88. • wine-village.co.za • À l'intersection des R 44 et R 320, à 6 km à l'ouest d'Hermanus. Lun-sam 9h-18h (17h sam) ; dim 10h-15h.* Cette boutique est considérée comme offrant la plus vaste sélection de vins d'Afrique du Sud (plus de 400 propriétés), dont certains peuvent être dégustés.

LA PROVINCE DU CAP

À voir. À faire

Observation des baleines *(whale watching) :* de juillet à mi-décembre, Hermanus et les touristes qui s'y trouvent ont beaucoup de chance. Les rochers qui bordent le centre-ville constituent un poste idéal pour observer ces incroyables mammifères. Un peu plus haut sur le petit promontoire, un peu plus bas au ras de l'eau, tout près ou avec un peu de recul, les points de vue sont multiples. Certaines baleines se contentent de passer, un peu bégueules, n'offrant que leur dos à observer. D'autres font leur numéro et plongent près de vous, soufflent fortement, montrent leur queue (eh oui !). Pas de relâche, le spectacle est continu ! Certains jours, c'est de la folie, et on en compte plus de 50 dans la baie (voire bien plus, mais là, vous n'allez pas nous croire). D'autres fois, elles se font plus timides. Question de chance. Évidemment, ceux qui les verront sauter en l'air en garderont un souvenir particulièrement ému. Il faut savoir qu'en début et en fin de saison le nombre de bébêtes est moins important qu'au cœur de celle-ci. Par ailleurs, il arrive que les baleines soient « en retard » par rapport à certaines années, ou partent plus tôt que d'habitude.

À part les rochers du centre, on peut évidemment voir les baleines de n'importe quel point de la côte autour d'Hermanus, même depuis la plage (voir plus loin).

WHALE CRIER IS WATCHING YOU !

Si vous entendez une sorte de corne de brume retentir dans la baie, ne vous effrayez pas. Il s'agit du whale crier, *un gardien qui passe son temps à scruter la baie et souffle dans un instrument fait d'une longue algue séchée pour avertir du lieu précis où les baleines ont été vues. Selon la longueur des sons (une sorte de code en morse – pas l'animal, le langage sonore !), on peut savoir exactement où il faut se rendre. Bon, encore faut-il connaître le code ! Plus moderne, il envoie désormais des textos ou des tweets !*

On conseille d'emprunter le ***cliff path walk,*** un chemin côtier long de 11 km environ en partant du New Harbour jusqu'à Grotto Beach à l'est, en passant par le centre-ville. Nombreux points de vue et panneaux très bien faits pour essayer de comprendre les comportements des baleines que vous observerez peut-être.

É Plusieurs compagnies proposent ***des balades en bateau*** le long de la côte pour observer les baleines de juillet à fin novembre *(infos et résas à l'office de tourisme ; compter env 800 R/pers ; env 450 R moins de 14 ans. Durée : 2h).* Les bateaux n'ont pas le droit de s'approcher des mammifères à moins de 300 m. Mais il arrive fréquemment que les baleines viennent d'elles-mêmes à proximité des bateaux à l'arrêt. De fait, on a autant de chance de les observer de près depuis la terre ferme, où personne ne leur interdit de s'approcher pour nous faire un clin d'œil !

Les ***musées de la ville*** *(plan B2)* sont répartis dans 3 maisons situées autour de la place du parking, en plein centre. Les 3 sections partagent le même ticket d'entrée et sont ouvertes aux mêmes horaires. *Lun-sam 9h-16h30, dim 12h-16h. Tarif : 20 R ; réduc.*

– Commencer par visiter la ***Whale House,*** sur la place centrale (facile à repérer avec, devant, la reconstitution grandeur nature d'une baleine). Modeste salle d'expo consacrée aux cétacés, dont le clou est un squelette de *Southern right whale.* Quelques explications sur les baleines, dauphins et cachalots. Vidéo de 25 mn projetée 2 fois par jour.

– Juste à côté, le ***Photo Museum.*** Photos de pêche au gros (« Il est beau, mon requin ! ») et clichés anciens du port et de la ville. Intéressera surtout les amoureux de l'argentique et des vénérables photos en noir et blanc.

– Si vous avez le temps, passez à l'***Old Harbour Museum,*** en descendant sur le ravissant petit port, juste en contrebas du parking. Un brin de musée pas trop bien mis en valeur et assez poussiéreux. Quelques objets sur la pêche et la plongée.

Festivals

– ***The Hermanus Whale Festival :*** *fin sept, pdt 4 j. en général.* ☎ *028-313-09-28.* La petite communauté d'Hermanus bat son plein durant cette fête où la baleine est mise à l'honneur. Conférences, tour guidé de la côte, manifestations culturelles...

– ***Hermanus FynArts :*** *10 j. en juin.* ● *hermanusfynarts.co.za* ● Un festival où se croisent musiciens, danseurs, écrivains, sculpteurs...

DANS LES ENVIRONS PROCHES D'HERMANUS

Fernkloof Nature Reserve : *à 5 km de la ville, au nord-est.* • *fernkloof.com* • *Tlj 9h-19h. GRATUIT.* Les collines sur l'arrière d'Hermanus constituent une réserve de 2 000 ha, où de nombreux sentiers balisés attendent marcheurs et VTTistes. Environ 1 500 espèces de plantes différentes ont été répertoriées dans ce richissime secteur, dont l'inévitable fynbos. Il y a même une colonie de babouins, ainsi que de nombreuses espèces d'oiseaux rares.

The Rotary Way : *depuis le centre d'Hermanus, prendre la direction Cape Town sur env 4 km et tourner à droite dans Rotary Way (bien fléché).* Petite route ponctuée de beaux panoramas. Parfait pour ceux que la marche rebute. En grimpant vers le Mount Pleasant, on découvre quelques vues superbes sur ce bout de côte remarquable.

Les plus belles plages de cette vaste baie se situent à l'est, juste avant l'embouchure du *Klein River Lagoon.* On est encore en ville (quartiers résidentiels) et, on le rappelle, il est possible de s'y rendre à pied en suivant le *cliff path walk.* Notre préférée : **Grotto Beach,** très propre et sans danger. Bon, on n'est pas les seuls à l'apprécier. Il arrive que de tranquilles nageurs insouciants se retrouvent avec une paire de baleines comme voisines de baignade, comme si de rien n'était. Impressionnant, paraît-il. On veut bien le croire !

LA ROUTE DES VINS (WINE ROUTE), VERS LE NORD-EST

Suivre la route du Cap sur 2 km, puis à droite la route de Caledon (R 320) vers le nord-est. Longue de 35 km, elle permet de rejoindre la N 2, mais des tronçons ne sont pas encore bitumés. On grimpe dans la vallée enchanteresse d'Hemel-en-Aarde qui propose **une route des Vins** bien moins connue que celles de la région de Stellenbosch. On y produit de remarquables vins toniques, charpentés comme les paysages. Plusieurs domaines dont les noms en disent long sur cette région assez paradisiaque, entre forêts de conifères, vignes et collines arides : *domaine des Dieux, Ataraxia, Adamskloof...* L'Écosse en Afrique ! Dans chaque domaine, dégustation possible, bien sûr, et des restaurants pas bien chers, le plus souvent dans des cadres privilégiés. Arrêtez-vous au moins chez *Hamilton Russell,* rien que pour le cadre, le temps d'une dégustation en bordure de lac, face à la forêt !

MISSION IMPOSSIBLE

À 30 km au nord de la N 2 et Caledon, le village de Genadendal fut la 1re mission évangélique du pays, fondée au XVIIIe s. Le pasteur Georg Schmidt entreprit d'alphabétiser les Khoi de la région malgré l'opposition farouche des fermiers blancs du coin, eux-mêmes analphabètes. En 1838, la congrégation ouvrit même la 1re école normale du pays pour Noirs. Scandale ! Elle fut fermée par le pouvoir en 1926. En 1995, Nelson Mandela nomma sa résidence de Cape Town Genadendal en hommage à ces missionnaires charitables.

La Vierge : *Hemel-en-Aarde Rd, à 13 km d'Hermanus, sur la gauche.* ☎ *028-313-01-30.* • *lavierge.co.za* • *Résa conseillée. Dégustation (tlj 10h-17h) : 30 R (4 vins). Resto ts les midis sauf lun : plats 125-285 R.* Architecture contemporaine pour ce bâtiment tout vitré face à la vallée, aux vignes et à la mer au loin. Même les toilettes valent le détour ! Grillades, calamars, poissons au resto ; fromage et charcuterie à grignoter côté dégustation, pour accompagner notamment un élégant *vierge noir* (un pinot noir), ou un chardonnay aux notes florales. La surprise, c'est le boulodrome en terrasse ! Il flotte comme un air de Provence...

Moggs Country Cookhouse : ***Hemel-en-Aarde Valley,*** *à env 16 km d'Hermanus. 076-314-06-71. À env 2 km après le domaine de la Vierge. C'est ensuite fléché sur la gauche, au niveau de la* Nuwe Pos Farm *(il reste 1,5 km de piste à parcourir). Ouv mer-dim 12h30-14h30. Résa recommandée. Plats 135-275 R.* Le resto, style demeure de pionnier noyée dans la végétation, domine une magnifique vallée. Le toit composé de pommes de pin a du charme, et le feu de cheminée crépite en hiver. Authentique cuisine de terroir principalement à base des produits de la ferme. Les plats changent souvent, mais on trouve parmi les spécialités de l'agneau rôti. Toutes sortes de desserts aux fruits rouges du coin. Accueil de la famille adorable. Au moment du café, on se laisse aller à admirer le paysage, attablé à la terrasse sous la tonnelle...

Creation : *Hemel-en-Aarde Rd, à 17 km. ☎ 028-212-11-07. • creationwines.com • Dégustation sur résa tlj 10h-17h : 50 R (6 vins). Resto tlj 11h-16h : menu 5 plats, avec vin, 565 R.* Environnement là encore exceptionnel pour servir d'écrin verdoyant à un bâtiment de brique discret, planté au cœur des collines, des vignes et des étangs. Intérieur contemporain et des dégustations hautes en couleur, y compris avec combinaison chocolat !

LA PROVINCE DU CAP

EN POURSUIVANT PLUS À L'EST

Gans Bay (Gansbaai) : *à une quarantaine de km à l'est d'Hermanus.* La route pour s'y rendre est tout simplement superbe, traversant des paysages semi-montagneux, parfois minéraux, souvent verdoyants, avec régulièrement des percées lumineuses sur l'océan. C'est la Mecque pour plonger en cage avec les ***requins blancs.*** Toutes les agences, offices de tourisme (notamment à Hermanus), auberges de jeunesse et *B & B* vendent cette excursion très à la mode, mais qui ne fait pas que des adeptes, autant le savoir. Voir nos explications à ce sujet dans le chapitre sur Mossel Bay. À noter aussi **Dyer Island,** à 8,5 km au large, en face de Gans Bay : cette petite île est le siège d'une colonie de ***manchots*** qui, malheureusement, voit ses effectifs décliner (ils étaient environ 70 000 en 1978, guère plus d'un millier de couples aujourd'hui).

■ **Gansbaai Tourism :** *Great white junction, Main Rd. • gansbaaiinfo.com • ☎ 028-384-14-39.*

– Ttes les compagnies pratiquent des tarifs comparables : env 1 700-2 300 R/pers selon le nombre de passagers sur le bateau. C'est de toute façon bien cher. Déjeuner à bord compris (léger), ainsi que l'équipement.

■ **Shark Diving Unlimited :** *082-441-45-55. • sharkdivingunlimited.com •* Le boss, Mike Rutzen, alias *Shark Man,* est l'un des pionniers du genre.

■ **Great White Shark Tours :** *083-300-21-38. • sharkcagediving.net •*

■ **White Shark Ecoventures :** *083-412-37-33. • white-shark-diving.com •*

■ **Marine Dynamics :** *• sharkwatchsa.com • ☎ 028-384-10-05.*

Observation en bateau des animaux marins : *avec* **Dyer Island Cruises,** *compagnie basée à Kleinbaai, dans la banlieue sud de Gans Bay. 082-801-80-14. • whalewatchsa.com • Les tours ont lieu juil-déc ; excursions possibles le reste de l'année mais moins complètes et moins intéressantes. Compter* *dans les 1 300 R.* On s'approche des baleines, dauphins, phoques et requins. L'occasion aussi d'étudier les oiseaux marins, notamment les pétrels géants. Passionnant.

Et 2 adresses agréables pour ceux qui souhaitent séjourner dans le coin :

White Shark & Backpackers : *4, Hill St, au port de* ***Kleinbaai.*** *☎ 028-384-06-41. • whitesharkdivinsadventures.com • Compter env 200 R/pers. Pas de petit déj.* Directement sur la mer, dans un coin rocheux, une maison moderne en brique offrant quelques chambres simples et correctes et cuisine commune. Organise des plongées avec les requins.

Dyer Island View B & B : *3, Hill St,* ***Kleinbaai.*** *083-313-05-06 et 084-575-41-28. • sharkdivingaccommodation.co.za • Juste à côté de l'adresse précédente. Compter env 400 R/pers, petit déj compris.* Très bon accueil des proprios. Intérieur cosy et atmosphère familiale. Demander la chambre avec vue. S'occupe aussi des réservations pour la plongée et l'observation des baleines.

ÇA TOURNE PAS ROND...

Le cap Agulhas constitue le point le plus au sud du continent africain. Agulhas signifie « aiguilles » en portugais, faisant référence aux aiguilles des boussoles qui s'agitaient particulièrement dans ce secteur, mais qui pointaient droit sur le nord au moment du passage de cette pointe.

Le cap Agulhas : *depuis Hermanus, env 130 km. Récupérer la R 316 vers le sud-est pour gagner Bredasdorp, puis emprunter la R 319 vers le sud, jusqu'au cap Agulhas.* C'est ici que 2 courants puissants se rencontrent : celui d'Agulhas, chaud, qui vient heurter le courant Benguela, froid et dangereux, qui remonte les côtes de l'océan Atlantique. À dire vrai, ce cap-là n'a rien de spectaculaire, comparé à celui de Bonne-Espérance, pas plus que la route qui y mène depuis Hermanus. Mais la géographie étant ce qu'elle est, c'est bien le cap Agulhas qui a le privilège d'être le plus au sud du continent africain. Si l'on a du temps, et l'envie de rouler sur des pistes, détour possible par le village historique d'***Elim*** tout de blanc et de chaume vêtu, agrémenté d'arbres fruitiers. Fondé en 1824, il abrite une communauté fondée par des missionnaires, les frères moraves (une des nombreuses sous-familles du protestantisme), avec son église, une horloge de 1764, une harmonie qui se produit à la messe le dimanche, un mémorial à la fin de l'esclavage de 1838, construit en 1938 (peu banal dans le pays...), etc. Une halte un peu hors du temps. Sinon, direction ***Bredasdorp,*** une grosse bourgade qui compte un office de tourisme bien achalandé. Plus original, le *Shipwreck Museum,* autrement dit le musée des Naufrages *(ouv lun-ven 9h-16h45, sam 11h-16h45, dim 10h30-12h30)* consacré à l'activité principale dans le secteur depuis que les Européens ont montré le bout de leur nez : les naufrages, puisqu'il y est dit que pas moins de 124 ont été recensés au fil des ans. Ensuite, à la sortie de Bredasdorp, la route se divise : direction Struitsbaai et le ***cap Agulhas,*** à 38 km au sud par la R 319 ou direction ***Arniston*** (*Waeshuiskrans* en afrikaans), par la R 316, un peu plus à l'est, à une petite trentaine de kilomètres.

On va surtout au cap Agulhas pour la photo, histoire d'immortaliser le moment où l'on est vraiment au point le plus extrême du continent sud-africain. Traverser le village de Struitsbaai, sans grand intérêt, puis prendre la piste qui passe à gauche du phare : se garer 1 km plus loin et continuer à pied (petite promenade aménagée). Si ce cap connaît un gros déficit de popularité, comparé au cap de Bonne-Espérance, il ne manque pourtant pas de visiteurs, qui ne font guère que passer. Si vous avez un peu de temps à perdre, montez au **phare**, érigé en 1848 *(tlj 9h-17h ; entrée : env 34 R ; petit office de tourisme*

à l'entrée et restaurant). Plus loin, le *Cape Agulhas National Park,* sympa pour faire des randos avec l'océan au 1er plan.
Pour gagner Arniston, remonter sur la R 319 sur une bonne vingtaine de kilomètres et prendre la piste sur la droite qui évite de repasser par Bredasdorp. Arniston est un tout petit village qui a beaucoup plus de cachet que Struitsbaai, surtout son quartier de cottages de pêcheurs, au nord du port, en direction des dunes que l'on voit s'étendre à perte de vue. On se croirait en Irlande, ciel bleu en prime...

Où manger dans les environs de Cape Agulhas ?

Willene's restaurant : *dans la partie nord d'Arniston, en allant vers les dunes.* *083-729-06-51. Bobotie, poisson du jour, chicken pie 40-100 R.* Une adresse improbable qu'on découvre, au milieu de ce quartier de cottages anciens qui surplombe la plage. À l'extérieur, de grosses tables en bois et dans le cottage, une demi-douzaine de tables sous le regard de gentilles fresques recouvrant les murs. Resto on ne peut plus local, dont l'âme est Willene, plus toute jeune, qui mène avec bonhomie sa petite affaire. Attention, c'est une toute petite entreprise, et quand on arrive un peu tard, il faut se contenter de ce qui reste !

SWELLENDAM

36 000 hab.

Située à quelque 200 km de Cape Town, un peu à l'écart de la N 2, cette paisible bourgade au milieu de petites montagnes bosselées comme un pied d'éléphant, constitue une étape sur la route de l'Est, permettant au passage d'explorer la vallée de la Breede. La 3e ville la plus ancienne du pays fut longtemps considérée comme le bornage symbolique de « l'Afrique blanche ». Ses maisons cossues, de part et d'autre de l'artère principale, sont des témoignages de l'architecture Cape Dutch.

Où dormir ?

Prix moyens (400-1 000 R / env 26,70-66,70 €)

Marloth Lodge : *5, Lichtenstein St. 082-494-82-79. • marlothhikinglodge.co.za • Au nord-est de la ville, au-delà du virage que fait Voortrek St. À gauche après le pont (fléché). Double env 800 R avec sdb privative, petit déj inclus. Possibilité de planter sa tente : 200 R.* Au bord de la Marloth Nature Reserve, dans un vaste domaine, bien arboré et rythmé par de grandes pelouses, des lodges en bois espacés et ouverts sur le jardin accueillent des chambres sobres mais nickel et lumineuses. La cuisine et quelques doubles se situent dans le bâtiment principal. Bonne ambiance autour du feu de camp. Stéphanie propose des balades à cheval pour tous niveaux dans la réserve naturelle *(Two Feather Horse Trails).*

Chic (1 000-1 800 R / env 66,70-120 €)

Roosje van de Kaap Guest House and Restaurant : *5, Drostdy St. ☎ 028-514-30-01. À 2 pas*

LA PROVINCE DU CAP

du musée, dans une rue perpendiculaire à droite de Voortrek St. • roosjevandekaap.com • Chambres 1 500-1 800 R. Resto ouv seulement le soir, lun-sam. Plat env 185 R. Cette élégante maison blanche constitue une halte chic à la campagne. Les chambres (dont une *honey moon,* plus chère) se situent sur le flanc de la toute petite piscine ou dans le jardin, au calme. Les plus vernis opteront pour les cottages pimpants répartis autour d'une belle piscine, au fond d'un vaste jardin. Au resto, on trouve l'incontournable *bobotie,* un *Cape Malay curry,* de l'autruche ou l'*Agulhas fish* qui s'invite en voisin. Service agréable. Une adresse raffinée.

Cypress Cottage : *3, Voortrek St. ☎ 028-514-32-96. • cypress-cottage.co.za • Entre l'église et l'office de tourisme, juste avt le virage. Double 1 000 R, petit déj inclus ; familiale.* Une demeure familiale de caractère (fin XVIIIe s), précédée par un charmant jardin avec fontaine. 6 chambres (dont une *family suite*) toutes plaisantes, avec même un piano dans l'une d'entre elles. Mobilier victorien en *yellowwood,* tableaux, antiquités... Piscine.

Où manger ?

De bon marché à prix moyens (150-400 R / env 10-26,70 €)

Old Gaol : *Voortrek St, face à l'église. ☎ 028-514-38-47. Tlj 7h30-17h, plus le soir mer-ven. Plats 90-130 R.* Élégante maison en retrait de la route, tenue uniquement par des femmes, où l'on prend place dehors ou dedans. Cuisine simple mais plaisante : petits plats sains et appétissants comme ces *roosterhoek* (pains maison cuits sur la braise et garnis), quiches, *chicken pies,* salades... En dessert, on conseille leur fameuse *melktart.* Bucolique et familial (jeux dans le jardin à l'arrière).

Drostdy Restaurant : *Swellengrebel St. Dans la rue principale, juste après le musée. ☎ 028-514-38-25. Le soir sauf jeu à partir de 18h. Plats 115-225 R.* Bien jolie maison au toit de chaume surplombant un peu la rue et généreuse terrasse faisant face au paysage de montagnes. À la carte, des spécialités sud-africaines : *bobotie,* currys, viande d'autruche ou de koudou. Mais aussi des burgers et des tapas.

LA PROVINCE DU CAP

À voir. À faire

Drostdy Museum : *18, Swellengrebel St. ☎ 028-514-11-38. • drostdy.com • Au nord-est, après le grand virage. Fléché. Lun-ven 9h-16h45, w-e 10h-15h. Entrée : 25 R. Demander un plan à l'entrée car le musée se compose de plusieurs édifices de part et d'autre de la route.* Important ensemble architectural d'une jolie cohérence, qui plonge le visiteur dans l'histoire de Swellendam. On verra d'abord l'ancienne prison *(Old Gaol),* une maison bourgeoise du XIXe s *(Mayville)* et un curieux jardin potager (en traversant la petite rue). Sur le terrain derrière la prison, des maisonnettes illustrent de manière thématique les métiers d'antan. La partie centrale du musée (de l'autre côté de la route) est constituée d'une importante demeure du XVIIIe s, aux pièces richement meublées à l'ancienne. Elle abritait jadis la magistrature (*drostdy* signifiant « résidence du juge ») et présente une belle collection de mobilier et objets d'époque. On notera le coffre-fort à 3 clés, fabriqué en France : 1 pour le magistrat et 1 pour chaque commissaire civil... Un bon moyen d'éviter la tentation ! C'est en tout cas le seul objet d'époque car il fut le seul à résister aux flammes quand la ville brûla en 1865.

DANS LES ENVIRONS DE SWELLENDAM

C'est autour de la vallée de la Breede (ou Breë) parcourue par **la *très belle* R 62** que se dévoile l'âme des paysages du Western Cape. Paysages domptés par ses habitants, transformant ainsi un environnement a priori hostile en un vaste jardin paisible.

Montagu : la route d'accès, la fameuse R 62, se faufile dans les gorges de Kogmanskoolf aux falaises torturées. Le village, à 50 km de Swellendam, aligne de belles demeures et des fermes de style Cape Dutch avec leurs douillets jardinets sur l'avant et leur blancheur immaculée.

Vignobles de Robertson : *depuis Robertson, prendre la R 317, puis suivre la direction Bonnievale ; on rejoint Swellendam via la R 60.* Bordée de cannas rouges et jaunes et de palmiers, cette route prend des allures d'allée menant à l'Éden. Elle suit le cours de la Breede, longeant moult domaines viticoles. Les mimosas, vergers, bougainvillées ajoutent de la couleur à cette palette magique.

LE LITTLE KAROO

C'est une région superbe, à une centaine de kilomètres au nord de la côte, composée de montagnes de toute beauté, séparées par de profondes vallées, des défilés admirables, auxquels on accède par des routes souvent en corniche et spectaculaires. Le Little Karoo se situe au sud d'une bien plus vaste entité appelée le Karoo, dont elle est séparée par le Swartberg. C'est sans doute un des secteurs les plus intéressants du pays sur le plan géologique. Il est pris en tenaille par 2 massifs montagneux axés est-ouest, respectivement au nord et au sud d'Oudtshoorn : au nord donc, la chaîne du Swartberg, et au sud, celle de l'Outeniqua. On apprécie les paysages sur le trajet qui mène à la capitale de cette microrégion, Oudtshoorn, qui, à elle seule, mérite une halte.

SUR LA ROUTE D'OUDTSHOORN

La possibilité, sans doute la plus sympathique, pour rejoindre Oudtshoorn consiste à emprunter la R 62, qui passe au nord de Swellendam et traverse des paysages désertiques, alternant avec des vallées fertiles, parfois viticoles. La route est excellente sur tout le parcours et tutoie la ***réserve naturelle du Swartberg.***

Seweweeks Poort : *à 21 km au nord-est de Ladismith et 64 km à l'ouest d'Oudtshoorn, accès par une piste sur la gauche.* Après 5 km, la piste s'enfonce dans une sorte de dantesque val d'Enfer. Les falaises sont torturées, comme lacérées par le temps. On chemine sur 15 km dans ce décor dramatique laissant vie à un ruisseau, quelques rares arbustes, de vaillants aloès et des damans qui lutinent dans les parages. La route ne menant nulle part, si ce n'est aux confins occidentaux de la réserve naturelle du Swartberg, autant faire demi-tour une fois arrivé au col.
Les amateurs de ces paysages uniques et variés, parfois déchiquetés, d'autres fois doux et harmonieux, aux changements géologiques brutaux, pourront s'attarder par ici : que ce soit pour emprunter le *Schoemanspoort* puis, plus au nord, le *Swartberg Pass* (certainement un des plus beaux cols du pays), ou le *Meiringspoort* (au nord-est, par la N 12). Voir plus loin « Dans les environs d'Oudtshoorn ».

OUDTSHOORN

95 000 hab.

• Plan p. 375

L'imprononçable Oudtshoorn (essayez tout de même en disant « aout-chôôône » ou... « atchoum » !) est la capitale de l'élevage d'autruches. Ses larges artères qui s'étirent comme un chewing-gum sur des kilomètres ne lui confèrent pas un charme décoiffant et évoquent une bourgade nord-américaine. Quelques restos qui tiennent fort bien le pavé (d'autruche, bien sûr !), des *B & B* de qualité, dont bon nombre sont en pleine campagne verdoyante : à dire vrai, on y passe une nuit et une journée pour découvrir ces drôles d'oiseaux.

POURQUOI LES AUTRUCHES ?

Les plumes d'autruche furent de tout temps fortement appréciées dans les cours européennes. Évidemment, la chasse à l'autruche, assez aisée à l'époque, réduisit le nombre des bestioles à la vitesse d'une autruche au galop, et le risque d'extinction devint réel. Au XVIIIe s, un commerçant français proposa une récompense à celui qui réussirait à élever et à faire se reproduire les autruches en captivité. Ce qui fut fait pour la 1re fois en Algérie.

C'est en 1863 que le véritable boom eut lieu en Afrique du Sud et en 1867 que le 1er incubateur fut mis au point. La région d'Oudtshoorn se révéla particulièrement ***propice à l'élevage de ces bêtes à plumes.*** 3 raisons à cela : les terres disponibles, la présence de beaucoup d'eau et la culture possible de la luzerne (favorable à la croissance des plumes). Les terres couvertes d'une végétation rase conviennent bien à l'autruche, ainsi que le climat très chaud qui s'abat sur la région en été.

Le 1er vrai développement commercial eut lieu de 1875 à 1886, époque où tous les chapeaux des femmes en Europe comportaient quelques plumes d'autruche. À cette époque, ***la plume (« l'or blanc ») devint un des moteurs de l'économie locale,*** avec l'agriculture et le tabac, et l'on compta jusqu'à 32 000 fermes d'autruches. En 1880, l'élevage constituait 40 % du travail des fermiers de la région. L'explosion commerciale, au XIXe s, attira nombre d'émigrants dans le Little Karoo, notamment une ***importante communauté juive venant de Lituanie*** et fuyant les pogroms. Plus de 90 % des marchands de plumes sont issus de cette communauté, travaillant essentiellement avec Londres, Paris et New York.

Une nouvelle période de croissance survient de 1890 à 1914 : la plume intervient alors dans la ***confection de robes, de chapeaux*** et fait fureur dans toutes les revues parisiennes... En 1909, l'Afrique du Sud répondait à 85 % de la demande mondiale. Les grosses fortunes se créèrent en un rien de temps et les nababs de la plume se firent édifier à Oudtshoorn d'incroyables demeures connues sous le nom de *Feather palaces*

MON TRUC EN PLUMES...

On dit que l'une des causes du coup d'arrêt porté à l'industrie de la plume d'autruche dans les années 1910 fut l'apparition de la voiture : pour ces dames, comment porter en voiture des chapeaux ornés de si longues plumes ? Ironie du sort, aujourd'hui, des usines ultramodernes utilisent des balais en... plumes d'autruche. Il n'y pas mieux pour préparer la carrosserie avant de la peindre !

LA PROVINCE DU CAP

(« palaces de la plume »). Il en subsiste quelques-unes en ville. La combinaison de plusieurs facteurs causera une ***chute du marché*** : spéculation sur les prix, surproduction, la mode qui passe comme les trains, une prise de conscience concernant le traitement des animaux grâce à la *Society for the Prevention of Cruelty to Animals.* On ne retrouve une période d'expansion que longtemps après la 2de Guerre mondiale, notamment dans les années 1970 avec, en vrac, la création d'un abattoir à Oudtshoorn puis, petit à petit, l'utilisation de la peau d'autruche pour le cuir (sacs, ceintures, portefeuilles...), mais aussi de la viande. La machine marketing fait progressivement sauter l'autruche sous forme de steak dans les assiettes européennes. De manière encore trop rare d'ailleurs, car c'est une ***viande absolument exquise.*** Grillée, sa tendreté, son côté juteux, son goût la placent entre le pavé de bœuf et le filet de canard. La plupart des restos d'Oudtshoorn en servent.

L'autruche, curieux oiseau

L'autruche en captivité peut vivre 45 à 50 ans, mais elle atteint dès 14 mois un poids de 100 kg et un volume de plumes suffisant pour prendre rendez-vous à l'abattoir. Sur le plan de la reproduction, dans la nature, près de 99 % des œufs éclosent. En revanche, seulement 65 % arrivent à terme dans les couveuses. Au naturel, l'autruche pond 1 œuf tous les 2 jours, mais elle s'arrête dès qu'elle en a pondu une quinzaine, puisque c'est le maximum qu'elle peut couver. Pas si bête finalement ! Mais l'avantage, c'est que dans les fermes on peut la faire pondre à volonté : il suffit de lui retirer ses cocos au fur et à mesure, et elle continue à pondre à l'infini ! ***Elle pond de juillet à février,*** et il faut 42 jours d'incubation avant que l'œuf éclose. C'est la femelle qui couve le jour et le mâle la nuit, pour conserver au nid une température constante de 36 °C.

CRÂNE D'ŒUF !

L'autruche, le plus gros oiseau du monde (pouvant peser jusqu'à 150 kg), a un vrai problème : elle ne sait pas voler ! Mais elle court vite, avec des pointes à 70 km/h ! Un autre de ses problèmes, c'est que la bestiole n'a pas inventé le fil à couper le beurre. Un cerveau gros comme une noix, ça ne peut pas faire des polytechniciens ! Le cerveau d'une autruche pèse environ 40 g alors que son œil en pèse 60 ! Ce qui explique aussi qu'elle ait une vision exceptionnelle.

Les autruches d'élevage sont plutôt dociles. Les plumes des mâles, longues, soyeuses et d'un beau noir, sont bien plus belles que celles des femelles, moins longues, d'une couleur grisâtre et de texture plus grossière. Leur maturité sexuelle est atteinte au bout de 2 ans. Seuls les reproducteurs (-trices) ont donc la chance de connaître l'amour avant le couperet.

Côté sous, aujourd'hui, une ferme d'autruches tire ses revenus pour environ 60 % du cuir, 30 % de la viande et seulement 10 % des plumes, sans oublier le tourisme qui, pour certaines sociétés, constitue près de 50 % du chiffre d'affaires. Faut dire qu'à part au *Lido,* on se balade de moins en moins avec des plumes sur le chapeau ou un boa autour du cou...

LA PROVINCE DU CAP

Arriver – Quitter

➢ ***En bus*** *(plan A2)* **:** *départ depuis le parking du grand magasin* Pick and Pay *au Queen's Riverside Mall. Achat des billets à la compagnie* ***Harvey World Travel,*** *125, Church St (plan B1,* ***4****). ☎ 044-272-31-58. Lun-ven 8h30-17h, sam 9h-12h.* Les compagnies *Translux* assure 1 liaison tlj avec

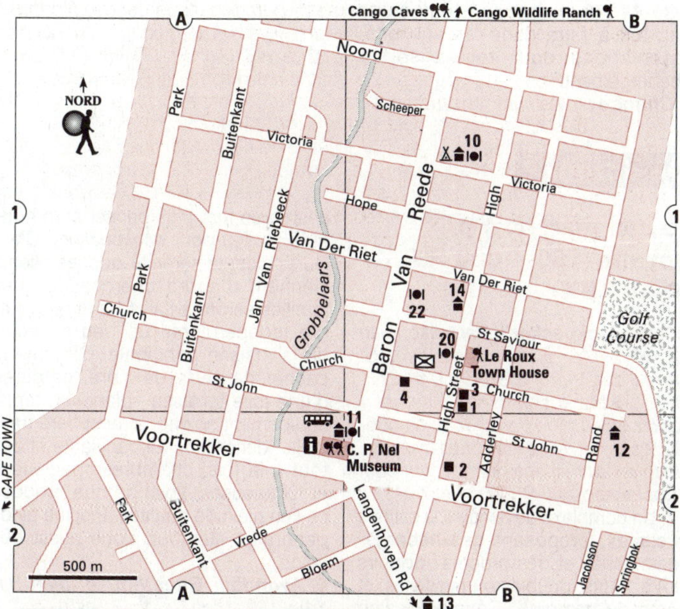

OUDTSHOORN

Adresses utiles
- Oudtshoorn Tourism Bureau (A2)
- **1** Nedbank (B1)
- **2** Absa (B2)
- **3** FNB (B1)
- **4** Harvey World Travel (B1)

Où dormir ?
- **10** Backpacker's Paradise (B1)
- **11** Queen's Hotel (B1-2)
- **12** Oasis Shanti Backpackers (B2)
- **13** Karoo Soul Travel Lodge and Backpackers (hors plan par B2)
- **14** Avondblij Guesthouse (B1)

Où manger ?
- **11** Café Brûlé (B1-2)
- **20** Bello Cibo (B1)
- **22** Jemima's Restaurant (B1)

Cape Town et ***Port Elizabeth.*** Dans les 2 cas, on change de bus à George. *Intercape* propose quant à elle 1 liaison avec ***Johannesburg*** (bus de nuit).

➢ ***George :*** minibus-taxi à prendre à la station de taxis sur High Street *(plan B1-2).* Sinon, les hébergements organisent des transferts avec des *shuttles* privés pour George qui est le passage obligé pour se rendre à Oudtshoorn. Le ***Baz Bus*** s'arrête à George, mais ne continue pas vers Oudtshoorn ; téléphonez à votre AJ pour qu'ils arrangent le transfert. À noter que le *Backpacker's Paradise* possède un *shuttle bus (voir ci-dessous).* Env 1h de trajet.

Adresses utiles

Oudtshoorn Tourism Bureau *(plan A2) : 80, Voortrekkerweg.* ☎ *044-279-25-32.* ● *oudtshoorn.com* ● *Lun-ven 8h30-17h, sam*

9h30-12h30. Infos sur toutes les activités à faire dans les environs. Réservations pour toutes sortes d'hébergement.

■ **Change :** *plusieurs banques avec distributeur dans le centre.* **Nedbank** *(plan B1,* **1***), 96, High St.* **Absa** *(plan B2,* **2***), 66, High St.* **FNB** *(plan B1,* **3***), à l'angle de High St et Church St.*

Où dormir ?

De bon marché à prix moyens (150-1 000 R / 10-66,70 €)

Backpacker's Paradise *(plan B1,* **10***) : 148, Baron Van Reede St (entrée sur Victoria St). ☎ 044-272-34-36. • backpackersparadise.net • Dortoir env 190 R/pers ; doubles 500-590 R sans ou avec sanitaires. Possibilité de planter la tente sur un petit bout de pelouse : 120 R/pers. Petit déj en sus.* Un complexe de 3 maisons calmes et claires, proposant des hébergements variés et très propres : dortoirs de 4 à 10 lits, doubles ou familiales, et même du camping. Généreux salon avec cheminée (feu en hiver), billard, petit jardin agréable avec un bout de piscine et l'incontournable *braai* pour faire griller le soir un pavé d'autruche. On apprécie les recoins pour se prélasser et un *garden café* : *The Fix.* Petits plats à prix doux à base de produits du jardin. Grande cuisine à disposition (avec, en saison, œuf d'autruche gratuit pour une omelette à faire soi-même !). Comme le *Baz Bus* ne s'arrête qu'à George, on vient vous y chercher sur demande *(200 R le trajet si vous séjournez ici).* Excellente adresse gérée par une équipe très disponible. Loue des vélos et propose l'excursion *Joyrides* (lire la rubrique « Dans les environs d'Oudtshoorn »).

Karoo Soul Travel Lodge and Backpackers *(hors plan par B2,* **13***) : 1, Adderley St (entrée également au 170, Langenhoven St). ☎ 044-272-03-30. 📱 082-781-73-61. • karoosoul.com • Dortoir 200 R/pers ; doubles env 500-700 R sans ou avec salle de bains ; cottages 680-800 R. Petit déj 50 R. CB refusées.* Agréable maison blanche au toit noir, datant des années 1930, dominant la ville. Le dortoir de 5 personnes tout comme les chambres font plus penser à un hôtel qu'à un lieu pour *backpackers.* D'ailleurs, c'est la sérénité que les clients viennent d'abord chercher ici. Les familles seront à l'aise dans la chambre indépendante un peu à l'écart de la maison principale. On aime le cachet de cette dernière, entourée d'une jolie terrasse : plancher, tapis, équipement soigné, atmosphère tranquille, décoration africanisante et zen tout à la fois, chambres spacieuses et lumineuses, voici ce que propose ce lieu plein de qualités. Piscine et joli panorama alentour. Loue aussi des vélos.

Avondblij Guesthouse *(plan B1,* **14***) : 169, High St. 📱 082-870-76-24. • avondblij.com • Double env 900 R, petit déj compris ; familiales.* Une jolie maison datant des années 1940 proposant des chambres très vastes (grands placards), soignées et claires, sobres mais charmantes avec leurs beaux parquets. Petite pelouse sur le devant et piscine carrée à l'arrière. Bien au calme. Excellent rapport qualité/prix.

Oasis Shanti Backpackers *(plan B2,* **12***) : 3, Church St (entrée par l'arrière). ☎ 044-279-11-63. • oasisshanti.com • À l'extrémité de la rue, un peu loin du centre, donc. Dortoir 5-8 pers env 160 R/pers ; doubles 450-650 R sans ou avec sdb. Cottage et caravane dans le jardin. Pas de petit déj.* Un peu à l'écart, une vaste maison grise pas vraiment folichonne, mais qui peut se révéler utile pour les familles car plusieurs chambres peuvent accueillir 4 personnes et plus, sans parler du dortoir. Pour expérimenter le *glamping,* passez une nuit dans la caravane (sanitaires extérieurs) précédée d'une table sous un bougainvillier. Cuisine, laverie. Piscine dans le jardin.

Chic (1 000-1 800 R / env 66,70-120 €)

Queen's Hotel *(plan B1-2, **11**) : 5, Baron Van Reede St. ☎ 044-272-21-01. • queenshotel.co.za • Double env 1 900 R, petit déj compris.* Un bel hôtel chic, au confort consensuel, agrémenté d'un jardin et d'une piscine sur l'arrière, très agréable et au calme. chambres classiques et con sans éclat. Gros avantage, il est en plein centre. On prend le remarquable petit déj sur la terrasse. Service pro. Le soir, restaurant chic à l'étage, *Colony*. À midi, *coffee-shop* bien sympa au rez-de-chaussée, *Café Brûlé* (voir « Où manger ? »).

Où manger ?

De bon marché à prix moyens (jusqu'à 400 R / env 26,70 €)

Café Brûlé *(plan B1-2, **11**) : 19, Baron Van Reede St. ☎ 044-279-24-12. Tlj 7h-19h. Plats 50-90 R.* Au rez-de-chaussée de l'hôtel *Queen's*, à l'ombre sous les arcades. Salon de thé chic mais à petits prix, dans des tons gris avec parquet. Sert des plats simples et appétissants comme des quiches, wraps... Également des burgers d'autruche, des salades et quelques douceurs : muffins, cheesecakes.

Bello Cibo *(plan B1, **20**) : 145, High St. ☎ 044-272-32-45. Le soir seulement (sauf dim) à partir de 17h. Plats 65-120 R.* Le cadre champêtre est atypique : on dîne sous des tentes en dur, réparties dans un jardin, ou sur des tables posées dans l'herbe ; une salle pour les frileux et un feu de cheminée qui crépite au bar. Dans l'assiette, pizzas à pâte fine et *pasta* côtoient des grillades copieusement servies. Côté grill justement, l'*ostrich saltimbuca* est à se damner, mais le volatile est aussi servi en salade ou en carpaccio. À arroser de vins locaux servis au verre. Attention, si vous venez à midi, l'enseigne change : c'est alors *Casa del Sole* qui sert une cuisine méditerranéenne et des tapas.

Jemima's Restaurant *(plan B1, **22**) : 94, Baron Van Reede St. ☎ 044-272-08-08. Tlj midi et soir. Plats env 120 R le midi, 240 R le soir.* Plusieurs élégants salons dans une maison où l'on se sent comme chez soi, jolie terrasse couverte sur la rue et une autre salle (avec cheminée) qui donne sur un carré de jardin. On y déguste naturellement le filet ou le burger d'autruche. Le midi, pâtes, tapas, *Jemima's bobotie platter* et salades surtout. Un peu cher le soir, mais de qualité.

Où dormir ? Où manger dans les environs ?

C'est en s'éloignant vers le nord, sur la R 328 (la route des Cango Caves et Swartberg Pass), que l'on trouve les plus belles adresses, pour une soirée hors du temps, au calme. Être véhiculé.

Le Petit Karoo Ranch *: à Schoemanshoek, 13 km vers le nord, sur la droite (petit panneau), grimper le chemin pavé qui gravit la colline sur 500 m. 📱 073-834-06-66. • lepetitkaroo.za.net • Compter 1 000-1 200 R pour 2, en chambre ou en tente, petit déj en sus (env 90 R/pers). Au dîner, table d'hôtes copieuse (sur résa) 250 R.* Pascal, un Français installé ici depuis des années, a dressé quelques tentes aménagées (type Marabout) face à la vallée. De belles terrasses en bois les prolongent. On dort dans de vrais lits, avec vue splendide sur les collines à travers la moustiquaire. Même la baignoire-jacuzzi est en plein air ! Une façon originale et pleine de charme de vivre au plus proche de cet environnement privilégié. Dans la maison principale, une poignée de chambres en dur (dont des familiales) jouissent

… spectaculaire. … s sont fort bien … ne vous tend ses … scine privée pour … re) et un terrain de … ce relax, petit bar et …

… **untry House :** *à 13 km au nord, …**oemanshoek** ; prendre à gauche juste en face de la Cango Ostrich Farm, puis à droite juste avt l'église. ☎ 044-272-87-12. • ouewerf.co.za • Compter 1 000-1 600 R pour 2 selon saison, petit déj compris. Dîner (sur résa) 250 R.* Superbe espace parfaitement au calme, bucolique en diable, avec une pelouse impeccable tout autour (saluez George et Emily de notre part !), lac et saule pleureur, une piscine bien tentante et, sur l'arrière, un champ d'abricotiers. La maison (de 1857) et ses dépendances, dans la famille depuis 4 générations, sont tout aussi adorables, avec des chambres champêtres et élégantes. Mobilier rustique, lustres anciens, salles de bains vintage, il y a du charme à revendre ! Au petit déj, fruits du verger et confitures maison. Un endroit délicieux comme tout.

Karusa : *à* ***Schoemanshoek.*** *Contourner l'église sur la gauche et continuer sur 400 m le chemin entre les oliviers et les vignes. ☎ 044-272-87-17. Ouv lun-ven 9h30-16h, sam 10h-14h30. Plats env 65-90 R. Dégustation 45 R (5 vins).* En pleine campagne, un domaine familial à la bonne franquette. C'est une vue dégagée sur les vignes dont on profite à l'avant de la maison mais on aime autant le jardin arrière, avec ses tables disposées sur l'herbe tendre. Une adresse sans esbroufe et pleine de fraîcheur pour croquer un wrap (poulet ou autruche), une salade ou des pizzas croustillantes en accompagnement d'un verre de vin produit ici ou d'une bière artisanale.

Buffelsdrift : *à 6,5 km au nord ; indiqué sur la droite. ☎ 044-272-00-00. • buffelsdrift.com • Tlj midi et soir. Plats 90-195 R, pour ts les budgets.* Voici le restaurant de la réserve du même nom, à l'architecture en bois et chaume s'intégrant parfaitement à un environnement de rêve. Le cadre est assez bluffant avec sa grande terrasse en bois qui a les pieds dans un étang. Excellente cuisine (salades, filet d'autruche, *game meat*...). Les papilles émoustillées, guettez les oiseaux et surtout les hippopotames qui s'ébrouent dans l'eau. Visite possible de la réserve, bien sûr. Et un hôtel sur place (mais très cher).

La Plume Guesthouse : *Volmoed Rd, env 23 km au sud de la ville (R 328). Prendre la direction Highgate Ostrich Farm. C'est un peu plus loin sur la gauche. ☎ 044-272-75-16. • laplume.co.za • Double env 1 800 R, somptueux petit déj inclus. Dîner (sur résa) 325 R.* Cette propriété de 1902 transformée en auberge cossue n'en reste pas moins une ferme en activité élevant autruches et bétail. Sur un immense terrain, les chambres, réparties dans plusieurs bâtiments, ouvrent sur le jardin et la campagne. Immenses, elles assurent un confort au top : lits *king size,* fauteuils, mobilier raffiné, carafe de porto (produit dans la région). Côté salle de bains, baignoire pattes de lion et douche... Un bel effort de déco qu'on retrouve dans le salon et la salle à manger, installés dans la maison principale de style victorien.

À voir

Fermes d'autruches : parmi les centaines de fermes qui occupent la région, 4 d'entre elles proposent des visites touristiques, toutes organisées exactement sur le même modèle. Les cars de tourisme s'y arrêtent tous. Évidemment, il est plus agréable de faire la visite quand il n'y a pas trop de monde. Pour cela, essayer d'arriver dès l'ouverture. Les visites durent environ 45 mn-1h, elles sont guidées en anglais (parfois en français) et les départs sont très fréquents. On vous donnera moult explications sur l'anatomie et le mode de vie de l'autruche, l'incubation, le travail des plumes et du cuir... Durant la visite, vous marchez sur des œufs (au sens propre !) mais il est désormais interdit de monter sur le dos des autruches. Quand on pense qu'il y a encore quelques années, des courses avec jockey étaient organisées !

Fermes ouv à la visite tlj, grosso modo 8h-17h (16h30 l'hiver).
– ***Cango Ostrich Show Farm*** *(hors plan par B1) : à Schoemanshoek, 14 km au nord de la ville, sur la R 328, bien indiqué sur la droite de la route. ☎ 044-272-46-23. • cangoostrich.co.za • Entrée : 110 R ; réduc.* C'est l'une des fermes les plus « intimes ».
– ***Highgate Ostrich Show Farm*** *(hors plan par A2) : à env 10 km au sud de la ville par la R 328 en direction de Mossel Bay, puis à droite vers Volmoed. Faire ensuite env 2 km. ☎ 044-272-71-15. • highgate.co.za • Tlj 8h30-16h. Entrée : env 190 R ; réduc. Visites en français.*
– ***Safari Ostrich Show Farm*** *(hors plan par A2) : à 6 km au sud de la ville par la R 328. ☎ 044-272-73-11. • safariostrich.co.za • Entrée : env 150 R ; réduc.*
– ***Chandelier Show Farm*** *: à 10 km sur la route de George, sur la droite. 📱 072-742-44-05. • chandelier.co.za • Entrée : env 100 R ; réduc.*

Cango Wildlife Ranch *(hors plan par B1) : sur la R 328, à 3 km au nord de la ville, sur la gauche. ☎ 044-272-55-93. • cango.co.za • Ouv 8h30-17h, ferme à 16h30 en basse saison. Entrée : 180 R ou 350 R l'entrée premium (1 attraction incluse) ; réduc. Cafétéria en terrasse, bien agréable.*
Tour guidé si l'on désire (en anglais), mais on peut aussi se promener tout seul dans ce lieu à mi-chemin entre un zoo et un parc d'attractions regroupant 90 espèces d'animaux.
Pas très grand mais bien aménagé. Le clou de la visite, ce sont les guépards et le tigre blanc du Bengale (espèce en voie de disparition), qu'on observe depuis un ponton suspendu. Moyennant un supplément carabiné *(250 R)* plusieurs attractions : s'enfermer dans une cage immergée dans un bassin pour observer les crocos du Nil, porter un boa sur les épaules, ou caresser des bébés animaux (serval ou lémurien). Une halte pas indispensable, mais qui amusera les enfants.

C.P. Nel Museum *(plan A-B2) : 3, Baron Van Reede St. ☎ 044-272-73-06. • cpnelmuseum.co.za • Lun-ven 8h-17h, sam 9h-13h. Fermé dim. Entrée : 25 R. Dépliant en français.* Dans un ancien lycée de garçons construit au début du XXe s, voici un musée à l'ancienne qui retrace tous les aspects de la vie du temps passé à Oudtshoorn. Salles classées par thèmes autour de la cour de récré, à la manière d'un cabinet de curiosité XXL. Marrantes photos en noir et blanc du début du XXe s, grande salle dédiée à l'histoire de l'autruche et à l'utilisation des plumes. Reconstitution d'une pharmacie du XIXe s, d'un comptoir de banque et d'une boutique d'épicier. Plusieurs belles vitrines de vaisselle et d'objets usuels, robes donnant un aperçu de la mode fin XIXe s... Grands et beaux salons du XIXe s. Collection de gramophones, et d'instruments de musique. Synagogue dans la salle E, rappelant qu'une importante communauté juive a animé la ville. Souvenirs de quelques centaines de Polonais évacués d'Union soviétique et recueillis à Oudsthoorn en 1942-1943. Dans une aile *(salle K)*, évocation du début de l'automobile avec notamment une Panhard de 1904 et quelques vieux attelages.

Le Roux Town House *(plan B1) : 146, High St. Lun-ven 9h-13h, 14h-17h. Entrée couplée avec celle du C.P. Nel Museum.* Superbe demeure de grès sur un seul niveau, bâtie en 1909 par un magnat de la plume d'autruche. C'est un des exemples typiques de ce qu'on appelle un *Feather palace* : véranda avec piliers et dentelle de fontes, tourelle. Bon, « palace » est un terme plutôt exagéré : il s'agit ni plus ni moins d'une maison bourgeoise. La famille Le Roux, une vieille famille huguenote française, a quitté Blois pour Le Cap à la fin du XVIIe s. Sa maison, dans un style vaguement Art nouveau, avec quelques éléments Régence et rococo, aujourd'hui transformée en musée, n'affiche aucun luxe ostentatoire mais dispose tout de même d'une salle de bains et de l'électricité : pas mal pour l'époque ! Le mobilier de toutes les pièces (chambres, cuisine, bureau, salle à manger...) n'est pas d'origine, mais les sols et vitraux, oui.

Festival

– ***Klein Karoo Nasionale Kunstefees*** *(Klein Karoo National Arts Festival)* **:** *pdt 1 sem, en général fin mars ou début avr.* • *kknk.co.za* • Un festival surtout dédié à la culture afrikaans, mais qui accueille en outre un véritable vivier d'artistes de tous horizons. Spectacles variés, mais aussi expos, marché artisanal...

DANS LES ENVIRONS D'OUDTSHOORN

Vers le nord

En empruntant la route au nord d'Oudtshoorn, la R 328 en direction du charmant village traditionnel de ***Prince Albert,*** on profite de plusieurs types de paysage. On passe d'abord par ***Schoemanspoort,*** secteur où la jolie route est enserrée dans une vallée assez étroite par endroits et offre un paysage extrêmement verdoyant. La route ne fut percée que dans la 2de moitié du XIXe s. Quelques kilomètres plus au nord, petite indication sur la droite pour gagner les chutes d'eau ***Rust en Vrede,*** situées à 11 km de là. Sinon, en restant sur la route principale, une dizaine de kilomètres plus au nord, embranchement sur la droite pour les ***Cango Caves.*** Après la visite, on reprend la R 328 sur la droite (toujours vers Prince Albert) pour le ***Swartberg Pass.***

Joyrides : *infos et résas au Backpacker's Paradise (voir « Où dormir ? »). Belles excursions à vélo. Compter env 270-480 R, vélo et casque fournis. On vous accompagne en direction du col (Swartberg Pass) en camionnette et vous redescendez à VTT tranquillement, à votre rythme. 3 possibilités :* ***Trip A,*** *jusqu'au col de Swartberg lui-même (54 km) ;* ***Trip B,*** *jusqu'aux Cango Caves (30 km) et* ***Trip C,*** *jusqu'à la Cango Ostrich Show Farm (15 km).* Outre la beauté des paysages, cette balade vous permet de vous arrêter pour faire les différentes visites sur la route, notamment les *Cango Caves* et une des fermes d'autruches (visite possible en bus seulement, c'est le ***Trip D*** *(moins cher : 160 R)* ! Malheureusement, une partie de la balade se fait sur une route très fréquentée. N'oubliez pas, avant le départ, d'inspecter l'état du vélo.

Cango Caves : *à 30 km au nord de la ville, sur la R 328.* ☎ *044-272-74-10.* • *cango-caves.co.za* • *Tlj 9h-16h. 2 tours guidés possibles (en anglais) : Heritage Tour (1h, 120 R/pers ; réduc), départ ttes les heures à l'heure pile (dernier tour à 16h) ; Adventure Tour (1h30, 180 R/pers ; réduc), départ ttes les heures à la demie (dernier tour à 15h30).*
Les Cango Caves se situent juste au point de naissance des monts du Swartberg, dont les eaux de ruissellement se sont cristallisées au fil des millénaires, pour créer dans ces grottes des formes extraordinaires.
Une petite expo et un film d'environ 20 mn présentent les formations et les grottes qui ne sont pas visibles durant la visite. On compte 5 km de grottes, qui furent découvertes par hasard par un berger et son maître, en 1780. Les quelques outils et traces de vie qu'on y a retrouvés indiquent qu'elles servirent de refuge à une population locale, il y a quelque 15 000 ans. Les San, quant à eux, semblent y avoir séjourné entre 10 000 et 6 000 avant notre ère. Durant la visite de ce monument national, on parcourt 600 m – ou 1,2 km dans l'*Adventure Tour.* Reconstitution de l'habitat san sous un abri. Visite de la plus grande des grottes, la *Vanzy Hall,* longue de près de 100 m, sous une voûte haute de 20 m : stalagmites, stalactites, orgues, draperies... Le *Botha's Hall* présente des colonnes complètes, des sortes de rideaux ou de fanons de baleines. 4 autres grottes sont explorées durant la visite. L'*Adventure Tour* permet de découvrir d'autres sites, moins visités, mais il demande d'être un minimum entraîné, du moins de ne pas être claustrophobe et d'aimer les passages type spéléo.

Swartberg Pass : en poursuivant la R 328 vers le nord, on aborde cet étrange et superbe défilé qui sépare le Petit et le Grand Karoo, par une route incroyable de 24 km, véritable travail de forçat. De fait, ce sont des bagnards qui la tracèrent. Ils en vinrent à bout en 1888, après 7 ans d'efforts. Quand on arrive au col à presque 1 600 m d'altitude, le panorama récompense merveilleusement la grimpette. La route est étroite, non bitumée sur une bonne portion (mais parfaitement accessible à tout véhicule), et les vues, sans cesse changeantes. Les espaces paisibles et verdoyants alternent avec les versants rocheux et bouleversés, dressés à la verticale comme ces impressionnantes falaises de quartzite rouge. Si vous avez apporté le pique-nique, vous croiserez quelques coins parfaits pour étaler la nappe. Le versant nord n'a rien à envier à celui situé au sud.

Boucle d'une demi-journée

Ceux qui disposent d'un peu de temps pourront faire la boucle suivante. D'Oudtshoorn, prendre la N 12 en direction de **De Rust** (à 35 km). Passé cette bourgade, la route s'enfonce doucement dans les gorges de Meiringspoort, étroit défilé qui s'immisce pépère, l'air de rien, entre de hautes masses granitiques. Un peu après *Klaarstroom,* prendre la R 407 sur la gauche sur 55 km pour rejoindre **Prince Albert** (petite ville tranquille qu'on peut visiter pour ses quelques jolies demeures du XIXe s). De là, récupérer vers le sud la R 328, et redescendre vers Oudtshoorn. Une partie de la route n'est pas bitumée, mais son état ne présente pas de problème particulier. Rouler prudemment.

Vers le sud-est

Outeniqua Transport Museum : *2, Mission Rd,* ***George*** *(6530).* ☎ *044-801-82-89. ● outeniquachootjoe.co.za ● À 60 km au sud-est, en marge de la N 2. Du centre-ville de George, prendre la Knysna Rd et passer le pont ; prendre ensuite la 2e à droite ; c'est à env 200 m sur la droite. Sept-avr : lun-sam 8h-17h. Mai-août : lun-ven 8h-16h30 ; sam et j. fériés 8h-14h. Fermé dim. Entrée : 20 R ; réduc.* Si l'importante ville de George (200 000 habitants tout de même !) ne présente pas de charme particulier, on y trouve cet étonnant musée. Il occupe un énorme hangar, ancien atelier à locomotives, dont les quais abritent plusieurs admirables exemplaires de trains. Quelques-uns peuvent être visités : wagons capitonnés de la fin du XIXe s, dans un état de conservation remarquable, avec salons aux boiseries de luxe, façon *Les Mystères de l'Ouest.* D'autres datent de la 1re moitié du XXe s, dont ce wagon blanc bien confortable utilisé par la famille royale britannique pour visiter le pays en 1947 – et utilisé par la suite par les présidents sud-africains. Plein de maquettes également. On aime bien la grosse loco toute noire du début du XXe s, ainsi que la *Randstram* de 1889. Évocation de l'*Outeniqua Choo Tjoe* qui relia George à Knysna jusqu'en 2006 (des inondations endommagèrent la ligne cette année-là). 2 circuits de train électrique géants et très réalistes, que l'on actionne à coups de pièces de 5 R. Draisines, reconstitution d'un guichet, machines de pesage, chaise roulante utilisée dans les gares. Pour compléter le musée, une grande section est dédiée à l'automobile depuis sa création jusqu'à nos jours. C'est toujours avec plaisir qu'on admire les finitions d'une Borgwardt coupé (1957), que l'on convoite avec appétit cette Chevrolet joufflue des années 1950, qu'on s'amourache d'une jolie petite MG, qu'on se marre devant une vieille DS des familles... et qu'on a envie de piquer cette indémodable Jaguar. Oh, juste pour faire un tour, hein !

On peut y casser une petite graine dans quelques wagons-restaurants d'époque. Pratique mais sans plus.

LA GARDEN ROUTE

• Carte *p. 384-385*

Fleuron touristique du pays, la Garden Route (route des Jardins) est une région qui suit la côte grosso modo entre Mossel Bay et l'embouchure de la Storms River (dans le Tsitsikamma National Park). Elle est cernée au sud par un superbe ruban de plages ourlé d'écume et au nord par les montagnes de l'Outeniqua et de Tsitsikamma. Cette route (qui n'est autre que la N 2) est plus « route » que « *garden* », mais traverse par endroits des forêts denses ou de maigres reliquats de l'admirable forêt primaire du côté de Knysna ou Wilderness. Avant l'arrivée des colons et l'accroissement des besoins en bois, la majeure partie de la côte était en effet couverte d'une épaisse et haute végétation. Malheureusement, les milliers d'hectares de *stinkwood trees* et de *yellowwood trees* furent coupés au cours du XIXe s : l'industrie du bois, sans souci de l'avenir, n'y alla pas de main morte... Aujourd'hui, on trouve surtout de vastes plantations de pins du Cap et d'eucalyptus (destinés à l'industrie de la pâte à papier).
Mais ce qui fait la spécificité de cette côte, ce sont les baies, les kilomètres de dunes, les plages immenses et sauvages aux vagues souvent puissantes et, de-ci de-là, les criques tranquilles, ainsi que des lacs et lagunes. La température descend rarement en dessous de 10 °C en hiver et ne dépasse pas les 30 °C en été. La forêt et la variété du relief provoquent des chutes de pluie relativement importantes au début et à la fin de l'hiver essentiellement. Le reste de l'année, c'est grand bleu presque à coup sûr. Voilà pourquoi les Sud-Africains sont les 1ers à venir passer leurs vacances ici, afin de profiter de la plage mais aussi des centaines de sentiers balisés qui jalonnent les réserves naturelles.
Depuis l'ouverture du pays au tourisme international, chaque bourgade s'est transformée en un immense terrain de jeu pour les promoteurs immobiliers. Les côtes dans les environs de Mossel Bay et Plettenberg Bay font en partie les frais de ce développement fulgurant.

– La Garden Route est l'une des régions les plus visitées durant les grandes vacances locales : éviter la période allant de mi-décembre à mi-janvier, où les meilleures adresses sont toujours complètes et où les prix grimpent facilement de 20 à 40 %.

MOSSEL BAY

125 000 hab.

• Plan *p. 387*

À 75 km au sud d'Oudtshoorn, Mossel Bay se situe à la pointe ouest d'une vaste baie composée de plusieurs plages. La grande plage à l'est de la ville s'est garnie en une dizaine d'années d'affreux complexes hôteliers et de centaines de lotissements de maisons de vacances.
La partie la plus ancienne de la ville est implantée à 2 km de là, sur une colline. Son extrémité, *Point Village,* vaut le coup d'œil avec son phare et ses rochers déchiquetés sur lesquels les vagues viennent se fracasser. La

grosse affaire ici, c'est la plongée avec les grands requins blancs... C'est aussi dans le secteur que Bartolomeu Dias jeta l'ancre en 1488 (voir l'intéressant musée).

Arriver – Quitter

➢ ***En bus :*** 2 liaisons/j. pour ***Cape Town, Knysna*** et ***Port Elizabeth.*** Possibilité d'acheter les tickets des 3 compagnies *Translux, Greyhound* et *Intercape* à l'agence de voyages *Travel Chain (3, Mitchell St ; ☎ 044-691-26-44).* Gros inconvénient : l'arrêt de bus se situe dans le quartier industriel de Voorbay (à la station *Shell*), à plusieurs kilomètres. Pour se rendre dans le centre : taxi ou navettes privées. Quant au *Baz Bus* (pour les auberges de jeunesse), il dessert la ville.

Adresses utiles

Mossel Bay Tourism *(plan A1) : à l'angle de Church et de Market St. ☎ 044-691-22-02. • visitmosselbay.co.za • Lun-ven 8h-17h, w-e 9h-14h.*

■ ***Change et distributeurs : Standard Bank*** *(à l'angle de Marsh et de Cuff St),* ***Absa Bank*** *(sur Marsh St, à l'angle de Meyer St) et* ***Nedbank*** *sur Marsh St.*

■ ***Garden Route Adventure Centre :*** *infos auprès de* ***Mossel Bay Backpackers*** *(plan B1,* ***11****), voir « Où dormir ? ». • gardenrouteadventures.co.za •* Cette agence de voyages propose de nombreuses excursions et activités sportives dans la région : observation des phoques, plongée avec les requins, surf, chute libre, ski sur une dune de sable (!), etc. Vend aussi les *Baz Bus.*

Où dormir ?

Vu le nombre de touristes qui fréquentent la région de Mossel Bay, on trouve quelques dizaines de *B & B,* mais surtout des centaines de logements tout équipés *(self-catering apartments).*

De bon marché à prix moyens (150-1 000 R / env 10-66,70 €)

Santos Express Train Lodge *(plan A1,* ***10****) : Santos Munro Rd, juste devant la plage de Santos Beach, un peu à l'est du centre-ville. Arrêt du Baz Bus. ☎ 044-691-19-95. • santosexpress.co.za • Dortoir 195 R/pers et compartiment pour 2 (lits séparés, peu de lits doubles) 540 R, petit déj (léger) compris. En wagon de luxe, compter 1 200 R, avec un copieux petit déj (full English breakfast).* Voici une adresse vraiment originale. On dort face à la plage, dans les wagons-couchettes d'un ancien *Trans Karoo Express.* De beaux wagons bleus ou verts vous tendent leurs couchettes (bonne literie). Évidemment, les compartiments sont riquiqui (avec 16 lits dans les dortoirs, on y est à l'étroit !), mais c'est vraiment insolite. Même les doubles ont les sanitaires au fond du couloir, exception faite pour la cabine « honeymoon ». Changement de standing dans les 2 wagons *luxury* (les verts) : y sont aménagées des suites royales, avec boiseries. Il y a même une baignoire dans la salle de bains privée. Devant chaque wagon, barbecue à disposition. Également un restaurant (voir « Où manger ? »).

Mossel Bay Backpackers *(plan B1,* ***11****) : 1, Marsh St. ☎ 044-691-31-82. • mosselbaybackpackers.co.za • Arrêt du Baz Bus. Dortoirs de 4-8 lits env 180-200 R/pers ; doubles 380-890 R avec sanitaires communs ou privés, petit déj inclus. Parking privé (gratuit).* Convivial et très bien tenu ; on trouve ici pas mal de possibilité de logements, pour tous les budgets, certaines chambres se révélant dignes d'un *B & B.* Cuisine à disposition, billard, salle TV. Dans le jardin, chaises longues pour se mettre les orteils en éventail autour de

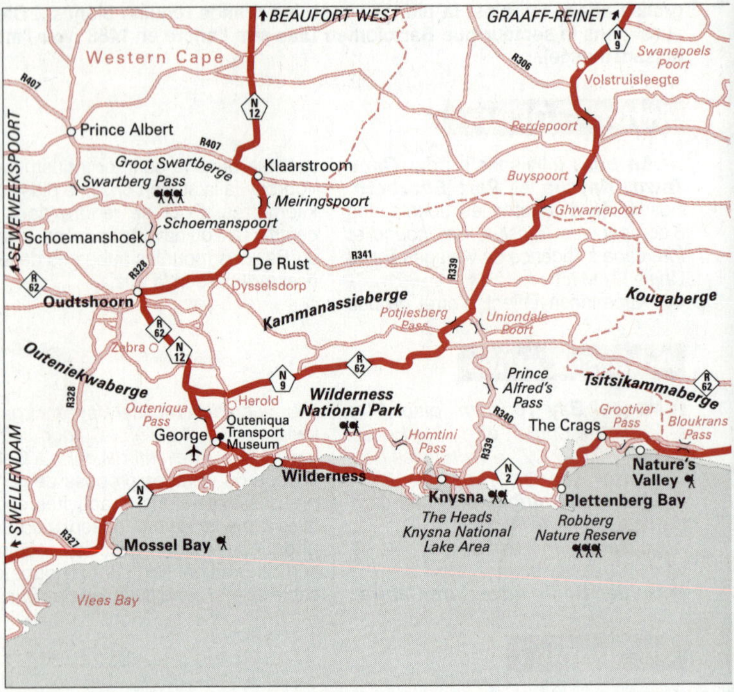

la petite piscine. Grillades tous les soirs sur le *braai* (barbecue). Le patron gère aussi une agence de voyages qui propose de nombreuses excursions (voir « Adresses utiles »).

Chic (1 000-1 800 R / env 66,70-120 €)

Point Village Hotel (plan B1, **12**) : *5, Point Rd, Point Village. ☎ 044-690-31-56. • pointvillagehotel.co.za • Tte l'année. Doubles standard env 900-1 500 R. Petit déj possible au resto Delfino's voisin.* À 3 foulées de l'océan, on repère la réplique de phare qui sert d'entrée à l'hôtel. Un emplacement super pour des chambres doubles et triples d'excellente tenue, spacieuses, avec coin cuisine, vue sur la mer pour la plupart (sans supplément) et balcon qui surplombe les flots. Également des appartements lumineux et modernes (2 et 3 chambres, pratiques en famille). Personnel très sympathique. Un excellent rapport qualité-prix.

3 Colours Blue Guest House (plan A1, **14**) : *75, Rodger St. ☎ 044-690-39-81. 082-771-77-81. • 3coloursblue.co.za • Compter env 1 100-1 600 R pour 2.* À flanc de colline, cette maison éminemment moderne, toute cubique, abrite un bouquet de chambres soignées et confortables, aménagées avec souci du détail et surtout, pour certaines, un généreux panorama sur la baie. Nos préférées sont à l'étage inférieur, et donnent sur la petite piscine à débordement. Plusieurs terrasses sur différents niveaux permettent de prendre le soleil (ou l'ombre) et d'observer la baie sous des angles variés. Panorama spectaculaire et calme olympien. Une belle adresse.

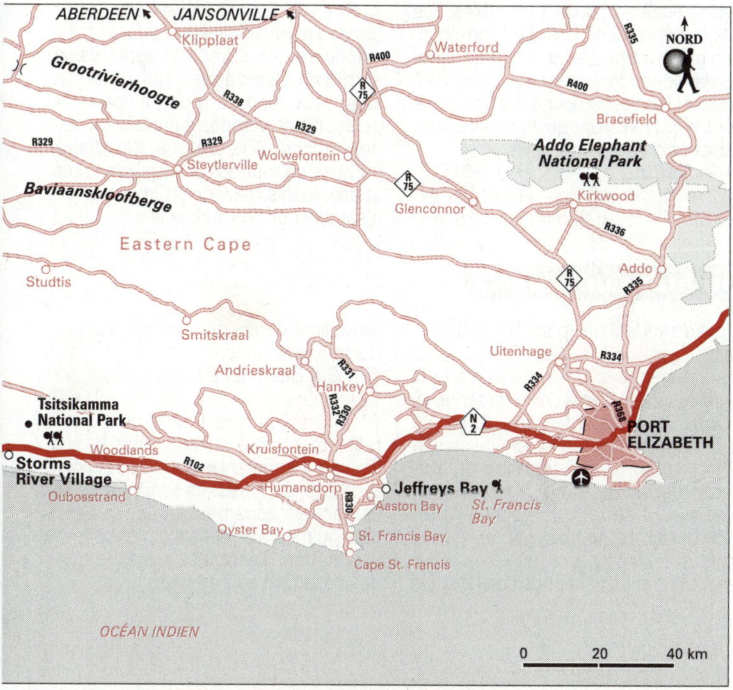

LA GARDEN ROUTE

Où manger ?

Bon marché (moins de 150 R / moins de 10 €)

🍴 ☂ ***Fork and Train Restaurant*** *(plan A1,* ***10****)* **:** *juste devant la plage de Santos Beach, un peu à l'est du centre-ville. ☎ 044-691-19-95. Voir plus haut « Où dormir ? ». Tlj jusqu'à 22h. Plats copieux env 80-160 R et snacks bon marché.* Terrasse sympa surplombant la plage. Bonne *seafood potjie* (potée de poisson), *bobotie,* poissons et sandwiches, assiette de calamars ou plats de viande. On peut se relaxer sur la plage, venir déjeuner ici et repartir faire une petite sieste. Une bonne adresse, informelle comme on les aime.

🍴 ***Carola Ann's*** *(plan A1,* ***23****)* **:** *12, Church St. ☎ 064-154-63-93. Lun-sam 8h-16h30 (13h30 sam) et le soir le 1er ven du mois seulement. Plats env 50-100 R.* L'absence de dégagement extérieur est compensée par une salle charmante, avec d'originales fleurs en céramique aux murs. Corelie, appuyée par Samuel en salle, réalise des petits plats frais et inventifs, joliment présentés, avec une touche moyen-orientale. L'assiette de *mezze* côtoie une quiche du jour, des wraps et une assiette végétarienne. On qualifiera sa cuisine de « diététique » (carnivores s'abstenir). Fait aussi les petits déjeuners.

🍴 ☂ ***Kaai 4*** *(plan A1,* ***21****)* **:** *Mossel Bay Harbour. 📱 079-980-39-81. Tlj (sauf pluie) 10h-21h30. Plats 70-110 R.* Le rendez-vous des carnivores. Une terrasse de sable comme une figure de proue au-dessus de la mer. Des bouts d'épaves, du bois flotté composent les tables, des chaises dépareillées, des objets de récup' et un grand barbecue où grillent de juteuses viandes et de riantes saucisses : voilà le décor ! Bien aussi pour boire un verre le soir. Un cadre joyeux qui contraste avec la zone portuaire si on lève les yeux.

Delfino's *(plan B1, **22**) : 7, Point Rd, au Point Village Hotel. ☎ 044-690-52-47. Tlj 7h-23h (cuisine). Grand choix de pizzas et pâtes env 70-160 R ; viandes et poissons 90-200 R.* Terrasse extérieure très grande et agréable, en surplomb des vagues qui déroulent jusqu'aux rochers. Longue carte où poissons et viandes tiennent le haut de l'affiche. À l'étage, le ***Kingfisher*** propose surtout des produits de la mer et des sushis, plus chers, mais la salle n'est pas très chaleureux le soir.

Où boire un verre ?

Patrick's Pub *(plan B1, **31**) : 17, Marsh St, non loin de Kloof St. Tlj jusqu'à 2h.* Grand pub avec terrasse en bois sombre, surtout animé en fin de semaine.

Café Havana *(plan A1, **32**) : 38, Marsh St, près de Mitchell St, jusqu'à 23h au moins.* Jolie terrasse en surplomb de la rue, sous les drapeaux cubains qui flottent au vent. À l'intérieur, on sirote un cocktail *(en happy hours mer, ven et sam 18h-22h)* entre des murs peints et la photo du Che. Un lieu animé dans une ville qui l'est peu. Cuisine sans étincelle.

Big Blu *(plan B1, **33**) : à Point Village, à l'extrémité est. ☎ 044-691-20-10. Tlj midi et soir.* Pas le plus grand raffinement côté cuisine, mais le spot rêvé pour admirer les surfeurs ! Au pied du phare, les terrasses sont posées sur les rochers escarpés. Quant à la mer, plus ou moins agitée, elle s'occupe de l'animation. Trempette possible dans des bassins d'eau de mer.

À voir

Bartolomeu Dias Museum Complex *(plan A1) : Market St. ☎ 044-691-10-67. • diasmuseum.co.za • Au cœur de Mossel Bay, à côté du grand parking. Tlj 9h-16h45 (15h45 w-e). Entrée : 20 R ; pour la visite du bateau de Dias, supplément de 20 R.* L'ensemble comprend le *Maritime Museum*, le *Shell Museum* et l'*aquarium*, sans oublier le célèbre *Post Office Tree*.

C'est ici, à Mossel Bay, que la caravelle du Portugais Bartolomeu Dias jeta l'ancre en février 1488. Il appela le secteur *São Bras* (Saint Blaise). 1er navire européen à passer le cap, il sera suivi par Vasco de Gama près de 10 ans plus tard. Mais les Portugais ne s'installèrent pas à Mossel Bay. Ils se contentèrent de planter des croix de pierre et de faire le plein d'eau à la source qu'ils découvrirent.

– ***Maritime Dias Museum :*** créé pour célébrer le 500e anniversaire de l'arrivée de Dias à Mossel Bay. Le Portugal rendit hommage à ce 1er voyage en construisant à Lisbonne une réplique exacte de la caravelle de Dias. Le bateau entreprit le même voyage et jeta à son tour l'ancre dans la Mossel Bay le 3 février 1988. Cette caravelle, en cale sèche au centre du musée, se visite.

Le billet (en supplément) autorise à monter à bord de cette superbe ***caravelle*** en bois de pin et chêne, longue de 23,5 m,

UNE MUTINERIE EN VAIN

Les archéologues recherchent toujours l'épave du Meermin, disparu en 1765 vers le cap Agulhas. Ce bateau négrier transportait 147 esclaves malgaches qui se mutinèrent et prirent le contrôle du navire. En échange de la vie sauve, l'équipage devait les ramener chez eux, mais trompa son monde et se dirigea vers Agulhas où il parvint à alerter les fermiers sur la rive, à l'aide... de bouteilles à la mer ! Un massacre général s'ensuivit et les amarres furent rompues, laissant le bateau incontrôlable dériver et être englouti dans les sables de Struisbaai.

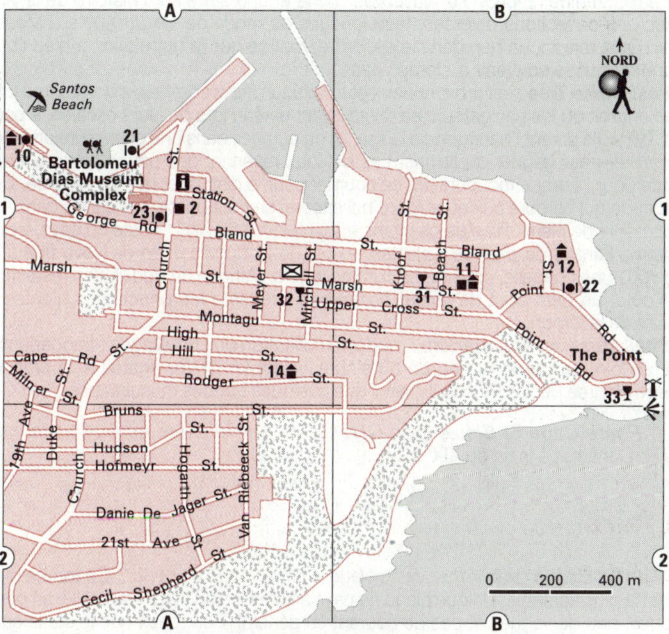

MOSSEL BAY

Adresses utiles

- Mosssel Bay Tourism (A1)
- **11** Garden Route Adventure Centre (B1)

Où dormir ?

- **10** Santos Express Train Lodge (A1)
- **11** Mossel Bay Backpackers (B1)
- **12** Point Village Hotel (B1)
- **14** 3 Colours Blue Guest House (A1)

Où manger ?

- **10** Fork and Train Restaurant (A1)
- **21** Kaai 4 (A1)
- **22** Delfino's et Kingfisher (B1)
- **23** Carola Ann's (A1)

Où boire un verre ?

- **31** Patrick's Pub (B1)
- **32** Café Havana (A1)
- **33** Big Blu (B1)

À faire

- **2** White Shark Africa (A1)

seulement large de 6,6 m, lourde de 130 t (dont 37 de lest) et qui pouvait hisser 220 m² de voiles. On s'étonne de la relative modestie du bateau, de l'exiguïté des couchettes, de la promiscuité du mode de vie à bord. Voir encore la longueur du gouvernail, le relatif confort dont disposait le capitaine, la table à carte. Seules les toilettes ont été modernisées.

Par ailleurs, cartes et instruments de navigation rappellent les difficultés que rencontraient ces aventuriers des mers qui partaient, vaille que vaille, vers des contrées totalement inexplorées. Des copies de plans de navigation font état des différentes routes qu'empruntèrent les explorateurs portugais, hollandais et anglais, qui, les uns après les autres, tentèrent de dompter la pointe australe de l'Afrique.

– En mezzanine, section sur Vasco de Gama et une autre sur l'histoire de la ville, avec des collections diverses, témoignages du mode de vie du XIXe s à Mossel Bay. On a mis ici, un peu dans le désordre, tout ce que la population a bien voulu donner pour se souvenir du temps passé.
– ***Post Office Tree :*** cet arbre noueux et torturé, un *milkwood tree,* est situé tout près de l'endroit où les navigateurs se ravitaillaient en eau lors de leurs escales, à partir du XVIe s. Ils prirent l'habitude de laisser ici du courrier, dans une chaussure attachée à l'arbre, pour gagner du temps. Les bateaux revenant des pays orientaux et en route pour l'Europe récupéraient ce courrier pour le distribuer dès leur arrivée. Une habitude qui perdure puisqu'aujourd'hui encore, on peut poster ses cartes dans une chaussure de pierre. Rien de palpitant, mais c'est, de fait, la 1re poste du pays, vieille, comme l'arbre, de plus de 5 siècles. À côté, le Portugais João da Nova fit édifier en 1501 une chapelle, considérée comme la 1re en Afrique du Sud (il n'en reste rien).
– À côté, un petit bout de ***jardin botanique*** présente les principales plantes et fleurs de la région.
– ***Shell Museum et aquarium :*** modeste collection de coquillages et aquariums.
– Plus loin, on trouve la ***source*** où s'abreuvaient les 1ers navigateurs, la croix de pierre plantée par les Portugais, ainsi que quelques tombes musulmanes du XIXe s.

Phare Cape St Blaize *(plan B1) : ouv lun-ven10h-15h. Accès au sommet : 20 R.* Construit à la fin du XIXe s.

À faire

Santos Beach *(plan A1) : c'est la plage la plus proche du centre.* Ça tombe bien, c'est la plus agréable. Unique plage du pays à faire face au nord. Tranquille, en pente douce, peu de vagues et pas de courant en général. Pour ceux que le sable entre les doigts de pied gêne, une bande de pelouse permet de bronzer en toute sérénité.
– La longue et vaste plage à l'ouest de la ville (6 km) n'a rien de bien sympathique (elle est proche du dépôt de gaz, chouette !).

Plongée avec les grands requins blancs : c'est l'une des activités populaires en Afrique du Sud, notamment à Mossel Bay, et pourtant, celle-ci est très controversée. Évidemment, ces incroyables animaux mériteraient qu'on s'y intéresse autrement que pour leur côté *Dents de la mer,* vague commerciale sur laquelle surfent allègrement les compagnies qui proposent d'aller à leur rencontre. Il y a quelque chose de gênant dans cette démarche. Par ailleurs, selon certaines associations, à force d'être nourri à chaque fois qu'il entend un moteur, le requin aurait tendance à associer tout bruit d'hélice à un repas potentiel, même si ce n'est pas le cas. Certains affirment même que les requins s'approchent de plus en plus près du bord à cause de cela.
Pourtant, les choses ne sont pas aussi simples. En effet, à Mossel Bay, les requins blancs ont toujours séjourné non loin de la côte, autour de la petite île située à 1 km, où des milliers d'***otaries*** (leur garde-manger !) ont élu domicile. Et l'unique club ayant la licence pour pratiquer ce genre d'activité, *White Shark Africa* de rappeler que de tout temps les pêcheurs ont déversé leurs déchets dans la baie. Pour eux, il n'y a pas plus de requins blancs aujourd'hui qu'hier, il y a seulement plus de curieux qui veulent les voir.
Le plus terrifiant, c'est le tarif de la sortie requin : exorbitant !

LES DENTS DE LA MER

La plupart des requins possèdent de 5 à 15 rangées de dents, mais seule la dernière est utile, les autres attendent leur tour. Ainsi les requins passent leur temps à remplacer leurs dents qui ne durent parfois pas plus d'une semaine ! Certaines espèces perdent jusqu'à 30 000 dents au cours de leur existence. Les hommes, eux, achètent un râtelier.

■ ***White Shark Africa*** *(plan A1,* ***2****)* ***:*** *7, Church St. ☎ 044-691-37-96. • whitesharkafrica.com • Départs tlj. Compter env 2 050 R. Équipement, petit déj léger et déj tt aussi léger inclus.* Soit on reste sur le bateau, soit on plonge dans une cage (pas de panique, celle-ci reste à la limite de la surface de l'eau). Curieusement, le prix est le même.

Balade dans la baie : *avec* ***Romonza,*** *sur le port. ☎ 044-690-31-01. • romonzaboattrips.co.za • Organise des balades de 1h dans la baie et autour de Seal Island, où l'on trouve des milliers de phoques. Tlj env 10h-16h, ttes les heures ; tarif : à partir de 190 R.* Également du *whale watching* de juin-juillet à novembre.

■ ***Sandboard :*** *avec* Dragon Dune, *sur la N 2 vers Cape Town. Sur résa 📱 082-971-14-05. • dragondune.com • Compter 400 R/pers. Durée : 3h.* C'est la plus grosse dune de sable à dévaler en sandboard, sur 350 m. Si vous n'êtes pas encore un roi de la glisse, commencez par la *baby dune* de 100 m ou la *Big Boy dune* de 180 m de long.

WILDERNESS

6 100 hab.

À environ 60 km à l'est de Mossel Bay, la région de Wilderness, lieu de villégiature entièrement tourné vers une nature enchanteresse, se situe entre l'Outeniqua Mountain et l'océan. À l'est du village s'étend le Wilderness National Park, à explorer à pied ou en canoë (entrée à 2 km du village). Jusqu'à Knysna, la côte est bordée de plusieurs grands lacs et rivières reliés entre eux par des canaux naturels qui, pour certains, rejoignent l'océan. La rivière Serpentine coule joliment au milieu de cet environnement préservé, qui permet à près d'une centaine d'espèces d'oiseaux de venir nicher en toute tranquillité. L'espèce la plus représentative du secteur est sans doute le *kingfisher* (martin-pêcheur).

Quant au village de Wilderness lui-même, accolé à la N2, tout se passe autour de la station-service, de l'office de tourisme et du petit espace commercial moderne nommé Milkwood Village. De l'autre côté de la N 2, les lotissements côtiers s'étirent sur plusieurs kilomètres, le long de l'admirable plage sauvage, tumultueuse, qui s'étend sur 18 km et attire les promeneurs à marée basse.

CE QUE FEMME DÉSIRE...

En 1830, un certain Van der Berg acheta des terres sur ce bout de côte, lors d'une vente aux enchères au Cap. Sa fiancée exigea que leur 1re année de vie de couple, une fois mariés, se déroule dans la nature sauvage (en anglais wilderness). Le jeune époux obtempéra en nommant sa propriété « Wilderness ». Il y construisit une cabane. Depuis, les constructions ont poussé mais le nom est resté !

Arriver – Quitter

➢ ***En bus :*** les compagnies, *Greyhound* et *Translux,* desservent la ville 2 fois/j. Les bus s'arrêtent à la station-service *Caltex.* Pas d'agences pour les billets de bus à Wilderness et on n'achète pas directement dans les bus en saison (résa nécessaire). Le pied !

– Le *Baz Bus* fait halte dans les AJ. Ouf !

Adresses utiles

ℹ ***Wilderness Tourism Bureau :*** *Wilderness House, 198, George Rd, indiqué dans le centre du village. ☎ 044-877-00-45. • wildernessinfo.org • Lun-ven 7h45-16h30 ; sam 9h-13h ; fermé dim.* Le personnel efficace pourra vous indiquer les meilleures balades à pied dans le coin (voir aussi « À faire »).

– Le parc national n'est situé qu'à 2 km du village.

■ ***Distributeur*** à la station *Caltex* et au *Spar,* mais nulle part où changer de l'argent.

Où dormir ?

De bon marché à prix moyens (150-1 000 R / env 10-66,70 €)

Fairy Knowe Backpackers : *1, Dumbleton Rd ; isolé en pleine campagne. À 5 mn à pied de l'entrée du parc. ☎ 081-355-01-37. • wildernessbackpackers.com • Dortoir (6 et 8 lits) 190 R/pers ; doubles sans ou avec sdb 500-675 R. Linge fourni. Possibilité de camper (140 R/pers). Dîner 80 R. CB acceptées.* Un vaste jardin en pleine nature. Le calme total dans les chambres, une ambiance cool, une grande carte peinte des balades à faire dans la région et un feu tous les soirs. On dort dans une maison de 1874, avec ses parquets qui craquent et sa cuisine à disposition. Dortoirs chaleureux, tout comme les chambres. Également un grand cottage avec terrasse, vraiment agréable. Les campeurs poseront leur canadienne dans les bois ou sur l'herbe. Restaurant sur place et bar convivial, terrain de volley dans le jardin. En prime, on est à 2 pas de l'entrée du parc et de ses randos. Activités sur place *(Adventure Centre)* : location de vélos, balades à cheval et leçons de surf.

Wilderness Beach House Backpackers Lodge : *Western Rd, un peu au-dessus de Sands Rd, la rue qui borde la plage. ☎ 044-877-05-49. 📱 082-828-07-14. • wildernessbeachhouse.com • En arrivant de l'ouest, prendre Station Rd après le village, puis suivre la voie ferrée, c'est tt droit au bout du sentier. 2 dortoirs (14 lits) 200 R/pers ; doubles sans ou avec sanitaires privés 500-650 R. Également un petit espace pour planter sa tente : 130 R/pers ou tente équipée 400 R.* Belle maison avec une super terrasse surplombant une mer rugissante. On adore cette adresse soignée, aux proprios accueillants. Excellente tenue générale, déco claire, salon lumineux avec panorama époustouflant. Au rez-de-chaussée et à l'étage, de grands dortoirs de 14 lits, très aérés et donnant sur une large baie vitrée. En hauteur et accessibles via des passerelles, des chambres communicantes extra pour les familles, avec vue à couper le souffle. Cuisine équipée. Le soir, on peut dîner pour un prix très raisonnable (four à pizzas). Location de surfs.

Ebb & Flow South et North Rest Camps : *dans le parc, env 300 m après l'entrée. ☎ 044-877-11-97. • sanparks.org • Camping env 220-450 R pour 2. Forest cabins env 840-1 045 R pour 2, sans ou avec sanitaires ; cottages 1 515-2 030 R (4 pers).* Beaucoup de logements très différents, pour tous les budgets, mais chacun profitant d'un environnement exceptionnel. Bon confort général et calme total dans ces lodges disposés sur un vaste terrain parfaitement entretenu, en plein parc national. Nous, on préfère les *forest cabins* avec terrasse devant la petite rivière. La plupart des bungalows disposent de cuisine et terrasse.

De chic à très chic (plus de 1 000 R / plus de 66,70 €)

Sea Paradise Guesthouse : *79a, Sands Rd. ☎ 044-877-07-93. 📱 082-569-62-00. • seaparadise.co.za • Doubles 1 200- 2400 R, petit déj inclus.* Avec un emplacement idéal devant la

LA PROVINCE DU CAP

plage, cette maison en briques a de quoi séduire. On redoutait la faille côté chambres, mais pas de fausse note. Elles sont lumineuses et immaculées, équipées de larges lits confortables et de salles de bains modernes. Terrasse devant chacune et baies vitrées pour ne rien perdre du spectacle des vagues. Transats en bas de la passerelle, qui mène en quelques marches à la plage. Le bonheur !

The Dune Beach House : *31, Die Duin. ☎ 044-877-02-98. 083-941-11-49. • dunebeachhouse.co.za • En direction de Knysna, prendre à droite après l'embouchure de la Wilderness River. Doubles env 2 200-2 950 R avec petit déj.* Une magnifique maison contemporaine qui domine superbement l'océan. Les immenses volumes sont à couper le souffle, tout comme la vue qui laisse ébaubi. Depuis les vastes chambres prolongées chacune par une terrasse, somptueux panorama sur la mer déchaînée, qu'on ne quitte finalement jamais des yeux. Jardin fleuri avec piscine et en prime, excellent accueil. Une adresse au top du top, mais familiale à la fois. Et l'immense Gary parle même le français.

Où manger ?

Prix moyens (150-400 R / env 10-26,70 €)

Beejuice Café : *58, Sands Rd. ☎ 044-877-06-08. En saison, tlj 8h30-21h (16h dim) ; mai-oct, tlj 8h30-16h. Tapas 30-60 R, salades et plats env 70-135 R.* L'ancienne gare du village s'est transformée en un resto décontracté ouvert dès le petit déj, disposant d'un beau jardin sur le devant planté de 2 palmiers. Les petits appétits pourront se contenter de tapas, salades ou de *light meals* mais les plats de viande ou de poisson tiennent aussi la route.

Salinas Beach Restaurant : *458, Zundorf Lane. ☎ 044-877-00-01. Sur la droite de la N 2, juste après l'embouchure de la Wilderness River, à 500 m du village. Tlj midi et soir. Plats 90-225 R.* À l'étage d'un bâtiment moderne en bord de mer, un resto tout vitré et regardant vers le large. Cuisine joliment tournée, à base de produits de la mer et de bonnes viandes grillées. Idyllique au coucher du soleil, avec un verre de vin et des tapas.

Pomodoro : *face à la station Caltex. ☎ 044-877-14-03. Tlj 8h-22h. Pizzas et pasta 80-145 R.* Resto italien, tenu par un vrai Rital. Généreuses pizzas au feu de bois, *pasta,* ravioli maison et des spécialités vraiment péninsulaires. Également des poissons mais on n'est pas là pour ça. Quelques tables en terrasse sous les arcades.

À voir. À faire

Wilderness National Park : *à env 2 km à l'est du village, suivre les panneaux. Accueil 7h-16h, mais le parc reste ouv 24h/24 puisqu'on peut y loger (voir « Où dormir ? »). Entrée : 152 R/pers, que l'on y passe la journée ou que l'on dorme sur place ; réduc.*

Brochure disponible, mais se renseigner auprès des gardes à l'entrée pour connaître l'état des chemins dont les tracés évoluent au gré de fréquentes inondations hivernales. Ce parc, traversé par la *Wilderness River,* composé de collines verdoyantes, de panoramas ravissants et de points d'eau, s'étend sur 26 000 ha et comprend plusieurs sections, dont d'impressionnantes forêts primaires. Il est parcouru par de nombreux sentiers pédestres. En voici une sélection :

– Le *Half Collared Kingfisher Trail* (3-4 h A/R), le plus intéressant, accède à une gentille cascade à 2 bonds via des paysages de sous-bois. Panorama *(view point)* en arrivant à la cascade. Il s'enfonce dans la forêt primaire, très fraîche même au cœur de l'été, et traverse la rivière. On peut y rencontrer le très coloré *Touraco louri,* oiseau endémique de la côte sud du continent. Chemin faisant, une variante par la *Bosduif loop* offre un très beau point de vue sur la combe depuis le sommet de la crête.

– Également le *Pied Kingfisher Trail* (3-4h A/R, 10 km), une rando en boucle, tranquille, qui suit la voie ferrée, passe par la plage et tourne autour de la rivière Serpentine.
– Le *Woodville Big Tree Circular Walk* (45 mn-1h A/R) n'est vraiment pas difficile à travers la forêt primaire. Début de la balade à 10 km de la côte, vers Hoekwil, avec pour repère un *yellow wood tree* vieux de 800 ans !

■ ***Agence Eden Adventures :*** *Dumbleton Rd, à l'hôtel* Fairy Knowe. *☎ 044-877-01-79. 📱 083-628-85-47. • eden.co.za • Tlj 8h-19h (17h30 l'hiver). CB refusées.* Propose toutes sortes d'activités. Il y a bien sûr la location de canoës, c'est le plus facile et le plus amusant si vous n'avez pas beaucoup de temps. Le trajet le plus populaire consiste à remonter la rivière durant 40 mn environ, puis marcher pendant environ 40 mn encore jusqu'à la chute d'eau *(waterfall)*. On s'y baigne, puis on revient au point de départ. *Compter env 250 R la ½ j.* On peut aussi simplement louer un canoë pour 1h *(100-120 R)* et se baigner tranquillou dans la rivière. Tout bonnement extra. *Également du canyoning, équitation (400 R pour 1h30), surf (450 R pour une leçon 1h30).*

■ ***Agence Cloudbase :*** *décollage au site Map of Africa. 📱 082-777-84-74. • cloudbase-paragliding.co.za •* Propose des sorties en parapente, une activité très populaire dans le coin, pour admirer du ciel les paysages extraordinaires.

Map of Africa et Seven Passes Rd : *du village, entre les restos* Blue Olive et Pomodoro, *monter sur 2 km ; puis piste de 3 km sur la gauche.* Comité d'accueil au petit parking pour admirer en contrebas 2 rivières d'eau de mer et d'eau douce qui se rencontrent dans un paysage évoquant la forme de l'Afrique. Site de décollage de parapentes. On peut ensuite continuer sur la Seven Passes Rd, une longue et jolie boucle traversant des forêts primaires peuplées de babouins et revenir au village. En passant, arrêtez-vous au *Woodville Big Tree Circular Walk,* une randonnée facile qui permet d'admirer un arbre vieux de 800 ans (voir plus haut).

À faire sur la route de Knysna

Wilderness Beach : admirable, longue de 18 km, sauvage en diable. Baignade fortement déconseillée en dehors des zones surveillées : courants puissants et vagues dangereuses. Bon, on peut toujours s'y balader sans danger à marée basse.

Goukamma Nature Reserve : *situé à l'est du parc national de Wilderness, direction Knysna, à env 33 km de Wilderness et 11 km de Knysna. Accès par la route de Buffalo Bay. ☎ 044-383-00-42. Tlj 8h-18h. Entrée : 50 R ; réduc.* Tout un choix de randonnées sur la plage, à flanc de falaise, sur les dunes ou à l'intérieur des terres. Là encore, beaucoup d'oiseaux à observer dans des habitats très diversifiés.

KNYSNA

68 600 hab.

• Plan d'ensemble (plan I) *p. 394-395* • Centre (plan II) *p. 397*

Knysna (prononcer « Naï-zna ») a un statut particulier dans le cœur des Sud-Africains. Voici une ville au bord d'une lagune ouverte par une passe sur l'océan, appréciée des artistes et relativement préservée des assauts immobiliers que subissent d'autres secteurs de la côte. Quant aux Français, ils en ont entendu parler lors de la coupe du monde de football en 2010 quand une certaine équipe tricolore a refusé de descendre du car à l'entraînement contre l'Afrique du Sud, sous les caméras du monde entier ! Et le rouge monte encore aux joues quand on évoque cette page noire du foot français...

La naissance de la ville est assez récente. On la doit à George Rex, dont les mauvaises langues affirment qu'il fut un fils bâtard du roi George III d'Angleterre. Il s'intéressa à l'exploitation du bois et acheta une bonne partie des terres autour de Knysna, qui devint l'un des plus importants centres de coupe de bois du pays. Knysna était née, dynamisée à la fin du XIXe s par la découverte d'un petit filon d'or à proximité. Évidemment, cela se traduisit par une véritable catastrophe écologique pour la forêt primaire qui couvrait toute cette région côtière et les quelque 600 éléphants qu'elle abritait à l'époque. Il n'en existait déjà plus que 10 dans les années 1920, alors 1 siècle plus tard... Aujourd'hui, Knysna cultive un côté « On est bien entre nous » un peu dérangeant. Il n'empêche qu'entre la belle lagune, les environs à explorer, les balades en bateau, la pêche, la petite plage de sable sur *Leisure Isle,* on s'y occupe bien 2 jours. On détournera les yeux de la presqu'île de *Thesen Island,* un îlot résidentiel flanqué d'une marina et de boutiques aseptisées pour plutôt poser son regard sur la lagune bleu azur...

Arriver – Quitter

➢ ***En bus :*** les 3 grandes compagnies desservent la ville, *Translux* et *Intercape* à la gare routière *(plan II, A2), Greyhound* au garage *Berns Toyota* sur Main Road. Plusieurs liaisons par jour au départ de Cape Town et Port Elizabeth (arrivée de nuit en général si vous venez de Cape Town). On peut acheter des billets de bus des 3 compagnies au guichet du *waterfront* ou dans les magasins *Checkers* et *Shoprite.* Compter 8 à 9h pour ***Cape Town*** et 5h pour ***Port Elizabeth.***
– *Baz Bus :* il dessert tous les logements pour *backpackers*.

Transports en ville et dans les environs

Knysna n'est pas une très grande ville. Cela dit, il existe plusieurs visites à effectuer dans les environs. Le mieux est d'avoir un véhicule ou de louer un vélo. Sinon, on est rapidement coincé. Pour les petits trajets, *Bennies Taxi* *(📱 083-728-51-81)* ou *Jonas Gidwa* *(📱 072-115-22-32).*

Adresses utiles

ℹ *Knysna Tourism* *(plan II, A1)* ***:*** *40, Main St (dans l'ancienne poste). ☎ 044-382-55-10. • visitknysna.co.za • Nov-fév : lun-ven 8h-17h, sam 8h30-13h ; fermé dim, sauf en déc (9h-13h). Mars-oct : horaires un peu restreints en sem et fermé dim.* Personnel compétent et fort aimable. Fait les réservations pour les hébergements sur toute la région.

■ ***Change :*** *plusieurs banques avec distributeur (24h/24) dans le centre. Ouv en général 9h-15h30 (11h sam).*

– ***Absa*** *(plan II, A1,* ***1****)* ***:*** *à l'angle de Main et de Gray St.*

– ***First National Bank*** *(plan II, A1,* ***2****)* ***:*** *à l'angle de Main et de Gray St.*

🚴 ***Location de vélos*** *(plan II, B2,* ***4****)* ***: Knysna Cycle Works,*** *20, Waterfront Dr. ☎ 044-382-51-53. • knysnacycles.co.za • Ouv tlj sauf dim 8h-17h. Compter 275 R la journée.* Location de bons *mountain bikes* ; également des vélos pour enfants.

Où dormir ?

Dans le centre

De bon marché à prix moyens (150-1 000 R / env 10-66,70 €)

La majorité des petites adresses pas chères sont idéalement situées à moins de 10 mn à pied du centre. Toutes proposent des visites et excursions à faire dans les environs. Elles sont toutes desservies par les *Baz Bus.*

🏠 ***Island Vibe Knysna Backpackers*** *(plan II, A1,* ***18****)* ***:*** *67, Main Rd. ☎ 044-382-17-28. • islandvibe.co.za •*

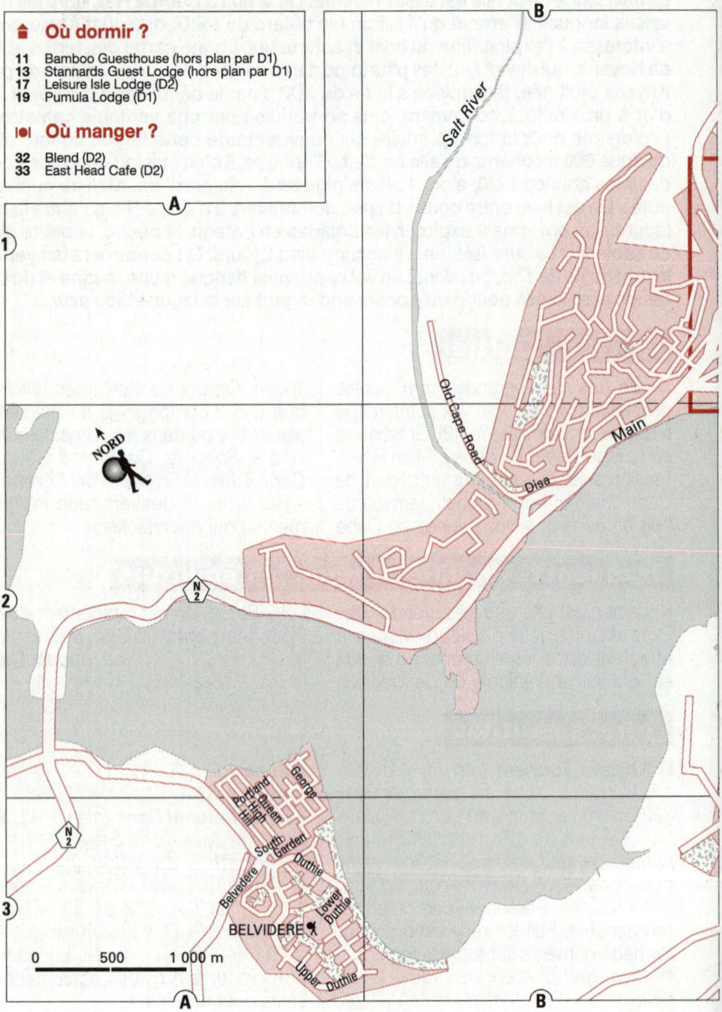

Dortoirs 170-190 R/pers. Quelques chambres 650 R. Une grande AJ composée de 2 maisons égayées de murs peints, qui propose de nombreux hébergements très différents (éviter ceux donnant sur la rue). Au 1er étage, les dortoirs (6 lits) et une chambre double (à privilégier) donnent sur une agréable terrasse en bois. Comme les familiales, elles sont sobres et confortables, dotées de belles salles de bains. Sans compter le barbecue tous les soirs (chacun apporte sa viande), les nombreuses terrasses, le billard et le babyfoot dans le bar sympathique... Ambiance jeune et animée.

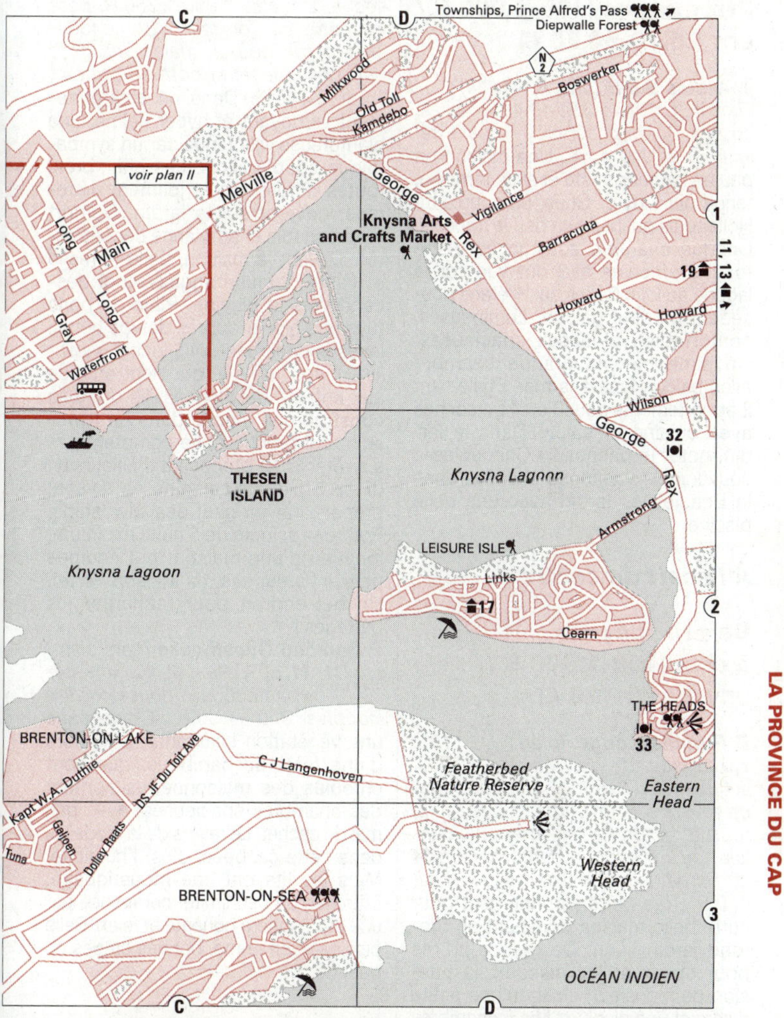

KNYSNA – Plan d'ensemble (Plan I)

Jembjo's Knysna Lodge & Backpackers *(plan II, B1,* ***12****)* **:** *4, Queen St.* ☎ *044-382-26-58.* • *jembjosknysnalodge.co.za* • *Lit en dortoir 180 R et chambres 550-650 R sans ou avec sanitaires, petit déj compris.* Petite AJ, un peu « comme à la maison » finalement, calme, offrant 1 dortoir de 10 personnes à l'étage et des chambres (doubles et familiales) au calme, bien tenues et à tarifs raisonnables. Grande cuisine à disposition et barbecue (évidemment !). Excellent accueil des propriétaires.

Prix moyens (400-1 000 R / env 26,70-66,70 €)

Aestas B & B *(plan II, A1,* ***14****) : 21, Fitchat St. ☎ 044-382-48-49. • aestas.co.za • Doubles 800-900 R, petit déj inclus. Parking privé.* Une maison un peu en hauteur, vaste et avec terrasse, tenue par Lidy et Guus, un couple de Hollandais qui parle un peu le français. Chaque chambre est égayée d'une touche africaine et 3 ont vue sur la lagune au loin. Celles au 1er étage possèdent un petit balcon. Lumineuses, confortables et assez spacieuses. On aime bien la grande chambre avec balcon face à la mer. Également 2 appartements pour 3 ou 4 personnes avec cuisine et salon. Dans le jardin, noter le panneau « Chiroubles », souvenir de vacances passées dans le Beaujolais. Jardin avec une belle piscine.

À l'écart du centre

De prix moyens à chic (400-1 800 R / env 26,70-120 €)

Pumula Lodge *(plan I, D1,* ***19****) : 7, Lindsay St. ☎ 044-384-11-93. 082-569-78-56. • pumulalodge.co.za • À 5-6 km à l'est : de la N 2, tourner à droite direction Leisure Isle, puis à gauche dans Howard St et tt droit. Doubles 670-1 440 R, petit 120 R.* Très bel environnement pour cette belle maison dominant un profond jardin fleuri. De grands arbres pour observer les oiseaux (la passion de monsieur) ainsi qu'une petite rivière et une piscine ! Les 5 chambres ont été conçues pour profiter du cadre. Elles partagent une grande terrasse en bois et donnent toutes sur la verdure.

Stannards Guest Lodge *(hors plan I par D1,* ***13****) : 22, Fraser St. ☎ 044-384-07-78. 072-725-44-55. • stannards.co.za • À 5-6 km du centre (véhicule indispensable) : suivre la côte comme pour aller à Leisure Isle, puis tourner à gauche dans Howard St ; ensuite, c'est bien fléché. Doubles 1 060-1 350 R, petit déj compris. Compter 1 130-1 430 R en cottage pour 2, mais sans petit déj. Également un cottage pour 4 : 1 590-2 245 R.* Dans un environnement verdoyant et hyper calme, une plantureuse villa tenue par un sympathique couple lillois. Les chambres, toutes différentes et joliment décorées, ouvrent sur le jardin. Confort irréprochable et ambiance décontractée. Devant la maison, belle terrasse et vaste pelouse anglaise qui descend vers la piscine. Plein de bons tuyaux à glaner auprès de vos hôtes, investis dans une ONG locale *(• sparkingmindssa.org •)* qui vient en aide aux enfants défavorisés. Ils ont déjà construit une crèche dans un township tout proche et ne comptent pas s'arrêter là. Ils proposent d'ailleurs un dîner 1 fois par semaine en saison, préparé par un chef des townships. Pour des séjours de 5 nuits minimum, location d'une maison tout équipée pour 4 personnes, (la *Maison Verte*). Un bel endroit pour recharger les batteries !

Bamboo Guesthouse *(hors plan I par D1,* ***11****) : 9, Bolton St. ☎ 044-384-09-37. • bambooguesthouse.co.za • Doubles 860-1 100 R.* C'est dans une végétation luxuriante, à l'ombre d'une forêt de bambous, que sont enfouies des maisonnettes abritant des chambres spacieuses, avec pas mal de cachet. Le revers de la médaille, dans cette canopée, c'est l'humidité. Mais les lits ont une moustiquaire. Entretien un peu limite, compensé par une atmosphère bohème et relax. Belle piscine et en prime, bonnes crêpes au petit déj.

Très chic (plus de 1 800 R / plus de 120 €)

Leisure Isle Lodge *(plan I, D2,* ***17****) : 87, Bayswater Dr. ☎ 044-384-04-62. • leisureislelodge.co.za • Sur Leisure Isle, juste face à la plage. Selon saison, compter 3 030-5 000 R pour 2 (pour les moins chères !), petit déj compris.* Voilà une résidence de

KNYSNA – Centre (Plan II)

Adresses utiles

- Knysna Tourism (A1)
- **1** Absa (A1)
- **2** First National Bank (A1)
- **4** Location de vélos (B2)

Où dormir ?

- **12** Jembjo's Knysna Lodge & Backpackers (B1)
- **14** Aestas B & B (A1)
- **18** Island Vibe Knysna Backpackers (A1)

Où manger ?

- **30** Olde's Pub and Grill (A1)
- **31** Chatters Bistro (A1-2)
- **34** The Anchorage Restaurant (A1)
- **35** The Olive Tree (B1)
- **37** 34° South (B2)

Où boire un verre ? Où sortir ?

- **40** Vinyl (B1)

luxe, cossue, avec une large baie vitrée donnant sur la plage (petite route entre la maison et l'eau, un peu passante en saison). Excellent confort évidemment. Le bouquet de chambres donne soit sur l'arrière (jardin et piscine), soit côté plage. Très bon équipement général, plusieurs grands salons à l'américaine, avec de confortables canapés. Vaut mieux, pour le prix ! Repas possible le soir au *Daniela's Restaurant* (sur réservation). Petit déj servi face à la lagune, dans une salle immaculée. Spa et massages disponibles également. À marée haute, baignade juste devant la maison.

Où manger ?

Dans le centre

Prix moyens (150-400 R / env 10-26,70 €)

Olde's Pub and Grill *(plan II, A1, **30**)* **:** *14, Gray St. ☎ 044-382-65-14. À l'angle de Rawson. Tlj 9h-22h30 pour la cuisine (2h pour le bar). Plats 70-190 R.* Une adresse centrale et animée pour déguster une viande tendre, juteuse et goûteuse. Comme ils disent, « *it's not how many come in, it's how many come back* ». *Rump* vraiment extra, mais aussi *T-bone steak* ou *spare ribs*. Pour les fauchés, *fish & chips* pas chers mais un peu gras. Terrasse rustique sur rue ou salle vintage avec vinyles collés au plafond : vous voyez le genre ! Très bonne ambiance métissée.

Chatters Bistro *(plan II, A1-2, **31**)* **:** *9a, Grey St, à l'angle de Gordon St. ☎ 044-382-02-03. Tlj sauf lun 12h-22h. Pizzas 48-180 R.* Sympathique pizzeria nichée dans une petite maison dotée d'une large terrasse sur rue. Spécialité de pizzas au feu de bois, fines et légères, servies en version *regular* ou *large*. Quelques salades, *pasta*, burgers et plats végétariens complètent habilement la carte. À noter, une bonne carte des vins au verre.

The Olive Tree *(plan II, B1, **35**)* **:** *21, Main St, Woodmill Lane Shopping Centre. ☎ 044-382-58-67. Lun-sam à partir de 18h30. Résa indispensable. Plats env 100-200 R.* Le resto fait le plein chaque soir : on y vient pour ses excellentes viandes, très savoureuses, avec un accompagnement de petits légumes à la hauteur. Ici, on a choisi de se limiter à une ardoise courte et c'est très bien ainsi. Service très pro.

The Anchorage Restaurant *(plan II, A1, **34**)* **:** *11, Gray St, près de l'angle de Trotter St. ☎ 044-382-22-30. Tlj, seulement le soir 18h30-22h. Compter 120-200 R le plat.* Petit resto à la déco marine. Un des meilleurs établissements de poisson et fruits de mer de la ville, et ce depuis plusieurs décennies : sole et poissons locaux, huîtres, crevettes... Que les carnivores se rassurent, la viande est extra elle aussi. Ambiance chaleureuse et décontractée, service attentionné.

34° South *(plan II, B2, **37**)* **:** *sur le Waterfront, un peu sur l'arrière (facile à trouver). ☎ 044-382-73-31. Tlj midi et soir jusqu'à 22h. Plats 70-200 R.* Un lieu hybride où l'on trouve, sous un vaste hangar, une épicerie, une boulangerie, un entrepôt à vins, un bar à sushis et des tables dressées jusqu'en terrasse, dans un joyeux brouhaha. Sur une carte touche à tout, huîtres et *seafood* pas donnés, *mezze, nachos*... et finalement des possibilités pour tous les budgets, à accompagner d'un verre de vin ou d'une bière artisanale. Privilégiez les tables sur la belle terrasse au bord de l'eau. Vous l'aurez compris, on vient ici plus pour l'animation que pour l'intimité !

Non loin du centre

East Head Cafe *(plan I, D2, **33**)* **:** *25, George Rex Dr, The Heads. ☎ 044-384-09-33. À 7 km du centre. Prendre la N 2 vers l'est, puis à droite sur George Rex Dr ; suivre la route jusqu'au bout... et espérer pouvoir trouver une place où se garer ! Tlj 8h-15h30. Plats 100-180 R.* Le plus bel emplacement dont on puisse rêver, devant la fameuse passe de Knysna. Tout est frais, local et appétissant, du petit déjeuner au goûter : salades, quiches, burgers, gâteaux maison... Venez tôt pour profiter de la belle terrasse ! Vins au verre pour ne rien gâcher.

Blend *(plan I, D2, **32**)* **:** *George Rex Dr. ☎ 044-384-04-93. Ouv le soir mar-dim et au déj ven-dim. Plats 70-165 R. Pizzas env 65-105 R. Fermé lun.* Avec un vaste espace extérieur, et des tables en bois sous les arbres, l'ambiance est résolument champêtre ! À l'intérieur, les rondins de bois donnent un petit charme rustique. Même esprit pour la cuisine, sans artifices mais fraîche et roborative. Viandes juteuses et burgers pour les carnassiers, pâtes, pizzas à pâte fine et *specials* au tableau. Bons vins au verre, naturellement. Musique live de temps en temps.

Où boire un verre ? Où sortir ?

♩ ***Vinyl*** *(plan II, B1,* ***40****) : dans le centre, entrée par l'escalier sous le porche, au niveau du 16, Main St. ☎ 044-382-03-86. Le club est à l'étage d'un petit complexe commerçant. Ouv mer-sam 19h-2h. Entrée payante.* Le rendez-vous de la jeunesse locale, où se retrouve une population mixte dans une bonne atmosphère.

À voir. À faire

Centre-ville *(plan II) :* Knysna est adossé à la colline et descend doucement vers la lagune. Main Street, très passante, constitue l'épine dorsale de la ville, et la plupart des commerces se situent entre Gray et Long Street.

The Heads *(falaises de Knysna ; plan I, D2) : à env 7 km. Depuis le centre, prendre la N 2 vers l'est, puis à droite sur George Rex Dr ; suivre la route jusqu'au bout.* Du haut des falaises de grès, vue extra sur l'embouchure de la lagune dans l'océan Indien. Un petit sentier mène à quelques promontoires qui offrent des points de vue extraordinaires sur la passe si mouvementée (on mesure tout le danger pour les navigateurs !) et les falaises. C'est là-haut que fut enterré George Rex, le fils supposé de George III d'Angleterre, qui fonda la ville.

QUAND ÇA PASSE PAS

La passe entre la lagune de Knysna et l'océan Indien est l'une des 8 plus dangereuses du monde. Certains bateaux restent parfois longtemps coincés dans la baie (ou en dehors) par les intempéries. Il faut savoir que les assurances ne prennent aucune responsabilité pour les bateaux qui transitent par ici. En effet, dans les années 1920, certains navires s'échouaient volontairement ici afin de toucher le pactole. Le genre de tricherie qui ne passe pas. Depuis... plus d'assurance !

Millwood House *(plan II, B1) : 17, Queen St. ☎ 044-302-63-20. Lun-ven 9h-16h (12h sam). Entrée : donation bienvenue.* Quelques maisons anciennes et modestes qui abritent des objets témoignant du mode de vie au XIXe s. La *Parkes Shop* souligne l'importance de l'industrie du bois dans la région. Dans cette ancienne boutique, on vendait tout le nécessaire pour les ouvriers qui travaillaient dans la coupe. Tronçon de *stinkwood* de plus de 1 000 ans. À côté, le *Parkes Cottage,* qui a été 2 fois déplacé, rassemble les souvenirs de l'ancienne mine d'or de Millwood (1880-1910), à 32 km de Knysna. On y trouve également une salle consacrée au fondateur de Knysna, ce fameux George Rex, et une évocation de l'histoire militaire du pays, notamment de la guerre anglo-boer de 1902.

– Une autre maison, située sur Queen Street mais un peu plus haut dans la rue, en traversant la chaussée, fait aussi partie du musée (mêmes horaires). Il s'agit de l'***Old Gaol*** (ancienne prison construite pour accueillir provisoirement les prisonniers envoyés construire le Prince Alfred's Pass). On y trouve un tout petit *Maritime Museum* (1 seule pièce avec quelques gravures, photos et maquettes de bateaux). Ne pas manquer un minuscule et néanmoins intéressant *Angling Museum* (musée de la Pêche à la ligne), où une poignée de passionnés a réuni de vieilles lignes, d'antiques moulinets gros comme la roue d'une brouette, des plombs ancestraux et une collection de leurres pas piqués des mouches. Vraiment marrant. Quelques panneaux sur le mystérieux cœlacanthe également.

Knysna Arts and Crafts Market (plan I, D1) : *à l'angle de George Rex et Vigilance St. Sympathique marché africain qui se tient tlj jusqu'à 17h-18h env.* On y trouve un bon échantillon d'artisanat à tous les prix, provenant de nombreux pays d'Afrique.

Leisure Isle (plan I, D2) : *à quelques km du centre-ville.* Presqu'île résidentielle qui s'avance dans la lagune. Beaucoup d'oiseaux et de tranquillité, des maisons très cossues. C'est là qu'on trouve la seule plage de Knysna, puisque le reste du pourtour de la baie est plutôt marécageux. Des dizaines de familles y viennent se faire dorer la pilule le week-end. À marée haute, baignade garantie sans danger, pour une fois.

DANS LES ENVIRONS DE KNYSNA

Belvidere (plan I, A2-3) : *au sud-ouest de Knysna. De la ville, prendre la N 2 sur quelques km. Passer le pont et prendre juste après sur la droite (fléché).* Adorable bout de village très préservé, en bordure de lagune. Il s'agit surtout d'un lieu de résidence hyper chic. L'absence de commerces est voulue pour que les résidents ne soient pas trop dérangés par les intrus. Rien à y faire du coup !

Brenton-on-Sea (plan I, C3) : *à 6 km à l'est de Belvedere et au sud de Knysna, devant l'océan.* Encore un village-station balnéaire, composé de superbes collines couvertes de belles demeures. C'est le seul du genre qui donne sur l'océan Indien. Tous les styles architecturaux sont présents, les proprios ayant laissé libre cours à tous leurs délires. Chacune des maisons profite d'un panorama sublime. Nature complètement vierge à l'ouest où, du haut de la superbe falaise, on peut admirer la plage sauvage de Brenton-on-Sea et ses rouleaux importants. Un escalier permet de descendre sur cette ***plage qu'on déconseille formellement pour la baignade*** (à cause des puissants courants). Ceux qui ont du temps et du courage pourront longer cette grande plage jusqu'à ***Buffalo Bay,*** à l'extrémité ouest de Brenton-on-Sea (voir plus loin). Cette partie est moins dangereuse, et on peut généralement s'y baigner (se renseigner tout de même sur place). En tout cas la balade est vraiment extra (environ 5 km).

À Brenton-on-Sea, avant le parking, sur la gauche, petit resto *Nautical South,* avec terrasse, parfait pour boire un verre ou grignoter un morceau. ☎ *044-381-01-69. Tlj sauf dim soir.* Sinon, aux 1res loges en surplomb de l'océan déchaîné, le *Blu Restaurant* permet d'admirer le spectacle à l'abri du vent. Vu les prix, on s'en tient à un verre...

– De Brenton-on-Sea, si l'on poursuit vers la pointe est, on trouve la ***Featherbed Nature Reserve*** *(plan I, D2-3),* où beaucoup d'oiseaux viennent nicher. Réserve privée, accessible uniquement en bateau (des excursions sont organisées).

Buffalo Bay : *en voiture, de Knysna, prendre la N 2 vers l'ouest sur env 12 km, puis à gauche vers Buffalo Bay et faire encore env 9 km.* On aboutit au petit village de Buffalo Bay proprement dit. Il ferme à l'ouest l'immense plage qui commence à Brenton-on-Sea, plus à l'est. C'est certainement la plus belle plage de la Garden route.

Tour dans les townships : plusieurs compagnies officielles en organisent. En voici une reconnue par l'office de tourisme :

– ***EmziniTours*** : ☎ *044-382-10-87. 082-338-62-89. • emzinitours.co.za •* Un tour classique et sérieux.

Départ tlj, en général vers 10h et 14h. Prix : env 400 R/pers. Durée : env 2h30. Possibilité de loger au cœur du township, sur résa (s'y prendre quelques j. à l'avance). S'adresser à l'office de tourisme. Infos : ☎ 044-382-55-10. • knysnalivinglocal.co.za •

Compter env 260 R/pers la nuit seule avec petit déj et 360 R/pers avec dîner.
- Sinon, on peut aussi appeler directement Kerry McKenna, une Australienne rasta au regard lumineux, installée dans le quartier de Judah Square depuis des lustres : *083-502-22-29. Elle propose des chambres* (Jah Works B & B) *moins chères et plus spartiates : 210 R/pers avec petit déj.* Ambiance dreadlocks et reggae.

Rien à voir avec les townships des grandes villes comme Cape Town ou Jo'burg. Ici, le township de Khayalethu s'adosse sur les collines verdoyantes de Knysna. Et c'est vrai que même si la misère est la même, l'atmosphère n'est pas aussi désespérée – tellement la bonne humeur et l'entraide y règnent.

Un tour permet de faire halte dans différentes parties du *Khayelethu township* (le 1er township officiel de la ville), du *Hornlee township,* du *White location* ou encore du *Jewish camp* (c'est une famille juive qui y ouvrit la 1re épicerie), selon le lieu de résidence des gens qui organisent les tours. En tout, plus ou moins 60 000 personnes vivent sur ces collines.

Ces tours dans les townships sont avant tout positifs. Pas de pathos, pas de larmoiements déplacés. C'est une vision réconfortante qu'on vous invite à découvrir, sans voyeurisme aucun. Ils ont un triple objectif : montrer que les choses changent, promouvoir la culture particulière des townships et favoriser l'économie locale. Et l'on est frappé par les incroyables évolutions de ces dernières années. Dans les townships, la plupart des cabanes de fortune ont été détruites et remplacées par des maisonnettes en dur, où les habitants disposent de l'électricité, de toilettes, d'une salle d'eau. Il s'agit d'une vraie ville dans la ville avec écoles, centre culturel, lieux de culte, bars, dispensaires. Plusieurs projets privés s'investissent dans les townships à l'image de ***Sparking Minds*** *(● sparkingmindssa.org ●),* une ONG fondée par Hélène-Marie et Raphaël Ceillier (qui ont aussi le *Stannards Guest Lodge,* voir plus haut « où dormir ? »). Leur objectif est l'éducation des plus petits à travers la création et la rénovation de crèches. Les familles élèvent souvent quelques poules, un cochon, des chèvres et cultivent un lopin de terre. Les rastas, quant à eux, font amoureusement pousser leur herbe. Ces changements progressifs résultent directement de la fin de l'apartheid et de la mise en place d'un – relatif mais bien réel – travail de redistribution des richesses, qui s'applique à ce qu'il y a de plus basique mais de plus précieux : un vrai toit sur la tête. Et donc d'un début de retour à la dignité.

Diepwalle Forest *(hors plan I par D1) : à 5 km de Knysna, en direction de Plettenberg, prendre à gauche la R 339 vers Uniondale et Prince Alfred. On traverse tt d'abord une partie d'un township. Continuer tt droit sur env 5 km, la route se transforme en piste. Faire encore env 10 km. On entre là dans un vrai morceau de forêt primaire. Attention, il faut payer au kiosque, même si l'on ne fait que la minipromenade (10 mn autour de l'arbre) : 105 R/pers.*
- 3 sentiers sont appelés *Elephant walk* (respectivement de 7, 8 et 9 km), en hommage aux éléphants sauvages qui peuplaient autrefois la forêt de Knysna, mais on ne voit pas la queue d'un pachyderme... Points de départ des balades assez peu visibles (minuscule picto représentant un éléphant). Si vous n'êtes pas marcheur, vous pourrez aller voir le *King Edward VII Grootboom Bigtree,* un superbe *yellowwood* vieux de plus de 6 siècles, de 37 m de haut et 7 m de circonférence. Bien fléché, à gauche, 500 m à l'écart de la R 339.
- Si on poursuit la route R 339 vers le nord, on rencontre la ***Valley of Ferns*** *(vallée des Fougères)* 10 km plus loin. De là, petit sentier pédestre en boucle, très bien balisé. Également une piste caillouteuse qui mène sur la gauche au *Spitskop viewsite,* admirable panorama sur l'*Outeniqua Mountain* et la *Garden Route.* Au-delà de Spitskop la R 339 s'engageant vers Uniondale (60 km plus loin) via le *Prince Alfred's Pass* présente moins d'intérêt.

➢ ***Balade en bateau sur la lagune*** *(plan I, C2) :* quelques compagnies proposent des promenades, toutes dans le même genre. Infos et départs directement sur le port, dans le quartier du Waterfront. Avec la ***Featherbd Compagny*** *(☎ 044-382-16-93. • knysnafeatherbed.com •),* plusieurs sorties possibles : déjeuner, coucher de soleil... *Durée : 1h30. Prix : 232 R* à bord du *John Benn ; 605 R pour un dîner sur un bateau à aube....*

Festivals

– ***Pink Loerie Festival (Gay Festival) :*** *un w-e fin mai. • pinkloerie.co.za •* Parades dans la rue, *drag queens,* soirées cabaret. Cette ville d'artistes a de tout temps attiré des membres de la communauté gay.
– ***Oyster Festival :*** *10 j. fin juin, on fête l'huître sous ttes ses formes.*
– ***Rastafarian Earth Festival :*** *pdt 11 j., autour du 23 juil, date de naissance de Haïlé Sélassié Ier.* Grande fête, prières et musique dans la communauté rasta du township. Ouvert à tous. Infos à l'office de tourisme.

PLETTENBERG BAY

65 000 hab.

• Plan *p. 403*

La station balnéaire typique, très appréciée des Sud-Africains qui y possèdent un pied-à-terre. Depuis Knysna, la N 2 traverse des paysages de forêts, encadrés par de hautes collines au nord et de superbes points de vue sur d'immenses plages fouettées par les humeurs de l'océan en arrivant à proximité de Plettenberg Bay. Quand on vient de l'ouest, on découvre depuis la colline un panorama extraordinaire sur cette baie gigantesque. Au nord de la ville, une large lagune et au-delà de son ouverture de la lagune, une plage sauvage, *Keurbooms Beach,* longue de plusieurs kilomètres. La ville se concentre sur une colline dominant la mer. Elle est bordée par l'embouchure de la *Piesang River* et Beacon Island, un complexe touristique d'où émerge un gros immeuble blanc peu gracieux. Si le bourg ne constitue pas un idéal pour les routards, une balade dans la *Robberg Nature Reserve,* à environ 6 km à l'ouest, fournit à elle seule une bonne raison de faire halte par ici. Les bonnes vagues constituent pour les surfeurs une excellente raison de mettre Plettenberg sur leurs tablettes. Tiens, pour faire branché, dites Plett' plutôt que Plettenberg !

Adresses utiles

ℹ ***Plettenberg Tourism Office*** *(plan A2) : Main St, au 1er étage du Mellvile's Corner (c'est une sorte de centre commercial). ☎ 044-533-40-65. • pletttourism.co.za • Lun-ven 9h-17h (19h en été), sam jusqu'à 13h ; horaires un peu restreints l'hiver.* Font les réservations pour les hébergements.
■ ***Change :*** *sur Main St, plusieurs banques avec distributeurs.* ***Standard Bank*** *et* ***Nedbank*** *à côté de l'office de tourisme.*
🚌 ***Gare des bus*** (hors plan par A1) : *à la station Shell, à env 2 km du centre, à l'intersection de la N 2 et de Marine Dr.* Les bus des compagnies *Translux, Intercape* et *Greyhound* s'y arrêtent (2 liaisons pour les 2 premières compagnies et une seule liaison avec *Greyhound*). Compter 3h

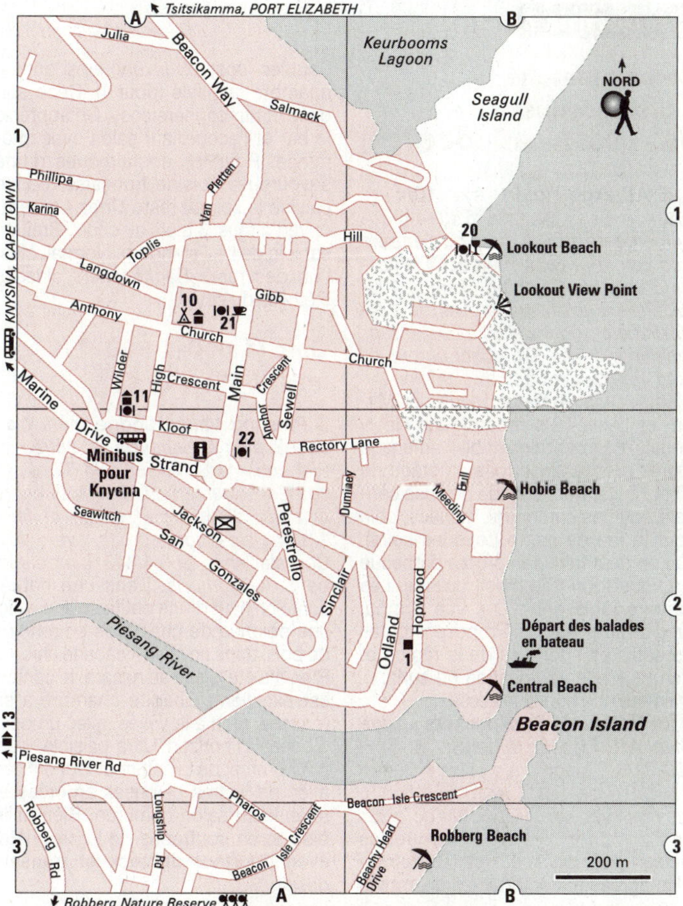

PLETTENBERG BAY

Adresses utiles

- Plettenberg Tourism Office (A2)
- 1 Agences pour les balades en bateau (B2)

Où dormir ?

- 10 Albergo (A1)
- 11 Nothando Backpackers Lodge (A1)
- 13 Piesang Valley Lodge (hors plan par A2)

Où manger ?
Où boire un verre ?

- 20 Lookout Deck and Restaurant (B1)
- 21 Le Fournil de Plett' (A1)
- 22 The Table et The Market (A2)

de route pour ***Port Elizabeth*** et 8h pour ***Cape Town.*** Quant à ***Knysna,*** la gare des minibus *(plan A2)* se trouve sur Marine Drive, derrière l'office de tourisme. Les 2 *backpackers* que nous indiquons ci-dessous sont aussi des *Baz Bus Stop.*

Où dormir ?

De bon marché à prix moyens (150-1 000 R / env 10-66,70 €)

Albergo (*plan A1*, **10**) : *8, Church St.* ☎ *044-533-44-34.* • *albergo.co.za* • *À 3 mn du centre à pied ; on vient vous chercher à la gare sur demande. Camping (3 empl) 100-160 R/pers selon saison. Dortoir 190-300 R/pers ; doubles 600-700 R, sans sanitaires privés. Plus cher autour de Noël. Pas de petit déj mais café ou thé à disposition.* Auberge tenue par Mirjam et Leslie, 2 sympathiques Néerlandais. Édifice vraiment bien aménagé et très propre. 2 dortoirs à l'étage de 10 et 12 lits. Petit coin de pelouse centrale pour les campeurs, hamacs, coin pour le feu de camp (tous les soirs), où l'on peut faire son propre barbecue (on vous fournit le bois), cuisine. Les dortoirs jouissent d'une vue sympa, avec un large balcon. Proposent toutes les activités sportives de la région et bien plus encore (location de surfs...). Vraiment une bonne adresse.

Nothando Backpackers Lodge (*plan A1*, **11**) : *5, Wilder St.* ☎ *044-533-02-20.* • *nothando.co.za* • *Dortoir env 190 R/pers et doubles 600-650 R, sans ou avec sdb. Possibilité de dîner. Parking privé gratuit.* 2 coquettes maison pour *backpackers*. Dortoir de 8 lits agréable, confortables chambres doubles (*cosy* ou *luxury*) ainsi qu'une chambre familiale (pour 4). Déco soignée et atmosphère cosy. On apprécie le bar et l'accueillant salon avec cheminée. Pour les nostalgiques d'une savoureuse cuisine française, bonne cuisine le soir au resto **Chez Laurent**, ouvert à tous. 3 plats au choix. Bref, on est loin de l'AJ standard. Normal, c'est l'un des rares *Backpackers* classés 5 étoiles du pays.

Chic (1 000-1 800 R / env 66,70-120 €)

Piesang Valley Lodge (*hors plan par A2*, **13**) : *à* **Piesanga,** *à l'entrée de Plettenberg.* ☎ *044-533-44-77.* • *pvl.co.za* • *En venant de Knysna, prendre à droite direction Piesanga et faire 1,3 km ; c'est sur la droite, avt le golf. Compter env 1 650-1 840 R la double, petit déj compris.* Dans une nature riante en haut d'une petite colline, voici une poignée de chambres en rondins de bois, dans un style « cabane chic »... Rien n'a été laissé au hasard, le confort est excellent. Chaque chambre a sa terrasse, face à la vallée, avec un bout d'océan à l'horizon. Ultra-paisible, idéal pour profiter de la nature et tout oublier, avec de vastes pelouses arborées et un élégant salon commun. Bien belle piscine en contrebas de la propriété, avec pourtour de teck et transats design.

Où dormir plus chic sur la route de Tsitsikamma ?

Moon Shine on Whiskey Creek : *The Crags, à env 16 km au nord-est, sur la gauche de la N 2.* 📱 *072-200-66-56.* • *whiskeycreek.co.za* • *Tte l'année. Pour 2, compter 1 000-1 500 R selon confort et saison.* Surplombant la forêt « indigène », des chalets en bois, sur pilotis qui permettent de vivre au plus près l'expérience de la Garden Route, du moins de s'approcher de ce que fut la région avant d'être déboisée. Coup de cœur pour la romantique *Fly me to the Moon forest cabin,* pour 2, ou en famille pour la *Vervet forest cabin,* dans les bois, qui peut accueillir jusqu'à 6 personnes dans ses 2 chambres. Beaucoup de charme et de personnalité, de larges espaces de détente et dans chaque chalet, un poêle et un coin cuisine : confort assuré et tranquillité garantie – seuls les oiseaux et les singes vervets pourront éventuellement troubler à leur manière votre quiétude. Petite piscine naturelle. Une adresse dépaysante, véritable paradis pour les petits et grands enfants.

Tarn Country House : *The Crags, à env 17 km au nord-est, le long de la N 2 sur la gauche (1 km après l'adresse précédente). ☎ 044-534-88-06. • tarn.co.za • Doubles standard 2 000-2 600 R, petit déj inclus. Également des suites, plus chères. ½ pens possible.* Raffinement, luxe, calme... Une halte à s'offrir pour ceux qui en ont les moyens. Plusieurs bâtiments disposés sur une vaste pelouse avec une foultitude d'oiseaux, des bassins, une belle piscine... Les chambres sont très spacieuses et de plain-pied. Le jardin est un enchantement. Un côté *Out of Africa* à tout cela, avec les montagnes en fond de tableau.

Où manger ? Où boire un verre ?

De bon marché à prix moyens (jusqu'à 400 R / jusqu'à 26,70 €)

Le Fournil de Plett' (plan A1, **21**) : *sur Main St, Lookout Courtyard. ☎ 044-533-13-90. Tlj 8h-17h (16h sam, 13h dim). Plats env 100 R.* Une vraie boulangerie française (la patronne est française) qui fait des pains bien appétissants et de non moins excellents petits déjeuners, servis toute la journée en salle ou dans le patio. Parfait aussi pour caler une petite faim à midi (quiches, salades, vols au vent...).

Lookout Deck and Restaurant (plan B1, **20**) : *à env 2 km du centre, sur la Lookout Beach (fléché depuis Main St). ☎ 044-533-13-79. Au rond-point avec la sculpture en queue de baleine rouge au centre, prendre à droite. Grand parking. Tlj 9h-23h, mais la cuisine ferme à 21h. Plats copieux 90-180 R.* Une vaste terrasse en bois dominant l'immense plage de Plettenberg au-delà de l'estuaire. On trouve surtout des produits de la mer sur la carte. Excellent poisson, frais et goûteux, des salades et même des sandwichs servis avec des frites, pour une alternative bon marché. Si la vue est grandiose, l'adresse reste sans chichis.

The Table (plan A2, **22**) : *9, Main St. ☎ 044-533-30-24. Tlj sauf dim 12h-2h. Plats 60-120 R.* Une adresse centrale et populaire où l'on vient en famille pour ses pâtes et pizzas. Intérieur moderne avec des tables en bois blond. Excellentes pizzas. Terrasse sur la rue. Service attentionné.

The Market (plan A2, **22**) : *Main St. Tlj midi et soir. Plat moins de 60 R.* Ambiance détendue dans ce minimarché artisanal (9h-17h) où l'on trouve surtout une enfilade d'échoppes offrant de quoi se restaurer pour une bouchée de pain : pizzas, *fish & chips*, plats africains... Tables communes. Une aubaine pour les petits budgets.

Où dormir ? Où manger dans les environs ?

Bitou River Lodge B & B : *à env 11 km de Plett'. De la N 2 (direction Port Elizabeth) tourner sur la gauche et prendre la R 340 sur 3 km env, c'est indiqué sur la gauche. ☎ 044-535-95-77. 📱 082-978-61-64. • bitou.co.za • Double env 2 000 R, copieux petit déj « fermier » compris.* Une belle adresse pour se relaxer vraiment. Il y a d'abord l'arrivée par une allée de citronniers. Puis de jolies chambres, spacieuses, avec poutres apparentes. Mais on aime autant, sinon plus, l'immense jardin en bordure de la rivière jonchée de nénuphars. Un paysage bucolique qui invite au farniente, à moins de préférer une balade en canoë (à disposition). Accueil exceptionnel de Sue (et en français s'il vous plaît !). Ses muffins préparés pour le petit déjeuner sont mémorables.

Emily's restaurant et Simon's Bar au Emily Moon River Lodge : *Rievlei Rd, à env 4 km de Plett'. ☎ 044-501-25-00. Prendre la N 2 vers l'est, puis après le Goose Valley Golf Course la R 340, à gauche ; parcourir* *encore 1,5 km.* Simon's Bar *ouv le soir mar-sam et dim midi ; resto ouv tlj le soir sur résa, dim midi et au déj en déc. Plat env 200 R.* Un lodge splendide surplombant un vaste plateau marécageux où serpente la rivière Bitou. Vue superbe depuis la grande terrasse en bois, il ne manquerait que des animaux, mais ils sont prévus sous une autre forme... au menu. En tout cas, un site privilégié pour une clientèle qui ne l'est pas moins. En terrasse au bord de la piscine, ou lors d'une balade en *paddle* au crépuscule, on déconnecte vraiment ! Côté cuisine, des, viandes, poissons légumes du potager. Le tout dans un décor magnifiquement réfléchi d'antiquités africaines, avec trophées aux murs. Le *Simon's Bar* permet de profiter du lieu sans avoir à trop débourser (pizzas, *light meals*...). Côté hébergement, les *lodges* somptueux sont réservés aux bourses pleines !

I●I ***Ristorante Enrico :*** *Main Beach,* ***Keurboomstrand****, à env 14 km à l'est. ☎ 044-535-98-18. Prendre la N 2 vers l'est, puis à droite après env 8 km ; encore 6 km, c'est tt au bout. Tlj midi et soir, sauf lun. Pas de résa, il faut juste s'armer de patience, le temps qu'une table se libère (parfois 1h le soir !). Plats 100-160 R.* Enrico a traîné sa botte jusque sur cette plage renommée pour ouvrir un restaurant italien pur jus qui ne désemplit pas depuis. Pâtes, pizzas, viandes... Tout le savoir-faire de ce Romain mêlé aux embruns culinaires sud-africains, cela donne une cuisine tonique et savoureuse. Grandes tablées alignées face aux rochers spectaculaires. Belle carte de vins italiens, une fierté du chef. Musique live le samedi soir et ambiance *trattoria* assurée !

À faire

Plages du centre *(plan B2)* **:** juste en contrebas du centre, *Central Beach* et *Hobie Beach,* très sympathiques ; on peut s'y baigner ainsi qu'à *Lookout Beach,* un peu plus à l'est, de l'autre côté des rochers (un passage permet de passer d'une plage à l'autre). Toutes les plages sont surveillées. Nombreuses autres plages dans les environs, notamment vers l'est, immenses et sauvages en diable. ***Attention aux courants,*** certains sont vraiment dangereux ! Toujours bien se renseigner auprès des autorités compétentes pour savoir si l'on peut se baigner ou non.

– Tous les sports sont possibles dans les environs de Plettenberg : ***parapente, canoë*** sur la *Keurbooms River,* ***surf,*** etc.

➢ ***Balades en bateau*** *(plan B2,* ***1****)* **:** *2 compagnies proposent chacune 2 promenades dans la baie, l'une pour aller voir les baleines et l'autre les dauphins. Durée de chaque tour : 1h30-2h. Compter env 850 R en pleine saison pour les baleines (juil-nov). Pour les dauphins, compter 570 R tte l'année.* ***Ocean Blue Adventures,*** *☎ 044-533-50-83, ● oceanadventures.co.za ● ;* ***Ocean Safaris,*** *📱 082-784-57-29. ● oceansafaris.co.za ●* La baie de Plettenberg accueille de juillet à décembre des baleines australes et des baleines à bosse, et toute l'année des rorquals de Bryde, qu'il est rare de voir. On peut également observer en permanence des phoques et surtout le grand dauphin *(bottlenose dolphin)* et des dauphins à bosse... Balades guidées en kayak également, et divers sports nautiques.

DANS LES ENVIRONS DE PLETTENBERG BAY

Robberg Nature Reserve *(hors plan par A3)* **:** *à env 8 km de la ville en longeant la mer vers l'ouest. ☎ 044-533-21-25. ● capenature.co.za/reserves/robberg-nature-reserve ● Depuis le centre, prendre la route de l'aéroport, Robberg Rd, puis sur la gauche vers la réserve (bien fléché). Tlj : 7h-20h nov-avr ;*

LA PROVINCE DU CAP

8h-18h mai-oct. Entrée : 50 R ; réduc. Petit parking env 1 km après l'entrée ou avant l'entrée le long de la route. Cette longue péninsule de 9 km de long s'avance dans l'océan Indien telle une admirable figure de proue plantée au-dessus des flots. 3 sentiers y ont été aménagés : sentier A, le *Gap Circuit* (2,1 km ; 30 mn) ; sentier B, *Witsand Circuit* (5,5 km ; 2h) ; sentier C, *Point Circuit* (9,2 km ; 3h), L'idéal est de demander à l'entrée sur quel chemin on a le plus de chance d'apercevoir des animaux, en fonction aussi de sa forme. En toute saison, on conseille tout de même le sentier B qui mène à un surplomb de la pointe nord de la péninsule, d'où l'on peut observer les phoques du Cap, colonie présente en permanence. Paysage de toute beauté : côte en furie, falaises déchiquetées et superbes, dunes imposantes, larges et longues plages battues par les flots. Au niveau du parking, petite cahute avec mini-expo sur la faune et la flore (beaux coquillages en vitrine et sélection de plantes représentatives de la côte) et... des toilettes (bon à savoir !).

Knysna Elephant Park : *à 9 km à l'ouest de Plettenberg ; bien fléché sur la N 2 puis piste sur 1 km. ☎ 044-532-77-32. • knysnaelephantpark.co.za • Tlj 9h-16h30 (dernier tour à 15h). Tour guidé ttes les 30 mn (durée : 1h). Tarif : 320 R/adulte ; réduc. Resto sur place.* Ce miniparc (200 ha) artificiel est avant tout un centre d'accueil pour des éléphanteaux orphelins ainsi qu'un centre de recherches. On y dénombre une dizaine de pensionnaires. Ils sont suffisamment habitués à l'homme pour qu'on puisse les caresser. La balade se fait en partie en remorques (50 places, pas très intime !) et en partie à pied, accompagné par des gardes du parc. L'*Elephant Lodge* propose de belles chambres avec salon commun *(compter 950R/pers),* dont certaines ont une fenêtre qui donne sur le *boma,* à savoir la chambre à coucher de nos amis pachydermes. Une affaire bien rodée, avec supplément pour nourrir les éléphants...

NATURE'S VALLEY

Sur la N 2, à une bonne vingtaine de kilomètres de Plettenberg Bay, prendre sur la droite la R 102 (bien fléché). Une route sinueuse pénètre sur 12 km dans la forêt et dévale jusqu'à cette échancrure naturelle où débouche la Groot River. Le minuscule village de Nature's Valley se trouve au bord d'une superbe plage, au milieu d'une importante végétation, dans un secteur au calme olympien. Peu visibles, les maisons sont en fait camouflées au milieu des arbres. La plupart sont des résidences secondaires en bois, bourgeoises ou plus modestes. Voici un petit lieu qu'on adore, tout simplement : un bout de lagune et une plage de quelques kilomètres de long, ourlée de vagues et merveilleusement préservée. Attention aux courants ! Pas grand-chose à faire, mais on se sent bien par ici. Un agréable lieu de détente mais dommage, pas d'hébergements bon marché. Pour des infos touristiques de base, s'adresser à l'épicerie, au bout du village, à 2 km de l'embouchure *(tlj 8h30-17h).*

Où dormir ? Où manger ?

De bon marché à prix moyens

Nature's Valley Rest Camp : *juste avt d'arriver à Nature's Valley, sur la gauche. ☎ 044-531-67-00 ou 012-428-91-11 (à Pretoria). • sanparks.org • Une quarantaine d'emplacements pour les campeurs 217-335 R sur la base de 2 pers et une dizaine de* forest huts *(dans la forêt justement)* *avec sanitaires communs, env 550-740 R pour 2.* Bien au calme, avec des logements dans une grande clairière ou à l'ombre dans la forêt. Électricité dans les huttes mais pas sur les emplacements de camping. Tables de pique-nique et machines à laver le linge sur le site. Baignade dans la rivière (calme) et location de canoës. Attention, pour rester ici, il faut payer chaque jour le droit d'entrée du parc de Tsitsikamma *(112 R/pers).*

The Valley Inn Restaurant : *à 2 km de l'embouchure, tt au bout du village. Tlj 8h30-21h. Plats 50-100 R.* Jolie terrasse de bois, avec à côté la seule épicerie du village. Plats classiques et plusieurs options végétariennes. Cuisine plutôt banale, mais c'est le seul resto du village... Si on ne voit pas la mer, on l'entend et un sentier en face du resto mène à la plage en quelques enjambées.

Très chic (plus de 1 800 R / plus de 120 €)

Lilypond Country Lodge : *Nature's Valley. À 9 km au nord-ouest de Nature's Valley sur la R 102 et à 3 km de l'embranchement avec la N 2. ☎ 044-534-87-67. • lilypond.co.za • Doubles 2 300-3 000 R, petit déj inclus. Dîner 380 R.* Assurément une adresse de charme, lovée dans une nature verdoyante au bord d'un étang jonché de nénuphars. On se sent vite à l'aise dans le spacieux salon et les espaces de déambulation, comme dans les chambres élégantes, de plain-pied et largement ouvertes sur le jardin. Les peaux d'antilopes au sol se fondent dans une jolie déco africaine. Élégante piscine zen entourée de chaises longues. On coule de douces heures dans ce cadre magnifique où aucun détail n'est laissé au hasard.

À faire

Nombreuses petites ***randonnées*** et balades en boucle à faire dans le secteur, bien fléchées, que ce soit en bord de plage ou dans les alentours. Nature's Valley est également le point de départ (ou d'arrivée) du ***Tsitsikamma Trail*** (5 jours et 5 nuits) qui passe dans la montagne du même nom et qui fait partie du Tsitsikamma National Park (voir le chapitre « Tsitsikamma National Park »).

DANS LES ENVIRONS DE NATURE'S VALLEY

Vers l'ouest

Jukani Wildlife Sanctuary : *sur la N 2, à env 6 km de l'embranchement pour Nature's Valley. ☎ 044-534-84-09. • jukani.co.za • Tlj 9h-17h. Entrée : 280 R ; réduc ; tickets combinés (que l'on vous conseille) avec Monkeyland et/ou Birds of Eden (450 R pour 2 visites, 560 R pour les 3). Visite libre ou guidée (mieux !).* Ce vaste parc recueille des *wild cats* victimes de contrebande ou maltraités, pas d'élevage donc. Il ne s'agit pas de gentils matous à leur mémère mais de vrais félins qui reprennent ici du poil de la bête, dans des enclos ultra-sécurisés

LA FIN DES TIGRES BLANCS

Les rares tigres blancs encore vivants dans le monde ne peuvent naître qu'en captivité, en croisant les spécimens conçus dans les zoos. Or, faute de brassage génétique, 80 % des individus meurent à la naissance, les autres sont atteints de maladies génétiques. Dilemme pour les spécialistes : perdre l'espèce à tout jamais ou la faire perdurer artificiellement en donnant naissance à des animaux souffrant de malformations ? Voilà pourquoi le Jukani Park héberge encore un tigre blanc (aveugle) alors que l'espèce a officiellement disparu depuis... 1958 !

dotés de promontoires pour les observer. Parmi les 80 *serial killers* (19 espèces), des hyènes à la mâchoire redoutable ou de mignons caracals que l'on caresserait bien naïvement, alors qu'ils peuvent faire sa fête à une proie de 6 fois leur taille, à terre, dans les arbres et même en sautant jusqu'à 4 m de haut ! Admirez également les marathoniens *wild dogs,* capables de parcourir 600 km par jour. En sortant d'ici, vous saurez faire la différence entre guépard, léopard, jaguar, puma... et reconnaître les 2 familles de félins : ceux qui miaulent et ceux qui rugissent. Petit bonus : une section sur les serpents, 35 espèces tout de même, avec l'inévitable mamba noir (qui est... gris). Avec les explications d'un guide, la visite s'avère passionnante.

Birds of Eden : *sur la N 2, bien fléché sur la gauche à 1 km de l'embranchement pour Nature's Valley, au niveau de Kurland Village. Puis faire encore env 3,5 km. ☎ 044-534-89-06. • birdsofeden.co.za • Tlj 8h-17h (dernière entrée) ; jusqu'à 18h en déc. Entrée : 280 R ; réduc ; tickets combinés (que l'on vous conseille) avec Monkeyland et/ou Jukani (voir plus haut). Visite libre. Ticket valable tte la journée.* Un concept génial pour une visite féerique ! On se promène librement dans une gigantesque volière, la plus vaste du monde dans son genre, peuplée de plus de 250 espèces de volatiles venus aussi bien d'Afrique que d'Asie ou d'Amazonie. Dans cet espace clos mais d'aspect assez sauvage, de petits ponts et passerelles de bois ont été aménagés pour permettre d'explorer sans peine les frondaisons résonnant de mille cris. Des perroquets (il y en a 50 races différentes) viendront peut-être se poser sur vos épaules... Ce qui est sûr, c'est que l'on peut passer des heures entières dans ce bout de jungle sans s'ennuyer une minute.

Monkeyland : *sur le même parking que Birds of Eden. ☎ 044-534-89-06. • monkeyland.co.za • Tlj 8h-17h (dernière entrée) ; jusqu'à 18h en déc. Entrée : 280 R ; réduc ; tickets combinés avec Birds of Eden ou Jukani (voir plus haut). Le tour dure env 1h, accompagné d'un guide, mais l'entrée est valable tte la journée.* Un projet qui vise à la réintégration de singes malmenés par la vie : certains proviennent de laboratoires, d'autres ont été repris à des particuliers qui les avaient acquis illégalement. Les quelque 700 primates (11 espèces) déambulent librement dans ces 12 ha de forêt touffue. Ils sont nourris indirectement afin de limiter les contacts avec les humains, puisque le but est de leur réapprendre la vie sauvage. Mais de fait, ils sont curieux d'approcher les visiteurs et ne se montrent guère farouches. Vous verrez, entre autres, de petits capucins, des gibbons avec leurs bras démesurés, et une belle brochette de lémuriens de Madagascar, noirs ou à queue annelée (les fameux makis !), qui, tenez-le-vous pour dit, ne sont pas des singes ! Mais ce sont leurs cousins, puisqu'ils appartiennent à l'ordre des primates... tout comme nous ! Une visite agréable et qui plaira à coup sûr aux enfants.

TSITSIKAMMA NATIONAL PARK

Superbe et étroite bande côtière d'à peine 5 km, coincée entre la mer et la N 2, ce parc long d'environ 70 km est borné à l'ouest par le village de Nature's Valley (embouchure de la Groot River) et, à environ 50 km à l'est par l'embouchure de la Storms River (*Storms River Mouth,* à ne pas confondre avec le village de Storms River). Ce parc revêt un double intérêt. La vision sur la côte qu'il propose est tout simplement spectaculaire, surtout quand on a la chance d'assister à un déchaînement des flots. Par ailleurs, passer la nuit dans un des chalets plantés en bord de côte offre un grand moment de sérénité. On y rencontre les 3 plus importantes variétés de bois de la forêt d'Afrique du Sud : *stinkwood, white milkwood* et *yellow wood.* Autrefois épaisse, la forêt de Tsitsikamma (qui signifie « lieu d'abondance ») a perdu de

sa superbe au cours du temps. À partir de 1868, on en coupa sans vergogne la majeure partie pour alimenter l'industrie. On arrêta le massacre en 1939, et le secteur fut classé parc national en 1969. Il était temps.

Informations générales sur le parc et conseils divers

– ***L'entrée du parc*** est située à mi-chemin entre ses limites est et ouest. Prendre à droite sur la N 2 (en venant de l'ouest), au panneau *Tsitsikamma National Park – Storms River Mouth* ; faire encore 6 km vers la mer pour accéder au parc. En haute saison, il est conseillé de réserver à l'avance si vous souhaitez dormir au *Storms River Mouth Rest Camp* dans le parc.

– ***Horaires d'ouverture :*** *tlj 7h-18h. Entrée : 248 R/pers ; réduc enfant.* La quasi-totalité du parc n'est accessible qu'à pied.

– ***Infos et résas pour les hébergements :*** *☎ 042-281-16-07 (à* Storms River Mouth*) ; central de résas à Pretoria : ☎ 012-428-91-11. ● sanparks.org ● tsitsikamma.info ● Possibilité de réserver directement auprès du parc, mais seulement le j. de votre arrivée, ou en se présentant au bureau du parc (juste à l'entrée ; tlj 7h-18h).*

ℹ ***Point d'information :*** *il se trouve à 4 km après l'entrée du parc, au bout de la route.* C'est aussi là qu'on trouve la réception pour les chalets, le camping et les *oceanettes.* Boutique, petite laverie et l'unique restaurant du parc.

– ***Sentiers de grandes randonnées :*** il en existe 2 très longs et une petite boucle. Pour les infos complètes sur les randos, voir les précisions dans « À faire ».

– On peut aussi se contenter de passer la nuit ici et de faire une des petites balades autour du *Rest Camp.* En fait, c'est ce que fait la grande majorité des visiteurs.

– Prévoir quelques provisions si vous ne souhaitez être contraint de fréquenter le seul resto du parc.

– Attention aux babouins au bord de la route. Pas franchement sympa.

Où dormir ? Où manger ?

⛺ 🏠 ***Storms River Mouth Rest Camp :*** *à 4 km après l'entrée du parc, au bout de la route. Sur la base de 2 pers : emplacements pour les campeurs (jusqu'à 6 pers) 360-485 R ; forest huts (avec sdb et cuisine communes) 630-935 R ; chalets et cottages 1 375-2 630 R selon capacité, confort et vue. Compter 3 785-4 730 R pour 4 pers dans le guest cottage tt confort. Ajouter à ces prix l'entrée du parc, non incluse.* Disséminés en bord de côte, une série de *forest huts,* chalets en rondins de bois, et de cottages familiaux, pour 2 à 4 personnes. L'ensemble des structures s'étire sur 2 km en bord de mer, tous avec une vue extra (sauf les *forest huts*). Équipement assez complet mais entretien pas toujours au top : barbecue, terrasse, cuisine, salle de bains... excepté dans les moins chers, où les sanitaires sont communs. Mais le plus beau des spectacles son et lumière est celui de la mer au coucher du soleil !

|●| ☂ ***Cattle Baron :*** *à côté du* Rest Camp, *à l'extrémité de la route. ☎ 042-281-11-90. Ouv tlj 7h-22h. Plats 80-180 R.* C'est l'unique restaurant du parc. Jolie situation, dominant un bout de plage sauvage. Sur des tables en bois rustique, face au remous des flots, les randonneurs se requinquent avec des grillades juteuses. Carte variée. C'est aussi là qu'on prend toutes les infos sur le parc.

À faire

Sandy Bay : en contrebas de la terrasse du resto du parc, on trouve une minuscule plagette de sable, bien agréable et aux eaux tout à fait fréquentables. Il y a même un petit ponton-plongeoir.

Mouth Trail : petite balade de 1h aller-retour, qui derrière le resto. Un chemin de bois pénètre dans la forêt pendu de 77 m qui enjambe la Storms River. En chemin, la côte, et le parcours offre de belles échappées visu passerelles. Sinon, au-delà du pont principal, le sentier point de vue, accessible en 30 mn... et ça grimpe !

Lourie et Blue Duiker Trails : belles balades au vement 1h et 2h aller-retour. Le sentier de *Lourie* (1 km, de vue de Agulhas, offrant un superbe panorama. Le *Blue Duiker* (3, la balade en pleine forêt, à la découverte d'arbres gigantesques, comme le Outeniqua Yellowood. Ce sentier mène jusqu'au départ du fameux *Otter Trail*.

Waterfall Trail : superbe balade de 6 km aller-retour, environ 3h. Le sentier démarre du parking où se trouvent les chalets en bois *oceanettes*. Gros avantage : le sentier longe la mer jusqu'à une chute d'eau. Conseillé de ne pas commencer la balade après 13h30. On passe devant une grotte pleine de guano.

Randonnées dans le parc : le parc est sillonné par 4 grandes randonnées dont on peut ne parcourir que des tronçons. Parmi elles, le **Dolphin Trail,** qui longe la côte au départ de Tsitsikamma vers l'est, en passant par la *Misty Moutain Reserve* et jusqu'au *Fernery at Forest Ferns.* 2 jours d'excursion accessible au plus grand nombre (seulement 17 km), d'un grand niveau de confort (hébergement luxueux, repas fournis, portage entre chaque étape...). *Infos et résas : • dolphintrail.co.za • Juste un détail : compter 7 050 R/pers !* Les plus sportifs tenteront l'***Otter Trail*** (chemin de la Loutre), qui suit la côte au plus près sur 45 km (5 jours et 4 nuits). Un vrai marathon sans difficulté particulière. Petit problème : il faut réserver très longtemps à l'avance pour pouvoir l'emprunter ! ☎ *012-426-51-11. • sanparks.org •*

Boat trip : *organisés par le parc. Rens au point d'info du resto et départ en contrebas de la terrasse de celui-ci. Compter 150 R jusqu'à la gorge, 300 R pour la chute d'eau. Départ ttes les 45 mn à partir de 9h30 et jusqu'à 14h45.* Pour la gorge, on remonte un petit bout de la *Storms River* en bateau en 30 mn depuis son embouchure. Pour la chute d'eau, on longe la côte pendant 1h.
– À côté, agence ***Untouched Adventures*** : *073-130-06-89. • untouched adventures.com •* Tours guidés en canoë et *snorkeling*.

STORMS RIVER

En reprenant la N 2, à environ 5 km de la bifurcation du Tsitsikamma National Park. Ne pas confondre *Storms River* avec la *Storms River Mouth,* qui indique l'embouchure de la rivière. Là, il s'agit d'un minuscule village tranquille, aux habitations très éparses, de part et d'autre d'une rue centrale, avec quelques adresses routardes. On trouve aussi un grand hôtel et une agence d'activités sportives autour de laquelle vit tout le village. À part ça, c'est le calme total ! Bon à savoir : pas de banque (mais un unique distributeur de billets au *Supermarket*).

Où dormir ? Où manger ?

Plusieurs adresses bien sympathiques dans ce micro-village. La plupart proposent des repas à leurs clients, soit sous forme de vrai dîner, soit sous forme de barbecue.

…arché …oyens

… ***Dijembe Backpackers :*** *en …vant dans le village, prendre la 1re … droite et faire 500 m (jusqu'aux colonnes de pierre). ☎ 042-281-18-42. • dijembebackpackers.com •* Baz Bus Stop. *Dortoir 180 R/pers, petit déj inclus. 3 dortoirs 4-10 lits ; double 550 R, sans ou avec sdb privée ; tentes safari 450 R.* Sur un grand terrain accueillant, 2 maisons bien séparées. Dortoir avec lits en gros rondins et chambres en rez-de-chaussée simples et agréables, en pierre et bois. Sympa aussi, les tentes safari confortablement aménagées (lits). Une atmosphère jeune et cool règne ici, un peu *arty* sur les bords. Les graffitis en témoignent. Jacuzzi, billard, fléchettes.... Petit déj sympa (on se fait ses crêpes soi-même). Dîner sur demande (pain maison, pizzas, fromage de la ferme...) et BBQ tous les soirs. Location de vélos. Avis aux cavaliers, de belles balades à cheval dans le secteur.

Tsitsikamma Backpackers : *54, Formosa St. ☎ 042-281-18-68. • tsitsikammabackpckers.co.za • Lit en dortoir 250 R/pers ; doubles 720-850 R sans ou avec sdb ; tentes aménagées 600-800 R.* Un grand choix d'hébergements propres et agréables dans cette grande maison en bois entourée d'un jardin nickel. Dortoirs pour 4 à 6 personnes, chambres doubles soignées et confortables, avec salle de bains pour les plus chères. Avis aux adeptes d'un camping un peu glamour (le glamping !), des tentes tout équipées (lits, électricité, mais salles de bains communes), avec auvent en dur et terrasse. Transats pour se la couler douce sous les arbres, et *braai* pour faire griller sa bidoche. Location de *segways.*

Tube and Axe : *en arrivant, au bout de la rue, prendre à droite, puis 200 m plus loin, sur la gauche (bien fléché). ☎ 042-281-17-57. • tubenaxe.co.za • Dortoir 230 R/pers ; doubles et tentes safari env 1 100 R.* Large choix d'hébergements routards : 2 dortoirs (6 et 14 lits) dans la maison principale ou dans une autre cabane de bois juste à côté. Chambres doubles et familiales confortables, ouverts sur le jardin verdoyant. Pour une immersion dans la nature tropicale, optez pour les tentes safaris. Ensemble bien tenu, sanitaires nickel et cuisine commune. Vraiment chouette, avec une ambiance du tonnerre certains soirs. Piscine et service de navettes bien pratiques pour explorer les environs (payant).

Marilyn's 60's Diner (Elvis Restaurant) : *Darnell St, au cœur du village. Tlj 9h-20h. Plats 65-90 R.* Ce resto rose chewing-gum qui aurait plus sa place sur les boulevards de Los Angeles qu'à Storms River joue à fond sur sa déco ! Voitures rutilantes des années 1950-1960, Harley-Davidson, les proprios vivent leur *American dream* à fond ! Dans la salle centrale, bourrée de photos d'Elvis et de Marilyn, quelques bijoux de voitures (des vraies !), mais aussi un juke-box qui fonctionne et un canapé dans une Cadillac. Dans l'assiette, de belles salades, des rock'n'roll sandwichs, une liste de burgers comme aux States, ainsi que des plats portant les noms de films de la pulpeuse blonde.

Chic

Armagh Country Lodge and Spa : *24, Fynbos Ave, bien indiqué sur la droite en arrivant. ☎ 042-281-15-12. • thearmagh.com • Double env 1 300 R, petit déj inclus ; cottages également 1 500-1 900 R. Plats 120-180 R.* Une maison dans la verdure, soignée, entourée de bosquets, de pelouses, de fontaines, et dotée d'une petite piscine. Les chambres d'une certaine amplitude sont prolongées par une petite terrasse couverte d'une treille. Un bon potentiel, même si certaines salles de bains mériteraient un rafraîchissement. C'est également un bon restaurant *(Rafters),* avec des tables installées sur une bucolique terrasse aux fontaines glougloutantes, qui allie l'élégance à la finesse de la cuisine.

À faire

Saut à l'élastique (Bloukrans bungy jumping) : *sur la N 2 en direction de Port Elizabeth, 3 km après le péage, sur la gauche, sous le Bloukrans Bridge qui enjambe la rivière Bloukrans. ☎ 042-281-14-58. ● faceadrenalin.com ● Tlj 9h-17h. Compter 1 350 R le saut.* Réputé comme étant le plus haut saut à l'élastique du monde depuis un pont, avec un vide abyssal de 216 m. Bon, le saut lui-même ne fait « que » 170 m (pour sauter de plus haut, il vous faudra aller en Chine, tout en haut d'un gratte-ciel). Pour être francs, le prix est encore plus terrifiant que le saut lui-même On vous propose également de vous balader sur une passerelle, sous le tablier du pont, jusqu'au lieu du saut *(150 R).*

Canopy Tours : avec ***Stormsriver Adventures.*** *☎ 042-281-18-36. ● stormsriver.com ● Durée : 2h30-3h. Prix : env 660 R/pers pour le* Canopy tour, *ce qu'on trouve franchement exagéré, même si un repas (léger) et des rafraîchissements sont fournis. À partir de 5 ans.* Cette agence propose de découvrir la forêt de 2 manières : en se baladant de plate-forme en plate-forme (il y en a 10) le long de tyroliennes à 30 m de haut dans la canopée (genre d'accrobranches mais avec guides) ou en restant sur le plancher des vaches, sillonnant la forêt dans un colossal véhicule tout-terrain.

River Tubing the Storms River : *● blackwatertubing.net ● Compter env 650-1 100 R. Durée : 3h pour la Green route ou 6h pour la Red route.* Encadrée par des guides certifiés, et proposée par le *Tube and Axe* (voir « Où dormir ? »). 2 descentes au choix : la *Green route,* accessible à partir de 5 ans, est une balade familiale accessible à tous, là où la Storms River est la plus large. Pour les plus de 12 ans, la *Red route,* au cœur du Tsitsikamma National Park, est plus sportive. 3h de descente (pour la version longue), juché sur une bouée individuelle, costumé d'une combinaison et dûment casqué. Vraiment sympa et sportif à la fois. Émotions garanties.

JEFFREYS BAY

27 000 hab.

À environ 110 km de Storms River, à 1re vue, pas grand-chose à faire ni à voir dans cette station balnéaire tout en longueur qui semble flotter dans des habits trop grands. Ne cherchez pas plus longtemps et laissez-vous, comme les surfeurs, emporter par la vague ! C'est en effet LA vague qu'on vient chercher ici. Et pas n'importe laquelle. J'Bay, comme on l'appelle, abrite la *Supertubes,* une vague délicate et puissante, qui s'ourle à la perfection quand elle est en forme La reine des reines !

Bref, Jeffreys Bay, faute de charme à revendre, semble surfer sur le temps à l'image de ces sportifs qui doivent toujours rester en mouvement pour garder l'équilibre. *Supertubes* ou pas, on croise en ville des surfers en combinaison, tenant en laisse et sous le bras leur fidèle planche. Jeffrey's Bay est aussi la capitale d'une autre industrie, celle du calamar, qui figure parmi les incontournables au menu des restos.

Au sud et à l'écart de la ville, changement de ton avec cette indécente marina, tout autant hors du temps à sa manière, que l'on atteint après avoir traversé le township Tokyo Sexwale, du nom d'un militant anti-apartheid, ancien dirigeant de l'ANC. Architecture froide, ponts artificiels et colonnades... Ici, on se déplace autant en bateau qu'en 4x4.

Arriver – Quitter

– Les bus des grandes compagnies (*Translux, Greyhound* et *Intercape*) ne viennent pas jusqu'à Jeffreys Bay ; ils s'arrêtent à la station *Caltex,* à environ 1 km de là. Ce n'est pas trop loin, mais si vous êtes chargé, la plupart des adresses se proposent de venir vous chercher à l'arrêt des bus.

➢ Le ***Baz Bus*** dessert les principales adresses de Jeffreys Bay.

Adresses utiles

ℹ ***Office de tourisme :*** *Da Gama Rd, entre Woltemade et Drommedaris St. Dans le sud de la ville.* ☎ *042-293-29-23.* • *jeffreysbaytourism.co.za* • *Lun-sam 9h-17h.* Plein de bonnes infos délivrées par un staff efficace.

■ ***Change :*** la plupart des banques se situent sur Goedehoop Street et Da Gama Road, dans le centre.

Où dormir ?

De bon marché à prix moyens (150-1 000 R / env 10-66,70 €)

🏠 ***Cristal Cove :*** *49, Flame Crescent.* ☎ *042-293-21-01.* • *cristalcove.co.za* • *À 2 pas de Supertubes, au nord de la ville. Dortoir env 200 R/pers ; doubles 600-900 R (les moins chères sans sdb privée). Pas de petit déj.* Un édifice de brique à côté de la plage aménagé de manière fort conviviale et à l'ambiance décontractée. Certaines chambres avec salle de bains ont vue sur l'océan. Dortoirs de 4 personnes max. Il existe aussi des apparts de 2 chambres avec salon. Propre, spacieux et s'il n'y a pas de repas servis, on peut faire sa cuisine. Salon, bar avec billard et babyfoot où il est plaisant de prendre une mousse. Cours de surf.

🏠 ***Beach Bums Backpachers :*** *2, Pepper St. Plage de Supertubes.* ☎ *042-281-18-42. Dortoir env 220 R/pers ; doubles sans ou avec sdb privée 800-1 300 R.* Une adresse à quelques mètres des tubes, voilà son principal attrait. On la repère à son combi VW surmonté d'une planche de surf. Lits à la queue leu leu dans le dortoir pour 10, et doubles propres, sans confort superflu. Cuisine commune et billard dans l'entrée.

🏠 ***Zen Guesthouse :*** *10G, Mimosa St.* ☎ *082-770-07-74.* • *zenguesthouse.com* • *Doubles 700-900 R ; pas de petit déj.* À 2 rues en retrait de la mythique plage Supertubes, cette mignonne *guesthouse* la surplombe. Pour la vue, on opte pour la chambre du haut, lumineuse, qui domine les flots. Salle de bains et baignoire devant le panorama. 1 autre chambre au même étage avec salle de bains à partager conviendra aux familles ou amis. En bas, on est dans les arbres, et la terrasse avec hamac compense l'absence de vue. Accueil sympathique de Liesl et de ses chiens !

Chic (1 000-plus de 1 800 R / env 66,70-120 €)

🏠 ***Funky Town :*** *12a, Oosterland St.* ☎ *042-293-38-60.* • *accommodationjbay.co.za* • *Au sud de la ville, dans une rue perpendiculaire à Da Gama Rd (la rue principale). Double env 900 R sans ou avec sdb privée mais sans petit déj. Également un penthouse pour 4 pers.* Cet « *Art Hotel* » propose des chambres colorées et une cuisine commune moderne. Belles chambres avec tableaux aux murs, salles de bains et douches à l'italienne taille XXL dans certaines. Les plus grandes ont un esprit *penthouse* new-yorkais assez plaisant. À l'étage, un chouette appart de 2 chambres et salon, idéal pour les familles. On aime le style pop art qui ne se prend pas au sérieux avec des toiles psychédéliques ou inspirées de l'univers de la BD... Piscinette, jacuzzi, aire de barbecue. Un bon point de chute, central et effectivement assez funky dans le genre.

Supertubes B & B and Guesthouse : 12, Pepper St. ☎ 042-293-29-57. • supertubesguesthouse.co.za • À 3 km au nord de la ville, plage de Supertubes. Doubles 1 600-2 000 R, petit déj inclus ; plus cher pour les luxury. Plusieurs maisons voisines, confortables mais sans beaucoup d'âme. Leur gros avantage, c'est la proximité avec la plage. Chambres classiques et consensuelles, avec une belle vue depuis certains balcons, tandis que d'autres donnent sur le parking. Petit déj servi en terrasse, devant le jardin à la pelouse bien policée. Également une maison et des suites en formule *self-catering.*

Où manger ? Où boire un verre ?

In Food Deli : Schelde St. ☎ 042-293-36-51. Au sud de la ville, dans une rue perpendiculaire à Da Gama Rd (la rue principale). Tlj sauf dim 7h-16h. Petits déj 55-80 R, plats 60-135 R. Jeffreys recèle quelques adresses gourmandes comme celle-ci, antidéprime et attachante. Il s'agit d'une boulangerie et d'une épicerie fine, joliment fournie avec des produits locaux, frais, appétissants qui se retrouvent dans l'assiette en terrasse ou dans la chaleureuse salle. Cuisine du monde, des œufs sous toutes leurs formes au petit déj, *nachos, springrolls, fish & chips* et pain artisanal bien sûr... La liste des réjouissances est longue, de la Méditerranée à l'Asie. 2 autres adresses en ville : le *Coffee Society* (ouv lun-sam 7h-15h) et le J Bay (ouv lun-sam 9h-22h et dim 8h-17h).

Kitchen Windows Beach Restaurant : 80, Ferreira Rd. ☎ 042-293-42-30. Au sud de la ville, au bord de la mer (accès possible par Diaz St, au niveau du n° 23). Tlj 11h-21h. Plats 100-250 R. Ici, on surfe sur une carte à base de beaux poissons de ligne, toujours très frais. De juteuses viandes parfaitement grillées également, on ne s'étonne plus de la solide réputation que cette adresse s'est forgée. Pour ceux qui aiment mêler les saveurs, les *combo's* (viande et poisson) sont à tester. Adorable terrasse avec petite pelouse sur le devant, donnant directement sur la plage et la mer. Une denrée rare !

Nina's : 126, Da Gama Rd. ☎ 042-296-02-81. Ouv tlj 7h-22h. À côté du Spar et de la station-service ; à 100 m de la plage Supertubes. Plats 70-125 R. Si la rue n'est pas des plus glamour, cette vaste cantine avec ses planches de surf suspendues au plafond fait le plein, et on comprend pourquoi. La carte est longue comme le bras, mais la qualité n'en pâtit pas. Tout est frais et bon : salades, *pad thaï,* sushis, grillades, *curries,* burgers... Prix serrés pour ne rien gâcher.

The Mexican : Da Gama Rd, à côté de l'office de tourisme. La meilleure adresse en ville, en tout cas la plus animée pour prendre un verre.

À voir, à faire

Inutile d'informer les surfeurs que le plus beau spot, ***Supertubes,*** se situe au nord de la ville. C'est là que les bons choisissent de résider. Comme ça, ils sont sur place dès le matin. Pour s'échauffer, des vagues bien creuses déroulent sur les plages de *Magnatubes* ou *Tubes*. Quitte à nous répéter, l'hiver (juillet-août) est la meilleure période. Les débutants peuvent, quant à eux, s'entraîner sur *Kitchen Windows* ou sur ***Main Beach,*** aussi appelée ***Dolphin Beach*** : ouvrez les yeux, on voit parfois les dauphins sauter depuis la plage ! Petites vagues régulières. *Da Gama Street,* la rue principale, est truffée de boutiques de surf qui proposent tout le matériel à louer ou à acheter. Plusieurs écoles, comme la *Jeffreys Bay Surf School (● jbaysurfschool.co.za ●).*

Plages : voici 3 plages plus à l'abri des puissants rouleaux et donc propices à la baignade : *Dolphin Beach* (au centre) *Magna Tubes* et *Kabeljous*.

Shell Museum : *derrière l'office de tourisme, sur la plage. Ouv lun-ven10h-15h, sam 9h-14h. Entrée : 10 R.* Musée des coquillages du monde entier, dans une salle unique. La collection a été commencée en 1945 par une passionnée de Jeffreys Bay.

Surfing Museum : *à l'étage de la boutique* Quicksilver, *au 24, Da Gama Rd, entre Goedehoop et Oosterland. Tlj 9h-17h (15h w-e). GRATUIT.* Cette modeste expo relate l'histoire du surf en général et du surf à J'Bay en particulier. Succinct et fouillis. Nombreuses photos de l'époque des pionniers à nos jours, quelques planches léguées par des surfeurs célèbres...

Sentiers de ***randonnée*** dans les 3 petites réserves naturelles dont qui bordent Jeffrey's Bay. *Kabeljous, Noorsekloof* et *Seekoei Nature Reserve*. Cette dernière est aussi une réserve ornithologique où l'on peut observer 120 espèces d'oiseaux.
– Également ***kite surf, pêche, balades à cheval, observation des dauphins*** et en saison, ***des baleines...***

L'EASTERN CAPE

• Carte *p. 419*

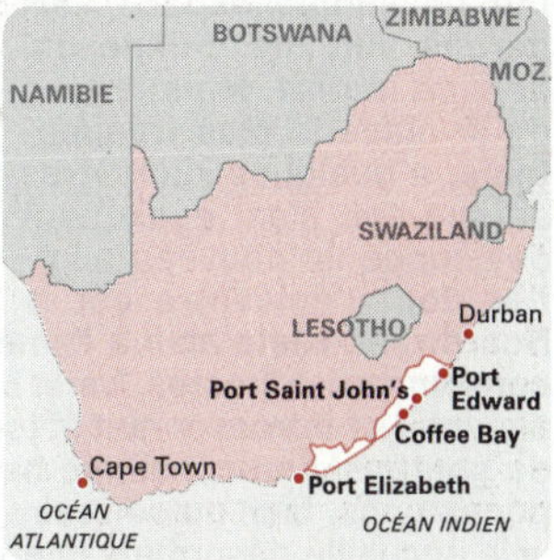

Près de 800 km de littoral séparent Port Elizabeth, porte d'entrée dans l'Eastern Cape, de Port Edward, par laquelle on quitte cette attachante région. Après un détour par le superbe Addo Elephant National Park, on peut choisir de rallier Durban en longeant la *Wild Coast* et en traversant l'ancien Transkei, territoire du peuple Xhosa. Ici, les paysages sont moins construits, les villes plus africaines. Les villages étiolent à l'infini leurs huttes xhosas chapeautées de chaume, souvent peintes de couleurs vives et disséminées sur les collines et les versants des vallons. Drôle de contraste avec la côte des Hibiscus *(Hibiscus Coast)*, entre l'ancien Transkei et Durban, où l'on découvre une succession de stations balnéaires. Sur ce littoral de plus en plus bétonné, il est difficile de se sentir dépaysé (immeubles, villas, appartements à louer, commerces). 2 étapes seulement nous semblent dignes d'intérêt : les gorges d'Oribi et Port Edward, porte d'entrée de l'ancien Transkei.

LA RÉGION DE PORT ELIZABETH

PORT ELIZABETH

312 500 hab. (Metropolitan Municipality : 1 150 000 hab.)

• Plan *p. 420-421*

Une curieuse ville que Port Elizabeth ! Cette ville portuaire et industrielle à la fois s'étire sur 16 km le long de la Nelson Mandela Bay (naguère Algoa Bay). Avec ses banlieues et villes-satellites, elle forme d'ailleurs désormais la Nelson Mandela Bay Metropolitan Municipality. La construction automobile emploie des dizaines de milliers de personnes dans les usines des faubourgs et attire autant de déshérités dans le centre-ville, qui du coup n'est pas recommandé à la tombée de la nuit. Comble de l'histoire, les temps modernes ont défiguré la cité en traçant une autoroute qui la traverse de part en part et qui longe le bord de mer comme une longue cicatrice.

Même si « P.E. », comme on l'appelle familièrement, ne possède pas le charme de Cape Town, loin s'en faut, une courte halte permettra de mieux comprendre les réalités de l'Afrique du Sud d'aujourd'hui et l'acuité des problèmes sociaux qu'il lui reste à affronter. Car il y a 2 vies

en parallèle à Port Elizabeth. L'activité diurne se concentre le long de Govan Mbeki Avenue (c'est la rue de *Downtown* avec banques, vendeurs ambulants...) ainsi qu'autour de la *Donkin Reserve,* en fait un simple espace vert perché sur une colline qui domine le port. Mais le long de la plage la plus fréquentable, à quelques kilomètres au sud-est, s'est également développé un nouveau quartier dont l'épicentre est le Boardwalk, vaste *mall* à l'américaine où se concentre un temple de la consommation (restos, bars, boutiques, casino...). Un coin où les riches aiment à se retrouver nuit et jour, en toute sécurité. Cette nouvelle forme de ghettoïsation consentie ne favorise évidemment pas le mixage des populations, bien au contraire, même si Stanley Street, en plein centre-ville accueille désormais une vraie vie nocturne autour d'une flopée de restaurants branchés.

PORT D'ATTACHE

Le nom de Port Elizabeth serait-il un hommage aux reines britanniques, étrange relent de colonialisme ? Non, en fait la ville tient son nom d'Elizabeth Donkin, la femme du gouverneur Rufane Donkin. Inconsolable à la suite du décès de celle-ci, en Inde en 1818, il donna le prénom de son épouse regrettée à la ville sud-africaine qu'il fonda 2 ans plus tard et à laquelle il fut si attaché.

Arriver – Quitter

En bus

Les 3 grandes compagnies s'arrêtent toutes à l'ouest de la ville, à Greenacres, à 3 bons km à l'ouest du centre (pas pratique du tout). Cependant *Intercape* fait un arrêt en ville, ayant un bureau dans le centre, sur *Flemming et North Union St (plan B1).* Avec *Greyhound*, n'y comptez pas !

➢ Liaisons entre ***Jo'burg*** (de nuit : env 15h de trajet), ***Le Cap*** (10-13h selon type de bus) et ***Durban*** (avec *Greyhound* et *Translux* seulement ; 14-15h de route).

■ ***Intercape*** *(plan B1)* **:** *Flemming et Union St.* ● *intercape.co.za* ●

■ ***Translux*** *(plan B1)* **:** *ADT House, Ring Rd, Greenacres.* ● *translux.co.za* ●

■ ***Greyhound*** *(hors plan par A1)* **:** *shop 5, Rochelle Centre, Ring Rd, Greenacres.* ● *greyhound.co.za* ●

– Également avec ***Baz Bus*** : ● *bazbus.com* ● 4 A/R par sem entre Le Cap et Port Elizabeth.

En train

Gare ferroviaire *(plan B1)* **:**

➢ De/vers ***Jo'burg*** : 3 liaisons/sem, en principe mer, ven et dim. Compter 20h de trajet. Train seulement en 1re classe, en raison des problèmes de sécurité. Couchettes.

En avion

✈ ***Aéroport*** *(plan A3)* **:** *à env 5 mn en voiture du centre.* ☎ *041-507-73-19.* La plupart des adresses vont chercher leurs clients sur simple demande lors de la réservation. Sinon, restent les taxis *(compter env 150 R la course).* On peut par exemple réserver auprès d'*Alpha Cabs (☎ 041-364-17-04).*

Nombreuses liaisons tlj de/vers Le Cap et Jo'burg avec notamment *South African Airways, Mango, British Airways* et *Safair.* Cette dernière assure aussi des liaisons avec Durban.

Adresses utiles

ℹ ***Nelson Mandela Bay Tourism*** *(plan B1)* **:** *Donkin Reserve, Belmont Terrace.* ☎ *041-585-88-84.* ● *nmbt.co.za* ● *Au rdc du phare qui domine*

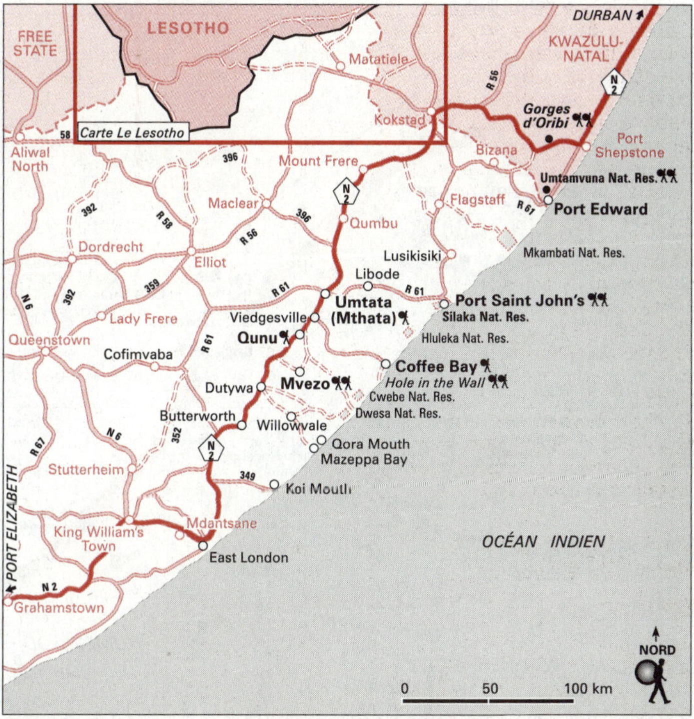

EASTERN CAPE

l'espace vert au centre-ville. Lun-ven 8h-16h30, sam 9h30-15h30. Assure les réservations pour les hébergements contre une commission de 10 %. Propose un itinéraire *Donkin Heritage Trail* (livret en vente) dans la partie la mieux conservée de la ville et une balade à la découverte d'œuvres d'art en hommage à Nelson Mandela, *Route 67 (brochure gratuite).* Propose également un *pass* qui donne l'accès libre ou des réductions pour une cinquantaine de sites et attractions (à vous de calculer si c'est intéressant en fonction de votre programme : • *nelsonmandelabaypass.co.za* •). Dispose d'une ***annexe*** sur Marine Drive, à l'entrée du Boardwalk, sur la gauche *(plan D3),* clinquante mais pas d'une grande utilité ainsi qu'une autre à l'aéroport *(tlj 8h-18h).*

■ ***Banques et change*** *(plan B1,* ***3*****) :** *sur Govan Mbeki Ave, en plein centre. Lun-ven 9h-15h30, plus sam mat.* Change et distributeurs accessibles 24h/24. Également dans le Boardwalk *(plan C3,* ***4*****),** à l'entrée du *mall* et au casino.

■ ***Alliance française*** *(plan A1,* ***5*****) :** *17, Mackay St. ☎ 041-585-78-89. Ouv lun-ven 9h-18h.* Logé dans une belle maison victorienne.

■ ***Consulat honoraire de France*** *(Lorien Pichegru)* **:** *à l'Alliance française. 083-487-85-74.* • *lorienp@hotmail.com* •

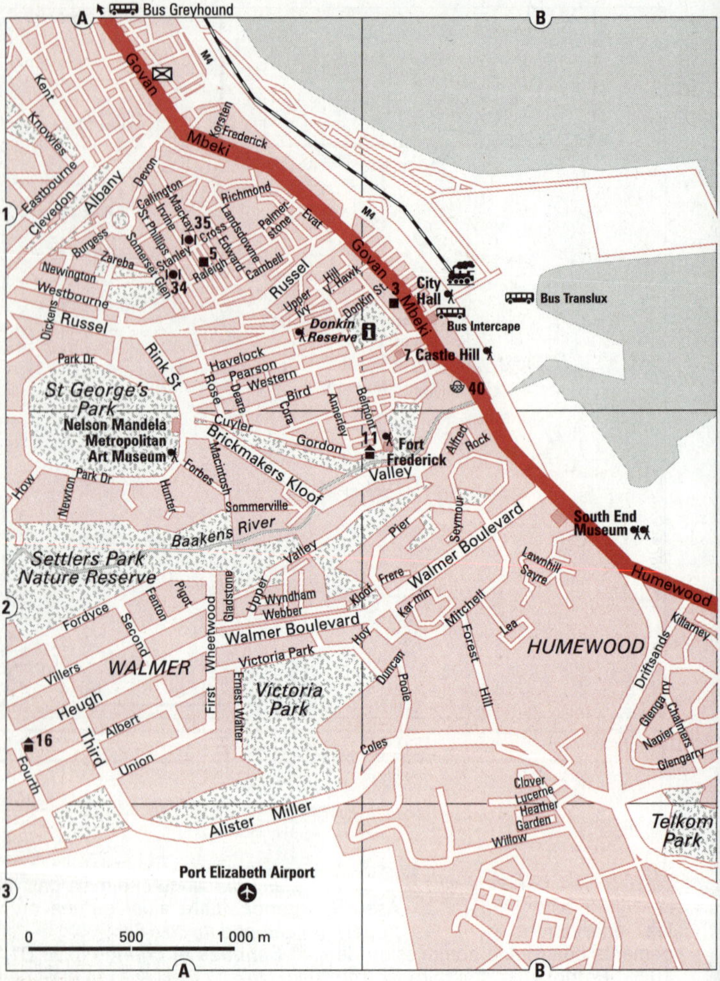

L'EASTERN CAPE

Où dormir ?

De bon marché à prix moyens (150-1 000 R / env 10-66,70 €)

⛺ 🏠 ***Lungile Lodge and Backpackers*** *(plan C2, **10**) : 12, La Roche Dr, Humewood.* ☎ *041-582-20-42.* ● *lungilebackpackers.co.za* ● *Arrêt du Baz Bus (vente aussi des billets). Camping 120 R/pers. Dortoirs 6-12 lits 210-230 R/pers ; doubles 580-580 R sans ou avec sdb, petit déj non compris ; familiales et studio.* Le bois prédomine dans cette

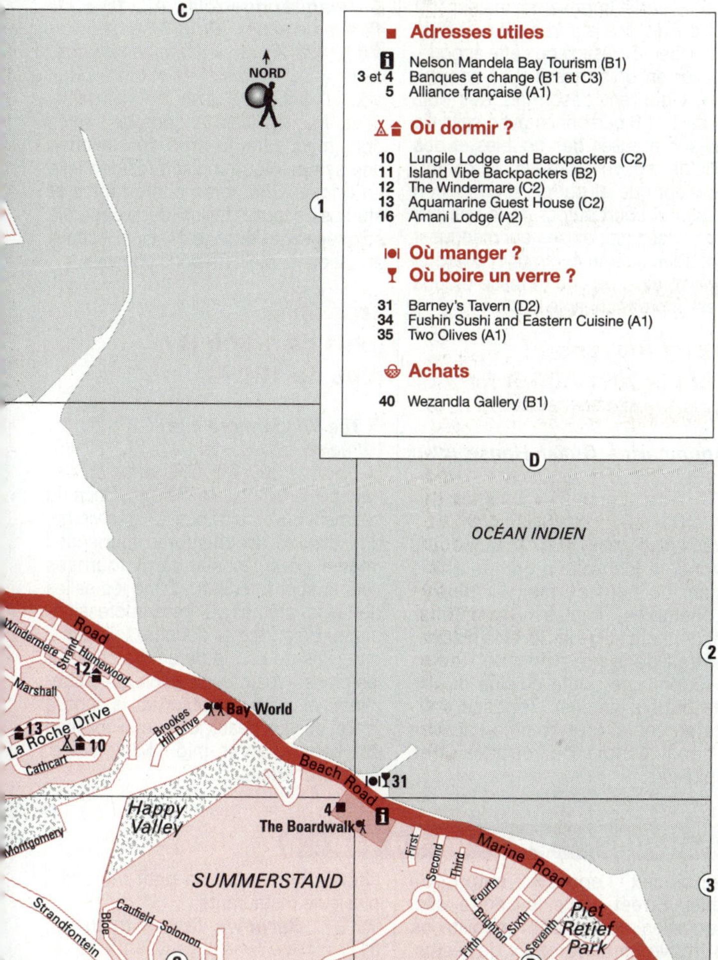

PORT ELIZABETH

maison moderne surplombant la baie, dans un quartier résidentiel, avec ses larges baies vitrées sur l'avant et sa piscine sur l'arrière (pas négligeable !). Les chambres sont chaleureuses et propres, avec un dallage de pierre vernissée. Beaux lits en bois brut ciré dans les dortoirs. Tout est très soigné. Pour les accros au camping, 3 emplacements en surplomb de la piscine. Le salon a de l'ampleur et un cachet appréciable, avec cheminée, sofas et billard, cuisine, coin bistrot... tout ce qu'il faut !

Island Vibe Backpackers *(plan B2, **11**) : 2, Fort St. ☎ 041-582-34-43. • islandvibe.co.za • Nuits en dortoir 120-190 R ; double 550 R, sdb commune. Pas de petit déj.* Juste derrière le fort militaire, cette imposante maison du XIXe s qui domine le port a été reconvertie en auberge. Vestige de cette époque, l'escalier en bois massif. Les anciens bureaux abritent désormais des dortoirs de 4 et 6 personnes avec salle de bains sur le palier, des doubles et des familiales, souvent dotées de cheminées d'époque et parfois d'un balcon en bois qui court autour de la maison. Salons assez grandioses qui manquent de mobilier, cuisine commune, billard et babyfoot, ainsi qu'une terrasse d'où la vue est impressionnante !

De prix moyens à chic (400-1 800 R / env 26,70-120 €)

Aquamarine Guest House *(plan C2,* ***13****) : 27, La Roche Dr. ☎ 041-585-94-07. • aquam.co.za • Doubles env 700-840 R avec petit déj ; familiale également. Parking clos.* Maison toute blanche, le long d'une grande artère menant au bord de mer. La plupart des chambres, simples mais confortables, donnent sur le jardin et la piscine, en retrait de la rue passante. Toutes possèdent une petite cuisine et une table pour s'installer. Terrasse couverte agréable, tout comme l'accueil du gentil couple de retraités, très hospitaliers.

Amani Lodge *(plan A2,* ***16****) : 11, 4th Ave, Walmer. ☎ 041-581-60-37. 082-493-25-77. • amaniguestlodge.co.za • Selon saison et confort, doubles 1 095-1 290 R avec petit déj ; familiales. Parking clos.* À 2 pas de l'aéroport (mais sans le bruit des avions), une sympathique maison résidentielle en brique. Chambres confortables et studios de toutes tailles, déco générale soignée et de l'espace. Piscine. Accueil attentionné, plein de bons conseils.

Très chic (plus de 1 800 R / plus de 120 €)

The Windermere *(plan C2,* ***12****) : 35, Humerwood Rd. ☎ 041-582-22-45. Doubles 1 800-2 600 R. • thewindermerebymantis.co.za • Garage.* Dans un bâtiment qui croule sous la vigne vierge, une dizaine de chambres immenses (même pour les standard) tournées vers la cour intérieure. Dans les salles de bains, mêmes volumes impressionnants. Baignoire et douche, toilettes à part. Pas de risque de se marcher sur les pieds ! Voluptueux salon avec cheminée, et canapés confortables dans le jardin, où, aux beaux jours, une collation est servie l'après-midi. Minipiscine. Accueil charmant.

Où manger ? Où boire un verre ?

2 principaux « spots » : autour de Stanley Street, dans le centre-ville, un quartier récemment réhabilité où l'on trouve un large choix de restos, dans une atmosphère branchée, surtout le soir. Sinon dans le quartier de Humewood et Beach Road, à quelques kilomètres, dans une ambiance plus aseptisée.

Dans le quartier de Humewood et Beach Road

Prix moyens (150-400 R / env 10-26,70 €)

Le ***Boardwalk*** *(plan C-D3)* n'est pas notre tasse de thé, mais si vous avez choisi d'y manger un petit morceau, plusieurs restaurants.

Barney's Tavern *(plan D2,* ***31****) : Marine Dr, presque en face du Boardwalk, côté mer (grand parking). ☎ 041-583-45-00. Tlj 8h30-minuit (22h dim). Plats env 70-145 R.* Pub façon australe au 1er étage de ce complexe posé face à la mer. Pas le genre fléchettes et cheminée, mais plutôt une grande salle moderne et vitrée avec une terrasse qui en fait tout le tour pour s'en jeter plein les mirettes, tout en s'envoyant une pression maison ou un poisson du jour. Ambiance du tonnerre les soirs de musique, c'est-à-dire à peu près tous les jours.

Dans le centre

Fushin Sushi and Eastern Cuisine *(plan A1, **34**) : shop 5, 15, Stanley St, Richmond Hill. ☎ 041-811-78-74. Tlj 12h-22h. Sushis et platters 70-160 R.* Cap à l'Est dans cette rue qui regorge d'adresses *world food* à touche-touche, et qui est devenue un incontournable de la vie nocturne à Port Elizabeth. Terrasse sur rue, et dans une salle sans excès de chaleur, un comptoir le long du bar, devant des cuistots affairés. Toujours impressionnant de les observer confectionner des sushis et tapas avec tant de dextérité. C'est frais, bon mais gare aux épices !

Two Olives *(plan A1, **35**) : 1A, Stanley, à l'angle de Mackay St, Richmond Hill. ☎ 041-585-03-71. Tlj midi et soir. Tapas 55-90 R, plats 135-185 R, pizzas 90-135 R.* Un des nombreux restos de ce quartier branché où l'on vient pour une cuisine d'inspiration méditerranéenne, des tapas aux plats lorgnant vers le Portugal *(espetada, portuguese chicken)* ou la Grèce *(greek lamb chops)*. Plancher clair et balcon filant, le cadre est chouette ! Également des pizzas pour compléter la trilogie européenne. Au rez-de-chaussée, le restaurant ***Muse*** se démène pour servir une cuisine travaillée et admirablement bien présentée.

Achats

Wezandla Gallery *(plan B1, **40**) : 27, Baakens St. Lun-sam 9h-17h (13h sam).* Grand hangar à 2 pas du centre-ville, où sont réunis des objets artisanaux, artistiques ou de pacotille, provenant de nombreux pays d'Afrique. Un peu de tout à prix variés. Pratique !

À voir

Dans le centre

Si l'ambiance n'est pas vraiment à la fête dans le centre-ville, on y voit pourtant quelques maisons des XVIIIe et XIXe s, parfois bien préservées, voire de superbes réalisations architecturales de style victorien et un peu d'Art déco. Des galeries d'art ont ouvert (dont le *Nelson Mandela Metropolitan Art Museum,* situé dans la partie nord-est du Saint George's Park), ainsi qu'une salle de spectacles *(Little Theatre)* et des circuits ont été mis en place. Le tout dans un louable effort de réhabilitation, au moins artistique, du centre-ville. • *artsjourney-nelsonmandelabay.co.za* •

Donkin Reserve *(plan A-B1)* **:** de tout temps, ce carré de verdure dominant la ville fut le cœur de la cité, reconnaissable à son **phare** blanc élevé au milieu du XIXe s *(visite possible lun-ven 8h-16h30 et sam 9h30-15h30 en demandant à l'office du tourisme voisin. Petit droit d'entrée).* Juste à côté, la petite pyramide est un mémorial que fit édifier sir Rufane Donkin pour sa femme Elizabeth. Les maisons et édifices historiques de la ville se situent autour de ce carré. Elles furent toutes élevées sous la domination anglaise, à partir de 1820. Dans ***Donkin Street*** *(plan A-B1)* notamment, longue série de maisonnettes à balcons, toutes à l'identique.

***Donkin Heritage Trail* :** il s'agit d'une balade de 5 km à faire seul, dans le centre historique (ou ce qu'il en reste), qui passe par les maisons les plus typiques et les plus anciennes. Brochure détaillée et payante à l'office de tourisme (40 R)... quand il leur en reste.

***Route 67* :** autre parcours à faire à pied également, artistique cette fois-ci et beaucoup plus court, à la découverte de 67 œuvres pour célébrer les 67 années d'engagement politique de Nelson Mandela. Départ du *Campanile Memorial* *(plan B1, Strand St, à l'entrée de la gare ferroviaire)* pour sillonner le centre-ville jusqu'au *Nelson Mandela Metropolitan Art Museum (plan A1)* au drapeau national haut perché, en passant par le *City Hall* et le *Donkin Reserve.* Infos et plan (gratuit) à l'office de tourisme.

Nelson Mandela Art Museum *(plan A2) : 1, Park Dr. ☎ 041-506-20-00. • art museum.co.za • Lun et mer-ven 9h-17h, mar 12h-17h, ainsi que le 2e sam du mois et le dernier dim du mois. GRATUIT.* Des collections sud-africaines réparties dans 2 bâtiments. Peintures et sculptures d'artistes contemporains, qui tournent régulièrement. L'occasion de découvrir des artistes locaux, comme Penny Siopis. Une section est consacrée à l'art et à l'artisanat traditionnels des différentes ethnies : tissus, céramiques, bijoux, robes, coiffes (qu'on peut essayer).

City Hall *(plan B1) : sur Govan Mbeki Ave.* Grande place accueillant la pompeuse mairie, surmontée d'une tour de l'Horloge et édifiée au milieu du XIXe s dans un style classique. Non loin, la Public Library, sur Market Square, à l'angle de Main Street. Elle date des années 1930, malgré son style néo-Renaissance plutôt bien réussi. Devant, la présence anglaise s'impose encore avec une massive statue de la reine Victoria.

7 Castle Hill *(plan B1) : au 7, Castle Hill, évidemment. ☎ 041-582-25-15. Lun-ven 10h-13h, 14h-16h30 (16h ven). Fermé le w-e. Demander la fiche en français pour faire la visite. Entrée : 10 R ; réduc.* La plus vieille maison de la ville, simple, élégante et superbement restaurée. Elle a appartenu à un révérend irlandais, qui y vécut de 1827 à 1853. On y présente la vie domestique dans la 2de moitié du XIXe s. Le mobilier d'époque victorienne n'est pas d'origine, sauf celui de la salle à manger. Dans le bureau, copie d'une gravure qui représente P.E. en 1860. Coquettes chambres à l'étage, notamment celle des enfants. Celle des parents est déjà équipée d'un bidet, d'un lavabo et d'un lutrin de lit. Dans une autre, intéressant meuble-lavabo avec réservoir d'eau rotatif en porcelaine, qui se transforme en table. Jetez un coup d'œil à la cuisine en sous-sol, très moderne pour l'époque. La courette accueille une maisonnette, un puits et une pompe à bras.

Fort Frederick *(plan B2) : sur Belmont Terrace, à l'angle de Fort St. Ouv en permanence. GRATUIT.* Ce qui reste de ce fort perché sur un promontoire n'est sans doute pas très évocateur de la grandeur de l'armée anglaise quand elle s'installa dans le secteur en 1820. Il s'agit d'un modeste poste militaire, un petit bout de bastion dominant le port. Aucun coup de canon n'a jamais été tiré depuis ce fort. Pas un intérêt folichon, sauf pour la vue sur le port.

Dans le quartier de Humewood et Beach Road

Bay World *(plan C2) : sur Beach Rd. ☎ 041-584-06-50. • bayworld.co.za • Lun-ven 9h-16h30. Fermé w-e. Entrée : 45 R ; réduc. Un complexe comprenant 3 musées en 1 : Port Elizabeth Museum, Snake Park et Port Elizabeth Oceanarium.*

– *Le musée de Port Elizabeth :* collections très éclectiques, un peu désordonnées dans leur présentation, mais riches dans leur diversité. Section préhistorique avec la reconstitution d'un brontosaure grandeur nature, gentil comme tout malgré sa taille et une autre sur l'ornithologie dans la région. Large expo sur la navigation et l'histoire maritime : maquettes de bateaux, dont une en os réalisée par un prisonnier français, éléments de fouilles issues d'épaves et de curieux paniers pour débarquer les passagers. À l'étage, des vitrines sur les 1ers colons, les traditions xhosas, les animaux sauvages, des modèles anatomiques qui côtoient des instruments de musique avant de retrouver une certaine logique et aborder la section océanographique avec des dizaines de reconstitutions de mammifères marins. Puis évocation de la mode à P.E. au siècle dernier. Riche collection d'appareils photo.

– *Snake Park :* spécimens les plus intéressants d'Afrique du Sud, vivants ou empaillés (pythons, lézards, caméléons, serpents venimeux...). Également des tortues et un pauvre crocodile du Nil qui tourne en rond dans son étroit bassin.
– *Oceanarium :* là, ça coince encore plus. Le bassin extérieur avec les phoques et les pingouins qui font leur show fait pitié *(tlj à 11h et 15h).* Le grand aquarium est vraiment vieillot.

South End Museum *(plan B2) : au croisement entre Humewood Rd et Walmer Blvd. ☎ 041-582-33-25. • southendmuseum.co.za • Lun-ven 9h-16h, w-e 10h-15h. Entrée : donation bienvenue.* Un musée chargé dans tous les sens du terme, y compris en émotion : très documenté, un brin fouillis et à l'ancienne. Poignant hommage au vieux quartier de pêcheurs de South End qui se trouvait ici avant que les bulldozers de l'apartheid ne le détruisent entièrement en 3 ans, à partir de 1965. À la suite de l'abject *Group Areas Act* (1950), on expulsa manu militari plus de 6 000 familles de toutes ethnies et confessions, y compris des Afrikaners pour les reloger à la va-vite à la périphérie, parfois dans des townships. En découvrant la richesse sociale, culturelle, artistique, sportive de feu South End, on mesure tous les dommages irrémédiables causés à l'âme même de Port Elizabeth.

The Boardwalk *(plan C-D2-3) : sur Beach Rd.* Il s'agit d'un ensemble de boutiques, restos, bars, avec au fond un grand casino et au-dessus un hôtel grandiloquent. Le tout entrecoupé de bassins avec fontaines et rythmé par des palmiers. Il y a même une pagode chinoise en toc qui fait office de restaurant. Un complexe moderne, où tout est parfaitement aseptisé. Des vigiles à l'entrée dissuadent les indésirables. La population aisée, blanche ou noire, adore ce genre de nouveau concept qui fleurit dans toutes les grandes villes d'Afrique du Sud...

Dans les townships

Townships tours : plusieurs sociétés proposent des tours dans l'un des nombreux townships qui se sont formés au fil des années dans les vastes banlieues désolées. *Prix : 350-500 R selon l'agence et la durée.* ***Ezethu Tours,*** *☎ 041-818-43-86. 📱 071-031-61-36. • ezethutours.co.za • Également* ***Calabash Tours,*** *☎ 041-585-61-62. • calabashtours.co.za • Compter env 600-700 R/pers pour un tour d'env 3h-3h30.* Agence qui propose notamment plusieurs types de tours dans les townships, dont le *Real City Tour* le matin (à 10h) et le *Sheebeen Tour* l'après-midi (16h).

ADDO ELEPHANT NATIONAL PARK

Situé à environ 70 km au nord-est de Port Elizabeth, Addo Elephant National Park n'a rien à voir avec les immenses réserves naturelles du nord du pays, même s'il constitue tout de même le 3e parc national d'Afrique du Sud par la taille ! Légèrement vallonné, il est composé d'une végétation rase, une sorte de steppe, avec par endroits des surfaces plus denses et d'autres quasi désertiques. Il est vraiment agréable, et la probabilité d'y rencontrer des pachydermes est très élevée. Seul parc à englober également une partie du littoral (non accessible au public), il se targue de posséder les *Big Seven* : l'éléphant, le rhinocéros, le lion, le buffle, le léopard, la baleine et le grand requin blanc. Sans compter les animaux habituels : zèbres, autruches, koudous, phacochères... Ainsi, si vous avez poussé jusqu'à Port Elizabeth, il serait vraiment dommage de ne pas faire le détour. Tant qu'à faire, prévoyez

d'y passer la nuit, c'est un grand plaisir. À noter qu'on n'y observe pas, en revanche, girafes, guépards, hippopotames ou crocodiles car ils ne sont pas endémiques de la région.
La chaîne du Zuurberg jouxtant le parc Addo au nord-ouest est englobée dans le Zuurberg Park (voir plus loin).

UN PEU D'HISTOIRE

La région sud de l'Afrique du Sud a de tout temps été habitée par les éléphants. L'homme – enfin, essentiellement les colonisateurs – a petit à petit chassé ces animaux qu'il craignait et qui ravageaient ses plantations. Au début du XXe s, la construction d'un barrage pour irriguer les terres cultivées attira encore plus les pachydermes, si bien qu'en 1919 un certain Major P. J. Pretorius, chasseur professionnel, fut appelé à la rescousse pour liquider le plus d'éléphants possible. En 14 mois, il en mit 114 à son compteur ! Ce qui finit tout de même par émouvoir un peu dans le Landerneau naissant de la protection animale.
Ainsi, en 1931, fut-il décidé de protéger les 16 éléphants survivants, en créant un parc dans lequel ils seraient rassemblés. Au fil des années, celui-ci fut agrandi, au point aujourd'hui d'intégrer les monts du Zuurberg voisin (voir plus loin le Zuurberg Park). Un système de barrières efficaces fut mis en place autour de la réserve, qui ne couvre en fait qu'une petite portion du parc tout entier. Environ 700 éléphants s'y ébattent désormais joyeusement. En outre, la multiplication des antilopes risquant de rompre l'équilibre du parc, on y introduisit en 2003 une famille de lions...

VIRIL !

Hapoor, puissant pachyderme et chef de bande respecté à Addo, reçut un jour une balle dans l'oreille. L'événement le rendit agressif, et il devint la bête noire des rangers. Toutefois ce piercing n'affectant en rien sa virilité, il fut le papa de presque tous les éléphanteaux du parc, de 1944 à 1968. Puis détrôné de son statut de mâle dominant, il devint solitaire et prit un jour la clé des champs en passant outre la haute clôture de la réserve. Il finit par être abattu, mais Hapoor reste une légende !

Comment y aller ?

➢ ***En voiture :*** de loin le plus pratique. Compter env 1h de route et 70 km au total. Du centre de Port Elizabeth, prendre la N 2 vers Grahamstown sur env 16 km, puis à gauche la R 335, sortie Markham. Faire encore 37 km sur cette route pour arriver à Addo Village. De là, toujours tout droit par la même route sur 13 km, puis c'est fléché sur la droite. L'entrée du parc est à 1 km. Le *Main Camp* (où l'on peut loger, voir « Où dormir ? Où manger ? ») est encore à quelques centaines de mètres. Un peu plus loin encore, on pénètre dans la réserve proprement dite, par *Main Game Area Gate*.

➢ ***Pour sortir du parc,*** plusieurs solutions : soit repasser par la *Main Gate* au nord, soit sortir de la réserve par la *Matyholweni Gate* (par laquelle on peut également entrer). On parcourt alors une bonne trentaine de km de piste en 1h30, du nord au sud. La N 2 est à 3 km de cette sortie. Un vrai gain de temps quand on retourne sur Port Elizabeth et cela permet de traverser toute la réserve.

➢ ***Avec une excursion organisée :*** plusieurs compagnies organisent des circuits à la journée depuis Port Elizabeth. Toutes les AJ revendent cette excursion à la journée. L'unique solution pour ceux qui ne disposent pas de véhicule.

Informations utiles sur le parc

– ***Infos très complètes sur le site :*** *• addoelephantpark.com •*
– **Horaires :** *en principe, tlj 7h-19h (18h30 pour la Mathyholweni Gate, au sud, mais la réception ferme à 17h). L'hiver, Main Gate ferme un peu plus tôt (18h). Avec une résa pour un hébergement situé dans le parc, l'arrivée peut se faire jusqu'à 22h.*
– **Prix d'entrée :** *328 R ; réduc.* On paie à l'entrée du parc, sauf si l'on règle par carte de crédit. Le paiement se fait alors à la réception du *Main Camp*, un peu plus loin ou à *Matyholweni Gate* (entrée sud). Pour ceux qui séjournent dans le parc, l'entrée est valable pour le jour d'arrivée ainsi que pour le lendemain. Un bon truc : arrivez tôt le 1er jour, vous profiterez ainsi du parc durant 2 pleines journées !
– À Addo Village, on trouve une pompe à essence et une banque avec distributeur. Petite épicerie à 5,5 km au nord du village, au *Lenmore Café & Restaurant* (voir « Où dormir ? Où manger ? »).

Où dormir ? Où manger ?

À l'intérieur du parc

Résas longtemps à l'avance : ☎ 012-428-91-11 (à Pretoria), ☎ 042-233-86-00 (Main Camp) ; et ☎ 041-468-09-16/18 (Matyholweni Camp) pour une résa moins de 24h avt. • addoenquiries@sanparks.org • sanparks.co.za •

Addo Rest Camp : *réception tlj 7h-19h. Chalets, forest cabins, rondavels et cottages (2-4 pers) 1 050-1 890 R pour 2 selon confort. Également 2 guesthouses tt confort (jusqu'à 6 pers) autour de 5 320 R pour 4. Possibilité de camper avec sa propre tente (345-380 R) ou dans une safari tent équipée mais sans sanitaires (905-1 010 R pour 2).* Très bon équipement pour chaque hébergement : terrasse, barbecue, cuisine complète. Il y a même une tapette pour tuer les mouches, c'est dire. Bon confort général. Et puis les tailles et les prix des hébergements sont tellement variés qu'il y en a toujours un adapté à vos besoins. Jolie piscine un peu à l'écart des chalets.

Matyholweni Camp : *à l'entrée sud du parc. Réception tlj 7h-18h. Une dizaine de cottages pour 2 env 1 695-1 890 R ; également 6 autres pour les familles.* À seulement 3 km de la N 2 et proche de la ville de Colchester (pratique pour le ravitaillement). Cottages rustiques en brique et au toit de chaume, joliment décorés, avec salle de bains, cuisine équipée, barbecue et terrasse.

Spekboom Tented Camp : *à l'intérieur du parc. 5 tentes seulement (pour 2) 1 050-1 170 R.* Original et rustique pour jouer aux aventuriers. Un espace à la végétation haute, dans un enclos électrifié où sont disséminées 5 tentes proprettes, posées sur pilotis. Sanitaires en commun et kitchenette basique (vaisselle fournie dans une malle). Électricité solaire. On ne peut plus proche des animaux avec un affût dans une palissade pour observer les éléphants. Gros succès pour ces hébergements et résa très longtemps à l'avance !

Narina Rustic Bush Camp : *à 25 km au nord de Main Camp, dans le Zuurberg Park ; accès en voiture, à pied ou à cheval. Compter 1 470-1 680 R pour 1-4 pers (tarif unique).* Un petit campement de tentes sans électricité (apporter sa lampe-torche) pour les puristes, dans le même esprit que le précédent. Seulement 4 tentes avec chacune 2 lits, douche et toilettes communes. La zone n'est pas fréquentée par les *Big Five* mais peuplée de nombreux oiseaux.

Cattle Baron Grill and Bistro : *au Main Camp. Tlj 7h30-22h. Plats env 80-200 R. Buffet dim midi env 150 R.* C'est l'unique resto du parc. Grande terrasse aérée où l'on mange pour l'essentiel des plats généreux de

L'EASTERN CAPE

viande (grand choix de steaks, également des *games dishes*).

🍽 On peut aussi choisir d'apporter son casse-croûte. Et si vous séjournez ici, achetez des provisions AVANT d'entrer dans le parc et faites-vous un bon *braai* (chaque hébergement en est équipé). Tables à disposition sous une grande paillote au *Main Camp*. Sinon, au cœur du parc, le ***Jack's Picnic Site*** où l'on peut casser la graine sans se faire voler son sandwich par un singe.

À l'extérieur du parc

Addo ne présente guère d'intérêt. C'est sur la R 335 et sur les sentiers alentour que l'on trouve le gîte et le couvert, meilleur marché que dans le parc. Quelques adresses *backpackers* aussi. Pour indiquer nos adresses, nous prenons comme point de repère le village d'Addo. Elles se trouvent toutes au nord.

De bon marché à prix moyens (150-1 000 R / env 10-66,70 €)

🏠 ***Orange Elephant Backpackers :*** *à env 4,5 km, bien indiqué sur la droite.* ☎ *042-233-00-23.* • *addobackpackers.com* • *Dortoir 10 lits env 180 R/pers. Safari tent 400 R. Doubles 500-600 R sans ou avec sdb. Petit déj inclus. Navette (payante) de/vers Port Elizabeth.* Chambre très correctes, mais sans véritable charme, et même un rien tristounettes, dans la maison ou dans un ensemble de maisonnettes, disséminées dans des espaces verdoyants. Le dortoir dans un *rondavel* est un peu spartiate, avec ces lits en fer assez étroits.

De prix moyens à chic (400-1 800 R / env 26,70-120 €)

🏠 🍽 ***Addo African Home :*** *Caesar Ave, Addo 6105.* ☎ *042-233-12-44. Résas au Cap :* ☎ *021-422-04-14.* • *addoafricanhome.co.za* • *mololo1o.co.za* • *À 2 km, bien indiqué sur la droite. Le lodge est fléché 300 m plus loin, côté gauche. Safari tents 450-650 R sur la base de 2 pers (150-250 R/pers supplémentaire). Doubles 760-900 R en formule self-catering, 1 150-1 400 R en formule B & B dans le lodge et rondavels 900-1 150 R pour 2. Dîner 250 R (sur résa).* L'adresse a été reprise par de nouveaux propriétaires, qui l'ont rénovée pour la rendre *eco-friendly*. 3 types d'hébergements sont proposés et conviennent à tous les budgets : la *house* avec 5 chambres en formule *self-catering* ; le lodge, avec de grandes chambres, de bon niveau de confort, qui peuvent accueillir une petite famille et des *rondavels*, des huttes blanches toutes rondes dans le jardin (pour 2) ; enfin, des tentes-safari qui peuvent loger jusqu'à 5 personnes. Dans tous les cas, un excellent rapport qualité-prix. Cuisine en libre accès, *lounge* cosy avec bibliothèque et bar à vins. Belle pelouse, bien grasse et grande piscine. Petits espaces de détente dispersés dans le jardin. Resto avec, autant que possible, des produits locaux (dont fruits et légumes bio du jardin. Bonne ambiance et excellent accueil de Roni.

🏠 ***Chrislin :*** *à 1 km au nord du village, fléché sur la gauche, puis faire encore 2,5 km.* 📱 *082-783-35-53.* • *chrislin.co.za* • *Pour 2, compter 1 640-2 200 R selon confort, avec petit déj bio. Plus cher 20 déc-12 janv.* Une petite vingtaine de huttes, moitié *standard* (avec ventilo) et moitié *luxe* (avec clim et salon en cuir). Pour ceux qui recherchent calme et confort en pleine cambrousse, difficile de trouver mieux ! Vastes constructions traditionnelles (terre séchée et toit de chaume), décorées à l'africaine. Le tout sur un immense terrain planté d'orangers et agrémenté d'une piscine sympathique, à défaut d'être très grande. Un endroit vraiment bucolique et de qualité.

🏠 🍽 ***Lenmore Chalets, Cafe & Restaurant :*** *sur la R 335, 5,5 km après Addo Village, indiqué sur la gauche, légèrement en retrait de la route.* ☎ *042-233-05-06.* 📱 *087-700-06-14.* • *lenmore-addo.com* • *Tlj 7h-22h pour le resto (plus tard selon affluence). Chalet de bois 1 300 R pour 2, avec sdb et terrasse ; petit déj inclus. Au resto, plats 100-150 R.* Une poignée de beaux chalets tout en bois, bien agréables, dressés face à une pelouse entretenue à l'anglaise, prolongée par une pièce d'eau habitée par quelques canards. Ils possèdent tous clim et frigo. Quant au resto, c'est un classique du coin, sans prétention mais qui propose une cuisine généreuse pour les appétits de lion. La salle est simple, on lui préfère la grande terrasse éclairée de chandelles le soir, prolongée par une jolie pelouse. Fait également épicerie. Pratique pour le pique-nique !

À voir. À faire

Avant de pénétrer dans la réserve, faites donc halte à l'***Interpretive Center*** *(ouv aux mêmes horaires que le parc).* Petite expo sur l'histoire édifiante du parc, éléments d'infos sur la géologie et les animaux que l'on y trouve. Parfait avant d'aller à la rencontre des bestiaux. C'est aussi là que l'on réserve les tours guidés.

FAUT PAS SE TROMPER !

Pas de doute, les éléphants que vous observez sont bien d'Afrique. Regardez bien, leurs oreilles ont la forme du continent (celles des éléphants d'Asie évoquent plutôt l'Inde...), leur dos est concave (convexe en Asie), et la trompe se termine par 2 doigts (1 seul de l'autre côté de l'océan Indien). En outre, les éléphants d'Afrique sont plus grands, pouvant atteindre 4,50 m de haut pour les mâles.

Avec sa propre voiture : c'est le plus pratique évidemment. Une carte est fournie à l'entrée ou au *Main Camp,* ainsi que les consignes à respecter (interdit de sortir des voitures hors des zones prévues à cet effet, interdit de klaxonner ou de nourrir les animaux, évidemment...). Elle est indispensable pour se guider. Juste à l'extérieur de la boutique du *Main Camp,* une grande carte mise à jour quotidiennement précise à quel endroit on a vu tel ou tel type d'animal la veille au soir. Au fait, on conseille de ne pas rouler sur les déjections d'éléphants (surtout les plus fraîches) car elles peuvent contenir de vicieuses épines d'acacia très pointues et capables de percer un pneu ! Ne pas rouler non plus sur les *dung beetles,* ces petits bousiers (en gros, des scarabées) qui sont protégés (l'IUCN les a classés dans les espèces vulnérables) et qui n'arrêtent pas de traverser devant les voitures, comme s'ils savaient que vous allez vous arrêter !

De nombreuses routes et pistes en excellent état sillonnent le parc. Plusieurs boucles *(loops)* possibles, plus le trajet de *Main Gate* à *South Gate* (1h30 pour environ 35 km). Ils passent tous devant des points d'eau artificiels où l'on peut observer les pachydermes. Contrairement à ce que l'on pourrait penser, les éléphants ne sortent pas à l'aube, mais plutôt au début des heures chaudes, rarement avant 10h. Ils convergent alors vers un des points d'eau pour boire et se rafraîchir, faire un brin de toilette éventuellement. Parfois, on en voit 1 ou 2 seulement. Mais vous assisterez peut-être au bain de boue d'une famille entière. Vraiment extra. On peut aussi se retrouver avec une petite famille qui vient au devant de vous, sur la route ou la piste : conseillé alors de faire demi-tour ! On verra encore des centaines d'antilopes, dont les superbes koudous et d'élégantes biches, de puissants élands, plein de drôles de phacochères, de placides buffles et quelques autruches pas bien malines. Si vous avez beaucoup de veine, vous verrez 1 ou 2 rhinos et des lions (ces derniers ayant été réintroduits dans le parc), mais si c'est le cas, vous pouvez jouer au Loto, c'est votre jour de chance.

Guided Game Drives : *résas à l'*Interpretive Center. *☎ 042-233-86-57. • addogamedrives@sanparks.org • Plusieurs types de tours guidés sont proposés. Balade de 2h, plusieurs fois dans la journée. Compter 389 R/pers pour le tour de base.* On embarque dans de grands et hauts véhicules ouverts (une dizaine de personnes) avec un guide qui nous explique la vie animalière du parc. Possibilité de *sunrise drive* *(départ à l'aube, même tarif que le tour normal)*, de *sundowner drive* *(départ à 16h ou 18h, au prix de 535 R, comprenant boissons et snack)* ou de *night drive* *(départ à 19h, 414 R)*. Ces derniers tours ne sont pas particulièrement axés sur la recherche des éléphants (qui sortent au cœur de la journée). L'aube et le crépuscule offrent d'autres visions du parc. Ils sont propices à la recherche des antilopes (qu'on voit d'ailleurs très bien en pleine journée), des rhinocéros et des lions (surtout en fin de journée), des oiseaux, des buffles...

Eyethu Hop-on : vous pouvez également vous assurer les services d'un guide privé de la réserve qui vous accompagne dans votre propre véhicule. Ces guides privés se tiennent à l'entrée même du parc. *Résa à l'avance. Prix : env 220 R pour 2h en voiture de tourisme (plus cher pour d'autres types de véhicules).* Leur compétence est variable.

Addo Horse Trails : 2 possibilités de balade à cheval selon vos talents de cavalier. Départs de l'*Addo Main Camp* et résas auprès de l'*Interpretive Center*. Le *morning ride* est accessible aux moins expérimentés, l'*afternoon ride* aux plus expérimentés. *Durée : 2h ; tarif : 535-575 R ; max 5 pers.* Guidées par un ranger à l'œil acéré, ces balades offrent l'occasion d'observer éléphants, buffles, rhinocéros, zèbres et antilopes.

DANS LES ENVIRONS D'ADDO ELEPHANT NATIONAL PARK

Zuurberg Park : *à env 30 km du parc d'Addo, auquel il est lié administrativement et géographiquement. Même ticket d'entrée pour les 2 parcs. Si vous y allez depuis Addo, sortez du parc, traversez la voie ferrée, prenez à gauche sur 15 km, puis à droite (fléché). Les 16 km qui restent à parcourir grimpent dans une belle moyenne montagne en partie couverte de forêts.* Le Zuurberg est essentiellement constitué de forêts et n'abrite aucun animal de grosse taille. Peu fréquenté, il intéressera surtout ceux qui ont soif de promenades dans les bois ou de balades à cheval. On ne peut y pénétrer en voiture.

Balades à pied ou à cheval : *2 sentiers de 1h et de 4h sont aménagés dans la forêt pour les randonneurs. Possibilité également de faire quelques randos à cheval guidées par un accompagnateur du parc. 4 randos : 1h, 3h, 5h et 1 j. et demi ; compter env 250-650 R. Possibilité de passer la nuit au campement* Narina *(voir plus haut).*

L'ANCIEN TRANSKEI

D'où qu'on vienne, dès que l'on franchit l'ancienne frontière (purement symbolique aujourd'hui), le changement est manifeste. Le voyageur est bel et bien arrivé sur une autre terre, celle qu'environ 5 millions de Xhosas (prononcer « kossa », sans oublier le « clic » initial !) partagent avec une petite minorité de Basothos et de Blancs. Voici, se dit-on, l'Afrique du Sud telle qu'elle devait être il y a un siècle. La région est un îlot d'authenticité à 1 200 km au nord-est de Cape Town et à environ 900 km au sud de Johannesburg. Un îlot qui ne s'appelle plus officiellement Transkei, mais que tout le monde nomme toujours ainsi. Grand comme la Suisse, il s'étend entre les sommets du Drakensberg et les eaux vert-bleu de l'océan Indien. Il est limité au nord par la rivière Umzimvubu (frontière naturelle avec le KwaZulu-Natal) et au sud par la rivière Kei (le nom *Transkei* signifie d'ailleurs « au-delà de la rivière Kei »).

UN PEU D'HISTOIRE

À la suite des guerres du XIXe s entre les Xhosas, les Anglais et les Boers, la région passa sous le contrôle de la colonie du Cap. En 1894, après la défaite de Pondoland, le Transkei fut placé définitivement sous la férule des Européens. Durant l'apartheid, il devint un bantoustan avant d'être déclaré « indépendant ». Pour Nelson Mandela, c'était un leurre. Il écrit dans ses mémoires : « [...] L'idée était de préserver le statu quo selon lequel 3 millions de Blancs possédaient 87 % du pays et de reléguer 8 millions d'Africains dans les 13 % restants... En créant le système des *homelands*, le gouvernement avait comme intention de maintenir le Transkei – et les autres zones africaines – en réservoirs de main-d'œuvre bon marché pour l'industrie blanche. » Réintégré en 1994 à la province de l'Eastern Cape, l'ancien Transkei, malgré la beauté de ses paysages, est l'une des régions les plus pauvres du pays. C'est dans cette région pourtant (est-ce un hasard ?) que sont nées les figures les plus marquantes de la lutte contre l'apartheid, dont *Nelson Mandela* à Mvezo.

Les Xhosas

Les Xhosas sont souvent présentés comme un peuple fier. Chacun appartient à un clan qui remonte à un ancêtre spécifique. Nelson Mandela, par exemple, fait partie du clan madiba (d'où son surnom de Madiba), issu d'un chef thembu qui régna dans le Transkei au XVIIIe s. La société xhosa, ainsi fractionnée, est dirigée par plusieurs chefs. Les Xhosas parlent leur propre langue, expressive et chantante. Sur le plan religieux, ils ont pour divinités principales Dali, Tixo et Qwamata. Même si beaucoup ont été christianisés par les missionnaires protestants au XIXe s, les rites d'initiation (circoncision notamment) sont toujours vivaces. La sorcellerie reste pratique courante. Une particularité : une fois mariées, les femmes s'enduisent le visage d'argile blanche, portent de grands chapeaux de tissu et ont pour coutume de fumer de longues pipes. Parmi les Xhosas les plus connus du pays, outre Mandela, on peut citer la chanteuse Miriam Makeba, le prix Nobel Desmond Tutu ou encore l'ancien président Thabo Mbeki.

Conseils

– ***Climat :*** la meilleure saison pour visiter l'ancien Transkei correspond à l'été. De novembre à mars, il fait chaud sur la côte avec un fort taux d'humidité, tandis que dans les terres les températures sont plus douces. Dans les secteurs les plus élevés, les hivers (de mai à septembre) peuvent être rigoureux.

– ***Routes :*** les grands axes et les routes secondaires sont bitumés, mais le reste du réseau est constitué de pistes en terre. Ces pistes sont accessibles en véhicule de tourisme, mais soyez prudent du fait des animaux et des piétons qui marchent sur les bas-côtés des voies. Ne pas y rouler la nuit.

UMTATA (MTHATA)

env 96 000 hab.

Capitale de l'ancien Transkei, Umtata est une ville commerçante située dans une sorte de cuvette environnée de collines. Pas de charme, mais pour certains, Umtata est « la seule ville véritablement africaine d'Afrique du Sud », peuplée en majorité de Xhosas. La seule véritable raison de s'y arrêter est le musée Nelson-Mandela. Ceux qui s'intéressent à la vie et à l'œuvre de ce combattant devenu homme d'État iront également à Mvezo, où il naquit, et à Qunu, où il grandit.

Arriver – Quitter

En bus

Sur le trajet Durban-Port Elizabeth, tous les bus s'arrêtent à la station-service *Shell Ultra City,* 9 km au sud d'Umtata sur la N 2. De là, les hôtels *backpackers* de Port Saint John's et Coffee Bay proposent des navettes (réserver à l'avance).

➢ ***Durban :*** avec *Baz Bus (☎ 021-422-52-02 ; • bazbus.com • ; 4 A/R par sem ; trajet : env 7h).* Également 2 bus/j. avec *Translux* et sa filiale *City to City (☎ 047-531-08-75 ; • res.prasa.com • ; trajet : env 6h)* ; 1 bus/j. avec *Greyhound (☎ 011-611-80-00 ; • greyhound.co.za •).* L'avantage de ces lignes est qu'elles s'arrêtent aussi en ville (angle Madeira et Victoria) et qu'elles font le trajet en 6h.

➢ ***East London et Port Elizabeth :*** compter 4h de trajet pour East London et 8h pour Port Elizabeth. Mêmes compagnies et fréquences que ci-dessus.

En voiture

Voir plus haut les conseils sur la circulation dans cette région.

➢ ***Port Saint John's :*** route R 61. Env 90 km.

➢ ***Coffee Bay :*** suivre la N 2 vers le sud sur 20 km, puis à gauche une route sur 85 km.

➢ ***Durban :*** 430 km par la N 2, sauf si on passe par Port Saint John's puis Port Edward (plus long).

➢ ***East London*** *(Eastern Cape)* **:** 225 km par la N 2.

En avion

✈ ***Mthata Airport :*** *R 61 Ngcobo Rd, à une vingtaine de km au nord-ouest du centre-ville par la R 61. ☎ 047-536-00-10 ou 23.* Quelques loueurs de voitures comme *Avis, First, Sixt...*

➢ ***Johannesburg :*** 3 vols/j. en sem et 2 vols/j. le w-e sur la compagnie *Airlink. ☎ 047-536-00-24. • flyairlink.com •*

Adresses utiles

■ ***First National Bank :*** *à l'angle de York et de Sutherland St.*

■ ***Standard Bank :*** *Leeds St, entre Craister et Durham St. Horaires similaires : lun-ven 9h-15h30, sam 8h30-11h.* Sinon, nombreux distributeurs dans le centre.

Où dormir ?

☗ ***Coyla's B & B :*** *34, Blakeway Rd & 10, Ihem St. 📱 082-254-90-82. • coylas@mthatha.co.za • Dans la rue à l'arrière du resto La Piazza. Double env 900 R, petit déj inclus. Parking fermé.* Dans le petit quartier résidentiel de la ville, un *B & B* tenu par l'énergique Coyla. Une dizaine de chambres propres et coquettes dans des maisonnettes blanches. Pratique pour une nuit.

☗ Si c'est plein, il y a le ***Oak Tree Lodge*** presque en face et pas mal d'autres adresses dans le quartier...

Où manger ?

|●| ***La Piazza :*** *36, Delville Rd, Country Club. ☎ 047-531-07-95. Ouv 11h30-22h30 (la cuisine ferme à 21h30). Plats env 95-200 R.* Du temps des anciens propriétaires, Mandela fréquentait la maison et leur demandait de venir cuisiner à Qunu... Partis à la retraite, ils ont transmis le *business* à leur *manager.* Rien n'a donc changé, ou presque, si ce n'est que les anciens sont dans tous les esprits. Le restaurant est toujours au

bord du golf et on déguste peu ou prou les mêmes recettes qu'avant. Spécialités de cou d'agneau sauce au vin, poulet *el greco* aux épinards et à la feta ou encore le poisson du jour. Également des pâtes, pizzas et des plats végétariens. Joli cadre, calme et reposant.

À voir

Nelson Mandela Museum : *Bhunga Building, Owen St. Pour les recherches, les visites guidées sur les sites de Qunu et Mvezo, contacter Mme Tetani (anglophone). ☎ 047-501-95-00. • nelsonmandelamuseum.org.za • Tlj 9h-16h (sam 15h, dim 13h). GRATUIT (mais donation souhaitée).*
Ce bâtiment de 1930 fut le siège du Parlement du Transkei (du temps de l'indépendance de ce bantoustan). Il présente la vie et l'œuvre de Nelson Mandela à travers de grandes photos en noir et blanc, des citations et des vidéos historiques. On se penche donc sur la naissance de Madiba, sa vie familiale et son clan, son côté rebelle précoce, ses années de militantisme et de détention, sa libération et son ascension ultime. Et aussi ses drames privés comme la perte de son fils Thembekile. Les vidéos ont le grand mérite de rappeler le contexte de l'Apartheid, comme l'interdiction faite aux Noirs de s'asseoir sur les bancs « réservés aux Blancs » ou encore le massacre de Sharpeville en 1960. Les ailes du musée exhibent les collections de cadeaux reçus par Nelson Mandela après son élection comme président de la République, en avril 1994. À côté de cet inventaire à la Prévert, les murs se parent de portraits, de peintures et de dessins d'écoliers rendant hommage au chef d'État le plus admiré au monde dans les années 1990.

QUAND MANDELA S'EST FAIT UN PRÉNOM

Dans ses mémoires, Mandela rappelle quels sont ses vrais prénoms. Tout d'abord, Rolihlahla, que son père lui a donné à la naissance, prémonitoire puisqu'il signifie « fauteur de troubles » en xhosa. Puis Dalibunga lui a été attribué à l'issue de sa circoncision. Alors d'où lui vient ce très british « Nelson » ? De son 1er jour d'école, où l'institutrice lui a imposé un prénom anglais : bien plus convenable et pratique à prononcer pour les Blancs !

Balade sur les pas de Nelson Mandela

Le musée Nelson-Mandela est le point de départ d'un ensemble thématique incluant 2 autres sites qui lui sont consacrés. Après l'œuvre et le combat politique, on part à la découverte de Mvezo, son village natal, et Qunu, le village de sa jeunesse. Compter une bonne ½ journée. Ce pèlerinage dans le berceau de cet homme exceptionnel qui a changé la destinée du peuple sud-africain comblera ceux qui ont lu ses mémoires, *Un long chemin vers la liberté*. Les 1ers chapitres de cet ouvrage évoquent en détail sa naissance à Mvezo et son enfance à Qunu. Il vaut mieux s'attacher les services d'un guide local anglophone en s'adressant au musée de Qunu.

Qunu *(village de jeunesse de Nelson Mandela)* **:** *à 32 km au sud d'Umtata.*
Ce village s'étire au bord de la N 2, dans un paysage de collines arrondies, couvertes d'herbes, où les arbres sont rares... et les panneaux indicateurs aussi (on peut le traverser sans s'en rendre compte). Les maisons et les huttes forment un habitat dispersé, au fil des pistes et des points d'eau. Le père de Nelson Mandela avait été nommé chef de Mvezo par le roi de la tribu thembu, de la nation xhosa. Il dut déménager à Qunu après avoir été démis de ce

titre par les autorités britanniques. Nelson Mandela écrit dans ses mémoires : « C'est dans ce village près d'Umtata que j'ai passé les années les plus heureuses de mon enfance et mes 1ers souvenirs datent de là. » C'était de 1920 à 1935.

Dans le village subsistent quelques vestiges de ce passé : l'église protestante méthodiste (en mauvais état) de 1884 où il fut baptisé, ou bien l'école de son enfance, qui est encore en activité. En revanche, la tombe de Nelson se trouve dans l'enceinte de sa maison : on ne peut aller se recueillir devant, car elle ne se visite pas.

À l'automne 1993, près de 3 ans après sa sortie de prison, Nelson Mandela se fit construire une maison au bord de la N 2, face au village de Qunu. Difficile de la manquer : elle est immense, tout en brique, entièrement clôturée de grilles et dûment gardée par la police. « J'ai toujours pensé qu'un homme devait habiter à un endroit d'où il peut voir sa maison natale », disait-il. En fait, il ne pouvait pas voir son village natal mais il s'y sentait chez lui et y vécut jusqu'à sa mort en 2013. Détail touchant, la partie ancienne est ni plus ni moins la réplique exacte de son pavillon carcéral à Victor Verster. Même si c'était une prison, pour Mandela « c'était la 1re maison spacieuse et confortable dans laquelle j'avais habité et je l'aimais beaucoup ». L'ancien président avait l'habitude de venir à Qunu à Noël et à Pâques, où il distribuait des cadeaux aux enfants pauvres des villages.

– ***Nelson Mandela Youth & Heritage Centre*** *(musée de Qunu – Centre international de la jeunesse)* **:** *à env 2 km au nord du village (tourner à la station d'essence Sasol, sur la N 2). ☎ 047-538-02-17. Tlj 8h-16h30. Guides anglophones disponibles sur demande. GRATUIT.* Ce centre accueille des jeunes du monde entier, désireux de connaître les valeurs fondamentales qui ont guidé ses pas : la liberté, l'antiracisme, la tolérance et la justice. De petites expos didactiques (mieux vaut bien lire l'anglais !) retracent, à travers des photos et divers documents, la lutte pour la défense des Droits de l'homme. Au fil des panneaux, on croise les grandes figures de l'ANC. Petite boutique d'artisanat local.

👁👁 ***Mvezo*** *(village natal de Nelson Mandela)* **:** *à 67 km au sud d'Umtata. 2 routes pour s'y rendre, qui permettent de faire une boucle : depuis la N 2, presque à mi-chemin entre Qunu et Dutywa, une route pavée mène rapidement à Mvezo. L'autre route (plus longue !) est en fait une piste carrossable qui part de Qunu, à env 2 km au sud de la station Sasol. Après 12 km, prendre la fourche à droite et garder la piste principale. Ce sera env 17 km plus loin.* À son terme, la route emprunte une crête d'où l'on jouit d'un panorama de toute beauté sur les méandres de la rivière Mbashe, sinuant entre de vertes collines. C'est l'emplacement originel du village où Nelson Mandela a vu le jour le 18 juillet 1918. Il y vécut jusqu'à l'âge de 2 ans avant que sa famille ne s'installe à Qunu. Puis Mvezo fut déplacé de force par les autorités sud-africaines, suite à l'adoption de l'infâme *Settlement Act* de 1960 qui réduisait les surfaces de terre accordées aux villageois.

– ***Mvezo Cultural Village :*** *en entrant dans Mvezo, côté sud.* Genre de complexe muséal géré par le *Mvezo traditional council.* Une immense structure en surplomb de la vallée, avec une petite expo, quelques huttes d'hébergement, un centre de conférences. Sur le même versant de colline, à 100 m de là, il ne reste de la hutte natale de Nelson que les fondations circulaires de pierre et de terre. Il y avait autrefois 6 huttes. 5 nouvelles ont été construites. Les restes des parents de Mandela, qui reposaient auparavant au cimetière de Qunu, ont été exhumés et transférés ici en 2011. Voilà, c'est tout, mais l'essentiel est plutôt à ressentir qu'à visiter : le dépouillement face à un beau panorama. Pour l'anecdote, Thabo Mbeki, successeur de Nelson Mandela à la tête de l'État, est issu d'un clan familial originaire de cette même vallée (sur l'autre rive de la rivière).

LA CÔTE SAUVAGE (WILD COAST)

Le littoral de l'ancien Transkei est plus connu sous le nom de Côte sauvage *(Wild Coast)* ou Pondoland, du nom de ses habitants, les Pondos. Il est difficile de résumer la beauté de cette côte, attirante mais peu développée, longue d'environ 300 km. De Kei Mouth au sud à Port Edward au nord, en passant par Coffee Bay et Port Saint John's, c'est un autre univers, où surgissent les images d'une nature vierge comme au 1er matin du monde. Aucune ville à l'horizon, quelques petits ports et bourgades seulement. Aucun complexe hôtelier, aucune horreur urbanistique, rien qui enlaidisse ce petit paradis préservé. Seulement des huttes rondes et colorées, coiffées de chaume, habitées depuis la nuit des temps par le peuple xhosa. Les portes de leurs habitations regardent vers l'est, non pour des raisons religieuses mais pour se protéger du vent.
De petites rivières boueuses venues des hauts plateaux et du Drakensberg coulent au fond de ravins rocheux et abrupts, puis forment des estuaires et finissent par se jeter dans les eaux agitées de l'océan Indien. Plus loin, sur des collines herbues broutent des moutons et des vaches qui vivent en liberté, ignorant la clôture électrique. Entre de hautes falaises déchiquetées qui plongent à pic dans la mer, des plages de sable fin déroulent leurs lignes pures, bordées par des cordons dunaires aux buissons battus par les vents du large. De temps en temps surgit d'un amas rocheux la carcasse rouillée d'une épave de navire. Elle rappelle les dangers de cette côte spectaculaire mais redoutable, où de nombreux bateaux firent naufrage.

Randonnées sur la Wild Coast

■ ***Absolute Wild Coast :*** *à* ***Port Edward.*** *083-728-20-07.* • *absolutewildcoast.co.za* • Le patron, Bongani Mlotywa (basé à Cutwini, à côté de Lusikisiki, à 40 km au nord de Port Saint John's), organise de belles randonnées par des chemins littoraux, à pied ou à cheval. Chaque excursion dure 2 à 5 jours, par petits groupes, accompagnés d'un guide. On dort sous la tente, chez l'habitant ou dans de petits lodges. Au programme, dunes, plages sauvages, bords de falaises, traversées d'estuaires. De loin les plus belles excursions qui soient dans cette partie du littoral. De plus, les villages Pondo traversés en tirent quelques revenus.

■ ***Active Escapes :*** *084-240-72-77.* • *activegetaway.co.za* • Cet organisme propose des randonnées de plusieurs jours pour découvrir la Côte sauvage par les chemins et sentiers côtiers, à pied ou à VTT. Hébergements en AJ ou chez l'habitant (certains dîners se prennent dans des familles xhosas).

COFFEE BAY

Au cœur de la Côte sauvage *(Wild Coast)*, le village de Coffee Bay occupe un joli site enclavé, qui attire surtout les surfeurs en quête de calme et de simplicité. 3 rivières s'y jettent dans l'océan Indien, dans un paysage de hautes falaises noires où s'émousse l'écume des vagues. Pas de village structuré, c'est un lieu-dit

WHAT ELSE ?

Ne vous attendez pas à voir des collines couvertes de caféiers : il n'y en a pas un à l'horizon. En fait, Coffee Bay tire son nom d'une cargaison de caisses de café retrouvées à la suite du naufrage d'un bateau en 1863 !

où chacun a construit sa maison dans la nature le long d'une seule petite route... qui devrait être asphaltée rapidement. Pas grand-chose à y faire, à part quelques balades, un peu de surf et... buller sur la plage ou dans un hamac.

– ***Attention, il n'y a ni station-service ni banque.*** Pour dépanner, on peut changer ses euros dans certains hébergements comme *Sugar Loaf Backpackers.* Avec une carte de paiement, le *Bomvu River Store* (à côté de *Coffee Shack*) peut en principe vous donner du liquide contre 5 % de commission.

Arriver – Quitter

➢ ***En voiture :*** prendre la N 2 sur 20 km au sud d'Umtata, puis tourner avant Qunu et parcourir les 75 km restants sur une route bitumée envahie par les piétons et animaux de ferme.

➢ ***En bus :*** le *Baz Bus* passe à Umtata d'où la plupart des AJ *backpackers* proposent des navettes à leurs clients (sur résa). *Compter env 90 R/pers.*

Où dormir ? Où manger ?

De bon marché à prix moyens (150-1 000 R / env 10-66,70 €)

The Coffee Shack : *Coffee Bay.* ☎ *047-575-20-48.* • *coffeeshack.co.za* • *Dans le village, à gauche avt que la route ne grimpe. Camping env 100 R/pers ; dortoir 170-200 R/pers ; doubles 480-580 R sans ou avec sdb privée.* King's House *960 R pour 4 pers.* Dans une anse sauvage traversée par une petite rivière qui se jette dans la mer. Très fréquentée par les « sac-à-dos », la maison est un vrai hall de gare, parfait pour les rencontres et les bavardages, mais pas vraiment intime. C'est là qu'on trouve les grands dortoirs (6 à 8 lits), dotés de sanitaires communs nickel. En traversant la rivière, les pieds dans l'eau (au sens propre !), quelques paisibles *rondavels* (huttes) pour 2 à 6 personnes accrochés sur une pente herbeuse. Enfin, la *King's House* est un gîte de 8 personnes, perché sur les hauteurs, jouissant d'une vue magnifique et d'un bon confort. Cuisine collective ou resto selon son budget. Le sympathique proprio est un champion de surf, descendant de huguenots installés depuis 16 générations en Afrique du Sud. Lui et son adorable staff proposent des leçons de surf, randonnées guidées, soirées spéciales le vendredi dans une famille xhosa...

Sugar Loaf Backpackers : *1, Coffee Bay Beach Rd.* ☎ *047-575-21-75.* *079-183-52-74.* • *sugarloafbackpackers.com* • *Camping env 100-200 R/pers ; en dortoir, lits 150-200 R. Doubles 600-700 R et safari tent 280 R/pers (450 R pour 2).* Une simple maison particulière transformée en repère de routards. Le dortoir et les 6 chambres sont logés dans des huttes de style xhosa et les *safari tents* sont posées sur des estrades couvertes de tôle, avec vue sur la rivière. Resto-bar. Billard, ping-pong et baby-foot. Activités : yoga, rando, surf et kayak. Ambiance très décontractée.

Papazela's Pizza : *au-dessus de* Jah Drums Backpackers, *accessible par un chemin de terre (ne pas monter tt en haut si vous n'avez pas de 4x4 !).* *078-388-64-67. Mar-sam, le soir (la cuisine ferme à 21h) et sam, le midi. Pizzas env 90-110 R.* Un plaisant nid d'aigle que cette cabane accrochée à la falaise : le panorama sur la baie et l'océan est imprenable. À la carte, des pizzas, rien que des pizzas, cuites au four à gaz et divinement craquantes. Le patron, un peu bourru dans son genre, en est très fier, et il a bien raison !

Très chic (plus de 1 800 R / plus de 120 €)

Ocean View Hotel : *à gauche en arrivant à Coffee Bay, à l'écart des autres adresses.* ☎ *047-575-20-05.*

• oceanview.co.za • Doubles en pens complète env 1 700-2 600 R selon saison et vue. Dîner (buffet ou menu unique) env 175 R (250 R avec fruits de mer). Un hôtel chic à l'échelle de Coffee Bay, dont les bâtiments en dur alignés à flanc de colline dominent un jardin, une piscine et une belle plage de sable. Chambres un peu datées aujourd'hui mais correctement tenues, avec terrasse ou balcon. Le restaurant ne vole pas bien haut surtout lorsqu'il y a des groupes, sauf quand le personnel se met à chanter et à danser avec entrain...

À voir

Hole in the Wall *(le « trou dans le mur ») : suivre la piste de 9 km vers l'hôtel Hole in the Wall. À l'intersection indiquant l'hôtel, tourner à droite puis à gauche sur 1 km. Au bout, un parking avt de finir les 500 m à pied. Un gamin vous y guidera pour quelques rands. On peut s'y rendre à pied depuis Coffee Bay en coupant par les collines, mais la sente est d'un tracé assez relatif (guide possible, demander à son hôtel, compter 100-150 R/pers).* Cernée par l'océan, un îlot rocheux aux parois abruptes barre de son imposante silhouette l'horizon d'une petite baie. Au fil des siècles, les flots ont fait leur trou dans la roche et s'y engouffrent désormais bruyamment. Les Xhosas l'appellent d'ailleurs *esiKhaleni,* « l'endroit tapageur ». Le site ne manque pas de charme, mais c'est surtout la balade pour y aller qui est sympa.

PORT SAINT JOHN'S

env 6 400 hab.

Port Saint John's tire son nom du naufrage du navire portugais *São João* (*Saint John* en anglais), au large des côtes du Transkei, en 1552. On y accède par les hautes collines du Transkei, au terme d'une longue descente sinueuse vers l'océan Indien. Surprise, le bourg est fort joliment niché dans une baie par des montagnettes couvertes de végétation exubérante et par 2 estuaires de rivières qui se jettent dans la mer. Pourvu que rien ne vienne défigurer ce site ! Faisons donc confiance aux requins pour aider à éloigner le spectre du tourisme de masse : ils sont si voraces dans le coin que Port Saint John's a gagné, avec en moyenne un mort par an, le titre peu flatteur de « plage la plus dangereuse du monde » ! On ne s'y baigne plus qu'avec une infinie prudence, et surtout pas pendant l'été austral.

Mais au fait, où est-on ? Dans un ancien comptoir déglingué du bout du monde sorti d'un roman de Joseph Conrad ? Un nid de surfeurs hippies ? Une enclave pour écolos et touristes alternatifs ? Oui, c'est un peu tout ça à la fois. La beauté naturelle du littoral conjuguée à la rudesse primitive d'un village oublié, le tout combiné avec les traditions d'accueil des Xhosas : voilà pourquoi on aime bien cet endroit.

LA TRAGIQUE PROPHÉTIE DE NONGQAWUSE

En 1856, Nongqawuse, prophétesse xhosa, eut une vision. Les esprits de ses ancêtres lui annoncèrent qu'ils viendraient sur terre au crépuscule et chasseraient les Européens. Pour preuve de leur ardeur, les membres de son clan tuèrent leurs bêtes et détruisirent leurs récoltes... Malheureusement, près de 25 000 personnes se laissèrent mourir de faim en attendant des ancêtres qui ne vinrent jamais. Nongqawuse fut enfermée à Robben Island, avant de finir sa vie dans une ferme de la province du Cap-Est, où elle décéda en 1898.

Arriver – Quitter

➢ ***En voiture :*** depuis Umtata, prendre la R 61 sur 80 km. Depuis Port Edward, également la R 61 sur env 170 km.
➢ ***En bus :*** le *Baz Bus* passe à Umtata (voir plus haut) d'où la plupart des AJ proposent, sur résa, des navettes payantes (env 100 R) à leurs clients. Trajet : 2h.
➢ ***En taxi :*** d'Umtata, compter env 50 R/pers à condition de remplir le taxi.

Adresses utiles

Office de tourisme : *Town Entrance Sq.* ☎ *047-564-11-87.* • *portstjohns.org.za* • *Tlj 8h-16h30.* Quelques infos et brochures.

■ ***Standard Bank :*** *Westgate St, à l'entrée de la ville. Lun-ven 9h-15h30, sam 8h30-11h.* Plusieurs autres banques disposent de distributeurs de billets.

Où dormir ?

De bon marché à prix moyens (150-1 000 R / env 10-66,70 €)

Jungle Monkey Backpackers – The Island : *3, Berea Rd, à First Beach.* ☎ *047-564-15-17.* • *junglemonkey.co.za* • *À droite en montant la rue, non loin de la 1re plage. Camping env 100-150 R/pers ; dortoir 4-10 lits 180 R/pers ; chambre et safari tent 400-550 R pour 2.* Perchée sur le versant d'une colline dominant la mer, voilà une charmante auberge pour jeunes voyageurs, conviviale et animée, aux murs bigarrés de belles fresques et aux pièces décorées dans l'esprit artiste. Dortoirs assez *roots*, plus quelques chambres doubles très coquettes dans la maison principale (le top, c'est la suite *Monkey View* avec terrasse) et une seule tente safari mais avec vue imprenable sur la montagne. On trouve sur place : 2 cuisines, 3 petites piscines, laverie, billard... Gerald propose des excursions à pied ou en canoë. On peut également se restaurer de bons petits plats proposés au bar et venir écouter des concerts en saison...

Amapondo Backpackers : *Second Beach Rd, à Second Beach (5 km du village).* 📱 *083-315-31-03.* • *amapondo.co.za* • *Camping env 100-110 R/pers ; dortoir 170 R/pers ; doubles 450 R ; cottages 650-750 R pour 2 selon taille (espaces communs et limité).* Amanda et Leo ont repris cette adresse décorée avec créativité, et conservé son ambiance routarde façon bout du monde. Les places de camping se trouvent en surplomb des petits bâtiments à flanc de colline, le tout dominant une verte vallée se terminant dans la mer. Les dortoirs (4 à 12 lits avec ventilo) sont simples, tout comme les sanitaires collectifs. Chambres privées plutôt grandes, avec un joli mobilier. Pour plus d'intimité, 4 charmants cottages en bois, équipés de salle de bains et cuisine, avec une belle vue sur la plage. Agréable salon avec cheminée ou bar avec transats pour lézarder au soleil. Ambiance top coolitude. Resto (ouvert aux non-résidents), cuisine bien équipée, laverie, billard.

The Lodge On The Beach : *Second Beach. À l'extrémité de Second Beach, tourner à gauche après le pont, c'est 300 m plus loin, juste après le Wood n' Spoon.* 📱 *083-374-96-69.* • *lodgeonthebeach.co.za* • *Double env 550 R, dégressif ensuite. Petit déj en plus.* Pour ceux qui recherchent l'originalité, la simplicité et la discrétion, Cath, drôle et bavarde, loue 3 chambres dans sa maison à toit de chaume posée en retrait de la plage, où les vaches viennent bronzer. Chambres dans leur jus, dénuées de déco, avec douche/w-c et une petite terrasse. Cuisine disponible, mais il y a 2 bons restos juste à côté. Une petite adresse chez l'habitant.

L'EASTERN CAPE

Chic (1 000-1 800 R / 66,70-120 €)

N'taba River Lodge & Spa : *à 3 km de l'office de tourisme, vers Umtata. ☎ 047-564-17-07. • ntabariverlodge.com • Doubles env 1 500-1 800 R, petit déj inclus.* Idéalement situé en bord de rivière, ce lodge récent propose de fort jolies chambres à toits de chaume, confortables et décorées dans un style traditionnel. Le tout autour d'une vaste pelouse agrémentée d'une piscine à 2 bassins et d'un restaurant avec vue sur la rivière. Un peu vide hors saison mais le lieu a son petit charme zen. Restauration honorable. Spa. Bon accueil.

Où manger ? Où boire un verre ?

Attention, comme souvent au Transkei, les dîners sont servis à l'heure des poules ! Ne traînez donc pas le soir si vous voulez éviter de faire ceinture.

Prix moyens (150-400 R / env 10-26,70 €)

Steve's Pub & Restaurant : *sur Main St, bien visible. 083-628-64-07. Tlj 10h-21h. Plats 60-130 R.* Le pub du centre-ville. Poutrelles, fauteuils en rotin et ventilos qui vrouvroutent au plafond. On y mange une cuisine basique, composée notamment de grillades, *fish & chips* et de quelques ragoûts typiques *(stew & pap),* plus des pizzas et des pâtes. Sympa aussi pour boire une bière. Expo-vente d'aquarelles.

Delicious Monster : *Second Beach, après le pont et le Wood n' Spoon. 083-997-98-56. Tlj midi et soir (fermé 15h-18h). Plats env 90-140 R.* Son nom désigne une énorme plante tropicale que l'on retrouve alentour. Belle trouvaille pour ce resto créatif et totalement personnalisé par Juliet, où tout est bricolé et bariolé du sol au plafond. Dans l'assiette, une cuisine simple et savoureuse, incorporant un max de produits locaux et des herbes du jardin, aux influences orientales : *shawarma* divin, *mezze* à s'en lécher les doigts, poisson et fruits de mer frais. Accueil adorable. Bref, un petit havre de paix. D'ailleurs, on peut y passer la nuit puisque, juste à côté, il y a 2 cottages avec vue sur la mer *(2 ou 3 chambres doubles 680-800 R ; loft 480 R).* Chambres en forme de demi-hutte, cuisine équipée et salon à disposition. Sympa.

Wood n' Spoon : *Second Beach. 083-532-88-69. À l'extrémité de Second Beach, tourner à gauche après le pont, c'est 300 m plus loin. Tlj sauf mer, midi et soir. Plats env 60-100 R.* À l'ombre bienfaitrice des bananiers et autres acacias, une micro-adresse de bric et de broc avec 5-6 tables, pas plus, et vue sur la rivière. Ambiance très *Bagdad Café,* avec une caravane rouge et bleu qui fait office de cuisine. Au programme, de bons poissons frais, un excellent curry et quelques plats xhosas dont l'*Umngqusho* (cliquez donc sur le « q » !). Cela dit, mieux vaut réserver car il n'y a pas de tout et il faut être patient... Mais ça vaut l'attente car c'est simple et délicieux !

À voir. À faire

First Beach est la plus proche du centre, accessible à pied par Main Street, mais on ne s'y baigne pas (très forts courants). ***Second Beach,*** à 5 km au sud de la ville, serait très agréable si elle n'était infestée de requins ! Du coup, finie la belle vague naguère très prisée des surfeurs, eux-mêmes très prisés... des requins Zambezi et des requins taureaux *(bull sharks).* Avec 7 attaques mortelles depuis 2007, Port Saint John's est devenu ***la plage la plus dangereuse au monde en matière de squales.*** Résultat des courses : plus personne ne se risque à mettre un orteil dans l'eau en hiver (de décembre à mars) car certaines attaques ont eu lieu tout près du bord. Hors de cette période, la baignade est plus sûre, d'autant que des sauveteurs sont présents sur Second Beach. Il faut alors prendre soin de respecter les consignes, en sachant que toute trempette se fera à vos risques et périls ! Même topo pour les autres plages plus sauvages et agréables qui s'étendent au nord de l'estuaire de la Mzimvuba, dont ***Poenskop.***

Musée local : *en plein centre, à gauche face à la poste. Lun-ven 8h-16h30 (16h ven). GRATUIT.* Petite expo sur la flore locale et l'artisanat pondo, plus quelques vieilles photos évoquant le Port Saint John's d'antan et les naufrages (une dizaine) qui se sont produits au large.

– ***The Gap and Blow Hole :*** vous en entendrez parler, alors autant vous expliquer. *The Gap* est une sorte de brèche que l'on franchit à l'aide d'un câble puis d'une échelle de bois pas vraiment aux normes. Si on réchappe à l'épreuve, on peut descendre jusqu'à *Blow Hole*. Un puits dans la roche qui mugit lorsque les vagues s'y engouffrent. On se penche un peu et plouf le touriste ! Sauf qu'on se noie faute de pouvoir remonter à la surface. On comprend alors les plaques de marbre sur le sentier, en mémoire de ceux qui s'y sont déjà abîmés. Si on omet de vous dire comment y aller, c'est qu'on trouve ce site sans grand intérêt et bêtement dangereux.

Sommet du mont Thesiger : *depuis le centre, derrière* Mholo Wholesalers, *prendre le petit pont multicolore et tourner tt de suite à droite (panneau « PSJ Airstrip ») puis tourner à droite 2,5 km plus loin et continuer sur 6 km. Au sommet, suivre jusqu'au bout la piste de l'aérodrome désaffecté (jouissif mais arrêtez-vous au bout !). Le point de vue est 100 m plus loin, mais gare aux jeunes enfants, c'est quand même un précipice.* Il domine l'estuaire du haut de ses falaises roses. De là-haut, vue superbe sur la vallée et la rivière.

Excursions, balades

➢ ***Observation des animaux marins :*** de mai à août, c'est la meilleure période pour les baleines et dauphins. Juin-juillet pour la migration de sardines (voir l'encadré). Infos à l'office de tourisme. Une agence sérieuse que l'on peut vous conseiller : ***Offshore Africa*** *(📱 084-951-13-25 ; • offshoreportstjohns.com •).*

Eagles Nest : *on y accède par un sentier qui se prend 100 m avt l'office de tourisme en venant d'Umtata.* Le sentier, abrupt, chemine dans la forêt au milieu des lichens, mousses, orchidées, avant de joindre ce nid d'aigle qui offre un panorama aérien sur le village et sa baie.

COMME DES SARDINES EN BOÎTE

Chaque année, d'immenses colonies migratoires de sardines passent au large de la Côte sauvage. Elles vont chercher un peu de chaleur 1 500 km plus au nord. Au grand plaisir des pêcheurs sud-africains, mais aussi des dauphins, requins, orques et autres prédateurs marins qui mordent à pleines mâchoires dans ce banc de plusieurs centaines de milliers de têtes de pipes ! On peut les observer depuis des bateaux qui organisent des excursions en mer. Mais aussi se mouiller en plongeant directement au cœur de l'action ! Mais attention, les requins, ça dîne et sardine !

Phare du Cape Hermes : *situé à l'embouchure de la rivière à l'extrémité de First Beach. Accessible par un sentier.* Belle vue sur la mer et Port Saint John's, mais impossible de visiter l'intérieur du phare, sauf autorisation spéciale.

Silaka Nature Reserve : *Third Beach, 1,5 km après le pont. Tlj 8h-16h30 (portes 6h-18h). Compter 22 R/pers.* Dans cette petite réserve côtière de 400 ha, on peut voir notamment des singes *(blue duiker, samango)* et des *blesboks*. Mais c'est surtout un bon site d'observation des oiseaux. Garer sa voiture au bureau de la réserve et suivre le sentier le long du littoral.

AU NORD, SUR LA ROUTE DE DURBAN

PORT EDWARD

env 4 400 hab.

Port Edward marque la frontière entre l'ancien Transkei et le KwaZulu-Natal. À la différence des stations balnéaires chics situées plus au nord, cette petite station dilettante, à l'aspect modeste et décousu, est très tranquille. La plage principale, appréciée des surfeurs, se trouve près de l'estuaire de la rivière Mtamvuna, qui émerge d'une gorge rocheuse avant de se jeter dans l'océan Indien. Les autres plages (notamment Kidds Beach, Glenmore, Peter Pan) sont de bons spots pour observer les dauphins et, d'avril à octobre, le passage des baleines.

Arriver – Quitter

➢ ***En bus :*** des bus et minibus classiques s'arrêtent plusieurs fois par jour au niveau de la station-service à l'intersection de la R 61 et d'Owen Ellis Drive.

Adresses utiles

■ ***Banques :*** *face au bureau de poste.* ***First National Bank, Standard Bank*** *et* ***Absa.*** Pas de change, mais distributeurs de billets.

■ ***Supermarché :*** ***Saverite,*** *près du centre commercial* Port Edward Mall. *Lun-sam 7h30-19h, dim 8h-17h.*

Où dormir ? Où manger à Port Edward et dans les environs ?

De prix moyens à chic (400-1 800 R / env 26,70-120 €)

🏠 🍴 ***Ku-Boboyi River Lodge :*** *South Leisure Bay, Port Edward.* 📱 *072-222-77-60.* • *kuboboyi.co.za* • *À 6 km au nord, fléché depuis la R 61 (sortie « Leisure Bay South »), après* The Estuary *à droite. Double avec sdb privative env 550 R. Petit déj en sus. Au resto, plats env 80-160 R.* La maison, avec piscine panoramique, s'il vous plaît, est perchée au sommet d'une colline, d'où l'on domine un superbe paysage côtier avec l'océan Indien en contrebas. Jolies chambres avec murs jaunes, lits en bois et draps zébrés, plus une maisonnette indépendante de 3 chambres. Tenu par Éric, un sympathique Alsacien qui fut décorateur avant de se reconvertir en cuisine. Repas à la table commune. Bonne cuisine bien mijotée. Votre hôte est une mine d'informations.

🏠 ***Aloe Inn B & B :*** *131/4, Milford Ave, Port Edward.* ☎ *039-311-34-60.* • *aloeinn.co.za* • *Dans le centre, près du bord de mer. Doubles env 1 150-1 400 R, avec petit déj.* Grande maison familiale offrant 6 chambres impeccables, de bon confort et pour la moitié avec vue sur mer. Certaines ont une terrasse d'où l'on peut voir les dauphins barboter. On vous conseille les nos 4 et 6. Pas de charme fou, mais les prestations sont bonnes, les hôtes sont charmants, disponibles et donnent de très bons conseils.

🍴 ***Fish Eagle*** *(resto de l'hôtel* The Estuary*) :* ☎ *039-311-26-75. À droite de la R 61 à 1,5 km au nord du centre-ville (au sein de l'Ekubo Coastal Estate).*

Ouv 12h-16h, 18h-21h. Résa nécessaire dim midi. Plats env 80-200 R. Passer le contrôle d'accès de ce vaste manoir blanc de style Cape Dutch et attablez-vous dans la salle chic avec baies vitrées ouvrant sur une petite plage et le croquignolet estuaire. Le *lamb shank* (souris d'agneau braisée dans une sauce au vin rouge) est la spécialité du chef. Mais les poissons, comme le *kingklip* et sa salade asiatique, sont bien préparés. Service pro.

À voir

Umtamvuna Nature Reserve : *au nord, bordant la rivière du même nom sur près de 25 km. ☎ 039-311-23-83. • kznwildlife.com • Accès : depuis le (seul) feu sur la R 61, direction Izingolweni sur 2 km, puis à gauche (fléché) sur 3 km. Tlj 7h-17h. Entrée : 45 R ; réduc. Cartes de randonnées disponibles à l'accueil.* Plusieurs balades de 1 à 6h dans cette réserve habitée par des oribis, des *bushbabies* et des servals. Tour d'observation et cafétéria sur place. Pour un point de vue rapide, tourner avant Beaver Creek à gauche au panneau *Clearwater* et faire 2 km le long des plantations de bananes et de noix de macadamia. Petit droit d'entrée *(10 R)* à payer au café-resto *Ginger and Thyme (tlj 8h-15h30),* par ailleurs plutôt bon et sympa. Le point de vue se trouve à 300 m, à embrasser en compagnie de quelques singes...

Randonnées : *voir plus haut la rubrique « Randonnées sur la Wild Coast ».* Certaines randos partent de Port Edward.

À voir dans les environs

Pure Venom : *à* **Shelly Beach,** *entre Port Shepstone et Margate (bien fléché depuis la R 61). ☎ 039-685-07-04. • purevenom.com • Tlj 9h-17h. Entrée : 120 R/adulte ; réduc.* Ce parc à reptiles (subtilement baptisé « Pur Venin » !) se veut le plus grand du genre en Afrique. Il abrite plusieurs centaines d'espèces différentes, dont certaines rarissimes comme le *smaug giganteus,* un gros lézard épineux endémique de la région. Grâce aux présentations pédagogiques du staff, les mambas noirs ou verts, vipères cornues, crocodiles, monstres de Gila et iguanes en tout genre n'auront plus aucun secret pour vous, ni pour vos enfants.

LES GORGES D'ORIBI

Voilà une excellente occasion de quitter un peu la côte pour explorer les parois calcaires de ces fameuses gorges. En fait, ce sont 2 superbes canyons qui viennent balafrer les vertes collines de ce coin paisible. Chacun abrite sa rivière : au nord l'*Umzinkulu* et au sud l'*Umzinkwana,* qui célèbrent leurs noces peu avant Port Shepstone où leurs eaux alluvionnaires se jettent dans l'océan Indien.

Adresse et infos utiles

■ ***Renseignements et réservations :*** *auprès de* **KZN Wildlife,** *à Pietermaritzburg (☎ 033-845-10-00) ou à Oribi (📱 072-042-93-90). Bureaux ouv lun-sam 8h-12h30, 14h-16h et dim 8h-14h.*

– ***Accès au parc :*** *tlj du lever au coucher du soleil.* En voiture, accès facile

par la N 2, à 18 km à l'ouest de Port Shepstone (fléché). Ne pas suivre la 1re direction « Oribi Flats » mais la 2e, indiquant également « Oribi Gorges ». Attention, la N 2 est une « voie rapide » curieusement limitée à 60 km/h et agrémentée de radars... On peut ensuite effectuer un circuit pour visiter tour à tour les ***gorges d'Oribi,*** la réserve ***Lake Eland,*** puis le ***Leopard Rock,*** et enfin profiter de la vue panoramique sur les gorges d'Oribi.

– ***Prix d'entrée :*** *adulte 45 R ; enfant 20 R.*

À voir

Les gorges d'Oribi : en quittant la N 2, la route se taille un chemin étroit entre 2 murs d'une végétation touffue. Peu après, la gorge se révèle à gauche jusqu'au fond de la combe, où serpente la rivière. Après le pont, une aire de pique-nique accueille le bureau des gardes forestiers. De là, plusieurs chemins de randonnée de 1 à 9,5 km (acheter l'utile livret vendu par les rangers) qui s'enfoncent dans les gorges. En continuant la route, on s'extrait ensuite de la gorge pour aboutir à un large plateau planté de canne à sucre.

Oribi Gorge Camp : *à côté du bureau de KZN, auquel il faut s'adresser aux heures ouvrables (voir plus haut) ; sinon, si vous avez réservé, votre logement est en principe indiqué. Camping env 100R/pers ; chalets pour 2 env 460-540 R ; maisons tt équipées 1 100-1 200 R sur la base de 4-6 pers.* Ce site naturel, préservé et correctement entretenu, offre une gamme d'hébergements parmi les moins chers de tous les parcs du pays. Chalets *(rest huts)* avec sanitaires complets, frigo et ventilo. Quelques parties communes : cuisine équipée, salon TV. Et enfin 2 grandes maisons dotées de plusieurs chambres, 2 salles de bains, terrasse, cuisine et barbecue... Apporter ses provisions, car il n'y a rien du tout sur place... à part un environnement magnifique ! Les fanas de nature s'y sentiront chez eux.

Lake Eland Game Reserve : *Port Shepstone, PO Box 1480. ☎ 039-687-03-95. • lakeeland.co.za • Tlj 7h-17h. À 8 km des gorges d'Oribi, au croisement en T, tourner à gauche et parcourir encore 9 km (dont 4 km de piste carrossable). C'est fléché. Entrée : 60 R/pers ; réduc. Avec la Zipline (tlj 8h-14h) : 550 R ; réduc de 20 % en sem hors saison et vac scol. Pour la ZipXtreme (interdite aux enfants) : 360 R. Loc de scooters, sorte de trottinettes à gros pneus.* Cette réserve mise beaucoup sur son attraction principale, la plus longue tyrolienne d'Afrique, divisée en 14 sections sur 4,5 km ! La plus longue est la n° 6 (680 m), située à 300 m au-dessus des gorges. Quant à la *ZipXtreme,* elle est longue de 1 km avec une pointe possible à 160 km/h... Bluffant, mais interdit aux jeunes enfants et aux cardiaques ! Sinon, on y trouve un bon réseau de pistes (dont certaines seulement nécessitent un 4x4) et quelques sentiers de randonnées, où l'on peut croiser blesboks (damalisques à front blanc), zèbres, élands et oribis (bien sûr !) dans un superbe paysage. Pour le serval ou le léopard, il faut être noctambule, patient et très chanceux.

Lake Eland Camp : *mêmes coordonnées que ci-dessus. Camping 150 R/pers ou 400-700 R par site (4 pers) en hte saison ; pipe dream 400-500 R pour 2 ; chalets tt équipés env 700-1 100 R pour 2 selon période, 1 200-1 900 R pour 4-6 pers. Plats env 60-100 R.* Les tentes bénéficient d'emplacements séparés par de petites palissades en surplomb d'un étang artificiel. On peut aussi élire domicile dans un grand tube rigolo *(pipe dream)* équipé d'un simple lit. Une dizaine de beaux chalets en bois se partage la rive d'un 2d plan d'eau. Spacieux, confortables et bien équipés avec cuisine, salon et terrasse sur pilotis. Le resto, avec terrasse, sert de bons petits déj, ainsi que des plats simples à prix sages. Il ferme tôt (16h !) mais on peut y acheter un plat et se le réchauffer ensuite dans sa propre cuisine.

Leopard Rock : *tlj sauf lun-mar 9h-15h45. Depuis le croisement en T quelques km après la sortie des gorges, tourner à droite et parcourir 3 km. C'est fléché à gauche. Accès : 5 R/pers (à payer au resto).* Ne cherchez pas le léopard : vous trouverez juste son rocher. Une dalle de pierre suspendue dans le vide au-dessus d'un panorama saisissant. La rivière Umzimkulu fait serpenter ses boucles rousses au fond du canyon, Les plus téméraires oseront se percher *on the rock* pour immortaliser l'instant...

Leopard Rock Lookout Chalets & Coffee Shop : *074-124-09-02 ou 083-265-52-61. • leopardrockc.co.za • Chalets env 1 900-2 100 R pour 2 pers. Plats et snacks env 60-130 R.* Une salle totalement dédiée au dieu léopard et à ses potes *Big Five.* Mais l'attraction, c'est l'improbable terrasse, en encorbellement sur la gorge. Les plats étant très simples et roboratifs (tartes, burgers, frites maison...), on se régale surtout du panorama fantastique et du vol des calaos. Si vous souhaitez l'approfondir, on peut loger en surplomb de la gorge, dans 4 chalets chics, avec bain à bulles, douche extérieure et coupe de champ... Évidemment, cela a un prix ! Service avenant de Sue et Andries. Boutique d'articles régionaux.

Vue panoramique : *depuis le croisement en T à la sortie des gorges, tourner à droite, parcourir 11,5 km, puis 1,5 km de piste à droite vers l'hôtel Oribi Gorge. Accès : 10 R/pers. Possibilité de saut à l'élastique !* L'alter ego du *Leopard Rock,* dominant, cette fois, la rivière Umzinkulwana. Si vous dites : « Encore un canyon ! Encore des falaises ! Encore une rivière ! Encore une superbe vue ! », on ne vous parle plus !

CAHIER VIE SAUVAGE

LES FÉLINS

Le lion *(lion)*

Le plus grand des félins africains a été – dès l'aube des temps – sacré souverain des animaux. Sa taille (de 2,50 m à 3,30 m de longueur), son agressivité guerrière, sa suprématie prédatrice, la violence de son cri (audible à plus de 8 km à la ronde) participèrent à son incontestable sacre. Mais sa toute-puissance est en fait bien relative. Cet inconditionnel des heures de sieste (somnolant près de 18h par jour) vit souvent isolé ou solitaire, et n'a pas vraiment voix au chapitre. C'est essentiellement la lionne qui mène la danse, et chasse, sous le regard du mâle qui conserve la suprématie (droit de tuer les petits des portées précédentes et de se servir en 1er quand madame rentre du marché par exemple). Vivant en groupes, ces félines mettent bas ensemble, élèvent et allaitent indifféremment tous les petits de la bande.

> **FAUVE QUI PEUT !**
>
> *Le lion et la lionne s'accouplent (du moins quand madame y est disposée) toutes les 15 minutes, et ce en moyenne 50 fois par jour (mais cela peut aller jusqu'à plus de 100 fois !), chaque rapport ne dépassant guère les 30 secondes. Cela dure 5 jours, tant que la lionne est fécondable. Mais les copulations lui sont douloureuses car – comme chez les chats – le pénis du mâle est garni de protubérances épineuses assez pénibles et souvent, la femelle rugit... de protestation !*

Le guépard *(cheetah)*

Le guépard se distingue par sa silhouette longiligne, presque maigre, ses hautes pattes taillées pour la course, sa longue queue annelée de noir qui lui sert de balancier, et sa tête très petite, posée sur un cou fin. Tout pour en faire un *sprinter* inégalé, avec une vitesse de pointe avoisinant les 110 km/h. Contrairement à la panthère, il mène un mode de vie totalement diurne, car sa vue n'est pas adaptée à l'obscurité.
Relativement difficile à observer, longtemps chassé pour sa peau tachetée, il compte parmi les taux de mortalité infantiles les plus élevés de la savane (50 % des petits meurent au cours de leurs 3 premiers mois). Le guépard voit sa population se réduire d'année en année de façon alarmante.
Contrairement au lion ou au léopard, le guépard se laisse domestiquer aisément par l'homme (l'empereur moghol Akbar en possédait plus de 1 000 !).

> **RAPIDE MAIS PAS ENDURANT !**
>
> *Capable d'atteindre 90 km/h en 3 secondes, le guépard est l'animal le plus rapide du monde. En course, ses pattes touchent à peine le sol. Léger, il est le roi du sprint sur 400 m. Mais sur une longue distance, il est dépassé par l'antilope qui court presque aussi vite et peut faire des bonds jusqu'à 15 m de long !*

Le léopard *(leopard)*

Prédateur extrêmement agile et solitaire, le léopard est le plus gros et le plus secret des félins tachetés. Puissant, massif (et pourtant d'une grâce extrême), il mesure

LION
Lion

GUÉPARD
Cheetah

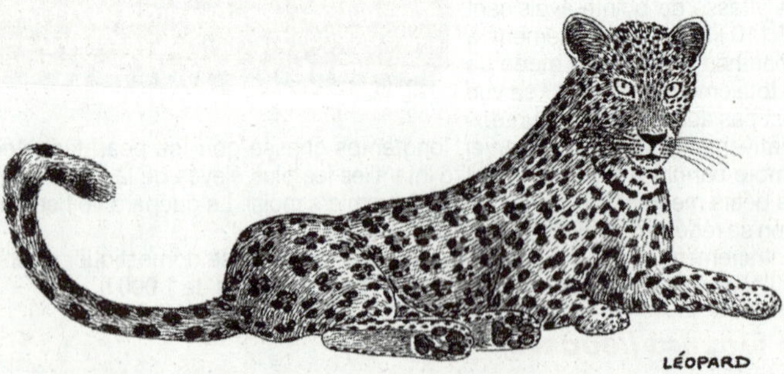

LÉOPARD
Leopard

entre 1,30 m et 1,90 m de long pour un poids d'environ 50 kg. Excellent chasseur, rapide et silencieux, ce fauve possède également un atout majeur : son somptueux pelage. Cette robe émaillée de taches, de rosettes noir et mordoré, lui sert de camouflage.

Longtemps chassé pour ce pelage, le léopard a dû changer son mode de vie pour devenir noctambule ; il est donc relativement difficile à observer. On peut parfois l'apercevoir le jour, nonchalamment installé sur la fourche d'un arbre car il passe la majeure partie de son temps dans les arbres, qui lui servent d'abri, de tourelle d'observation et de garde-manger. Il ne quitte les zones boisées que pour chasser. Une fois sa proie capturée (antilopes, gazelles, lionceaux, babouins, chacals...), il la hisse (parfois à plus de 10 m de hauteur) au creux d'une forte branche, à l'abri des autres prédateurs.

LES HERBIVORES

L'éléphant *(elephant)*

« Il n'est pas douteux que votre disparition signifiera le commencement d'un monde entièrement fait pour l'homme. Mais laissez moi vous dire ceci, mon vieil ami, dans un monde entièrement fait pour l'homme, il se pourrait bien qu'il n'y ait pas non plus place pour l'homme. »

Romain Gary, *Lettre à l'éléphant* (*Le Figaro littéraire*, 1968)

C'est le plus gros animal terrestre : ce titan pacifique peut atteindre plus de 3 m au garrot pour un poids de 6,5 t.

Apparu il y a près de 50 millions d'années, cet élégant pachyderme est unique dans l'espèce animale. Sa trompe, par exemple, est un véritable chef-d'œuvre d'adaptation ! À la fois narine et lèvre, cet appendice – doté d'un sens tactile remarquable et d'un odorat très fin – sert à puiser, souffler de l'eau, se reconnaître, se caresser, cueillir fruits et herbes, se couvrir de poussière, renifler l'air et communiquer en émettant des sons. Et ses oreilles ! Larges, en forme d'éventails triangulaires, elles sont irriguées par un faisceau d'artères en étoile... et lorsqu'elles battent, cette vascularisation a un effet efficace de régulation de température. Enfin, il y a ses légendaires défenses (en fait, il s'agit de ses incisives supérieures hypertrophiées), véritables sabres d'ivoire qui peuvent atteindre 3,50 m de longueur... malheureusement très prisées des humains. Doté d'un solide appétit, il dévore 150 à 200 kg de fourrage par jour et engouffre 90 l d'eau.

ET L'ÉLÉPHANT ? PÉPÈRE !

Au lit, cet animal est bien loin de faire des prouesses : un rapport tous les 5 ans ! Il commence à se reproduire quand il est déjà vieux garçon (à 30 ans) et l'acte en lui-même dure moins de 1 mn... Faut dire que la gestation du bébé prend 22 mois et son allaitement environ 4 ans. Mais le bestiau est très fidèle. Comme quoi un éléphant ne trompe pas énormément !

Animal d'une grande intelligence, l'éléphant vit en clans distincts : d'un côté les femelles et les éléphanteaux (organisés et solidaires) ; de l'autre, les mâles solitaires et vagabonds. Depuis toujours, pour survivre sur les terres hostiles d'Afrique, les éléphants pratiquent le nomadisme et l'errance perpétuelle. Pour rester en contact malgré la distance, les familles dispersées ont développé un incroyable système de communication, utilisant des fréquences inaudibles pour l'oreille humaine. Ils partagent des infos sur les points d'eau, la garde des petits, les femelles en chaleur ou la nourriture disponible.

Le rhinocéros *(rhinoceros)*

Implacablement massacré pour ses cornes aux prétendues vertus aphrodisiaques (en fait de « cornes », ce n'est rien d'autre que de la kératine, comme les ongles), le rhinocéros voit sa population diminuer de façon alarmante d'année en année. Une vraie tragédie, car l'espèce est vraiment en danger. Entre 8 et 11 kg ! C'est le poids d'une corne qui vaudrait sur le marché dans les 60 000 €/kg ! Plus cher que la cocaïne ou l'or...

J'Y VOIS PAS CLAIR...

En Afrique, on distingue 2 espèces de rhinocéros : le blanc (Ceratotherium simum) *et le noir* (Diceros bicornis). *Malgré cela, sachez que ces 2 rhinocéros sont gris... et que c'est en fait la forme de leur bouche, leur régime alimentaire et leur taille qui les distinguent l'un de l'autre ! La dénomination « blanc » du 1er provient en fait du terme hollandais weit (large), qui progressivement fut déformé en white (blanc).*

Si l'on comptait plus de 65 000 animaux dans les années 1970 dans l'ensemble des plaines sud-africaines, il n'en subsisterait que 20 000 aujourd'hui, soit environ 80 % de la population mondiale de rhinocéros. Quand on sait que les braconniers ont exterminé 769 rhinocéros en 2018...
Le rhinocéros blanc possède une lèvre supérieure large et carrée. Ce colosse aux allures de char d'assaut (4 m de long pour un poids pouvant atteindre 3 t) est herbivore ; c'est un brouteur invétéré qui se nourrit essentiellement d'herbe rase. En revanche, le rhinocéros noir, plus « modeste » (3,50 m de long pour un poids de 1,5 t), possède une lèvre supérieure proéminente, pointue et préhensile. Il se nourrit de feuilles, bourgeons, rameaux épineux et arbustes parfois très toxiques pour l'homme. Les 2 espèces sont totalement dépourvues d'incisives.
D'un naturel généralement placide, le rhinocéros blanc affectionne les endroits couverts et boisés. Le rhinocéros noir est beaucoup plus irascible. Une fois importuné, il peut se montrer redoutable lorsqu'il charge. Il signe alors des chronos atteignant 50 km/h. Myope comme une taupe, il se repère surtout à son ouïe et son odorat, qu'il a fort développés.

Le buffle *(buffalo)*

Colossal avec son imposante carrure de lutteur, le buffle africain force d'emblée le respect. Gigantesque (certains individus atteignent une hauteur de 1,70 m au garrot pour un poids de 1 t !), il est aisément reconnaissable à ses énormes cornes bombées posées à la manière d'un casque sur sa tête. Celles-ci sont une arme à la fois offensive et dissuasive. Lorsqu'un groupe est attaqué, les buffles forment un cercle étanche, protégeant les jeunes et les plus faibles en son sein.
D'un naturel généralement placide, il est pourtant l'animal le plus redouté des chasseurs, car ses charges sont imprévisibles et souvent mortelles.
Le buffle vit en troupeaux (atteignant parfois 500 à 1 000 têtes dans le parc Kruger), non loin de points d'eau où il va régulièrement s'abreuver. Son activité est surtout nocturne, et le jour on peut l'apercevoir, à l'ombre d'un arbre, ruminant, ou se vautrant dans la boue. Cet herbivore raffole de graminées, de plantes herbacées et de feuillages.

Le phacochère *(warthog)*

Malgré les apparences, le phacochère est un animal attachant, notamment depuis le sympathique Pumbaa (revoir « Le Roi Lion »). Il suffit de l'observer, foulant la poussière des savanes, sa queue dressée comme une hampe de drapeau... ou broutant, agenouillé sur la partie calleuse de ses membres antérieurs. Ce cochon sauvage (qui pèse parfois jusqu'à 140 kg) se reconnaît à sa tête large et allongée, qui se termine par un groin plat. Les 4 protubérances notables sur sa face lui ont valu le surnom peu glorieux de « sanglier verruqueux ». Et puis il y a ces défenses

BUFFLE NOIR
Buffalo

PHACOCHÈRE
Warthog

– canines supérieures recourbées vers le haut – qui lui servent d'arme et d'outil pour déterrer bulbes et racines. Court sur pattes (c'est pourtant un excellent coureur !), il porte, du sommet du crâne à la naissance de la queue, une crinière touffue aux longs poils brun-gris. Les lions et les léopards l'adorent !

Le porc-épic *(porcupine)*

Le porc-épic est le plus gros représentant de la famille des rongeurs en Afrique. Cette pelote d'épingles ambulante est un animal nocturne et plutôt discret. Le porc-épic à crête se reconnaît à son armure de piquants cylindriques et très acérés, pouvant atteindre 40 cm de longueur. Lorsque l'animal est en danger, il les hérisse en éventail et les fait vibrer pour dissuader son agresseur. Lion, léopard et lycaon sont friands de ce mammifère... mais paient souvent comptant leur hardiesse, car les piquants se détachent facilement du porc-épic pour aller se planter dans le mufle ou les pattes de l'agresseur. Une fois fichés dans la chair vive, ces piquants s'enfoncent peu à peu grâce aux barbes dont ils sont munis. Une fois brisés, ils occasionnent souvent des infections fatales.

La girafe *(giraffe)*

D'une grâce aristocratique et d'une nonchalance très stylée, ses pointes de vitesse peuvent atteindre 60 km/h, la girafe reste l'absolue souveraine de la savane, dont la grâce s'exprime dans la course.

Son cou démesuré (formé seulement de 7 vertèbres), sa tête ciselée (périscope aux larges yeux frangés de cils et surmontée de 2 petites cornes recouvertes de peau) en font l'animal terrestre le plus haut. Cet élégant artiodactyle peut atteindre une hauteur vertigineuse de 5,80 m pour un poids maximal d'une tonne !

On distingue 3 sous-espèces : la girafe réticulée, la girafe de Rothschild (ou girafe Baringo), et la girafe massaï.

La girafe réticulée se distingue par sa robe d'un brun foncé. Les taches qui parsèment son pelage sont régulières et imiteraient un motif « écaille de tortue ».

Le pelage de la girafe de Rothschild rappelle celui de la girafe réticulée, avec des taches très régulières également, mais inexistantes au-dessous des genoux (« chaussettes blanches »).

La girafe massaï est la plus répandue du Kenya à l'Afrique du Sud.

L'ensemble des motifs constitue pour chaque animal une « carte d'identité » très personnalisée.

Le zèbre *(zebra)*

Avec son élégant costume de bagnard, ses oreilles sans cesse mobiles, sa crinière rase et fournie, le zèbre, ou *walking pyjama* comme on dit en Afrique du Sud, est l'un des ongulés les plus typiques et les plus attachants qui soit. *Zebra* signifie « âne rayé » en swahili, et sa superbe robe bicolore offre d'infinies variations. Il existe 2 espèces de zèbres : le zèbre de Burchell (ou de Grant) et le zèbre de Grévy (absent d'Afrique du Sud). Le zèbre de Burchell est de taille modeste et vit en troupeaux organisés (un mâle veille sur un

DRÔLE DE ZÈBRE

On s'interroge encore sur la fonction de la robe bicolore de cet équidé non domesticable. Certains pensent que son graphisme particulier perturbe les sens de la mouche tsé-tsé qui l'évite. D'autres croient qu'il s'agit d'un effet camouflage ou d'un procédé « graphique » de régulation de température pour l'animal. Une autre hypothèse qui tient la corde est que lorsqu'ils sont poursuivis par leurs prédateurs, ces derniers sont déroutés par ces fichues lignes noires (ou blanches, selon le point de vue)... De quoi donner le tournis !

GIRAFE
Giraffe

GIRAFE MASAÏ
Masai giraffe

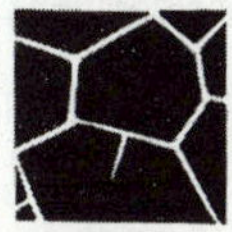

GIRAFE RÉTICULÉE
Reticulated giraffe

GIRAFE DE ROTHSCHILD
Rothschild's giraffe

ZÈBRE
zebra

ZÈBRE DE GRANT
Burchell zebra

ZÈBRE DE BOEHM
Boehm's zebra

harem de 1 à 6 juments et leurs poulains). Sa robe présente des rayures beaucoup plus larges que celui de Grévy. Il vit souvent en compagnie des gnous. Ils profitent de la puissance de leur troupeau, mais sont bien plus malins que leurs compagnons.

LES CANIDÉS

La hyène *(hyena)*

Est-ce son cri terrible (qui va du hurlement au « rire » le plus lugubre)... ou est-ce son apparence qui nous rend la hyène si peu sympathique ? On la dit laide, cruelle, lâche... Considérations d'ignorant ! Ce prédateur atypique s'avère tout à fait fascinant.
On distingue habituellement 2 espèces de hyènes : la hyène tachetée et la hyène rayée. La 1re est la plus répandue. On la reconnaît à ses oreilles rondes, à son pelage couvert de taches irrégulières. La hyène rayée est de taille plus modeste, a des oreilles pointues et une crinière érectile. Accusée à tort d'être un animal exclusivement charognard, la hyène tachetée est un redoutable prédateur lorsqu'elle chasse en groupe. Sa terrible mâchoire (la plus puissante du règne animal) est hérissée d'une dentition surdimensionnée. Principalement nocturne, la hyène chasse tout ce qu'elle rencontre : tortues, chacals, antilopes, zèbres, gnous, petits de rhinocéros, de guépard, de buffle... Elle peut aussi se contenter d'une charogne, mais ce n'est pas son plat principal.

Le lycaon *(hunting dog)*

Son nom évoque le loup (*lykos* en grec). Mais on le surnomme aussi « chien-hyène » *(cynhyène)*... Il n'est pourtant ni vraiment l'un ni vraiment l'autre. Le lycaon est en fait un chien sauvage qui a la particularité d'être exclusivement carnivore. Redoutable prédateur (sans doute le plus efficace du continent africain), il fut déclaré nuisible, traqué et exterminé sans répit par les éleveurs et les chasseurs de la savane. Cela explique sa considérable raréfaction. On le trouve dans le Kruger par bandes d'une vingtaine d'individus.
Le lycaon est facilement reconnaissable à ses oreilles très rondes, sa mâchoire surdimensionnée et son pelage taché de noir, de brun, de blanc et de jaune. Se déplaçant en meute (de 5 à 40 individus), sa technique de chasse est impitoyable. Il traque en groupe, cerne une proie (antilope, gazelle, zèbre...), l'immobilise et l'éviscère vivante. Charmant !

Le chacal *(jackal)*

Ce canidé sauvage, de la taille d'un chien domestique, est relativement facile à observer. Aisément reconnaissable (son profil de divinité égyptienne nous l'a rendu bien populaire), il rythme les nuits africaines de ses hurlements et glapissements caractéristiques. Cet animal sociable bénéficie d'une réputation de charognard et de pilleur de cadavres pas toujours justifiée. Certes, on l'observe souvent aux alentours des curées de lions, espérant quelques restes. Mais ce petit canidé est aussi un prédateur redoutable. Chassant souvent par 2, ils traquent les antilopes, phacochères, gnous... encerclant (à plusieurs) les mères pour s'emparer de leurs petits.
On distingue 3 espèces de chacals : le chacal à chabraque, le chacal doré et le chacal à flancs rayés. Le 1er se reconnaît à la tache sombre qui lui fait un « manteau » de la nuque à la queue (la chabraque étant un tapis de selle employé par les régiments de hussards). C'est celui que vous observerez le

HYÈNE TACHETÉE
Hyena

LYCAON
Hunting dog

CHACAL
Jackal

plus aisément. Le chacal doré est plus trapu et son pelage tire vers le jaunâtre. Le chacal à flancs rayés est de couleur brune avec une bande noire sur les côtés.

LES ANIMAUX AQUATIQUES

L'hippopotame *(hippopotamus)*

Avec son énorme corps en forme de barrique, sa peau glabre, son mufle évasé, ses pattes courtes et trapues, l'hippopotame amphibie est le 2e plus gros mammifère terrestre. Il affectionne essentiellement les rivières et les lacs peu profonds, car il se révèle être un piètre nageur. En règle générale, il préfère se laisser flotter. Au moindre danger, il coule et s'enfuit en trottant sur les fonds vaseux des fleuves. Il possède des narines et des conduits auditifs obturables. Cet imposant sous-marin (il peut peser jusqu'à 3 t !) peut rester près de 10 mn en apnée. L'hippopotame est herbivore. À la nuit tombée, il quitte son refuge aquatique pour aller engloutir son comptant d'herbe. Parcourant parfois une dizaine de kilomètres, il ingère jusqu'à 100 kg de verdure par nuit. Ses énormes canines inférieures (elles peuvent atteindre la taille très respectable de 1 m !) ne semblent pas avoir d'action directe lors de la mastication (comment pourrait-il faire ?). Les groupes de pachydermes sont la plupart du temps composés de femelles surveillées par un mâle dominant. Les batailles entre mâles sont spectaculaires et d'une violence cataclysmique !
En Afrique, ***l'hippopotame est responsable du plus grand nombre d'accidents mortels concernant les humains.*** Dans l'eau ou à terre, sa charge est fulgurante... et, le soir tombé, bien des Africains évitent la proximité des rivières, effectuant de larges détours plutôt que de risquer une rencontre fatale avec ce « cheval de fleuve » (traduction littérale de son nom grec). Redoublez donc d'attention ! 2 curiosités « sociologiques » à ne pas imiter : le bâillement de l'animal est un signe servant à établir la hiérarchie dans le groupe, et il a pour habitude de déféquer pour saluer un autre hippo. La classe !

Le crocodile du Nil *(Nile crocodile)*

Job écrivait dans l'Ancien Testament : « Qui pénétrera entre ses mâchoires ? Qui ouvrira les portes de sa gueule ? Autour de ses dents habite la terreur... Ses éternuements font briller la lumière ; ses yeux sont comme les paupières de l'aube. » Déjà, face au plus grand des reptiles vivants, le prophète oscillait entre effroi et poésie.
Le crocodile du Nil est un géant tout à fait fascinant. D'une taille qui force le respect (dans des temps anciens il pouvait atteindre la longueur respectable de 7,90 m !), pesant près de 1 t, ce dragon est à l'origine de bien des légendes. Certaines prétendent qu'il pleure comme un enfant pour attirer les femmes qu'il emporte et dévore au fond des fleuves. D'autres racontent qu'il peut vivre plus de 800 ans !
Ce cuirassé submersible est totalement adapté au mode de vie semi-aquatique. Il possède des narines et des oreilles munies d'une valvule qui se ferme de façon étanche lorsqu'il s'immerge. Son inquiétante pupille verticale est recouverte d'une

FILLE OU GARÇON ?

Les crocodiles ont, avec les tortues, une particularité surprenante. Quand elles pondent leurs œufs, les femelles croco les enterrent dans le sable à une profondeur variable. Plus l'œuf est enfoncé, plus sa température est basse. C'est cette différence de chaleur qui détermine le sexe des petits (et non les chromosomes). Donc, tout dépend de la profondeur d'enfouissement dans le sable !

paupière qui lubrifie l'œil et protège notre dragon lorsqu'il est en plongée. Le crocodile ingère régulièrement dans son estomac des pierres pesant plusieurs kilos... qui semblent intervenir dans le processus de sa digestion et qui ont un rôle de lest, facilitant son immersion totale. Il noie ses victimes et les laisse souvent pourrir sous un tronc d'arbre.

DENT POUR DENT

Au cours de leur existence, les crocodiles renouvellent leurs 80 dents une cinquantaine de fois, soit 4 000 dents au total. L'homme, lui, achète un dentier.

LES PETITS CARNIVORES

La mangouste *(mongoose)*

Les plus répandues sont les mangoustes rayées, qui affectionnent les espaces ouverts, et les mangoustes naines de l'Est. Ensuite viennent les mangoustes rouges, les mangoustes à queue blanche, etc.
Les mangoustes sont d'adorables carnivores, fascinants à observer. Elles sont sociables et extrêmement solidaires. Qu'un danger les menace, elles se regroupent et luttent ensemble. Menacées, les mangoustes grognent et crachent, un peu à la manière des chats.

Le daman (*hyrax* ou *dassie*)

Le daman est un animal trapu, robuste, de la taille d'une marmotte, qui pourrait être issu d'un improbable croisement entre un énorme cobaye et un gros lapin. Cet adorable ongulé a le corps couvert d'un pelage gris et fourni. Malgré son apparence de rongeur, il serait le plus proche cousin de l'éléphant et du lamantin !
Vous pourrez rencontrer 3 sortes de damans : le daman d'arbres, le daman des steppes *(Heterohyrax brucei)* et le daman des rochers. Ce dernier est le plus répandu et peuple ces reliefs granitiques qu'on appelle des *kopjes.* Le daman d'arbres est le plus menacé, de par l'alarmante régression des espaces boisés africains.

Le serval *(serval)*

Cet irrésistible félidé surnommé également « chat-tigre », est aisément reconnaissable à ses pattes allongées, à sa courte queue annelée de noir, à sa tête de petite dimension... et surtout à ses oreilles, larges pavillons auriculaires mobiles qu'il dresse en permanence. D'une taille supérieure au chat domestique (il atteint une longueur de 70 cm sans la queue), le serval a été intensivement chassé pour son pelage chamois marqué de taches noires et de raies. Ce prédateur, d'une vivacité et d'une souplesse étonnantes, se situe entre le chat proprement dit et le lynx.
On l'aperçoit surtout à l'aube et au crépuscule. Effectuant des bonds impressionnants parmi les herbes des savanes, il chasse à l'affût rats-taupes, damans, lièvres, lézards, pintades, insectes...

La civette *(civet)*

La civette d'Afrique est la plus grande de toutes les civettes vraies. Ce représentant de la famille des *Viverridae,* au corps allongé, ressemble de loin à un

MANGOUSTE RAYÉE
Banded mongoose

DAMAN
Hyrax or Dassie

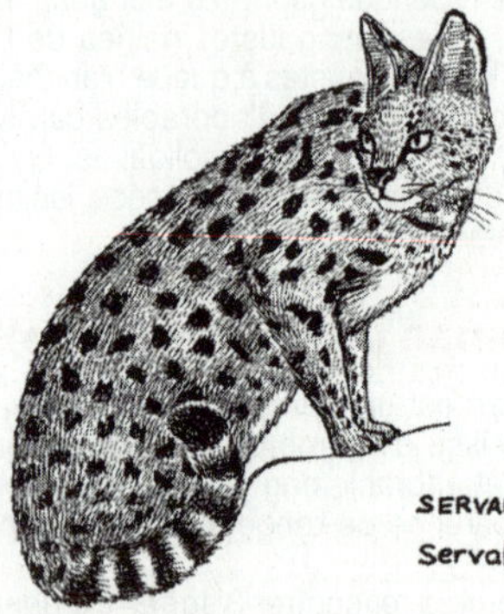

SERVAL
Serval

GENETTE
Genet

CIVETTE
Civet

chien. Pourvue de griffes courtes et semi-rétractiles, la civette est un animal nocturne qui se dissimule dans les fourrés ou au fond d'anciens terriers d'oryctérope ou de porc-épic. Son apparence la fait quelquefois confondre avec sa cousine, la ***genette.***
La civette est surtout connue pour l'huile qu'elle sécrète (le mot « civette » vient de l'italien *zibetto,* emprunté à l'arabe *zabad* qui signifie « musc »). Elle produit un liquide onctueux, très odorant, qui lui sert à marquer son territoire. Très tôt, cette « huile » a été utilisée en parfumerie... Dès le Xe s av. J.-C., au temps du roi Salomon, on l'importait déjà d'Afrique !

LES ANTILOPES

Les « antilopes », comme on les appelle généralement, appartiennent toutes à la famille des bovidés. Elles se subdivisent en plusieurs sous-familles, classées selon la forme de leurs cornes. 7 concernent des espèces africaines : les tragélaphinés (bongos, élands, guibs, koudous), les hippotraginés (antilopes chevalines), les réduncinés (kobs), les alcélaphinés (bubales, damalisques, gnous), les antilopinés (gazelles), les néotraginés (antilopes naines) et les céphalophinés. Les gazelles ne forment donc qu'une des sous-espèces des antilopinés.

L'éland du Cap *(eland)*

L'une des plus grandes antilopes, l'éland (avec un « d », sinon c'est l'élan du Canada, sorte de grand cerf) atteint 1,70 m au garrot pour 800 à 1 000 kg. Lourd et massif, affublé d'un fanon (la peau qui pend sous le cou) et d'une queue à toupet, il rappelle un peu le zébu. Il arrive d'ailleurs qu'il se croise avec certains bovins domestiques...
Son pelage est beige et peut porter des rayures blanches verticales très fines. Les cornes, présentes chez les 2 sexes (celles de la femelle sont plus longues), prennent la forme d'une vis d'environ 70 cm. Migrateur, l'éland du Cap vit en principe en petits troupeaux de 20 à 25 individus. Les chasseurs africains le connaissent bien, à cause des bruits de sabots entrechoqués qu'il est censé faire en courant. Erreur ! Il s'agit en réalité de ses articulations de genoux qui craquent !

Le guib harnaché *(bushbuck)*

Grand comme une chèvre, le guib harnaché se reconnaît à sa robe acajou parcourue de bandes blanches verticales et de 2 traits horizontaux. L'arrière-train est constellé de points blancs. Les cornes, qui n'existent généralement que chez le mâle, ressemblent un peu à celles d'un daim, droites et courtes.
Timide et solitaire, le guib harnaché vit dans les zones boisées et donc pas facile à observer. Plutôt lent, il échappe à ses prédateurs en se faufilant sous le couvert végétal.

Le guib d'eau *(sitatunga)*

Assez semblable au guib harnaché – bien qu'un peu plus grand et couvert de poils plus longs –, le *sitatunga* n'occupe que des zones marécageuses ou de sous-bois. Il s'est adapté à son environnement en développant des sabots très allongés (10 cm) qui lui permettent d'avancer en terrain meuble sans s'enfoncer. Craintif, il est surtout nocturne et s'enfuit à la nage en cas de menace car c'est un très bon nageur.

ÉLAND DU CAP
Eland

GUIB HARNACHÉ
Bushbuck

GUIB D'EAU
Sitatunga

Le grand koudou *(greater kudu)*

Malheureusement très rare, le grand koudou est peut-être la plus majestueuse des antilopes africaines. Pendant longtemps, son trophée était parmi les plus recherchés ; Hemingway, d'ailleurs, en avait fait une fixation... Sa taille impressionnante (1,50 m au garrot), son port de tête altier, les cornes torsadées longues de 1 m du mâle l'identifient sans peine. Son pelage gris souris s'éclaircit sur les flancs où sont imprimées de 6 à 10 lignes blanches verticales. Le grand koudou se distingue aussi à ses oreilles, très longues et aux bords blancs, à une crinière assez marquée et à une barbe foncée, prolongée par une frange de poils jusqu'à l'entrejambe. Le rut donne lieu à d'impressionnants combats entre mâles. Il n'est d'ailleurs pas rare que l'1 des 2 prétendants y perde la vie.

L'hippotrague noir *(sable antelope)*

Très proche du précédent, quoiqu'un peu plus petit, l'hyppotrague noir possède des cornes encore plus longues. Si la moyenne tourne autour de 80 cm, le record établi est de 1,50 m ! Celles du mâle sont davantage courbées. Comme son nom l'indique, sa robe est noire, à l'exception du ventre et de l'arrière de la croupe, blancs. C'est l'une des antilopes les plus rares.

L'hippotrague ou antilope cheval *(roan antelope)*

Très grand, très beau, l'hippotrague n'a pas usurpé son surnom : c'est vrai qu'il ressemble à un cheval, jusque dans sa façon de galoper. Toutefois, ce sont ses cornes qui constituent sa véritable marque distinctive : longues (70 cm en moyenne) et annelées, recourbées vers l'arrière, elles évoquent un cimeterre arabe. Le pelage est fauve, sauf l'abdomen, qui est clair. Les oreilles, grandes et claires, se terminent par un toupet foncé. De nature agressive, les hippotragues s'opposent en duels fracassants et peuvent, à l'occasion, dérouter un lion.

Le kob des roseaux *(reedbuck)*

3 à 4 fois moins gros que le kob defassa, le *reedbuck* se reconnaît à ses poils brun-roux assez longs et à ses cornes incurvées vers l'avant – la femelle en étant dépourvue. La face interne des membres est blanche, ainsi que le cou. Le kob des roseaux se rencontre à proximité d'un cours d'eau ou d'un marécage. Il s'enfuit en effectuant de grands bonds.

L'oryx *(oryx)*

Cet animal possède 2 magnifiques cornes rectilignes et c'est la femelle qui arbore les plus longues. La robe, beige, est délimitée au niveau du ventre par des bandes foncées que l'on retrouve également sur toute la longueur du dos et du cou, un peu comme si l'on avait tracé les contours de l'animal au crayon. Animal des steppes semi-désertiques, l'oryx peut rester longtemps sans boire. Il peut aussi, à l'occasion, se révéler dangereux, usant de ses cornes comme des sabres.

Le kob defassa *(waterbuck)*

Le kob defassa est un animal solide, au pelage brun foncé et aux longues cornes en forme de lyre – seul le mâle en porte. Une grande collerette blanche distinctive orne son cou : c'est elle qui lui a valu le surnom de *clergyman.* Le kob à croissant *(ringed waterbuck)* est une sous-espèce au poil un peu plus clair. On rencontre assez fréquemment le kob aux abords des zones humides. C'est d'ailleurs un

GRAND KOUDOU
Greater Kudu

HYPPOTRAGUE NOIR
Sable antelope

HYPPOTRAGUE
OU ANTILOPE CHEVAL
Roan antelope

KOB DES ROSEAUX
Reedbuck

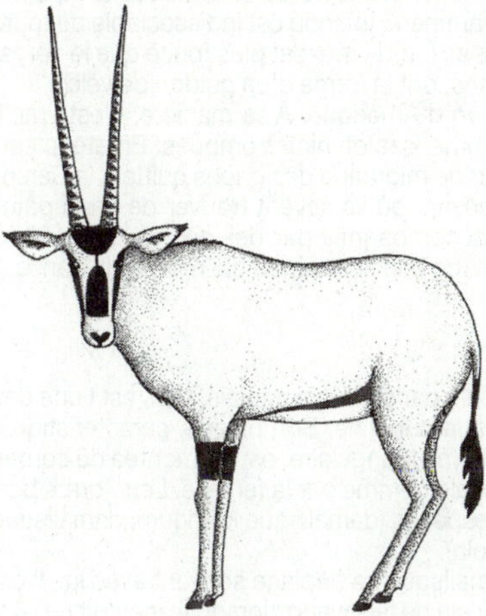

ORYX BEISA
Oryx

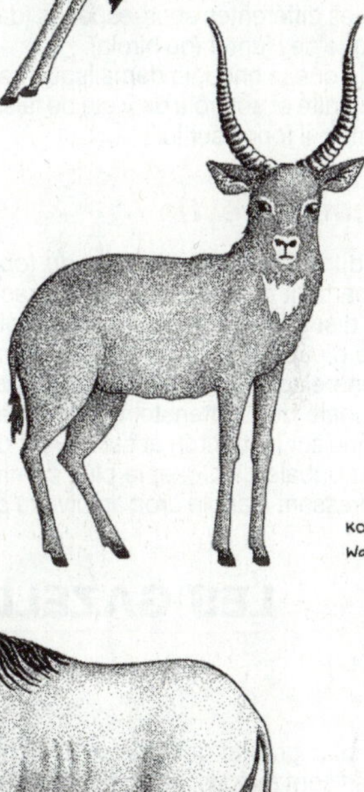

KOB DEFASSA
Waterbuck

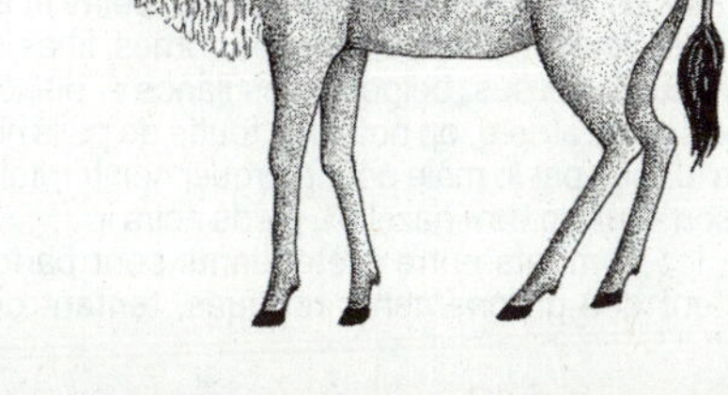

GNOU BLEU
À BARBE BLANCHE
Wildebeest (ou gnu)

excellent nageur : en cas de menace, toute la troupe se jette à l'eau. Très territorial, le mâle règne sur un harem de 10 à 20 femelles, parfois plus. Il imprègne chacune de son odeur forte.

Le gnou *(wildebeest)*

Avec sa crinière chevelue et sa barbe blanche, ses côtes efflanquées et sa drôle de façon de souffler et de grogner bruyamment, le gnou est indissociable de toute l'Afrique orientale et du Sud. L'avant de sa lourde tête est plus foncé que le corps, et ses cornes, présentes chez les 2 sexes, ont la forme d'un guidon de vélo.
On a souvent comparé le gnou au bison d'Amérique. À sa manière, c'est vrai, il parcourt les grandes plaines en files immenses et ininterrompues. En été (c'est-à-dire courant février), on connaît la grande migration des gnous quittant le Serengeti tanzanien vers le Massaï-Mara kenyan, où ils savent trouver de verts pâturages. Dans cette migration, ils sont accompagnés par des zèbres, considérés comme bien plus malins qu'eux. De fait, ce sont les zèbres qui mènent la danse.

Le damalisque *(topi)*

Le damalisque, plus généralement appelé par son nom anglais, *topi,* est l'une des antilopes les plus communes de l'Afrique orientale. Son pelage, caractéristique, est marron-roux et luisant. La tête, de forme triangulaire, est surmontée de cornes courbées vers l'arrière, portées par le mâle comme par la femelle. Leur forme permet de distinguer les différentes sous-espèces (damalisque korrigum, damalisque sassaby, damalisque de Hunter (ou hirola).
De la même famille que le gnou, le damalisque se déplace souvent avec lui. Il est connu pour sa stupidité et son rôle de vigie de la savane : lorsqu'il aperçoit un lion, plutôt que de s'enfuir, il fonce sur lui !

Le bubale *(hartebeest)*

L'allure générale du bubale rappelle celle du *topi.* Mais sa tête, d'une longueur démesurée, n'appartient qu'à lui : on la dirait tracée au cordeau. Le bubale porte aussi une bosse distinctive au niveau du garrot. L'arrière-train est tombant. Il existe une dizaine d'espèces, toutes de taille similaire. Le bubale de Jackson se différencie par son pelage légèrement roux et ses cornes fortement annelées en forme de V. Le bubale de Lichtenstein, légèrement plus petit, arbore une tache noire caractéristique sur le menton et sur l'avant des pattes. Ses cornes sont plus courtes. Celles du bubale de Coke, le plus commun des 3, sont beaucoup plus écartées et se redressent à angle droit au niveau des oreilles.

LES GAZELLES

L'impala

Très répandue, la plus grande des petites antilopes est aussi l'une des plus gracieuses. Ses pattes sont minces, son cou élancé, et sa tête, petite et allongée, est encadrée de grandes oreilles. Seul le mâle possède des cornes, fines, en forme de lyre. Le manteau est fauve sur le dessus, beige sur les flancs et blanc sur l'abdomen. Juste au-dessus des sabots arrière, on note une touffe de poils noirs : il s'agit d'une glande odoriférante utilisée par le mâle pour marquer son territoire – ce qui a d'ailleurs valu à l'impala son surnom de « gazelle à pieds noirs ».
À la saison des amours, les combats entre prétendants sont parfois violents. Les 2 adversaires émettent des grognements rauques, tentant de s'effrayer

DAMALISQUE
Topi

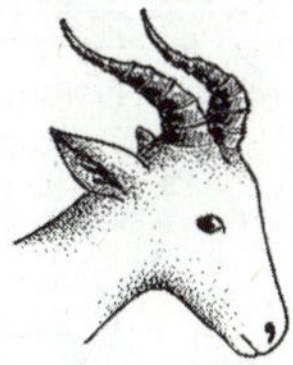

SASSABY
Tsessebe

HIROLA
Hunter's hartebeest

BUBALE DE COKE
Coke's hartebeest

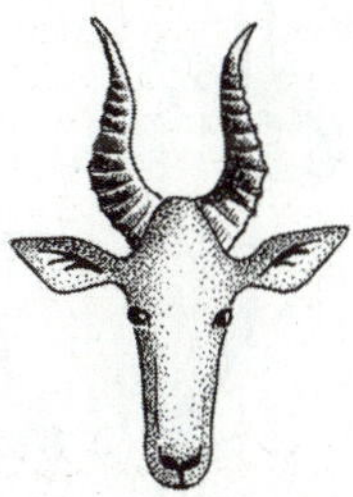

BUBALE DE JACKSON
Jackson's hartebeest

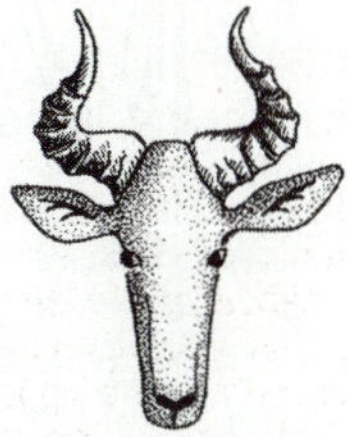

BUBALE DE LICHTENSTEIN
Lichtenstein's hartebeest

IMPALA
impala

ORÉOTRAGUE SAUTEUR
klipspringer

mutuellement. Le jeu en vaut la chandelle : le vainqueur se retrouve parfois à la tête d'un harem d'une centaine de femelles.
Nerveux et rapide, l'impala peut effectuer des bonds prodigieux : jusqu'à 10 m de long et 3 m de haut. En cas d'attaque, toute la troupe s'y met : le lion y perd son latin.

Le springbok

La mascotte du rugby sud-africain (il a même donné son nom à l'équipe nationale). Il ne se trouve qu'en Namibie et en Afrique du Sud et aussi au Botswana. C'est l'une des antilopes les plus rapides (plus de 80 km/h) et il vit en grands troupeaux. Il affectionne les plaines arides et se révèle capable de tenir de longues périodes sans boire. Il porte de délicates cornes en forme de lyre.

La nyala

C'est l'une des plus secrètes (et rares) antilopes d'Afrique. Les mâles sont gris avec de longs poils pendant sous le ventre. Les femelles, fort gracieuses, possèdent une robe fauve avec des rayures blanches verticales (mais pas de cornes). Les nyalas vivent surtout près de l'eau, dans un environnement végétal dense.

L'oréotrague sauteur *(klipspringer)*

Cette petite antilope à la robe olive mouchetée pèse tout au plus une vingtaine de kilos. Ses sabots, très étroits – on dirait qu'elle marche sur la pointe des pieds –, sont adaptés aux zones rocailleuses où elle habite généralement et se réfugie à la moindre alerte. Très agile, elle se déplace un peu à la manière du chamois sur les surfaces les plus raides et les plus accidentées. Autre signe particulier, les oreilles sont grandes, en forme de feuille. L'oréotrague vit en couple.

L'ourébi *(oribi)*

D'une taille similaire à celle de l'oréotrague, l'ourébi est brun fauve, à l'exception du ventre et des fesses, qui sont blancs. Un disque de peau nue et noire – gros comme une pièce de monnaie –, situé en arrière de l'œil, permet de le reconnaître à coup sûr. Il s'agit d'une glande odoriférante. Seuls les mâles ont des cornes ; celles-ci sont courtes et droites, presque perpendiculaires au front.

Le raphicère champêtre *(steenbok)*

Proche de l'ourébi par sa robe, ses cornes et sa corpulence, le raphicère en diffère cependant par un nez foncé – marqué d'une ligne noire partant en direction du front. Un anneau clair entoure les yeux, au coin desquels on distingue également une glande noire. Les oreilles sont assez grandes. Le raphicère affectionne les régions de savane herbeuse, où il vit solitaire ou en couple. Lorsqu'il doit prendre la fuite, il zigzague pour dérouter son poursuivant.

Le suni *(suni)*

Le suni revendique à égalité avec le dik-dik le titre de la plus petite antilope. Haut d'une trentaine de centimètres seulement, il pèse rarement plus de 4 kg. Outre sa taille, il possède la caractéristique d'avoir de grands yeux cerclés de blanc. Les glandes odoriférantes sont, comme chez d'autres espèces, situées au niveau de l'œil. Les cornes, longues de quelques centimètres seulement, sont droites et dirigées vers l'arrière. La femelle en est dépourvue. Le suni est un animal essentiellement nocturne. Il est si petit qu'il est l'une des proies préférées des chats sauvages et des oiseaux de proie.

RAPHICÈRE CHAMPÊTRE
Steenbok

OURÉBI
Oribi

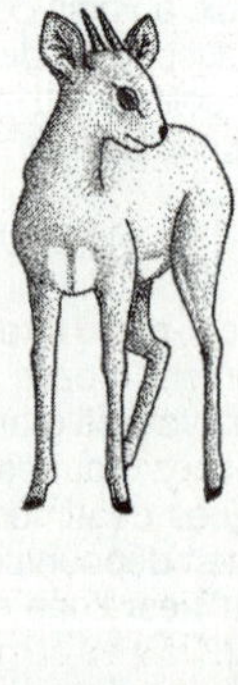

SUNI
Suni

LES OISEAUX

Le flamant rose *(greater flamingo)*

Les anciens Grecs le nommaient « l'oiseau à ailes de flammes ». Svelte, d'une élégance toute déliée, le flamant abonde dans les lagunes saumâtres et les lacs salés et alcalins. Souvent 2 espèces cohabitent : le flamant nain et le flamant rose. Rassemblés par millions, ces échassiers offrent toujours un spectacle atypique lorsqu'ils se nourrissent. Tête à l'envers, ils promènent leurs becs sens dessus dessous dans l'eau, aspirent le liquide grâce à leur langue et filtrent ainsi algues, larves ou petits mollusques. La couleur de leurs plumes provient d'un pigment, la caroténoïde, très abondant dans les algues qu'ils ingèrent. La femelle pond un œuf unique et... le couple nourrit son rejeton avec un « lait » produit dans son jabot.

L'autruche *(ostrich)*

Classée dans la famille des ratites (oiseaux inaptes au vol), l'autruche est le plus grand des oiseaux de notre planète. Elle peut atteindre une hauteur de 2,50 m pour un poids de 150 kg ! Reconnaissable à son cou interminable et déplumé (qui lui sert de tour d'observation), à ses fortes pattes (elle peut soutenir une vitesse de 50 km/h pendant 30 mn), à son pied comportant 2 orteils (gare aux ruades : elles peuvent tuer un fauve !), l'autruche peuple les régions semi-désertiques et les savanes. Cette végétarienne (graines, fleurs, fruits...) pond plusieurs œufs pouvant peser jusqu'à 1,9 kg chacun ! Les femelles les regroupent tous dans le même nid (il peut y en avoir entre 20 et 100 !). Animal sauvage, l'autruche s'élève facilement, pour sa viande mais aussi pour ses plumes.

Le marabout *(marabou stork)*

Le marabout d'Afrique est en fait une grosse cigogne chauve, dotée d'une longue poche jugulaire rose, nue et pendante, qui lui fait un goitre d'aspect peu flatteur. Ce ciconidé est carnivore et charognard. On le rencontre généralement à proximité des carcasses, parmi les vautours et les hyènes, et dans les dépôts d'ordures près des villages. Cet éboueur n'hésite pas à chasser les bébés crocodiles et les flamants roses.

Le vautour *(vulture)*

Grâce à leur bec acéré en crochet, ils dépècent les carcasses qui émaillent la savane. Les vautours d'Afrique repèrent les charognes grâce à leur vue perçante et peuvent nettoyer une antilope jusqu'aux os en 20 mn. D'une longueur de 60 cm à 1,40 m, on classe les vautours en 3 groupes. D'abord, le vautour de Rüppell et le vautour africain *(Gyps africanus)*, qui s'agglomèrent sur les cadavres. Ensuite, le vautour oricou *(Aegypius tracheliotus)* et le vautour huppé, qui sont plutôt solitaires.

L'aigle serpentaire *(secretary bird)*

Jean Giono écrivait : « Il a sa plume sur l'oreille comme les commis aux écritures ; c'est pourquoi on l'appelle aussi le secrétaire. » Le serpentaire est un rapace terrestre (il peut mesurer 1,30 m de haut). Reconnaissable à ses longues pattes et à ses plumes en panache à l'arrière de la tête, on l'aperçoit, traquant insectes et petits rongeurs. Lorsqu'il tombe sur un serpent, il le tue en le piétinant avant de l'ingérer. Ce grand marcheur peut toutefois voler et planer.

IBIS SACRÉ
Sacred ibis
AUTRUCHE
Ostrich
MARABOUT
Marabou stork
VAUTOUR GRIFFON
Vulture
PINTADE VULTURINE
Vulturine guinea-fowl
AIGLE SERPENTAIRE
Secretary bird
PETIT CALAO À BEC ROUGE
Red-billed hornbill

Le calao *(hornbill)*

Les calaos se reconnaissent à leur énorme bec incurvés vers le bas, et à cette excroissance de kératine formant un casque caractéristique. Parmi la dizaine d'espèces présentes en Afrique, le plus répandu est le petit calao à bec rouge. La femelle de ce bucérotidé omnivore (fruits, insectes, lézards, serpents...) aide le mâle à s'emmurer vivant dans son nid pendant le cycle entier de la reproduction.

LES PRIMATES

Le galago *(bush baby)*

Appartenant à la famille des lémuriens, le grand galago ressemble davantage à un chat qu'à un singe. Nocturne, il se distingue par des yeux assez gros et de grandes oreilles arrondies. Le pelage est d'un marron foncé uniforme. La queue est légèrement plus longue que le corps (30 cm environ) et très touffue. Comme la plupart des lémuriens, le galago possède 4 doigts munis d'ongles, et un 5e (l'index) pourvu d'une griffe.

Le grivet ou singe vert *(vervet monkey)*

Très commun, le grivet se rencontre fréquemment aux abords des lodges ou des campings. Il peut se montrer familier, pour peu qu'il y ait de la nourriture en jeu.

Habitant plus généralement les zones boisées, les groupes comptent de 20 à 30 individus, soumis à l'autorité d'un seul mâle. À peine plus lourd qu'un chat, on le reconnaît à son pelage dorsal gris-vert assez fourni, qui lui a donné son nom. Le ventre est blanc, la face est noire et les membres habituellement de la même couleur. La queue est longue et mince. Les femelles allaitent par 2 tétines, situées au beau milieu du sternum.

Le babouin ou cynocéphale commun *(baboon)*

Son nom le dit : cynocéphale, qui a une tête de chien. Effectivement, le babouin possède un museau allongé qui n'est pas sans rappeler le plus fidèle ami de l'homme. Il pousse par ailleurs des grognements qui ressemblent à des aboiements. Il mesure en moyenne 70 cm pour un demi-mètre de queue, et les plus gros mâles peuvent peser jusqu'à 70 kg.

On trouve assez communément 2 sortes de babouins en Afrique australe : le babouin jaune *(yellow baboon)* et le babouin olive *(olive baboon)*. Tous 2 ont des membres noirs et des incisives dignes d'un fauve ! Attention de ne pas s'approcher.

Les babouins vivent en bandes pouvant atteindre plus de 100 membres, sous le commandement d'un mâle dominant, aussi appelé « caïd ». La majeure partie de la journée est consacrée à la recherche de la nourriture : fruits, racines, insectes, etc. Ils affectionnent les savanes peu boisées et les zones rocailleuses, et peuvent se montrer agressifs dès qu'il s'agit de défendre leur territoire. On a même vu des groupes de babouins s'attaquer à un léopard pour lui voler un de ses petits. La raison en est encore incertaine : les singes ne mangent pas le jeune fauve, mais le confient à leur progéniture, qui joue avec comme s'il s'agissait d'une peluche. Certains scientifiques pensent que le babouin élimine ainsi un danger potentiel pour le futur.

GALAGO
Bush baby

GRIVET
Vervet monkey

BABOUIN
Baboon

LES ANIMAUX NOCTURNES

Le ratel (*ratel* ou *honey badger*)

Ce cousin du blaireau, poivre et sel au-dessus et noir au-dessous, est très agressif quand il s'agit de défendre son territoire. Il possède de longues griffes. Petit carnivore, il apprécie insectes, reptiles, oiseaux, rongeurs, et ne s'interdit pas parfois de se mettre une petite antilope sous la dent. Mais son mets de prédilection, c'est dans les arbres qu'il va le chercher : le ratel est un fou de miel. Malin, il se laisse guider vers les ruches par un petit oiseau que l'on a nommé, à juste titre, l'« indicateur ». Le ratel habite dans un terrier – d'ailleurs souvent volé à l'oryctérope.

L'oryctérope (*ant bear* ou *aardvark*)

Cet étrange animal évoque la chimère improbable d'un fourmilier et d'un cochon. Du 1er, il tient le museau allongé et le régime alimentaire ; du 2d, une sorte de groin, les pieds et un corps presque dépourvu de poils. D'ailleurs, on le surnomme fréquemment « cochon de terre ». Les grandes oreilles font, en revanche, davantage penser à un lièvre et la queue, torte, à celle d'un kangourou ! L'oryctérope utilise ses pattes armées de fortes griffes pour fouiller le sol. Il creuse de très nombreux terriers qu'il utilise de manière chronique. Il est particulièrement friand de fourmis et de termites, dont il saccage volontiers les colonies. Sa langue, longue, étroite et visqueuse à souhait, englue les insectes. Très courant, il est cependant rarement observé car il est de mœurs nocturnes.

LES ARBRES DES TROPIQUES

Le cocotier *(coconut tree)*

Indissociable de la côte de l'océan Indien, le cocotier est cultivé pour ses nombreux produits dérivés. Les noix fournissent lait (utilisé en cuisine), chair (huile) et coprah (dont on tire des matières grasses alimentaires) ; les palmes sont tressées pour la construction des toits en *makuti* et le bois sert à la construction des boutres.

Le séneçon géant (*giant senecio* ou *groundsel tree*)

Sur les landes alpines de certaines montagnes australes, d'étranges plantes endémiques profitent de l'hygrométrie – très forte – et de la température – très fraîche – pour atteindre des tailles de géant.

L'acacia (*acacia* ou *thom tree*)

Emblème des vastes plaines de l'Afrique orientale, l'acacia comporte un grand nombre d'espèces, toutes bardées d'épines. Le plus commun – et sans doute le plus beau –, l'*Acacia tortilis,* se distingue par une forme en parasol. Il fleurit 2 fois par an, juste avant les pluies, et se couvre alors de petites fleurs couleur crème. Ses gousses, riches en protéines, sont appréciées de nombreux animaux. L'*Acacia elator,* impressionnant par sa hauteur, l'est également par la taille de ses épines. Le *xanthophlœa,* à l'écorce jaune, pousse uniquement dans les zones humides. L'*Acacia commiphora* désigne, quant à lui, un écosystème de broussailles épaisses, refuge favori de nombreux animaux.

RATEL
Ratel

CAMÉLÉON
Chameleon

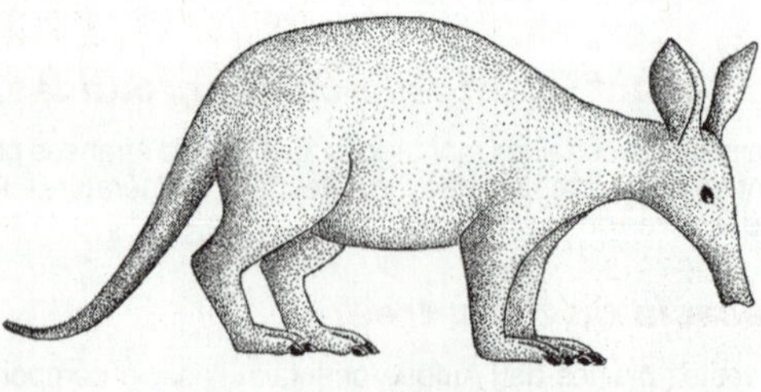

ORYCTÉROPE
Aard vark

COCOTIER
Coconut tree

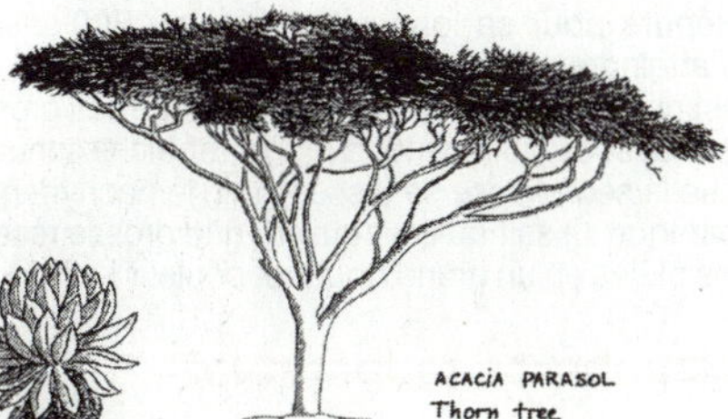

ACACIA PARASOL
Thorn tree

SÉNEÇON GÉANT
Groundsel tree

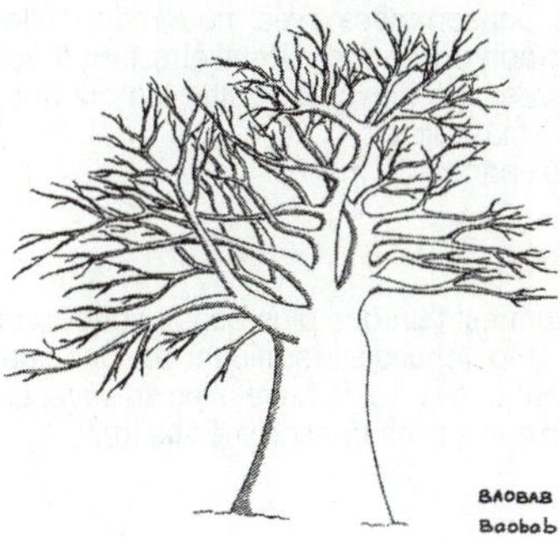

BAOBAB
Baobab tree

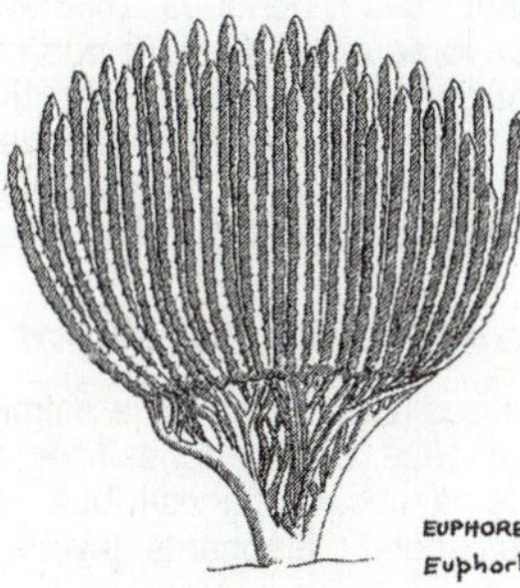

EUPHORBE
Euphorbia

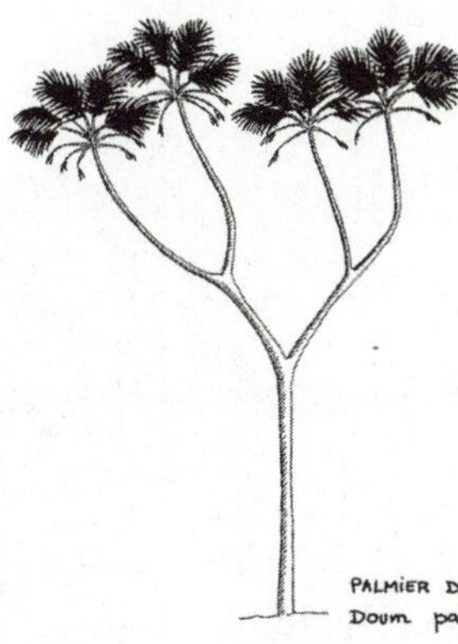

PALMIER DOUM
Doum palm

ARBRE À SAUCISSES
Sausage tree

Le baobab *(baobab tree)*

Réputé pour sa longévité – jusqu'à 300 ans –, le baobab a peu de chances d'atteindre cet âge vénérable. Son problème principal, c'est l'éléphant. Celui-ci est grand amateur de son écorce et de ses gros fruits (appelés « pains de singes » à l'ouest du continent), à la fois rafraîchissants et riches en vitamine C. Pour peu que la sécheresse se fasse sentir, le pachyderme s'attaque au tronc en forme de barrique : il sait qu'il y trouvera une grosse réserve d'eau. Le baobab fleurit après les pluies en un grand bouquet couleur ivoire à l'odeur repoussante.

L'euphorbe *(euphorbia)*

Il existe environ 150 espèces d'euphorbes. L'une des plus impressionnantes, *Euphorbia candelabrum,* à l'aspect de plante grasse, peut atteindre 15 m de hauteur. De la base d'un tronc épais, des dizaines de branches en forme de candélabres s'élèvent droit vers le ciel. L'euphorbe produit une sève blanche toxique.

L'arbre à saucisses *(sausage tree)*

L'arbre à saucisses tient son surnom de ses fruits en forme de gousses, dont la taille varie d'une trentaine de centimètres à près de 1 m – et dont le poids peut atteindre 10 kg.

Les « saucisses », pendues aux branches par des tiges longues de 2 à 3 m, sont toxiques lorsqu'elles ne sont pas mûres. Consommées avec modération, elles auraient des vertus à la fois abortives et aphrodisiaques. Peut-être faut-il voir là l'origine des décoctions tirées de l'écorce, connues pour traiter les crampes d'estomac, l'épilepsie et même... la stérilité masculine !

L'arbre atteint en moyenne 15 m de hauteur, parfois 30 m.

Le palmier doum *(doum palm)*

Typique des régions arides, le palmier doum est l'un des plus beaux spécimens de son espèce. Ses branches fines, nues et fourchues se terminent par des bouquets de palmes. Certaines tribus fabriquent une sorte de bière avec sa sève. On a même fait état d'éléphants devenus ivres après avoir consommé ses fruits...

HOMMES, CULTURE, ENVIRONNEMENT

BOISSONS

– Beaucoup de variétés de ***bières,*** dont de bonnes bières artisanales à découvrir dans chaque région. Les *South African Breweries,* fondées en 1895, possèdent la plupart des grandes marques locales : *Castle Lager* (déclinée aussi en *Castle Lite* et *Castle Milk Stout*), *Carling Black Label, Hansa Pilsener...* Populaire elle aussi, la *Windhoek* est une bière namibienne. Également un équivalent (plus ou moins) du cidre *dry* (sec) ou *semi-sweet* (demi-sec) sous les noms de *Hunter* ou *Savana.*
– Au cas où cela ne serait pas assez corsé, on peut toujours se rabattre sur les différentes ***liqueurs,*** comme la *Black Sambucca,* une douceur alcoolisée parfumée à la réglisse, ou l'*Amarula,* aux baies sauvages, qui s'apparente un peu au *Bailey's.*

Les vins d'Afrique du Sud

Avec environs 100 000 ha concentrés dans la province du Western Cape, la viticulture sud-africaine emploie 350 000 personnes et connaît une renommée croissante. Les vins rouges comptent pour à peine plus de ¼ de la production, et l'exportation représente plus de 30 % du volume produit, avec plus de 230 millions de litres. Toutefois, sur le marché mondial du vin, l'Afrique du Sud ne « pèse » que 4 %.
C'est difficile à admettre en France, où on a le pinard chauvin, mais le vin sud-africain propose une grande gamme de qualité, allant du *easy drinking wine* au nectar le plus élaboré. La région du Cap bénéficie, en effet, d'un climat méditerranéen, et ses coteaux qui viennent presque mourir dans l'océan bénéficient d'une bonne exposition.
Après la révocation de l'édit de Nantes (1685), quelques centaines de huguenots sont venus de France en Afrique du Sud et ont importé les cépages français ; ce sont eux qui ont réellement développé l'activité viticole dans le pays, même si les colons hollandais ont tiré leur 1er vin dès 1659, à Groot Constantia, dans la péninsule du Cap. Avant la fin de l'apartheid, le pays produisait essentiellement des vins de petite tenue, la politique dans ce domaine favorisant largement les grands producteurs qui faisaient avant tout dans la quantité, rarement dans la qualité. À noter que le système de l'apartheid trouvait parfaitement sa place dans le domaine viticole, où une partie du salaire était payé aux employés... en liquide, favorisant ainsi les cas d'alcoolisme.

Après l'apartheid, rouge et blanc, tous égaux !

L'ouverture du pays après 1994 a permis aux viticulteurs de se mettre rapidement à jour des technologies les plus modernes, et ils ont su s'entourer des meilleurs professionnels. En moins de 12 décennies, on a réduit les rendements, amélioré la vinification, modifié les traitements... et les vins d'Afrique du Sud se sont retrouvés rapidement sur le marché mondial, faisant grimper le pays dans les 10 premiers de la production mondiale. Comme dans d'autres domaines, la redistribution des terres ne va pas de soi, spécialement dans le domaine du vin. Si elle semble simpliste, la division des tâches n'en est pas moins dramatiquement exacte : les patrons sont blancs, les travailleurs noirs ! Et rien ne change. Avec 2 % de vignerons sud-africains noirs, la discrimination positive n'a pas encore atteint les vignes du Seigneur...

Les cépages de base

Cabernet-sauvignon, shiraz (syrah en France), merlot pour les rouges ; chenin blanc, qui domine largement pour les blancs, mais aussi chardonnay et sauvignon... Seul le pinotage (rouge) est un cépage typiquement sud-africain, créé en 1925 par le professeur Abraham Perold. Il est issu d'un mélange de pinot noir et de cinsault (*hermitage* en Afrique du Sud). Les vins sud-africains sont différents de leurs cousins français : leur teneur en alcool est plus élevée, les tanins sont souvent prononcés (notamment le shiraz). Pour un non-initié, la surprise est réelle à la 1re dégustation. Ceux qui trouveront les rouges trop puissants et capiteux, développant trop de matière et d'alcool, pourront se rabattre sur les blancs qui dévoilent de superbes bouquets, de fleurs et d'agrumes, possédant un gras presque velouté, fort agréable. Certains sont de toute beauté. On trouve dans les quartiers branchés de Johannesburg et du Cap des bars à vins servant des crus d'excellente qualité. À noter que les restaurants proposent généralement des vins au verre et sans spéculer à outrance ! C'est beaucoup moins cher qu'en France... et les verres sont davantage remplis ! Lire aussi notre texte sur les vins dans « La région des vignobles » dans la péninsule du Cap.

CUISINE

L'Afrique du Sud est avant tout un pays de « viandards », et le barbecue *(braai)* y est une véritable obsession. La ***viande sud-africaine*** est de bonne qualité, si l'on s'accommode d'un mode de cuisson où celle-ci est souvent enduite d'une sauce caramélisée. Pour s'en passer, on peut toutefois préciser lors de la commande : *no basting* (littéralement « sans badigeonnage » !). Côté cuisson, on vous proposera : *rare* (saignant), *medium* (à point), *well done* (bien cuit). Après quelques jours, vous aurez sans doute fait le tour des steaks, burgers et pizzas. Oublions les fast-foods de poulet, très gras et souvent mauvais (à l'exception peut-être des *Nando's*). On préfère les restos indiens, orientaux et asiatiques, qui permettent de varier les plaisirs. Car le cosmopolitisme n'est pas un vain mot dans ce pays où les sushis sont très à la mode. Bref, on mange de tout, mais on a du mal à répondre à cette question : qu'est-ce que la cuisine sud-africaine ?

BRAAIONS ENSEMBLE !

Le braai (barbecue) est un loisir national sud-africain. C'est l'occasion d'inviter chez soi famille et amis, et de cuire des quantités impressionnantes de viande. Mais le braai *ne se limite pas à la sphère domestique : campings,* backpackers, *voire certains hôtels, proposent de* braaier *ensemble pour que leur clientèle ne soit pas dépaysée !*

En fait, la seule véritable cuisine sud-africaine est celle dite ***Cape Malay*** : elle puise ses racines dans Le Cap du XIXe s. En gros, il s'agit d'un mix entre ingrédients africains, épices indiennes et savoir-faire européen. Outre le bœuf, d'excellente qualité, on cuisine les animaux du bush : autruche, impala, gnou, koudou, oryx... On les présente en carpaccio (la viande est alors généralement fumée), en steak ou en ragoût longuement mijoté dans le *potje* (prononcer « poï-ki »), un pot en fer utilisé tant par les Afrikaners que par les *Bushmen.* Il y a dans ces différentes viandes des subtilités qui plairont aux carnivores : l'autruche est tendre et goûteuse, l'oryx bien plus raide, façon sanglier, mais en ragoût, c'est étonnant. Certains restaurants proposent ces plats parfois regroupés sous l'appellation ***game dishes*** ou ***venison.***

Les Sud-Africains adorent grignoter du ***biltong,*** une viande séchée en lamelles : c'est le plus souvent du bœuf mais aussi parfois du koudou, du springbok ou de l'autruche. Historiquement, le *biltong* est associé, dans la mémoire collective, aux Trekboers qui partirent sur les pistes en emportant cette viande qui se conservait longtemps. Parmi les plats typiques, on trouvera le ***bobotie*** (venu d'Indonésie : viande hachée, mie de pain, lait et curry, cuit au four) qui peut se révéler excellent ou... très pâteux, le ***sosatie*** (brochettes marinées dans une sauce au curry), les ***boerewors*** (petites saucisses épicées), le ***breddie*** (ragoût d'agneau et de légumes, avec une sauce douce au curry). Dans les townships et dans les campagnes, on mange souvent du ***pap,*** une bouillie à base de mil ou de millet qui peut constituer l'unique repas quotidien, et qui se décline en ***pap stew*** lorsqu'il est accompagné de viande en sauce. Pour se fondre dans la masse, il est préférable de le manger avec les doigts (de la main droite). Ne pas négliger le raffinement de la ***cuisine indienne,*** notamment sur la côte du KwaZulu-Natal.

Curieusement, les Sud-Africains ne sont pas trop portés sur le ***poisson*** et les ***fruits de mer.*** Même les campagnes pauvres et côtières tirent très peu de ressources de la mer. C'est étonnant et même quasiment unique dans un pays bordé par 2 océans. Les raisons diffèrent. D'une part, la législation sud-africaine rend toute exploitation maritime extrêmement contraignante : poisson, crevettes et calamars sont donc le plus souvent congelés et importés du Cap (voire de pays étrangers, d'ailleurs vous verrez souvent écrit *Patagonian calamari* sur les cartes...), avant d'être distribués à travers tout le pays. D'autre part, la population noire migrante, venant des hauts plateaux intérieurs et habituée à vivre de ses troupeaux, et les descendants de Boers, d'esprit essentiellement terrien, n'ont longtemps guère montré d'enthousiasme devant les gourmandises de l'océan. Mais cela change. La preuve, la chaîne *Ocean Basket,* présente sur toute la côte du Cap à Durban. Au menu des restos, des *line-fishes* (comprendre la pêche du jour) parfois goûteux, en général – et selon les saisons – du *hake* (merlu, notamment dans le toujours populaire *hake & chips*), du *klingklip* (en français l'abadèche du Cap, un poisson local assez souvent servi dans les restaurants sur la côte), du *snoek* (en français l'escolier, un migrateur qui se pêche au large du Cap vers juin-juillet, du *yellowtrail* – sériole chinchard) et, dans les montagnes (le Drakensberg, par exemple) des truites tout à fait savoureuses. Attention aussi aux abus de langage : dans de nombreux restaurants, la dénomination « fruits de mer » recouvre une indigeste assiette de poisson pané et de calamars frits. À ce propos, le poisson est souvent servi frit. Si vous le souhaitez grillé, précisez à la commande *grilled fish*.

Pour les desserts, la *melktert* (ou *milktart,* assez proche de notre flan) et le *malva pudding,* à la texture spongieuse, servi avec une sorte de crème anglaise chaude (il en existe différentes versions).

Côté horaires, les Sud-Africains mangent tôt (dès 18h). Difficile de se faire servir après 20h ou 21h hors des grandes villes. Quant aux prix, sachez qu'ils n'incluent jamais le service. On doit donc laisser au serveur 10 à 15 % du montant de la note, selon le degré de satisfaction.

CURIEUX, NON ?

– En Afrique du Sud, si un jour férié tombe le dimanche, le lendemain est chômé. Noël est un cas particulier puisque le 26 décembre est le *Day of Goodwill* (Jour de la bienveillance, qui a succédé au *boxing day* britannique), déjà férié.

– On boit facilement un genre d'eau-de-vie aux fruits (appelée *mampoer*) avant le repas, pour s'ouvrir l'appétit, et non en digestif.

– Dans certaines villes, on trouve les noms de rues non pas sur des panneaux placés à hauteur d'homme ou sur des plaques sur les murs des maisons ou immeubles, mais seulement inscrits sur les trottoirs. Et comme d'un côté de la rue, le nom est en anglais et de l'autre en afrikaner, rien n'est simple pour le touriste cherchant son chemin.

– On voit fréquemment à la sortie des petites villes des personnes faisant du stop et qui hèlent les conducteurs en brandissant des billets de 10 ou 20 R, le montant de leur participation pour le trajet.

– L'Afrique du Sud ne compte pas moins de 11 langues officielles, et c'est sans compter les *pidgins,* des sortes de mélange comme le *fanagalo,* à base de zoulou,

d'anglais et d'afrikaans. Beaucoup de Sud-Africains en connaissent 4 ou 5 et il arrive que certains emploient 3 langues dans une même phrase.
– Ne soyez pas surpris d'entendre, de la part de quelqu'un qui cherche à attirer votre attention, un bruit genre claquement fait avec la bouche ou une sorte de sifflement. C'est considéré comme plus poli qu'un « Excusez-moi ». À ne pas confondre avec le clic bantou (voir le chapitre « Langues » au début du guide) !
– Le *Ronnie's Sex Shop,* à Barrydale (Petit Karoo), à 35 km au nord-est de Swellendam, tout le monde connaît en Afrique du Sud. Et pourtant les Afrikaners passent plutôt pour des gens puritains (on n'est pas calviniste pour rien !). C'est en fait juste un pub (et rien d'autre) dans un coin un peu paumé, son proprio eut l'idée d'ajouter « Sex » pour faire venir du monde, et ça marche depuis des années...
– Si vous mangez chez des Zoulous, faites attention aux codes : par exemple, poser votre cuillère le dos sur la table signifie que vous redemandez à manger ; l'inverse veut dire que vous avez suffisamment mangé.
– Au Lesotho, les habitants tiennent parfois des petits commerces dans leur maison sans enseigne : c'est un drapeau qui indique ce qu'on peut y acheter. Rouge pour la viande, vert pour les légumes, jaune pour la bière traditionnelle à base d'ananas, par exemple.

DROITS DE L'HOMME

Pour les plus optimistes, la démission de Jacob Zuma en février 2018 a marqué un tournant salvateur pour l'Afrique du Sud, plongée dans des affaires de corruption interminables. Le nouveau président Cyril Ramaphosa est même vu comme le symbole d'un « nouveau départ » pour la Nation Arc-en-ciel, dont les couleurs avaient quelque peu pâli ces derniers temps. Mais l'espoir d'un grand nettoyage, par l'un des responsables le plus puissant du parti au pouvoir depuis la fin de l'apartheid, l'ANC, est cependant jugé un peu prématuré. Malgré un recul aux élections de mai 2019,, le parti est encore très influent, présent à tous les niveaux de l'État, et nombre de ses dirigeants sont compromis dans des affaires. De nombreuses manifestations ont régulièrement lieu, et au Parlement, provocations et affrontements ne sont pas rares. Chose positive, la justice et les institutions ont su faire preuve d'une réelle indépendance depuis le début des enquêtes contre Zuma, malgré des pressions importantes. Pas certain que cela suffise à calmer les tensions, dans un pays où les inégalités sont toujours aussi importantes. La question de la réforme des terres est notamment surveillée de près par les ONG. Le dossier, très sensible depuis la chute de l'apartheid, a été rouvert en 2018 par le Parlement sud-africain, qui envisage une modification de la Constitution devant permettre une expropriation des terres sans compensation, pour une redistribution aux populations noires. Une décision qui risque de remettre en cause les fragiles équilibres établis par Nelson Mandela, qui avait rejeté l'idée d'une confiscation des terres des propriétaires blancs, qui possèdent les ¾ des terres du pays alors que les blancs ne constituent que 8 % de la population. 25 ans après la situation n'est plus jugée tenable par bon nombre de sud Africains noirs, au vu des disparités économiques qui continuent d'opposer la minorité blanche à la population noire.
En dépit de l'émergence d'une classe moyenne, voire riche, noire, le pays demeure en effet très inégalitaire. En moyenne, les Noirs (80 % de la population) gagnent 5 fois moins que les familles blanches. La généralisation de la mixité raciale dans les écoles et les administrations n'a toujours pas conduit à briser certaines barrières. La pauvreté est par ailleurs responsable de poussées de violences xénophobes, à l'encontre de populations immigrées (Zimbabwéens, Somaliens...). En réponse à la violence des gangs et à la criminalité, la police est elle-même par ailleurs toujours accusée d'exactions, même si la lutte contre l'impunité a connu certains progrès. La Direction indépendante d'enquête sur la police (IPID) a recensé 558 décès consécutifs à une action policière et 201 morts en garde à

vue sur la période 2017-2018. Les femmes et la communauté LGBT semblent avoir enfin décidé d'affronter les violences qu'ils et elles subissent chaque jour. En mars 2019, l'agression filmée d'une vedette télé par son conjoint a provoqué un électrochoc. L'Afrique du Sud compte parmi les pays où le taux de violences conjugales est le plus élevé au monde malgré quelques mesures adoptées pour lutter contre ce fléau. Enfin, en dépit d'une hausse des protections judiciaires, les agressions, « viols correctifs », et/ou assassinats de gays, lesbiennes et transsexuels sont toujours d'actualité.

■ ***Fédération internationale des Droits de l'homme (FIDH) :*** *17, passage de la Main-d'Or, 75011 Paris. ☎ 01-43-55-25-18. • fidh.org • Ⓜ Ledru-Rollin.*

N'oublions pas qu'en France aussi les organisations de défense des Droits de l'homme continuent de se battre contre les discriminations, le racisme et en faveur de l'intégration des plus démunis.

ÉCONOMIE

L'Afrique du Sud a longtemps été la 1re puissance économique du continent, mais elle s'est fait dépasser par le Nigeria en 2014 avant de reprendre la 1re place en 2016 et de la reperdre en octobre de la même année. La croissance atone en Afrique du Sud fait que le Nigeria s'est depuis maintenu en tête du classement. L'Afrique du Sud demeure néanmoins devant pour le PIB par habitant mais la richesse est très inégalement répartie sur le territoire. **La province du Gauteng (1,5 % du territoire) crée à elle environ 35 % du PIB du pays.** Il suffit de prendre l'autoroute de Johannesburg à Pretoria pour comprendre à quel point cette province est le cœur économique de la nation, avec ses alignements de sièges sociaux de compagnies informatiques, de services et de télécoms. L'Afrique du Sud demeure le poids lourd dans l'économie régionale : à Lusaka, Maputo et ailleurs, de nombreuses enseignes (distribution alimentaire, télécoms) sont sud-africaines. Plus largement, elle est également présente sur tout le continent, tant en matière de programmes TV que dans le BTP. Longtemps tournée vers l'Occident, l'Afrique du Sud lorgne désormais vers ces partenaires dynamiques, avec lesquels elle partage bon nombre d'intérêts.

L'héritage économique de l'apartheid

Dans les années 1960 et 1970, l'Afrique du Sud était riche, du moins l'Afrique du Sud blanche. Puisant dans le « scandale géologique » (des ressources incroyables en or, platine, diamants et minerais divers), elle bénéficiait d'une économie mondiale centrée sur les matières premières et ne faisait pas encore l'objet des sanctions et des boycotts de l'ONU. C'est durant ces années que la politique d'apartheid fut la plus dure, la répression la plus brutale, les inégalités les plus marquées. Dans les années 1980, avec la perte du soutien des États-Unis et l'accentuation des revendications internes, l'Afrique du Sud s'est retrouvée face à elle-même.
Le 1er gouvernement démocratique a dû composer avec une population largement sous-éduquée, quasiment analphabète, ce qui explique en partie le taux de chômage évalué autour de 40 % dans les townships, et qui a du mal à décroître malgré la renaissance du pays (au 4e trimestre 2018, le taux de chômage était officiellement de 27,1 %, avec une pointe à plus de 50 % pour le chômage des 15-24 ans noirs – et encore ces chiffres ne correspondent-ils qu'à la définition dite « étroite » du chômage). La période de lutte contre l'apartheid a en effet produit une génération sacrifiée, celle qui mettait le feu aux écoles. Une partie non négligeable des adultes noirs de 30 à 50 ans ne possède pas de diplômes, vit donc de petits boulots et a du mal à voir les avantages de la démocratie. Afin de promouvoir au maximum les chances des plus déshérités de trouver un travail, les charges patronales ont été réduites à un niveau plancher. Si le salaire horaire

est extrêmement bas, cette politique est supposée permettre à un maximum de gens de trouver un petit boulot. Évidemment, les conditions de travail sont loin d'être reluisantes.
Le gouvernement a créé en 2019 un salaire minimum de 3 500 R par mois (soit un peu moins de 250 €), une nouveauté à l'échelle de l'Afrique. Un « salaire d'esclave », ont protesté les syndicats...

Une amorce de changement

Dans les grandes villes, cependant, les effets de la transition démocratique (et des politiques de ***discrimination positive*** – *affirmative action*) sont bien visibles. La *middle class* « colorée » existe bel et bien, elle est très importante (environ 2 millions) et étale sa réussite sans complexe. Pour elle, les réalités économiques bougent à une vitesse fulgurante, et la place prise par ces jeunes Noirs tout juste sortis de l'université témoigne de ce nouveau dynamisme. Mais si cette nouvelle classe de *Buppies (Black yuppies)* ou *Black Diamonds* (Diamants noirs) roule en BMW, les enfants pauvres font encore des bornes et des bornes chaque jour sur le bord des routes vers l'école. Il est loin le beau projet social du parti au pouvoir.
Source d'espoir, on voit dans certains townships le développement (marginal mais bien réel) d'un habitat de classe moyenne, avec maison en dur, bout de jardin et... même des barrières de défense, d'ordinaire l'apanage des riches. Cela n'efface pas, bien sûr, la misère de la grande majorité de la population noire ni les conditions, souvent terribles, dans lesquelles triment et vivent de nombreux travailleurs agricoles...
Une récente étude a ainsi montré que 63 % des postes de direction étaient encore tenus par des Blancs. L'équilibre dans la répartition des richesses progresse certainement, mais à petits, tout petits pas.
Sur le plan économique, le fossé se creuse (l'Afrique du Sud serait ainsi le 2e pays au monde en termes d'inégalité des revenus) et les plus déshérités restent encore largement en marge de la nouvelle société sud-africaine. Une misère qui touche aussi, à un degré moindre, une frange de la population blanche, la couleur seule ne protégeant plus du chômage.

Une fronde sociale qui coûte cher

Pour garder de bonnes relations avec ses alliés étrangers, l'ANC s'est toujours refusé à nationaliser les grandes entreprises du pays (mines notamment), toutes aux mains des Blancs. Pourtant, une partie des capitaux a peu à peu été transférée à des investisseurs noirs... en l'occurrence des pontes de l'ANC ! Peu soucieux d'améliorer les conditions de travail, ces notables, qui pensent avant tout à leurs propres intérêts, sont devenus le symbole de la trahison des élites envers le peuple.
Les années 2012-2014 resteront marquées du sceau de la contestation : BTP, automobile, textile... Mais c'est le massacre par la police, en août 2012, de 34 grévistes dans la ville minière de ***Marikana,*** à l'ouest de Pretoria, qui a révolté le pays. Le secteur minier entre alors en ébullition, d'une part pour réclamer la libération des 270 manifestants mis sous les verrous, d'autre part pour faire valoir ses revendications. Lassés de travailler pour l'équivalent d'à peine 450 € par mois dans des conditions périlleuses, avec chaque année des dizaines de morts à la clé, les mineurs entament une série de grèves pour réclamer le doublement des salaires.
De nouvelles grèves ont touché les mines de platine en 2014. Brandissant le spectre de la faillite, les compagnies minières en ont profité pour licencier plusieurs milliers de grévistes.

Des perspectives assez sombres

Après avoir bénéficié d'une croissance supérieure à 5 % dans les années 2004-2007, l'économie sud-africaine a fortement ralenti : 0,6 % en 2017 (et 0,8 % en 2018, après un début d'année difficile marqué par 2 trimestres de récession. Le secteur minier, en particulier, est en difficulté. Il pèse pour 7,3 % du PIB et assure 450 000 empois directs : il y a 30 ans, c'était 760 000 emplois et 21 % du PIB. La production d'or est en net recul : en 2018, elle a encore reculé de 16 % et les plans de licenciement se succèdent (rien de nouveau à cela : en 2015, on a calculé que les mines produisaient 87 % d'or en moins qu'en 1990). Le pays ne pointe plus désormais qu'à la 7e place mondiale alors qu'il était encore le 1er producteur dans les années 1980), et le secteur tout entier souffre d'un retard technologique criant (80 % de la production est manuelle, une seule mine est entièrement mécanisée et des milliers de mineurs travaillant dans d'étroits tunnels à 5 km de profondeur, dans une chaleur insupportable, sont quotidiennement en danger. Heureusement pour le pays, sans même parler des diamants (production également en recul), les autres ressources minières (manganèse, charbon, uranium, nickel, fer, cuivre, étain...) permettent de voir venir, mais le pays doit diversifier sa production et ne pas se contenter de vivre sur ses acquis. Les politiques sociales, qui permettent, dans le système clientéliste existant, de maintenir le mécontentement à un niveau relativement bas, coûtent cher au budget de la nation. Mais les géants privés du secteur, comme AngloGold Ashanti, en sont à mettre en place des plans de restructuration, voire à vendre des mines, avec des licenciements à la clé.

Comme ailleurs sur la planète, la transition énergétique est une nécessité : l'Afrique du Sud, qui est à ce jour très dépendante des centrales à charbon (92 % de la production d'électricité), se lance dans un programme éolien sur les côtes ouest et sud afin de diminuer de 65 %, d'ici à 2030, sa consommation de charbon. Défi difficile à relever : dans un pays qui a connu de manière récurrente de graves crises dans l'approvisionnement en électricité (fréquentes coupures de courant début 2019) tout comme de sérieuses difficultés dans la gestion (Eskom, la société nationale d'électricité, dont la dette est abyssale, a frôlé la faillite fin 2017 et en 2019 rien n'était réglé puisque le gouvernement a annoncé la restructuration de la société en 3 entités), changer de modèle énergétique n'est pas simple. Surtout dans un pays qui est l'un des principaux producteurs et exportateurs de charbon au monde (l'Afrique du Sud possède 95 % des réserves en charbon du continent africain)...

Le rand n'a cessé de s'affaiblir durant les dernières années de la présidence Zuma : les milieux d'affaires n'avaient pas une grande confiance dans la politique économique de son gouvernement. En décembre 2015, par exemple, 3 ministres des Finances se sont succédé en... 4 jours ! Avec l'arrivée au pouvoir de Cyril Ramaphosa, une nouvelle politique économique est annoncée, reste à voir si elle créera un « choc de confiance ». Fin 2018, les 2 derniers trimestres ont vu un net raffermissement de la croissance, ce qui est perçu comme le signe d'un redémarrage de l'économie.

La ***réforme agraire*** (en d'autres termes, l'expropriation de fermiers blancs ayant acquis leurs terres sous l'apartheid) est le grand défi qui attend Ramaphosa. Quelques chiffres pour rappeler l'équation : avant cette réforme, 8% de la population possède 72 % des terres agricoles.

ENVIRONNEMENT

Il y a de véritables points communs entre l'Afrique du Sud, les États-Unis et l'Australie dans le rapport homme/nature. Tous 3 sont de vastes pays, colonisés par des Européens (chrétiens en très grande majorité) qui ont gardé pour précepte : « Dieu a créé la nature, respectons-la. » Ce qui n'a pas empêché les

Européens de s'approprier violemment ces terres vierges (voir le sort réservé aux *Bushmen*, aux Indiens, aux Aborigènes...).
De fait, les paysages sont souvent grandioses, même si certaines parties du pays, comme l'Orange ou le Highveld, ne sont pas très excitantes. Mais quand même, avec 2 océans, des parcs nationaux, une grande chaîne de montagnes (le Drakensberg), des déserts de cailloux (le Karoo) ou de sable (un petit morceau du Kalahari), on a du mal à revenir déçu par les paysages de ce pays. Les Sud-Africains en sont conscients : la nature, pour eux, est quasiment sacralisée. Ils sont nombreux à penser que des vacances idéales, c'est être posé dans un coin de savane à attendre le lever du soleil pour observer une espèce rarissime de rongeurs à la jumelle. Le soir, on se fera un petit barbecue et à 21h, on est au lit. Bref, c'est austère mais c'est beau. Ils vivent la nature en véritables professionnels : leurs 4x4 sont super équipés, ils ont les réserves d'eau, de gaz, de nourriture et tous les ustensiles pour survivre longtemps en environnement hostile.
Revers de la médaille : tout comme aux États-Unis ou en Australie, l'opinion publique, qui occulte souvent les problèmes de pauvreté, de sida, de sous-éducation ou de toute autre calamité sociale se déroulant un peu plus loin que le bout de sa rue, est capable de se mobiliser en masse au moindre bébé phoque qui vient s'échouer sur une plage. Les baleines sont hyper protégées (tant mieux), mais des centaines de milliers de personnes n'ont qu'un robinet commun dans la rue pour se laver. On n'est pas à un paradoxe près. Après tout, en France, la SPA a été créée 3 ans avant l'abolition définitive de l'esclavage...
À propos de plage : les 4x4 y sont interdits de séjour sous peine d'une forte amende. ***Les Sud-Africains ne plaisantent pas avec l'environnement.*** L'avantage, c'est que c'est hyper propre partout. Et dans les parcs, les rangers veillent au grain.
– ***Attention : il y a régulièrement des accidents mortels dans les parcs animaliers.*** Trop de touristes oublient que les animaux ne sont pas des peluches, négligent les distances de sécurité avec les éléphants, ou sortent du véhicule pour prendre une photo floue d'un fauve qu'on sera tout content de montrer à la famille. Quant aux rivières, abandonnez l'idée d'y faire trempette ou même de vous approcher trop près de leurs rives, les crocodiles y sont nombreux. Et n'oubliez pas que l'animal qui tue le plus d'hommes en Afrique australe est, non pas le lion ou le mamba noir (un serpent redoutable dont le venin tue en moins de 20 mn), mais l'hippopotame ! Méfiance absolue : c'est un animal vif et agressif, en particulier si vous vous approchez de sa progéniture.
– ***Les fonds marins*** sont réputés pour être magnifiques. Sur la côte nord du Natal, près de St Lucia, des écoles de plongée sous-marine vous permettront, si vous avez un peu de chance, de voir des raies manta ou des requins baleines. Les plus aventureux iront se frotter au ***grand requin blanc,*** à Mossel Bay notamment. Perversité moderne, quelques agences proposent de descendre dans des cages, treuillées depuis des coques de noix à peine plus grandes que le requin lui-même. Toutefois, cette pratique de plus en plus touristique semble dommageable pour l'équilibre de l'environnement maritime et de plus en plus absurde. Malgré les filets de protection, les requins ont pris l'habitude de s'approcher des côtes et représentent un réel danger le long des plages, pour les surfeurs comme pour les pêcheurs et simples baigneurs... À cet égard, le spot de Port St John's, dans la province d'Eastern Cape, est devenu le plus dangereux au monde, avec pas moins de 7 attaques mortelles depuis 2007.
– ***Les marguerites du Namaqualand :*** voici un miracle naturel devant lequel vous resterez baba. Dans le désert du Namaqualand, près de la frontière namibienne, les *namaqualand daisies* éclosent début août, lors de l'arrivée du printemps, et ce désert caillouteux et très sombre se transforme alors en un véritable parterre de fleurs. Ça ne dure pas très longtemps et c'est magique.

Les parcs nationaux

L'Afrique du Sud compte ***18 parcs nationaux et de nombreuses réserves privées.*** Ils sont divisés en 4 catégories : montagne, mer, désert et préservation d'espèces en voie d'extinction. Tous plus magnifiques et préservés les uns que les autres, ils offrent la possibilité d'observer la faune sauvage dans son environnement naturel et/ou de faire de fabuleuses marches, accompagné par un ranger expérimenté. Comme en Afrique de l'Est, vous y entendrez parler des *Big Five,* les ***5 grands mammifères africains*** qui sont (dans l'ordre alphabétique pour n'en vexer aucun) le buffle, l'éléphant, le léopard, le lion et le rhinocéros. À Addo National Park, au nord-est de Port Elizabeth, on parle même des *Big Seven,* en ajoutant les baleines et les requins puisque le parc a « annexé » une bande côtière et un territoire marin. Il y a même une partie du parc national de Bonne-Espérance pour la conservation du manchot du Cap (*African Penguin* ou *Jackass* en anglais, qu'on ne trouve qu'en Namibie et en Afrique du Sud), en grand danger puisque ses effectifs ont fondu de 90 % en l'espace de 40 ans.

Le fléau du braconnage

Si le spectacle d'animaux sauvages dans leur milieu naturel reste un moment privilégié, notons que parmi les *Big Five,* seuls les buffles ne figurent pas sur la liste rouge de l'UICN des espèces en danger. L'Afrique du Sud abrite en particulier 75 % des rhinocéros noirs et blancs d'Afrique (soit autour de 20 000 animaux) et pourrait bien voir son cheptel disparaître à court terme tant le braconnage *(poaching)* semble impossible à juguler. Les chiffres font froid dans le dos : de 13 rhinocéros tués en 2007, on est passé à près de 1 200 en 2014-2015 et encore 1 028 en 2017. Les chiffres de 2018 montrent une baisse assez nette même si ce sont encore 769 rhinocéros qui ont été braconnés. Certains militent en faveur d'une levée de l'interdiction du commerce de la corne de rhinocéros, afin d'assécher le trafic à destination des pays du Sud-Est asiatique (les prix baisseraient, disent-ils, et l'on arrêterait de tuer les rhinos) : c'est le cas de John Hume, un richissime propriétaire de pas moins de 1 500 rhinos qui sont regroupés sur les terres de son ranch (8 000 ha, dans le nord du pays, surveillés par des militaires). Son intense lobbying a conduit, fin 2015, à la décision de la justice sud-africaine de lever le moratoire sur l'interdiction du commerce de la corne de rhinocéros, mais, en 2016, le gouvernement sud-africain a finalement décidé de maintenir l'interdiction, à la grande satisfaction des organisations environnementalistes, avant que la justice ne lève à nouveau l'interdiction en avril 2017. En 2017, John Hume a mis en vente en ligne (aux enchères) une partie de son stock de 4 000 kg de cornes de rhinocéros.

L'exploration des parcs animaliers (comme le parc Kruger) se fait avec sa propre voiture, avec ou sans guide. En revanche, dans les réserves privées, on circule le plus souvent à bord de véhicules tout-terrain appartenant au propriétaire de la réserve. Dans quelques réserves, il est possible d'effectuer des randonnées d'une ou de plusieurs journées avec un guide armé. Inoubliable. On peut se loger à l'intérieur des parcs, ce qui permet de se faire réveiller à l'aube par le chant des oiseaux, par les animaux (des hyènes, par exemple) rôdant autour du bungalow ou avec un serpent lové sur le toit de la tente...

FÊTES ET JOURS FÉRIÉS

- ***1er janvier :*** Jour de l'an.
- ***Début janvier, après le Nouvel An :*** *Cape Town Minstrel Carnival.* C'est la grande parade traditionnelle du Cap, appelée ici *Coon Carnival* (carnaval noir). Il célèbre la nouvelle année en musique avec de nombreux défilés

extravagants et rend notamment hommage aux comédiens itinérants qui s'arrêtaient à Cape Town au début du XXe s.
– ***21 mars :*** *Human Rights Day,* Journée des Droits de l'homme. Elle commémore le massacre de Sharpeville en 1960, où 69 personnes furent tuées par la police.
– ***Pâques :*** les Vendredi saint *(Good Friday)* et lundi de Pâques *(Family Day)* sont fériés. En 2020, aux 9 et 12 avril.
– ***27 avril :*** *Freedom Day,* Journée de la liberté. C'est jour de fête nationale. Commémore les 1res élections multiraciales de 1994 et la fin de l'apartheid.
– ***1er mai :*** *Labour Day,* fête du Travail.
– ***16 juin :*** *Youth Day,* Journée de la jeunesse. Cette fête commémore les émeutes de Soweto en 1977.
– ***9 août :*** *National Women's Day,* Journée des femmes.
– ***24 septembre :*** *Heritage Day,* Journée du patrimoine.
– ***16 décembre :*** *Day of Reconciliation.* Anciennement jour de commémoration de la victoire des Afrikaners contre les Zoulous lors de la sanglante bataille de Blood River (1838), elle fut rebaptisée « Journée de la réconciliation » en 1994.
– ***25 décembre :*** Noël.
– ***26 décembre :*** *Day of Goodwill,* Jour de la bienveillance.

GÉOGRAPHIE

L'Afrique du Sud occupe la pointe sud du continent africain et correspond à la zone dite de l'Afrique australe. Bordé par l'océan Indien à l'est et par l'océan Atlantique à l'ouest, le pays s'étend sur environ 1 000 km du nord au sud et plus de 1 500 km d'est en ouest. Le territoire se partage en 3 grandes régions : le *Haut-Veld,* vaste plateau intérieur semi-aride ; le *Bas-Veld,* constitué des 3 plaines côtières ; et le bassin du *Kalahari* au nord-est, où se trouve la partie méridionale du désert du même nom. La région montagneuse part du cap de Bonne-Espérance et rejoint la vallée du fleuve Limpopo (nord-est). Elle se divise en 3 chaînes distinctes : le Nuweveldberg, le Stormberg et le Drakensberg qui culmine à plus de 3 400 m. Le large bassin semi-aride du Karoo s'étale entre les chaînes du Cap et du Drakensberg. À l'est du pays, le littoral se compose de plaines étroites et de collines, tandis qu'au sud on trouve plutôt des crêtes, des caps et des baies. La côte est une alternance de plages de sable et de criques rocheuses.
– ***Frontières :*** l'Afrique du Sud est frontalière avec 6 pays, le Botswana, le Lesotho, le Mozambique, la Namibie, le Swaziland, le Zimbabwe. L'Afrique du Sud englobe entièrement le Lesotho et une bonne partie du Swaziland.
– ***Provinces :*** Eastern Cape (capitale : Bisho), Free State (Bloemfontein), Gauteng (Johannesburg), KwaZulu-Natal (Pietermaritzburg), Mpumalanga (Nelspruit), North-West Province (Mmabatho), Northern Cape (Kimberley), Limpopo (Polokwane), Western Cape (Cape Town).

GLOSSAIRE

– ***Afrikaans :*** langue créole, dérivée du néerlandais du XVIIe s, simplifiée pour l'usage des esclaves et des indigènes, et qui se répand chez des populations qui n'ont pas accès à l'école. Une des langues officielles de l'Afrique du Sud depuis 1922, l'afrikaans est, après le zoulou, la langue la plus diffusée du pays.
– ***Afrikaner :*** descendant des colons néerlandais, qui se considère désormais comme « africain ».
– ***ANC :*** Congrès national africain, parti politique actuellement au pouvoir.
– ***Apartheid :*** ce mot vient du néerlandais « apart » lui-même venu du français « à part ». L'apartheid est le système de ségrégation raciale, réorganisé et radicalisé à partir de 1948 par le Parti national afrikaner. Il fut aboli en 1991.

– ***Bantou :*** terme utilitaire créé par les linguistes pour désigner des peuples parlant des langues d'une famille qui désigne l'homme par la racine *-ntou,* dont le pluriel est *ba.* Partis probablement du Cameroun, ces peuples se déploient dans l'est et le sud du continent vers le début de notre ère.
– ***Bantoustans** (ou **Homelands**) **:*** ce nom était donné par le régime d'apartheid à des zones (généralement fragmentées) réservées aux noirs (constituant 13 % de la surface du pays). Au nom de l'utopie d'un « développement séparé » de chaque groupe ethnique, le gouvernement blanc créa 10 États fantoches censément « indépendants », pour y « parquer » les gens de couleur. Exemple : le Transkei.
– ***Black Consciousness :*** littéralement « Conscience noire ». Ce mouvement visant l'indépendance culturelle des non-Blancs fut impulsé à partir de la fin des années 1960 par Steve Biko, le leader de la South African Student Organization. Le BC inspira dans une grande mesure la révolte des élèves de Soweto en 1976.
– ***Boer :*** « fermier », descendant des 1ers colons européens du Cap. Les Boers prennent progressivement conscience de leur particularité et, vers la fin du XIXe s, se considèrent comme une nation, les Afrikaners (ou Européens d'Afrique). Ce sentiment national est exacerbé par la guerre anglo-boer (1899-1902).
– ***Coloured people :*** population métissée (de matelots et d'indigènes, puis de plus en plus de Blancs et d'esclaves malais) qui se développe dès les débuts de la colonisation, et se concentre au Cap et le long de la côte sud-orientale du pays.
– ***Commando :*** milice montée boer, très mobile, dotée d'une grande autonomie, constituant une force de combat redoutable.
– ***Drostdy :*** district de juridiction du *landdrost* (magistrat d'une administration territoriale). Ce terme désigne également sa résidence.
– ***Grand Trek :*** la grande migration vers l'intérieur du pays (1834-1837) des Boers, mécontents de l'administration britannique et de l'émancipation des esclaves. C'est le mythe fondateur des Afrikaners.
– ***Inkatha :*** coussinet porté sur la tête, sur lequel on pose des charges transportées. Le terme désigne généralement l'Inkatha Freedom Party, organisation nationale zouloue fondée en 1928. Rétablie en 1975 par le chef Mangosuthu Buthelezi, elle domine la province du KwaZulu-Natal, s'opposant à l'ANC de façon sanglante dans les années 1990 avant d'entrer dans la coalition gouvernementale.
– ***Kaffer, Kaffir, Cafre :*** terme dérivé de l'arabe *kâfir,* « infidèle », « mécréant », désignant initialement les peuples noirs de la côte est de l'Afrique. Étendu par la suite par les Blancs à tous les Africains, il devient malveillant (à l'instar de « nègre » en France et *nigger* aux États-Unis). En tant qu'adjectif dans des composés tels que *kaffircorn* (sorgho) ou *kaffirboom* (l'arbre *Erythrina caffra*), cependant, il signifie simplement « africain » (par opposition à « européen »), sans jugement de valeur.
– ***Kraal :*** terme dérivé du portugais *corral,* désignant un enclos pour le bétail, ou un village indigène (disposé coutumièrement autour de l'enclos pour le cheptel). Dans un 3e sens, il désigne le siège d'un chef indigène.
– ***KwaZulu :*** « pays zoulou ». La province actuelle du KwaZulu-Natal fusionne le territoire zoulou et le Natal, ancienne colonie britannique.
– ***Laager :*** campement défensif de chars à bœufs attachés les uns aux autres en cercle, utilisé par les pionniers blancs.
– ***PAC :*** Pan-Africanist Congress, organisation politique exclusivement noire née d'une scission de l'ANC en 1959, en adoptant une politique plus radicale.
– ***Rainbow Nation :*** la « nation Arc-en-Ciel » (nation multiraciale), terme rapporté par Desmond Tutu des États-Unis où l'expression *rainbow people* date sans doute des années 1930.
– ***Rand :*** « crête », abréviation de Witwatersrand, la « crête des eaux blanches » parcourue par le filon aurifère. Voir « Reef » ci-dessous.
– ***Reef :*** littéralement « filon » ; terme désignant le filon aurifère le long duquel s'est développée la grande conurbation industrialisée du Rand.
– ***Shebeen :*** débit illégal de boissons artisanales alcoolisées autrefois interdites aux Africains.

– ***Soweto :*** SOuth WEst TOwnships, agglomération de cités établies à une dizaine de kilomètres au sud-ouest de la ville de Johannesburg sous le régime de l'apartheid.
– ***Township :*** zone d'habitation noire, à l'écart de la ville « blanche ».
– ***Trek :*** voyage, migration (du néerlandais *trekken,* « tirer »).
– ***Trekboer :*** éleveur boer semi-nomade.
– ***Truth & Reconciliation Commission*** *(Commission Vérité et Réconciliation)* **:** établie en 1994, s'inspirant d'expériences sud-américaines, la TRC fut chargée de plusieurs missions. D'abord, découvrir les causes, la nature et l'étendue des violations majeures des Droits de l'homme de 1960 à 1994. Puis elle amnistia certaines violations politiquement motivées, à la condition que les coupables passent aux aveux complets (sorte de confession publique). Ensuite, cette commission fut chargée d'identifier les victimes et de leur accorder une compensation.
– ***Voortrekker :*** pionnier boer qui a participé au Grand Trek.
– ***Xhosa :*** prononcer « kossa ». Ensemble de clans n'gunis disséminé le long des côtes du Sud-Est. C'est aussi la langue de ces clans.
– ***Zoulou :*** initialement, un clan n'guni du nord-est de la zone des collines entre l'escarpement et l'océan Indien ; par la suite, la puissante nation bâtie par les chefs de ce clan, devenus rois. Le zoulou est aussi la langue de cette nation.

HISTOIRE

Quelle histoire ?

Tenter d'écrire l'histoire de ce pays, c'est se lancer dans un champ de mines. L'histoire est un rapport rédigé par des vainqueurs. La version officielle de l'histoire de l'Afrique du Sud était encore récemment un récit issu du compromis – établi sur le dos des peuples noirs – entre Boers et Britanniques résultant de la guerre anglo-boer (1899-1902). De cette histoire déjà partiale, il y avait 2 versions, une britannique, tenue pour « normale », et une « aberrante » : celle des Boers, à la fois archaïque et africanisée. Toutes 2 ont été largement révisées par des historiens et anthropologues.
Pas de polémique à attendre pour ce qui relève de la plus haute préhistoire : les découvertes faites dans le Gauteng (à Sterkfontein et à Maropeng) attestent de la présence d'hominidés (ou d'australopithèques) qui ont conduit certains à situer en Afrique australe le berceau de l'humanité *(Cradle of Humankind)* : il est vrai que Littlefoot est plus ancien que la célèbre Lucy !

Bushmen et Hottentots

Beaucoup plus près de nous, le peuple ***san*** habite l'Afrique australe déjà depuis de longs siècles lorsque les Européens pointent le bout de leur nez. Les San, des chasseurs-cueilleurs, sont identifiés comme « hommes de la brousse » (*Bushmen,* terme maladroitement francisé en « Bochimans »). Ils sont venus du Nord ; on retrouve un peu partout en Afrique australe, dans des cavernes et surplombs des montagnes, leurs émouvantes peintures rupestres. Ils partagent d'immenses territoires avec les ***Khoi-Khoi,*** un peuple arrivé plus tard, sans doute venus

COMPLIQUÉ D'ÊTRE RACISTE

On sait tous que l'homo sapiens vient d'Afrique. Il était noir. Puis, il y a 70 000 ans, il part se répandre dans le monde entier. Dans les pays tempérés, la peau blanchit afin de mieux absorber les rayons du soleil. Ces derniers sont porteurs de vitamine D, nécessaire pour lutter contre le rachitisme. Le généticien Axel Kahn confirme que les blancs descendent des noirs. La notion de race n'existe donc pas.

du Botswana. Ils pratiquent l'élevage d'ovins et de bovins, et accessoirement l'agriculture. San et Khoi-Khoi n'ont sans doute jamais été plus de 50 000 sur l'ensemble du territoire correspondant à l'actuelle Afrique du Sud. Faisant paître leur bétail sur les terres de chasse des San, les Khoi-Khoi refoulent ceux-ci dans des zones plus arides (aujourd'hui, s'il reste environ 10 000 San sur le territoire sud-africain, dans la partie méridionale du Kalahari, la plus grande partie de ce peuple vit au Bostwana et en Namibie). Ce sont donc les Khoi-Khoi que les navigateurs portugais rencontrent lorsqu'ils accostent. Les Hollandais les nommeront ***Hottentots*** (« bégayeurs »). Tout se passe plutôt bien jusqu'en 1510, lorsque le vice-roi des Indes et 65 soldats sont massacrés sur la plage du Cap.

Les Bantous

Au moment de cet incident, cependant, la grande expansion africaine vers le sud se poursuivait déjà depuis des siècles. Partis du Cameroun, des peuples noirs se déploient à l'est et au sud du continent vers le début de notre ère. Ils parlent tous des langues « bantoues ».
L'archéologie fixe à peu près à l'an 270 les 1res traces dans le pays du 1er âge du fer. Des vestiges se retrouvent dans une zone qui s'étend de la province du Nord le long des côtes jusqu'au Transkei. Le 2e âge du fer laisse des traces également à l'intérieur du pays, atteignant le fleuve Orange. Les vestiges se diversifient : agglomérations, constructions en pierre, traces d'élevage...
Pendant leur grande migration, les Bantous développent l'élevage, surtout sur les pentes bien arrosées de la côte orientale. À l'intérieur, sur le plateau plus sec, la métallurgie du fer, du cuivre et de l'or prend davantage d'importance et devient la spécialité du pays tswana. Les ***Tswanas*** livrent or, orfèvrerie, ivoire, peaux et cuir aux négociants arabes de Sofala, dans l'actuel Mozambique. Ils tendent à se regrouper avec les Sothos en villages et villes murés. À Mapungubwe, dans le Limpopo, un trésor remarquable a été retrouvé dans une citadelle entourée de traces d'une activité économique intense. Elle remonterait à la fin du XIIe s.

La colonisation hollandaise

L'histoire sud-africaine est le produit du heurt entre ce grand mouvement migratoire et l'expansion européenne. En 1488, le navigateur portugais ***Bartolomeu Dias*** découvre le cap de Bonne-Espérance, mais ce n'est qu'en 1652 que la Compagnie hollandaise des Indes orientales (VOC) envoie une flottille de 3 navires, sous le commandement de ***Jan Van Riebeeck,*** pour établir à Table Mountain une escale pour réapprovisionner ses navires faisant route vers l'Asie du Sud-Est. Les Portugais, quant à eux, n'ont jamais souhaité s'installer ou coloniser le territoire de l'Afrique du Sud. Les relations entre Khoikhoi et Hollandais sont tendues. Les Hollandais ont besoin de viande. Les Khoikhoi ne sont pas tentés par les babioles qu'ils leur proposent. Le conflit s'aggrave lorsque la Compagnie autorise des employés à s'établir aux alentours comme cultivateurs ; les Khoikhoi tiennent à leurs pâturages. Les colons qu'on va appeler les ***Boers*** (« fermiers ») se gênent peu vis-à-vis des indigènes. La Compagnie ne fait que de timides efforts pour maintenir un minimum d'ordre. Elle n'est, après tout, qu'une entreprise commerciale. Pendant les 2 siècles qui suivront, on ne maintiendra la paix en Afrique du Sud que si elle coûte moins cher que la guerre.
La tension se relâchera néanmoins par la suite. La société khoikhoi, qui n'a jamais été unifiée, se désintégrera sous l'impact de la colonisation. Certains clans fuient vers l'intérieur du pays. D'autres tombent sous la dépendance des Hollandais et formeront une bonne partie de la main-d'œuvre agricole. Le reste sera constitué d'esclaves, pour la plupart malais. Au milieu du XIXe s, les ***Xhosas,*** dont la société à son tour aura été broyée par les Britanniques, afflueront, poussés par la faim. Quant aux San, ils seront chassés comme des bêtes et ne trouveront refuge que vers les terres désertiques du Nord-Ouest.

Fermiers et Trekboers

À partir de 1688, quelque 200 ***huguenots,*** qui avaient quitté la France pour les Pays-Bas, à la suite de la révocation de l'édit de Nantes par Louis XIV (1685), débarquent au Cap. La Compagnie leur appliquera une politique d'assimilation qui réussira parfaitement et ils s'intégreront à une société agraire relativement aisée, prospérant sur les domaines qui leur ont été attribués à l'est du Cap, dans le triangle Stellenbosch-Paarl-Franschhoek (actuelle région des vignobles).
D'autres colons, cependant, s'aventurent au-delà des montagnes qui cernent la petite colonie, se disséminant peu à peu dans l'immensité aride du plateau intérieur. Ils rencontreront les Xhosas, qui depuis occupent paisiblement les riches pâturages avec de superbes troupeaux. Il n'y a pas de clash d'emblée. Ces colons se sont adaptés à l'Afrique. Ils pratiquent un élevage à l'africaine, basé sur la transhumance, et une agriculture semi-nomade. En général, ils coopèrent avec les sociétés qu'ils rencontrent, s'installant même parfois dans des chefferies africaines, leurs fils épousant des Africaines, pratiquant la polygamie... Ce sont les ***Trekboers,*** les Boers semi-nomades.
Ce type d'élevage, cependant, exige toujours plus de terres, chez les Blancs comme chez les Noirs : les familles sont nombreuses, les clans se scindent, et les fils veulent s'établir comme leurs pères. À terme, la coexistence aurait exigé un changement du système de production. Or, du côté des colons, ce système est encore en plein essor ; du côté des Xhosas, il constitue la base d'une civilisation déjà pluriséculaire, prestigieuse. Comme les terrains ne sont pas délimités, les troupeaux s'emmêlent, et le bétail se perd. Les Boers accusent les Xhosas de vol, tentent de récupérer leurs bêtes. Lorsque la négociation échoue, ils se dédommagent manu militari, en profitant de la supériorité de leurs fusils et de leurs chevaux. Ces razzias et ripostes xhosas dégénèrent en guerres. Les Boers mobilisent leurs commandos et appellent à la rescousse l'armée coloniale ; les Xhosas battent le rappel des clans alliés. Ce sont les ***guerres cafres,*** 9 guerres qui se déroulent de 1779 à 1879. Les Boers pensent leur occupation en termes de propriété (peu compatible d'ailleurs avec leur pratique du nomadisme). Pour les Xhosas, en revanche, la terre ne peut être appropriée ; le chef, au nom du peuple ou du clan, attribue à qui le demande un simple droit provisoire d'usage. Le gouvernement du Cap tentera d'éviter ces épreuves dispendieuses en traçant une frontière : interdiction aux Boers de la dépasser, aux Cafres de la franchir. Mais la dynamique d'expansion de l'élevage aura raison de ces vains efforts.

L'Empire britannique

Entre-temps, l'Europe entre dans la tourmente. En 1795, alors que les troupes françaises ont investi les Pays-Bas, ***l'Angleterre envahit Le Cap*** pour prévenir une occupation française. Elle le rendra en 1803 (traité d'Amiens) aux Pays-Bas, devenus entre-temps la République batave. Elle le reprendra définitivement en 1806, après la reprise de la guerre contre la France. L'intermède républicain introduit l'esprit des Lumières en Afrique du Sud, accordant aux indigènes des droits qu'ils n'auront pas le temps d'exercer.
Depuis la fin des guerres napoléoniennes, le vainqueur de Waterloo et très conservateur Wellington a la haute main sur les affaires coloniales et militaires. De Londres, on envoie une série de « grognards » occuper le poste de gouverneur. Un de ceux-ci entreprend de résoudre le problème de la frontière une fois pour toutes en installant des colons fiables, c'est-à-dire britanniques, dans une zone tampon, à prélever... sur le territoire xhosa. On la double, pour la rendre encore plus sûre, d'un no man's land interdit, toujours du côté xhosa.
En 1820, ***les « Settlers » (pionniers et colons) débarquent,*** tirés des classes moyennes urbaines et dans certains cas de la gentry agraire. Ils ont payé leurs places et s'investissent. Mais nombre de citadins se découragent vite dans leurs petites exploitations, et se replient sur la bourgade de ***Grahamstown,*** la

transformant en petite ville anglaise, avec commerces, cricket, courses de chevaux, culte anglican et un journal. Celui-ci s'applique aussitôt à enflammer l'opinion contre les Xhosas. On pense à un livret d'opérette. Car les Settlers s'avèrent nettement moins souples que les Boers, largement africanisés et pétris de traditions nomades.
Les nouveaux colons sont blancs et propriétaires de droit anglais. Ils inciteront les gouverneurs, malgré les réticences de Londres l'économe, à repousser progressivement la frontière de 200 km jusqu'au Transkei. Un gouverneur exaspéré réclamera à Londres l'autorisation de procéder au génocide. En 1854, une épidémie pulmonaire se répand parmi le bétail. Une jeune prophétesse fait abattre les troupeaux et brûler les réserves de grain. Les ancêtres exigeraient ce sacrifice pour revenir chasser les Blancs une fois pour toutes. Un suicide collectif met fin à leur quête... pour un certain temps. L'ANC reprendra la lutte sous la conduite de nouveaux chefs : Mandela, Mbeki, tous 2 xhosas... Les chefs xhosas finiront à Robben Island, tradition qu'un gouvernement blanc remettra à l'honneur un siècle plus tard. Ce sont les Xhosas qui auront opposé la résistance la plus opiniâtre à la colonisation blanche. Mais, fragmentés par un pouvoir qui mieux que tout autre sait diviser pour régner, ils sont poussés au désespoir.
Entre-temps sont arrivés les ***missionnaires, évangéliques britanniques*** pour la plupart, dans une véritable ruée pour occuper le territoire. Mais ils ont d'autres priorités : sauver des âmes et répandre les bienfaits de la « civilisation » (dont le savon et les vêtements en tissu), ce qui implique la sauvegarde des corps. Effectivement, la contribution de certains missionnaires (Philip, Livingstone...) à la suppression de l'esclavage (interdit par la Grande-Bretagne depuis 1833) et à l'affirmation des droits des indigènes a été essentielle. Ils s'appuient sur un puissant mouvement d'opinion en Grande-Bretagne.

Les Zoulous

Peu avant ces événements, au-delà du pays xhosa, dans l'actuel KwaZulu Natal, un clan mineur, les Zoulous, se transforme subitement en puissance militaire. ***Chaka*** (autre orthographe : Shaka), roi fondateur, fait de son clan une machine militaire que 3 innovations rendent invincible. Il introduit l'ordre de bataille en phalange, assorti de 2 « cornes » qui enveloppent l'adversaire, l'acculant au combat rapproché ; et remplace la lance par une sagaie courte, terriblement efficace dans ces conditions. Chaka réorganise également radicalement la société en transformant les rites de passage en période militaire, l'entraînement étant suivi d'un long service. Hommes et femmes sont alors incorporés dans des régiments et vivent en caserne. Chaka puis ses successeurs entreprennent la construction d'un empire en lançant cette société spartiate à la conquête de ses voisins, avec son cortège de pratiques cruelles. Les clans vaincus sont incorporés. Cette onde de choc se propage jusqu'à l'équateur et le sous-continent entier est déstabilisé, une bonne partie est bouleversée. Chaka meurt en 1828.

Le Grand Trek (1835-1839)

Au Cap, un certain nombre de clans boers renoncent à la protection ambivalente des Anglais et partent vers l'intérieur du pays. Des colonnes de dizaines, voire, dans certains cas, de centaines de chariots, chacun tiré par 14 énormes bœufs de la race afrikaner, franchissent rivières, plaines et montagnes. C'est la dernière des grandes migrations de l'Afrique australe, qui sera célébrée plus tard par le nationalisme afrikaner comme son épopée fondatrice. Ces ***Trekkers*** sont assez différents des Trekboers qui les ont précédés. En effet, leurs chefs ne sont pas des aventuriers, mais des pères de famille, de stricte obédience calviniste, acculés à l'aventure. Pour eux, pas question de mariages mixtes, voire de polygamie ; pas de mélange. Leur cohésion sociale est un facteur essentiel de survie. Ces « fous de

Dieu » protestants s'inspirent de la Bible pour chercher la Terre promise, s'y établir et y vivre en paix, libres et indépendants, sans être sous la mainmise britannique.
Ils négocient droits de séjour et de pacage avec des chefferies locales, s'alliant parfois avec elles dans des guerres. Mais dès qu'il le faut, ils n'hésitent pas à les combattre. Dans ce cas, ils disposent leurs chariots en cercle, le *laager,* et comblent les interstices avec des épineux, femmes et enfants s'abritant au centre. Les hommes sortent à cheval, tirent sur l'adversaire et battent en retraite pour rester hors de la portée des sagaies.
Les Trekkers bénéficient aussi d'une situation bouleversée par l'expansion zouloue. En effet, sur le plateau, les convois ne rencontrent qu'une résistance désorganisée. Ce n'est que lorsqu'ils descendent vers le vert pays du Natal qu'ils se heurtent à la puissance zouloue ; la confrontation y est alors très dure. Grâce à leurs fusils et à leurs chevaux, les Boers finissent par l'emporter de justesse sur ***Dingaan,*** lors de la ***bataille de Blood River en 1838*** (le site se visite aujourd'hui).
Selon leurs propres dires, 464 Trekkers guidés par ***Andries Pretorius*** y auraient vaincu 12 000 à 15 000 guerriers zoulous, leurs cadavres teintant la rivière en rouge sang. Cette victoire est une vengeance, les Zoulous ayant assassiné la délégation de Trekkers venue négocier la paix. Le royaume zoulou réussira à conserver toute sa force et son indépendance. Ce n'est qu'en 1879 que l'armée britannique finira par le réduire, non sans avoir subi une cuisante défaite avec la mort du ***prince impérial français, fils de Napoléon III,*** combattant volontaire dans l'armée anglaise. On peut voir encore aujourd'hui la tombe du prince impérial près du village d'Ukwekwe, au KwaZulu Natal. Ailleurs, les Boers contournent et isolent les ultimes résistances dans le nord du Transvaal, où des farouches Pédis leur tiennent tête dans les montagnes. Au centre du pays, le ***roi Moshoeshoe*** réussit à préserver le royaume montagnard qu'il a bâti contre vents et marées au Lesotho.
Au milieu du XIXe s, le résultat de cette longue période d'interaction sera la partition du territoire, qui a perduré jusqu'à nos jours. Les Africains auront été refoulés dans une demi-douzaine d'îlots perdus au milieu d'un territoire approprié par les Boers et les Britanniques. Les Blancs partageront le tout entre eux, en constituant 4 entités politiques : les colonies britanniques du Cap et du Natal, et les républiques boers de l'Orange et du Transvaal.

Exploitation

Pendant la colonisation d'Afrique australe, on attribue la terre aux Blancs, les Africains étant progressivement expulsés du territoire conquis et refoulés dans des « réserves » surpeuplées, présidées par des chefs soumis aux autorités blanches. Les « réserves » constituent environ 13 % du territoire, où 90 % de la population mèneront une vie difficile, survivant à peine. Pour les maîtres blancs, l'indigène, jusqu'ici un adversaire, deviendra désormais une force de travail et c'est à ce titre qu'il sera intégré à la société qui prend forme. Au Cap, ce processus restera libéral jusqu'à la fin du XIXe s. Ailleurs, on s'efforcera d'éliminer toute tendance égalitariste.
Dans le domaine de l'éducation, on renonce à la fonction « civilisatrice » prônée par les

LA VÉNUS HOTTENTOTE

Elle naquit en 1788 près du Cap. Ayant un postérieur proéminent, elle fut repérée par un forain qui l'exhiba pendant 5 ans, en Angleterre. À cette époque, on s'arrogeait le droit de montrer en public les races prétendues inférieures. À sa mort (à 27 ans), on fit un moulage de son corps qui était encore visible au musée de l'Homme à Paris en 1974. Symbole de l'oppression coloniale, Nelson Mandela exigea de la France la restitution de son corps en 2002 pour organiser des funérailles officielles. Son histoire tragique a inspiré le film La Vénus noire d'Abdellatif Kechiche, (2010).

missionnaires ; les écoles, « africanisées », stimuleront le développement non pas de la civilisation, mais du travail. On réprimera « l'oisiveté et la débauche » de la vie traditionnelle. L'éducation à l'européenne « corrompt » l'indigène. On préférera l'utiliser « nature », non dégrossi. Les Africains doivent produire ; ce sera aux autres de consommer.
On permettra cependant à quelques familles de rester chez les fermiers blancs. Hommes, femmes et enfants fourniront du travail en échange de cette faveur. Les plus chanceux se réfugieront chez les missionnaires, qui les convertiront en petits paysans. Pour les travaux publics, on réquisitionnera la main-d'œuvre auprès des chefs dans les réserves, qui se transformeront en bassins de main-d'œuvre.

La découverte des diamants

- ***1867 :*** découverte des 1ers diamants, en pays tswana, sur le territoire de la ferme des *De Beers*. Les Tswanas affluent aux mines, dans l'espoir de gagner de quoi acheter des armes pour recouvrir leur indépendance. Les filons étant verticaux, les coûts montent vertigineusement ; les petits exploitants sont obligés de vendre aux plus grands.
- ***1881 :*** la compagnie De Beers, montée par ***Cecil Rhodes*** (voir « Personnages »), monopolise la production. C'est le début du capitalisme en Afrique australe. Le marché du travail se développe rapidement. Aucune ethnie n'y échappe, même dans les régions les plus reculées. Les travailleurs sont recrutés par contrat et payés au retour (souvent par l'entremise du chef), une partie étant soustraite d'office pour régler arriérés d'impôts et autres dettes. L'employeur fournit le transport et, à la mine, les hommes sont obligatoirement (et sommairement) logés et nourris dans des camps fermés *(compounds)*, jugés indispensables pour empêcher défections, vols) et pour maintenir l'ordre. À la fin du siècle, 120 000 hommes y travaillent, dont seulement 12 000 Blancs.

DIABLE !

L'incube, ce diable qui couchait avec les femmes endormies, était la terreur du Moyen Âge. Selon la croyance, le diamant, symbole de fidélité, protégeait l'épouse de ces assauts sataniques. Voilà pourquoi on offre un diamant à sa fiancée, même si l'on en a oublié l'origine.

Le système s'avère tellement avantageux qu'il sera rapidement étendu aux mines d'or. Femmes, enfants, personnes âgées et malades restant dans les territoires africains et vivant tant bien que mal de l'économie traditionnelle, l'employeur découvre qu'il n'a donc pas à couvrir le coût de la reproduction de sa force de travail. Avantage crucial, c'est ce miracle permanent qui fera de l'Afrique du Sud un paradis pour les uns et un enfer pour les autres.
Avec ce nouveau système d'économie très politique, articulant développement et sous-développement, l'économie traditionnelle sera progressivement vidée de sa substance pour subventionner l'économie moderne. Elle reposera de plus en plus sur les femmes, les hommes étant contraints à l'émigration. La société africaine sera progressivement détruite.
La vie des fermiers sera également bouleversée. Car les mines créent pour la 1re fois un marché local pour les produits agricoles là où, auparavant, on vivait en autarcie (on n'exportait que de la région agricole du Cap, qui envoyait ses vins et ses fruits en Europe). L'agriculture fermière se développera en conséquence – ainsi qu'un petit secteur paysan, où quelques familles de métayers noirs répondent avec efficacité à la nouvelle demande. Las ! Les fermiers blancs se plaindront aussitôt de cette concurrence « déloyale » et feront pression pour expulser les paysans noirs vers les réserves surpeuplées où la terre s'épuise : l'infâme loi sur la terre *(Land Act)* de 1913 y pourvoira.

La guerre anglo-boer

Les gisements de diamants se trouvent sur le territoire de la colonie anglaise du Cap, de tradition libérale. Ceux d'or se trouvent au Transvaal, territoire de la République sud-africaine. Johannesburg n'est encore qu'un camp de mineurs turbulents : les aventuriers du monde y ont convergé pour y faire fortune. Les *Uitlanders* (pionniers et travailleurs venus de pays étrangers) ont des droits politiques quasi inexistants, au regard des lois boers. 2 blocs vont alors s'affronter : d'un côté la petite ***République sud-africaine*** (comprenant le ***Transvaal*** et l'***État libre d'Orange***), de l'autre l'***Empire britannique.*** Les intérêts des 2 parties sont limpides.

En République sud-africaine, le pouvoir est fermement exercé par les conquérants boers, conduits par ***Paul Kruger,*** figure exemplaire du pionnier, rude, indomptable et archaïque. Hyper nationalistes, ils appuient leur programme de société sur l'idée qu'ils sont un peuple élu de Dieu. Les autres, Noirs, Anglais, immigrants chercheurs d'or n'ont qu'à bien se tenir !

Côté britannique, ***Cecil Rhodes*** est entré en politique et tient un rôle qui lui permet de mêler ses affaires (au sens financier du terme) avec l'avidité de l'empire de Sa Gracieuse Majesté. En un mot, après avoir concédé aux Boers leur indépendance (sur des terres alors très pauvres), Rhodes pousse à l'annexion (sur des terres devenues porteuses d'or)... Il instrumentalise les *Uitlanders,* mais la révolte qu'il orchestre échoue, et une ***1re guerre anglo-boer*** se déclare en 1880, vite gagnée par les partisans de Kruger.

Les Boers, soutenus (surtout matériellement) par l'Allemagne et la France, auront fait lamentablement échouer la tentative d'annexion. Mais l'armée britannique y revient. Elle subit des revers humiliants face à des combattants boers, bien moins nombreux, moins professionnels, mais finalement plus aguerris et portés par une indéfectible foi. Toutefois, ayant mobilisé toute la puissance d'un empire mondial à son apogée, la ***Grande-Bretagne l'emporte au terme de la 2de guerre anglo-boer (1899-1902).*** Brûlant les terres, enfermant femmes et enfants dans des camps de concentration (une des innovations de cette guerre), où quelque 20 000 d'entre eux meurent de dysenterie et de choléra. Elle parvient à ses fins, mais au prix d'un ressentiment qui pèsera lourdement sur l'histoire du pays.

En 1902, les derniers guérilleros se livrent et perdent le Transvaal et l'État libre d'Orange. Le traité de paix est signé à Pretoria en mai 1902. Paul Kruger, président déchu de la république du Transvaal, a déjà quitté le pays pour la Suisse, où il meurt en 1904.

Le parti impérialiste britannique gagne la guerre mais perd le pouvoir, à la fois à Londres (où une bonne partie de l'opinion est révulsée par la façon dont les militaires ont conduit leurs opérations) et en Afrique du Sud.

BOER OU AFRIKANER ?

Boer est un terme néerlandais qui signifie littéralement « paysan ». Il désignait les descendants des colons d'origine hollandaise, allemande ou française (huguenote), par opposition aux Blancs d'origine britannique. Considéré comme péjoratif, ce vocable fut supplanté au XXe s par celui d'Afrikaners, qui désigne encore cette communauté de langue afrikaans. Ils sont à l'origine de l'apartheid, un terme issu du néerlandais apart, lui-même dérivé du français « à part ».

L'AFRIQUE EN 1945 ? UNE GRANDE COLONIE EUROPÉENNE

Eh oui, à cette époque, l'Afrique ne comptait que 4 pays indépendants : l'Égypte, l'Éthiopie, le Libéria et l'Afrique du Sud (cette dernière étant un dominion qui n'accèdera à la pleine indépendance qu'en 1961). Tous les autres États étaient des colonies subordonnées au bon vouloir des nations européennes. Les années 1960 sonneront le glas de cette soumission.

En 1910, un gouvernement britannique libéral unira les 4 colonies – Le Cap, le Natal, le Transvaal et l'Orange – en un État souverain, l'***Union sud-africaine, dominion du Commonwealth britannique,*** doté d'un gouvernement et d'un Parlement. Jusqu'en 1948, tous les 1ers ministres seront des généraux boers : ***Botha, Hertzog*** et ***Smuts*** ; jusqu'à l'arrivée au pouvoir de Nelson Mandela, le leadership politique sera monopolisé par des Afrikaners. Les anglophones, cependant, garderont la haute main sur l'économie.

Le « modèle » sud-africain

L'apartheid vient de loin. Une fraternité secrète (Broederbond) en jette les bases, considérant que les Boers ont pour mission de promouvoir la justice (!), de s'opposer à l'impérialisme et de lutter contre le communisme. Pour cela, il faut développer tout un système.

L'industrie a besoin de travailleurs qualifiés, qu'elle paie en conséquence. Or les mineurs qualifiés sont blancs, et les Blancs tiennent à garder pour eux ces emplois bien payés. Les patrons, eux, cherchent à leur substituer des Noirs, qui coûtent bien moins cher. Il faudrait les former, mais former un migrant n'est pas rentable. Il faudrait donc les garder en ville. Les ouvriers blancs, venus en majorité des îles britanniques et fortement syndiqués, résistent. Les fermiers boers, de leur côté, subissent sur le marché du travail la concurrence des mines, qui peuvent payer bien mieux qu'eux. Ils veulent garder les Noirs chez eux à la campagne, prêts à travailler pour une misère.

– ***1911 :*** les lois racistes se succèdent et la résistance avec. En 1912, l'*African National Congress* (ANC) est créé.

– ***1922 :*** le patronat « dilue » les emplois qualifiés dans les mines en embauchant davantage de Noirs. Une grève insurrectionnelle éclate. On hisse le drapeau rouge, proclame les soviets. Le mot d'ordre est : « Travailleurs du monde, unissez-vous... pour une politique de travail civilisé. » Dans un 1er temps, le parti communiste tout neuf accompagne le mouvement. Les redoutables commandos boers mobilisent. De son côté, le gouvernement temporise, puis mobilise lui aussi et finit par donner l'artillerie et l'aviation. Il gagne la partie... mais perdra les élections.

– ***1924 :*** ouvriers blancs et fermiers boers s'allient pour former un « gouvernement des travailleurs ». L'entente de celui-ci avec le patronat jettera les bases du système qui prendra, en 1948, le nom d'« ***apartheid*** ».

L'accès au travail qualifié sera réservé aux Blancs, tout comme le pouvoir. Les Noirs seront interdits de ville. Ils ne pourront y venir que pour travailler ; le travail terminé, ils devront rentrer dans leurs réserves. Surpeuplées et de plus en plus misérables, celles-ci constituent d'indispensables réservoirs de travailleurs agricoles dociles et bon marché. Les domestiques et tâcherons indispensables seront tolérés dans les villes, à condition d'être logés chez l'employeur, ou d'habiter des faubourgs séparés *(locations),* qu'ils doivent regagner le soir avant le couvre-feu.

Le développement du modèle

On bétonne à coups de lois scélérates ce système hyper tendu. Pendant la dépression, le coût du travail baisse, mais le prix de l'or reste stable : les bénéfices des compagnies minières montent en flèche. Le gouvernement les impose lourdement, utilisant le revenu pour développer l'industrie manufacturière et moderniser l'agriculture. Cette dernière perd des emplois, mais l'industrie entre en expansion ; bientôt, avec la 2de Guerre mondiale, ce sera le boom. La main-d'œuvre africaine afflue des campagnes. Mais les salaires, toujours aussi bas, ne couvrent toujours pas les coûts sociaux. Comme si de rien n'était, ceux-ci retombent toujours sur l'économie archaïque des réserves, déjà complètement épuisée. Afflux de réfugiés économiques dans les villes, que les lois ne peuvent plus canaliser. Rien ne va plus. À la fin de la guerre, le gouvernement esquisse de timides réformes en vue d'une progressive « normalisation » libérale.

– ***1948 :*** le gouvernement de guerre, proanglais, est balayé par le ***Parti national afrikaner,*** qui fait campagne sur le thème du « péril noir », en prônant une solution radicale au « problème indigène ». Comme le système ne fonctionne plus de gré, on le fera fonctionner de force. Contre l'intégration rampante des Africains dans la société, on imposera l'apartheid : séparation physique des Noirs, désurbanisation forcée, déportations de masse, classification de la population par race, interdiction de mariages mixtes... Plus tard, dans une tentative de légitimer ces dispositions iniques devant l'opinion mondiale indignée, on consolidera les réserves en les renommant *bantoustans.* Ceux-ci auraient vocation de devenir, tout à fait invraisemblablement, des États souverains, promis à un problématique « développement séparé », partenaires du grand État blanc des maîtres.

Les lois raciales de l'apartheid

On distingue le *Grand Apartheid,* qui partage le territoire du pays et instaure un système d'économie politique (par exemple, le *Labour Regulation Act* de 1911 ; la loi sur la terre, ou *Land Act,* de 1913 ; l'interdiction du parti communiste en 1950 ; les lois contre le « sabotage » et le « terrorisme », etc.), du *Petty Apartheid* (l'apartheid mesquin), qui réorganise la vie quotidienne en assignant aux « races » des espaces et services séparés (chaque « race » ayant désormais ses propres écoles, hôpitaux, ambulances, fourgons mortuaires, bancs publics...).

LE TEST DU CRAYON

À quel endroit l'apartheid plaçait la frontière entre le Blanc bronzé et le Noir à la peau claire ? On décréta que les cheveux crépus étaient la caractéristique absolue des Noirs. Donc, si un crayon placé dans la chevelure tombait, la personne était considérée comme blanche. Les membres d'une même famille pouvaient obtenir des résultats différents et devaient alors vivre séparés.

Les lois les plus décriées sont :

– ***la loi prohibant les mariages interraciaux*** (*Prohibition of Mixed Marriages Act,* 1949) qui étend à toute union entre Blancs et non-Blancs l'interdiction qui, depuis 1927, frappe le mariage entre Blancs et Africains.

– ***La loi sur l'immoralité*** (*Immorality Amendment Act,* 1950), qui criminalise les relations sexuelles entre Blancs et non-Blancs. La police utilise des jumelles, magnétophones, appareils photo, caméras, entrant de force dans des chambres à coucher, ordonnant aux médecins d'examiner les parties génitales des suspects.

– ***La loi sur la classification raciale*** de la population (*Population Registration Act,* 1950, révisée en 1956) formalise la classification raciale de la population. Les aberrations sont multiples : des familles voient certains de leurs membres « classifiés » noirs et d'autres métis, avec des interdictions de résider dans les mêmes quartiers au nom de la loi ci-après !

– ***La loi assignant à chaque groupe racial un territoire séparé*** (*Group Areas Act,* 1950), initialement résidentielle, la ségrégation

LE CŒUR SUR LA MAIN

Véritable fierté pour son pays, Christiaan Barnard réussit la 1re transplantation cardiaque au monde en 1967. Bref répit offert à son patient qui décède une quinzaine de jours après l'opération. L'année suivante, au grand dam des autorités sud-africaines, le génial chirurgien transplante avec succès le cœur d'un jeune métis (Clive Haupt) chez un Blanc (Philip Blaiberg) qui survivra 18 mois. Un pied de nez au rejet d'organe (point critique de toute transplantation), mais aussi au rejet des autres races et aux stupides lois de l'apartheid !

s'étendra par la suite aux services sociaux (transports, parcs, hôtels...) et s'accompagnera du déplacement forcé des non-Blancs vers des zones loin des centres urbains, voire vers les réserves « tribales ».
Sous prétexte de simplifier le laissez-passer *(pass)* que chaque Africain est obligé de porter, en 1952, une loi « supprimant » ces documents en change le format en créant un véritable passeport intérieur : dossier comportant permis de séjour, certificats d'emploi et d'hébergement, récépissés fiscaux, permis de conduire, etc. Toute contravention est sanctionnée de peines de prison, de travaux forcés, de déportation...
– ***La loi sur l'éducation des Africains*** (*Bantu Education Act,* 1953) bannit les non-Blancs du système éducatif normal et établit un système scolaire différent conçu pour éliminer toute concurrence entre Blancs et Noirs dans ce domaine. Ce système est étendu par la suite aux universités (*Extension of University Education Act,* 1959), qui établit des universités de « série B ». Les grandes universités anglophones du Cap et de Johannesburg, cependant, refuseront de s'y conformer, ainsi que les Églises catholique et anglicane, qui continueront à recevoir des élèves non blancs dans leurs écoles.

La montée des résistances

Réduit à n'être qu'un objet dans ce système qui va de mal en pis, l'Africain deviendra un sujet en dehors du système. Les 1ers syndicats africains, durement réprimés, remontent à 1919.
– ***1946 :*** 70 000 mineurs cessent le travail, en dépit de la difficulté d'organiser les travailleurs dans les *compounds* étroitement surveillés. L'***African National Congress*** (actuellement au pouvoir) remonte à 1912, prenant son nom actuel en 1923. Longtemps dominé par une élite (professions libérales, enseignants...) qui frappe patiemment à la porte du pouvoir, il se transforme sous la poussée du mécontentement populaire.

UN NÉGOCIATEUR DE L'OMBRE

Né en 1944, Jean-Yves Ollivier est un homme d'affaires français totalement méconnu. Et pourtant il négocia longtemps avec le gouvernement sud-africain pour abolir l'apartheid et libérer Mandela. Ensuite, il marchanda avec les Noirs pour que les Blancs ne soient pas chassés du pays.

– ***1955 :*** le Congrès du Peuple, une coalition multiraciale de forces progressistes, adopte la *Freedom Charter,* appelant à la démocratie, donc à des droits égaux pour tous. Le gouvernement fait arrêter 156 responsables, les accusant de trahison.
– ***1959 :*** le Pan-Africanist Congress, exclusivement noir, naît d'une scission de l'ANC et adopte une ligne plus offensive. Il lance une campagne de désobéissance civile. Le 21 mars 1960 à ***Sharpeville*** (un township de Vereeniging, au sud de Johannesburg) la police tire sans sommation sur une manifestation pacifique : 69 tués et 180 blessés. Le 30 mars, 30 000 manifestants bravent les mitraillettes de la police et marchent sur le parlement.
Suivent une répression impitoyable et « la nuit qui dure 15 années ». Interdiction de l'ANC, du PAC et de maintes autres organisations : toute poursuite de leurs activités, qualifiée de « sabotage », est passible de la peine de mort. Les militants entrent dans la clandestinité (le PAC est clandestin depuis 1950).
– ***1962 : Nelson Mandela*** crée dans l'illégalité une branche armée de l'ANC. Alors que le pays vient de voter pour la République et l'indépendance pleine et totale (seule la minorité blanche, bien sûr, a participé au référendum), il désire forcer par la lutte armée les réformes que des années de combat pacifique n'ont réussi à obtenir. À son retour d'un voyage à l'étranger, il est arrêté et condamné avec d'autres

dirigeants du parti pour des faits politiques mineurs ; puis les autorités découvrent l'existence de la branche armée *Umkhonto we Sizwe* et un nouveau procès s'engage. Les 7 prévenus risquent la condamnation à mort. In fine, entre autres par crainte des réactions internationales, la peine sera la prison à vie ; ils rejoignent Robben Island, prison emblématique de héros historiques des luttes de libération.

La libération

Des vagues de grèves en 1973 et 1976 mettent fin à cette sombre époque. Le ***mouvement de la Conscience noire,*** conduit par le ***Steve Biko*** (voir la rubrique « Personnages »), donne une impulsion formidable aux mouvements de la jeunesse. En 1976, une révolte éclate dans les écoles de ***Soweto*** en réaction à une nouvelle loi sur l'éducation des Noirs rendant l'enseignement en afrikaans obligatoire dans certaines matières, et embrase bientôt le pays entier, le rendant de plus en plus ingouvernable. Olivier Tambo appuie les boycotts internationaux qui mèneront à la fin de l'apartheid. Il faudra encore 13 ans de lutte pour qu'enfin le gouvernement se résigne à libérer Mandela et à négocier avec les organisations politiques noires. Un laborieux compromis permet la libération définitive du pays en 1994 (1res élections démocratiques).

UN DRAPEAU ARC-EN-CIEL

Le drapeau sud-africain date de 1994, adopté sous Frederik De Klerk après une consultation nationale. Pour son élaboration, on mobilisa plus de 30 agences de publicité. La version finale est la seule au monde avec 6 couleurs. Les noir, jaune et vert sont les couleurs du parti de l'ANC ; les rouge, blanc et bleu celles des drapeaux anglais et néerlandais. Le Y symboliserait la convergence et l'union des différents éléments.

– ***11 février 1990 :*** libération de Nelson Mandela, après 27 ans et 190 jours (!) de détention.
– ***Août 1990 :*** l'ANC renonce à la lutte armée.
– ***1991 :*** Mandela assume la présidence de l'ANC, redevenu légal, et négocie avec F. De Klerk, le président de l'Afrique du Sud.
– ***30 juin 1991 :*** abolition de l'apartheid.
– ***1993 :*** Mandela et De Klerk obtiennent ensemble le prix Nobel de la paix.
– ***27 avril 1994 :*** 1res élections démocratiques et multiraciales. L'ANC l'emporte avec 62 % des voix. Le 9 mai 1994, Nelson Mandela devient président de la République sud-africaine.
– ***1995 :*** l'Afrique du Sud remporte la Coupe du monde de rugby, un événement sacralisé par le film *Invictus* (2009), de Clint Eastwood.

L'après-Mandela

Les élections de 1999 consacrent à nouveau la victoire de l'ANC. Mandela passe le flambeau à ***Thabo Mbeki,*** son dauphin (voir la rubrique « Personnages »). Mbeki sera réélu en 2004. Cette année-là, la FIFA attribue l'organisation de la ***Coupe du monde de football 2010*** à l'Afrique du Sud. Le bilan de Mbeki est plutôt médiocre côté criminalité et lutte contre le sida : relativisant le fléau du sida dans son pays, il aura refusé jusqu'en 2003 le

UN HYMNE CONSENSUEL

*L'hymne national, adopté en 1994 par le président Frederik De Klerk, est composé des hymnes noir (*Nkosi Sikelel'i Afrika, *toujours en vigueur en... Tanzanie !) et blanc (*Die Stem*). Le nouveau chant patriotique voulu par Mandela, très mélodieux, mêle 5 langues (xhosa, zulu, sotho, afrikaans et anglais). Il est fort consensuel mais souvent difficile à chanter pour les Sud-Africains qui ne connaissent pas toutes ces langues.*

déploiement de médicaments antirétroviraux. L'Afrique du Sud est pourtant l'un des pays les plus contaminés au monde, avec un adulte sur 6 porteur du HIV (environ 17 % de la population en 2011). Le vice-président, Jacob Zuma, est inculpé en 2005 pour trafic d'influence, fraude et corruption dans une affaire liée au groupe d'armement Thalès. Mbeki le limoge, s'en faisant un vrai frère ennemi. Dans une autre affaire, Zuma est accusé de viol sur une femme séropositive. Acquitté en 2006, il affirme avoir pris une douche après l'acte sexuel pour éviter toute contamination !

2007-2019

Les luttes d'influence ***au sein de l'ANC*** entre Mbeki et son ex-vice-président connaissent un tournant lorsque Zuma, prônant une politique plus à gauche, est largement élu à la tête du parti fin 2007. Mbeki démissionne en 2008. 5 mois plus tard l'ANC présente à l'élection présidentielle son leader du moment, ***Jacob Zuma.*** C'est un Zoulou, et non un Xhosa. Zuma est élu président de la République en mai 2009 après la victoire de l'ANC aux élections législatives, tout juste après avoir été blanchi d'une accusation de corruption. Début 2009, les partisans de Mbeki forment un nouveau parti, le Congrès du Peuple (COPE). L'ANC connaît un recul, en particulier au profit du parti multiracial DA (Democratic Alliance). Au-delà du cas Zuma, l'ANC se débat dans les affaires de corruption éclaboussant une partie de ses cadres. Faute d'une opposition forte qui la mettrait sous pression – la démocratie sud-africaine n'a pas encore atteint la maturité politique déconnectant le vote de la couleur du candidat –, l'ANC peine à effectuer le grand nettoyage.

ON N'EST JAMAIS TROP PRUDENT !

Nelson Mandela fut considéré comme terroriste jusqu'en 2008 par le FBI... C'est-à-dire 18 ans après avoir été libéré et 14 ans après avoir été élu président de l'Afrique du Sud !

Une nouvelle forme de racisme...

En 2008, de violentes attaques xénophobes contre les immigrés, en particulier du Zimbabwe, du Mozambique et du Nigeria, partent du township d'Alexandra et se répandent aux abords des grandes villes du pays, notamment Durban et Cape Town. 65 personnes sont tuées et des centaines blessées. Sans compter plus de 60 000 ressortissants étrangers déplacés, installés dans des camps de fortune ou contraints de retourner vivre dans leur pays d'origine. Une nouvelle vague de violences a vu le jour après la Coupe du monde de football de 2010, contre les Zimbabwéens et les Mozambicains, mais aussi contre les Angolais et les Zambiens (et plus récemment encore en 2015). Ces violences ont terni l'image de la « nation Arc-en-Ciel ». Car, comme dans nombre de pays d'accueil, l'immigration clandestine est un problème brûlant en Afrique du Sud. On estime à 5 millions le nombre des immigrés illégaux installés en Afrique du Sud. Malgré ses inégalités et ses graves problèmes sociaux, le pays fait toujours office d'îlot de richesse sur un continent africain englué dans la misère. Dans les pays limitrophes, les candidats à l'immigration sont nombreux, mais l'accueil qu'on leur réserve est rarement chaleureux. Comme ailleurs, l'immigré endosse vite le rôle de bouc émissaire de tous les maux du pays.

Et aujourd'hui ?

Si la ***Coupe du monde de football de 2010*** a permis à l'Afrique du Sud d'accéder à une vraie reconnaissance internationale, sur le plan financier, le Mondial a été un fiasco (comme toujours) et le pic touristique qu'a connu le pays au mois de juin est vite retombé.

En octobre de la même année, une longue grève du service public a forcé le gouvernement à lâcher du lest pour calmer le jeu. Mais ce mouvement social n'était que le 1er d'une longue série : en 2012, des dizaines de milliers d'ouvriers des industries minière, automobile et textile défilent pour réclamer des salaires décents, alors que l'inflation persistante rend le coût de la vie de plus en plus élevé. Le 16 août, la ville minière de Marikana est le théâtre du plus gros traumatisme qu'a connu le pays depuis la fin de l'apartheid : la police tire à balles réelles sur les manifestants, faisant 34 morts et 78 blessés. Une commission d'enquête sera diligentée, mais aucune sanction ne sera prise.

GRAND HOMME, PETITS HÉRITIERS

En février 2014 fut révélé le testament de Mandela, un document de 40 pages. Selon ses vœux, sa fortune de 3 millions d'euros a été partagée entre sa famille (nombreuse !), l'ANC, ses employés et plusieurs établissements scolaires... Mais pas un kopeck pour sa 2e femme Winnie ! Au-delà de l'argent, c'est surtout d'un nom et d'une image dont ses descendants héritent, une machine à sous qui les divisait déjà de son vivant. Entre gadgets, vins à son nom (horriblement chers) et émissions de télé de plus ou moins bon goût, le potentiel est inestimable !

La grogne sociale se généralise. Le divorce entre Jacob Zuma et le peuple semble bel et bien consommé, même si la position hégémonique de l'ANC n'est pas pour autant remise en cause. En décembre 2013, ***la mort de Nelson Mandela, à l'âge de 95 ans,*** attriste le pays. Le monde entier rend hommage au Sud-Africain qui aura le plus marqué l'Histoire. Le président Zuma (hué lors des obsèques) est reconduit dans ses fonctions en 2014, aucun candidat ne se présentant face à lui ! En revanche, aux élections législatives, l'ANC recule (62 % des voix, contre 65,9 % en 2009), affaibli par la dissidence de Julius Malema, l'ancien président (exclu) de la ligue de la jeunesse de l'ANC, qui a fondé un nouveau parti *(Economic Freedom Fighters).* Malema est un radical qui prône l'expropriation des terres, la nationalisation des mines et promet la « guerre » à la minorité blanche. En 2014, son parti est arrivé en 3e position, récoltant 6,4 % des suffrages. Il a à son tour réclamé le départ de Jacob Zuma, toujours embourbé dans les affaires.

En 2015 et 2016, Zuma fait les frais d'une impopularité croissante. Avec ses 5 épouses et sa vingtaine d'enfants, la presse dénonce son train de vie, révélant le montant des travaux réalisés dans sa résidence privée : 216 millions de rands (près de 20 millions d'euros) financés avec de l'argent public... La Cour constitutionnelle lui impose d'en rembourser une petite partie (environ 500 000 €). Il faut dire qu'après ses années de prison à Robben Island, il en est sorti sans le sou... Une fois au pouvoir, il aurait donc accumulé l'argent facile et se serait mis à distribuer les marchés publics, en guise de compensation. Il est toutefois sorti blanchi en avril 2016 d'une affaire de corruption dans un contrat d'armement avec la société française Thomson-CSF. Zuma réussit ensuite à échapper à une procédure de destitution, la plupart des députés de l'ANC continuant à le soutenir. Mais certains opportunistes se sont engouffrés dans la brèche, comme les 2 hommes d'affaires d'origine indienne, les frères Gupta, à qui, dit-on, Zuma aurait ouvert les portes de l'État, leur permettant de racheter des entreprises publiques à tout-va et même, paraît-il, d'influencer la nomination de certains ministres. La presse parle même de « capture d'État ». En mars 2017, un remaniement ministériel de grande ampleur jette en effet de l'huile sur le feu, marquant, selon beaucoup d'observateurs, une nouvelle rupture de confiance entre le président et la population. De nouveau, des marches ont lieu dans le pays pour demander son départ mais Zuma s'accroche au pouvoir de toutes ses forces.

Finalement, après moult tergiversations pimentées par la perquisition des bureaux des frères Gupta, ***Jacob Zuma est acculé à la démission en février 2018*** suite à une motion de défiance de son propre parti. À la manœuvre, le tout nouveau chef de l'ANC ***Cyril Ramaphosa accède à la présidence.*** Longtemps marginalisé par ses camarades, le « trotskiste de l'ANC », comme on le surnomme, tient sa revanche sur l'Histoire. Pendant sa traversée du désert, il a fait fortune et promet au pays un redémarrage économique. Très vite, il nomme un gouvernement dans ce sens et relance en même temps un sujet brûlant : redistribuer les terres détenues par la minorité blanche sans compensation. De son côté, la justice réactive ***16 chefs d'inculpation pour corruption contre Jacob Zuma,*** dont la démission n'est en rien synonyme d'immunité, la presse parlant même d'un futur « Zunami » judiciaire.

Ramaphosa, pendant la 1re année de son mandat, s'est efforcé de regagner la confiance de la base électorale de l'ANC afin de préparer les élections générales de mai 2019 (assemblée nationale et assemblées provinciales). À court terme, le gros défi, pour lui et son parti, c'est la réussite de la réforme agraire, un épouvantail pour la minorité blanche mais réforme attendue par la population noire. Si le processus devait plus ou moins ressembler à ce qui s'est passé au Zimbabwe, ce serait un échec. Ramaphosa a promis une approche « prudente et inclusive »...

L'ANC est restée majoritaire à l'assemblée, remportant 57,5 % des suffrages, soit un recul de 4,7 %. Elle conserve le contrôle de 8 assemblées provinciales sur 9 (seule la province du Cap Occidental lui échappe).

MÉDIAS

Votre TV en français : TV5MONDE, la 1re chaîne culturelle francophone mondiale

Avec ses 11 chaînes et ses 14 langues de sous-titrage, TV5MONDE s'adresse à 360 millions de foyers dans 198 pays par câble, satellite et sur IPTV et est présent dans plus de 3 millions de chambres d'hôtels. Vous y retrouverez de l'information, du cinéma, du divertissement, du sport, du documentaire...

Préparez votre séjour grâce à son site voyage (• *voyage.tv5monde.com* •)et sur place restez connecté, avec les applications et le site • *tv5monde.com* • Demandez à votre hôtel le canal de diffusion de TV5MONDE et contactez • *tv5monde.com/contact* • pour toute remarque.

Presse

La presse sud-africaine reflète forcément les clivages d'une société qui s'est toujours pensée selon un registre ultra-communautariste. Un point commun, cependant : il s'agit d'une presse écrite de culture anglo-saxonne, très fortement typée tabloïd. Les unes sont caractéristiques : photos et relances choc, et si l'actualité est un peu calme, ne pas s'étonner de trouver les promotions sur les steaks pour la supérette du coin.

On trouve donc une multitude de titres, chacun adapté à un lectorat spécifique...

– *Beeld,* en afrikaans, se destine au lectorat boer et est plus sensible aux événements qui touchent les fermiers blancs des hauts plateaux que *Sowetan,* dont le lectorat est essentiellement black.

– *The Citizen* est l'équivalent anglophone de *Beeld,* plutôt centré sur un lectorat blanc de classe moyenne ou inférieure. Son courrier des lecteurs est un monument d'Afrique du Sud réac.

– *The Star,* quotidien anglophone qui se targue d'un passé prestigieux, est maintenant lu principalement par la *middle class* black. Son contenu est très inégal.

– *Cape Argus :* en anglais, le journal local du Cap vendu le soir est le quotidien le plus lu.

Ne pas se fier aux apparences : en dépit d'une maîtrise de l'anglais parfois hasardeuse et d'un lectorat supposé peu éduqué, les éditos de *Sowetan* et du *Citizen* sont souvent remarquables. La lecture des quotidiens montre à quel point les Sud-Africains aiment se faire peur avec, parfois, des cartographies de la délinquance par catégorie (meurtres, viols, braquages, *carjackings*...) et par quartier. Les Sud-Af' seraient-ils paranos ? Une lecture des journaux au coin d'un bar achèvera de vous renseigner.

Les hebdomadaires sont globalement plus intéressants.

– *Sunday Times,* par son volume, est digne d'un bon journal new-yorkais. Si vous vous baladez à vélo, sachez qu'il vous sera difficile de le rapporter sous le bras.

– *Mail & Guardian* reste certainement l'observateur le plus critique et constructif de l'actualité. Ses unes peuvent être parfois assez violentes envers des membres du gouvernement. Son supplément, *Friday,* est un guide fantastique pour toutes les sorties (concerts et boîtes, théâtre, expos).

Dans les grandes villes, on peut acheter le journal à tous les carrefours, lorsque l'on est en voiture.

À noter, enfin, une presse magazine de bonne qualité et plutôt bon marché : jetez un coup d'œil aux magazines de voyage, comme *Getaway,* pour avoir des idées pour prolonger vos vacances !

Télévision

La télévision n'a été autorisée qu'au milieu des années 1970. C'est qu'on ne plaisantait pas avec la subversion, du temps de l'apartheid ! Parmi les chaînes disponibles en libre accès :

– 3 canaux de la *SABC (South African Broadcasting Corporation)* : *SABC 2* se destine plutôt aux Afrikaners, avec des programmes en afrikaans et en anglais ; *SABC 3* passe essentiellement des séries anglo-saxonnes ; quant à *SABC 1,* c'est la chaîne de la réconciliation. *Simunye... We are one !* a été son 1er credo. Programmes en anglais en en langues nguni (dont le zoulou et le xhosa).

– *E-Tv* est une chaîne privée et gratuite.

– Le réseau *M-Net* et son bouquet satellite offre du sport (rugby, foot, cricket) et du cinéma avec M-Net Movies. Les sitcoms sont particulières : non pas par leurs sagas romanesques (amour, trahison, gloire, beauté...), mais par leur représentativité de la population. Toutes les séries ont leur quota de Blancs, Indiens, métis, Blacks, Cape Malay et on en passe. Plus amusant : dans une même scène, les dialogues peuvent se faire en plusieurs langues. Un métis peut parler en afrikaans à un Black qui répondra en zoulou, sous les commentaires intéressés d'une Indienne qui s'exprimera en anglais. Le tout avec des sous-titres à gogo... Ça marche comme ça !

Radios

Les radios sont légion, et nombre d'entre elles se captent dans tout le pays, tant qu'on reste sur les grands axes. Au programme, de la musique, beaucoup de parlote et, le dimanche matin, religion pour tout le monde.

– *SAFM* est une radio publique, sur le modèle de France Culture : musique classique, débats longs et fournis.

– *947* (anciennement *94.7 HighVeld Stereo)* et son clone *Jacaranda FM* (94.2), sont des radios populaires : musique soft rock, ça a l'avantage de ne jamais faire mal au crâne. On vous met au défi, cependant, de retenir ce qui a été programmé il y a 20 mn.

– *Kaya FM* (95.9) se veut une radio pour la bourgeoisie black urbaine et branchée. Pas mal de reggae, soul music et des émissions de musique africaine du soir remarquables.

– *Y-FM* (99.2), un radio de (et pour) jeunes, est un bon moyen de s'imprégner rapidement du *kwaito,* sorte de hip-hop des townships.

Les Sud-Africains sont fidèles à l'adage suivant : la liberté ne s'use que si l'on ne s'en sert pas. Il faut dire qu'ils l'ont payée assez cher. Tous les médias sont libres, n'ont aucune tendresse envers la corruption ou les personnages publics sans envergure, et s'expriment avec une virulence que l'on n'imagine pas en Europe. « Vos journaux sont fades et vos hommes politiques sont ternes », disait l'écrivain Rian Malan en s'adressant à des interlocuteurs étrangers. Il n'avait pas tort.

Liberté de la presse

Avec plus de 45 journaux, 200 magazines nationaux et régionaux, 39 stations de radios commerciales et 5 chaînes de télévision publiques, les médias en Afrique du Sud se caractérisent par leur diversité et leur contenu riche et varié. Les lecteurs ont l'embarras du choix. Ils trouvent des magazines people, des hebdomadaires satiriques, des gratuits couvrant l'actualité des petites et grandes villes, des mensuels spécialisés, etc., et ce dans toutes les langues. Dans ce pays, les journalistes travaillent librement. Il s'agit surtout pour eux de défendre des acquis et de rappeler aux autorités issues de l'African National Congress leurs engagements dès qu'ils se sentent menacés. D'ailleurs, l'Afrique du Sud progresse régulièrement au classement mondial de la liberté de la presse fait par Reporters sans Frontières : elle occupait la 28e place (sur 180) en 2018.

Ces dernières années, c'est surtout la mise en place de législations controversées qui affecte la liberté de la presse en Afrique du Sud. Il existe toutefois depuis 1997 un *ombudsman* de presse (sorte de médiateur public) et une commission d'appel créée par les organisations de journalistes et d'éditeurs qui permettent de réguler les relations entre les médias et le public.

Depuis 2008, d'importants débats entourent la loi sur les secrets d'État. Celle-ci prévoit une condamnation à 5 ans de prison pour les journalistes qui publieraient des informations classées secrètes. Et les peines pourraient atteindre 25 ans d'emprisonnement en cas de présomption d'espionnage. En novembre 2011, elle a été une 1re fois adoptée, puis amendée, avant d'être de nouveau adoptée à l'Assemblée nationale en avril 2013. Desmond Tutu et la Fondation Nelson-Mandela ont fait partie des plus farouches opposants à cette loi.

Si en septembre 2013 le président Jacob Zuma a décidé de renvoyer la loi devant le Parlement pour examen, sa potentielle adoption continue de représenter une réelle menace pour les journalistes. Sauf que la loi n'a jamais été signée par l'ancien président ! Et maintenant qu'il quitté le pouvoir, on peut penser que la menace s'est éloignée.

Par ailleurs, même si la situation de la presse est globalement bonne en Afrique du Sud, des tensions continuent de subsister entre les autorités et les journalistes. Quand ceux-ci ont révélé les nombreuses affaires auxquelles était mêlé le président Zuma, le gouvernement a bien tenté de verrouiller pour interdire au public d'en prendre connaissance. Cela n'a toutefois pas empêché les affaires de sortir.

Comparé à ses voisins, le pays reste cependant un îlot favorisé pour les journalistes indépendants. D'ailleurs, à plusieurs reprises, l'Afrique du Sud a offert l'asile à des reporters des pays voisins.

Ce texte a été réalisé en collaboration avec *Reporters sans frontières.* Pour plus d'informations sur les atteintes à la liberté de la presse, n'hésitez pas à les contacter :

■ ***Reporters sans frontières :*** *CS 90247, 75083 Paris Cedex 02. ☎ 01-44-83-84-84. ● rsf.org ●*

MUSIQUE

De nombreux musiciens sud-africains sont connus internationalement, comme ***Johnny Clegg*** ou ***Myriam Makeba*** (voir plus loin la rubrique « Personnages »), mais beaucoup d'autres manquent d'un peu de reconnaissance internationale et la mériteraient pourtant :

– ***Abdullah Ibrahim*** *(né en 1934)* **:** d'abord connu sous le nom de *Dollar Brand,* grand pianiste de jazz, ex-protégé de Duke Ellington, il fut révélé en Europe. Une trentaine d'albums à son actif.

– ***Hugh Masekela*** *(1939-2018)* **:** trompettiste auquel on doit le 1er disque enregistré en Afrique du Sud et une vingtaine d'albums depuis. Ex-mari de Myriam Makeba, il s'est exilé après le massacre de Sharpville en 1960. Assez inclassable musicalement, il oscille entre jazz, pop et *world.*

– ***Pops Mohamed*** **:** artiste de jazz multi-instrumentiste (piano, guitare, kora, didgeridoo, etc.). Surnommé le *Ministre de la musique,* il mêle jazz, soul ou pop anglaise.

– ***Brenda Fassie*** *(1964-2004)* **:** surnommée *The queen of african pop,* elle s'est d'abord inspirée de la musique soul noire-américaine. En anglais et en zoulou, son répertoire mêle la musique traditionnelle, le gospel et la pop.

– ***Ladysmith Black Mambazo*** **:** le groupe de Joseph Shabalala, chantre de la culture zouloue, a reçu un tas de consécrations (Disque d'or en 1970, Grammy Awards et tournée *Graceland* en 1987...). Sa participation à l'album *Graceland,* de Paul Simon, a permis une « redécouverte » de la musique sud-africaine.

– ***Les Mahotella Queens*** **:** elles mélangent depuis plus de 40 ans les musiques traditionnelles, le marabi (genre de jazz local) et le gospel en une sorte de soul festive et engagée (souvenez-vous de Lizzy Mercier Descloux et de son tube « Où sont passées les gazelles ? »)...

– Sans oublier les ***Soul Brothers,*** qui développent depuis 1975 un mélange de musiques traditionnelles à la sauce Tamla Motown...

PERSONNAGES

Les figures historiques

– ***Nelson Mandela*** *(1918-2013)* **:** Nelson-Rolihlahla Mandela reste l'icône de tout un pays et l'un des hommes politiques les plus admirés de la planète. Pourtant, il fut longtemps désigné comme un dangereux terroriste, « l'homme le plus recherché d'Afrique du Sud ». Comment le « dernier des humiliés » est-il devenu une célébrité mondiale qui restera peut-être comme le plus grand Africain de l'histoire ? Tout a commencé à Mvezo, petit village du Transkei où il est né. Son père était conseiller du roi des Thembu, une ethnie appartenant à la famille des Xhosas. Il passa son enfance à Qunu. Mandela entama des études de droit à Fort Hare, d'où il fut expulsé en 1941 après une grève. Son royal tuteur voulant le marier selon la coutume, il s'enfuit à Johannesburg où il vécut de petits métiers. Il fut gardien dans une mine, de quoi se payer ses études. Avec Oliver Tambo, il fonda le 1er cabinet d'avocats noirs d'Afrique du Sud. Il y rencontra Walter Sisulu. Tambo et Sisulu devinrent ses 2 plus proches compagnons de lutte. Ils formèrent le trio de la Ligue de la jeunesse au sein de l'*African National Congress* (ANC). À cette époque, le jeune Mandela habitait à Soweto, faisait de la boxe et courait les jupons. Après un 1er mariage, il se remarie en 1958 avec Winnie Madikizela. Son activité de combattant contre le régime racial de l'apartheid occupa tout son temps et son énergie. Souvent assigné à résidence, inculpé plusieurs fois, il vécut dans la clandestinité et se lança dans la lutte armée, voyant le peu de résultat de son action pacifiste. « Je ne suis pas un homme violent, ce n'est que quand toutes les autres formes de résistance nous ont été interdites que nous nous sommes tournés vers la lutte armée », dira-t-il.

Arrêté en 1962, il est emprisonné pendant 27 ans. En février 1990, c'est le « prisonnier politique le plus célèbre du monde » qui est libéré. Coup de théâtre historique, l'apartheid est aboli et la démocratie instaurée. Les violences se multiplient, mais le bain de sang redouté ne se produit pas. On parle de « miracle sud-africain ».

En 1993, Mandela obtient le prix Nobel de la paix conjointement avec Frederik De Klerk. En 1994, les 1res élections démocratiques portent Mandela à la tête du pays. Comme président, il est acclamé et admiré du monde entier. Après des années d'humiliation, c'est l'heure de la gloire. Il rejette toute idée de vengeance, prône la réconciliation et le pardon entre les anciens ennemis. Du jamais vu dans l'histoire des révolutions. Il prie son geôlier blanc de Robben Island d'assister à la cérémonie d'investiture. Ce geste spectaculaire a été le 1er de nombreuses autres actions symboliques destinées à disqualifier la haine et à assurer la transition vers une démocratie multiraciale. En 1996, il divorce de Winnie, pour se remarier 2 ans plus tard (à l'âge de 80 ans !) avec Graça Machel, la veuve de l'ancien président du Mozambique, avec qui il restera jusqu'à sa mort. Retiré de la vie politique en 1999, Nelson Mandela voyage beaucoup, prenant part à de nombreuses œuvres caritatives, tout en s'engageant contre les interventions occidentales au Kosovo et en Irak. Il finit paisiblement sa vie entre ses maisons de Qunu, et de Johannesburg, où il meurt le 5 décembre 2013. Une chose est sûre : voilà le Grand Africain du XXe s.

1RE DAME, 2 FOIS

Graça Machel fut d'abord l'épouse du 1er président du Mozambique qui mourut dans un crash aérien. Parlant 6 langues et très impliquée dans des causes humanitaires (sida, droit des enfants, alphabétisation), elle rencontra Nelson Mandela sur les mêmes combats. Ils se marièrent en 1998.

– ***Frederik De Klerk*** *(né en 1936)* **:** le duo De Klerk-Mandela, les ennemis d'hier devenus partenaires politiques, restera dans l'Histoire comme le duo symbolique de la réconciliation – difficile mais possible – d'un pays déchiré sur la voie de la paix. Pour ce geste historique, De Klerk a reçu le prix Nobel de la paix, au même titre que Mandela, en 1993. Né dans une famille d'ascendance huguenote appartenant à la minorité extrémiste et pro-apartheid de l'Église réformée hollandaise, il se lance en politique. Il est élu député en 1972, il monte les échelons et devient ministre en 1978. Chef du Parti national en 1989, devenu pragmatique, il prône des réformes indispensables pour sortir de l'impasse dangereuse de l'apartheid et de son corollaire de boycotts économiques. Élu président de la République, il mène alors progressivement une politique de négociation et de réconciliation. De 1994 à 1996, il occupe le poste de vice-président. En septembre 1997, à la surprise générale, il annonce qu'il se retire définitivement de la politique, pour des raisons personnelles.

– ***Winnie Mandela*** *(1936-2018)* **:** *Nomzamo Winifred Madikizela,* ce qui signifie « celle qui lutte » ou « celle qui connaît les épreuves », familièrement appelée Winnie, a beaucoup lutté et connu de nombreuses épreuves au fil de sa vie agitée. Elle fut l'une des 1res assistantes sociales noires du pays. Nelson Mandela et Winnie se marient en 1958. Pas facile d'être la femme d'un homme recherché dans tout le pays (il vit dans la clandestinité).

MANDELA UNITED FOOTBALL CLUB

C'est Winnie Mandela, ex-femme du vainqueur de l'apartheid, qui dirigea cette équipe de foot. Ses gardes du corps firent régner la terreur sur ses opposants : tortures, viols, séquestrations... En 1991, elle fut condamnée à une peine de 6 ans de prison, commuée en appel à une simple amende...

Mais Winnie est tenace. Elle soutiendra fidèlement son époux pendant ses longues années de prison et fut adorée comme la « petite mère du peuple » jusqu'à ce qu'une série de révélations ternisse sa réputation. Corruption, fraudes, sanctions au sein de la brigade des femmes de l'ANC (et même meurtres !). En 1992, Nelson Mandela demande le divorce, qui sera prononcé en 1996, mais il rend hommage à sa femme et loue sa personnalité exceptionnelle. Malgré ses casseroles, Winnie Mandela est restée assez populaire, dans son fief de Soweto notamment.

– ***Thabo Mbeki*** *(né en 1942)* **:** président de la République (1999-2008). Né dans un village voisin de Mvezo, le lieu de naissance de Nelson Mandela. Son père, un des membres fondateurs du Congrès national africain (ANC), passa 24 ans de sa vie emprisonné à Robben Island, aux côtés de Mandela. Thabo Mbeki quitta l'Afrique du Sud en 1962 et resta 28 ans en exil. Diplômé d'économie en Grande-Bretagne, il a milité dans la clandestinité au sein de l'ANC puis, de retour en Afrique du Sud, il a été nommé vice-président de la République (1994-1999), avant d'être élu président en juin 1999. Protégé de Mandela, Mbeki était son fidèle successeur mais son 2^d mandat n'est pas allé à son terme et s'est achevé par sa démission, sur fond de rivalité ouverte avec Jacob Zuma.

– ***Desmond Tutu*** *(né en 1931)* **:** « Monseigneur Tutu », archevêque anglican et prix Nobel de la paix en 1984. Ce Sud-Africain noir incarne à lui seul une autre façon d'agir contre l'apartheid, par la discussion, la persuasion et l'esprit de réconciliation. Il exerça d'abord des fonctions œcuméniques en Angleterre, puis il fut nommé archevêque du Cap. Personnage jovial et communicatif, marié et père de famille, habitant de Soweto (comme Mandela), Desmond Tutu a joué un rôle majeur dans la lutte contre l'apartheid. En 1994, il prit la tête de la Commission Vérité et Réconciliation, vaste opération de prise de parole par les victimes et les bourreaux, sur la voie du pardon. C'était une victoire de ses idées. *Il n'y a pas d'avenir sans pardon,* tel est le titre du livre où ce « grand chrétien moderne » raconte les années de l'après-apartheid. Pour se libérer des traumatismes du passé, les victimes durent témoigner de l'horreur vécue et les bourreaux avouer leurs méfaits. Grâce à cet « exorcisme collectif » (retransmis à la télévision), ceux-ci purent bénéficier de l'amnistie politique. Une formidable démarche de paix qui, tout en permettant d'éviter que la fin de l'apartheid ne se transforme en campagne de vengeance collective, eut aussi ses limites. Tous les bourreaux ne sont pas venus témoigner, faisant autant de victimes frustrées d'un manque de reconnaissance officielle. En 2011, Desmond Tutu lance un nouveau pavé dans la mare en proposant de taxer les Blancs qui ont bénéficié de l'apartheid ! D'où une série de réactions assez vives, évidemment.

– ***Cyril Ramaphosa*** *(né en 1952)* **:** enfant de Soweto, héros de la lutte anti-apartheid, homme-clé de la libération de Nelson Mandela, cet ancien secrétaire général de l'ANC et intellectuel a commencé sa carrière politique comme syndicaliste. Connu pour sa capacité de négociation et de résistance, il est parvenu à développer les syndicats dans son pays en plein apartheid. Au sein de l'ANC, il était le rival de Mbeki que Mandela a chouchouté et placé au pouvoir comme son successeur. Finalement recalé par ses pairs, Ramaphosa a un temps quitté la politique et s'est lancé avec succès dans les affaires, devenant un « capitaliste noir » au pays du « capital blanc ». Sa plus grande cicatrice politique : la tragédie de Marikana quand, en 2012, l'ancien syndicaliste autorisa la répression d'une grève de mineurs qui fit 34 morts. Malgré cette marque encore très vivace dans l'opinion, il est revenu en politique et a été élu à la tête de l'ANC en décembre 2017 avant de devenir président du pays en février 2018.

– ***Steve Biko*** *(1946-1977)* **:** « symbole et martyr de la lutte anti-apartheid ». Dès la fin des années 1960, il se lança en politique à l'université de Durban-Westville et contribua à la fondation du syndicat étudiant noir SASO. Jeune, brillant, intellectuel, pugnace, Steve Biko fut un ardent propagateur de la philosophie de la Conscience noire (*Black Consciousness* ou *BC*) en Afrique du Sud. Importée des États-Unis, influencée par la théologie de la Libération *(Black Theology)* et par le courant panafricain de la négritude, cette pensée se présentait comme une alternative non violente, visant à rendre la dignité et l'identité propres à la population noire. Steve Biko fut arrêté et emprisonné. Torturé, Biko fut transporté sur plus de 1 000 km, inconscient et nu, à l'arrière d'une fourgonnette de police. Il décédera des suites d'un traumatisme crânien et de blessures au foie. Son assassinat souleva l'indignation de la communauté internationale. La population de King William's Town lui réserva des funérailles grandioses. Les idées de Steve Biko perdurent aujourd'hui au sein d'une frange de la jeunesse urbaine noire. Sa vie a été immortalisée par le film *Cry Freedom* de Richard Attenborough, salué par la critique internationale, et par une chanson de Peter Gabriel.

– ***Walter Sisulu*** *(1912-2003)* **:** un des piliers de la lutte contre l'apartheid. Il s'engage très tôt dans la lutte anti-apartheid et devient secrétaire général de l'ANC en 1949. Son itinéraire ressemble à celui de Nelson Mandela : engagement politique, clandestinité, passage dans la branche armée de l'ANC, prison, humiliation, libération et triomphe de ses idées. Passé dans la clandestinité en 1963, il sera condamné en 1964 et emprisonné à Robben Island, jusqu'en 1989. « Walter et moi avons tout connu ensemble. C'était un homme de raison et de sagesse, et personne ne me connaissait mieux que lui. Il était l'homme dont l'opinion me paraissait la plus digne de confiance et la plus précieuse », écrira Mandela.

– ***Joe Slovo*** *(1926-1995)* **:** « Un des esprits les plus vifs et les plus mordants que j'aie rencontrés », écrit Mandela dans ses mémoires. Né en Lituanie, il est arrivé en Afrique du Sud à l'âge de 8 ans. Avocat, communiste convaincu et actif depuis les années 1950, il participe à la création de la branche armée de l'ANC (MK) en 1961. Il part en exil en 1963. En 1985, il devient le 1er Blanc membre de l'exécutif national de l'ANC. Dans les années 1990, il est de ceux qui prônent une démocratie multipartite et participe aux négociations avec le régime d'apartheid. Un régime qui l'aura harcelé des années durant. Sa femme Ruth First en fut la victime, assassinée en 1982 par l'explosion d'un colis piégé. Revenu d'exil après l'abolition de l'apartheid, Joe Slovo est nommé au poste de ministre du Logement au sein du nouveau gouvernement démocratique. Mort d'un cancer, Joe Slovo est le 2e Sud-Africain blanc à être enterré à Soweto.

– ***Oliver Tambo*** *(1917-1993)* **:** un des compagnons de lutte les plus proches de Nelson Mandela. Longtemps exilé à l'étranger, c'est lui qui a contribué à médiatiser la lutte contre l'emprisonnement de Mandela. Sorte de diplomate de l'ANC auprès des puissances étrangères, il fut aussi l'artisan des boycotts internationaux qui frappèrent le régime d'apartheid et précipitèrent sa fin. Rentré en Afrique du Sud après l'abolition de l'apartheid, il décède en 1993 sans avoir pu participer à ces élections libres qui avaient été le sens de tout son engagement politique.

– ***Albert Luthuli*** *(1898-1967)* **:** fondateur de la Zulu Cultural Society en 1937, il deviendra plus tard président de l'ANC et obtiendra le prix Nobel de la paix en 1960. Pacifique, très respecté des militants, il fut le fervent partisan de l'alliance dans la lutte contre l'apartheid avec les mouvements indiens, métis et blancs progressistes quand d'autres réclamaient le pouvoir pour les seuls Noirs.

– ***John Dube*** *(1871-1946)* **:** né dans une famille zouloue du Natal, il fut l'un des 1ers pasteurs africains ordonnés par la mission américaine du Zoulouland. Il fonda la 1re école noire (lycée Ohlange, près de Durban). En rupture avec la tradition zouloue qu'il considérait comme dépassée, il adhéra aux valeurs du libéralisme bourgeois victorien. Il fit plusieurs longs séjours aux États-Unis et diffusa les valeurs progressistes de son temps. Il fut le 1er président du *South African Native National Congress* (l'ancêtre de l'ANC). Pour lui rendre hommage, Nelson Mandela vota dans l'école d'Ohlange, lors des élections de 1994.

– ***Helen Suzman*** *(1917-2009)* **:** elle aura été le poil à gratter du régime d'apartheid pendant 50 ans. De 1953 à 1989, elle est seule, au sein du parlement sud-africain, à s'opposer clairement aux lois discriminatoires. En 1959, elle forme le Parti progressiste. Elle fera retentir depuis l'intérieur des institutions les convictions que les grands leaders noirs, ou ceux appartenant à des partis interdits, ne pouvaient exprimer que depuis la prison ou l'exil. Douée d'un grand sens de la réplique, alors qu'un ministre l'avait accusée de poser des questions qui nuisaient à l'image de l'Afrique du Sud dans le monde, elle répondit : « Ce ne sont pas mes questions qui nuisent à l'Afrique du Sud, ce sont vos réponses. » Après la fin de l'apartheid, elle a gardé tout son esprit critique et a fustigé Thabo Mbeki sur le terrain de la lutte contre le sida, de l'insécurité ou du chômage.

– ***Jan Smuts*** *(1870-1950)* **:** 1er ministre (1919-1924 et 1939-1948), incarnant un certain libéralisme. Il fut aussi le plus jeune général de la guerre anglo-boer, ce qui ne l'empêcha pas d'engager son pays au côté des Britanniques dans la guerre contre l'Allemagne nazie. Nommé maréchal, il fit partie du cabinet de guerre de Churchill. En 1948, son gouvernement fut renversé par les nationalistes guidés par Daniel Malan (lire plus bas) qui lança l'institutionnalisation du régime d'apartheid.

– ***Paul Kruger*** *(1825-1904)* **:** enfant, il participa au Grand Trek (voir les rubriques « Glossaire » et « Histoire »). Adulte, il fit fortune dans le commerce des spiritueux et se distingua comme chasseur... Avec Piet Joubert et Andries Pretorius, il participa à la création de la république du Transvaal, dont il fut le président de 1883 à 1900. Ce lourd notable, au caractère intransigeant et obstiné, avait si bien lu la Bible qu'il croyait que la Terre était plate. Il avait dans son expression un côté clown triste comme Buster Keaton, et un autre digne d'un Monsieur Loyal coiffé d'un haut-de-forme. Il reste l'emblème du Boer, sûr de lui et dominateur. Mais le dominateur fut vite dominé par ses rivaux du Sud : les colons anglais. Pendant la guerre anglo-boer (1899-1902), il mena le combat contre les Britanniques. Il tenta vainement de trouver des alliés (en Allemagne et en France notamment). Vaincu, il choisit l'exil et mourut en Suisse. Aujourd'hui, le plus grand parc national d'Afrique du Sud porte son nom.

– ***Cecil Rhodes*** *(1853-1902)* **:** le prototype du colonisateur britannique du XIXe s, conquérant brutal et sans scrupules. Fils de pasteur, il s'embarqua à 16 ans pour l'Afrique du Sud pour raisons de santé. Il s'enrichit rapidement dans l'exploitation des mines de diamants de Kimberley et des filons aurifères du Transvaal. Son rêve fut la grande affaire de sa vie : avoir la mainmise sur tout l'Est africain, pour constituer un vaste domaine britannique organisé autour d'un axe ferroviaire reliant Le Caire au Cap. En 1889, il fonda la Compagnie de l'Afrique du Sud britannique, chargée d'administrer les territoires qui formèrent la Rhodésie (baptisée ainsi en 1895 du nom de son fondateur) : aujourd'hui Zambie (ex-Rhodésie du Nord) et Zimbabwe (ex-Rhodésie du Sud). Cecil Rhodes devint 1er ministre de la colonie du Cap en 1890. Il est mort à Muizenberg, près du Cap.

– ***Daniel Malan*** *(1874-1959)* **:** descendant d'un huguenot français qui avait fui au XVIIe s la France de Louis XIV pour ne pas payer de sa vie sa foi en la religion réformée, Daniel Malan avait, semble-t-il, oublié que ses ancêtres avaient été persécutés. Il devint un funeste persécuteur en chef ! Nationaliste afrikaner et extrémiste, ce pasteur de l'Église réformée fut le rédacteur en chef d'un quotidien national du Cap. Il fonda le Parti national purifié en 1934 et conçut le système de séparation des races (l'apartheid) mis en place en 1948.

Autres figures historiques

– ***Harry Oppenheimer*** *(1908-2000)* **:** patron d'entreprise et milliardaire, il représente l'incroyable réussite économique d'une dynastie familiale partie de rien, mais aussi l'engagement d'un homme puissant contre l'apartheid et pour la démocratie. Son père, immigré juif, fut un génie de la finance. Il fit commerce d'or et de diamants, accumula une fortune. Harry hérita de la « poule aux œufs d'or » : l'*Anglo-American Corporation,* puissant groupe minier contrôlant 90 % du commerce mondial du diamant. Capitaliste intelligent, Harry Oppenheimer fonda en 1976 la *Urban Foundation,* dans le but d'aménager les townships après les événements meurtriers de Soweto. Adversaire déterminé de l'apartheid, il avait favorisé les contacts entre le monde des affaires et les dirigeants de l'ANC. Nelson Mandela a salué en lui « un grand Sud-Africain de notre temps ».

– ***Christiaan Barnard*** *(1922-2001)* **:** le 3 décembre 1967, il entre dans l'Histoire en étant le 1er à greffer un cœur sur un homme avec réussite. En 1977, nouveau coup d'éclat. Après maintes transplantations réussies, le professeur Barnard tente d'implanter un cœur de babouin sur un homme : cette fois-ci, la greffe échoue immédiatement, son patient ne se réveillera pas. Atteint depuis longtemps d'arthrite des mains, il doit abandonner la chirurgie en 1983. Du temps de l'apartheid, il utilisa largement la relative immunité que lui conférait sa notoriété pour donner des coups de bistouri aux lois discriminatoires.

> **INGRATITUDE**
>
> *Lors de sa 1re opération, Christiaan Barnard comptait dans son équipe un 1er assistant précieux, Hamilton Naki. Simple jardinier de l'hôpital, ce jeune Noir avait très vite montré des dons rares pour les greffes lors des nombreux essais préparatifs sur les chiens. Naki n'eut pas la reconnaissance qu'il méritait. En plein apartheid, on le présenta comme un laborantin parmi d'autres pour ne pas faire de vagues.*

– ***Sarah Baartman*** *(?-1815)* du nom de son « mari » hollandais **:** elle aura vécu bien des turpitudes. Enfant, elle subit les déformations traditionnelles de sa tribu (khoï) : allongement des lèvres vaginales, incisées puis lestées de pierres (pour procurer plus de plaisir aux hommes) et hypertrophie des fesses par des onctions répétées de graisse. On la traîne en Europe pour la montrer tel un animal de foire, en Angleterre puis en France... sous le nom moqueur de « Vénus hottentote ». Il faudra attendre 2002 pour que sa dépouille (alors exposée au musée de l'Homme) soit rapatriée sur la terre de ses ancêtres !

Les grands rois zoulous

– ***Shaka Zulu*** *(1787-1828)* **:** considéré comme le fondateur de la nation zouloue, il transforma les faibles troupes zouloues en une puissante armée populaire, imposant l'incorporation forcée des anciens mercenaires et des vaincus.

– ***Cetshwayo KaMpande*** *(1827-1884)* **:** fils du roi zoulou Mpande. Il accéda au pouvoir en 1873 et combattit les Britanniques dans des guerres qu'il perdra en 1879. Exilé, réinstallé par les colonisateurs, Cetshwayo mourut dans sa fuite. Pour l'histoire zouloue, ce souverain est reconnu comme le vainqueur de la bataille d'Isandhlwana (janvier 1879) contre l'armée britannique.

– ***Goodwill Zwelethini*** *(né en 1948)* **:** 8e roi des Zoulous, depuis 1971. Même si ce roi joue un rôle plus culturel que politique, il est considéré par beaucoup comme le symbole traditionnel de la mémoire et de l'unité de la nation zouloue. Bien que baptisé et anglican, il suit la tradition de polygamie des Zoulous : il est marié à 6 femmes. Une partie de son entourage étant proche de l'ANC et de Mandela, ses relations avec son neveu, le prince Buthelezi, chef de l'Inkatha, ont été très mouvementées dans le passé. La hache de guerre entre l'oncle et le neveu semble enterrée depuis la fin de l'apartheid. Il vit à Nongoma où se trouve son palais... ou dans l'une des 7 résidences royales de la province du KwaZulu-Natal (!).

Les artistes et sportifs

– ***Myriam Makeba*** *(1932-2008)* **:** surnommée « Mama Africa ». Sa chanson « Pata Pata », chantée pour la 1re fois en 1956, devint un succès en Afrique et fit le tour du monde. Myriam Makeba restera une exceptionnelle chanteuse africaine, dont la voix cristalline aura creusé le sillon du combat contre le racisme et l'apartheid. Elle commença sa carrière à 20 ans, comme choriste dans le groupe Manhattan Brothers, avant de former le groupe Skylarks. Condamnée par le régime d'apartheid, elle émigra aux États-Unis, où elle devint une star, diffusant la musique sud-africaine dans le monde entier. Mariée à un dirigeant radical du Black Power américain, elle fut jugée indésirable aux États-Unis et s'exila en Guinée, où elle fut nommée diplomate de l'ONU. Elle ne rentra en Afrique du Sud qu'en 1990. Myriam Makeba a mis sa musique au service de son engagement politique. Ses nombreux albums – *Mama Africa, Homeland, The Click Song, Welela* – témoignent de son talent d'artiste « citoyenne du monde ».

TERRES D'INSPIRATION

John Ronald Reuel Tolkien aurait-il trouvé l'inspiration de ses pays imaginaires dans l'immensité de son Afrique du Sud natale ? Car c'est à Bloemfontein qu'il a vu le jour en 1892. Certes, il a rejoint l'Angleterre à 6 ans. Mais on se plaît à imaginer les terres du maléfique Sauron derrière l'inquiétante barrière du Drakensberg. L'hostile forêt de Fangorn dans quelque pan de forêt primaire. Les mines de la Moria quelque part vers Kimberley. Et l'or de l'anneau, il provient d'un filon de Johannesburg ?

– ***Johnny Clegg*** *(né en 1953)* **:** né près de Manchester (Grande-Bretagne). L'enfance de Johnny se passe entre Israël, le Zimbabwe (où il vit dans une ferme jusqu'à l'âge de 6 ans), la Zambie puis Johannesburg (en 1965). Là, il découvre la violence et la cruauté de l'apartheid. On l'inscrit dans une école blanche. Mais avec une enfance nomade, artiste et aventureuse, son âme bohème et son appartenance identitaire – juif sud-africain blanc – le conduisent dans les bras de la culture noire. Tout s'enchaîne après sa rencontre avec Sipho Mchunu, son initiateur black. Johnny apprend la guitare, la danse Bhaca et la langue zouloue et commence une carrière d'artiste brillant, véhément, toujours drôle et fermement anticonformiste. En 1980, il crée le groupe multiracial *Juluka,* puis le groupe *Savuka* quelques années plus tard. En plein apartheid, ses tournées en tenue tribale zouloue lui valent le surnom de « Zoulou blanc ». Outre son talent de musicien et de danseur, Johnny Clegg est la 1re pop star venue du monde blanc à avoir autant valorisé le message culturel des Noirs et des Zoulous.

QUAND JOHNNY CHANTE NOIR C'EST NOIR

L'engagement musical et politique de Johnny Clegg en faveur des Noirs sud-africains n'a pas toujours été vu d'un bon œil sous l'apartheid. Ainsi, sa chanson la plus célèbre, Asimbonanga, *composée en 1987 en hommage au prisonnier Nelson Mandela fut tout bonnement censurée. Revanche de l'histoire, sa chanson* Ibhola Lethu, *qui dénonçait la ségrégation dans les stades, fut choisie comme hymne pour la Coupe du monde de football en 2010.*

– Se reporter également aux chapitres « Musiques » et « Livres de route » pour plus de détails sur les musiciens et écrivains sud-africains.

– ***Pieter Hugo*** *(né en 1976)* **:** l'un des photographes sud-africains les plus reconnus dans le monde de la photo, s'intéressant aux communautés africaines qui sont rarement sur le devant de la scène. Dresseurs de hyènes, personnes albinos, scouts libériens... Privilégiant le portrait, son répertoire est large.

– ***Oscar Pistorius*** *(né en 1986)* **:** sur le devant de la scène ces dernières années, tout d'abord en tant que sprinter doté de lames à la place de ses 2 tibias amputés.

Surnommé *The blade runner* (« le coureur aux lames »), il fut en 2012 le premier handicapé à concourir avec les valides. Puis un retentissant procès en 2014, à la suite du meurtre de sa fiancée, Reeva Steenkamp, met fin à sa carrière de sportif hors norme et à son statut d'icône. Il a d'abord été condamné à 6 ans de prison puis, en appel, à 13 ans.

POPULATION

L'Afrique du Sud est un vaste pays (1 220 000 km², plus de 2 fois la France) relativement peu peuplé, puisqu'une estimation de 2018 fait état de 57,7 millions d'habitants, dont 5 millions d'immigrants. Les Noirs représentent près de 80 % de la population, les Blancs environ 9 %, tout comme les *coloured people* (métis) et les Indiens 2,5 %.

TOUR DE BABEL

Il existe 11 langues officielles. Bon nombre de Sud-Africains passent d'une langue à l'autre selon leur interlocuteur. Certaines sont parlées dans une région et inconnues ailleurs. Bien souvent, on utilise un mélange d'anglais, de zoulou, de sotho... Ces cocktails linguistiques étaient aussi une façon de communiquer, sans que la police puisse comprendre.

La répartition sur le territoire est très inégale : la province du Gauteng (Johannesburg et Pretoria) a beau être minuscule en superficie, c'est de loin la plus dense et la plus peuplée, avec près de 13,5 millions d'habitants. En 2e position arrive la vaste province du KwaZulu-Natal, forte de 10,3 millions d'habitants (grâce à la métropole de Durban et à des densités rurales élevées), suivie par les 2 autres provinces côtières, l'Eastern Cape et le Western Cape. En queue de peloton, la province du Northern Cape, la plus vaste des 9 provinces, compte à peine 1,2 million d'habitants sur un territoire plus grand que l'Allemagne !

Pour schématiser, les Blancs sont divisés en 2 groupes inégaux : les anglophones (36 %), qui vivent globalement dans les 3 grandes villes de Johannesburg, Le Cap et Durban ; les Afrikaners (61 %), qui sont plus nombreux à Pretoria, Bloemfontein ainsi que dans le Free State et le Northern Cape. Les Indiens se trouvent principalement à Durban et sur la côte du Natal (cette région abrite la 1re diaspora indienne au monde), un peu à Johannesburg. Les métis sont nombreux au Cap, qu'un texte de loi avait déclaré « zone préférentielle métisse ». Quant aux Noirs, on les retrouve partout, et en particulier là où il y a peu de Blancs, notamment autour de « foyers historiques » dessinés par les ethnologues de l'apartheid qui ont pris, au besoin, quelques libertés avec l'histoire et la géographie.

La démographie est telle que la part des Blancs dans la population diminue – et continuera de diminuer inéluctablement : au moment de la mise en place de l'apartheid (1948), les Blancs comptaient encore pour 21 % de la population et les Noirs pour 67 %. Depuis 1994, on estime également à 800 000 les départs hors du pays de Sud-Africains blancs : même si ce phénomène a fortement décru depuis 2011, il n'est pas négligeable.

RELIGIONS ET CROYANCES

À l'instar de nombreux autres pays du continent, l'Afrique du Sud est un pays ***où de très nombreuses Églises prospèrent*** et où l'appartenance religieuse est une marque d'identité culturelle forte.

Côté Afrikaners, la religion a toujours pesé très lourd, dès les débuts de la colonie du Cap, jusqu'au développement de l'apartheid, quand différents promoteurs de la ségrégation étaient par ailleurs... pasteurs. Le calvinisme afrikaner, centré autour de la prédestination du « peuple élu » venu dominer les peuples autochtones, ne pouvait en effet se concevoir sans ses (lourdes) implications politiques.

Les questions religieuses ont toujours été sources de conflits, même à l'intérieur de la communauté blanche. La principale branche de l'Église réformée néerlandaise (NGK) a exercé une influence déterminante sur la société boer : tout d'abord les émigrants, très croyants, ont pour la plupart suivi les préceptes de la NGK qui compte aujourd'hui 1 million de membres en Afrique du Sud. De nombreux Boers ne se sont pas reconnus dans cette religion officielle, trop proche des intérêts politiques de la colonie du Cap, elle-même bien éloignée de leurs préoccupations.

C'est ainsi que 2 autres branches sont venues compléter la trinité : la NHK (en anglais *Dutch Reformed Church South Africa*) riche de 130 000 membres aujourd'hui, qui est née au moment du Grand Trek. Une autre branche (*Reformed Churches in South Africa* ; 100 000 membres) est également née à la suite de désaccords sur des points de doctrine. Mais les 3 Églises sœurs ennemies se sont retrouvées pour mettre en place la politique d'apartheid.

La NGK a, ces dernières années, évolué, tout comme la société sud-africaine a évolué ; elle a été exclue en 1982 de l'Alliance mondiale des Églises réformées pour son soutien à l'apartheid mais y a été réintégrée en 1986 après s'être ouverte à toutes les races. En 2015, l'Église réformée a officiellement déclaré que les homosexuels étaient désormais les bienvenus, ce qui a clarifié une lente évolution commencée au début des années 1990 (cela ne signifie pas pour autant que le mariage religieux soit possible pour des homosexuels) ; pour la question de l'avortement, l'Église ne le reconnaît que dans les cas où ce serait « le moindre des maux ».

Bien sûr, tous les immigrants de la colonie du Cap n'étaient pas néerlandais : les Allemands, généralement luthériens, comme les Scandinaves, ont dû batailler pour obtenir que leur foi soit reconnue, leurs « frères » calvinistes n'étant pas très chauds pour leur accorder cette faveur. Il existe aujourd'hui 5 Églises luthériennes en Afrique du Sud, issues de différentes missions venues tenter d'évangéliser les populations autochtones, sans compter les Frères moraves qui ont eux aussi développé un importante activité missionnaire dès le XVIIIe s.

Toujours dans la grande famille protestante, l'Église anglicane, très fortement représentée parmi la communauté anglophone, n'a jamais partagé les positions des Églises néerlandaises. Desmond Tutu, l'archevêque du Cap, chef de l'*Anglican Church of Southern Africa,* et beaucoup d'autres religieux moins médiatisés, se sont battus contre l'apartheid, et ont fait connaître haut et fort leurs positions courageuses. Les 3 à 4 millions d'anglicans ont généralement une position libérale sur de nombreux sujets sociétaux. L'Église est considérée comme la plus libérale des Églises anglicanes d'Afrique, notamment sur l'homosexualité et l'ordination des femmes.

Il faudrait aussi citer les méthodistes, issus d'une scission avec les anglicans. Ils se sont eux aussi fermement opposés à l'apartheid. Leur plus illustre représentant a été Nelson Mandela.

Rien de surprenant à ce que les populations noires n'aient pas adhéré dans leur grande majorité aux Églises « blanches » ou vues comme telles. Les Églises les mieux portantes en Afrique du Sud aujourd'hui sont celles qu'on regroupe, en anglais, sous la dénomination de « *Zionist Churches* ». Rien à voir avec le sionisme, bien entendu. Au début du XXe s, des missionnaires venus des États-Unis ont importé cette foi : on estime que 40 % des Noirs en Afrique du Sud appartiennent à l'une ou l'autre de ces *Zionist Churches* (elles sont des dizaines). Ces Églises se caractérisent par leur syncrétisme (croyances traditionnelles africaines se mêlant au christianisme), avec leurs spécificités comme le baptême en rivière par triple immersion, le recours aux guérisseurs traditionnels et certains tabous alimentaires. Chaque année, un grand rassemblement réunit les adeptes à Moria (alias Zion City), dans la province du Limpopo. Et c'est sans parler de la *Nazareth*

Baptist Church ou encore l'Église éthiopienne... Bref, cela ne vous étonnera pas qu'on ne sache pas exactement combien il existe d'Églises en Afrique du Sud... L'histoire de l'Afrique du Sud regorge de prophètes autoproclamés qui ont fondé leur Église, avec plus ou moins de succès, comme ce chef griqua (une ethnie issue du métissage de colons néerlandais et de khoi-khoi), nommé Andrew Le Fleur qui, vers 1920, organisa le trek d'une partie de son peuple et fonda la *Griqua Independent Church,* qui existe toujours aujourd'hui et constitue un petit rameau du protestantisme sud-africain.
N'oublions pas enfin, même si elles ne représentent que 3 % de la population du pays, les 3 religions que sont l'islam, l'hindouisme et le judaïsme. Ni, bien sûr, les Sud-Africains qui déclarent ne pas être croyants (environ 10-15 % de la population).

SAVOIR-VIVRE ET COUTUMES

Partout en Afrique du Sud, les ***salutations*** sont assorties d'un « Comment ça va ? » (*How are you ?* ou *Howzit ?* dans les townships). On n'est pas en Afrique de l'Ouest : ce n'est pas la peine de remonter à 5 générations de grands-tantes avant d'aborder le sujet principal, mais ne pas y prêter attention fait de vous un malotru. Pour les salutations, les hommes noirs, surtout les jeunes, ont une manière particulière de se serrer la main : on commence par une poignée normale comme en France, puis on fait pivoter la paume de la main autour du pouce de la personne pour lui recouvrir le haut de la main, et on revient, toujours en pivotant autour du pouce, à la vieille poignée de chez nous.
Ce n'est pas compliqué, mais même si ça vous amuse, ne l'utilisez pas pour saluer le fermier boer qui vient de vous réparer votre roue crevée au fond du Free State ; vous seriez immédiatement catalogué.
Avec les femmes, on ne se fait pas nécessairement la bise : une simple accolade en se tapotant l'épaule sera suffisante si on ne se connaît pas très bien. Dans les townships, le pouce levé, assorti d'un *chap,* signifie que tout va bien. C'est très utilisé.
– L'élément central de la vie sociale en Afrique du Sud, c'est le ***braai*** (prononcer « braille »). Cela signifie « barbecue » en afrikaans. On le trouve dans toutes les habitations du pays, dans toutes les communautés, et sur toutes les aires de pique-nique du territoire. Les sociologues ont pu décrire le barbecue du dimanche comme un « cérémonial identitaire de la classe moyenne blanche », même si le *braai* dépasse désormais largement la société afrikaner. On y fait cuire les *boerewors* (saucisses épicées), des côtelettes d'agneau, des morceaux de poulet épicé, des côtes de bœuf. La bière coule à flots. Dans les townships, on peut le servir avec la bière traditionnelle, l'*umqumboti.*
– Si vous rencontrez l'***âme sœur*** et qu'elle est noire, sachez que la belle-famille pourra vous demander de payer la *lobola,* une sorte de dot (voir encadré).
– Dans toutes les villes, on trouve des boutiques destinées à la ***sorcellerie traditionnelle,*** le domaine des *sangomas* (guérisseurs traditionnels). On peut y acheter des crânes de singe, des os de crocodile, des épices et herbes diverses. Dans certaines régions comme le KwaZulu-Natal, ce commerce génère un

UN IMPÔT VACHE

La lobola est une tradition qui a traversé les âges. Dans une société d'élevage, la famille du jeune époux versait sa dot à celle de l'épouse sous forme de vaches et autres chèvres. De la qualité de la « future » (son âge, sa beauté, son rang social, son instruction) dépendait le nombre de bêtes. Les troupeaux se sont amenuisés, mais la tradition est restée vivace. La valeur en bétail est désormais convertie en sous sonnants et trébuchants.

chiffre d'affaires ahurissant. Dans le centre de Johannesburg, la boutique qui est située sur Diagonal Street, juste en bas de l'immeuble de la De Beers, en forme de diamant, présente un contraste saisissant avec tous ces cadres cravatés travaillant dans les banques alentour.

– Un monument de kitsch sud-africain : le ***roadhouse.*** C'est un fast-food où l'on commande sur un parking et où l'on mange dans sa voiture. À Brakpan (à 20 km à l'est de Jo'burg), la *Casbah* est célèbre pour son *boerdog,* un hot-dog avec des *boerewors.* Y aller le dimanche midi, mais uniquement si l'on a beaucoup de recul sur les choses... et l'estomac solide !

SITES INSCRITS AU PATRIMOINE MONDIAL DE L'UNESCO

UNESCO – Organisation des Nations Unies pour l'éducation, la science et la culture · En coopération avec le Centre du patrimoine mondial

Pour figurer sur la liste du Patrimoine mondial, les sites doivent avoir une valeur universelle exceptionnelle et satisfaire à au moins un des 10 critères de sélection. La protection, la gestion, l'authenticité et l'intégrité des biens sont également des considérations importantes.

Le patrimoine est l'héritage du passé dont nous profitons aujourd'hui et que nous transmettons aux générations à venir. Nos patrimoines culturel et naturel sont 2 sources irremplaçables de vie et d'inspiration. Ces sites appartiennent à tous les peuples du monde, sans tenir compte du territoire sur lequel ils sont situés. Pour plus d'informations : • *whc.unesco.org* •

En Afrique du Sud, les sites classés et traités dans le guide sont :

– ***les sites des hominidés fossiles de Sterkfontein, Swartkrans, Kromdraai et environs ;***
– ***uKhalamba / parc du Drakensberg ;***
– ***Robben Island ;***
– ***le parc de la zone humide d'iSimangaliso ;***
– ***les aires protégées de la région florale du Cap.***

SPORTS

Lorsqu'on évoque le sport en Afrique du Sud, on pense d'abord au ***rugby*** et aux fameux *Springboks* ainsi qu'à la Coupe du monde 2007, enfin surtout à celle de 1995, avec le président Nelson Mandela tenant la coupe de la victoire. Il n'y avait pas plus beau symbole de réconciliation.

On pense également à la victoire de la Coupe d'Afrique des nations de ***football*** en 1996, et à la 2e place obtenue face à l'Égypte en 1998. L'équipe nationale, les Bafana-Bafana (« les gars », en somme), est hyper populaire, même si leurs résultats connaissent des hauts et (surtout) des bas : élimination dès le 1er tour aux CAN (Coupes d'Afrique des nations) 2004, 2006, 2008 et 2014, participation anecdotique lors des dernières Coupes du monde... Ce qui n'aura pas empêché l'ambiance de monter lors du grand événement de 2010 : la toute 1re Coupe du monde de football organisée en Afrique ! L'excitation était à son comble, et le pays tout entier a fait en sorte que la fête soit réussie, histoire de donner une image positive de l'Afrique du Sud du XXIe s.

VUVUZELA !

Immortalisée par la Coupe du monde 2010, cette trompette en plastique, de près d'un mètre de long, faisait partie de l'uniforme de tout supporter sud-africain. Son bruit peut dépasser celui d'une F1 lors d'un Grand Prix ! D'ailleurs, en zoulou, vuvuzela signifie « faire du bruit » ?

De fait, ce pays vit au rythme du sport, dont la couverture médiatique est extrêmement large. *Laduma,* l'émission de foot la plus célèbre sur SABC 1, est à l'antenne tout le dimanche après-midi. Sur le câble, ce ne sont pas moins de 5 canaux différents qui sont alloués à la chaîne Super Sport. La pagination qui est réservée au sport dans la presse quotidienne est elle aussi tout à fait remarquable. Les fans de foot doivent absolument aller assister à un match à Soweto, de préférence s'il oppose les Orlando Pirates aux Kaisers Chiefs.

Héritage de l'histoire : les différents sports ont une audience largement segmentée. Idéalement, on invite des potes à une soirée TV en cas d'événement majeur (c'est-à-dire souvent !). On ne sera pas étonné de voir que les marques de bière consommées sont elles aussi segmentées : foot, ça rime avec *Black Label,* rugby avec *Windhoek* et cricket avec *Castle* ! Ce pays est étonnant.

Le foot, c'est populaire dans les townships : tous les gamins y jouent dans la rue, et les infrastructures sportives, contre toute attente, n'y sont pas si mauvaises que ça. À Soweto, par exemple, on dénombre plusieurs stades, dont un immense de 95 000 places construit à l'entrée du township pour la Coupe du monde 2010. Certes, on trouve aussi, dans le quartier d'Orlando, des gamins qui jouent sur un terrain de foot en pente, avec des poteaux électriques plantés au milieu et des rigoles d'eau creusées par l'érosion. Si on est bon là-dessus, on doit être excellent sur un terrain correct.

Les Blancs, eux, vibrent plutôt pour le ***cricket*** et le ***golf,*** curieux héritages du Commonwealth (oui, curieux ! essayez donc de suivre un match de cricket pour voir... et surtout de comprendre !). Le ***rugby*** est lui aussi estampillé « sport de Blanc ». Il a réussi le tour de force de réunir Anglais et Afrikaners au sein des mêmes équipes, alors que les guerres anglo-boers venaient de s'achever. Il aura fallu attendre 1992 pour que les fédérations blanche, noire, métisse et indienne fusionnent en une seule. Après les 1ers *Springboks* noirs et le 1er coach noir, Peter de Villiers (aucune parenté avec Philippe), on dénombre aujourd'hui environ 467 000 licenciés, dont près de la moitié sont noirs ou métis. Il aura fallu attendre juin 2018 pour qu'un noir devienne capitaine de l'équipe nationale. On progresse !

ALBERT FERRASSE SE DÉCARCASSE

L'ancien président de la fédération française de rugby refusa l'apartheid qui exigeait que son équipe ne soit constituée que de Blancs. En venant jouer en Afrique du Sud avec un Noir, en 1971, l'équipe française bouscula le clan raciste. Mandela sut reprendre la balle au bond, quelques années plus tard.

Enfin, comment ne pas dire un mot sur les autres sports, tant les Sud-Africains sont des sportifs de tous les instants : ***cyclisme, plongée sous-marine, surf*** avec le spot mondialement renommé de Jeffreys Bay, ***parapente,*** très populaire, ***kitesurf*** ou encore ***saut à l'élastique*** (pour le plus haut du monde, 216 m, rendez-vous sur la côte sud, vers Nature's Valley)... Faites votre choix, messieurs dames !

les ROUTARDS sur la FRANCE 2020-2021

(dates de parution sur • *routard.com* •)

Découpage de la FRANCE par le ROUTARD

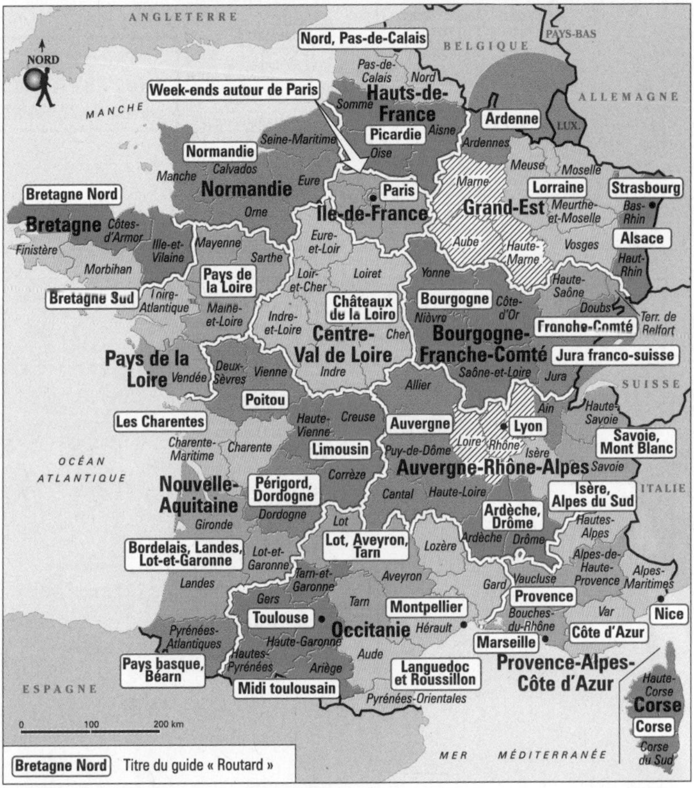

Autres guides sur la France

- Hébergements insolites en France
- Nos meilleurs campings en France
- Nos meilleures chambres d'hôtes en France

Autres guides sur Paris

- Paris
- Paris balades
- Paris exotique
- Restos et bistrots de Paris
- Le Routard des amoureux à Paris
- Week-ends autour de Paris

Le Routard à vélo

- EuroVelo6
- La Bourgogne du Sud à vélo
- La Loire à Vélo
- La Vélodyssée (Roscoff-Hendaye)
- Le Canal des 2 mers à vélo
- Paris Île-de-France à vélo
- ViaRhôna

les ROUTARDS sur l'ÉTRANGER 2020-2021

(dates de parution sur • ***routard.com*** •)

Découpage de l'ESPAGNE par le ROUTARD

Découpage de l'ITALIE ar le ROUTARD

Autres pays européens

- Allemagne
- Angleterre, Pays de Galles
- Autriche
- Belgique
- Bulgarie
- Crète
- Croatie
- Danemark, Suède
- Écosse
- Finlande
- Grèce continentale
- Hongrie
- Îles grecques et Athènes
- Irlande
- Islande
- Madère
- Malte
- Norvège
- Pays baltes : Tallinn, Riga, Vilnius
- Pologne
- Portugal
- République tchèque, Slovaquie
- Roumanie
- Suisse

Villes européennes

- Amsterdam
- Berlin
- Bruxelles
- Budapest
- Copenhague
- Dublin
- Lisbonne
- Londres
- Moscou
- Naples
- Porto
- Prague
- Saint-Pétersbourg
- Stockholm
- Vienne

les ROUTARDS sur l'ÉTRANGER 2020-2021

(dates de parution sur • *routard.com* •)

Découpage des ÉTATS-UNIS par le ROUTARD

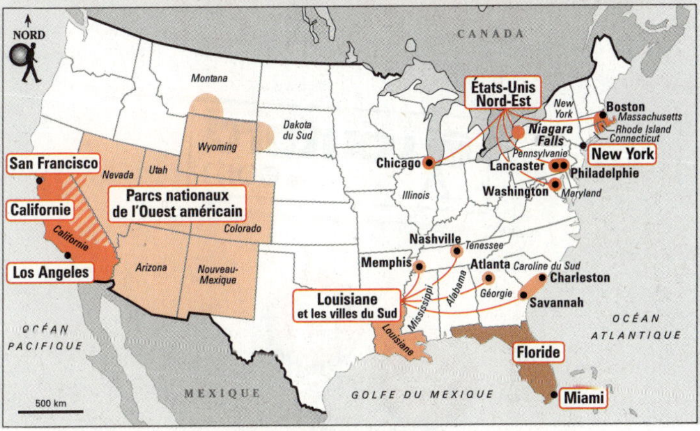

Autres pays d'Amérique

- Argentine
- Brésil
- Canada Ouest
- Chili et île de Pâques
- Colombie
- Costa Rica
- Équateur et les îles Galápagos
- Guatemala, Belize
- Mexique
- Montréal
- Pérou, Bolivie
- Québec et Ontario

Asie et Océanie

- Australie côte est + Red Centre
- Bali, Lombok
- Bangkok
- Birmanie (Myanmar)
- Cambodge, Laos
- Chine
- Hong Kong, Macao, Canton
- Inde du Nord
- Inde du Sud
- Israël et Palestine
- Istanbul
- Jordanie
- Malaisie, Singapour
- Népal
- Shanghai
- Sri Lanka (Ceylan)
- Thaïlande
- Tokyo, Kyoto et environs
- Turquie
- Vietnam

Afrique

- Afrique du Sud
- Égypte
- Kenya, Tanzanie et Zanzibar
- Maroc
- Marrakech
- Sénégal
- Tunisie

Îles Caraïbes et océan Indien

- Cuba
- Guadeloupe, Saint-Martin, Saint-Barth
- Île Maurice, Rodrigues
- Madagascar
- Martinique
- République dominicaine (Saint-Domingue)
- Réunion

Guides de conversation

- Allemand
- Anglais
- Arabe du Maghreb
- Arabe du Proche-Orient
- Chinois
- Croate
- Espagnol
- Grec
- Italien
- Japonais
- Portugais
- Russe
- G'palémo (conversation par l'image)

Livres-photos/Livres-cadeaux

- Voyages
- Voyages : États-Unis (octobre 2019)
- Voyages : France (octobre 2019)
- Voyages : Italie
- Road Trips (40 itinéraires sur les plus belles routes du monde)
- Nos 120 coins secrets en Europe
- Les 50 voyages à faire dans sa vie
- 1 200 coups de cœur dans le monde
- 1 200 coups de cœur en France
- Nos 52 week-ends dans les plus belles villes d'Europe
- Nos 52 week-ends coups de cœur en France
- Cahier de vacances du Routard

Visa
Guide
Médocs
Passeport
Assurance
AVI

Nous tenons à remercier tout particulièrement Loup-Maëlle Besançon, Thierry Bessou, Gérard Bouchu, François Chauvin, Grégory Dalex, Fabrice Doumergue, Cédric Fischer, Carole Fouque, Nicolas George, Michelle Georget, David Giason, Claude Hervé-Bazin, Emmanuel Juste, Dimitri Lefèvre, Fabrice de Lestang, Romain Meynier, Éric Milet, Pierre Mitrano, Jean-Sébastien Petitdemange, Thomas Rivallain et Jean Tiffon pour leur collaboration régulière.

Brice Andlauer
Jean-Jacques Bordier-Chêne
Agnès Debiage
Coralie Delvigne
Jérôme Denoix
Tovi et Ahmet Diler
Clélie Dudon
Sophie Duval
Alain Fisch
Bérénice Glanger
Adrien et Clément Gloaguen
Sébastien Jauffret
Alexia Kaffès
Augustin Langlade
Jacques Lemoine
Aline Morand
Louis Nagot
Caroline Ollion
Martine Partrat
Odile Paugam et Didier Jehanno
Céline Ruaux
Prakit Saiporn
Nejma Tahri Hassani
Alice Tonasso
Caroline Vallano

Direction : Nathalie Bloch-Pujo
Direction éditoriale : Élise Ernest
Édition : Matthieu Devaux, Olga Krokhina, Gia-Quy Tran, Julie Dupré, Emmanuelle Michon, Pauline Janssens, Amélie Ramond, Margaux Lefebvre, Aurore Grandière, Astrid Richard, Anne Le Marois, Lisa Pujol et Camille Lenglet
Ont également collaboré : Muriel Lucas, Emmanuelle Fernandez, Natacha Dimakopoulos et Joelle Devaux
Cartographie : Frédéric Clémençon et Aurélie Huot
Contrôle de gestion : Jérôme Boulingre et Yannis Villeneuve
Secrétariat : Catherine Maîtrepierre
Fabrication : Nathalie Lautout et Audrey Detournay
Relations presse : COM'PROD, Fred Papet. ☎ 01-70-69-04-69. • *info@comprod.fr* •, Martine Levens (Belgique) et Maureen Browne (Suisse)
Direction marketing : Stéphanie Parisot, Élodie Darty et Charlotte Brou
Couverture : le-bureau-des-affaires-graphiques.com
Silhouette du Routard : Clément Gloaguen (d'après Solé)
Maquette intérieure : le-bureau-des-affaires-graphiques.com, Thibault Reumaux et npeg.fr
Direction partenariats : Jérôme Denoix
Contact Partenariats et régie publicitaire : Florence Brunel-Jars • *fbrunel@hachette-livre.fr* •

INDEX GÉNÉRAL

LISTE DES CARTES ET PLAN

INDEX GÉNÉRAL

IMPORTANT : DERNIÈRE MINUTE

Sauf rare exception, le *Routard* bénéficie d'une parution annuelle à date fixe. Entre deux dates, des événements fortuits (formalités, taux de change, catastrophes naturelles, conditions d'accès aux sites, fermetures inopinées, etc.) peuvent intervenir et modifier vos projets de voyage. Pour éviter les déconvenues, nous vous recommandons de consulter la rubrique « Guide » par pays de notre site • ***routard.com*** • et plus particulièrement les dernières ***Actus voyageurs.***

Remarque importante aux hôteliers et restaurateurs

Les enquêteurs du *Routard* travaillent dans le plus strict anonymat. Aucune réduction, aucun avantage quelconque, aucune rétribution n'est jamais demandé en contrepartie. Face aux aigrefins, la loi autorise les hôteliers et restaurateurs à porter plainte.

Avis aux lecteurs

Le Routard, ce n'est pas comme le bon vin, il vieillit mal. On ne veut pas pousser à la consommation, mais évitez de partir avec une édition ancienne. Les modifications sont souvent importantes.

Les réductions accordées à nos lecteurs ne sont jamais demandées par nos rédacteurs afin de préserver leur indépendance. Les hôteliers et restaurateurs sont sollicités par une société de mailing, totalement indépendante de la rédaction, qui reste donc libre de ses choix. De même pour les autocollants et plaques émaillées.

Avec routard.com, choisissez, organisez, réservez et partagez vos voyages !

✓ Rejoignez la plus grande communauté francophone de voyageurs : **plusieurs millions d'internautes.**

✓ Échangez avec les routarnautes : forums, photos, avis d'hôtels.

✓ Retrouvez aussi toutes les informations actualisées pour choisir et préparer vos voyages : plus de 300 guides destinations, une centaine de dossiers pratiques et un magazine en ligne pour découvrir tous les secrets de votre destination.

✓ Enfin, comparez les offres pour organiser et réserver votre voyage au meilleur prix.

Les Routards *parlent aux* Routards

Faites-nous part de vos expériences, de vos découvertes, de vos tuyaux et de vos coups de cœur. Aidez-nous à remettre l'ouvrage à jour. Indiquez-nous les renseignements périmés. Faites profiter les autres de vos adresses nouvelles, combines géniales... On adresse un exemplaire gratuit de la prochaine édition à ceux qui nous envoient les meilleurs courriers, pour la qualité et la pertinence des informations.

Quelques conseils cependant :

- Envoyez-nous votre courrier le plus tôt possible afin que l'on puisse insérer vos tuyaux sur la prochaine édition.
- N'oubliez pas de préciser l'ouvrage que vous désirez recevoir, ainsi que votre adresse postale.
- Vérifiez que vos remarques concernent l'édition en cours et notez les pages du guide concernées par vos observations.
- Quand vous indiquez des hôtels ou des restaurants, pensez à signaler leur adresse précise et, pour les grandes villes, les moyens de transport pour y aller.

Si vous le pouvez, joignez la carte de visite de l'hôtel ou du resto décrit.

En tout état de cause, merci pour vos nombreux mails.

122, rue du Moulin-des-Prés, 75013 Paris

• guide@routard.com • routard.com •

Routard Assurance *2020*

Enrichie au fil des années par les retours des lecteurs, *Routard Assurance* est devenue une assurance voyage référence des globes-trotters. Tout est inclus : frais médicaux, assistance rapatriement, bagages, responsabilité civile... Avant votre départ, appelez *AVI* pour un conseil personnalisé. Besoin d'un médecin, d'un avis médical, d'une prise en charge dans un hôpital ? Téléchargez l'appli mobile *AVI international* pour garder le contact avec *AVI Assistance* et disposez de l'un des meilleurs réseaux médicaux à travers le monde. *AVI Assistance* est disponible 24h/24 pour une réponse en temps réel. De simples frais de santé en voyage ? Envoyez les factures à votre retour, *AVI* vous rembourse sous une semaine. *40, rue Washington, 75008 Paris. ☎ 01-44-63-51-00. • avi-international.com • Ⓜ George-V.*

Édité par Hachette Livre (58, rue Jean-Bleuzen, CS 70007, 92178 Vanves Cedex, France)
Photocomposé par Jouve (rue de Monbary, 45140 Ormes, France)
Imprimé par Lego SPA Plant Lavis (via Galileo Galilei, 11, 38015 Lavis, Italie)
Achevé d'imprimer le 19 septembre 2019
Collection n° 13 - Édition n° 01
54/4635/7
I.S.B.N. 978-2-01-706819-8
Dépôt légal : septembre 2019

PAPIER À BASE DE FIBRES CERTIFIÉES